謹以本輯恭賀周清澍先生八十華誕

Dedicated to Professor Zhou Qingshu's 80th Birthday

西域歷史語言研究集刊

第五輯

中國人民大學國學院西域歷史語言研究所

沈衛榮　主編

科学出版社
北京

內容簡介

《西域歷史語言研究集刊》是由中國人民大學國學院西域歷史語言研究所主辦的學術刊物。以介紹國內外學者關於中國西北邊疆地區少數民族歷史、語言、考古、地理、宗教等方面的最新研究成果爲主要宗旨。發表具有原創性的學術研究論文、書評和研究綜述等，以期推動國內學界在西域歷史語言研究方面的進步。

本書適合於從事中國西北邊疆地區民族語言、歷史、考古、地理以及宗教研究的國內外學者，和相關專業的大專院校師生參考閱讀。

圖書在版編目(CIP)數據

西域歷史語言研究集刊. 第5輯 / 沈衛榮主編；中國人民大學國學院西域歷史語言研究所編. —北京：科學出版社，2012. 11

ISBN 978-7-03-035883-7

Ⅰ. ①西… Ⅱ. ①沈…②中… Ⅲ. ①西域-文化史-研究-叢刊 Ⅳ. ①K294. 5-55

中國版本圖書館CIP數據核字（2012）第254965號

責任編輯：孫　莉　郝莎莎

責任印製：趙德静 / 封面設計：王　浩

科學出版社 出版

北京東黄城根北街16號

郵政編碼：100717

http://www.sciencep.com

中国科学院印刷厂 印刷

科學出版社發行　各地新華書店經銷

*

2012年11月第　一　版　　開本：787×1092　1/16

2012年11月第一次印刷　　印張：34　插頁：1

字數：791 000

定價：108.00圓

（如有印裝質量問題，我社負責調换）

Historical and Philological Studies of China's Western Regions

No. 5

Institute for Historical and Philological Studies of China's Western Regions, Renmin University of China

Shen Weirong Editor-in-Chief

Science Press
Beijing

《西域歷史語言研究集刊》編委會

主　　辦　中國人民大學西域歷史語言研究所

主　　編　沈衛榮　　中國人民大學國學院西域歷史語言研究所

編　　委　王炳華　　中國人民大學國學院西域歷史語言研究所

烏雲畢力格　　中國人民大學國學院西域歷史語言研究所

沈衛榮　　中國人民大學國學院西域歷史語言研究所

黄朴民　　中國人民大學國學院

孟憲實　　中國人民大學國學院

孫家洲　　中國人民大學歷史學院

魏　堅　　中國人民大學歷史學院

成崇德　　中國人民大學歷史學院

羅　豐　　寧夏文物考古研究所

榮新江　　北京大學中國古代史研究中心

劉迎勝　　南京大學民族與邊疆研究中心

余太山　　中國社會科學院歷史研究所

達力扎布　中央民族大學歷史系

朱玉麒　　北京大學中國古代史研究中心

吳玉貴　　中國社會科學院歷史研究所

張德芳　　甘肅文物考古研究所

李　肖　　新疆維吾爾自治區吐魯番學研究院

松川節　　日本大谷大學文學部

杉山正明　　日本京都大學文學部

荒川慎太郎　日本東京外國語大學亞非研究所

Max Deeg　　英國卡迪夫（Cardiff）大學宗教系

Kirill Solonin　俄罗斯聖彼得堡大學東方研究系

Ruth Dunnell　美國肯揚（Kenyon）學院歷史系

Peter Schwieger　　德國波恩大學中亞語言文化學系

Karénina Kollmar-Paulenz　　瑞士伯爾尼大學宗教系

目　録

周清澍先生論著譯文目錄 ………………………………………… 烏雲畢力格　編（1）
蒙元史學星空的明月——恭賀周清澍先生八十誕辰 ………………… 烏雲畢力格（11）
說"七"——求索青銅時代孔雀河綠洲居民的精神世界 ……………… 王炳華（15）
T III MQR：一座中亞藏經閣的發現及其命運 ……………………………………
……………………………………………… 迪特・施林洛甫　著；劉震　譯（33）
古代西域非金屬貨幣研究 …………………………………………………… 李樹輝（43）

中古波斯文文書M101 i-j-c-k-g-l譯釋——摩尼教《大力士經》研究 …… 馬小鶴（59）
中古碑誌、寫本中的漢胡語文札記（二） …………………………………… 王丁（75）
一組反映10世紀于闐與敦煌關係的藏文文書研究 ……………… 榮新江　朱麗雙（87）
Early Tibetan Toponyms: An Attempt to Identify 'Byi lig of P.T. 116 and P.T. 996 ……
…………………………………………………………… Bianca Horlemann（113）
一件吐火羅A語—梵語雙語律藏殘片 …………………………………… 荻原裕敏（135）
A Wooden Staff with a Runic Inscription from Khotan …………… Peter Zieme（143）
Two More Leaves of the Dharmaśarīrasūtra in Sanskrit and Uigur ……………………
…………………………………………………… Dieter Maue and Peter Zieme（145）
十姓回鶻王及其王國的一篇備忘錄 …………… 張鐵山　茨默　著；白玉冬　譯（157）
有關帕當巴桑傑的漢文密教文獻四篇 ………………………………… 孫鵬浩（177）
俄藏西夏文《大手印定引導要門》考釋 ………………………………… 孫伯君（189）
道殿《鏡心録》西夏譯本初探 ……………………………………………… 索羅寧（209）
伊金霍洛——從"大禁地"到"成陵" ……………………………………… 陳得芝（249）
關於《元朝秘史》顧校本的幾個問題 ………………………………………… 烏蘭（261）
哈剌和林成立史考 …………………………………………………………… 邱軼皓（269）
"十六天魔舞"源流及其相關藏、漢文文獻資料考述 ………… 沈衛榮　李嬋娜（325）

兩部明代流傳的漢譯藏傳觀音修習法本集——中國國家圖書館藏《觀世音菩薩修習》、《觀音密集玄文》初探 ………………………………………… 安海燕（389）

明大同鎮長城、邊堡興築考——兼論“大邊”、“二邊”長城的概念和走向分佈
…………………………………………………………………………… 張永江（415）
元明西北蒙藏漢交融背景中的魯土司家族政教史事考——以紅城感恩寺藏文碑記釋讀為中心…………………………………………………………………… 魏文（427）
清初北方戰略考——以順治十二年前後理藩院應對喀爾喀措施爲中心 ……… 宋瞳（467）
六世達賴喇嘛倉央嘉措圓寂的真相……………………………… 烏雲畢力格（485）
清代鄂爾多斯部大扎木素事件考………………………………………… 達力扎布（495）
Guides to Holy Places as Sources for the Study of the Culture of the Book in the Tibetan Cultural Sphere: The Example of Kaḥ Thog Si Tu Chos Kyi Rgya Mtsho's *Gnas Yig* …
…………………………………………………………………… Orna Almogi（505）

作者名録………………………………………………………………………… （531）

Contents

The Biographical Notes and the List of Mr. Zhou Qingshu's Publications ······ Borjigidai Oyunbilig (1)
The Moon in the Starry Sky of the Study of Mongolian History ······ Borjigidai Oyunbilig (11)
Remarks on "Seven": the Spiritual World of the Bronze Age Residents of Kongque River Qasis ······ Wang Binghua (15)
T III MQR: Eine ostturkistanische Klosterbibliothek und ihr Schicksal ······ Dieter Schlingloff Tr. by Liu Zhen (33)
Research on Nonmetallic Currencies in the Ancient Western Regions ···Li Shuhui (43)

Translation and Commentary on Middle Persian Document M 101i-j-c-k-g-l: Study on Manichaean *The Book of the Giants* ······ Ma Xiaohe (59)
Sino-Eurasiatica (II) ······ Wang Ding (75)
Group of Old Tibetan Documents Concerning the Relations between Khotan and Dunhuang in the 10th Century ······ Rong Xinjiang and Zhu Lishuang (87)
Early Tibetan Toponyms: An Attempt to Identify 'Byi lig of P. T. 116 and P. T. 996 ······ Bianca Horlemann (113)
A Fragment of the *Bhaiṣajya-vastu* in Tocharian A and Sanskrit ··· Ogihara Hirotoshi (135)
A Wooden Staff with a Runic Inscription from Khotan ······ Peter Zieme (143)
Two More Leaves of the *Dharmaśarīrasūtra* in Sanskrit and Uigur ······ Dieter Maue and Peter Zieme (145)
A Menorandum about the King of the On Uygur and his realm ······ Zhang Tieshan and Peter Zieme Tr. by Bai Yudong (157)
Four Chinese Tantric Documents Apropos of Pha dam pa sangs rgyas ··· Sun Penghao (177)
A Study of the Tangut Version of *The Instruction of the Fixed Guide of Mahāmudrā* ······ Sun Bojun (189)
Daoshen and his *Record of the Mirror of Mind* in the Tangut Translation ······ Solonin Kirill (209)
Ejen Qoroγa: From Great Forbidden Place to Chinggis' Mausoleum ··· Chen Dezhi (249)

Some Remarks on Gu's Certified Copy of *The Secret History of the Mongols* ………… ……… Ulaan Borjigijin (261)
The Foundation of Qaraqurom: A Historical Review on the Movement of the Core Area of the Mongol Empire ……… Qiu Yihao (269)
The Origin of "*the Dance of Sixteen Heavenly Devils*" and the related Chinese and Tibetan Sources on it ……… Shen Weirong and Li Channa (325)

A Preliminary Study on *Guanshiyin pusa xiuxi* and *Guanyin miji xuanwen* Preserved in the National Library of China ……… An Haiyan (389)
Research on the Evolution of the Great Wall and Its Forts in Datong during the Ming Dynasty: Also on the Concept and Distribution of "Dabian" and "Erbian" ………… ……… Zhang Yongjiang (415)
The Religious and Political History of Chief Lu in the Interaction of Han, Tibetan and Mongolia Since 13th Century: Focusing on the Interpretation to the Stele Inscription of Gan'en Monastery ……… Wei Wen (427)
The Qing Dynasty's Strategy to the Northern Frontier in 1655 ……… Song Tong (467)
The Truth of the Sixth Dalai Lama Tshangs-dbyangs Rgya-mthso's Death ………… ……… Borjigidai Oyunbilig (485)
The Investigation on the Event of Ordos's Da jamsu in the Qing Dynasty … Darijab (495)
Guides to Holy Places as Sources for the Study of the Culture of the Book in the Tibetan Cultural Sphere: The Example of Kaḥ Thog Si Tu Chos Kyi Rgya Mtsho's *Gnas Yig* ……… Orna Almogi (505)

List of Contributors ……… (531)

周清澍先生論著譯文目錄

烏雲畢力格　編

1955年

《我國古代偉大的科學家——祖沖之》
（《中國科學技術發明和科學技術人物論集》，生活・讀書・新知三聯書店，1955年）

1956年

《漢藏兩族人民歷史悠久的友誼》（與李有義合作）
（《人民日報》約稿，經李有義教授審改後用二人合作名義發表於俄文《人民中國》，Тибетсий Народ В Братсвой Семье, Народов Китая, Лию-и и Чжоуцин-шу, Народный Китай. 12 Инюь 1956. стр. 15-17）

（譯文）《萊斯涅耳：論近代開端時期域外東方各國落後問題》
（《遠東及東南亞各國史進修班參考資料》，東北師範大學，1956年，譯自Вопросы Истории, 1951. 6）

1958年

《鐵拉克——印度民族解放運動的偉大先驅者》（與吳乾兑、彭樹智合作）
（《歷史教學》1958年第7期）

1961年

（譯文）《И・彼特魯舍夫斯基：拉施特哀丁和他的歷史著作——〈史集〉俄譯本導言》（與周建奇合譯）
［《內蒙古大學學報》（社科版）1961年第1期］

1962年

《成吉思汗生年考》
［《內蒙古大學學報》（社科版）1962年第1期；《文史》第一輯，中華書局，1962年］

《蒙古社會如何向封建制度過渡的問題》
（《民族團結》1962年第9期；《紀念成吉思汗誕生八百周年蒙古史科學討論會集刊》內蒙古曆史學會編印，1962年）

1963年

《蒙古源流初探》（與額爾德尼·白音合作）
（《蒙古源流》成書三百周年紀念文件匯編，內蒙古歷史學會編印，1963年；《民族研究論叢》，吉林人民出版社，1980年）

《庫騰汗——蒙藏關係最早的溝通者：讀〈蒙古源流〉劄記之一》
［《內蒙古大學學報》（社科版）1963年第1期；《元史論集》，人民出版社，1984年］

《蒙古族簡史》（合著，執筆第一編蒙古族的興起第二、三章，第二編第三章清代的蒙古族）
（《少數民族史志叢書》，中國科學院民族研究所印刷，1963年）

1964年

《試論清代內蒙古農業的發展》
［《內蒙古大學學報》（社科版）1964年第2期］

《對〈關於十二世紀蒙古族社會的性質〉一文的幾點商榷》
［《內蒙古大學學報》（社科版）1964年第2期］

1978年

《從察罕腦兒看元代的伊克昭盟地區》
［《內蒙古大學學報》（社科版）1978年第2期；《內蒙古大學學報卅周年論文選》，內蒙古大學出版社，1991年］

《元朝對唐努烏梁海及其周圍地區的統治》
（《社會科學戰線》1978年第3期；《元史論集》，人民出版社，1984年）

《讀〈唐駁馬簡介〉的幾點補充意見》
（《元史及北方民族史研究集刊》第3期，南京大學歷史系元史組，1978年）

1979年

《中國通史》第6冊
（與蔡美彪、王忠、朱瑞熙、丁偉志合著，人民出版社，1979年）

1980年

《元朝的蒙古族》
（《中國蒙古史學會論文選集》，內蒙古人民出版社，1980年）

《“霍蘭德”並無其人》
（《黨史研究資料2》，四川人民出版社，1981年；《黨史研究資料3》，四川人民出版社，1982年）

《汪古部統治家族——汪古部事輯之一》
（《文史》第九輯，中華書局，1980年）

1981年

《汪古的族源——汪古部事輯之二》
（《文史》第十輯，中華書局，1981年）

《歷代汪古部首領封王事蹟——汪古部事輯之三》
（《文史》第十一輯，中華書局，1981年）

1982年

《汪古部與成吉思汗家族世代通婚的關係——汪古部事輯之四》
（《文史》第十二輯，中華書局，1981年）

《汪古部的領地及其統治制度——汪古部事輯之五》
（《文史》第十四輯，中華書局，1982年）

1983年

《邵循正遺稿剌失德丁集史鐵木耳合罕紀（譯注）附記》
（《蒙古學資料與情報》1983年第1期）

《畏兀兒、回回、兀良合、赤禿哥、烏思藏納里速古兒孫》
（《中國歷史大辭典通訊》，辭條選登：7—8，1983年）
《藏文古史——〈紅冊〉》
［《中國社會科學》1983年第4期；《新華文摘》第10期（總第58期），1983年］

《元人文集版本目錄》
（《南京大學學報叢刊》，1983年）

《元史》
（合著，參加校勘、修訂，中華書局，1976年初版，1983年修訂）
《中國通史》第七冊
（与蔡美彪、周良宵、張豈之等合著，人民出版社，1983年）

1985年

《錢大昕》
（《中國史學家評傳》中冊，中州古籍出版社，1985年）

《蒙古與蒙古族的形成》
（《文史知識》總第45期，中華書局，1985年；《文史知識文庫·中國古代民族志》，中華書局，1993年）

《元史》（中國大百科全書·中國歷史卷單行本）
（合著、副主編，中國大百科全書出版社，1985年）

1986年

《邵循正傳略》
（《蒙古史研究》第二輯，內蒙古人民出版社，1986年）

《金代職官》
（《文史知識》總第65期，1986年；《中國歷代官制講座》，第十五章；《文史知識文庫》，中華書局，1992年）

《元代職官·蒙古官制》
（《文史知識》總第66期，1986年；《中國歷代官制講座》，第十六章，中華書局，1992年）

1986年

《中國歷史大辭典·遼夏金元》
（合著，副主編，執筆586條，上海辭書出版社，1986年）

1987年

《元代職官·大一統的中央官制》
（《文史知識》總第68期，1987年；《中國歷代官制講座》，第十六章，中華書局，1992年）

《元代職官·以行省分治天下的地方官制》
（《文史知識》總第69期，1987年；《中國歷代官制講座》，第十六章，中華書局，1992年）

《明成祖生母弘吉剌氏說所反映的天命觀》
［《內蒙古大學學報》（社科版）1987年第3期］

1988年

《回憶我的叔父周調陽》
（《武岡文史資料》第三輯，1988年）

1989年

《粟特青銅錢總譜》（簡介）
（《內蒙古金融研究》1989年第8期）

1991年

《蒙元時期的中西陸路交通》
（《元史論叢》第4輯，中華書局，1991年）

《邊疆史地研究的求實與求效》
［《中國邊疆史地研究》第1期（創刊號），1991年］

1992年

《日本所藏元人詩文集珍本》
［《東洋文庫書報》第23號，（日本）東洋文庫，1992年］

1994年

《內蒙古歷史地理》
（主編，內蒙古大學出版社，1994年）

1995年

《中國歷史大辭典·民族史卷》
（合著，北方民族史分編編委，執筆148條，上海辭書出版社，1995年）

1996年

《忽必烈潛藩新政的成效及其歷史意義》
（《內陸亞洲歷史文化研究——韓儒林先生紀念文集》，南京大學出版社，1996年）

《建國前內蒙古方志述評》
［《內蒙古大學學報》（社科版）1996年第4期］

1997年

《張穆、李文田手跡考釋》
［《內蒙古大學學報》（人文社科版）1997年第2期］

《關於別失八裏局》
（《元史論叢》第6輯，中國社會科學出版社，1997年）

1998年

《建國前內蒙古方志考述》序
（《忒莫勒撰《建國前內蒙古方志考述》，內蒙古大學出版社，1998年）

《元代漢籍在日本的流傳和翻刻》
（《文史知識》總第207期，中華書局，1998年）

1999年

《蒙古史學者沈曾植及其手跡》
（《內蒙古大學學報》（社科版）1999年第4期）

《加強民族研究、發揚中華文明之光》
（《民族研究》1999年第4期）

2000年

《元桓州耶律家族史事匯證與契丹人的南遷》
［《文史》1999年第4期（上）、2000年第1期（下），中華書局；《蒙元的歷史和文化——蒙元史學術研討會論文集》下冊，臺灣學生書局，2001年］

《〈蒙古源流〉研究》序
（烏蘭《〈蒙古源流〉研究》，遼寧民族出版社，2000年）

《關於銀定與歹成》
（《鄭天挺先生百年誕辰紀念文集》，中華書局，2000年）

《懷念鄭毅生師》
（《鄭天挺先生百年誕辰紀念文集》，中華書局，2000年）

《緬懷鴻庵師、尊敬的韓副校長》
（《朔漠情思——歷史學家韓儒林》，南京大學出版社，2000年）

《元代文獻輯佚中的問題——評〈全元文〉1—10冊》
（《蒙古史研究》第六輯，內蒙古大學出版社，2000年）

2001年

《蒙元時期的粘合家族與開府彰德》
（与趙琦合著，《中華文史論叢》2001年第3輯）

《大蒙古國時期地方儒學機構和學官的設立》（趙琦、周清澍）
（《中國史研究》2001年第4期）

《論弢翁藏書——致周一良先生函》
（《藏書家》第四輯，齊魯書社，2001年）

《中國歷史·元明清卷》
（合著，普通高等教育“九五”國家級重點教材，元代部分張帆執筆、周清澍審訂，高等教育出版社，2001年）

《元蒙史劄》
（內蒙古大學出版社，2001年）

《學史與史學——雜談和回憶》
（收有關史學家傳記、文獻史籍、筆談序跋和回憶文字35篇，上海古籍出版社，2001年）

《馬可波羅書中的阿兒渾人和納失失》
（《元史論叢》第八輯，江西教育出版社，2001年）

2003年

《元史點校的經歷和體會》
（《“中國傳統文化與21世紀”國際學術研討會論文集》，中華書局，2003年）

《〈再生緣〉作者的母族桐鄉汪氏》
（《國學研究》第十二卷，北京大學出版社，2003年）

2005年

《忽必烈早年的的活動和手跡》
（《中國史研究》2005年第1期；《復印報刊資料全文》2005年第3期）

《祝賀全元文編撰大功告成》
（《文匯讀書周報》第13版，2005年11月11日）

2006年

《〈全元文〉編撰工作完成》
（《新華文摘》2006年第1期）

《紀念獨健師百年誕辰》
（《蒙元史暨民族史論集——紀念翁獨健先生誕辰一百周年》，社會科學文獻出版社，2006年）

2007年

《點校本〈元史〉新發現的標點及失校》
（《點校本“二十四史”及〈清史稿〉修訂工程簡報》第十期，2007年）
《追憶邵循正師》
（《文史知識》，中華書局，2007年）

（譯文）《紅線》
［〔澳〕尼古拉斯·周思著，李堯、郇忠譯，協助將部分段落（148—197頁）譯成與沈復《浮生六記》相似的文言，人民文學出版社，2007年］

2008年

《沙灘北大二年》
（《讀庫》，新星出版社，2008年）

《回憶周一良師》
（《文史知識》，中華書局，2008年）

2009年

《敬賀蔡美彪先生八十大壽感言》
（《元史論叢》第十一輯，天津古籍出版社，2009年；《西域歷史語言研究集刊》第二輯，科學出版社，2009年）

《古城武岡舊觀舊事雜憶》
（政協武岡市委員會文史學習委《武岡文史》第九輯，2009年）

2010年

《回憶向覺明師》
（沙知編《向達學記》，生活·讀書·新知三聯書店，2010年；《文史知識》，中華書局，2010年）

《憶林沉》
（《文史知識》，中華書局，2010年）

《張政烺先生教學和育人》
（張永山《張政烺先生學行錄》，中華書局，2010年）

《十年生死兩隔憶林沉》
（《西域歷史語言研究集刊》第四輯，科學出版社，2010年）

《回憶楊人楩師》
（《東方早報·上海書評》2010年10月31日第10版）

《元代雲南的佛教和民族交流》
（《中國蒙元史學術研討會暨方齡貴教授九十華誕慶祝會文集》，民族出版社，2010年）

2011年

《懷念張政烺師》
（《文史知識》2011年第1期；《新華文摘》總第473期，2011年）

蒙元史學星空的明月

——恭賀周清澍先生八十誕辰

烏雲畢力格

2011年12月1日是周清澍先生80歲生日。先生生於1931年，原籍湖南省武岡縣，1954年畢業於北京大學歷史系，後又在該校攻讀碩士研究生，1957年分配到內蒙古大學工作，但仍在北京大學繼續進修一年，1958年初正式到內蒙古。先生在北大時研讀亞洲史專業，師從周一良先生專攻印度史，並從邵循正先生研習蒙元史。到內蒙古大學後，因工作需要，不再治印度史，而從事蒙古史研究與教學。先生曾任中國元史研究會副會長、中國民族史學會理事、中國蒙古史學會理事、中國中亞文化研究協會理事等社會兼職。先生主要研究領域爲元史、蒙古史、清史、文獻史料學等。從1958年來到內蒙古算起，先生致力於中國蒙古史研究、內蒙古史學學科建設已有半個世紀有餘，成果累累，學子濟濟，可謂新中國蒙元史學界一位功臣元老，內蒙古史學界巨人泰斗之一。

筆者在內蒙古大學蒙古史研究所攻讀碩士學位時，有幸成爲內蒙古著名的“林周”（內蒙古學界對林沉即亦鄰真、周清澍二人的習慣稱呼）二位的學生，得到先生教誨，聽先生講授，這是筆者一生中感到萬幸和引以自豪的。然而本人生性愚笨，先生們所教，僅領略其一二，因而在慶賀先生八十誕辰之際，雖有意詳盡介紹先生學術貢獻，但苦於學識淺陋，對先生廣闊的研究領域和深奧的學術造詣不能多言，僅將先生論著目錄羅列於書前，爲研讀者提供方便而已。但因本人是先生在內蒙古大學所教的學生，又曾經多年在內蒙古大學先生門下做事，而且內蒙古大學是先生畢生從事教學研究的中國蒙古史學界重鎮，因此，下面斗膽僅就先生對內蒙古大學蒙古史學所做的貢獻，略述一二。

內蒙古大學成立於1957年。建校之初，北京大學副教授胡鐘達先生受命調至內蒙古，創建內蒙古大學歷史系。周清澍先生也爲支援邊疆，同年調入該系，開始了他在內蒙古的人生旅程。次年，歷史系成立由四人組成的蒙古史教研室，先生即在其中。蒙古史被列爲歷史系專門課程，內蒙古大學蒙古史教學從此起步。內蒙古大學的蒙古史研究，則在先生腳下起步。1958年3月，他和阮芳紀先生參加翁獨健先生主編的《蒙古族簡史》撰寫工作，執筆第一編二、三章，第二編第三章，內容涉及蒙古族的興起和清代的蒙古族，掀開了內蒙古大學真正學術意義上的蒙古史研究的第一頁。先生治蒙元時期至清代蒙古史的“大一通”的學術道路也似乎從此開始。1961年，先生在赴北京出公差之際，受學校領導委託，到母校北京大學，聯繫把即將畢業於該大學的林沉（亦鄰真）爭取到內蒙古大學的事宜。林沉先生到任後，兩人如雄鷹雙翼，車駕雙輪，以其非同一般的智慧和辛勞，在很短的時間內，打開了內蒙古大學蒙古史學新局面。1962年，紀念成吉思汗誕辰八百周年學術討論會在內蒙古召開，周清澍先生宣讀題爲《成吉思汗生年考》的論文，利用漢、蒙、藏、波斯文等多種文字史料，民族語文學（Philology）和傳統考據學相結合，有力地批駁了古代波斯史家拉施特哀丁、清代元史學家洪鈞和20世紀西方漢學大師伯希和等人的成吉思汗生於1155年、1167年諸説，肯定成吉思汗生於1162年説，表現出天才史學家的智慧。他的這一結論被國內外專家普遍贊同和接受。在本次會議上，亦鄰真先生宣讀了《成吉思汗與蒙古民族共同體的形成》一文。兩篇力作齊放光芒，令全國學者對內蒙古史學界刮目相看。他們不僅成爲內蒙古大學史學學科的學術帶頭人，而且成爲整個內蒙古史學界的象徵、中國蒙古史學界的佼佼者。

此後，先生多年在蒙古史研究領域辛勤工作，直至今日八十大壽之年，仍孜孜不倦，筆耕不輟，收穫甚豐。

先生特別重視蒙古民族和蒙古社會內部歷史的研究，這與隔着長城從內地探視邊外世界的多數國內研究者迥然不同。比如，先生撰寫的論文《蒙古社會如何向封建制度過渡的問題》、《對〈關於十二世紀蒙古族社會的性質〉一文的幾點商榷》、《蒙古與蒙古族的形成》、《元朝的蒙古族》、《試論清代內蒙古農業的發展》等，詳細討論了13世紀蒙古社會制度、元代蒙古的社會生活、經濟生活、社會階級、清代內蒙古的農業發展等問題。其中，《蒙古社會如何向封建制度過渡的問題》、《對〈關於十二世紀蒙古族社會的性質〉一文的幾點商榷》兩篇，深刻探討了13世紀之前蒙古社會的性質、蒙古統一前的軍事組織和封建因素以及蒙古社會向封建制度過渡的過程。他批駁13世紀前蒙古社會爲奴隸制社會之説，用大量的歷史事實論證，當時的蒙古社會處於從野蠻到文明的父權制氏族公社階段，而當時奴隸的使用還祇是父家長奴隸制的性質。蒙古軍事組織中的罕、那可兒和一般士兵的關係逐漸發展爲罕對土地和人民的領有關係，封建等級制度逐漸形成，最後通過統一國家的建立、國家政權的確立、千戶的分封、民族共同體的形成和其他民族的影響，13世紀初蒙古社會過渡到封建制度。這裏表現出了先生極高的史學理論素養和紮實的史學基礎。《元朝的蒙古族》和《試論清代內蒙古農業的發展》兩篇論文，分別是關於元代蒙古社會和清代內蒙古農業發展史研究的具有開創性和深遠學術意義的力作。

汪古部研究系列論文是先生研究蒙古部族史、古代社會史的光輝典範。該系列論文對蒙元時期汪古部的族源、統治家族、歷代汪古王事蹟、汪古部首領與成吉思汗家族的通婚以及汪古部領地和統治制度等問題進行了系統、深入、精闢的論述，開闢了元代蒙古人文歷史研究的新領域。

《從察罕腦兒看元代的伊克昭盟地區》和《元朝對唐努烏梁海及其周圍地區的統治》是研究元代地方暨民族史以及研究元朝對北方民族地區統治的重要論文。關於元代伊克昭盟地區的行政機構和唐努烏梁海地區的民族分佈、中央王朝的管理體系等，史書缺乏記載，前人沒有論及，先生這兩篇大作填補了學術空白。敢於迎着困難而上，挑戰高難度的課題是应该向前輩学习的學術美德。

周清澍先生不祇是治蒙古民族史。他對遼夏金元時期各民族史也頗有研究。他參加了范文瀾先生主編的《中國通史》的第六、第七卷的編寫工作。在第六卷中，除了參加編寫西夏建立與發展的早期歷史外，主要執筆夏國的經濟與文化史，而在第七卷中，主要承擔了元朝統治下蒙古、西藏、西南各部族、西域及西伯利亞地區各民族歷史的編寫工作。爲此，他撰寫了多篇學術論文，比如《元朝的蒙古族》、《元朝的藏族》、《元朝的西北部各族》等。他撰寫的部分，學術上多有獨到之處，具有很大的原創性。此外，周清澍、亦鄰真二先生任《中國大百科全書·元史》的副主編，周清澍先生任《中國歷史大辭典·遼夏金元卷》的副主編，爲該兩部書撰寫了很多辭條。眾所周知，辭書中的辭條雖然字數不多，有的甚至寥寥數語，但其中不少內容難度甚大，需要大量的辛勤勞動，遼夏金元時期的民族史辭條尤其如此。先生所寫辭條，均爲多年潛心研究之結晶。

文獻學研究成果是先生得意之作之一種，對元代漢籍和清代蒙古文獻研究方面他做出了突出貢獻。1962年是蒙古著名史書《蒙古源流》（*Erdeni-yin Tobči*）成書300周年。在準備300周年紀念學術會議之際，先生與同研究所的額爾德尼白音先生合作完成了論文《蒙古源流初探》，探討了《蒙古源流》的成書背景、作者、書名、基本內容及其學術價值、史源、流傳和譯注等問題。該文對《蒙古源流》一書的研究提出了許多有價值的見解，成爲《蒙古源流》成書後的第一篇用科學的史學理論和方法對其進行全面研究的力作。不僅如此，他的這篇論文爲研究17世紀問世的其他多部蒙古文史書的研究指出了正確的方向和方法，因此說它是該領域研究的一座燈塔並非溢美之辭。除此之外，先生還研究過藏文著名史書《紅冊》（*Deb ther dmar po*; *Hu lan deb ther*），對本書作者、成書背景、內容、史料價值和研究史等等提出了獨到見解。

在元代漢籍方面，先生特別熟悉元人文集內容、流傳、版本和所收藏情況，編寫了《元人文集版本目録》。先生特別關注和研究日本所藏元代漢籍，撰寫了《元代漢籍在日本的流傳和翻刻》及《日本所藏元人詩文集珍本》兩篇論文。在《全元文》出版後，先生寫書評《元代文獻輯佚中的問題——評〈全元文〉1—10冊》，指出了《全元文》存在的古籍整理方面的一系列問題，從中可以窺見先生對元代文獻的熟悉程度和整理古籍文獻的功底。

1971年，《二十四史》點校工程開啓，內蒙古大學蒙古史學界派先生到北京，爭取到點校《元史》的工作。1972年，《元史》點校工作開始，內蒙古大學蒙古史研究室不少人參加了該工程，但因蒙元史研究功底和中世紀蒙漢語知識底蘊等諸多問題的關係，亦鄰真、周清澍二人貢獻最大、最突出。他們二人負責工作全程，最後他們二位和周良宵先生一起到中華書局爲全書校勘記定稿。1973年冬，周良宵和周清澍二先生被借調到中國社會科學院近代史研究所參加編寫《中國通史》，亦鄰真先生一直堅持到1976年，同翁獨健教授、責任編輯姚景安一起，完成了全書校勘記的撰寫和審定以及全書清樣稿的多次校改。在“二十四史”中，《元史》最難點校，但是《元史》點校工作完成得卻十分出色，成爲元史研究的一個標誌性成果。《元史》的點校工作對內蒙古大學蒙古史研究具有長遠的意義，它進一步提高了內蒙古蒙古史研究的學術水準，加强了蒙古史研究學科隊伍的建設。毫無疑問，《元史》點校的成功與亦鄰真、周清澍二人的非凡的研究能力、嚴格的學風與高度的學術責任心是分不開的。值得一提的是，該工程完成很長時間以後，先生對它仍然念念不忘，2003年發表了論文《元史點校的經歷和體會》，2007年又發表了《點校本〈元史〉新發現的標點及失校》一文。前輩們如此嚴謹的學術態度和對學術問題的窮追不舍的精神值得我們認真學習，需要將其發揚光大。

在內蒙古歷史地理研究方面，先生貢獻很大。亦鄰真先生最早提出了編寫內蒙古歷史地理的倡議，但因眼疾不能勝任，編寫工作的繁重任務落在了周清澍先生的肩上。先生帶領該研究所部分研究人員，歷時三年，完成並出版了《內蒙古歷史地理》一書。先生以高度的責任心完成主編職責之餘，還親筆撰寫金元時期章節。該書是第一部系統地闡述內蒙古地區歷代行政沿革地理的專著，也是第一部蒙古地區歷史地理通史著作。它對蒙古歷史地理的研究和教學工作都起到了重大的推動作用。

金元兩朝職官研究是先生重要的成果之一。他先後發表了《金代職官》、《元代職官——蒙古官制》、《元代職官——大一統的中央官制》、《元代職官——以行省分治天下的地方官制》等論文，梳理了金元兩代中央和地方職官制度，探討了女真和蒙古官職的民族特色。在《汪古部的領地及其統治制度——汪古部事蹟之五》中，他還以汪古部爲例，利用《元典章》和元代碑刻資料，詳細探討了蒙古領主王府的官制和統治制度。

學術史研究也是先生特別重視的領域。就蒙古史有關的內容而言，他發表過《洪鈞與〈元史譯文補正〉》、《邵循正生平及其所譯波斯文〈集史〉》、《蒙古史學者沈曾植及其手跡》、《張穆、李文田手跡考釋》等學術論文。這一系列論文實際上是對近代蒙古史研究學術史的探討和總結，其意義遠遠超過了對某一學者生平事蹟和手跡的介紹與考證。

以上是本人學習先生大作的一些體會。筆者對先生博大的學問既不全面瞭解，也不能深刻體會。先生的研究還涉及元代政治史、中西交通史、元明時期歷史人物等內容以及蒙古學研究以外的其他領域。這些不是筆者能夠一一介紹和評説的。但是，通過近幾年對前輩們學術成果的重讀和對他們學術道路的思索，筆者認識到，已故的亦鄰真（林沉）先生和壽星周清澍先生對中國元史和蒙古史研究貢獻巨大，尤其是對內蒙古大學蒙古史研究事業的形成、發展和壯大起到了他人無可代替的核心作用。某種意義上應該説，內蒙古大學蒙古史研究學科復姓林周，沒有他們二人，也就沒有今天內蒙古大學的蒙古史研究的地位和影響。鑒於先生對內蒙古蒙古史學界的如此重大的貢獻和影響，筆者在此想引用17世紀衛拉特蒙古高僧剌德納巴得喇在《咱雅班第達傳》中對他上師的一句感慨：“星辰雖多，何及月光明亮！”

說“七”

——求索青銅時代孔雀河緑洲居民的精神世界

王炳華

感覺到的事物不一定能理解。衹有理解了的事物，纔能被更深刻地感覺，並接近、進而把握其實質。

1979年12月底，筆者覓得並主持發掘了孔雀河古墓溝，立即感覺到了很新奇、從無所見的種種文化現象，但又是相當不理解。連它是新石器時代、抑或是青銅時代的遺存，翻來覆去好幾遍，纔怯生生地說它是青銅時代，是孔雀河緑洲古代居民步入文明時段的考古遺存①。至於它的具體文明內核，即使擺在面前，也還是並不清楚認識，也沒有真正理解的。至今，經過整整30年，不斷咀嚼那些深刻印在腦海中的問題，不斷學習吸收前人、師友的成果，纔慢慢地、一步步感知，一點點理解孔雀河人——古代西域先民們的精神世界，有勇氣開始一辨其原委。

“七”，這個神秘的數字，就是這方面的典型一例。

“七”，是一個在原始思維過程中具有特殊意味的數字概念。中國學者，對這類神秘數字，早有關注、分析，提出過種種解析、假說、理論。

新疆東部羅布淖爾荒原上的孔雀河緑洲，是亞洲中部內陸一處相對比較封閉的地塊（圖1）。南北大山、東西沙漠，與四圍交往來去，並不方便。自20世紀初葉尤其是20世紀70年代末至今，考古工作者對這片地區的青銅時代文化遺存進行了相當詳實的調查，也進行了一些發掘。出土的文物考古資料，因環境特別乾燥，保存得相當好。而其社會發展階段又正當蒙昧轉向文明的過程中，絕對年代可以早到四千年前。這些特點，給我們提供了一個解析人類文明早期階段精神世界狀況比較好的典型。全面、認真剖析相關文化遺存，不僅可以感受初步邁向文明之門時原始先民們的物質生活，而且可以具體觸摸其精神生活領域種種遺痕，這是特別珍貴的。因爲如果是古遠的精神世界狀況，文字還未發明，不可能見於記録，但卻有幸載附於看似平常的出土文物中。因此，它是認識古代先民邁向文明之門最初時段重要、又不易獲得的物質遺存；更因其未受後人增删、潤色、改造，樸素無華，就更加稀珍難求，具有說服力。

筆者自1979年發掘了這一時段的遺址古墓溝後，2000年，情有難捨，又與友人步、駝相繼，自庫魯克山直下羅布淖爾沙漠，再訪了這一時段中孔雀河水系內的墓葬遺

① 王炳華《孔雀河古墓溝發掘及其初步研究》，《新疆社會科學》1983年第2期，117—130頁。

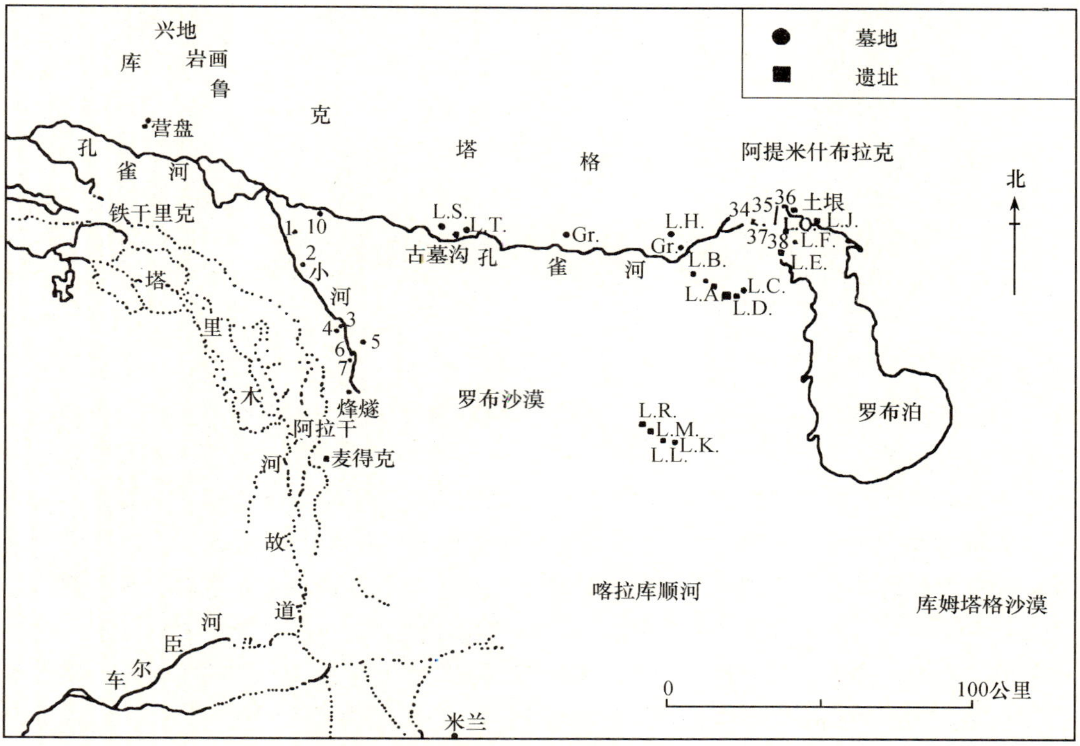

圖1　青銅時代孔雀河水系遺址、地理形勢圖示

址——小河（F. 貝格曼1934年發現、並少量發掘過的一處墓地）；2002—2005年，新疆考古所對小河墓地進行了全面發掘，並部分公佈了相關資料。2004年，筆者作爲國家文物局專家組成員之一，認真考察了小河墓地發掘現場。這些因素，爲我今天剖析這一相對較閉絕、保存卻好、時代又相當早的青銅時代文化遺存提供了諸多方便條件。

應予分析的文化細節，是相當多的。筆者當努力探索，逐步展開。本文僅以遺存中所見“七”數的具體資料爲切入點，剖析孔雀河流域古代先民在這一數字概念中寄託的思想，探尋人類原始思維之特徵，求索這一時段中人們認識世界之軌跡，感受他們在面對大自然，求得生存、發展時顯示的聰明、智慧，進而討論他們與當年周圍世界的關係。

一、“七”數遺痕

孔雀河河谷緑洲，已知青銅時代文化遺存約有10處。分佈地域及於孔雀河中、下游及主要支流。如A. 斯坦因調查並發掘了的LF、LQ、LS、LT②，F. 貝格曼發現並發掘，

② 〔英〕斯坦因著、中國社會科學院考古研究所譯《西域考古圖記》，桂林：廣西師範大學出版社，1999年。

考古所最後全面發掘的小河墓地[③]；黃文弼在孔雀河北岸發掘的L㇋、LП墓地[④]；筆者發現、發掘的古墓溝墓地[⑤]；穆舜英清理的鐵板河墓地[⑥]；牛耕在LE東北發掘的墓地[⑦]等。它們大都分佈在孔雀河北岸沙丘高地及其支流小河流域，時代或有早晚。據大量C^{14}測年資料，總體結論是：它們是公元前兩千年前後孔雀河谷緑洲上古代居民的文化遺存。可惜目前所見均祇是墓葬，未能發現居住遺址。相關居住遺址，雖曾認真搜尋，但迄無所獲。按一般情況，居址當在距離墓地不遠的河谷臺地。如是，去水較近，農作、日常生活可得其便。但簡單的草木建築，可能難禦羅布淖爾東北季風長期吹蝕，大概已湮滅無存。

通觀孔雀河青銅時代墓地發掘資料，可以看到一個顯目的文化現象，這就是數字“七”，具有不一般的地位。它保留在了當年孔雀河居民物質生活的各個方面。一點不必懷疑，它是深深烙印在他們靈魂深處的一個文化密碼，具有特殊的意涵。對青銅時代孔雀河居民而言，數字“七”，似是美好所在，是幸福所系，是須臾不可以丟棄的靈符。

古墓溝墓地，共發現古代墓葬42座，其中6座墓葬，地表均見“七”圈橢圓形列木環圈。環圈列木直徑由幾厘米到20多厘米不等。由內及外，粗細有序。橢圓形環圈外，更有四向散射的列木樁柱構成的直綫。一座環圈墓葬外，可有40多道射綫。這類直綫，從保存完好者看，每條綫又是由“七”根立木構成。遠視、俯視，儼如光芒四射的太陽（圖2）。其佈局之規整、施工之嚴謹，均清楚可見。這類墓均入葬男性。

圖2　古墓溝墓地七圈橢圓形列木、散射的木樁直綫，儼如太陽形

③　〔瑞典〕F. 貝格曼著、王安洪譯《新疆考古記》，烏魯木齊：新疆人民出版社，1997年，72—130頁。

④　黃文弼《羅布淖爾考古記》（中國西北科學考查團叢刊之一），北京：國立北平研究院，1948年，97—104頁。

⑤　王炳華《孔雀河古墓溝發掘及其初步研究》，117—120頁。

⑥　穆舜英《樓蘭古墓地發掘簡況》，《樓蘭文化研究論集》，烏魯木齊：新疆人民出版社，1995年，122—126頁。

⑦　牛耕《近年來羅布淖爾地區的考古發現》，《西域研究》2004年第2期，84—86頁。

墓葬封土如是設計，極顯當年孔雀河人對“七”這一神秘數字滿懷虔誠，滿溢創造的智慧；光芒四射，儼如太陽的造型，不僅顯示這類墓葬超凡、莊嚴，也清楚表明他們對太陽的崇拜。這是可以經過形式邏輯捕捉的結論。

據此，可以推定：構建太陽圖像的基本元素，必須用“七”。橢圓形要“七”圈，構成射綫之立木，要“七”根。這表明：“七”在青銅時代孔雀河人心目中，不是一個隨便的數，它是與天穹密切關聯的、具有神秘內涵的文化密碼。它背後的邏輯思維過程，所以如是抽象的根據，需要我們要進一步發掘、認識。

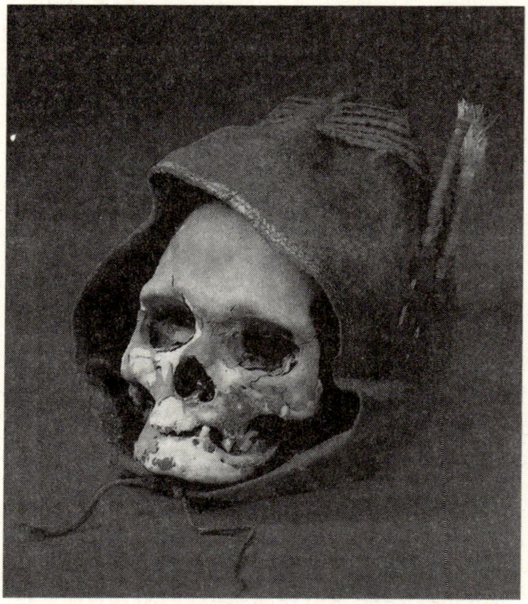

圖3　古墓溝第38號墓女主人氈帽飾七道紅綫

在古墓溝墓地，還有一個與“七”密切關聯的圖像。墓地第38號墓，是一位老年女性的墓葬。女主人頭戴質地厚實、保存完好的褐色尖頂氈帽。一側插白色翎羽。氈帽頂部以紅色毛綫繡飾一周圖形：以“七”條平行綫爲一組，共四組，分列尖頂四面。墓葬女主人，隨身衣物，入殉牛、羊角，均超乎一般成員。從墓地觀察，是佔有財富較多、地位不俗的一位老婦人。她氈帽上這一顯目的以“七”道紅綫構成的毛繡圖案，自然也發人思考：“七”，在青銅時代孔雀河人心目中，不僅是美的象徵，而且，存在特定文化意涵[⑧]（圖3）。

“七”，這一數位元素，在同屬青銅時代、但絕對年代晚了四五百年[⑨]的小河墓地中，保留着更多痕跡。可以說，“七”在小河時段，已成爲社會的時尚，具有了時尚文化符號的功能。爲揭示這一文化現象，本文取已經刊佈的2003年發掘資料中的第13、24號墓爲例，作爲代表，予以較細說明[⑩]。

M13，爲第一層（小河墓地共疊壓5層，這是絕對年代最晚的地層）墓葬。埋葬淺，棺前有高達187厘米的粗大棱形立木象徵男根（圖4）。木棺較大（225厘米×84厘米×45厘米），棺上蓋紅、白、淡黃色三塊牛皮。墓主人爲成年女性，頭戴氈帽，身裹白地大紅色

⑧　王炳華《孔雀河古墓溝發掘及其初步研究》，117—120頁。

⑨　2003年M13、M24屬小河墓地表層。AMS（加速器質譜分析）^{14}C測年，“一、二層年代最大的可能性在公元前1650—前1450年之間”，新疆文物考古研究所《2003年羅布淖爾小河墓地發掘簡報》，《新疆文物》2007年第1期，46頁。

⑩　M13埋葬情況，及下引M24文物資料，均見新疆文物考古研究所《2003年羅布淖爾小河墓地發掘簡報》，10—33頁。

豎條紋毛織斗篷；頸部見朱紅色毛繩項鍊，上腹部置一具大牛頭，顱面彩繪以九條黑紅色綫構成之網格圖案；腰圍毛織豎條紋腰衣，左胸部置小型木雕人面像；右手腕部飾手鏈，左手近腕部置木祖，右側臀下放木梳；小腹部有黍粒，身下鋪大量麻黄枝。在這座保存相當完好、規模相對稍大、極具代表性的墓葬中，墓主人隨身衣物，多見“七”數遺痕[11]：

（1）女主人裹屍毛織斗篷，灰白地上顯大紅豎條紋，諧和美觀。紅色條紋貫通上下，與幅邊平行，共“七”道（圖5）。

圖4　2000年，本文作者進入小河墓地，在男根形立木前留影

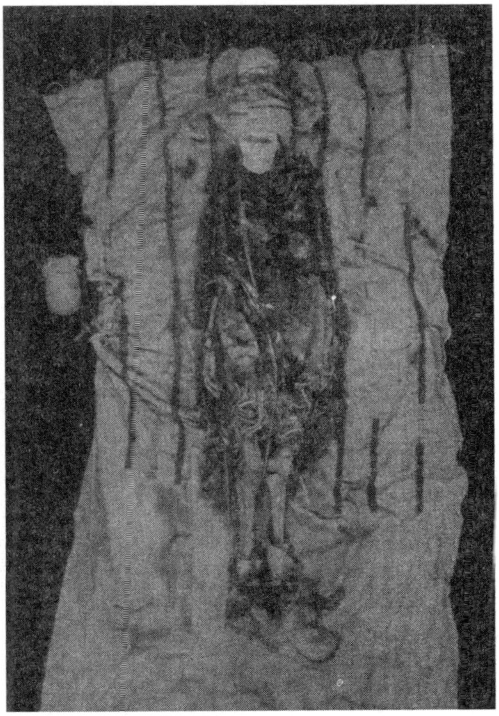

圖5　小河13號墓女主人斗篷上飾七道紅綫

（2）女主人腰衣中部用一根毛綫綴連直徑2.5厘米左右的圓形銅牌飾，繞腰衣一周，這顯目之圓銅牌爲“七”塊（圖6）。

（3）女主人項鏈，以紅、褐兩色細毛繩穿綴玉石珠。紅毛繩穿綴玉珠3顆，褐毛繩穿3顆白石珠、1顆黑石珠，玉、石珠共爲“七”顆。

（4）女主人使用之木梳，以“七”支紅柳杆爲梳齒；側邊梳齒上刻“七”組三角形紋（圖7）。木梳不在頭上，而在臀下，是一個需要注意的現象。

（5）女主人隨葬的小草簍，簍底垂直相交的經向草杆，都是“七”根。

⑪　M13埋葬情況，見新疆文物考古研究所《2003年羅布淖爾小河墓地發掘簡報》，10—20頁。

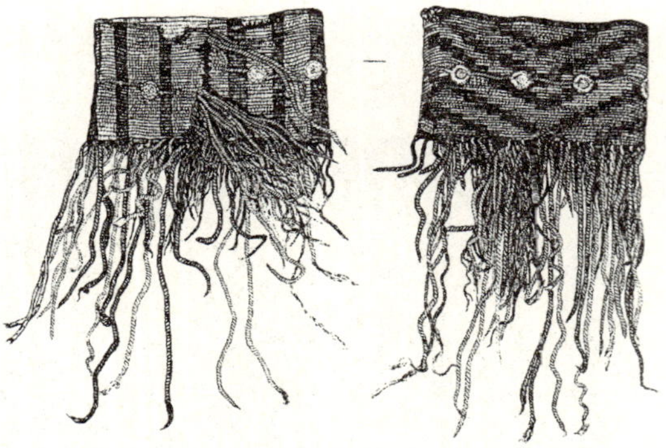

圖6　小河13號墓腰衣上有七塊銅牌

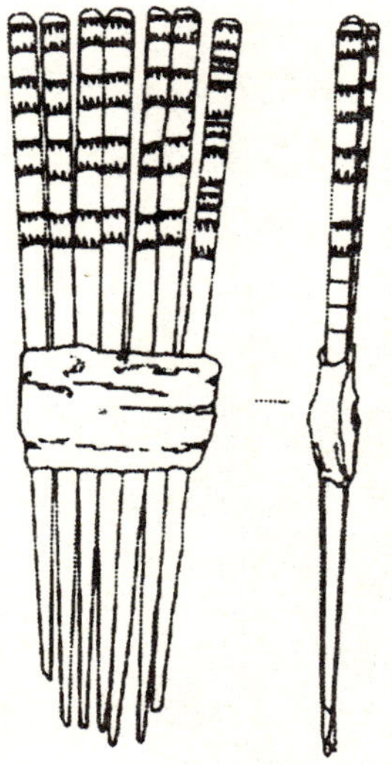

圖7　小河13號墓木梳齒上飾七組三角形紋

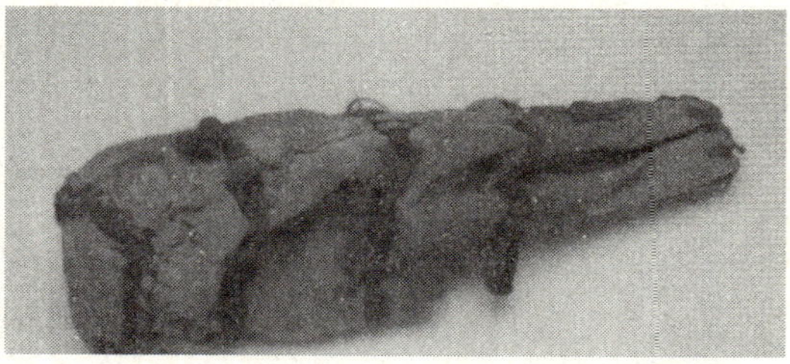

圖8　小河13號墓女主人小皮囊上有七塊方形凸片

（6）女主人腰際隨殉小皮囊，在縫合處切割出"七"個方形凸片（圖8）。

（7）女主人隨葬的木雕人面像，表面粘貼薄皮，塗紅，鼻樑高聳。鼻樑上橫縛綫繩，繩爲"七"道（圖9）。

（8）女主人胸部有羽毛木杆飾物。將兩端削尖的木杆插入羽毛管中，羽管通體繚繞紅毛綫。捆紮白色羽毛。木杆上刻有"七"道弦紋。

（9）木別針，包括刻花木別針三支、紅柳杆三根。刻花木別針，每支刻14道弦紋，中間刻相對小三角形紋，分別組成"七"組三角形飾帶，花紋部分塗染紅色（圖10）。

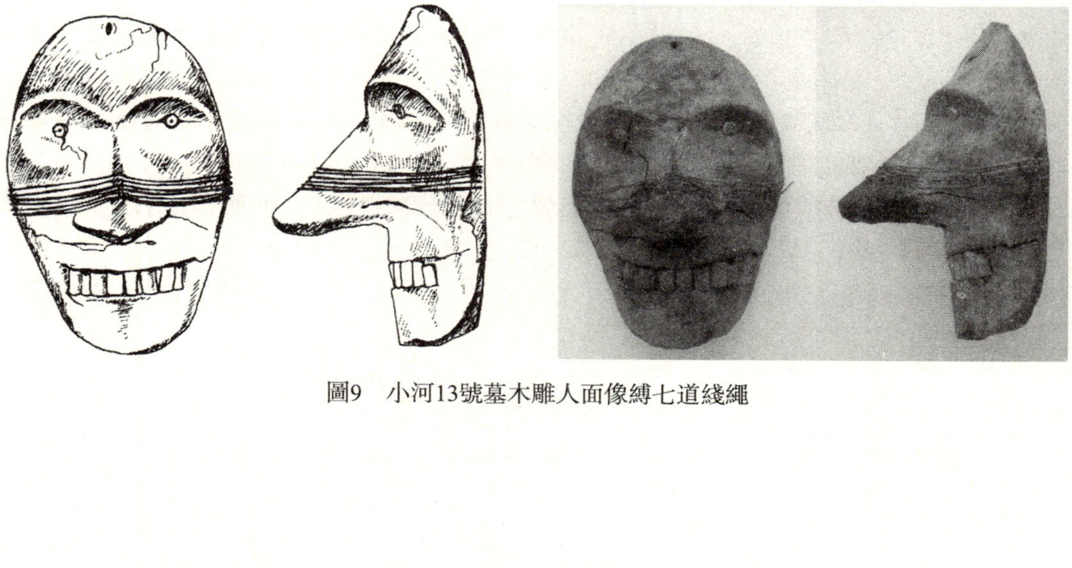

圖9　小河13號墓木雕人面像縛七道綫繩

此外，還可以一說女主人頭戴之尖頂氊帽，簡報文字稱“帽上綴6圈紅色合股毛繩”。衹是細看所附綫圖、圖版，綴附之毛繩，已稍朽損，似有“七”圈之可能（圖11）；氊帽一側插禽羽，羽毛捆紮在木杆上，其中一支木杆，也刻有“七”道弦紋。

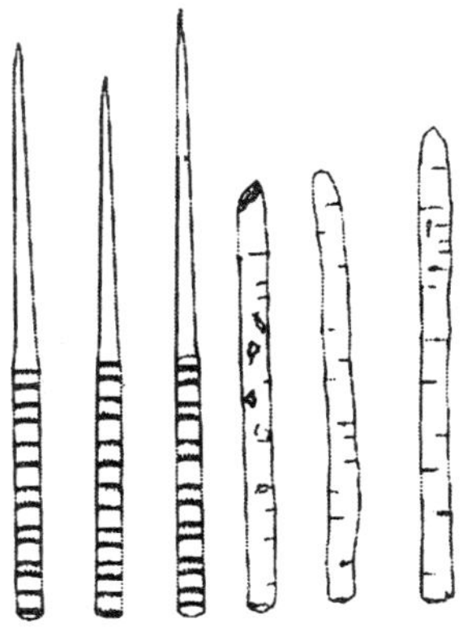

圖10　小河13號墓出土木別針上有七組三角形飾紋

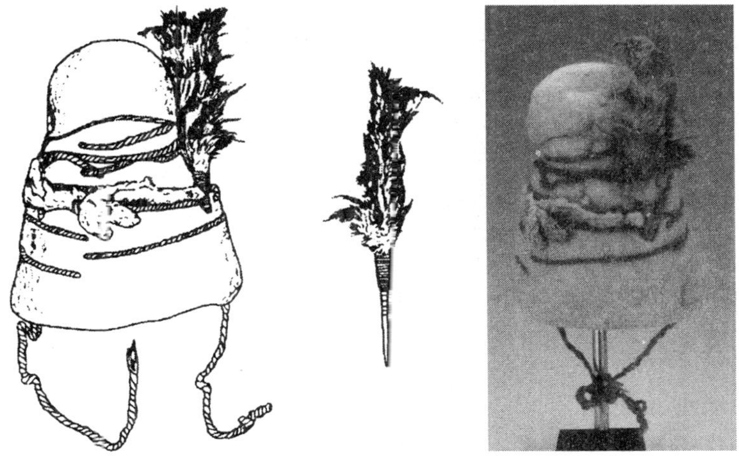

圖11　小河13號墓出土氊帽，毛綫已朽損，不規整，飾帶似爲七條綫繩

這些資料清楚表明：隨女主人入土的各類衣物，諸多製作、裝飾細節，都可以捕捉到“七”這一數位元素。這自然不是偶然的表象，而是精心設計、深有文化蘊涵的。

再說第24號墓（M24）的情況⑫。

第24號墓，屬小河墓地第二層，棺前豎一根高330厘米的圓木柱和一根高180厘米的女陰立木。圓木柱曾經塗染紅色，圓木柱根部見用毛繩捆縛的蘆葦、紅柳草束。其中包含麻黄、羊腿骨，草束上放牛糞，旁置大草簍。女陰立木呈槳形。槳葉截面大致呈十字形。最寬處達67厘米。兩邊插有一支冥弓、三支冥箭。棺木較大（181厘米×49厘米×30厘米），入葬成年男性。身裹深棕色地紅條紋毛毯，以刻花木別針綴合。毛毯邊緣用紅毛繩捆紮出四個小包囊，内存麻黄枝、小麥粒等物。男屍腹部置放顱部塗紅的大牛頭。男屍頭前、足後各插一件一端嵌人面像的木杖。男屍頭戴深棕色氊帽，帽側飾翎羽、綴羚鼬頭。腰圍窄帶式腰衣，足蹬短腰皮靴，雙耳飾銅環，右手腕繞手鏈。下半身偏右側堆置40多件木質長杆形器物，包括3件蛇形木雕及套皮、束羽毛的扁木杆、骨鏃、木箭、羽箭、紅柳木棍等。胸部置木雕人面像，右臂外有麻黄束，小腹部置白色卵石。胸部、兩腿間、右臂内側有羽飾。右手部位放一件夾條石的馬蹄形木器。身上、身下見麻黄枝，頸肩周圍見動物碎耳尖。屍體乾化較好，全身塗抹乳白色漿狀物，額至鼻部曾塗繪紅色横綫，看不清楚紅綫的根數。

⑫ 新疆文物考古研究所《2003年羅布淖爾小河墓地發掘簡報》，20—33頁。

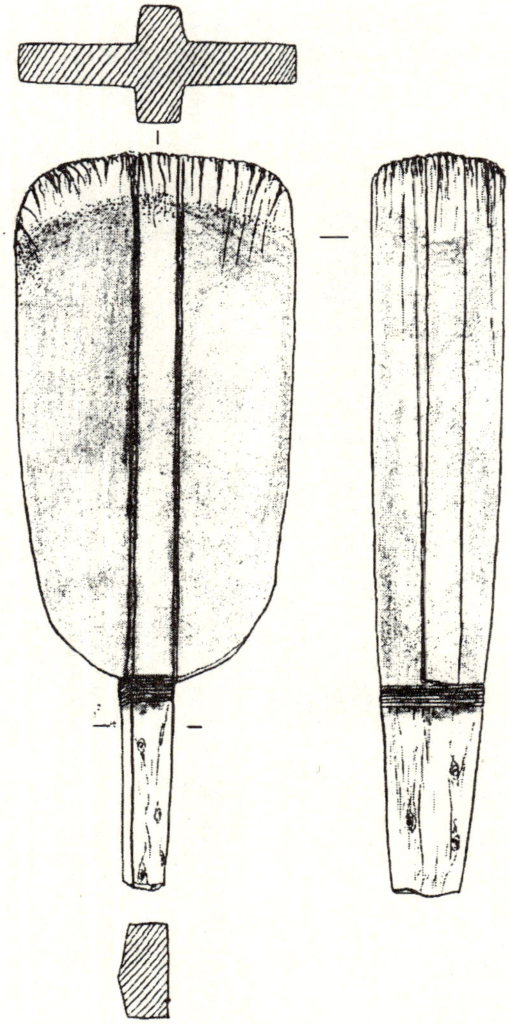

圖12　小河24號墓葬女陰立木柄部刻七道弦紋

男主人隨身衣物、殉物，也見到不少與數字“七”有關的元素。細述於下：

（1）棺前具有神聖地位的女陰立木，通體塗染黑色。柄端刻“七”道弦形紋，並在刻劃處塗染紅色（圖12）。

（2）皮靴，靴面正中塗紅道，紅道兩側穿小孔，“內穿‘七’束白色羽毛和紅毛綫”。

（3）手鏈，以灰白色細毛繩穿白色小珠，在右手腕部繞“七”圈，成爲形式特別的一種手鏈（圖13）。

（4）隨葬草簍，“簍底正交的兩組經草均爲‘七’根”。

（5）右手所持夾條石的馬蹄形木器，“木片中段內側平面上刻相對‘七’道橫紋，刻綫的地方塗成紅色”。木片中夾磨製灰色礫石，“內側面刻劃‘七’道細槽”，“蹄形木片下方，兩塊木片相對應處，也刻有‘七’道細綫，並塗紅色”（圖14）。這是一件值得注意的木器。顯目的礫石內側面、夾礫石之木片獸蹄一端都刻了“七”道細槽，且塗紅色，這不可能是爲人們觀賞的裝飾圖案。因爲太細、且隱秘，一般看不清楚。但還是要刻“七”道細槽，而且塗染紅色，說明這是特別重

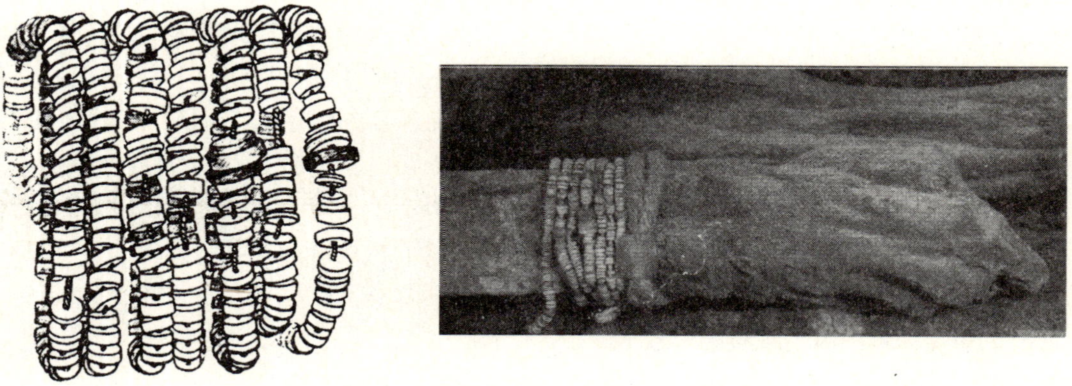

圖13　小河第24號墓葬男主人手鏈爲七圈串珠

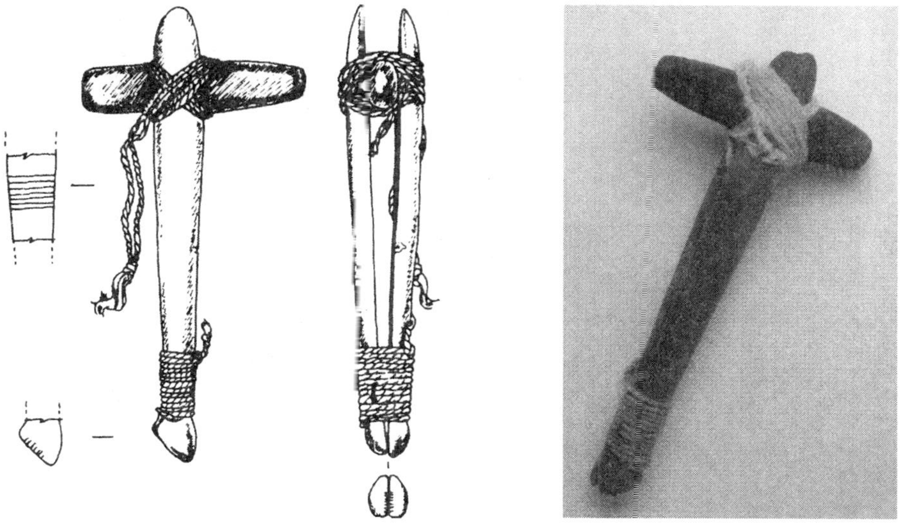

圖14　小河第24號墓葬馬蹄形木器上有七道刻綫

要、特別神聖，不能輕忽的環節，很有可能是巫師作法的表現。如此，纔能具有權威。

（6）男主人胸部之木雕人面像，其上也粘貼一層皮狀物，塗紅。額部、下頜正中，各粘小塊銅片，眼部、嘴中以小白珠、白色小片作爲眼珠、牙齒，製作精細。是可以辟邪的聖物。這木雕人面之鼻樑上，也橫搭“七”道細綫繩（圖15）。

（7）爲男主人隨殉的骨鏃、木箭，骨鏃表面打磨光滑，頭端尖鋭，後側表面刻劃“七”道弦紋。

（8）爲男主人隨殉的羽箭，有四組，分置於不同部位。其中一組置於主人右臂與軀幹之間，共“七”支。

這兩座墓葬，保存都較好，未經後人擾動。性別不同，社會地位稍高，從探求這一時段孔雀河居民的觀念形態看，他們是很具代表性的。

小河墓地墓葬，隨葬物品不多。大都衹是死者隨身衣、帽、飾物，少量隨殉物品。在屈指可數的隨葬物品中，可以覓得如是多的與“七”相關的裝飾細節，可以充分說

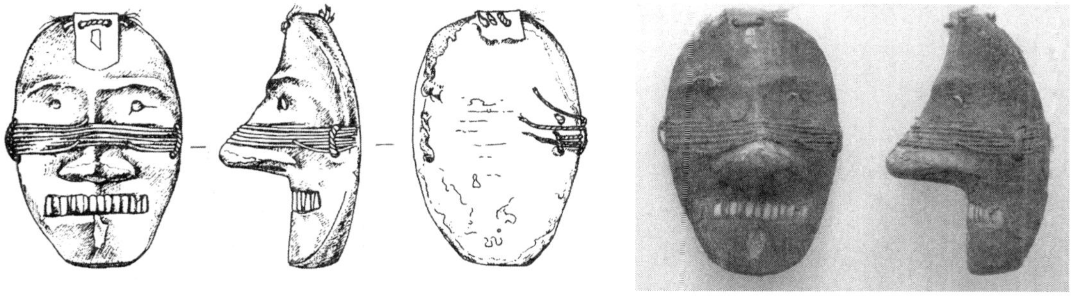

圖15　小河第24號墓葬男主人隨殉之木雕人面，縛七道細繩

明："七"在當年小河居民的日常生活中，確已是普遍接受、尊崇，不可須臾離開的一個文化密碼。在當年人們的精神世界裏，具有神聖的地位。

小河墓地，共發掘墓葬167座[13]。"七"這個具有神秘意味的數字，所在多見。本文祇以兩座墓葬爲切入點，檢索其中的"七"數遺痕，以求取得到比較具體、比較深入的認識。於細微處見精深，"七"在青銅時代小河墓地主人的心目中，確實是十分不平常、與命運息息相關的元素，也是人們在處置生、死大事時不能輕忽的一個細節。這是一個重要的文化現象。從這一細節出發，進一步去剖析青銅時代孔雀河緑洲上原始居民内心深處存留的對"七"這一神秘數字的信仰，是有說服力的。

二、"七"數探源

在上述孔雀河流域青銅時代墓地内，大量存在具有"七"這個數字内核的文化遺痕。由此可以推論："七"，是一個具有神秘意味的數字，它在去今四千年前後，已經是孔雀河緑洲古代居民普遍接受、認同的一個文化符號，顯示已是他們共同的文化心理。這是值得、也應該予以分析的民族文化觀念。如，這一文化符號代表了一種什麽樣的思想内涵？它如何形成、演化？與周鄰地區的關係怎樣？等等。

祇從孔雀河水系緑洲這一地理空間、現已把握的資料看，至少，這類遺痕顯示出如下特點：一是這類符號，具有超越人間的神性，是與天廷、權威、巫祝密切關聯的。二是從古墓溝到小河，時間流逝了四五百年，圖案由繁趨簡，由具象走向抽象。但相關符號的神性力量仍然存在；另一方面，相關符號有向世俗生活沉澱、成爲社會精神生活領域一種"美"的代表，成爲人們喜好的、普遍認同的裝飾圖案。三是對這一文化密碼，稍事關注，可以結論，它在歐亞大陸是普遍性存在，其間的關係，也是一個需要深入探討的問題。

說"七"這一數位具有神秘性，與"天"、"巫祝"存在關聯，最顯明的證據，就是古墓溝墓地"七"圈橢圓形圖像、四向散射的以"七"根立柱構成的射綫，它們最後具象的、寫實的圖像，就是光芒四射的太陽形。圖形直接表明，"七"與太陽是直接存在關聯的。換一個表述方法，也可以說："七"，是與太陽、天穹、宇宙相關聯的一個數位密碼。"七"是構成"天廷"、神居之處的一個神秘符號。至於"七"這個元素，爲什麽具有如是神奇力量，須要進一步解析。在經過相當長的歲月後，今天進入小河墓地，"七"的神性元素精神，仍然可以清楚觸摸：如男性墓前的女陰立木，特別塗成黑色，但立木柄部卻有雖不宏大、顯目，相當隱秘卻十分清楚的七道弦紋，塗

---

⑬ 167座，祇是新疆文物考古研究所2002—2005年發掘的數量。此前，1934年貝格曼在此發掘墓葬12座。貝格曼發掘前後，當地也見盜掘。2000年至小河墓地，沙丘地表不僅見人體乾屍，棺板也隨處可見。因此，這一青銅時代孔雀河水系内最主要的墓地，當年全部墓葬不可能祇是167座，總數當在200座以上。這對分析水系内的居民總數，是有價值的。

紅色。這立木是與生殖崇拜巫術存在關聯的，“七”爲具有神性的元素，可以説明增强人類的生殖繁衍能力，在這裏透顯出來。其他，具有辟邪功能的小型木雕人面像，鼻梁上縛“七”道毛繩、顯示男主人權威身份的夾條石獸足木杖，隱秘部分也刻有“七”道弦紋、塗染紅色等，它們與用“七”圈圓形構造出太陽圖像，其中藴涵的精神，是一致的。是“七”具有超越人間的神奇力量，是“神”、“天”的象徵。精神内核，是一致的。

因爲“七”與天通，與神力相連，關係全民的福祉、命運安危，是全體子民心靈深處已經認同的文化符號，它自然就與“神聖”、“幸福”、“安全”、“勝利”、“希望”這些等同於“美好”的精神文化元素聯繫在一起。隨時光流逝、歲月積澱、慢慢的，在孔雀河緑洲原始居民的精神世界裏，神秘數字“七”，自然就成爲美好的象徵，美好形象的代表。衹要見到“七”這個元素，就可以得到“美”的感受、產生“美”的聯想。在物質世界中需要適當裝飾時，“七”、尤其是塗抹了紅色的“七”，就成了人們追求、習慣使用的元素。氈帽上“七”條紅綫，披身斗篷上“七”道紅彩條，腰衣上“七”塊小銅片，梳齒上“七”顆三角形紋飾，均自然呈現，人們也都習慣、接受，而且喜好，視爲“美”的象徵。至此，雖然不是任何一個人都瞭解“七”這個神秘數字產生的原委、深化的過程，但也總會認同它是美好的事物。事物發展到這一階段，“七”，已經具有了模式化的意義，成爲全社會普遍認同的模式化的概念。“七”，從曾有的具象的物質外殼，經過原始思維加工，轉化成爲抽象的數字概念，成爲人們喜好的裝飾因素，成爲青銅時代孔雀河緑洲居民中，具有特定思想内涵的哲學元素。

青銅時代的古墓溝人，爲什麼賦予“七”數如是神性的内核？筆者認爲：這與他們這一時段内的原始信仰——薩滿崇拜存在密切關聯。

對青銅時代孔雀河緑洲居民崇信薩滿，筆者在《新疆考古遺存中的薩滿崇拜》[14]一文中，曾進行過分析。在遙遠的古代，在歐亞大陸，曾彌漫薩滿崇拜。薩滿崇拜中，核心的世界觀是認爲宇宙可分爲上、中、下三界，每界又可分三層[15]。上界（七至九層）是天界，又稱火界，爲天神、日月星辰、風雨雷電等神靈居處，眾多的動物神、植物神、各氏族遠古祖先英雄神，也有可能入居於天界神堂之中；中界（四至六層），是人類、禽鳥、動物的居處；下界爲三界，也稱地界或陰界，同樣分三層。是地母巴那吉額母、司夜眾女神及惡魔居住、藏身之處。在地界，也有人的靈魂存在，既有惡魔也有好人。地界，衹是季節、晝夜，與人世間相反[16]。衹有具神力的薩滿——巫師，纔有能力溝通三界，爲人們辟邪、驅病除凶，求得福祉。這一世界觀，在古代居民中，在廣闊的

⑭ 王炳華《新疆考古遺存中的薩滿崇拜》，《西域考古文存》，蘭州：蘭州大學出版社，2010年，451—459頁。

⑮ 《中國大百科全書·宗教卷》，“薩滿”、“薩滿教”條，北京：中國大百科全書出版社，1988年，323—328頁。

⑯ 莊吉發《薩滿信仰的歷史考察》，臺北：文史哲出版社，1996年，72—73頁。

歐亞大陸，曾長期存在，深具影響。

古墓溝墓地"七"層橢圓、四向散射光綫的太陽形構圖，與薩滿崇拜觀念中的天廷構想，若合符節。小河墓地許多木棺前仍然保存完好的直立木柱，也儼如薩滿崇拜中的神杆，是可以上下天廷的通天樹……這些現象，都可與薩滿崇拜觀念呼應。青銅時代孔雀河緑洲古代墓地的諸多細節，隨處可以感受到薩滿崇拜的思想靈魂。

因此，抽象化了的數字"七"，實際是與古代先民在觀察人間世界、宇宙天穹時的哲學思考聯繫在一起的。它的物質基礎，或與古代先民面對人間世界的東、西、南、北四方，上、中、下這樣一種世界三維存在關聯。生存空間四向拓展，有東、西、南、北四方，這是任何人都可以感觸、認知的大地。於是，"四"，可以與地發生關聯。天穹、宇宙難以觸摸，但目力所及、實際感受，可大約得到"三界"的概念，也是沒有疑問的：個人、群體處身於土地；站腳的土地下面，還有深不可測的"地下"；仰頭向上，白天可以見到太陽、雲彩；晚間可以看到月亮，燦爛的星辰，那是可以感知的"天"。天、地、地下，這就是三界。天界不能身及但可以看到，那是神居之處；地面，是自身、群體、異己的集團活動的地方，這是大地；地下，有蛇、蠍、小蟲出沒，人死後也安置於地穴，這也是可以真實感知的。於是用人間世界作比附，就有了想像中的陰曹、地府。薩滿的世界觀，是原始、簡單的。天有三層，地可四界，通過表像的觀察，形式邏輯的推定，可以獲得這一結論。三界七方的文化觀念，至此似乎就可以呼之而出了。爲什麼世界各地會普遍存在三界七方的原始概念，在這裏似乎可以找到根據。天在七重以上，爲上帝居所，也就成了全人類神話思維的一個共同特徵，"七"，成爲了早期神話思維中的重要的結構要素。什麼天有"七"重、"七"天造人、人有"七"魄，也都應運而生。這是不是解析人類早期思維特徵的一把鑰匙呢？

通過古墓溝、小河墓地保留至今的諸多圖像、裝飾細節，對去今4000—3500年前孔雀河水系緑洲古代居民的精神生活世界，我們可以展開許多方面的究問、求索，也可以提出一些合理的推想：原始農業、畜牧業的收穫，使他們可以大概吃飽、穿暖，自然生理需要基本得到滿足後，他們確實想過自身與周圍世界，天上、地下的關聯，進行過認真的分析、探索。他們曾長時間觀察過天穹、太陽，對太陽帶來的溫暖、光明，滿懷感激，終於利用身邊無盡的林莽，努力、也很藝術的設計出了七圈橢圓、四向散射光芒的圖形。這一藝術構圖，其他地方沒有發現過，十分可能就是他們完成的創造，其中，寄託了他們對太陽濃烈的感情。長時期中，他們一次又一次想過人類自身、身邊的土地與天的關係。於是，對自己生存的世界擬構出了一個模式，天是神聖的，人間世界可與天交通，於是出現了墓前立木，也就是可以與天交通的神杆、通天樹（這模式的擬構，也有可能得自外部的影響）。天穹、人間、地下這三界，是有物質根據，可直接感受的存在，而三界九層，天在"七"層以上，衹可能是一個沒有物質前提的天才的構想了。在人可以接觸到的現實世界中，高山、低丘、林莽、人類自身活動的平地，實際也是分層次的，"三層"這樣的概念，實際生活中確也有多種物質的根據。這爲"七"這一神秘數位的出現，提供了前提。有了這麼一個模式設計（或認同了這麼一個模式設計），宇宙、世界、人死後的去處，就都可以獲得適當安排。青銅時代的孔雀河先民，他們的精神世界，在這一構擬活動中，顯示了創造性的光輝。也爲人的生、死尋求到了合適的前途。

通過孔雀河流域青銅時代墓地保留至今的遺存，總結圖像細節，對“七”這個神秘數字的出現、產生的根據，就可以得到一個形式邏輯的結論了：它是當年人們的世界觀，與他們對天、太陽的觀察，與早期人類薩滿崇拜中的天、地、人三界九層觀念，存在關聯。孔雀河流域青銅時代墓地，目前雖還衹是個例，但對認識青銅時代人們的精神文化，卻具有典型的價值。

三、“七”在中原大地

在古代中原大地，“七”也曾是一個具有神秘意味的模式化數字。“七日造人”、“七七之祭”、“天子七廟”、“七兵”、“七術”等，在漢語漢文中，可以找到許許多多以“七”爲模式化概念的詞語，“七”成爲一種神秘數位的概念，隨處可見。在這裏，“七”具神秘性質，是可以清楚感知的。

以幾個實例，對此稍予剖析，一是宗懍的《荊楚歲時記》中的“人日”概念：造物主“正月一日爲雞，二日爲狗，三日爲羊，四日爲豬，五日爲牛，六日爲馬，七日爲人”[17]。這自然是與人類誕生密切關聯的創世神話。涉及創造世界、人類誕生的第一頁，沒有疑問，這是原始神話的遺痕。文字雖形成得很晚，但思想卻來自於遠古，是關於開天闢地、萬物創生的故事。

與創世、“人日”神話精神相通，人死後，靈魂歸宿，在中原大地的傳統觀念中，也有和“七”數存在神秘關聯的文獻。田藝衡撰《玉笑零音》稱：“人之初生，以七日爲臘；人之初死，以七日爲忌。一臘而一魄成，七七四十九日而七魄具矣；一忌而一魄散，故七七四十九日而七魄泯矣。”[18]這古老的觀念，至今，在中國廣大農村中不少地方還見影響，人死後要行“七七”的祭奠，爲死者修福。

《荊楚歲時記》“人日”說生，《玉笑零音》“七臘”是說死。不論生、死，均與“七”關聯，也就是與造物主、天密切關聯。

對古代中國傳統文獻中多有所見的神秘數字，不少學者如聞一多、季鎮淮、何善周、劉師培等很早就有關注。而於此著力較多，當推知名學者楊希枚先生，在他20世紀60年代先後完成的《中國古代神秘數字論稿》、《論神秘數字七十二》、《古籍神秘性編撰型式補證》[19]等文中，對包括“七”數在內的諸多神秘數位如“三”、

---

⑰ 宗懍撰、宋金龍校注《荊楚歲時記》，太原：山西人民出版社，1987年，15頁。

⑱ 田藝衡《玉笑零音》，北京：中華書局，1985年，22頁。

⑲ 相關著文均收録於楊希枚《先秦文化史論集》，論著中曾揭示過“天三地四，獨爲真正的天地數”、“神秘數字法天象地”，認爲“至遲戰國末季以來，迄於西漢中世，中國古代社會盛行着一種神秘數字的信仰，幾乎普遍的用神秘數字來配合整個社會生活”，發人深思（北京：中國社會科學出版社，1993年，616—737頁）。

“四”、“六”、“七”、“十二”、“七十二”等，展開過討論，進行過十分詳細、深入的分析。

楊希枚先生著文，窮搜先秦古籍中有關神秘數字，深入剖析它們曾經對古代中原大地人們社會生活、精神文化生活產生的强大影響，揭示了滲透其中的“天人合一”、“天人感生”的哲學靈魂，對它們曾予古代中國人精神生活至大至巨的影響，多有闡發。如他對“三”、“四”這兩個數字的解析。在他的論文中，多次提出“天三地四（也即陽三陰四），獨爲真正的天地數”，它們“象徵天地，是神秘數位的核心”，“四，應即大地的象徵符號”等，這些論析給予我們的啟示是相當豐富的。

但相關研究也有令人抱憾處。例如，許多結論衹是從古文獻出發，如《易經》各傳、《左傳》、《國語》、《呂氏春秋》、《淮南子》、《春秋繁露》等，以文獻中的各種神秘數位爲依歸。而未將關注目光投向考古遺存。在楊文的結論中，不止一次强調這一文化現象之源起、繁榮，就在先秦至兩漢這一時段之中。行文遣字之間，《易經》似乎就是這一文化觀念的源頭。這一結論明顯是十分局限的。

在楊希枚先生的研究中，反復提出“至遲自戰國初期以來，中國古代社會存在着濃厚的‘天地感生’、‘與天地合德’的思想，且由於這種思想的影響，而製作了一系列的神秘數字，即天地數和‘參天兩地’的神秘數。這類神秘數位不僅是象徵天地及其交感之道，從而達成與天地同化的企圖的一種媒介物”[20]。如是思路，對深入剖析彌漫在孔雀河水系青銅時代遺址上諸多有關“七”的符號，也有啟迪，甚至可以互相參證。其一，可以清楚看到，青銅時代的西域大地（至少，是孔雀河水系內），“七”這個神秘數位記號，確實是與對“天”的崇拜密切關聯的。這一點，與先秦、兩漢時期中原大地在“三”、“四”、“七”這些神秘數位記號中寄託的思想，實質上是一致的。其二，西域大地（以孔雀河水系青銅時代爲代表）古代先民們對“天”“地”，及相關神秘數位記號“七”的崇拜，絕對年代早到距今4000—3500年前，與中原大地的夏、商王朝相當，較之滿溢在先秦、兩漢文獻中的相關觀念，早出千年以上。從這一共同的文化現象中，可見西域古代文明對中原大地或曾有過的具體影響。行文至此，想起馮承鈞在譯序沙畹《摩尼教流行中國考》中的幾句話：“又考吾國的數字，以三、五之用爲多，如三綱五常、三光五行之類也。七數爲用較少。爲西域之人常用之，爲七死、七生、七難、七寶、七音也。頗疑此七曜之說，來自西域”。雖然，這裏的“西域”概念是廣義的。但與羅布淖爾荒原，也頗可關聯。中華民族多源一體，傳統文化中凝結有眾多民族的文化因素，這自然是並不令人費解的。其三，可附帶說一句，楊文引《京房易傳》：“陽三陰四位之正也”，“三者東方之數……又圓者徑一而開三也；四者西方之數也……又方者徑一而取四也。”天所以爲三，認爲圓之直徑與圓周有“圓者徑一而開三”的根據。這似乎是把比較簡單的問題復雜化了。原始先民在認識世界時，近取諸身、遠及乎物。簡單觀察環境，則地下、地面、天穹，是可以直接感受的物質存在，因此，人類最

[20] 楊希枚《先秦文化史論集》，690頁。

早的薩滿崇拜思想中，以‘三’象天，是有其直接觀察的事物作爲根據的，這較之以圓周率去說“三”，來得簡單，但也更具原始的氣息。天“三”地“四”是天地、宇宙、世界的象徵，天地交合，萬物以生，“七”由此出，自然就成爲平常卻十分神聖的神秘數位密碼了。不知是否適當，姑妄提出，以備一說。

四、“七”在世界

“七”這個神秘數字，從人類文化史角度，在世界各地很早就出現了。什麼七天休息，七天造人，諾亞方舟上要帶七公七母的各類禽獸等，都是例子，也總是與天、神，超越人間的力量聯繫在一起。這爲探索人類早期文明的發生、發展，彼此間的關係，提出了一個不容忽視、不能回避的大問題：這些早期文明中的華章，是出現在一個中心，而後擴展向四方？還是人們在相同、相類的環境條件下，各自努力，最後達到一個相似、相近的認識，獲得了相同概念？

在西亞美索不達米亞巴比倫，人們曾建造巴比塔（Babel Tower），是臆想中的“天國花園”，是神的世界㉑。而這個天國花園，就是七層宮殿（圖16）。

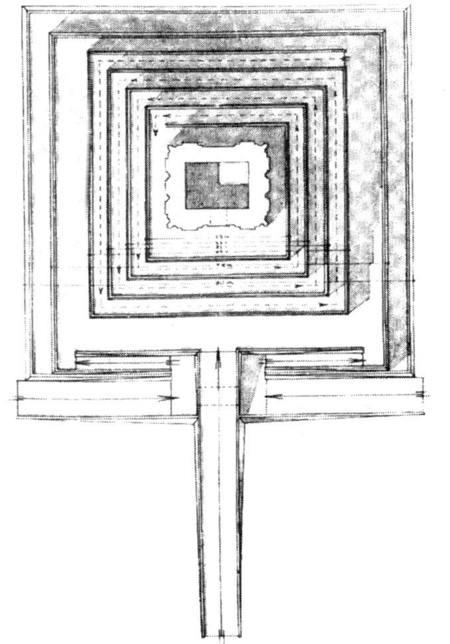

圖16 巴比倫天宮花園，爲七層

㉑ 《舊約·創世紀》：古初“天下人的口音語言都一樣”，後因建造巴別塔欲以通天，觸怒天王，而“變亂天下人的語言”。

南亞印度文獻中，“七”的神秘用詞也是不勝枚舉，“七佛”、“七寶”、“七覺支”、“七方便”、“七趣”、“七圓明”……“七”，同樣是作爲結構要素而反復出現的。印度早期文獻《阿闥婆吠陀》，是以咒語爲主的經典，其中也强調了數字“七”。咒語念“七”次，可得特別功效㉒。在佛教世界中，理想的天國，也與“七”級寶塔相關。國人有俗語：“救人一命，勝造七級浮圖”，造七級浮圖，是極大功德。現行浮圖，雖不都是“七”級，但以七級爲最不平凡，“七”，也還是一個神性的密碼。

這是西亞、南亞大地上常識性的、也是典型的實例。其思路、表現形式是一致的：將人們想像中神性的、與最大幸福相關的天國，與“七”數聯繫在一起。

將“七”這個模式數位與神奇力量聯繫在一起，在西亞以外，還有美洲祖尼（Zuni）印第安人中有七重組織結構形式的圖騰；歐塞奇印弟安人的祖先傳說中，有“七次嘗試”、“七道彎的河流”；在非洲，尼日利亞阿比西人部落中，“七”這一數字也是其儀式行爲中的結構要素㉓。

上引楊希枚先生大著中，也關注過“七”這一數字，總結性提出：“數字七在印度、波斯、蘇美爾、巴比倫、亞述、埃及、條頓、塞爾特諸族，都用爲神秘數字。因其爲不可約數，故用爲象徵上帝的數字。”㉔

如是，可以得到一個大概的結論：“七”作爲一個神秘數字，不僅在同一地質板塊的歐亞大陸上，而且在新大陸上的美洲印第安人中，甚至，在古老的非洲大陸上，都曾經具有特殊地位，是不可輕忽的神秘文化密碼。

在經過這麼一翻巡天覽地的搜索後，再回到十分偏僻、與古代世界聯繫相當不易的羅布淖爾荒原上，關注四千年前爲沙漠戈壁環繞的青銅時代孔雀河緑洲，檢視這裏的先民在“七”這個神秘數字上寄託的思想，應該説就有了不一般的意味。在孔雀河緑洲，先民們沒有留下任何文字記録，但卻留下了體現他們文化思想觀念的諸多物質遺痕，一些或顯或隱的細支末節。但是，不必多說，認識任何問題，“細節”其實是最重要的鑰匙。

通過“古墓溝”、“小河”存留至今的“七”數細節，可以觸摸原始先民在這一神秘數位上寄託過的諸多祈求、理念、信仰。從這一角度，可以說，它們雖不是文字，但卻遠勝於簡略的文字記録。試看，古墓溝人，就以“七”圈橢圓形、四周以“七”根列木構成散射光綫，建構成想像中的太陽㉕，這一構想、設計、總體佈局，不僅是蔚爲壯觀，而且極富創造力。它的成熟運用，說明這一時段中的古墓溝人，對“太陽”、“七”數之間的神秘聯繫，已絕不是處於初始的、萌芽的階段，而是已經十分成熟，是

㉒ 饒宗頤《阿闥婆吠陀第一章“三七”釋義》，《饒宗頤二十世紀學術文集》卷一，北京：中國人民大學出版社，2009年，444頁。

㉓ 參見葉舒憲《人日之謎——中國上古創世神話發掘》，《中國文化》1989年第1期，84—92頁。

㉔ 楊希枚《先秦文化史論集》，690頁。

㉕ 1979年古墓溝發掘後，媒體曾有大量報導，考古工作者的文字衹稱它爲“古墓溝”。但隨後不少旅遊者進入墓地，卻不稱墓地爲“古墓溝”，而稱之爲“太陽墓”，並逐漸形成文字概念。這一事實說明：面對這一圖案，人們的思維邏輯過程是一樣的，都以“太陽”爲結點。

孔雀河水系内所有氏族群體成員普遍接受、認同的概念了。同一時段，一老年婦女氈帽上以"七"條紅綫爲一組，四組構成一個圖形。"七"數，已在人們心目中具有美好的意涵，成爲了吉祥、美好的象徵，這與視"七"若天廷和非常神聖，又向前進了一步。"七"，這個神秘數字，開始沉落在人間、進入人們潛意識深處，成爲了與實際生活中美好、如意聯繫在一起的一個抽象概念。這自然也是要有一個發展、延續、昇華過程的。四五百年後，發展到小河墓地晚期，"七"數，已成爲人們生活各個角落都可以接觸到的圖案，"七"數，已逐漸脱離了當年原始思維階段的神秘、神聖地位，轉化成爲一個大家認可的"美"的符號。這一文化現象，值得進一步思考。

在新疆羅布淖爾孔雀河水系青銅時代遺址，如古墓溝、小河墓地，雖早在距今4000—3500年前，時代古遠。但正當古代先民步入文明的過程中。"七"這個神秘數字，已充斥在觀念形態至日常生活的諸多方面，許多細節，既可助益對"七"這一神秘數字所以產生的解碼，有助於解析相關思想文化發展的内涵。在它與西亞蘇美爾、南亞印度、亞洲東部黄河流域大地相關"七"數概念的關係中，也滿溢發人遐思的問題：它們之間，是一個怎樣的關係呢？是一個中心？還是殊途同歸？值得拓展思路，結合其他文化元素，展開多方位的研究。

五、結　　語

經過這一梳理，大概可以得到以下認識。

（1）"七"，作爲一個神秘數字，是一個世界性的文化現象。不僅在歐亞大陸幾個古老文明中心，如埃及、美索不達米亞、印度、古代中國，而且在美洲、非洲都可以發現，在"七"這個數字中，寄寓着神秘的思想内涵。

（2）"七"這個神秘數字，古代先民，是將其與"太陽"、"天"聯繫在一起的。中國古籍中"天三地四"的認識，揭示了其文化核心，是與對大地、天穹的直接觀察存在關聯的。

（3）"七"這個神秘數字，普遍存在於早期人類思想中。這或許與人類原始思維規律存在關聯。人們認識世界，不論近觀乎身、還是遠看周圍世界的物質存在，總是由具體達於抽象，由個别及於一般。對"天"、"太陽"、"地"、"四極"這些與自身生活密切關聯，不可回避的問題的探求，也總是首當其衝、不會逾越的。在這一過程中，不同民族、不同人群，達到了相近、相似的概念，自然也不無可能。祇是這一問題太大，不是僅就一個數位密碼展開就可以取得結論的。對這一點，應給予足夠關注。

（4）視"七"這一神秘數位密碼，這一文化現象，源起於一個中心，然後四向傳播、擴散，形式上似乎也可以説得通，但其實未見得就一定是真實的。因爲，在相同環境，面對同樣要求時，出現同樣、或基本一樣的邏輯思維過程，得到基本一樣的分析結論，是完全可能的。而且，同爲"七"，它在各處表現的具體形式、包含的思想也是多有差别。幼年時期的人類，面對世界，思考空間、時間，思考自身，思考偶然中得到的收穫、福佑，認爲萬物有靈，有超越人間的神的存在……精神世界創造、發展的軌跡，相同、相通的情形，也確實是很不少的。“七”，是不是也可以作爲這方面的一個實證呢?

數字“七”，確是一個可供人們進一步思考、也值得展開更深入研究的文化現象。

附記：本文寫作過程中，余太山、朱玉麒教授曾提出寶貴意見，書此誌謝。

Remarks on “Seven”

the Spiritual World of the Bronze Age Residents of Kongque River Oasis

Wang　Binghua

There are a large number of cultural relics related to “7” in the Bronze Age tombs in Kongque River Oasis. “7” has been a culture symbol that was generally accepted by the residents of Kongque River Oasis. The number relates closely to their observations of the sky and the sun, to their ideas of the triple realm, the nine-fold sky, the earth and the people. “7” also has somthing to do with their faith in Shamanism. Moreover, “7” has some mysterious meanings in ancient China and other old culture centres of Eurasia. It is an important culture phenomenon and worth a research.

T III MQR：一座中亞藏經閣的發現及其命運*

迪特·施林洛甫 著　劉　震 譯

概要：有相當的理由可以推斷，曾經存放於克孜爾“紅穹頂窟”（Rotkuppelhöhle）附近的儲物窟内的一大批寫本，仍然埋藏在洞窟下的泥土裹。

位於庫車（Kutscha）的克孜爾（Kizil）石窟中，“紅穹頂窟”（Rotkuppelhöhle）附近的峭壁內，有一個小洞窟，格倫威德爾（Grünwedel）描述如下：

下面接着的幾個洞窟，有一部分毁壞得相當嚴重。首先是在高處山壁中的一個近於正方形的小洞窟（縱深2.47米，寬2.96米）（圖略——譯者），平窟頂，窟門寬1.1米，它與左側壁相連處現在已經沒有門扇和門框。入口右側的洞窟前牆還有1.86米寬、1米厚。在右側壁前邊，以及與此相連的後壁前邊，有一個用泥巴堆成的長凳。在左側壁上，鑿有許多10—12厘米的洞眼，洞眼裹原先插着木梁，梁上搭着木板。最高處的一排洞眼距窟頂有15厘米，其餘各排彼此相距12厘米。我們在那裹發現了殘破的手稿，由於浸了水而粘結到了一起。這些手稿都源於印度。因此看起來很有可能，這個洞窟是個藏書室，書籍就放在左邊側壁的那些木板上面。

［格倫威德爾《中國突厥斯坦的古代佛教寺院》（*Altbuddhistische Kultstätten in Chinesisch-Turkistan*, 柏林 1912）①，第86頁（《新疆古佛寺》，第149頁）］

可惜石窟的報告中沒有提及架在牆上的擱板具體的數目。我們設想，房間高兩米，那麼約可擺放10—15個擱板，在擱板上可以放置最多500份寫本。若再設問，假如這些擱板可以抽出，那麼就有可能放置第二、或者（最多）第三排寫本。即便復核了對攜至柏林、並登記為發現於此地的殘卷，也無法作出定論，因為發現地的登記本就含混，並且經常遺漏。迄今已出版的《出自吐魯番考古的梵語寫本》（*Sanskrithandschriften aus den Turfanfunden*）目錄卷中，標明發現地為“克孜爾，紅穹頂窟”（或者相類的）寫本（經常是殘篇斷簡）約有400件；從那些標有“發現地未知”，或者“發現地估計為克孜爾”，或者類似文字的殘片中，可能還會從此儲藏中出現更多的、數量不得而知的寫本。通過寫本的內容我們能知道得更多。這部分儲藏包含了寫在紙張上的、說一切有部的經典，每一部皆有多個復本，有些因為高度推崇還有無數個復本，此外，還有法藏

---

* 原德文題為：T III MQR, Eine ostturkistanische Klosterbibliothek und ihr Schicksal。本文翻譯過程中，顧怡女士提供了所引文獻的漢譯本出處（以［ ］標出，並用楷體），在此深表感謝。

① 漢譯本為：趙崇民、巫新華譯《新疆古佛寺——1905—1907年考察成果》，北京：中國人民大學出版社，2007年。

部和根本說一切有部的單部經文，以及極少量的大乘經典。而古老的、某種程度上絕無僅有的、書有詩歌和應用文的貝葉和樺樹皮寫本，則意義非凡。通過寫本多個復本的殘片，我們得到了完整的，或者幾近完整的文本，但它們不能掩蓋這一事實：當時的藏書中衹有極小的一部分運到了柏林。就是那些最古老的寫本，它們體現了一種源自其他傳承的、未知的“前古典”文化的繁榮。非常遺憾地，我們衹得到了極小的一部分。

在此，一個問題呼之欲出：這批所藏之寫本曾經如此豐富，其大部分殘片究竟何所終。可以肯定的是，對洞窟的劫掠者們來說，書架擱板就是珍貴的柴禾，他們將其從固定支架中抽出，破損的經葉擲於地面，或者連同木板一道扔出洞窟；扔在那裏的東西被數百年的風沙掩蓋。為了能說明20世紀初這些寫本的命運，我們有必要針對寫本的蹤跡，將普魯士吐魯番考察報告作一番梳理。

在歷次考察中，以下人員分別在以下時間段考察了東突厥斯坦的遺址：

1902年12月—1903年4月（5個月）　格倫威德爾、胡特（Huth）、巴爾圖斯（Bartus）
1904年11月—1907年4月（30個月）　勒考克（LeCoq，1904年11月—1906年6月）
　格倫威德爾（2005年12月—2007年4月）
　波爾特（Pohrt，2005年12月—2007年4月）
　巴爾圖斯（2004年11月—2007年4月）
1913年4月—1914年2月（11個月）　勒考克、巴爾圖斯

據此共計三次包括不同成員的考察；之所以稱之為“四次普魯士吐魯番考察”，是因為第二次旅行中，考察隊隊長格倫威德爾教授很晚纔加入，而由勒考克和技術員巴爾圖斯單獨工作的時段被計為第三次考察之前的第二次。通過這個小把戲，勒考克似乎成了和格倫威德爾一樣的第二次考察隊的隊長。那麼他究竟處於什麼地位呢？

在四十歲時，A·馮·勒考克纔開始了其學術生涯。從事學術工作是他一直嚮往的目標。1900年夏，以志願者的身份，他進入了當時的民族學博物館的非洲大洋洲分部。……直至其從最後一次旅行回來，在博物館裏，他衹是一名志願者或者薪水微薄的科研助理。1914年4月1日，他成為主管助理（管理員Kustos）。九年之後，1923年4月26日，他被授予職銜“主管”，並被委任掌管印度分部。1925年10月1日他到了退休年齡。

［瓦爾特施密特《勒考克》②（《追思》，第305頁）］

勒考克的計劃在考察之前被上司明令禁止，但他無視此指令，提前離開了哈拉和卓（Karachodscha，高昌）——這個他本應工作的地方。

迄今為止，在哈拉和卓和勝金（Sängim）口的古代城市之所獲並非毫無意義，但無論如何不能如我的上司所願。從樞密顧問（Geheimrat）庇歇爾（Pischel）③那裏經常發

② 即斯氏所撰之追思文，發表在1930年的《柏林博物館》（*Berliner Museen*）雜誌第51期的52—53頁，後收於貝歇特（Heinz Bechert）和基弗—佩爾茨（Petra Kieffer-Pülz）所編的瓦爾特施密特《短文選》（*Ausgewählte Kleine Schriften*，斯圖加特，1989），4、5頁。漢譯本見：劉震譯《勒考克與格倫威德爾追思》，《西域文史》第四輯，北京：科学出版社，2010年，303—309頁。

③ 即德國著名印度學家Karl Richard Pischel（1849—1908）。

來信件，信中他確信，我真的已經獲取了大量的寫本、塑像和壁畫。連皇帝陛下也出於極大的興趣，獲悉了這一毋庸置疑的消息。目前的成果卻與如此高的期望毫不相稱。

格倫威德爾命令我不可在木頭溝（Murtuk）的大的寺院遺址工作，而須將聚居地的這些寺窟原封未動地預留給他本人。一封封信件中變換着有關他行程的消息，時而說，他已經出發，旋即又說，他還沒有決定旅行，以至於我所有的安排受阻。

現在又收到一封信，格倫威德爾將不會前來，為了最大程度地使考察成果有所保證，我決定向該聚居地進發，並去剝去其中一座寺院的圖畫。於是我們開始了朝向木頭溝的考察旅行。

［勒考克《沿着新疆的希臘痕跡——德國第二、三次吐魯番考察報告和論文》（*Auf Hellas's Spuren in Ostturkistan. Berichte und Abhandlungen der II. und III. Deutschen Turfan-Expedition*, 萊比錫，1926）④，第71頁（《文物寶藏》，第77頁）］

我們不禁要問，是什麼使得庇歇爾教授和他的皇帝陛下產生了這樣的想法：勒考克"取得"了大量的寫本之類的收穫，如果這並非源自勒考克個人報告的話。事實上，勒考克在其書中曾如此提到：

在一個古老城市的遺址，我們發現了大量的破損的印度文書。書頁常常被如此地弄碎，以至於在每個碎片上衹有一個印度的城體字元。無論如何，這樣的破壞針對佛教是首當其衝的。

［勒考克《沿着希臘痕跡》，第63頁（《文物寶藏》，第68頁）］

勒考克明顯沒有收集和攜帶這些碎片，因為在柏林的藏品中並沒有一件衹有一個字元的殘片。勒考克絕對不會想到，人們能夠將破碎的寫本通過精工細作重新拼接，而將粘連在一起的經葉用現代的修復技術逐一分離。

因為在哈拉和卓所獲可能不符合其上司的期望，勒考克離開了那裏，並放棄了攜回這些他認為毫無價值的寫本：

在這扇門之後，整個房間被近60厘米高的團塊所覆蓋。近距離觀察，這些團塊原來是摩尼教寫本的殘留。紙張為黃泥水所浸漬，全部粘連在一起，當地夏天的酷熱又讓所有這些寶貴的書籍變成黃土。我嘗作嘗試，將其小心翼翼地乾燥，並希望能從這些寫本中搶救出些許來。然而，這些紙頁紛紛剝落，解體成細小的碎片，在其之上，字裏行間的書法殘留，夾雜着由金、藍、紅、綠、黃色組成的細密畫的痕跡還隨處可見。此處，一座巨大的寶藏消失了。

［勒考克《沿着希臘痕跡》，第47頁（《文物寶藏》，第50頁）］

勒考克感覺肯定是正確的：他的陛下所殷切期望的與其是粘連在一起的摩尼教典籍，還不如是紀念碑式的、從牆上剝下的並裝運至柏林的圖畫；他的工作方式與當時

④ 英譯本為：Anna Barwell, *Buried treasures of Chinese Turkestan. An account of the activities and adventures of the second and third German Turfan expeditions*, Green in New York, 1929。漢譯本以此為底本譯出：陳海濤譯《新疆的地下文物寶藏》，烏魯木齊：新疆人民出版社，1999年。但本文對應處的譯文與該譯本均出入很大，以下不再說明。

通行的考古手法大相徑庭，以至於對洗劫佛教住所和寺院並不在意的奧魯爾·斯坦因（Aurel Stein）爵士都為之震驚。

當他最終到達吐魯番盆地，並看到被格倫威德爾、勒考克和巴爾圖斯清空的發掘現場時，他為其過分粗野的手法所震驚，正如他感覺到的那樣。人們雖然在他的出版物中沒有發現哪怕一絲暗示性的批評，但在其私人通信中，他並不姑息這些德國人。他向一位在英國的朋友抱怨道："大的寺窟、寺院和類似的建築物被貌似飽學的尋寶人挖掘開來，似乎沒有進行人們對考古學家所期待的那樣深入的研究。依照這一體系那些最有可能出現'出土文物'的地方被處理了……"斯坦因決定離開這些被褻瀆的發掘地點。

［霍普科克（Hopkirk, *Foreign Devils on the Silk Road*: *The Search for the Lost Cities and Treasures of Chinese Central Asia*, 阿默斯特, 1980）[⑤]，第197頁起（《絲綢之路上的外國魔鬼》，第169頁）］

然而霍普科克將格倫威德爾與勒考克和巴爾圖斯誤作一丘之貉，因為格倫威德爾總拒絕採用勒考克的方法。

從他的敘述中可知，一開始他就譴責和杜絕了像尋寶者那樣對文物草率地探訪，到處匆匆劫掠感興趣的東西，或者從一個內容互相關聯（的畫面）中衹攫取引人注目的圖像。儘管時間並不充裕，但他還是抱着嚴謹和科學的態度，把事物放在其所處的整體中來把握。因此——他的兩個報告可以證明——他處處都做有寺院建築的帶有比例尺寸的平面圖和模式化的記錄，以至於我們可以將取下的部分畫面在原來的地點和原來的壁畫中定位。"否則"，格倫威德爾曾經說過，"切割壁畫就變成純粹的掠奪"。

［瓦爾特施密特《格倫威德爾》[⑥]（《追思》，第308頁）］

如果人們對格倫威德爾有惟一的指責的話，那麼就是他對作為其下屬的、聽命於他的勒考克沒有作出限令。不過，難道他——這位敏感而矜持的學者，能夠反對這些精力充沛的實踐家們，而不讓考察工作落空？勒考克的意見很能說明雙方的依賴關係，他（這位考察隊隊長的下屬）本來"能夠"將他的計劃"付諸實現"，但會有損於"和睦的關係"——格倫威德爾不能簡單地禁止其下屬，而必須"竭力阻止"：

為了能在柏林重建整個穹頂，我本想將所有的條形壁畫都切割下來。但是，格倫威德爾如此強力地阻止這一建議，以至於我若是執行了自己的計劃，衹會損害和睦關係。由此，非常可惜地，衹有兩條壁畫送到了柏林。

［勒考克《沿着希臘痕跡》，第122頁（《文物寶藏》，第129頁）］

格倫威德爾對勒考克的"掠奪式的挖掘"表現出無計可施；勒考克根本不認為其行為是搶劫，而是在不可避免的毀滅之前搶救：

我們非常渴求，在不可避免的毀滅之前搶救這些出奇美麗的、風格不同尋常的穹頂繪畫。

---

⑤ 漢譯本為：楊漢章譯、宋子明校《絲綢之路上的外國魔鬼》，兰州：甘肅人民出版社，1982年。

⑥ 即斯氏所撰之追思文，1935年的《東亞雜誌》（*Ostasiatische Zeitschrift*）新第11期，215—219頁，後亦收於瓦爾特施密特的《短文選》，6—10頁。漢譯本見前引劉震譯《勒考克與格倫威德爾追思》。

［勒考克《東突厥斯坦的土地和人民——德國第四次吐魯番考察報告和歷險》（*Von Land und Leuten in Ostturkistan, Berichte und Abenteuer der 4. Deutschen Turfanexpedition*, 萊比錫，1928）[⑦]，第71頁（《新疆的土地和人民》，第49頁）］

這些繪畫大部分被搶救。今天這座寺窟連同它的穹頂在民族學博物館內根據古老的形制被修復並再建。

［勒考克《沿着希臘痕跡》，第123頁（《文物寶藏》，第130頁）］

為了預防對其工作方式的批評，勒考克有意識地引入了這種語言規則——繪畫為其所“保管”或者“搶救”：

這裏，挽救幾幅在藝術和宗教上引人注目的穹頂繪畫沒有成功——我有意識地說挽救，因為所有的繪畫如不被我們或者歐洲人類似的機構保管，毋庸置疑地要走向毀滅！！——所以我們在位於東邊更遠處“帶有伎樂人裝飾”的寺窟中更為幸運（圖略——譯者）。

［勒考克《土地和人民》，第67頁（《新疆的土地和人民》，第47頁）］

當七年後那［所謂的］不可避免的毀滅還是沒有發生時，通過這種措辭——這些繪畫該是“在一種還算堪忍的狀況中”，至少讓人產生了［對其品相已經］惡化的聯想：

巴爾圖斯同時在切割漂亮的供養人畫像，這些畫早在1906年就引起了我的極大的關注……

當時沒有可能在那裏呆更久，直到這些繪畫被保管下來，而我是如此的高興，五年之後還能在一種還算堪忍狀況中再見到它們。

［勒考克《土地和人民》，第58頁（《新疆的土地和人民》，第40頁）］

正如在新近出版的彩色畫冊中所瀏覽到的，那些保存在當地的繪畫在勒考克的挽救行動之後的一百年既沒有毀滅，也沒有惡化，——除了那些勒考克剝下的空白，在很多情況下，這些攜往柏林的圖畫的彩照，能夠輕而易舉地同那些保留在石窟中壁畫的彩圖對上號。在很多情況下，自然早已不是所有的情況下；對於大量的、明顯由巴爾圖斯把圖畫撬出來留下的空白卻在柏林找不到相應的圖畫。人們必須由此認為，這些圖畫在撬取時或者運輸時就已經損毀，儘管勒考克辯解道：“剝離壁畫的技術大致如下……我們在如此包裝的箱子裏連最小的碎片都沒有發現過。”

［勒考克《沿着希臘痕跡》，第116頁起（《文物寶藏》，第123—124頁）］

印度藝術博物館館長雅爾蒂茨（Yaldiz）教授也作同樣的表述：

德國考察隊從石窟壁上所取走的壁畫數量肯定大於《晚期古跡》[⑧]中所給出的，這無疑是正確的。由此我認為這是完全有可能的，即：事實上，巴爾圖斯遠遠不能夠將每一幀開始從牆上鋸下來的圖畫都毫髮無損地保管起來。我如此推想，一部分在柏林為列

⑦ 漢譯本為：齊樹仁譯、耿世民校《中國新疆的土地和人民》，吐魯番學研究叢書丙種本之二，新疆維吾爾自治區吐魯番學研究院編，北京：中華書局，2008年。但本文對應處的譯文與該譯本均略有出入，以下不再說明。

⑧ 指的是勒考克的《中亞的晚期佛教古跡》（*Die buddhistische Spätantike in Mittelasien*，全六冊，柏林，1922—1928年）一書。

入清單的圖畫可能在保管中已經被毀。

此外，還有另一種可能。因為大量的壁畫為國外機構和博物館所有，巴爾圖斯無疑在它們的背面寫了字，所以被勒考克轉贈的一定還是多於起初估計的。這些繪畫也沒有帶有IB［開頭的］號碼。

［1987年8月28日的信件］

很明顯，勒考克當初就沒有在他拿走的壁畫上作過記號；對應兩幀最近在日本出版的壁畫，可以肯定地在本地製作的畫冊中找到對應之處，這兩幅畫就是巴爾圖斯從中割走的。通過更新的研究，那些柏林所藏的壁畫數量有所擴充，可以肯定地說，其所陳述的發現地有誤；很久以來，這就是一個公開的秘密：很多陳述非常值得懷疑。沒有登記其出處，勒考克就讓人把揭下來的壁畫包裝起來，而有關的說明他在事後纔憑記憶補上。一個典型的文檔，構成了他報告中下面的這一段，由此可見勒考克陳述的不可靠：

當我病得很厲害祇能臥床的時候，巴爾圖斯完成了一個相當大膽的舉動。在大河谷，有一個相當美妙的山洞，格倫威德爾教授起名"鴿子銜環"窟。這個山洞裏，伯希和（Pelliot）教授的人攝下了美麗的照片。因為大部分用閃亮的佛青藍（真正的青天藍石 Lapis lazuli）繪成的圖畫或許可以剝離，我們到達之後，馬上和巴爾圖斯一起造訪了這所寺窟。

但是當我們踏進山洞時，我們聽到簌簌的響聲以及我們並沒有在昏暗之中看到從穹窿中簌簌落下來的細沙流。帶來的燈光讓我們確定穹窿已有多處綻裂並看到深深的隙縫，帶着並不明顯的聲音從隙縫裏湧出沙流。當其中一位工人不得不打噴嚏的時候，從一條縫隙中流出粗粗一縷碾細岩石，所有的維吾爾族人都嚇得跑出了山洞。

我產生了對山洞安全的不吉利印象，並且說"不，這麼漂亮的壁畫——此處沒有任何人可以命令你逗留下去。"

巴爾圖斯先生卻不願意輕易放棄這些精美的壁畫。在我生病的時候，他開始了這項工作，在穹窿的適當位置用大腿粗的幼楊木樁支撐，在楊木樁的下端用繩索固定，繩索末端拉到門外。

其目的是，在工作完成以後相當重要的支柱從外面就能拉出來，避免掉下來的石塊砸傷工人們。

沒有出現特別意外，巴爾圖斯完成了這項切割壁畫的艱巨工作，並在我能站起來的時候，歡欣鼓舞地帶我到寺窟中去，寺窟的手腳架還保留着。在此期間，幾個岩石塊掉了下來。第二天早上要撤出支柱，夜裏卻發生了輕微地震。當我們第二天早晨趕到那裏的時候，我們發現我們的支柱已經劈裂成火柴棍兒或者擠壓在石塊中間了：工作完成兩天之後，山洞坍塌了！

［勒考克，《土地和人民》，第63頁起（《新疆的土地和人民》，第44頁）］

因為這個報導讓我非常震驚——在當地出版的畫冊中，出自該洞窟的壁畫依然還在——我向當時在克孜爾地區負責的中國考古學家們詢問，他們作如是回答：

從1979年起，我就多次前往克孜爾千佛洞考察。“鴿子銜環”窟（現在編號為123）一直還在那裏。它從來就沒有坍塌過。該洞窟位於懸垂的岩壁上的一個很高的地方，通向此窟的道路也非常艱險。因此，多年以來，祇有極少的科學工作者進入過這個洞窟。八十年來，沒有一位中國的學者談到過勒考克所描述的事件。

［晁華山，2000年4月6日的信件］

應該強調的是，今天，在柏林印度藝術博物館，運用那些洞窟攜至柏林的壁畫，以及仍在當地餘下部分的拷貝，可以讓我們觀看到那座洞窟的出色的復製品。勒考克生動的描述，為其“搶救”壁畫的偽命題提供了有力的佐證，就是他說書技藝的一個產物；由此，《東突厥斯坦的土地和人民——德國第四次吐魯番考察報告和歷險》一書毋寧是一部冒險小說，與其定性為科學報告，還不如算作“遊記”。現在，當人們追尋這個報告中寫本的下落時，似乎首先展現的是，勒考克的工作方法在寺窟的研究中付諸實現。

一個居住地被發現，我們，巴爾圖斯和我，如此清掃這些寺窟，並且發現了寫本和藝術品。

寺窟被發現、清理，並且用檉柳掃帚清掃乾淨，如此將格倫威德爾引入。而後他拷貝圖畫，測量和做科考筆記。

［勒考克《沿着希臘痕跡》，第118頁（《文物寶藏》，第125頁）］

與考古學的語言慣用法相應，這樣的表述自然沒有告知，這些工作不是由考古發掘人員自己經手的，而是由當地人完成的。當能夠包含寫本殘留和地上文物的瓦礫搬走的時候，勒考克並非總是親歷現場，這在一些地方被他明確地表述出來：

在此我立刻發現了好幾個洞窟，有些堆滿了瓦礫，另外一些完全坍塌，因此需要好好地清空。我報告了這一發現，工作馬上開始了。

巴爾圖斯帶了一大幫工人來，搬走這些在筆直的岩壁腳下累起的、巨大的瓦礫堆。

［勒考克《沿着希臘痕跡》，第125頁（《文物寶藏》，第132頁）］

為了讓壁畫顯露出來，搬走瓦礫（沙塵？）尤為重要：

當我們搬走瓦礫堆後，洞窟的繪畫現出了驚人的美麗。

［勒考克《沿着希臘痕跡》，第122頁（《文物寶藏》，第129頁）］

為了到達壁畫那裏，瓦礫從洞窟裏被抖落下陡坡：

我發現，離帶有“人物”的美麗的寺窟不遠處，高高地在一塊岩石的突起處，有一個巨大的瓦礫堆，在其頂上有一個小的開口。和一些人一起，我攀了上去，看到一座寺窟坍塌在那裏。瓦礫堆被清理走了。

［勒考克《沿着希臘痕跡》，第121頁（《文物寶藏》，第128頁）］

清理瓦礫並非本來的目的，而是必須的前期工作，巴爾圖斯藉此可將繪畫從牆壁上剝離下來。祇有在工人們完成了此項工作之後，洞窟纔能引起勒考克的興趣：

我永遠不能忘懷，我第一次打開一座這樣的寺窟、在清理完瓦礫之後手提燈籠踏進內室的情形。

［勒考克《沿着希臘痕跡》，第112頁（《文物寶藏》，第120頁）］

指責勒考克沒有關心可能掩藏在瓦礫裏的寫本，似乎並不符實，至少有一次情況是如此的：

就在第一天裏，在一座寺窟裏——因為它紅色的穹頂而被得名“紅穹頂室”，我得以發現一座古老的圖書館。此處我們發現了大量早期的印度寫本，寫在貝葉、樺樹皮和紙張上，以及寫了字的木板。所有的書頁都裁成印度書籍——Pohti的樣式。

這種樣式的一整本書在此被發現，它有大約60葉，帶有用印度字母寫就的梵語和吐火羅語。

［勒考克《沿着希臘痕跡》，第115頁（《文物寶藏》，第122頁）］

而令人極度驚訝的是，在格倫威德爾的報告中找不到對這樣一座圖書館的提示，既沒有在紅穹頂窟（A），也沒有在其配房（B）中：

A的左邊[9]尚存一座洞窟的殘餘，但已無法確定裏面曾有過什麼，圖183。

［格倫威德爾《佛教寺院》，第82頁（《新疆古佛寺》，第143頁）］

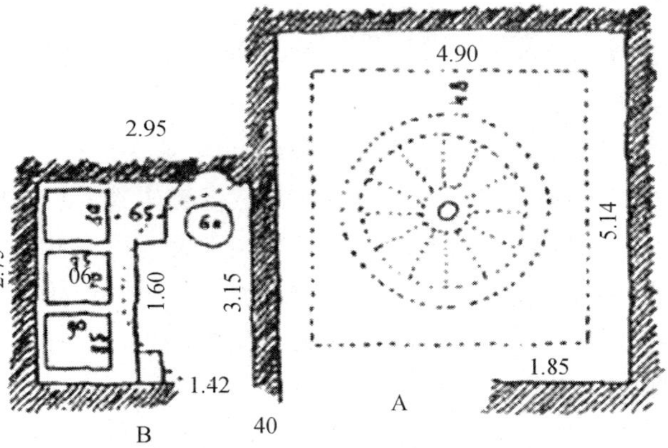

圖183　洞窟平面圖（亦由勒考克先生測量）

那些為格倫威德爾所提到的藏書與紅穹頂窟毫不相干，依格倫威德爾所說，屬於隨後的一組洞窟（見前）。勒考克又提到了一座圖書館，它和格倫威德爾的所描述的並不一致，因為格倫威德爾說的是“承載木板的榫頭”，而勒考克說的是“石雕的”書架：

“巴爾圖斯撞到了一座圖書館，從中發現了一定數量的樺樹皮寫本——一些殘片比較大，很多半張的還可以利用——令他和我們都非常遺憾的是，小房間的地面上和石雕的書架上覆蓋着厚厚的、完全腐爛的‘pothi’——大部分以中亞婆羅迷，但有些以笈多或者一種真正的笈多與婆羅迷間的過渡形式［寫就］——不得不揭開這樣的墓穴真是悲慘。”

［施林洛甫《瑜伽課本》，第9頁］

勒考克根本沒有碰到這堆寫本，在清理瓦礫之後纔踏入紅穹頂窟的，這一懷疑通過他本人對“‘紅穹頂窟’的瓦礫堆”的評注又得到了加強，“1906年巴爾圖斯和我在那

---

⑨　漢譯本誤作“右邊”。

裹發現了寶貴的古代貝葉寫本”。這一評注與其所出版的報告自相矛盾，後者有關紅穹頂寺窟，“在這裹我曾於1906年獲得梵文寫本的巨大發現”。

在柏林審閱了所發現的寫本之後，人們同樣也想到，那些早先所存大量的寫本今在何處。因此，下一次考察開始計劃，其任務原本衹是尋找寫本。勒考克還是被允許，也可攜回壁畫，這樣做的結果是，他在克孜爾將尋找寫本的工作——倘若他完全投身此事的話——縮減到僅有的一個上午的時間：

第二天早晨（7月2日），在日出的時候，我和招來的幾名工人去“紅穹頂窟”，在這裹我曾於1906年獲得梵文寫本的巨大發現，我們開始搬走岩石腳下的瓦礫堆……

巴爾圖斯同時在切割漂亮的供養人畫像……

在瓦礫堆中發掘並沒有重大成果。我們都一直挖到底了；但我們衹找到珍貴寫本的無關緊要的殘餘部分，這也是一種對我的安慰：這證明，我當時放棄了瓦礫堆的工作，正是在含有寫本的層面挖盡的時候。

天氣又變得炎熱了，在炙熱的太陽光線裹我感到不太舒服。下午，我就打起了劇烈的寒顫，腸道疾病的所有徵兆很明顯。但工作結束了，累極了的我們躺下來休息。

［勒考克《土地和人民》，第58頁起（《新疆的土地和人民》，第40頁）］

保存壁畫又成了他最終的目的。為此，當一有可能，他立刻離開了克孜爾：

腸道疾病的干擾到現在也還沒有完全減弱，特別是喪失體力使我心煩，我決定離開木紮特（Muzart）窪地，向更高的山地挺進，那裹蘇巴什村驛（Su-baschi Längär）兩個大的居民點吸引着我。

我決定更輕鬆地走這一步，發掘寫本所取得的一定的成果有力地證明了我們1906年在這裹做了很好的工作。

［勒考克《土地和人民》，第77頁（《新疆的土地和人民》，第56頁）］

人們不禁要問，他最後的那句話是否會與無比珍貴的古代印度寫本的下落有關。我們已經看到，勒考克的描述並非總是客觀地報導事實，而是充滿了浪漫色彩的筆調，當他想取得某種特定效果的時候。很明顯，為了讓指責他為了壁畫而忽視了寫本的人閉嘴，勒考克在此多加筆墨，來展示他“1906年”已經“在這裹做了很好的工作”，而不是去講述他新的發現。當然，此處並不是要評判勒考克的功過是非。這裹衹涉及一個問題，我們得意識到：在紅穹頂室周圍、石窟群前面存在着發現新的寫本殘片的可能，或許數量眾多，或許衹有少量的。然而，即使是很少的和微小的殘片也能夠帶來新的、奠基性的知識，並為照亮仍然遮蔽古印度文化的很多領域的迷霧作出貢獻——就像過去一個世紀的研究向我們強有力地展示的那樣。

附錄

［**作者簡介**］　迪特·施林洛甫（Dieter Schlingloff），生於1928年。德國著名印度學家和佛學家。師從恩斯特·瓦爾特施密特（Ernst Waldschmidt，1897—1985，即季羨林先生的業師），是惟一一位全面繼承其所學的弟子。他於1972—1996年擔任德國慕尼黑大學印度伊朗學系系主任。在其任職期間，該系的研究重點進一步轉向了佛教。他的作品有：《〈詩韻集略〉：關於梵語格律的文獻》（*Chandoviciti, Text zur Sanskritmetrik*, 柏林，1958）、《中古佛教概念組——〈十上經〉IX-X》（*Dogmatische Begriffsreihen im älteren Buddhismus 1a, Daśottarasūtra IX-X*, 柏林，1962）、《佛教之一：僧團的解脱之道》（*Die Religion des Buddhismus, I Der Heilsweg des Mönchtums*, 柏林，1962）、《佛教之二：世間的解脱之道》（*Die Religion des Buddhismus, II Der Heilsweg für die Welt*, 柏林，1963）、《佛教瑜伽課本》（*Ein buddhistisches Yogalehrbuch*, 柏林，1964）、《古代印度城市：一個比較研究》（*Die altindische Stadt, Eine vergleichende Untersuchung*, 威斯巴登，1969）、《阿旃陀——圖畫手冊1：敘事的壁畫》（*Ajanta-Handbuch der Malereien 1: Erzählende Wandmalereien*, 威斯巴登，2000）。

對於百年前德國人在新疆的所作所為——他們稱作“考察”，我們視為“劫掠”，施林洛甫教授以一名學者的良心作出了客觀公正的評價。他撰寫了此文，並自費印刷，贈送給中國學者。這本小冊子不僅想讓我們讀到當代德國學者對帝國主義國家掠奪第三世界的文化遺產的批判態度，也提醒我們要加強對自有文化遺產的保護、發掘和研究，從科學研究的角度來看，國家的文物是屬於全世界的。

幾年前，耿世民先生曾經也收到過這本小冊子，並在《中國新疆的土地和人民》一書中作了譯介（第200—202頁）。去年，施林洛甫教授再次向譯者——他的再傳弟子——提出翻譯此文的請求：

“這份小冊子‘T III MQR’我對它敝帚自珍，祇在私人範圍內交流。如果它的內容在中國能夠為人所知，對我來說，這纔是有價值的。”（2010年3月17日信件）[10]

為此，筆者將其全文翻譯，以感謝其對筆者個人以及我們國家印度學研究的關懷。

---

[10] Sehr am Herzen liegt mir die Druckschrift, T III MQR', die ich nur privat verschickt habe. Ich würde es für wertvoll halten, wenn der Inhalt in China bekannt würde.

古代西域非金屬貨幣研究*

李樹輝

貨幣是商品交易的重要媒介。處於"絲綢之路"中段的西域（今新疆）地區作爲東西文化交流的中轉站，承負着商品交易的重要作用。以往的錢幣研究者僅關注了西域的各類金屬貨幣使用情況，而未曾留意西域的非金屬貨幣形式及其使用情況。傳統的金屬貨幣固然經久耐用，但製作成本太高且不易攜帶。尤其是對於跋涉於戈壁大漠從事批量商品販運的商客來說，更是平添了許多負擔，增加了貿易成本。故而，伴隨着商品經濟的繁榮和絲路貿易的需要，各類非金屬貨幣也就應運而生了。古代西域地區的非金屬貨幣堪稱是現代世界非金屬貨幣的始祖。從製作材料來看，古代西域地區的非金屬貨幣約有皮幣、棉布貨幣和紙幣三大類別。

一、皮　　幣

皮幣，顧名思義就是用皮革製作的貨幣。漢武帝時連年用兵，國庫空虛，用度不足，"而富商大賈或蹛財役貧，轉轂百數，廢居居邑，封君皆低首仰給。冶鑄煮鹽，財或累萬金，而不佐國家之急，黎民重困。於是天子與公卿議，更錢造幣以贍用，而摧浮淫並兼之徒。是時禁苑有白鹿而少府多銀錫。自孝文更造四銖錢，至是歲四十餘年，從建元以來，用少，縣官往往即多銅山而鑄錢，民亦間盜鑄錢，不可勝數。錢益多而輕，物益少而貴。有司言曰：'古者皮幣，諸侯以聘享。金有三等，黃金爲上，白金爲中，赤金爲下。今半兩錢法重四銖，而奸或盜摩錢裏取鋊，錢益輕薄而物貴，則遠方用幣煩費不省。'乃以白鹿皮方尺，緣以藻繢，爲皮幣，直四十萬。王侯宗室朝覲聘享，必以皮幣薦璧，然後得行"①。由"古者皮幣，諸侯以聘享"之句可知，皮幣早在先秦時就曾使用，漢武帝時又一度恢復使用。

此後諸代也時有使用。如《元史·仁宗本紀》：皇慶元年（1312）二月"庚午，西北諸王也先不花遣使貢珠寶、皮幣、馬駝，賜鈔一萬三千六百錠"；《新元史·鄭介夫傳》亦有"漢以銅錢而權皮幣之重，皮幣爲母，銅錢爲子"之謂；《明史·西域二·西番諸衛》："自青海爲寇所據，番不堪剽奪，私饋皮幣曰手信，歲時加饋曰添巴，或反

---

* 本文爲筆者承擔的國家社會科學基金重大科研項目《新疆通史·基礎工程》（XJTSB046）及新疆維吾尔自治區社會科學基金項目（07TQB069）的階段性成果。

① 《史記·平准書》。又，《漢書·武帝紀》記此事爲元狩四年（公元前119年）冬。

爲嚮導，交通無忌"；《清史稿·太宗本紀》：天聰六年（1632）六月"癸未，趨宣府，守臣以明主所給察哈爾緞布皮幣一萬二千五百歸我。"《清史稿·土司傳》：雍正六年（1728）"怒江野夷輸皮幣"。雖則如此，西域地區是否使用過皮幣，目前尚不得而知，難以遽斷。

二、棉布貨幣

"棉布貨幣"，顧名思義是指以棉布爲製作材料的貨幣。棉花（古稱"白氎"或"白疊子"，爲波斯語paχta的音譯）的種植，在西域有着悠久的歷史；棉布亦是西域的特產。

漢語中的"棉花"一詞，既用於指稱一種特定的植物（突厥語稱作kɛbɛz/kɛpɛz），亦用於指稱該植物所結的絮狀類果實（突厥語稱作paχta）。故而在古代，棉布又被稱作"花蕊布"。所謂的棉布貨幣，便是用這種"花蕊布"製作的。《宋史·外國六·龜茲傳》稱：

> 龜茲本回鶻别種。其國主自稱師子王，衣黄衣，寶冠，與宰相九人同治國事。國城有市井而無錢貨，以花蕊布博易。有米麥瓜果。西至大食國行六十日，東至夏州九十日。或稱西州回鶻，或稱西州龜茲，又稱龜茲回鶻。

通常認爲"花蕊布"指棉布，是一種實物貨幣，不確。這裏的"花蕊布"專指以棉布製作的貨幣。所謂"國城有市井而無錢貨"，是指沒有金屬貨幣。所說的"花蕊布"其實就是特指棉布貨幣，而並非是用於製作服裝的普通棉布。"花蕊布"在突厥語中稱爲bøz（棉布，大布）[②]。由於用作交換媒介的貨幣以"花蕊布"爲製作材料，且其最初是由唐代西州、龜茲等地的地稅之一種——官布演變而來的，故而也稱這種棉布貨幣爲qanbuqa kɛpɛzi（棉質官布，字面意思爲"用作官布之棉"）或bøz。成書於11世紀70年代的《突厥語大詞典》（後文簡稱《詞典》）稱之爲ɛgin或qamdu。例如：

> ɛgin——幅寬一拃半，長四揸子（gɛz，一揸子約等於0.71米——引譯者）的一種棉布（bøz）。蘇婆（suwar）部落的人用其進行交易。（MⅠ.106）

> qamdu——長四揸子，幅寬一拃的一塊棉布（bøz），上面鈐有回鶻汗王的印璽，在交易中用作貨幣。該棉布用舊後，每七年洗一次，並重新加蓋印璽。（MⅠ.546）

前一詞條的蘇婆部落，分佈在七河流域至"羅斯（俄羅斯）和羅馬等省"之間（MⅠ.44）。據此可知被稱作ɛgin的棉布貨幣在七河流域及其以西地區的蘇婆部落内流通。後一詞條的"回鶻汗王"當指龜茲回鶻的可汗。西遷至東部天山地區的回鶻，

---

② ［喀喇汗王朝］Mɛhmut Qɛʃqɛri.Tyrki Tïllar Dïwanï（《突厥語大詞典》）第3卷，烏魯木齊：新疆人民出版社，1984年，169頁。後文簡稱"MⅢ"，同書第2卷、第3卷（烏魯木齊：新疆人民出版社，1980年、1984年），後文簡稱"MⅠ"、"MⅡ"，並與頁碼一同括注於引文後。

自宋乾德三年（965）已分裂爲龜茲回鶻汗國和高昌回鶻王國兩個不相統屬的集團③。正爲此，《宋史·外國六·龜茲傳》謂其"或稱西州回鶻，或稱西州龜茲，又稱龜茲回鶻"。《詞典》成書前，龜茲回鶻之主體因喀喇汗王朝東侵已被迫移徙至塔里木盆地東南緣至柴達木盆地西緣地區，而以"黄頭回鶻"之名見諸於漢文史籍。《詞典》所介紹的回鶻城鎮皆位於高昌回鶻王國轄境内。該書"ujʁur"詞條稱：

> ujʁur——回鶻。一個國家（ɛl）的名稱……這個國家有五座城。其人民是最兇惡的異教徒，也是最嫻熟的射手。這五座城是：sulmï（唆里迷，位於今焉耆縣境内——引譯者），這個城市是亞歷山大建造的；qoʧu（高昌，今吐魯番高昌故城——引譯者）；ʧanbalïq（彰八里，約位於今昌吉市區——引譯者）；bɛʃ balïq（别失八里，今吉木薩爾縣北庭故城——引譯者）；jaŋï balïq（仰吉八里，約指今瑪納斯河東岸里許的故城遺址——引譯者）。（MⅠ.151—153）

然而，在吐魯番出土的回鶻文社會經濟文書中僅有qoqbu/qoqpu、qunbu/quanbu/qanbu、quanbuqa kɛbɛzi/qanbuqa kɛbɛzi及bøz等表示棉布貨幣的詞語，還未曾見到qamdu一詞。值得注意的是，卻大量出現了qoʧu kedini jorïr iki uʧï kinlig, otura tamʁalïʁ……quanbu-qa kɛbɛzi（高昌西流通的兩端有金字、中間鈐有印璽的……棉質官布）等慣用語，表明其最初的流通區域在高昌以西地區即龜茲回鶻轄境内。據此，我們有理由斷定這種棉布貨幣就是《詞典》所載的qamdu，原本在龜茲回鶻王國轄境内流通。

以往研究我國貨幣史的學者在論及非金屬貨幣時僅涉及紙幣，未曾注意在其之前還曾流通布幣這一過渡形式④；或僅注意到了元代發行的紙鈔，而將西域流通的布幣視爲實物貨幣⑤。由上可見，這種被稱作ɛgin（其尺寸約爲284厘米×30厘米）和qamdu（其尺寸約爲284厘米×20厘米）的棉布貨幣，不僅有特定的尺寸，而且蓋有回鶻汗王的印璽，官府還有定期回收翻新的管理體制。從其製作款式、發行機構、管理手段和流通功用來看，已與現代貨幣完全相同：其回收翻新措施，與現代國家銀行對舊幣的回收如出一轍。稍有區别的衹是現代的紙幣易於破損，無法修復、翻新，故而多作銷毁處理；而ɛgin和qamdu的製作材料是棉布，經久耐用，故而回收後衹需清洗乾淨後再重新加蓋印璽，便可繼續用於流通。

中國古代在先秦時期曾部分使用黄金、白銀作流通手段，漢代以後金銀逐漸退出流通，主要使用銅錢作流通手段。至於將縑布、麻布、棉布等用作貨幣代用品，則是迫不得已的權宜之法。《晉書·張軌傳》載稱："泰始（265—274）中，河西荒廢，遂不用錢。裂匹以爲段數。縑布既壞，市易又難，徒壞女工，不任衣用，弊之甚也。"可見，古人雖認識到將縑布等用作貨幣代用品"弊之甚也"，卻也無可奈何。西晉愍帝即位之

③ 李樹輝《烏古斯和回鶻研究》，北京：民族出版社，2010年，263—273頁。

④ 參見汪聖鐸編《兩宋貨幣史料匯編》，北京：中華書局，2004年。

⑤ 楊富學《回鶻文書所見高昌回鶻王國的紙鈔與鑄幣》，《中國社會經濟史研究》1992年第1期，8—14頁；《回鶻文書所見高昌回鶻王國的紙鈔與金屬幣》，《中國錢幣》1993年第4期，26—29頁。

初，中原剛剛經歷了“八王之亂”，又接着發生了此起彼伏的流民起義，多年的戰亂導致農業荒廢，經濟蕭條，國庫空虛，百姓窮困。同時使得銅錢大量外流、銷熔和貯藏，造成了嚴重的“錢荒”。由此也就導致偏處西域的高昌地區將緤布、麻布、棉布等用作貨幣代用品成爲定制。

棉布貨幣的出現，應與西域地區最初將麻布用作賦稅代用品有關。《周書·異域傳下》：“高昌……賦稅則計輸銀錢，無者輸麻布。”《北史·高昌傳》：“其國……賦稅則計田輸銀錢，無者輸麻布。”及至棉花種植技術普及後，用作交納賦稅代用品的麻布遂爲棉布所替代。不僅如此，棉布亦被用作市場交易的等價物。《梁書·高昌傳》：“高昌國……多草木，草實如繭，繭中絲如細纑，名爲白疊子，國人多取織以爲布。布甚軟白，交市用焉。”敦煌與高昌地區毗鄰，相互間商業貿易往來頻繁，至晚在唐末五代時，敦煌地區也仿照高昌將棉布用作地稅代用品，稱之爲“官布”。P.3214v《唐天復七年（907）高加盈出租土地充折欠債契》：“其地內所著官布、地子、柴草等，仰地主祇當，不忓種地人之事。”[⑥] P.3324v《天復四年（904）衙前子弟隨身等狀》：“如若一身，餘卻官布、地子、烽子、官柴草等大禮（例），余者知雜役次，並總矜免，不喜差遣。”[⑦] P.3579《宋雍熙五年（988）十一月神沙鄉百姓吳保住牒》：“因科稅地子柴草，□羊（?）價又官布不肯輸納。”[⑧]所謂“官布”就是緤布即棉布，“是附著於土地，並按土地數目徵收的固定稅例，每戶必須按數交納，一般情況下不得免徵”[⑨]。P.3236《壬申年（912）三月十九日敦煌鄉官布籍》、P.4525《官布籍》及Дx.1405、1406《官布籍》還都記載了歸義軍時期官布的徵收標準和徵收率。

官布除用作交納賦稅外，還被用作市場交易的等價物。如P.3234 v（7）《年代不明［10世紀中期］諸色入破歷沶會稿》：

22. 布破：
23. 布一疋給擎像人用，布尺五吊祥會弟亡用，布壹
24. 疋宋都衙窟上樑人事用，官布一疋乾元寺寫
25. 鍾人事用，布二尺吊保應父亡時用，布二尺
26. 高法律大阿娘亡吊用，熟布一疋送路高法律
27. 張閣梨東行用，布貳尺五寸王僧政兄亡吊用，
28. 布二尺梁户郭懷義妻亡吊用。
29. 計一百三十尺。
30. 緤破：立緤一疋送路官家用，立機壹疋於王得〻全
31. 邊買榆木用，官布一疋乾寺寫鍾用。

⑥ 唐耕耦、陸宏基編《敦煌社會經濟文獻真跡釋録》（二），北京：全國圖書館文獻縮微復製中心，1990年，27頁。

⑦ 同⑥，450頁。

⑧ 同⑥，308頁。

⑨ 鄭炳林《晚唐五代敦煌地區種植棉花研究》，《敦煌歸義軍史專題研究續編》，蘭州：蘭州大學出版社，2003年，360—380頁。

32. 計七二尺。[⑩]

另如P.2040v《後晉時期淨土寺諸色入破歷祘會稿》：

94. 緤破：官布壹疋，高孔目起蘭若人事用。立機壹疋，

95. 拽樑日木匠用。粗緤拾壹疋，造簷時，木匠手功用。

96. 計三百二十五尺。

97. 立機緤玖疋，官布拾伍疋，庭上轉經犀牛綾價用。

98. 立機緤壹疋，起寺設日與作坊用。官布壹疋，康家

99. 榆木價用。

100. 通計八百七十五尺緤。

101. 立機陸疋、官布六疋，庭子轉經蓮花錦

102. 襖子價用。

103. 緤計一阡一百七十五尺。

104. 褐破：一丈四尺，買草破用。一丈四尺，與恩

105. 子用。

106. 計二十八尺。[⑪]

由上可見，官布可用作吊亡、支付工價、行旅盤纏、購物等諸多日常開支。目前可以肯定，至晚在唐末五代時，敦煌便將絹帛等用作商品交換的等價物。P.3270抄卷《兒郎偉》中有“家長持鑰開鎖，火急出帛盤纏”之謂。“帛”與“盤纏”連用，且要由“家長持鑰開鎖”纔可取出。其用作“盤纏”的“帛”應是專用作商品交換的等價物。此外，寺院收入支出也用官布。例如：P.3234v《壬寅年（942）正月一日已後淨土寺直歲沙彌願通手上諸色入歷》：“官布一疋，張萬川車頭念誦入。細布一疋，官布壹疋，索家小娘子念誦入。布一疋，安婆車頭念誦入。”P.2032《後晉時代淨土寺諸色入破歷算會稿》：“布壹丈六尺，宋法律侄女亡時喪前念誦入。布四十七尺，道引西倉折物入。立機壹疋，斜褐一段，宋法律手上西倉折物入。立機壹疋，唐醜兒押衙女患念誦用（入）。”

吐魯番出土回鶻文社會經濟文書中亦有許多使用此類等價物進行商品交易的記載。其名稱約略有qoqbu/qoqpu、quanbu/qunbu、bøz等類別。

（一）qoqbu/qoqpu

qoqbu/qoqpu在吐魯番出土回鶻文寫卷中較爲少見。學術界公認qoqbu/qoqpu是漢語音譯詞，-bu/-pu是“布”的對音，qoq-應爲某一入聲字的對音，但究竟應還原爲哪個漢字，尚未達成共識。有學者（如耿世民）認爲是漢語“課布”的譯音（本文也暫取此譯音），也有學者（如A. von Gabain及J. Hamilton）認爲是漢語“官布”的譯音。qoqpu

⑩ 唐耕耦、陸宏基編《敦煌社會經濟文獻真跡釋録》（三），北京：全國圖書館文獻縮微復製中心，1990年，443頁。

⑪ 同⑩，407頁。

（課布）一詞曾見於吐魯番出土的回鶻文摩尼教寺院文書，其文第34—42行稱：

34. ……(ï)ʃ ajʁutʃï aʁïqqa kiryr bo(lʁuluq)
35.]ir tysi tørt miŋ jyz biʃ otuz qoqpu burq(an)(?)
36. tørytʃɛ srwsjjt qanikta kigyrz-yn(·)manistan taqï
37. (nɛ)tɛg tyrlyg ïʃ kytʃ bolsar iki χruχanlar ïʃ
38. ɛjʁutʃïlar b(irlɛ ïʃ)lɛtz-yn(·)kɛdmɛ tikirmɛnniŋ
39. biʃ jyz qoqpuda ɛlig qoqpu kɛdmɛgɛ birz-yn(·)
40. taqï qalmïʃ tørt jyz ɛlig qoqpu ɛrɛŋɛ ɛspasi
41. ɛspasantʃqa qïʃqï ton ɛtyk bolz-un.kɛbɛz bøz-i
42. (miŋ) altmïʃ bøz (ɛspasi) ɛspasantʃqa jajqï ton
43. bolz-un(·)……
34. ……管事的要把應入庫的
35. 地租4125課布
36. 按教規存入……庫中。
37. 摩尼寺中所有事情由二呼口盧喚（和）
38. 二管事的共同負責。縫法衣(?)的
39. 500課布中的50課布留作縫製法衣，
40. 剩下的450課布
41. 用於工役和男女侍役的冬衣和靴子。
42. 棉布中的60課布用於男女侍役的
43.夏衣……

此文書爲黃文弼先生在新疆進行考古工作時所得，原件現存北京歷史博物館（編號爲：總8782T，82），圖版刊於所著《吐魯番考古記》（北京：科學出版社，1954年，95—100頁）。文書爲卷子形式，現存部分長270厘米，高29.5厘米，前面部分殘缺，祇存125行。文書上還鈐有11處印文爲“大福大回鶻/國中書省門下/頡於迦思諸/宰相之寶印”的漢字篆文紅色方印。據筆者研究，該文書是西州地區的官方檔，頒發於唐貞元六年（790）秋頡於迦斯·骨咄祿入主西州後的數月之間。印章的主人是頡於迦斯·骨咄祿，亦即後來繼承汗位的跌跌氏第一任可汗——懷信可汗⑫。由文書可看出，地租是以qoqbu/qoqpu（課布）之數量計算的。值得注意的是，課布還可用於借貸。例如：

……[jïl]……[aj]……-kɛ, maŋa abïtʃ-qa qoqbu[kɛrgɛk bo1up]……ɛdi taj bɛg-tɛ mïŋ qoqbu a1tïm/……qoqbu-qa aj saju saʃurmatïn/……qoqbu birkintʃɛ mɛn øry qodï bolsar-mɛn/……[mɛ]niŋ [tɛki]-lɛr birlɛ køni birz-yn.bu sawda tanuq/……boʁam sa(ŋun) tanuq tibrɛnsi qutïtʃ/……[bu ta]mʁa biz ytʃɛgy-niŋ ol.

（……年……月……），我abïtʃ因/（需要）課布，向……ɛdi taj bɛg借了

⑫　李樹輝《回鶻文“摩尼教寺院文書”寫作年代及相關史事研究》，《西北民族研究》2004年第3期，14—22頁。

一千/課布。對……課布我將逐月/（還付）。在……課布償還之前我若有何不測，/將由我的親屬們共同如數償還。此文書之證人：/……boʁam將軍；證人：tibrɛnsi qutïʧ/……（此）印章是我們三個人的。

taqïʁu jïl altïnʧ aj bir jaŋïqa,mɛn ïnal bars-qa/jyz qoqbu kɛrgɛk boltï.jaʧanʁïrta altïm.anï/ït jïl altïnʧ aj bir jaŋïqa, ɛlig qoqbu biryrmɛn./urup jyz ɛlig qoqbu biryrm(ɛ)n ky[z]……/-ʧi tutuq tanuq kaʧ bɛrsy……/bu……

雞年六月初一，我ïnal bars/需要一百課布。向jaʧanʁïr借了。狗/年六月初一，我給他還五十課布。/我合計要還一百五十課布。秋天……/證人：kaʧ bɛrsy……/此……

從吐魯番出土回鶻文借貸文書來看，所立契約均有數名證人簽章。前一契約注明，借方將逐月還付所借課布，若借方在償還之前有何不測，則由其親屬共同償還；後一契約注明，借方一年後將爲其所借一百課布向貸方還付一百五十課布，年息竟高達50%。還本付息是貨幣借貸的通例，而所借貸之課布數量高達“一千”、“一百”且均爲整數，顯然不是用於製作衣物。如此看來，qoqbu/qoqpu確實已具備用作商品交換一般等價物的性質。

李經緯先生鑒於“回鶻文草書的q字母跟兩個並寫的alif很相近，而a與n又同形，所以qoqbu的寫法與quanbu很相似”，而將此二詞與bøz相等同，推測諸詞“似是一種代用貨幣”⑬。筆者則認爲qoqbu/qoqpu（課布）和下文將論及的quanbu/qunbu/qanbu（官布）在書寫上的不同應是其在發音上的不同所導致的，而發音上的不同又是因所處時代的不同而導致的歷時音變。另一方面，由於時代不同，所指客體及其功用亦截然不同：qoqbu/qoqpu（課布）是用作商品交換一般等價物的實物貨幣，是對南北朝時期用作交納賦税代用品的麻布、棉布的繼承和發展，同時亦是唐末五代時出現並沿用至宋代的官布即棉布貨幣（花蕊布、ɛgin、qamdu、quanbu/qunbu/qanbu、quanbuqa kɛbɛzi、qanbuqa kɛpɛzi、bøz）的直接源頭。從使用時間來看，quanbu/qunbu/qanbu（官布）源於漢語，當是早期的稱名；而bøz則當時後期對棉布貨幣的稱名，係由其棉布之本意引申而來。鄭炳林先生曾指出，唐末五代時敦煌“寺院收入支出用官布，表明官布不僅指官府徵收的緤布，而且是緤布中一種類型的固定名稱”⑭。結合上文的討論，我們有理由進一步斷定這種有着“固定名稱”的官布應就是西州、龜兹乃至敦煌等地專用作商品交換的等價物——棉布貨幣。

（二）qunbu/quanbu/qanbu、quanbuqa kɛbɛzi/qanbuqa kɛbɛzi

諸詞的區別應是書寫者的發音差異、不同書寫習慣以及當代學者釋讀轉寫的不同

⑬ 李經緯《回鶻文借貸文書選注》，《西北民族研究》1991年第2期，31—59頁。

⑭ 同⑨。

所造成的。qunbu/quanbu/qanbu是漢語“官布”一詞的不同音譯形式。至於quanbuqa kɛbɛzi/qanbuqa kɛbɛzi則是該詞的音義混譯形式，字面意思爲“用作官布之棉”。同bøz相比，諸詞在吐魯番出土回鶻文寫卷中也較爲少見（後一組稱名更是如此），但文書內容表明已是地道的貨幣。例如：

qoʧu kedini jorïr iki uʧï kinlig, otura tamʁalïʁ, yʧ miŋ bɛʃ jyz quanbu-qa kɛbɛzi birlɛ kɛs-iʃdim(i)z.（TⅢM205d，第5—7行。原卷現藏柏林）

我們以在高昌西流通的兩端有金字、中間鈐有印璽的三千五百棉質官布成交。

satïʁ qunbusïn ïnʧa søzlɛʃtimiz·bukyn[tɛ qoʧu?] kedini jorïr iki uʧï kinlig, otra tamʁalïʁ, yʧ miŋ iki jyz ɛlig qunbuqa yzyʃtymyz.（P. Zieme, Research on uigur documents since 1975）

售價我們是這樣商談的：我們以當今[在高昌?]西流通的兩端有金字、中間鈐有印璽的三千二百五十官布成交。

satïʁïn ïnʧa søzlɛʃdimiz qoʧu kedindɛ jorïr iki uʧï kinlig, otra jɛrtɛ tamʁalïʁ jyz [qun]buqa yzyʃdymyz.（Or.8212(106)，第3—5行。原卷現藏倫敦）

我們商定：以在高昌西流通的兩端有金字、中間鈐有印璽的一百官布成交。

søzlɛʃtim(i)z qoʧu kedin jorïjur qïr[q]……（TⅡToyoq Ohne Nr，第3行。原卷現藏柏林）

我們商定：以在高昌西流通的四十（官布成交）。

……iki uʧï kinlig, otra……yz-yʃtymyz.（TⅠ508d，第5—6行。原卷現藏柏林）

（我們以）兩端有金字、中間（鈐有印璽的……官布）成交。

ɛlig qunbuqa yzyʃdy[myz].（TⅡD149b，第5行。原卷現藏柏林）

我們以五十官布成交。

現藏柏林、編號爲TⅢM205d的吐魯番出土回鶻文文書是一份首尾完整的契約文書。文書正面僅有一行文字，爲契約名稱：sabï-ta almïʃ jɛr bitigi（向薩比購買土地契）；背面爲24行契約正文：

1. [be]ʧin jïl alt[ïnʧ aj] jiti jaŋïqa.maŋa sabïqa.
2. joŋl(a)q-lïʁ quanbu k(ɛ)rgɛk bolup.tsinkyy øgɛn yz-[ɛ]
3. suw(a)qlïʁ.bir ʃïʁ sɛkiz kyri uruʁ kiryr jɛr-imin.
4. basmïl-qa.toʁrur tomlïtu satdim.satïʁ quanbu-s[ïn]
5. ïnʧa søz-lɛʃdim(i)z.qoʧu kidini jorïr iki uʧï kin-
6. lig，otura tamaʁlïʁ，yʧ miŋ biʃ jyz quanbu-qa
7. kɛpɛzi birlɛ kɛsiʃdim(i)z.bu quanbuʁ bitig qïlmïʃ kyn
8. yz-ɛ.mɛn basmïl tykɛl birtim.mɛn sabï j(ɛ)mɛ bir ɛgsyk
9. -syz tykɛl sanap altïm.bu jɛr-niŋ sïʧïsï.øŋ-tyn
10. jaŋaq basmïl-nïŋ jɛr.kyntin jaŋaq t(ɛ)ŋri
11. urχ(a)r-ïnt(a)qï jɛr.kidin jaŋaq tajpuku øgɛn.

12. taʁdïn jaŋaq uluʁ jol adïrar.bu tørt sïʧï
13. iʧindɛki.jɛr-kɛ miŋ jïl tymɛn kyn-kɛ＋t(ɛ)gi
14. basmïl ɛrklig bolz-un.taplasar øz-i tutz-un.taplamasar
15. adïn kiʃi-kɛ øtkyry satz-un.mɛn sabï-nïŋ
16. oʁulum.qïz-ïm.iʧim inim.qam qadʃïm j(ɛ)gɛnim
17. taʁajïm.ajtmaz-un istmɛz-yn.ajtʁ(a)li istg(ɛ)li s(a)qïns(a)r
18. sawlarï jorïmaz-un.taqï birøk ɛrklig bɛg ïʃï kyʧ
19. -in tutup.alajïn julajïn tisɛr-lɛr.bu oq øgɛn
20. yz-ɛ suwaq-lïʁ iki tanʧu jɛr jaratu birip.julup
21. alz-un.jultaʧï kiʃi qor-luʁ bolz-un.basmïl qor-suz
22. bolz-un.tanuq japïʁ tutuq.tanuq tolu b(ɛ)g tutuq.
23. tanuq satʁ(ï)r jimɛk.tanuq soŋsuz tojïn m(ɛ)n b(ɛ)g
24. toʁ(r)ïl bitidim.bu tamʁa m(ɛ)n sabï-nïŋ ol.
1. 猴年六月初七，我sabï⑮
2. 因需要通用的官布而將我位於秦渠上的
3. 可播種一石八斗種子的水澆地
4. 合情合理地賣給了拔悉密。我們如此商定
5. 售價之官布：用在高昌西流通的兩端有金字、
6. 中間鈐有印璽的三千五百棉質
7. 官布成交。這些官布在簽署文書之日，
8. 我拔悉密已完全付清。我sabï也已毫無短缺地
9. 全部點收。該地的四至是：東
10. 邊是拔悉密的土地；南邊是神
11. 廟裏的土地；西邊是大傅溝；
12. 北邊以大路爲界。拔悉密對這四至
13. 之內的土地，將擁有
14. 千年萬日的所有權。若合意，將由其自己持有；若不合意，
15. 任其轉賣於他人。我sabï的
16. 兒子、女兒、姐姐、弟弟、薩滿兄弟、侄甥、
17. 叔舅，皆不得過問。若要反悔，
18. 其言辭無效。此外，如果有權勢的官吏要憑藉職權
19. 奪取或贖買，就要拿出與此渠
20. 上相應的兩塊水澆地贖

⑮ sabï（或轉寫爲Šabï）一詞，另見於馬婁夫1909—1911年在酒泉文殊溝發現的《金光明最勝王經》回鶻語譯文跋記（分別作bilgɛ talui sabï、radna v(a)ʧir sabï）以及斯坦因於敦煌莫高窟所獲《譬喻譚》回鶻語譯文跋記（作toŋa buqa sabï）。有學者認爲此詞應爲漢語“沙彌”的音譯。由該詞在本文書中的使用情況來看，似應爲具體的人名。

21. 買。贖買的人將受損失，而拔悉密將沒有損失。

22. 證人：japïʁ都督；證人：tolu bɛg都督。

23. 證人：satʁ(ï)r jimɛk；證人：soŋsuz tojïn；我bɛg

24. toʁrïl書寫。此圖章是我sabï的。

在已發現的吐魯番出土回鶻文寫卷中，有一件買賣奴隸的契約文書（現藏柏林，編號爲Ohner Nr(b)/(c)r）較爲完整。該契約不僅記載了賣主、買主和奴隸的名字，而且記載了奴隸的年齡、售價，規定了買、賣雙方的權利和義務以及違約後應承擔的責任，是研究古代西域地區社會、政治和經濟問題的珍貴史料。該契約的行文格式與TⅢM205d契約文書的格式幾乎完全相同，祇是將用作交易的貨幣寫作qunbu。其文爲：

1. bɛʃ [j](i)g(i)rmɛ j[a]ʃar tyrk [qara baʃïmï]n an tirɛk-kɛ

2. satd(ï)m.bu tyrk q(a)ra-baʃ satïʁïn ikigy intʃɛ søz-

3. lɛʃt(i)m(i)z jyz kedin jorïjur onar tʃïʁ tamʁal(ï)ʁ qunbu-qa

4. taqï bir øjgɛ jɛlgɛ at ystynki ujan altïnï iki

5. ar-da igsiz toʁasïz at bu jyz qunbu bir at birlɛ

6. bitig qïlmïʃ kyntɛ tykɛti alt(ï)m.taʃ q(a)ra atl(ï)ʁ tyrk

7. q(a)ra-baʃïmïn an tirɛk-kɛ tutuz-u bɛrdim.bu q(a)ra-baʃ

8. yz-ɛ miŋ jïl tymɛn k[yn]kɛ tɛgi an tirɛk ɛrklig bolz-un

9. taplasar øz-i tutz-un taplamasar adïn kiʃikɛ øtky-ry

10. bɛrz-yn kim j(ɛ)mɛ tïdmaz-un kin arqun mɛn kylyg tïntantʃ

11. -nïŋ qam qadaʃïm oʁlum qïz-ïm bu q(a)ra-baʃ[ïʁ] ajïtsar

12. istɛsɛr sawlarï jorïmaz-un an tirɛk sawï jorïz-un

13. taqï birøk bɛg ïʃï-nïŋ kytʃ kytʃɛk saw kɛlyryp ajïtsar

14. [i]stɛsɛr an tirɛk-kɛ taplamïʃ anïtʃa tɛŋlig q(a)ra-baʃ

15. ……an tirɛk qorsuz bolz-un s……ikigy

16. ……[bu]sawda qajusï ɛlig

1. 我將我15歲的突厥奴隸賣給了an tirɛk。

2.（我們）倆對此突厥奴隸的售價是這樣商

3. 談的：一百（束）西部流通的、長約十尺、有圖章的官布

4. 及一匹快顛（?）馬，其上柔軟（深陷?），其下二（?）

5. ?、無病無疾的馬。這一百（束）官布（和）一匹馬一起

6. 在立文書之日我全部收到了。名叫taʃ qara的突厥

7. 奴隸，我已經交給了an tirɛk。該奴隸

8. 將千年萬日地歸an tirɛk所有。

9. 若合意就讓他自己掌管；若不合意任其轉賣給他人。

10. 誰也不得阻擋。今後我kylyg tïntantʃ

11. 的薩滿兄弟、我的兒女若問及、

12. 尋找該奴隸，其所言無效；an tirɛk所言有效。

13. 如果（有誰依仗）官的勢力傳訊過問、

14. 追尋，就得付給（一個）使an tirɛk滿意的與其相等的奴隸。

15. ……an tirɛk將不受損失……兩人

16. ……此話，哪個王……

諸文書中用作交換等價物的官布（quanbu），無疑就是《宋史·外國六·龜茲傳》所載之“花蕊布”，亦即與《詞典》所載之ɛgin、qamdu屬同一類型的棉布貨幣。《詞典》稱回鶻的棉布貨幣上鈐有回鶻汗王的印璽，而上引吐魯番出土回鶻文契約文書中的棉布貨幣也是“兩端有金字、中間鈐有印璽”，且稱其是“在高昌西流通的官布”或在“西部流通的、長十尺、有圖章的官布”，有着固定的流通區域。之所以稱其爲“在高昌西流通”則是指該貨幣形式爲龜茲回鶻所發行，並主要流通於龜茲回鶻王國境內。如前所述，高昌回鶻於宋乾德三年（965）便已脫離龜茲回鶻王國而獨立。據此推斷，諸文書當均撰寫於965年之後。同時還可斷定，《詞典》所載的qamdu應是龜茲回鶻對棉布貨幣的稱名，而見於吐魯番出土回鶻文契約文書中的quanbu、qunbu等則是高昌回鶻對棉布貨幣的稱名。稱名的不同，係因其主體居民及文化傳統的差異所導致的，前者似源於突厥語，而後者直接源於漢語。

在高昌使用“在高昌西流通的官布”當屬於特殊現象，應與11世紀中葉喀喇汗王朝向東推進的戰爭相關。據筆者研究，使用此類“官布”進行交易的人屬於逃難至當地的龜茲及伊塞克湖東南地區的拔悉密難民。編號爲TⅢM205d的吐魯番出土回鶻文文書撰寫於1056年（丙申年）。也即是說，使用此類“官布”進行交易的吐魯番出土回鶻文契約文書都撰寫於這一時期[⑯]。

（三）bøz

如前所述，bøz本指用棉花紡織而成的棉布（花蕊布），由於用於交換媒介的貨幣以棉布爲製作材料，久而久之，民間也就以bøz轉稱棉布貨幣。格倫威德爾（A. Grünwedel）率領的考察團1903年於吐魯番獲取的一件借契文書中曾出現syʧykkɛ bøz（購買酒所需的棉布貨幣）字樣，而在另一件編號爲18 Le Coq，1919的借契文書中也有asïʁqa kymyʃ（帶利息的銀子，需要付利息的銀子）的字樣，皆可作爲有力的證據（前文所引qanbuqa kɛpɛzi“用作官布之棉，棉質官布”亦同）。用作貨幣名稱的bøz常見於吐魯番出土的回鶻文寫卷中。例如：

sɛkiz on lyk[ʧyŋ] ke[d]in-i jorïr [bøz]-yg tykɛl altïm.（3Kr.32a，第3—4行）

八十（束）流通於柳中（魯克沁）以西的棉布貨幣我已全部收訖。

luu jïl ikinti aj bɛʃ/otuzqa, maŋa turbaj-qa syʧyk/-kɛ bøz kɛrgɛk bolup,

---

⑯ 李樹輝《西天山南北地區歸屬喀喇汗王朝的時間及相關歷史——兼論龜茲石窟的始毀年代》，《社會科學戰線》2010年第6期，90—97頁。

qïʤïmtutïn/bir jerim bøz aldïm.kyz jaŋïn-/ta odusar tɛnbin syʧyk-ni/bir qab biryrmɛn. birmɛtin/kɛʧyrsɛr-mɛn, ɛl jaŋïn-ʧa/asïʁï birlɛ køni biryr-mɛn./birkinʧɛ bar joq bolsar-mɛn,/oʁlum tɛmyr buqa-nïŋ tɛki/-lɛr birlɛ køni birsyn-lɛr.tanuq/qara baqʃï. tanuq tɛmyr.bu nïʃan/mɛn turbaj-nïŋ ol.mɛn øzym/bititim.（Radloff編號第10號）

龍年二月二十五（日），/我turbaj因需要買酒的棉布貨幣，向qïʤïmtu/借了一（束）半棉布貨幣。秋初時/我將用三十湯瓶的/一袋子酒償還（他）。如果我拖延/不還，按民間慣例/我得連同利息如數支付。/如在支付之前我有什麼好歹，/將由我兒子tɛmyr buqa的親屬/們共同如數償還。證人：/qara baqʃï；證人：tɛmyr。此手印/是我turbaj的。我自己/寫就。

jïlan jïl yʧynʧ aj jɛgirmi-kɛ, maŋa/qïrïrquz-qa bøz kɛrgɛk bolup, /japatu-tïn iki baʁ/bøz aldïm.[kyz] jaŋïda iki qa[ta]/bøz biryrmɛn.birmɛtin kɛʧyrsɛ/……mɛn ɛl jaŋïʧa tyʃi bilɛ/køni biryr-mɛn.birkinʧɛ bar joq/bolza,mɛn mɛniŋ samtoku-tɛki biz-ni/bilɛ tɛŋ ylyʃ-lyg jarïm ɛkin/jir-tɛ maŋa tɛgɛr bølyk ylyʃ-/lyg jirim birsyn.tanuq/taʃmïʃ.tanuq misir.bu/niʃan mɛn qïrïrquz-nïŋ ol./mɛn turʧï qïrïrquz-qa ajïtïp/bititim.（Radloff編號：第29號）

蛇年三月二十（日），我/qïrïrquz因需要棉布貨幣，/向japatu借了兩束[17]/棉布貨幣。秋初，我將償還兩倍的/棉布貨幣。如果我拖延不還，/按民間慣例，我得加上利息/如數償還。如果在償還之前有什麼意外，/我就將我位於三道溝的、我們/共有同等份額的一半耕/地中屬於我的一份/土地給他。證人：/taʃmïʃ；證人：misir。此/手印是我qïrïrquz的。/我turʧï向qïrïrquz詢問後/書寫。

on iki bøz ol./biʧin jïl tørtynʧ aj biʃ/jaŋïqa, biz sïsï køry-kɛ/ikɛgy-kɛ bøz kɛrgɛk bolup, /oquj-tïn yʧɛr bøz aldï-/mïz.kyz jaŋïqa aldrar/bøz-ni køni birirbiz.birmɛdin/kɛʧyrsɛr-biz, ɛl jaŋïnʧa/asïʁï birlɛ køni biryrbiz./birkinʧɛ bar joq bolsarbiz, /inimiz ʧisyn s(ɛ)ŋɛ-niŋ dɛki-/lɛr birlɛ køni birsynlɛr./tanuq ɛlʧi.tanuq tɛmyr/turmïʃ.bu nïʃan biz-niŋ ol./mɛn køry sïsï-qa ajïdïp, /øsym biditim./bytyn birti.（Radloff編號：第34號）

（共）是十二（束）棉布貨幣/猴年四月初/五，我們sïsï（和）køry/兩人因需要棉布貨幣，/向oquj各借了三（束）棉布貨幣。/秋初時節，我們將如實地/各償還六（束）棉布貨幣。如果拖延/不還，我們得按民間慣例/連應加的利息一塊如數償還。/如果在償還之前我們有什麼好歹，將由/我們的弟弟ʧisyn（和）sɛŋɛ的親屬/們如數償還。/證人：ɛlʧi，證人：tɛmyr/turmïʃ。此手印是我們的。/我køry於詢問sïsï之後/親自書寫。/已還訖。

……[jïl]……[aj]……jaŋïqa maŋa ʧiwkuj/[qa asïʁqa bø]z kɛrgɛk bolup,isig-tɛ

[17] 官布的計量單位在敦煌文書中通常使用“匹”，有時也使用“個”。突厥語中通常不使用量詞，故而回鶻文文獻中也多是直接將數詞用於所限定的名詞前，但本文書在數詞iki（二）和名詞bøz（棉布貨幣）之間使用了量詞baʁ（捆，束，把）。筆者將其譯爲“束”，並在全文所引回鶻文文獻的數詞和棉布貨幣之間括注出“束”字。

jyz bø[z]/[aldïm.qaʧ] aj tutsam(ɛ)n aj tu……p asïʁ[-ï]/bilɛ kəni biryrmɛ]n.bi(r)ginʧɛ [jo]q bar bolsamɛn，ɛwt[ɛki]/[-lɛr køni] birz-yn.bu tamʁa m(ɛ)n ʧiwkuj-nïŋ ol./ [mɛn]……ajïtïp bititim.（Ohne Nr(f)）

……年……月初……（日），我ʧiwkuj/因需要付息的棉布貨幣，向isig借了一百（束）/棉布貨幣。我借幾個月，將按月連同利息/一併償還。如在償還之前我有什麼好歹，將由我家/人償還。此手印是我ʧiwkuj的。/（我）……遵囑寫就。

此前，學者們因未曾注意到《詞典》中有關ɛgin和qamdu這兩種真正意義上的棉布貨幣的記載，也未曾留意回鶻文寫卷中有關bøz“流通於柳中（魯克沁）以西”、quanbu-qa kɛbɛzi不僅在“高昌西流通”而且其“兩端有金字、中間鈐有印璽”的描寫，更未曾注意到syʧyk-kɛ bøz（購買酒的棉布貨幣）等專用於商品交易之一般等價物的性質，而均將其當作實物貨幣對待了。據以上研討可斷定，諸詞均是指現代意義上的貨幣——棉質貨幣⑱。遺憾的是，至今還不曾發現這種“兩端有金字、中間鈐有印璽”的棉布貨幣實物，衹有寄希望於將來的考古發現了。

回鶻文寫卷多採用“十二獸曆”紀年，據此很難確定各寫卷的具體年代。筆者大膽推測：唐末五代時龜兹、西州、敦煌等地出現的官布（包括quanbu/qunbu/qanbu）已是真正意義上的棉布貨幣，是宋代棉布貨幣（花蕊布、ɛgin、qamdu、quanbu/qunbu/qanbu、quanbuqa kɛbɛzi、qanbuqa kɛpɛzi、bøz）的直接源頭。ɛgin如《詞典》所言，是11世紀前後分佈在七河流域及其以西地區的蘇婆部落内流通的棉布貨幣名稱；qamdu是11世紀前後在龜兹回鶻内流通的棉布貨幣名稱。quanbu/qunbu/qanbu、quanbuqa kɛbɛzi、qanbuqa kɛpɛzi是11世紀前後在高昌回鶻内流通的棉布貨幣名稱；大凡出現qoʧu kedini jorïr iki uʧï kinlig, otura tamʁalïʁ……quanbu-qa kɛbɛzi（在高昌西流通的兩端有金字、中間鈐有印璽的……棉質官布）等用語的吐魯番出土回鶻文社會經濟文書均撰寫於11世紀下半葉。bøz本指棉布（粗棉布），後轉用爲棉布貨幣的通稱或泛稱。以bøz指代棉布貨幣的回鶻文寫卷的年代，要晚於以qunbu/quanbu/qanbu、quanbuqa kɛbɛzi/qanbuqa kɛbɛzi指代棉布貨幣的回鶻文寫卷。

三、紙　　幣

棉布貨幣的使用，大大方便了西域地區的商品交易。然而，這種棉布貨幣也有其不實用之處。譬如尺寸太大，不便於使用；以棉布爲製作材料，成本太高等。故而在使用過程中，無論是貨幣的製作材料，還是貨幣的尺寸都發生了很大的變化。至晚到13世紀

⑱ 有跡象表明，這種棉質貨幣可能一直使用到20世紀初。直到1962年，巴托爾德曾在其著作中稱：“以棉布作貨幣用，常常見於中國突厥斯坦，甚至在最近也是這樣的。”（〔蘇〕威廉·巴托爾德著、羅致平譯《中亞突厥史十二講》，北京：中國社會科學出版社，1984年，94、95頁。）

中葉時，又出現了以棉紙爲製作材料，尺寸更小的棉紙貨幣。棉紙貨幣可以説是對棉布貨幣的直接繼承和發展。《魯布魯克東行紀》載稱：“契丹通行的錢是一種棉紙，長寬爲一巴掌，上面印有幾行字，像蒙哥印璽上的一樣。”⑲從材料質地、形制尺寸、製作工藝、流通功能、管理體制等方面看，契丹人（即漢人）使用的這種棉紙貨幣已與現代紙幣的性質相差無幾，祇不過製作材料和工藝有所不同罷了。中國是世界上最早發明使用紙幣的國家。就在這一時期，“羅斯人通用的錢幣是松鼠皮和白毛皮”⑳，這種“錢幣”當屬於實物貨幣。

棉紙貨幣似僅見於魯布魯克的記載。至13世紀後半葉，使用的已全是以桑皮紙爲製作材料的紙幣。《馬可波羅行紀》對這種紙幣的款式、面值、流通及回收情況記載頗詳：

> 幅最小之紙值禿兒城之錢（denier tournois）一枚，較大者值物搦齊亞城之銀錢（gros vénitien）半枚，更大者值物搦齊亞城之銀錢一枚。別有值物搦齊亞銀錢五枚、六枚、十枚者。又有值金錢（besant d'or）一枚者，更有值二枚、四枚、五枚以至十枚者。此種紙幣之上，鈐蓋君主印信，由是每年製造此種可能給付世界一切帑藏之紙幣無數，而不費一錢。
>
> 既用上述之法製造此種紙幣以後，用之以作一切給付。凡州郡國土及君主所轄之地莫不通行。臣民位置雖高，不敢拒絕使用，蓋拒用者罪至死也。兹敢爲君等言者，各人皆樂用此幣，蓋大汗國中商人所至之處，用此紙幣以給費用，以購商物，以取其售物之售價，竟與純金無別。其量甚輕，致使值十金錢者，其重不逾金錢一枚。
>
> 尚應知者，凡商人之攜金銀、寶石、皮革來自印度或他國而蒞此城者，不敢售之他人，祇能售之君主。有賢明能識寶貨價值之男爵十二人專任此事。君主使之用此紙幣償其貨價，商人皆樂受之，蓋償價甚優，可立時得價，且得用此紙幣在所至之地易取所欲之物，加之此種紙幣最輕便可以攜帶也。
>
> 由是君主每年購取貴重物品頗多，而其帑藏不竭，蓋其用此不費一錢之紙幣給付也。復次每年數命使者宣告城中，凡藏有金銀、寶石、珍珠、皮革者，須送至造幣局，將獲善價，其臣民亦樂售之。蓋他人給價不能有如是之優，售之者衆，竟至不可思議。大汗用此法據有所屬諸國之一切寶藏。
>
> 此種貨幣雖可持久，然亦有敝壞者，持有者可以倒换新幣，僅納費用百分之三。諸臣民有需金銀、寶石、皮革用以製造首飾、器皿、衣服或其他貴重物品者，可赴造幣局購買，惟意所欲，即以此種紙幣給價。㉑

此後不久，時任波斯伊利汗國宰相兼財政大臣的撒都剌丁和幾個異密也想仿照元朝發行紙鈔，並於1294年5月初召開了有關紙鈔的會議。元朝丞相孛羅（Poulad）向君主乞合都介紹稱：“紙鈔是蓋有皇印的紙，它代替鑄幣通行於整個中國，中國所用的硬幣

⑲ 耿昇、何高濟譯《柏朗嘉賓蒙古行紀·魯布魯克東行紀》，北京：中華書局，1985年，280頁。

⑳ 同⑲。

㉑ 馮承鈞譯《馬可波羅行紀》，上海：上海世紀出版集團、上海書店出版社，2001年，239、240頁。

巴里失［銀錠］便被送入國庫。”乞合都是個揮霍無度的人，早已是國庫空虛，正愁“世上的金錢對他來說不夠用，所以他贊成推行此事”，於是很快便印造了許多紙鈔，並於當年9月12日在帖必力思城正式發行。同時頒佈詔令：凡拒絕紙鈔者立即處死[22]。關於其形制，《多桑蒙古史》記稱：

鈔以紙制，其形長方，上有漢文數字，鈔上兩面皆著回教之詞曰：“上帝外無它上帝。摩訶末是上帝之使徒。”鈔下著亦憐真朵兒祇（Irentchin Tourdji）之名，蓋諸博士所上乞合都之尊號也。鈔中有圈，內著鈔價，自半答剌黑木（drachme）至十底那不等。下著禁令曰：“世界之主在六九三年（1294）頒發此順利之鈔。有偽造者，並其妻子處死，財產籍沒。”在各州建鈔庫，各庫各有其庫使、書手、出納員及其他椽屬。發令禁止全國使用金銀……凡持昏鈔至鈔庫調換新鈔者，鈔庫扣留其價百分之十。其赴外國之商人以鈔至鈔庫易金者，必須逾境始許使用。[23]

由於元朝丞相孛羅的參與，伊利汗國的紙幣無論形制、面額或發行管理都是照搬元朝的紙幣制度。因當時伊利汗國不具備使用紙幣的條件，鈔法實行不久竟導致了“市肆遂空，城中不復有物可買”的局面，甚至還引發了騷亂，迫使伊利汗國在實行鈔法僅兩個月後就宣佈廢止，恢復使用金屬貨幣。

鈔法在中亞伊利汗國雖被廢止，但在東方卻得以延續。賽義德·阿里—阿克伯·契達伊的《中國志》（或稱《中國記》）撰寫於16世紀，其中記稱：

中國人的習慣是希望在不流通銅錢的城市，由政府命令接受蓋有某種印鑒的紙頭作爲錢幣。這就是他們於其交易中使用的貨幣。祇要這種貨幣略有殘損或破舊，它們便被更替。因此，民眾們被迫接受這些被強行發行的紙幣，而不是比較容易流通的真正的銅幣。[24]

自明代以降，我國內地的紙幣使用情況學界已多有研究，不贅。至於西域地區的紙幣使用情況，漢文史籍缺載，唯寄望於察合台文寫本文獻的刊佈了。

四、結　　語

古代西域地區的非金屬貨幣堪稱是現代世界非金屬貨幣的始祖，而錢幣研究者至今也未曾留意西域的非金屬貨幣形式及其使用情況。縱觀非金屬貨幣的發展歷史，可以看出大致經歷了從皮幣到棉布貨幣再到紙幣的三個階段。從北朝時高昌用作交納賦稅代用品的麻布，到用棉布作市場交易的等價物，到回鶻人和蘇婆人使用的棉布貨幣（花蕊

㉒ 〔波斯〕拉施特主編，余大鈞、周建奇譯《史集》第1卷，第2分冊，北京：商務印書館，1983年，226—229頁。

㉓ 〔瑞典〕多桑著、馮承鈞譯《多桑蒙古史》下冊，北京：中華書局，1962年，248頁。

㉔ 〔法〕阿里·瑪扎海里著、耿昇譯《絲綢之路——中國—波斯文化交流史》，烏魯木齊：新疆人民出版社，2006年，294頁。

布、ɛgin、qamdu、quanbu/qunbu/qanbu、quanbuqa kɛbɛzi、qanbuqa kɛpɛzi、bøz），到契丹人（漢人）使用的棉紙貨幣，到元代使用的鈔，再到現代使用的紙幣，正反映了非金屬貨幣的發展歷史。

非金屬貨幣的出現，當與"絲綢之路"的繁榮，高昌地區作爲東西文化交流中轉站的地理環境，以及融漢、粟特和回鶻等多元文化爲一體的地域文化特點密切相關。紙幣的使用雖經歷了許多波折，卻一直沿續了下來。從紙幣在當今世界各國通行的情況及其在現代社會商品交易過程中所發揮的作用來看，堪稱是中國爲世界文明做出的一大貢獻。

Research on Nonmetallic Currencies in the Ancient Western Regions

Li Shuhui

Nonmetallic currencies in the ancient Western Regions are considered as the ancestors of the modern world's nonmetallic currencies, but currency researchers have not paid enough attention to the form and use of nonmetallic currencies in these regions. Nonmetallic currencies in the ancient Western Regions contain skin currency, cotton cloth currency, and paper currency. Skin currency is the earliest nonmetallic currency in the ancient Western Regions. Cotton cloth currency is the special nonmetallic currency, which is used earlier than paper currency. Qunbu/quanbu/qanbu, quanbuqa kɛbɛzi/qanbuqa kɛbɛzi, bøz reported in Uighur contractus litteris unearthed in Turpan mean "Flower cloth", which is the cotton currency. These words were also recorded in *Songshi*: *Waiguo Six*: *Qiuci*. Uighur economic data unearthed in Turpan including qotʃu kedini jorïr iki utʃï kinlig, otura tamʁalïʁ...quanbu-qa kɛbɛzi were written in the latter half of the 11th century. The data used bøz as the cotton cloth currency was written later.

中古波斯文文書M101 i-j-c-k-g-l譯釋

——摩尼教《大力士經》研究*

馬小鶴

一、中古波斯文文書M101、M911

恒寧（Walter Bruno Henning, 1908—1967）於1943年發表《〈大力士經〉考》，刊佈了吐魯番出土摩尼教中古波斯文文書M101的a到n，以及M911，這是一部寫本的15個殘片。現在我們可以看到這些殘片的彩色照片①。恒寧當時確定，不可能恢復這些殘片的原來順序。純粹從技術的角度（殘片的大小、殘片邊緣的樣子、殘破的相對位置、污跡等），他起先排列爲：l-j-k-g-i-c-e-b-h-f-a-d-m-M911-n。當他寫作此文時，由於手頭沒有任何圖像資料，決定根據前面6個殘片的內容，將其順序改爲c-j-l-k-g-i，這應該是《大力士經》的內容。e-b-h第112—159行講述五種元素。殘片h接着空一行，第160行以紅墨水書寫了一個題目“論聽者”，第160行到結束（286行）的內容均爲關於聽者的論述②。

1943年以來，對於《大力士經》的研究有兩個重大突破。一個突破是米利克（Jozef T. Milik, 1922—2006）根據恒寧《〈大力士經〉考》刊佈的資料，經過比較，發現了死海古卷《巨人書》殘片，並確定其爲摩尼撰寫《大力士經》的主要素材。數位學者在這個領域裏進行了不懈的努力，近年來刊佈了死海古卷《巨人書》的全部照片、釋讀、歐洲文字的翻譯與評注，對巨人的故事有了比以前更清楚的認識，這爲我們重新構擬M101 c-j-l-k-g-i的順序、理解其內容提供了基礎。另一個重大突破是宗德曼（Werner Sundermann, 1935—）通過對中古波斯文文書S52（S I 0/ 120）、粟特文文書M7800的研究，提出摩尼《大力士經》的內容很可能不限於大力士的故事，還應該包括從這些神話故事中引申出來的宗教教義，而這些教義的闡述相當接近於《惠明經》（Sermon of the Light-Nous）（*Traité*/《殘經》爲其漢譯本）。他還刊出《〈惠明經〉——東傳摩尼教的一部說教作品：安息語和粟特語本》，爲我們重新構擬e-b-h的順序、理解其內容提

---

* 本文爲國家社科基金項目11BZJ005的研究成果之一。

① http://www.bbaw.de/forschung/turfanforschung/dta/m/dta_m_index.htm

② Henning 1943.

供了基礎[③]。施傑我（P. O. Skjærvø）則在1995年發表文章，對摩尼教《大力士經》與伊朗史詩作了比較研究[④]。我們根據這些新研究，對M101的前9個殘片作了重新安排，將其視爲一個文獻，可能是摩尼《大力士經》的改寫本。圖版1—3是恒寧原來的轉寫[⑤]。關於殘片b-e-h的研究需要另外撰文，在此不贅。本文衹研究M101 i-j-c-k-g-l等六個殘片，先翻譯如下：

（殘片*i*）……許多……被殺了，四十萬義人（'rd'w'n）……火（'dwr）、石油（npt）和硫磺（gwgyrd）……天使們（prystg'n）庇護以諾（hwnwx）。選民們（wcydgc'n'n）和聽者們（nywš'gc'n''n）……搶奪他們。他們選擇漂亮的［婦女］，予取予求……在婚姻中他們……。污穢的……所有的……搶走……他們分別擔當各種差事和勞役。他們……從每個城市……受命侍候……米西尼人（myšn'yg'n）［被指定］待命，胡齊格人（hwjyg'n）打掃和灌溉，波斯人（p'rsyg'n）……[⑥]

（殘片*j*）……維羅格達德（wrwgd'd）……霍巴比什（hwb'byš）［*殺了］阿赫爾姆（'hrm），搶走了他的妻子［……］納克斯塔格（［……］nxtg）。隨即巨人們開始自相殘殺和誘拐［*妻子］。他們也開始一起殘害生靈。桑（s'm）在太陽面前［*站起來］，一隻手在空中，另一隻……他獲得的任何東西，［……］其兄弟……綁縛的……在刻寫板（txtg）上［……］來自天上的天使們。刻寫板……刻寫板被扔在水裏。*最後……在其睡眠中看到一塊有三個標記的刻寫板，［一個預示……］，一個傷心和逃跑，一個……毀滅。納里曼（nrym'n）看到一個花［園裏滿是］一排排樹。兩百個……出來，樹木……[⑦]

（殘片*c*）……一個堅硬的……箭頭……弓，它［*射］向……。桑說：有福的是看到這個並且不死的人。然後沙赫米扎德（šhmyz'd）對其子桑說：馬哈懷（m'hw'y）一切……，都*被搞糟了。他又對……說：直到……我們是……以及……那是*在烈火熊熊的*地獄裏……當我的父親維羅格達德是……沙赫米扎德說：他說的是真的。他（衹）說了（他能說的）千分之一。千分之一……。桑又開始［*搜尋］，馬哈懷也［*搜尋］了許多地方，直到他來到那

---

③ Sundermann 1984; Sundermann 1992; Sundermann 1994.

④ Skjærvø 1995.

⑤ Henning 1943, pp.56-60.

⑥ myšn'yg'n，出自地名myšn，在美索不達米亞的最南部，摩尼曾在262年之前說服其王米赫爾沙（Mihershāh）改宗摩尼教。參閱Durkin-Meisterernst, 2004, pp. 25, 244, 167, 236, 193, 259. http://www.iranicaonline.org/articles/characene-and-charax-spasinou-in-pre-islamic-times.

⑦ Henning, 1943, pp.57, 60; Skjærvø, 1995, pp.201-202; Durkin-Meisterernst, 2004, pp. 345, 192, 35, 249, 305, 332, 344. Schwartz 2002, pp.233, 234, n.19考證了阿拉伯文獻中保存的摩尼教大力士阿赫爾姆（'hrm）的名字，與此類似，筆者也考證了福建霞浦民間文書保存的若干摩尼教神祇、護法的名字。

個地方，［*那裏有］一輛*戰車，以及一……[⑧]

（殘片*k*）……父親……*婚禮……直到完成他的……在戰鬥中……在*巢穴裏奧赫亞（'why'）和哈赫亞（'hy'）……他對其兄弟說："起來……我們將接受吾父命令我們接受的（命運）。我們所發的誓言……戰鬥。"大力士們……一起……"［並非］獅子……，而是它……。［並非］彩虹……，而是弓……結實。並非刀刃鋒利，［而是］*公牛力大無窮。並非鷹……，而是其翅膀使然。並非金子……，而是鎚擊它的銅器使然。並非［君王］驕傲，而是王冠在其［頭上。並非］柏樹壯觀，而是山嶽……

（殘片*g*）……並非他能言善辯，而是他言之成理。並非*果實罪惡，而是其中有毒。［並非他們］高居空中，而是大千世界之神使然。並非僕人自傲，［主人］居於其上。並非被派遣的人……，而是派遣他的人使然。"隨即納里曼……說……而（在）另一個地方我看到那些人因爲毀滅落在他們頭上而哭泣，他們的哀號和呻吟直達天上。我也看到另一個地方［那裏有］大量的暴君和君王……他們生活在罪孽和惡行之中，[⑨]當……[⑩]

（殘片*l*）……先知以諾（hwnwx）……［送］信給［眾魔及其］孩子們：對你們來說……沒有和平。［……］你們將因爲自己所犯的罪行而被綁縛起來。你們將會看到自己的孩子們被毀滅。……你們將［祇］統治120［年］。……野驢、北山羊、……公羊、*山羊、瞪羚、……大羚羊，每種兩百對……其他的野獸、鳥和生靈……他們的葡萄酒［將有］六千罐……*水的*灌溉……他們的油［將有……[⑪]

二、四十萬義人以及火、石油和硫磺

死海古卷《以諾一書》和《巨人書》的研究爲M101第一部分提供了一些背景。二百個守望者（墮落的天使）自天而降，他們由二十個十夫長率領，爲首者名叫舍米哈扎赫（亞蘭文Shemiḥazah，希臘文Σεμαζᾶς），即M101*c* R6和V4的沙赫米扎德（Shahmīzād）。守望者降臨人間，與凡人婦女性交，生下巨人，還教凡人各種奇技淫巧[⑫]。舍米哈扎赫生了兩個巨人兒子，一個亞蘭文名字叫哈赫亞（Hahyah），即M101*k* R4的Ahya、M101*j* V7和*g* R8的納里曼（Narīmān）；另一個亞蘭文名字叫奧赫亞（'Ohyah），即M101*k* R4的Ohya、M101*c* R4、R6、V 7、*j* R6的桑（Sām）。守望者十夫長巴拉克逸囉（Baraqi'el），即M101*c* V3和*j* R1的維羅格達德（Virōgdād），有一個

⑧ Henning 1943, pp.56-57, 60; Skjærvø 1995, pp.201-202; Durkin-Meisterernst 2004, pp.315, 224.

⑨ 可能指守望者與巨人，參閱Reeves 1992 pp.83, 142, n.155.

⑩ Henning 1943, pp.57-58, 61-62.

⑪ Henning 1943, pp.57, 61; Skjærvø 1995, pp.215, 217.

⑫ Nickelsburg 2001, pp.174, 188-189.

巨人兒子，名叫馬哈懷（Māhaway），見於M101*c* R7和V8。守望者與巨人在大地上胡作非爲，引起上帝震怒，下旨懲罰。巨人們在夢中看到不吉祥的前景，但無法解釋，派馬哈懷去央求以諾釋夢，以諾（Enoch）見於M101*l* R2和*i* R5。以諾代上帝宣判了對守望者與巨人的判決，預言了巨人被消滅後大地的繁榮景象。

恒寧指出，M101*i*講到的“火、石油和硫磺”也見於《大力士經》粟特文殘片G（T ii）關於四大天使鎮壓200個守望者的故事[13]：

（關於）四天使（iv fryštyt）與兩百個［魔鬼……］的宣告

……

那些人是……最初的奇技淫巧……他們製作……天使們……以及對魔鬼……他們前去戰鬥。那兩百個魔鬼（CC δywṯ）與［四天使］苦鬥，直到［天使們使用了］火（”tr）、石油（nfṯt）和硫磺（γwqṯt）……

恒寧認爲，這是有利於把殘片i放在結尾的證據。四十萬義人可能是大天使與大力士戰鬥中的犧牲者。另一方面，40萬義人可能是在守望者（Egrēgoroi）降臨大地時受難的。“選擇漂亮的婦女”云云，顯然指守望者降臨大地後的胡作非爲。加在米西尼人和其他各族身上的艱苦勞役可能是因爲守望者的巨人兒子們貪得無厭（《以諾一書》，7，2）而引起的。這些細節是有利於把殘片i放在開頭的證據[14]。恒寧1943年刊佈時就說明，很難決定M101*i*應該放在《大力士經》的開頭還是結尾，成文的時候他把殘片i置於巨人故事的最後。里夫斯（J. C. Reeves）將殘片i的第100—111行置於故事開頭，把第95—99行置於故事結尾[15]。這種假設缺乏說服力，首先，第99行與第100行在同一頁上，兩行之間不可能插入其他內容。其次，即使我們以殘片的一面（第103—111行）爲開頭，另一面（第95—102行）爲結尾，這兩頁之間殘缺的部分也容納不下至少長達10頁的故事主體。因此，我們認爲，應該放棄將殘片i全部或部分置於故事結尾的順序。恒寧撰寫《〈大力士經〉考》之後，1945年發現的拿戈·瑪第遺書中有一部《亞當啟示錄》，其中講到：

然後屬於含、閃後裔的另一些人要來，四百千（=四十萬）個男子，要進入另外一地，與出自偉大的永生知識（γνῶσις）者同住。……

……

他們要對撒克拉（Σακλα）說：“那些站在你面前的含、閃後裔、爲數四百〈千〉的人，他們的能力是什麼呢？……”

……因爲他們的靈魂不是出於污穢之手，而是出自一位永生天使的大誡命。於是要有火焰、硫磺和瀝青（αμρηϨε）落在那些人身上，有火焰和（使人眼瞎的）煙霧籠罩那些永世，啟示者的能力之眼將會暗淡，在那些日子裏，

⑬ Henning 1943, pp.68-69.

⑭ Henning 1943, p.62, n.4.

⑮ Reeves 1997, pp.75-76, 123, 160, n.389.

他們將看不到眾永世⑯。

摩尼很可能從類似的文獻裏吸取了三個素材：火焰、硫磺和瀝青；撒克拉；四十萬。在《亞當啟示錄》中閃、含後裔遭到"火焰、硫磺和瀝青"的攻擊。科普特文αμρηϩε意爲"瀝青（asphalt）"⑰。中古波斯文npt意爲"潮濕（moist）、濕氣（damp）；石油（naphtha）；瀝青（pitch）"⑱。恒寧把M101i R4翻譯成："火、石油（naphtha）和硫磺"，也可翻譯爲"火焰、瀝青（pitch）和硫磺"。摩尼教中古波斯文文獻中造立人身的魔鬼沙克倫（šqlwn）顯然源自撒克拉。四十萬閃、含後裔即義人，摩尼講到義人時借用了"四十萬"這個數字。義人在M101i R3作'rd'w'n，《摩尼光佛教法儀略》音譯爲"阿羅緩，譯云'一切純善人'"⑲。摩尼教科普特文《佈道書》在講到夏娃、亞當、該因、以挪士、閃（Sem=Shem）等《舊約·創世記》人物後寫道："四十萬義人……以諾的那些年……"⑳《摩尼教讚美詩第二集》在歌頌了亞當、塞特（Sethel）、以挪士、挪亞、閃等忍辱負重的美德之後，說道："義人們被焚燒於烈火之中，他們忍辱。受難的眾人：四千……"然後讚美聖賢以諾、我主耶穌㉑。"四千"可能是"四百千"之訛，即四十萬。比較《亞當啟示錄》，殘片i R3的40萬義人當非故事結尾時，在天使與巨人大戰中犧牲的，而應該是故事開始時，被魔鬼（守望者與巨人）所危害的。

三、守望者與巨人們的胡作非爲

安息文文書M828與M101 *i* 和*j*相應㉒：

/V/I

1 他們［*降臨］大地，因爲

2 婦女的美麗，

3 *就像攻擊者在……中間

4 ……他們從……來到……

/V/II/Ü

1 肉

2 血

3 ……

---

⑯ MacRae 2000, pp.168-175. 楊克勤 1994，卷中，122—126頁。Stroumsa 1984, pp.85-86, 165-166.

⑰ Crum 1939, 9a. http://www.metalog.org/files/crum/009.gif

⑱ Durkin-Meisterernst 2004, p.244a. Henning 1937, p. 85 sub nft.

⑲ 芮傳明2009，382頁。

⑳ Polotsky 1934, p.68[10-19]; Henning 1943, p.72; Lieu 2004, pp.91-92.

㉑ Allberry 1938, p. 142; Henning 1943, p.72; Lieu 2004, p.142.

㉒ Sundermann 1973, pp.76-77, text 20; Reeves 1992, p.75; Skjærvø 1995, p. 196.

4 ……

5 *髮式……

6 巨大的*痛苦

7 ……

與M101 *i*和*j*相應的死海古卷《巨人書》，當爲此書第一部分，首先是對《以諾一書·守望者書》的概述。米利克把4Q531 5（新編號4Q531 1）定爲此寫本的起首部分。根據斯圖肯布魯克（Loren T. Stuckenbruck）、皮埃什（Emile Puech）等人的釋讀、翻譯[23]，譯釋如下：

1 守望者］們玷污了他們自己（טמיו）［

2 ］巨人（גברין）和內菲林（נפילין）［

3 ］他們所生育的，看，k.［

4 ］以其血，依靠mh［

5 ］yn 因爲這不夠他們及［其孩］子們［

6 ］他們要吃很多ml［

7 空白

8 ］內菲林毀了它。

從內容上來說，與此相近的是1Q23 9+14+15，講述守望者和巨人的滔天罪行，根據斯圖肯布魯克等人的釋讀，翻譯如下[24]：

2 ］而他們知道［秘密（？）

3 ］在地上有很多罪［惡（？）

4 ］他們殺害了許［多

5 ］一百個巨人，他們［全］都［

這兩個殘片和M101 *i*和*j*可以與《以諾一書·守望者書》第7章相比較：

1 這些（十夫長）以及與他們一起的其他（守望者）都爲他們自己娶了他們選擇的（女）人爲妻。他們開始與她們同房，通過她們玷污（μιαίνεσθαι）了他們自己，教她們巫術和符咒，教她們砍伐（樹）根和植物。2 她們從他們受孕並給他們生了大巨人。巨人（亞蘭文גברין）生了內菲林（希臘文Ναφηλείμ），內菲林生了埃利歐德。他們該長多大就長多大。3 他們吞噬了所有人類之子的勞動產品，人類不能供應他們了。4 巨人開始殺人和吞噬他們。5他們開始對禽獸蟲魚造孽，並互相吞噬肉體。他們飲血[25]。

---

[23] Milik 1976, pp.308-309; Reeves 1992, pp.57, 62, 67-76; Stuckenbruck 1997, pp.149-150; 其譯文較爲嚴謹; Puech 2001, pp.52-54, planche 1; 皮埃什能直接利用原件，復原優於僅能看到照片的學者，圖版較爲清晰，糾正了以前的釋讀之誤，但轉寫構擬甚多，意譯過多; Wise, Abegg & Cook 2005, p.291; 其英譯參考了皮埃什的法譯，但比較嚴謹; Parry & Tov 2004-2005, pp.488-489，由E. Cook將皮埃什的法譯翻譯成英文。

[24] Milik 1976, pp.302-303; Reeves 1992, pp.57, 62, 74-75; Stuckenbruck 1997, pp.58-59; Stuckenbruck 2000, pp.55-56; Parry & Tov 2004-2005, p.473. Wise, Abegg & Cook 2005, p.291.

[25] Nickelsburg 2001, pp.182-185.

通過這種比較，我們可以復原4Q531 1、1Q23 9+14+15和M101 *i*和*j*的主要內容如下：墮落的天使——守望者選擇漂亮的婦女爲妻，與人類的女兒交媾，玷污了自己，他們從此不能重昇天堂。他們知道巫術、符咒等秘密，將這些祕密傳授給人類的婦女，教女子們講究髮式，濃妝豔抹。他們與婦女生育了巨人和內菲林，他們吃得極多，人類的勞動產品不夠供養他們及其孩子。他們奴役各族人民，強迫他們當差。有火焰、石油和硫磺落在40萬義人身上。巨人殺害人類，食肉飲血；又自相殘殺，誘拐其他巨人的妻子，還殘害禽獸蟲魚等動物。

四、巨人的對話與夢境

巨人們對自己的行爲也進行了交談。M101 *j* R 1-2的守望者維羅格達德（wrwgd'd）、巨人霍巴比什（hwb'byš）、桑（s'm）和納里曼（nrym'ב）也出現在死海古卷4Q203中。根據米利克、斯圖肯布魯克等人的釋讀，將4Q203 1-5翻譯如下：

殘片1.[1]當我將接［近……］[2]巴拉克逸囉（לאקרב）［……］[3] 我的臉仍然［……］[4]我起身［……］

殘片2.[2]關於他們［……］[3]空白［……］[4]而］馬哈［懷回］答［……］

殘片3.[2] 他的夥伴［……］[3]霍巴比什（שבבוח）和'*dk*（כדא）［……］[4] 你將把什麼給我殺［死

殘片4.[1]［……］他們的［……］[2]［……］空白　［……］[3]［……］奧赫亞（היהוא）對哈［赫亞］（היהה）說［……］[4]［……］大地之上和［……］[5]［……大］地。空白 當［……］[6]他們拜倒在地，痛哭流涕，在［……］面前［……］

殘片5.[2]［……］他施暴於他［們……］[3]他們被殺死［……］㉖

亞蘭文巴拉克逸囉（brq'l）意爲"神之閃電"，在中古波斯文中直譯成維羅格達德（wrwgd'd），意爲"閃電之賜"；他是守望者們的第九個十夫長，教會了人類使用占星術。

亞蘭文霍巴比什（ḥwbbš）可能由*Ḥobab* +'*ish*（＝希伯來文שיא）構成，*Ḥobab*可能源自亞述文*Humbaba*（古巴比倫文*Huwawa*），這是《吉爾伽美什史詩》中的巨人㉗。他在M101*j*中音譯爲霍巴比什（hwb'byš），他殺害了另一個巨人阿赫爾姆（'hrm），搶走了他的妻子［　］納克斯塔格（［　］nxtg）㉘，引起了巨人們的自相殘殺與誘拐妻子。M101*j* R6和V7的桑（s'm）和納里曼（nrym'n）即4Q203 4的奧赫亞（'whyh）與哈赫亞（hhyh）。4Q203 1-5當爲巨人們之間的對話，講到他們和守望者們的各種暴行，以及他們對懲罰的恐懼。

㉖ Milik 1976, pp.310-312; García Martínez & Tigchelaar, 1997-1998, v.1, pp.408-409. Stuckenbruck 2000, pp. 8-19; Parry & Tov 2004-2005, p.479.

㉗ Reeves 1992, pp.124-126.

㉘ 中古波斯文'hrm對應4Q531 4[1]的亞蘭文'ḥyrm=Aḥiram，見Schwartz 2002, pp.233, 234, n.19. 參閱Durkin-Meisterernst 2004, p. 35.

M101*j* V34-42講述了兩個巨人所做的夢。恒寧把M101*j* V2、3、4、5四次出現的txtg作爲專用名詞，同時他在注釋中指出，這個詞可能意爲“一塊板”，有三處可以這樣解釋，但是第四處很難這樣解釋。米利克認爲死海古卷2Q26講的是一個類似的細節，參照《舍姆哈扎伊與阿扎逸囉講經文》（*Midrash of Shemḥazai and ʻAzaʼel*），建議把此詞釋讀爲“刻寫板”；第四處翻譯爲：“在其睡眠中（奧赫亞）看到一塊有三個標記的刻寫板。”施傑我（P. O. Skjærvø）重新英譯了M101*j*。德金（D. Durkin-Meisterernst）在《摩尼教中古波斯文與安息文詞典》中接受了米力克的釋讀㉙。我們先將2Q26翻譯如下㉚：

1 ］洗刷刻寫板以清［除

2 ］水漲上來淹沒了［刻寫］板［

3 ］　他們從水裏撈起刻寫板，刻寫板［

4 ］　［　］對他們所有的［

M101 j最後部分，納里曼看到的景象可能與死海古卷6Q8 2裏的情景類似㉛：

1 它的三根枝條［

2 我正［看着］直到它們來到［

3 這整個花園［

可惜死海古卷的這兩個殘片比M101*j*還要殘破，衹有助於證明摩尼親撰《大力士經》以亞蘭文《巨人書》爲素材，而並未幫助我們更清楚地理解其內容。有助於我們理解這個細節的是希伯來文《舍姆哈扎伊與阿扎逸囉講經文》第9—11節：

（9）一天晚上，舍姆哈扎伊（Šemḥazai）的兒子們——赫亞（Heyyâ）和阿赫亞（ʻAheyyâ）在夢中看到（一些景象），他們兩個都做了夢。一個看到地上一塊巨石猶如桌子，整個石板上寫著一行行的字。一個天使從天而降，手持刀子，他刪除和刮掉了所有的字行，衹留下了有四個詞的一行。（10）另一個兒子看到了一個花園，到處是各種樹木和各種寶石。一個天使自天而降，手持斧子，砍倒了這些樹，衹留下一棵有三根枝條的樹。（11）當他們從睡夢中醒來時，他們心智混亂地爬起來，到其父親那裏去，把夢境講給他聽。他對他們說：“上帝將以洪水淹沒世界，毀滅世界，結果衹留下一個人及其三個兒子。”……㉜

希伯來文的舍姆哈扎伊（Šemḥazai）即亞蘭文的舍米哈扎赫（Shemiḥazah）；赫亞（Heyyâ）即奧赫亞（ʼOhyah，也即桑），阿赫亞（ʻAheyyâ）即哈赫亞（Hahyah，也即納里曼）。桑夢境中的刻寫板當爲古時以木、象牙、金屬、石等製成並塗以蠟層或黏土層供刻寫用的板。在死海古卷與摩尼《大力士經》中，並未說明刻寫板的材料，扔在

㉙ Milik 1976, p.334; Skjærvø 1995, pp.201-202; Durkin-Meisterernst 2004, p.332.

㉚ Milik 1976, pp.334-335; García Martínez & Tigchelaa 1997-1998, v.1, pp.220-221; Stuckenbruck 2000, pp.73-75.

㉛ Milik 1976, p.309; Stuckenbruck 2000, pp.80-81.

㉜ Milik 1976, p.328; Stuckenbruck 2000, pp.64, 202.

水裏當可毀掉其上的蠟層或黏土層，從而毀掉其文字。中世紀的《舍姆哈扎伊與阿扎逸囉講經文》將這個細節改寫成刻有文字的石板，天使要用刀子纔能刮掉。如果我們相信《舍姆哈扎伊與阿扎逸囉講經文》正確理解了這個故事的含義，那麼無論桑還是納里曼的夢境都預示大洪水淹沒世界，祇留下了諾亞及其三個兒子。

五、大力士桑（奧赫亞）與馬哈懷的衝突

我們雖然沒有直接的文字證據，但是，根據某些文書推測，大力士桑和納里曼的夢境引起了大力士們的困擾，他們派馬哈懷前往以諾處，尋求解釋。馬哈懷帶著兩塊刻字板回來，上面刻着以諾傳達的神意，引起了桑的憤怒。恒寧在M101 c 結尾處注明，可以參考同一篇文章的輯佚B和C（回鶻文和粟特文）。現將C（粟特文文書M648）翻譯如下：

（第一頁）……我將看到。此時大力士桑（s'hm）非常憤怒，對［大力士］馬［哈懷］（m'h'wy）動手動腳，意思是：我將……殺了［你］。然後……其他大［力士……

（第二頁）……不要害怕，因爲……大力士桑要殺了你，但是我不會讓他……我自己將受傷害……隨即大力士馬哈懷……滿意了……[33]

從這個殘片來看，桑與馬哈懷發生了激烈的衝突，幾乎互相殘殺。與此相應的死海古卷是6Q8 1：

1. ］［
2. ］奧赫亞（היהוא）回［答］馬哈懷說　［
3. ］不顫抖？誰向你顯示每一件事？［　而馬哈懷對］
4. 奧赫］亞說："我父親巴拉克逸囉（לאקרב）和我在一起。"　空白　［
5. 　］馬哈懷（יוהמ）沒有說完［巴拉克逸囉向他顯示的事，］
6. 奧赫亞對他說："瞧，我聽到了一個奇跡！就像［一個］不育的［婦女］生產了［[34]

把宗德曼刊佈的中古波斯文文書S52[35]與M101 c、粟特文文書M648、死海古卷6Q8 1綜合在一起，可以構擬故事如下：大力士馬哈懷從以諾那裏取得兩塊刻寫板，上面寫着神處置守望者與巨人的旨意。馬哈懷把第一塊刻寫板給納里曼（=哈赫亞）看了。桑（=奧赫亞）非常憤怒，對馬哈懷動手動腳，意欲殺掉馬哈懷。馬哈懷告訴桑，其父維羅格達德（=巴拉克逸囉）和他在一起。奧赫亞認爲，馬哈懷帶回來的信息毫不可信，就像不育的婦人生養孩子一樣荒唐。

㉝ Henning 1943, pp.65-66.

㉞ Stuckenburck 2000, p.79.

㉟ Sundermann 1984, pp.495-498; Reeves 1992, pp.109, 117; Skjærvø 1995, p.200.

六、大力士們對懲罰的反應各異

大力士們對於馬哈懷帶回來的神意，反應相當不同。中古波斯文文書S52/I/V/1-4說：

> 然後桑對大力士們說："來吧，我們可以吃喝作樂。"因爲憂傷，他們沒有吃麵包就去睡覺了。[36]

桑一開始就挑戰馬哈懷帶來的信息的可靠性，盛怒之下，如果沒有其他強有力的守望者和大力士勸阻，幾乎要殺了馬哈懷。他對刻寫板上的上帝懲罰大力士的旨意顯然表示藐視，要其他大力士與他一起置若罔聞，尋歡作樂。M101*k*裏講話的人名缺失，或許就是奧赫亞（=桑）要其兄弟奮起，遵照其父沙赫米扎德的命令，遵守誓言，進行戰鬥。

但是，另一些大力士卻沒有這麼大膽妄爲，他們因爲憂傷，連飯也吃不下去，就去睡覺了。死海古卷4Q531 22/2-11就比較詳細地表述了一個巨人對於天使的畏懼：

> ［"……我是一個］巨人，依仗我強壯的臂力和我自己的大力，［對所］有的凡人，我發動戰爭；但是我不［……］能對付他們，因爲我的對手［是天使，他們]住在天上，他們住在神聖之地。他們沒有［被打敗，因爲他們］比我強大。"……。［……］然後奧赫亞對他說："我的夢使我心情壓抑，我睡意［全消］，讓我看到了幻象。現在我知道因爲［……我不再］有睡意，我也不會……［……］"[37]

M101k 67-g83的比喻，可能表示了守望者和大力士們類似的無力感：守望者本來是天上的天使，乃是大千世界之神讓他們高居天上的，但是他們覬覦人間的女色，墮落塵世，就永遠失去了高居空中的地位。守望者衹是神的僕人，神是他們的主人，神纔使他們高貴。但是他們一旦背叛上帝，就如沒有翅膀的老鷹、失去了王冠的君王，無以自傲了。桑（=奧赫亞）可以對另一個巨人馬哈懷逞強使氣，質疑他帶來的信息並非上帝旨意，但是也做了不吉祥的夢，隨即垂頭喪氣，睡意全消，自知命運慘澹。

M101g 86-94講到"那些人因爲毀滅落在他們頭上而哭泣，他們的哀號和呻吟直達天上"。這與《以諾一書》第9章第10節的敘述很接近，因爲守望者與巨人危害人間，米迦勒等四大天使向上帝陳情：

> 現在請看，被害者的靈魂之神在進行控訴；他們的呻吟直達天門；在籠罩大地的滔天罪行面前哀號不會一刻暫停[38]。

死海古卷4Q530 Frg. 1 Col. i（舊編號4Q530 6 i）中，一個巨人承認，上帝對他及其同夥的懲罰是人類控訴的結果[39]：

㊱ Sundermann 1984, pp.502-503; Reeves 1992, p.121; Skjærvø 1995, p.200.

㊲ Milik 1976, pp.307-308; Reeves 1992, pp.60, 65, 118-121; Stuckenbruck 1997, pp.161-167; Puech 2001, pp.74-78, planche 4; Wise, Abegg & Cook 2005, p.293; Parry & Tov 2004-2005, pp.494-495.

㊳ Nickelsburg 2001, p.202.

㊴ Milik 1976, p.230; Reeves 1992, pp.62, 81; Stuckenbruck 1997, pp.135-136; Puech 2001, pp.23-24; Wise, Abegg & Cook 2005, p.292; Parry & Tov 2004-2005, p.483.

2]詛咒和苦難。我是懺悔者

3 [ ] 我將到整群被拋棄者當中去

4 [ ]被害者[的神魂]控訴其謀殺者，哀號（震天）

5 [ ] 我們將一起死亡，同歸於盡 [

6 [ ]大爲[憤]怒。我將睡覺，以及麵包

7 [ ]這景象使我眼皮沉重，此外

8 [ ]參加巨人的集會

恒寧提出，M101g 84-89以第一人稱出現的可能是以諾。但是，斯圖肯布魯克認爲，也很可能是巨人納里曼⑩。如果斯圖肯布魯克的假設成立，那麼納里曼（＝阿赫亞）可能也把人類的控訴看作上帝懲罰巨人們的原因。

七、以諾的最後通牒和預言

M101 l 43-49中，以諾警告守望者"對你們來說沒有和平"也見於死海古卷1Q24 8⑪。這與守望者"將會看到自己的孩子們被毀滅"都應該出自《以諾一書》第12章第4—5節，上帝的守望者（即天使）對以諾說：

正義的書記，去對那些守望者說："你們不會得到和平或寬恕。"這些天上的守望者放棄了最高天上的地位，放棄了他們永久的神殿，與婦女有染。就像大地之子所爲，他們也爲自己娶妻。他們糟蹋了大地。關於他們喜歡的兒子們—他們將會目睹其所愛者被屠戮；對其兒子們的毀滅，他們將不斷悲歎和請願，但是他們不會得到寬恕或和平。⑫

類似於M101 l 50-56二百對動物以及大量葡萄的單子也見於死海古卷1Q23 1+6+22：⑬

2 二百頭驢子、[二]百頭野驢、[

3 二百頭綿羊、二百頭公羊[

4 各種活物的野地，成千株葡[萄

5 在 [ ]然後[

我們可以把《以諾一書》第10章第17—19節作一比較，上帝對大天使米迦勒預言，在囚禁守望者、毀滅巨人之後：

現在所有的義人都逃脫了，他們將生活下去，直到他們成千成千地生兒育女，他們年輕和年老的歲月都將是一片和平。然後所有的土地都將精耕細作，種植樹木，得到祝福；所有歡樂之樹都將種植在大地上。他們將在大地上種植

---

⑩ Stuckenbruck 1997, p.25, n.94.

⑪ Stuckenbruck 1997, p.63; Stuckenburck 2000, p.72.

⑫ Nickelsburg 2001, p.234.

⑬ Stuckenbruck 1997, pp.56-57; Stuckenburck 2000, pp.51-52.

葡萄，種植在大地上的每一株葡萄都將生產一千罐葡萄酒；每一顆撒播在大地上的種子都將種一得千；每一份橄欖樹都會生產十巴思橄欖油[44]。

八、結　　語

綜合M101 i-j-c-k-g-l及其相關的伊朗語《大力士經》殘片、《以諾一書》的情節、亞蘭文《巨人書》殘片，我們可以構擬大力士的部分故事如下：

守望者本來是天上的天使，其中200個覬覦人間美色，在沙赫米扎德等20個十夫長的率領下，降臨塵世。他們娶漂亮的婦女爲妻。他們知道巫術、符咒、占星術等秘密，將這些秘密傳授給人類，教女子們濃妝豔抹。他們與婦女生育了巨人和內菲林，他們猶如饕餮，人類的勞動產品不夠供養他們及其孩子。他們奴役各地民眾。有火焰、石油和硫磺落在40萬義人身上。巨人殺害人類，食肉飲血。大力士霍巴比什殺害了另一個大力士阿赫爾姆，搶走了他的妻子［　　］納克斯塔格，引起了巨人們自相殘殺與誘拐妻子。他們也開始一起殘害動物。

守望者與大力士們爲非作歹，心神不安。沙赫米扎德的兒子桑（=奧赫亞）做了一個夢，夢見一塊有三個標記的刻寫板；沙赫米扎德的另一個兒子納里曼（=哈赫亞）也做了一個夢，夢中看到一個花園裏滿是一排排樹，一個天使自天而降，手持斧子，砍倒了這些樹，衹留下一棵有三根枝條的樹。桑和納里曼的夢境使大力士們如墮五里霧中，馬哈懷被派往以諾處，尋求解釋。馬哈懷帶着兩塊刻字板回來，上面刻着以諾傳達的神意，馬哈懷把第一塊刻寫板給納里曼看了。桑非常憤怒，對馬哈懷動手動腳，意欲殺掉馬哈懷。馬哈懷告訴桑，其父維羅格達德（=巴拉克逸囉）和他在一起。守望者維羅格達德沒有讓桑傷害馬哈懷。奧赫亞認爲，馬哈懷帶回的信息是天方夜譚，就像說不育的婦女生孩子一樣荒唐。他鼓勵兄弟遵照父親的命令，發誓戰鬥下去。他要其他大力士吃喝玩樂。

但是，其他大力士不像他這樣頑冥不靈，對神意憂心忡忡，食不下嚥，就去睡覺了。一個大力士雖然對自己的臂力極爲自信，對所有的凡人發動戰爭，但是承認住在天上的天使更加強大，自己絕非其對手。守望者衹是神的僕人，神纔使他們高貴。但是他們一旦背叛上帝，就如沒有翅膀的老鷹、失去了王冠的君王，無以自傲了。桑也做了不吉祥的夢，變得心情沮喪，夜不能寐，自知前景慘澹。納里曼也夢見人類因爲毀滅落在他們頭上而哭泣，他們的哀號和呻吟直達天上。由於上帝知道了人類的苦難，對守望者和巨人的懲罰已經不可避免。

以諾對守望者傳達神的最後旨意："對你們來說沒有和平和寬恕。你們將因爲自己所犯的罪行而被綁縛起來。你們將會看到自己的孩子們—大力士們被毀滅。你們將衹

[44] Nickelsburg, 2001, p.216. 巴思（bath）是希伯來古液量單位，相當於6至10加侖。

統治120年。”以諾還預言：守望者與巨人被征服以後，大地將一片繁榮，到處生機勃勃，牛羊成群，葡萄豐收，葡萄酒和橄欖油豐產。

大力士本來衹是《以諾一書》中的配角，無姓無名。但是，在亞蘭文《巨人書》與摩尼《大力士經》中，大力士有名有姓，各有性格，夢境對話栩栩如生，喜怒哀樂刻劃精細，整個故事情節曲折，跌宕起伏，儼然是一部小說的雛形。摩尼並非小說家，寫作這個故事自有其用意，對M101 e-b-h宗教涵義的討論非本文篇幅所能容納，衹能俟諸異日，另外撰文了。

參考文獻

Allberry, C. R. C. (Charles Robert Cecil), 1938. *A Manichaean psalm-book*. Part II. Edited by C. R. C. Allberry, with a contribution by Hugo Ibscher. Stuttgart, W. Kohlhammer, 1938.

BSO(A)S. *Bulletin of the School of Oriental (and African) Studies*, University of London.

Crum, W. E. (Walter Ewing), 1939. *A Coptic dictionary* / compiled with the help of many scholars, by W.E. Crum. Oxford, The Clarendon Press, 1939. http://www.metalog.org/files/crum.html

Durkin, Desmond 2004. *Dictionary of Manichaean texts*. vol. 3. *Texts from Central Asia and China* / edited by Nicholas Sims-Williams. pt. 1. *Dictionary of Manichaean Middle Persian and Parthian* / by Desmond Durkin-Meisterernst, Turnhout: Brepols; NSW, Australia : Ancient History Documentary Research Centre, Macquarie University.

García Martínez, Florentino & Eibert J.C. Tigchelaar, 1997-1998. *The Dead Sea scrolls study edition* / edited by Florentino García Martínez & Eibert J.C. Tigchelaar. Leiden; New York: Brill.

Henning, W. B. 1937. “A list of Middle-Persian and Parthian Words”, *BSOS*, 1937, pp.79-92.

Henning, W. B. 1943. “The Book of the Giants”, *BSOAS*, XI, pp.52-72.

Lieu, Samuel N.C. 2004. *Manichaean texts from the Roman Empire* / edited by Iain Gardner and Samuel N.C. Lieu. Cambridge; New York: Cambridge University Press, 2004.

林悟殊 1997 《摩尼教及其東漸》，臺北：淑馨出版社。

MacRae, George W. 2000. *The apocalypse of Adam*. In *The Coptic gnostic library*: *a complete edition of the Nag Hammadi codices* / edited with English translation, introduction, and notes, published under the auspices of the Institute for Antiquity and Christianity; general editor, James M. Robinson. Leiden; Boston: Brill, 2000. v.3, Nag Hammadi codex V, 2-5, pp.151-195.

Milik, Jozef T. 1976. *The Books of Enoch*: *Aramaic fragments of Qumrân Cave 4* / edited by J. T. Milik; with the collaboration of Matthew Black. Oxford: Clarendon Press.

Nickelsburg, G. W. E. 2001, *1 Enoch 1 a Commentary on the Book of 1 Enoch*, *Chapter* 1-36; 81-108, Minneapolis: Fortress Press.

Parry, Donald W. & Emanuel Tov 2004-2005. *The Dead Sea scrolls reader* / edited by Donald W. Parry & Emanuel Tov with the assistance of Nehemia Gordon and Derek Fry. Leiden, Boston: Brill, 2004-2005.

Polotsky, Hans Jakob, 1934. *Manichäische Homilie*n / hrsg. von Hans Jakob Polotsky; mit einem Beitrag von Hugo Ibscher. Stuttgart, W. Kohlhammer.

Puech, Emile 2001. *Qumrân grotte 4. XXII* / par Emile Puech. (*Discoveries in the Judaean desert*; 31) Oxford: Clarendon Press.

Reeves, John C. 1992. *Jewish lore in Manichaean cosmogony*: *studies in the Book of giants traditions* / John C. Reeves. Cincinnati: Hebrew Union College Press.

芮傳明 2009　《東方摩尼教研究》，上海：上海人民出版社。

Schwartz, M. 2002. "Qumran, Turfan, Arabic magic, and Noah's name", in *Charmes et sortilèges*, *magie et magiciens* / contributions de Françoise Aubaile-Sallenave ... [et al.]; réunies par Rika Gyselen. Bures-sur-Yvette: Groupe pour l'Etude de la Civlisation du Moyen-Orient, 2002, pp.231-238.

Skjærvø, P. O. 1995. "Iranian epic and the Manichaean *Book of Giants*. Irano-Manichaica III", *Acta orientalia Academiae Scientiarum Hungaricae*, XLVIII (1-2) (1995), pp.187-223.

Stroumsa, Guy G. 1984. *Another seed: studies in Gnostic mythology*, Leiden: Brill.

Stuckenbruck, Loren T. 1997. *The Book of Giants from Qumran*: *texts*, *translation*, *and commentary*, Tübingen: Mohr Siebeck.

Stuckenbruck, Loren. T. 2000. "4Q203, 1Q23-24; 2Q26; 6Q8" in *Qumrân cave 4*. *XXVI*, Cryptic texts / by Stephen J. Pfann and Miscellanea, Part 1, / by Philip Alexander ... [et al.] *Discoveries in the Judaean* desert, 36, Oxford: Clarendon Press.

Sundermann, Werner, 1973. *Mittelpersische und parthische kosmogonische und Parabeltexte der Manichäer*. Berlin: Akademie-Verlag. (Berliner Turfantexte IV)

Sundermann, Werner, 1984. "*Ein weiteres Fragment aus Manis Gigantenbuch*" in *Orientalia J. Duchesne-Guillemin___emerito___oblata*. [Liège]: Centre internationale d'études indo-iraniennes; Leiden: Diffusion, E. Brill, c1984. pp. 491-505. reprinted in Sunndermann 2001, v.2, pp. 615-631.

Sundermann, Werner, 1992. *Der Sermon vom Licht-Nous*: *eine Lehrschrift des östlichen Manichäismus*; *Edition der parthischen und soghdischen Version*. Berlin: Akademie Verlag.

Sundermann, W. 1994. "*Mani's 'Book of the Giants' and the Jewish Book of Enoch. A Case of Terminological Difference and What it Implies*", *Irano-Judaica* III, ed. By P. Shaked & A. Netzer, Jerusalem 1994, pp. 40-48. Reprinted in Sundermann 2001, v.2, pp. 697-706.

Sundermann, Werner, 2001. *Manichaica Iranica*: *ausgewählte Schriften* / von Werner Sundermann; herausgegeben von Christiane Reck ... [et al.]. Roma: Istituto italiano per l'Africa e l'Oriente. (Serie orientale Roma; v. 89)

Wise, Michael, Martin Abegg & Edward Cook 2005. *The Dead Sea scrolls: a new translation*, New York: Harper San Francisco.

楊克勤 1994　羅賓遜、史密夫編，楊克勤譯《靈知派經書》，香港：道風書社。

Translation and Commentary on Middle Persian Document M 101i-j-c-k-g-l

Study on Manichaean *The Book of the Giants*

Ma Xiaohe

We rearrange the order of the first fragments of M 101 in the following way: i-j-c-k-g-l and compare them with other Iranian fragments of *The Book of the Giants*, the Jewish *Book of Enoch*, and Aramaic fragments of *The Book of the Giants*. We may reconstruct the story according to these materials: 200 watchers descended from the heaven to earth under the leadership of Shahmīzād and other 19 chiefs of ten. They took for themselves wives among the beautiful daughters of men. They bore to them great giants. The giants begat nephilim They were devouring the labor of all the men, but the men were not able to supply them. The hard labor was imposed on the various nations. Fire, naphtha and brimstone were cast upon the 400,000 Righteous. Hōbābīš killed Ahrm and captured-naxtag, his wife. Thereupon the giants began to kill each other and to abduct their wives. They began to kill other creatures. Both Sām and Narīman, sons of Shahmīzād, had ominous dreams which made the giants upset and they sent Māhawai to Enoch, the apostle, for the interpretation of the dreams. Māhawai returned with two tablets inscribed with the interpretations of the dreams. Sām (= Ohya) reacted to the message of Māhawai with hostility, and wanted to kill him. Virōgdād, the watcher, did not let Sām kill his son Māhawai. Sām (= Ohya) encouraged his brother to follow their father's order and fight against the God. But some giants recognized that they would be as eagles without wings and rulers without diadems on their heads if they rebelled against the God. Narīman saw in dream that the human beings were weeping for the ruin that had befallen them and those cries and laments rose up to heaven. Because the God knew the petitions of the human beings, the punishment on the watchers and giants was unavoidable. Enoch gave a message to the demons and their children: "There is no peace for you. The judgment on you is that you shall be bound for the sins you have committed. You shall see the destruction of your children. You can only rule for one hundred and twenty years". Enoch predicted that there would be numerous goats, wild beasts, birds and animals on the earth and people would produce thousands of jugs of wine and oil and have a happy life after the watchers and giants were conquered.

中古碑誌、寫本中的漢胡語文札記（二）

王　丁

本文是漢胡語文札記的第二部分，結合碑誌、寫本一手史料與傳世文獻記載，討論中古時期中亞東部伊朗係部族及突厥族與中原漢文化交涉中的一些語言制度現象①。

八、“末弱”的語源與拜占庭史料記載的粟特使者Maniach

外語語源的詞進入漢文文獻，在傳承中，因後世人不明語源，常常會產生訛誤，因字形相似而導致的誤字是其中主要的一類。突厥語官稱“特勤”（tegin），在傳世史料中幾乎無例外都錯成“特勒”，賴石刻材料纔得以辨明復原，近代以來的考古發現更證明特勤、特懃等寫法的正確，成爲校勘學的著名例子。本條討論的“朱弱”、“未弱”為“末弱”之訛，也屬於史籍訛寫之列。

據《北史·恩倖傳》（卷九二，3055頁）記載，北齊宮廷周圍有所謂胡小兒，因能歌擅樂，受到後主高緯（565—576年在位）的寵幸，獲得開府封王的殊遇：

> 武平時有胡小兒……其何朱弱、史醜多之徒十數人，咸以能舞工歌及善音樂者，亦至儀同開府。

《北齊書·恩倖傳》（卷五十，694頁）對此記載大同小異：

> 又有史醜多之徒胡小兒等數十，咸能舞工歌，亦至儀同開府、封王。

《隋書·音樂志》（卷一四，331頁）對北齊後主高緯因沉迷於胡戎音樂而喪國的敘述更爲詳細：

> （北齊）後主唯賞胡戎樂，耽愛無已。於是繁手淫聲，爭新哀怨。故曹妙達、安未弱、安馬駒之徒，至有封王開府者，遂服簪纓而爲伶人之事。後主亦自能度曲，親執樂器，悅玩無惓，倚絃而歌。別採新聲，爲無愁曲，音韻窈窕，極於哀思，使胡兒閹官之輩，齊唱和之，曲終樂闋，莫不殞涕。雖行幸道路，或時馬上奏之，樂往哀來，竟以亡國。

《通典·樂典》（卷一四二，3616頁）記述該事，文字與《隋書》大體相同。

上述幾部史籍記述同一史事，提到的人物頗有出入，原因可能是當時北齊末主周圍確實胡人猥集，傳聞異詞，史官各有取捨，遂至記載有異。特別值得注意的是《北史》

① 迄今已發表《中古碑誌、寫本中的漢胡語文札記（一）》，羅丰主編《絲綢之路上的考古、宗教與歷史》，北京：文物出版社，2011年，235—243頁。

的何朱弱、《隋書》的安未弱兩個名字，姓氏不同，一何，一安，分別代表何國（屈霜你迦，Kushāṇika）和安國（捕喝，Bukhārā）籍貫，但兩人的名字朱弱、未弱字形非常接近，令人懷疑是傳抄之訛。

筆者推測，朱、未兩字都是形訛字，原名應作末弱。末弱，構擬的中古音讀*muɑt ɽǐak，對應於粟特人名 Maniach。拜占庭史家米南德（Menander Protector）記載過一個粟特人 Maniach，於567年頃受西突厥可汗室點密（Dizaboulos，即 Ištämi）派遣，出使波斯未果，後出使拜占庭。一行於568年初到達君士坦丁堡，受到 Justin 二世的熱情接待。據 Menander 說，Maniach 所率乃一“斯基泰人的使團”，在拜占庭遞交的國書也以“斯基泰語”寫成②，可見當時東羅馬是將粟特看作斯基泰的後裔的，所謂斯基泰語文，亦即中古時期絲路中亞内亞一段的流通語——粟特語（swγδ'yw）。Maniach 之為粟特人幾無可疑。

至於受命出使拜占庭的 Maniach 究竟具體出自粟特地區的哪個城邦，史無明文。漢文史料中提到名字的“胡小兒”何、安、康、史、曹等姓氏表明，他們是河中地區的粟特人。何末弱、安末弱的名字跟拜占庭史料記載的 Maniach 密合無間，但568年 Maniach 已經亡故，跟北齊末期武平年間（570—575）居停鄴城的何末弱、安末弱不會是同一人。假若不是北朝和唐代史家將同一末弱的姓氏搞錯而重出的話，那麼，何末弱、安末弱各有其人，分別來自何國、安國。

Maniach 的语源不明。見於 Nisa 出土陶板契刻的帕提亞語名字 mnyk③，也許與之有關。

敦煌出土回鶻語文書P.2988中有一個人名，James R. Hamilton 釋讀爲 Manyaq čor 或者 Mayaq čor，前一種讀法由W. B. Henning 提議，他指出 Manyaq 即是拜占庭史料記載中的粟特名 Maniach④。如果這一解説成立，則粟特名字 Manyaq 與突厥/回鶻語的官稱 čor（譯爲“啜”）連用，便構成一種混合語的名字（hybrid name）。至於該人究竟是回鶻人抑或粟特人，這件文書本身没有提供綫索。

末、未兩字因字形相近，容易導致傳寫訛誤。此外與木、米、朱等形近字混淆的例子也有發現。末、未混淆，甚至古人當時已有。如吐魯番文書中的人名“趙末奴”，“末”字寫本作“未”，唯有根據語源方能判定其誤⑤。又如摩尼教史中有名的摩尼親傳弟子Mār Ammō，敦煌出漢譯《下部讚》抄本作“未冒”，根據胡語原語得以校正為“末冒”⑥。《通典》卷一九三《邊防典》大食條引杜環《經行記》所載“朱祿國”，《文獻通考》卷三三九作“米祿國”，實為“末祿（Marw）國”之誤⑦；“胡姓朱者，兹土人也”。兩處“朱”均為“末”字的訛寫。《新唐書》卷二二一下《西域傳》

② Chavannes 1903, pp. 234-235, 239。馮承鈞漢譯本，209—213頁。内藤 1988，376—385頁。吳玉貴 1998/²2007，48—50頁。

③ MacKenzie 1986, p. 111.

④ Hamilton 1986, pp. 86, 89. 此條語料承吉田豊先生、Zieme 先生教示。

⑤ 王丁 2011，239頁。

⑥ Henning apud Tsui 1943, p. 216.

⑦ 參《通典》點校本5296—5297頁校記。

（6263頁）："（大食）東有末祿，小國也。治城郭，多木姓。"末祿寫法正確，"木姓"則為"末姓"之誤[8]。慧琳《眾經音義》卷八二："跋祿迦國（上盤末反。此國出細好白氎、上細毛罽，為隣國、中華所重，時人號為末祿氎，其實毛布也。見括地志說）。"末祿氎，即末祿所產之氎布。末祿這個地名，史籍傳寫過程中出現過木鹿、木鸁、末鸁、米祿、朱祿等訛寫[9]。凡此種種，都是利用胡語文獻校正漢譯傳抄錯誤的例子。

九、粟特语的佛教人名：康浮面還是康浮圖？

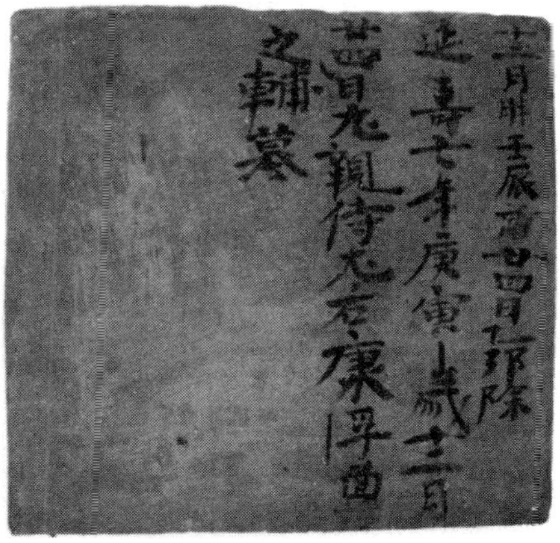

圖1　康浮面墓表（《新獲》，383頁）

康浮面是高昌國晚期的一個官吏，見於其高昌延壽七年（630）墓表（04TBM221，《新獲》，382頁）。墓表磚質，墨書未刻，保存狀態良好，字跡清晰（圖1）。

最初向學界報道這方墓表之時，榮新江先生採用了吐魯番文物局的出土原始記錄所給出的讀法"康浮面"[10]，但在隨後發表的論文中改讀"康浮圖"[11]，最後在由他負責主持的《新獲》正式錄文中用嚴式隸定的"康浮啚"，同時又作了一個校正錄文列爲附錄，當中這個名字錄作"康浮圖"。

吐魯番中古時代文書中固然有一些"浮圖"、"佛圖"用作人名的例子，例如：嚴佛圖（587年，TCW I/338）、竺仏圖（麴氏高昌國時期，TCW I/412）、氾佛圖（麴氏高昌國時期，TCW I/243）、呂浮圖（594年，TCW II/142）（圖2）等，係佛教徒的名字。"浮圖"、"佛圖"的語源是梵語 buddha[12]，即佛陀，引申用法可指稱佛寺、佛塔、佛僧。但從墓表中該字的實際寫法看，讀"啚/圖"的根據有欠充分。比較康浮面墓表的"面"字和吐魯番寫本中浮圖名字中"圖"字的寫法（圖3），可以看出，"圖"字當中的長橫是"面"字所沒有的。所以，墓表的浮面不能讀爲浮圖。

浮面作爲名字，到目前爲止僅見此一例，但似有異譯形式可相比勘。浮面的中古音爲*bĭəu mĭɛn，與此相似的有（石）浮㖿滿*bĭəu t̂iə muɑn，見於吐魯番文書《唐神龍三年（707）崇化鄉點籍樣》（TCW III/538，年四十，衛士），是同一個名字的別譯，略去當中一個音節。另外，有一個誤釋爲"康浮㖿蒲"的人名（大女，大谷文書2916，集成壹圖版五八，錄文136頁，總目日本卷"開元二十九年給田簿"，741年）（圖4），

---

⑧ 桑原騭藏1926/1968，343—344頁。

⑨ Pelliot 1959, pp. 493-495有詳細的討論。

⑩ 榮新江2005，10—11頁。

⑪ 榮新江2006，5頁。

⑫ Pelliot 1906, p. 373 n. 2.

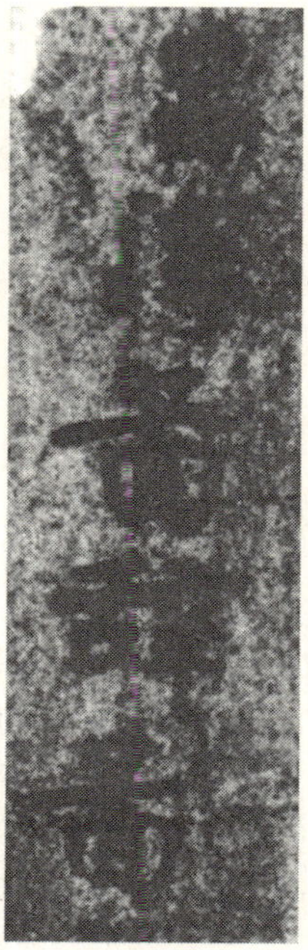

圖2　呂浮圖（TCW II/142）　　圖3　次六斗付浮啚（TCW I/296）　　圖4　大女康浮呬滿（大谷文書2916）

"蒲"字應釋"滿"⑬。目前名浮呬滿的有康、石兩姓的例子，一男一女，都是典型的昭武姓氏。

浮面/浮呬滿的原語尚未發現，不過，在現有的粟特語人名中，其構成成分"浮呬"、"面"均有實證，對應的粟特語形式已有綫索可尋，浮呬 * bǐəu ȶiə < 粟特語 pwty⑭。作爲"佛陀"類型的粟特名字，吉田豊從西域出土漢文文書中搜集出一系列包含浮呬構成成分的名字⑮：史浮呬潘 pwty-prn、石浮呬盆 pwty-prn、曹浮呬盆 pwty-prn、安浮呬盆 pwty-prn、康浮呬延 pwty-y'n、安浮呬延、何浮呬毗 pwty-βyrt、石浮呬滿、康浮呬蒲、安浮呬壹。

康浮呬蒲之蒲，即上文辯證過的滿。安浮呬壹中的壹字，後來由吉田豊、影山悅子改讀爲臺，比定爲粟特女性人名 pwty-δ'yh "佛婢"⑯，甚是。

面/滿 *mǐɛn/muɑn可能是粟特語*-m'nk⑰/-m'nc 的音寫。如此，浮呬滿這個名字可以構擬爲 *pwtym'nk（陽性），*pwtym'nch（陰性），語譯"接近佛陀的（人）"。浮面

---

⑬　可以比較這個滿字與在人名康阿蒲箇（《唐天寶二年籍後高昌縣戶等簿帳》，TCW IV/210）中蒲字的寫法，區別在於蒲末筆有一點。阿蒲箇 *a bu kɑ<粟特語"pwx,"bwx "（粟特歷法每月的）第十日"？

⑭　Weber 1972, p. 199 伏帝忿 pwtyfrn。

⑮　吉田豊 1998, p. 40。

⑯　Yoshida-Kageyama 2006, p. 306.

⑰　Sims-Williams, UpIn II, p. 55 m'n'kk條。

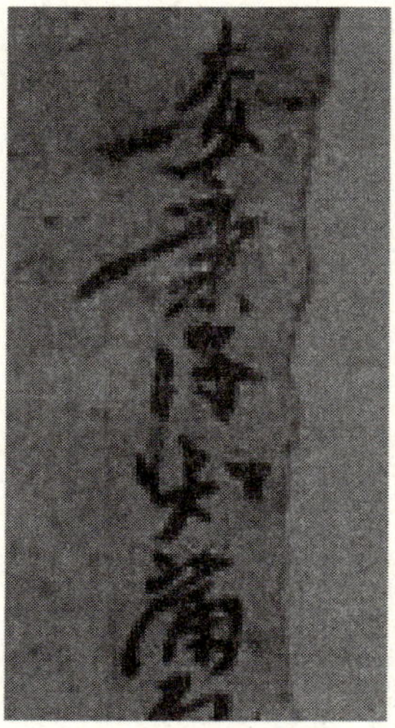

是*浮咖面的簡縮音寫形式。值得注意的是，康浮面是麴氏高昌國的官員（“左親侍左右”），其他名字寫作直音浮咖某某的基本是鄉民，這也許暗示浮面是麴氏高昌國對胡族官員多音節名字一種有意的修飾；麴文泰時期曾推行漢化的衣冠制度。另請比較完整形式音譯名伏帝忿（pwty-yrt P.3559《敦煌縣從化鄉差科簿》，751年）和譯義的名字：康伏生（《唐景龍三年（709）十二月至景龍四年（710）正月西州高昌縣處分田畝案卷》，TCW III/559）、康伏德（pwty-βyrt“佛陀所給予的”的音義合璧譯名？《敦煌縣從化鄉差科簿》）、石伏願（同上）、曹伏奴（即佛奴，《武周天授二年（691）高昌縣諸堰頭等申青苗畝數佃人牒》，大谷文書2374）。伏爲伏帝之省，記音生、德、願爲述義。

浮面、浮咖滿之外，還有如下幾個構型類似的粟特名字，可以作爲旁證：

（1）nnym'nch，語譯“接近或類似於那那/那你/那寧（神）的（女子）”，見於吐魯番出土粟特語詞彙表（T II T，Ch/So 14761）[18]。這個粟特名字還出現在一件東支吐火羅語佛教寫本的發願文中，寫經的功德主是一對夫婦，丈夫名Orś Kulmäs，其妻名 Nanemāñc，即粟特名字nnym'nch的異寫[19]。相應的陽性形式應爲 * nnym'nk。這個粟特名字，按照中古音寫譯例，漢文當可擬作“那你面”或“那寧滿”，簡縮形式當作“（那）泥面”（*[nɑ] niei mǐɛn）[20]，實例有孫泥面，見於吐魯番出土《唐開元二十九年（741）前後西州高昌縣退田簿殘片之一》（大谷文書1220行2，集成壹，圖版二六，錄文27頁）。

（2）另一個名字是 βγm'nch，也是陰性名詞，見於一個粟特語佛教迴向文的殘篇（大谷文書2921+1144）[21]，可以比較的對應漢寫形式是婆門 *b'uɑ muən：賈婆門（《高昌某年洿林等地酢酒名簿》），TCW I/260；馮婆門（《高昌延昌三十四年（594）調薪文書一》，TCW I/318）。文書裏沒有明言兩人的性别，如果是男性，則其粟特語原型應爲 *βγm'nk。

（3）何枯廋綿（TCW I/359），該名中古音 *ɣu ʃǐəu mǐɛn，前一部分對應於粟特語人名詞素 'γwš。該名的陰性形式 'γwšmn'c/xwšmn'c有實例[22]。

以上幾個面/滿/綿/門型名字有一個共同特徵，即都是兩節名，前半爲神祇名“佛陀/浮（圖）/浮咖”、“那那/那你/那寧”，“枯廋”的意思有不同的解釋，以同型名字的類比原則看，“每月的第14天”[23]暨當日神主較近理；後半爲*-m'nk/-m'nc“接近”（like, close to, resembling），屬於專名學中所謂神祇類名字（theophoric name）。

⑱ Henning 1940, p. 7; Weber 1972, p. 199.

⑲ Schmidt 2002, pp. 263-264. 參見王丁2006，453頁。

⑳ 那寧芬 nnyfrn 縮寫成寧芬，見於《唐石崇俊墓誌》（北圖拓本彙編28冊129頁）。這個粟特名完整的漢文音寫形羅寧寧忿，見於《敦煌從化鄉差科簿》（P.3559），參Weber 1972, p. 198。

㉑ 吉田豊 1989，94—95頁；Yoshida 1991, p. 240.

㉒ 參Lurje 2010，no. 1456。並見王丁札記（三）第13節枯廋、胡數。

㉓ UpIn II, p. 52.

十、鹿獨、禄獨

武周載初元年（690）西州高昌縣寧和才等戶手實登錄一位戶主，名康鹿獨，當年四十歲，身分為衛士（TCW III/511）。另一件唐西州時期文書記錄一位[.]禄獨（TCW IV/348），文書殘破，前闕，不知是否原有姓氏。

禄獨、鹿獨的中古音完全相同 *luk duk。這個異譯的名字可以追溯到出現於印度河上游岩壁行客題名的粟特人名rwδ’k / rwδ’kk（UpIn II, 67）。此名語源未確定[24]，漢文中迄今也僅發現上述兩例，且譯音用字不穩定，但鹿、禄同音，與下節將要討論的同名異譯的葛羅禄、歌邏禄/割鹿、歌鹿的用字規律相合。

十一、葛羅禄諸寫法的問題

葛羅禄（Qarluq）是西突厥的別部，自7世紀開始見於歷史記載，跨唐、五代、宋直到蒙元時代，在中亞、內亞的廣大地域時有其蹤影。漢文記載對這個部族的名稱有多種寫法[25]，如葛羅禄（《唐六典》、《通典》、《新唐書》、《唐會要》、736年《熾俟弘福墓誌》，等等）、歌羅禄（《舊唐書》、《太平寰宇記》）、歌邏禄（《通典》、《新唐書》、《資治通鑑》）、哥羅禄（《通典》）、葛禄（《九姓回鶻可汗碑》漢文部分行5、敦煌出約10世紀初葉寫本《講經文》S.6551）[26]、割禄（《王延德行記》，《宋史》引）、割鹿（敦煌出約10世紀中葉寫本《西天路竟》S.383），元代稱哈剌（喇）魯、合魯、哈魯等[27]。本文稱呼該部族時使用葛羅禄的寫法，引文分別據原文寫法。

最近公佈的《新獲吐魯番出土文獻》中，有一組漢文和粟特語文獻，爲瞭解“哥羅禄”/xr’r’wγ（葛羅禄）在西域的早期活動增添了新的史料。唐龍朔三年（663）粟特語文書殘片於2004年底出土在吐魯番巴達木村墓地。該文書已由吉田豊先生解讀，其英文語譯如下：

> ...There is no [...]. The land [is] far...[...]... We did not let [...] go. Qarluq [people...] We have sent [...] to Xizhou (= Turfan). Later [when? ...] ... they come upward, we shall let [you?] know whatever news we may get. [It was] the th[ird year] of Longshuo era [...][28]

㉔ Lurje 2010，no. 1030.

㉕ 有關葛羅禄在唐代史籍中的各種寫法，參見榮新江 2007，39頁。

㉖ 張廣達、榮新江 1989/1995，237頁。

㉗ 陳高華 1986，207—237頁。

㉘ Yoshida 2007, 46—47頁。

漢譯文：

此處皆無［……］。其地遙遠，吾等不得使［之？］離去。哥邏祿［百姓……］吾等已遣［……］往西州。其後［當？……］……其人衆上來（至此），吾等若得消息，將與［汝？］相知。［於時］龍朔三［年］［……］。[29]

其中出現的 xr'r'wγ 一詞，據吉田豊考釋，即是葛羅祿。因爲該件文字祇餘六行殘文，如果單獨看，背景很不清楚。但是文書上蓋有“金滿州都督府之印”（因文書殘斷，印文不全，此爲擬補），寫本文字中又出現了“派往西州”（s'ycyw s'r pr'yšt）這樣的關鍵字眼。既然本文書出土於吐魯番，這幾個因素聯係起來看，表明這是一件經金滿州都督府發出的與西州行政機構具有某種關聯的文書，便可以將巴達木粟特文書與吐魯番文物局近年搜集的文書寫本中的一組36件漢文殘片作爲一個整體來看。這組漢文文書經綴連拼合後，呈現出一個有關唐廷處理龍朔初年哥邏祿部落破散問題、命燕然都護府與西州協調善後、儘早使哥邏祿返回大漠都督府舊居地一系列舉措的官方文書長卷[30]。因此，我們有充分理由確信以上粟特文、漢文文書反映的是同一個時段的同一事件。

如上所述，新出漢文文書中的部族名“哥邏祿”，在巴達木粟特語文書裏寫作 xr'r'wγ。吉田豊很細緻地討論了這個詞與見於《九姓回鶻可汗碑》粟特文部分的異體寫法 xrlwγ/xrlwx 的關係，並推測這個部落名稱本來是突厥語，本義是“黑色的人”（the black ones）。巴達木寫本的拼法時間在前，《九姓回鶻可汗碑》的拼法在後，前者應由後者的詞中省略音節（syncopation）“-l/ra-”而成。吉田豊從這一語言學的分析引出一個重要的歷史學的推論：漢文記載中的哥邏祿（*kâ lâ luk）、歌羅祿（*kâ lâ luk）、葛羅祿（*kât lâ luk）等音譯名來自於粟特語對這個部族的稱呼 xr'r'wγ，這一語言現象表明，中原漢文化與突厥人的交往每每是借助於粟特人居間充當翻譯媒介的，漢文史官記錄下來的這個詞的形式應該得自粟特譯語人之口[31]。

榮新江對這個詞也給予關注，在爬梳史料、搜集各種異體寫法的基礎上，對 I. Ecsedy[32]提出的“‘歌羅祿’這樣的寫法一般都是用指7世紀時期的史實，不論是部落名稱還是首領的名稱，而‘葛羅祿’的寫法則是指8世紀的史事”這一觀點加以肯定。對 Ecsedy 的另一個意見——“覺得兩個字的‘葛祿’更符合突厥文的 qarluq”，榮新江則根據巴達木新材料予以駁正，主張“從粟特文的拼法看來，漢文‘哥邏祿’的寫法當來自粟特文的xr'r'wγ，中間的‘邏’是不可少的”[33]。換句話說，按照最新的意見，三音節譯音的哥羅祿來自粟特語，出現時間在前。兩位先生對兩音節譯音（葛祿等）的來源沒有直接發表意見。

涉及葛羅祿的名稱，吐魯番漢文文書中有上述寫法之外的不同寫法，所見人名可以

㉙ 《新獲》，59頁。

㉚ 榮新江 2007。

㉛ Yoshida 2007, 50—51頁。

㉜ Ecsedy 1980, pp. 24-25.

㉝ 榮新江 2007，39頁。

爲這個討論增加新的材料。

（1）辛歌鹿，吐魯番文書《高昌延壽十四年（637）兵部差人看客館客使文書》（TCW II/76）。

（2）辛歌羅祿，大谷文書2925“西州高昌縣退田文書”（集成壹，錄文137頁）。《總目日本卷》116頁定爲唐開元二十九年（741）“西州高昌縣退田簿殘片”。

（3）□歌羅祿，大谷文書2841唐儀鳳二年（677）“北舘文書”（集成壹，錄文111頁，圖版一四）“北舘文書”，爲北舘厨供應年度的柴草。

例（2）、（3）的歌羅祿這一寫法，見於《通典》卷一七四“伊吾郡”條和宋本《冊府元龜》卷六五六《奉使部》立功條，與上述新出吐魯番文書的寫法哥邏祿的用字稍有差別而字音全同，無疑都是葛羅祿的異體寫法，均爲以部族/地理名稱作爲人名的命名類型。“歌鹿”中古音可構擬爲*kâ luk，或許是*歌羅鹿的省略，以適應漢文化命名以雙字名爲常規的習俗。准此辛歌鹿、辛歌羅祿同姓同名，但因所處年代相差一個多世紀，不會是同一個人。歌鹿在高昌國末期的637年即作爲人名見諸官方名籍，爲歷來有關葛羅祿記載中最早的一例。假設此人當時至少二十歲，那麼在他出生之時即7世紀初葉，葛羅祿部已登上歷史舞臺。

以上推測歌鹿是*歌羅鹿的簡縮形式，但另一個可能性也不應排除在外，即歌鹿本身就是一个完整的音寫形式，與稍晚記載中的純粹作爲地理/種族名稱的葛祿、割祿、割鹿同樣都是雙音節形式，其原型應該是與見於突厥語《毘伽可汗碑》、《闕特勤碑》的拼法 k(a)rluq、粟特語《九姓回鶻可汗碑》的 xrlwγ/xrlwx 相近的一種寫法。若然，歌鹿作爲迄今爲止所見最早的 Qarluq 在漢文中的書寫形式，比新出吐魯番漢語、粟特語文書的寫法早二十餘年，換言之雙音節型比巴達木本的粟特語形式的三音節型在前。這是否暗示存在這樣的可能：有關葛羅祿，曾有過突厥、粟特語兩種平行的名稱形式，伴隨而來產生兩種分别以此爲語源的漢語音寫？

我們可以按年代的大致先後，排出見於唐五代時期各種文獻的兩個系列的譯名形式：

類型I	雙音節型	歌鹿、葛祿、割祿、割鹿等	Turk./Sogd. xrlwγ/xrlwx
類型II	三音節型	哥羅祿、歌羅祿、葛羅祿等	Sogd. xrʼrʼwγ

有關龍朔初年哥羅祿危機的處理，出土的文書表明當時的語言交流使用漢文和粟特文。漢文文卷裏提到有名爲“泥熟”的譯語人，負責文牘的翻譯，“……］等譯牒泥熟”㉞。“泥熟”後面行脚有兩個符號，似非漢文，不識。既然往來文卷有翻譯這一程序，自然令人想到巴達木出土的粟特語文書。這是否顯示，作爲突厥人的葛羅祿部在7世紀中葉使用粟特語文作爲交流工具，唐朝政權雇用泥熟充當譯語人，溝通漢語、粟特

㉞ 《新獲》，311頁。等，整理者讀“並”。“等”字在此用爲複數標誌，大義是：“（某某）等人譯出此牒文（或：這些牒文）。泥熟（以下殘缺）”；或者“（以上殘缺）等等。翻譯此牒文（的是）：泥熟（以下殘缺）”。因上下文殘斷嚴重，行末又有不識符號，不敢自信以上嘗試是確定的讀法。參筆者所撰書評Wang 2008, pp. 26-27。

語的文牘往來？6世紀中葉突厥興起之際，酒泉胡人安諾槃陁545年受西魏政權派遣，出使突厥，是見於史載的漢語、突厥語人群之間的交流借助粟特人“重譯”的首例。安諾槃陁既然是安姓，又稱“胡”人，名字中的槃陁二字明顯是粟特語的 Vandak（βntk）㉟，由此可以確信他是粟特人。這樣，泥熟的族屬便成爲一個有趣的問題。泥熟一名多見於突厥人名與官人稱號㊱。其胡語形式大約在中葉到9世紀初之間寫就的《摩尼教讚美詩集》（Mahrnāmag）的發願題記回鶻王庭部分中出現過，nyjwk s'ngwn 'wg' “泥熟將軍于伽”，是一位武官。從整個名號來看，該人應是突厥/回鶻人，但 nyjwk 這個名字是否也是突厥語源，卻仍有疑問㊲。前述新獲文書中“泥熟”二字下出於另一人手筆的，尚待解讀符號的答案，或將爲澄清這位供職於唐朝西域行政機構的譯語人的種族、母語背景提供關鍵性的綫索。

參考文獻及縮寫形式說明：

（引用中國正史，採用中華書局點校本。其他古籍除特別指出者外，一般使用四部叢刊本。）

Éd. Chavannes, *Documents sur les Tou-kiue (Turcs) occidentaux*. St. Pétersbourg 1903. 馮承鈞中譯本沙畹著《西突厥史料》，北京：中華書局，2004年。

陳高華《元代維吾爾、哈喇魯資料輯錄》，烏魯木齊：新疆人民出版社，1986年。

陳國燦《斯坦因所獲吐魯番出土文書研究》，臺北：新文豐出版公司，2004年。

I. Ecsedy, ‘A contribution to the history of Karluk in the T'ang period'. *AOH XXIV* (1980 [1981]) 1-3, pp. 23-37.

James Hamilton, *Manuscrits ouïgours du IXe-Xe siècle de Touen-Houang*. Paris: Peeters 1986.

W. B. Henning, *Sogdica*, London: James G. Forlong Fund, Vol. XXI 1940 = *W. B. Henning Selected Papers* II, Leiden: Brill, 1977, pp. 1-68.

池田溫《8世紀中葉における敦煌のソグド人聚落》，《ユーラシア文化研究》，49—92頁。辛德勇漢譯文《八世紀中葉敦煌的粟特人聚落》，池田溫《唐研究論文選集》，北京：中國社會科學出版社，1999年，3—67頁。

桑原騭藏《隋唐時代に支那に來住した西域に人就いて》，初刊於《内藤博士還曆祝賀支那學論叢》，京都：弘文堂，1926年；收入《桑原騭藏全集》第2卷，東京：岩波書店，1968年，270—360頁。

李方、王素《吐魯番出土文書人名地名索引》，北京：文物出版社，1996年。

Minoru Inaba 2010, ‘Nezak in Chinese sources'. In: M. Alram et al. (eds.), *Coins, Art and Chronology II: The First Millennium C.E. in the Indo-Iranian Borderlands*. Wien: Verlag der Österreichischen Akademie der

㉟ Yoshida 1994，p. 391認爲安諾槃陁是 'n'xtβntk（UpIn II，p. 41）的音寫，這樣就把安看作整個名字的一個音節，而不是“以國為姓”習俗下的昭武九姓的安國之安。

㊱ 參榮新江 2007; Inaba 2010。此外可以補充見於吐魯番、敦煌寫本的唐西州時期八世紀初天山東部地區烽火系統中的“泥熟烽”（唐開元某年伊吾軍典王元琮牒為申報當軍諸烽鋪斸田畝數十，TCW IV/94），這是泥熟用於地名的惟一例子。

㊲ Zieme 2006, p. 117；Nezak即泥熟的阿拉伯語形式nīzak 與鉢羅婆文形式nyčky；參見Inaba 2010, p. 191.

Wissenschaften, pp. 191-202.

Pavel B. Lurje, *Personal Names in Sogdian Texts*. Wien: Verlag der Österreichischen Akademie der Wissenschaften.

D. N. MacKenzie, 'Some names from Nisa'. *Peredneaziatskij Sbornik*, IV (1986), pp. 105-115.

内藤みどり《西突厥史の研究》，東京：早稻田大學出版社，1988年。

Paul Pelliot, Rev of Ed. Chavannes, *Voyages de Song Yun dans l'Udyāna et le Gandhāra. BEFEO* 3 (1906), pp. 361-400.

Paul Pelliot, *Notes on Marco Polo*, vol. 1. Paris: Imprimie nationale, 1959.

榮新江《西域粟特移民聚落補考》，《西域研究》2005年第2期，1—11頁。

榮新江《新出吐魯番文書中的粟特、突厥》，2006年3月3日新潟大學"絲綢之路的文化與交流——吐魯番文物的世界"學術會議講演稿，1—8頁。日譯本《新出トゥルファン文書に見えるソグドと突厥》，《环東アジア研究センター年報》第1号，新潟大学，2006年3月，5—15頁。

榮新江《新出吐魯番文書所見唐龍朔年間哥邏祿部落破散問題》，《西域歷史語言研究集刊》第一輯，2007年，13—44頁。

K. T. Schmidt, 'Bemerkungen zum Einleitungsteil des osttocharischen *Maitreyasamitināṭaka*'. In: M. Ölmez-S.-C. Raschmann (eds.), *Splitter aus der Gegend von Turfan. Festschrift für Peter Zieme anläßlich seines 60. Geburtstags*, İstanbul/Berlin, 2002, pp. 257-264.

Nicholas Sims-Williams, *Sogdian and other Iranian inscriptions of the Upper Indus*, II. London: School of Oriental and African Studies 1992.

Nicholas Sims-Williams, *Bactrian personal names*. Wien: Verlag der Österreichischen Akademie der Wissenschaften, 2010.

《宋本冊府元龜》，王欽若撰，北京：中華書局，1989年。

《通典》，杜佑撰，王文錦等點校，北京：中華書局，1986年。

Tsui Chi, 'Mo ni chiao hsia pu tsan "The Lower (Second?) section of the Manichaean hymns"', with notes of W. B. Henning. *BSOAS* XI, 1, 1943, 174-219.

王丁《南太后考——吐魯番出土北涼寫本〈金光明經〉題記與古代高昌及其毗鄰地區的那那信仰與祆教遺存》，榮新江、張志清、華瀾（主編）《粟特人在中國——歷史、考古、語言的新探索》，北京：中華書局，2005年，430—456頁。

王丁《吐魯番安伽勒克出土北涼寫本〈金光明經〉及其題記研究》，《敦煌吐魯番研究》第九卷，2006年，35—55頁。

Wang Ding, Rev. of *Xinhuo Tulufan chutu wenxian*. In: *Manuscript Cultures Newsletter*, No. 1 (2008), pp. 24-27. 樂樹、李剛漢譯文《榮新江、李肖、孟憲實（主編）〈新獲吐魯番出土文獻〉簡評》，《吐魯番學研究》（總第5期）2010年第1期，135—140頁。

王丁《中古碑誌、寫本中的漢胡語文札記（一）》，羅丰主編《絲綢之路上的考古、宗教與歷史》，北京：文物出版社，2011年，241—249頁。

王丁《中古碑誌、寫本中的漢胡語文札記（三）》，《語言背後的歷史》，上海：上海古籍出版社

（即出）。

Dieter Weber, ‘Zur sogdischen Personennamengebung’. *Indogermanische Forschung* 77 (1972), pp. 191-208.

吳玉貴《突厥汗國與隋唐關係史研究》，北京：中國社會科學出版社，1998/2007年。

吳震《阿斯塔那—哈拉和卓古墓群考古資料中所見的胡人》，《敦煌吐魯番研究》第四卷，1999年，245—264頁。

吉田豊《ソグド語雜錄（III）》，《内陸アジア言語の研究》第5號（1989年），91—107頁。

Yoshida Yukata, ‘Some new readings of the Sogdian version of the Karabalgasun inscription’. In: Haneda Akira (ed.), *Documents et archives provenant de l'Asie Centrale. Actes du Colloque Franco-Japonais, Kyoto 1988*. Kyoto 1990, pp. 117-123.

Yoshida Yukata, ‘Sogdian miscellany III’. In : R. E. Emmerick & D. Weber (eds.), *Corolla Iranica*, Frankfurt: Peter Lang, 1991, pp. 237-242.

Yoshida Yukata, Rev. of N. Sims-Williams, *Sogdian and other Iranian inscriptions of the Upper Indus* II. *BSOAS* LVII/2 (1994), pp. 391-392.

Yoshida Yukata , ‘Sino-Iranica’. 西南アジア研究XLVIII, 1998, pp. 33-51.

Yoshida Yutaka, ‘Sogdian fragments discovered from the graveyard of Badamu’,《西域歷史語言研究集刊》第一輯 (2007年), pp. 45-53。

Yoshida Yutaka & Kageyama Etsuko, ‘Sogdian names in Chinese characters, Pinyin, reconstructed Sogdian pronunciation, and English meanings’, apud Valerie Hansen, ‘The impact of the Silk Road trade on a Local Community: The Turfan Oasis, 500-800’, in: É. de la Vaissière & É. Trombert (eds.), *Les Sogdiens en Chine*. Paris: École française d'Extrême-Orient 2006, pp. 305-306.

《元和姓纂（附四校記）》，林寶撰，岑仲勉校記，北京：中華書局，1994年。

張廣達、榮新江《有關西州回鶻的一篇敦煌漢文文獻——S6551講經文的歷史學研究》，《北京大學學報》1989年第2期，24—36頁；收入張廣達《西域史地叢稿初編》，上海：上海古籍出版社，1995年，217—248頁。

Peter Zieme, ‘Hybrid names as a special device of Central Asian naming’. In: Lars Johanson-Christiane Bulut (eds.), *Turkic-Iranian Contact Areas. Historical and Linguistic Aspects*. Wiesbaden: Harrassowitz Verlag, 2006, pp. 114-127.

北圖拓本彙编 =《北京圖書館藏中國歷代石刻拓本彙編》，鄭州：中州古籍出版社，1989年。

集成 = 小田義久責任編集《大谷文書集成》，壹—叁，京都：法藏館，1984—2003年。

TCW = 唐長孺等主編《吐魯番出土文書》，壹~肆，北京：文物出版社，1992—1996年。

UpIn II = N. Sims-Williams 1992.

新獲 = 榮新江、李肖、孟憲實主編《新獲吐魯番出土文獻》，北京：中華書局，2008年。

總目日本卷 = 陳國燦、劉安志（主編）：《吐魯番文書總目（日本收藏卷）》，漢口：武漢大學出版社，2004年。

Sino-Eurasiatica (II)

Wang Ding

As the second part of a series of philological notes on inscriptions and manuscripts, this essay discusses the personal and tribal names that occurred in the medieval Central Asian world. Following the foregoing 7 notes in Part I, it deals with (8) Maniach (recorded in Menandri Protectoris *Fragm. hist. graec.*) and its Chinese (corrupted) name form in Chinese sources of the 6th-7th century CE; (9) a low-ranking official of Samarkandian origin bearing a Buddhist given name (630 CE): Kang Futu or Kang Fumian? (10) Ludu and its Sogdian origin; and (11) the question of spelling variants of the Qarluqs in Sogdian, Turkish and Chinese sources.

一組反映10世紀于闐與敦煌關係的藏文文書研究*

榮新江　朱麗雙

大概由於8世紀末至9世紀中葉吐蕃對西域和河西地區的長期統治，所以在吐蕃統治結束以後相當長的一段時間內，藏文仍然是于闐王國與沙州歸義軍、甘州回鶻等地方政權之間往來信函的一種通用語。1929年即已刊佈的鋼和泰（A. von Staël-Holstein）收藏的藏文、于闐文文書，據蒲立本（Edwin G. Pulleyblank）考證，當爲925年前後的文書①。但法、英所藏藏文文書在相當長時間內沒有公佈，相關的研究進展不大。直到1981年烏瑞（G. Uray）發表《吐蕃統治結束以後河西和于闐諸政權中使用藏語的情況》一文，纔從敦煌出土藏文文獻中揭示出一批9世紀中葉以後的藏文官府文書②。以後，學者們又陸續找出更多的同類文書③，其中有若干件是于闐王國與沙州歸義軍、甘州回鶻等政權往來的外交文書，並且幾乎全都是屬於10世紀，也就是吐蕃統治結束相當長的一段時間以後。

自20世紀80年代初以來，這些有關10世紀于闐王國對外交往的文書成爲一些學者的專門研究對象，或者在有關于闐王國、敦煌歸義軍、甘州回鶻等方面的研究中用作參考資料。但由於這些文書本身大多殘缺不全，或者是書信草稿，同時也由於10世紀的西域、河西歷史幾乎是在敦煌文書的基礎上逐漸建構起來的，許多相關的研究成果也是陸續產生出來，所以前期的研究成果多不完備。目前我們至少對於與這些文書關係最爲密切的歸義軍的歷史以及歸義軍節度使的稱號、用印等方面都有了較爲系統的認知，因此，有必要對這批與于闐有關的藏文書信做一通盤的考察，以期在整理文本的基礎上，對我們在認識10世紀的于闐王國，以及于闐與沙州的關係問題上有所進步。

---

* 本文爲北京大學中國古代史研究中心和國家圖書館古籍館合作進行的“于闐與敦煌——以國家圖書館藏新出與未刊于闐、敦煌漢文文書爲中心”項目成果之一（2009JJD770003）。

① E. R. Pulleyblank, “The Date of the Staël-Holstein Roll”, *Asia Major*, new series, vol. 4.1, 1954, pp. 91-95.

② Uray 1981.

③ 武內紹人 1986；Uray 1988；T. Takeuchi, “A Group of Old Tibetan Letters Written under Kuei-i-chün: A Preliminary Study for the Classification of Old Tibetan Letters”, *Acta Orientalia Academiae Scientiarum Hung*, XLIV.1-2, 1990, pp. 175-190；武內紹人《歸義軍期から西夏時代のチベット語文書とチベット語使用》，《東方學》第104輯，2002年，124—110頁；T. Takeuchi, “Sociolinguistic Implications of the Use of Tibetan in East Turkestan from the End of Tibetan Domination throuth the Tangut Period (9th—12th c.)”, *Turfan Re-visited—The First Century of Research into the Arts and Cultures of the Silk Road*, eds. D. Durkin-Meisterernst, S. Raschmann et al., Berlin: Dietrich Reimer Verlag, 2004, pp. 341-348.

以下大體上依據我們考證出來的年代先後對文書一一加以檢討。文書的釋讀與翻譯得益於前賢甚多，謹致謝意。需要說明的是，由於本文討論的文書主要是書信草稿，故藏文的拉丁轉寫將儘量依文書原來的格式錄文，以存原樣。其他說明如下：

]abc　前缺。

abc[　後缺。

[abc]　原卷無法識讀，筆者據文意補。

[abc?]　原卷無法識讀，筆者據文意補，但不能確定。

一、P.t.1120v《沙州府主曹尚書致菩薩于闐聖神天子書狀》

本文書共4行文字，寫在紙張的上端，前有部分殘缺，下有餘白。拉露（Marcelle Lalou）編《國立圖書館所藏敦煌藏文寫本注記目錄》有簡要著錄④。1981年，烏瑞在討論吐蕃統治結束後河西與于闐諸地使用藏文的情況時，曾介紹這件文書，認爲它是習字⑤。1986年，武內紹人在研究敦煌、新疆出土的藏文書信類型時，對這件文書做了轉寫與翻譯，指出它是歸義軍時期的私人信件⑥。1988年，烏瑞也對文書的收信人與發信人部分做了轉寫與翻譯⑦。文書未收入《法藏敦煌藏文文獻選集》⑧，彩色圖版近年上傳IDP網站。2007年，文書的全文轉寫收入今枝由郎、武內紹人等編《法國國立圖書館和英國圖書館藏敦煌藏文文書》，解題稱是歸義軍時期的書信草稿（letter draft）⑨。按，這封信雖殘，但保存有完整的收信人、發信人和問候語，文字沒有重復，很難說是習字，而更可能是一封沒有完成的書信草稿，書信的正文應當寄往于闐。

轉寫：

1　] pa ba' tha yas⑩ kyi byang chu s[e]m⑪ pa' / / yu then gyi she zhin then [ce] [⑫　/ /

2　/ sha cu'i dbangs po dzo shang shi gyis mchis gsol ba' / / cshe zhin rje 'phrul kyi zha snga nas [/ /]

④ Lalou 1950, p. 64.

⑤ Uray 1981, p. 82.

⑥ 武內紹人 1986，589—590頁。

⑦ Uray 1988, p. 518.

⑧ A. Macdonald (A. Spanien) et Y. Imaeda, *Choix de documents tibétaines conservés à la Bibliothèque nationale, complété par quelques manuscrits de l'India office et du British Museum*, I-II, Paris 1978-1979.

⑨ *TDD*, pp. 143-144.

⑩ yas：原卷ya-寫在-s的下面。tha yas或即mtha' yas，意爲無邊、無垠。參見武內紹人 1986，590頁；Uray 1988, p. 518.

⑪ s[e]m：參見武內紹人 1986，589頁；Uray 1988, p. 518.

⑫ [ce]：ce 據烏瑞意見補（Uray 1981, p. 82; Uray 1988, p. 518）。另據其他文書，ce後的殘缺部分當作zha sngar。

3] / / gnam sa la mnga' mdzad cing / / phyogs bzhi 'i 'bangs / / nam ka'i skar ma 'd[ra ba][⑬]

4]mos pa'i skyib su / / thugs kun la khyengs cings / / bangs mrdzod kying kor mang por m[dzad?][⑭]

翻譯：

……無邊菩薩、于闐聖神天［子尊前］：

沙州府主[⑮]曹尚書謹呈。聖神聖主[⑯]尊前，……治理天地，四方臣民如天星，……依止（？）敬信，衷心慈憫（？），處理（？）眾多庫藏kying kor（？）……。

按書信的發信者是 sha cu'i dbangs po dzo shang shi，對應於"沙州府主曹尚書"。烏瑞在最早考證這些屬於歸義軍時期的文書時，曾利用二手資料歸納出文書所見不同時期沙州歸義軍節度使所使用的"尚書"、"太保"、"令公"、"司徒"、"大王"等稱號的大致年份。他據"尚書"的稱號給P.t.1120v所定的年代是約920年，所指爲曹議金[⑰]。目前，我們已有對曹氏歸義軍節度使稱號的綜合研究，其稱尚書者僅曹議金一人，時在914—920年間[⑱]，則烏瑞所比定的發信人爲曹議金可以確定無疑，而年代在914—920年間[⑲]。

文書第1行對收信人稱作byang chu s[e]m pa' yu then gyi she zhin then [ce]"菩薩、于闐聖神天[子]"；問候語部分稱他是she zhin rje 'phrul"聖神聖主"。按914—920年間于闐國王李聖天（Viśa' Saṃbhava）在位，這些稱號所指應當皆爲李聖天。其中she zhin then [ce]"聖神天子"爲漢語的音譯，"天子"是于闐王李聖天的自稱，940年左右所繪莫高窟第98窟李聖天畫像的題名就是"大朝大寶于闐國大聖大明天子"[⑳]。至

---

⑬ 'd[ra ba]：武內紹人 1986，590頁作殘缺處理；*TDD*作la。

⑭ m[dzad?]：武內紹人 1986，590頁對m之後作殘缺處理；*TDD*作ma。

⑮ 府主（dbangs po）：dbangs當作dbang。dbang po有"王"、"主"之意，在本文討論的這組藏文文書中均指曹氏歸義軍節度使。敦煌漢文文書對曹氏歸義軍節度使有"府主太保"、"府主大王"之類的用語，"府主"是瓜沙民眾對歸義軍節度使的俗稱（榮新江《歸義軍史研究——唐宋時代敦煌歷史考索》，上海：上海古籍出版社，1996年，117—118、126、239頁），dbang po當可譯作"府主"。另關於古藏文文書中的dbang po，參見G. Uray, "The Title *dbang-po* in Early Tibetan Records", in Paolo Daffina ed., *Indo-Sino-Tibetica: Studi in onore di Luciano Petech*, Roma: Bardi Editore, 1990, pp. 419-433.

⑯ 聖主（rje 'phrul）：武內紹人 1986，590頁譯作"化身"；烏瑞譯作ruler of supernatural faculties（Uray 1988, p. 519）。按據石泰安（R. S. Stein）研究，在古藏文碑銘和文書中，'phrul主要指聖明、智慧、智力之意，P.t.1120v和P.t.984Cr的rje 'phrul相當於漢語的"聖主"，本文從之。見R. S. Stein, "Saint et Divin", *Journal Asiatique*, CCLXIX, 1981, pp. 232-275, esp. p. 241, n. 24.

⑰ Uray 1981, p. 86.

⑱ 榮新江《歸義軍史研究》，131頁。

⑲ 赤木崇敏作914—924年，似爲筆誤。見其撰《十世紀敦煌の王權と轉輪聖王觀》，《東洋史研究》第69卷第2號，2010年，76、89頁。

⑳ 敦煌研究院編《敦煌莫高窟供養人題記》，北京：文物出版社，1986年，32頁。

於“菩薩”稱號，也並非孤例，比如《鋼和泰卷子》的于闐語部分即以“菩薩天子”（baudhasattä gyastä）來指稱李聖天[21]；敦煌漢文文書于闐天興七年（956）十一月沙州的于闐回禮使索子全狀文第27—28行提到“菩薩天子”，也指李聖天[22]，與本件文書的“菩薩、于闐聖神天子”正相符合。其他以菩薩稱于闐王的例子，赤木崇敏提示有敦煌于闐語文書Ch.i.0021b.a（新編號IOL Khot S.47）用baudhasaṭtu“菩薩”稱于闐王尉遲蘇羅（Viśa' Śūra，967—977年在位），Ch.i.0021a.a（IOL Khot S.21）用baudasattū rre / baudasatv rāṃdä“菩薩王”稱于闐王尉遲達磨（Viśa' Dharma，978—982年在位）[23]。這種稱謂與“轉輪王”（cakrrivarttä）的觀念一樣，體現了于闐王的神聖性[24]。

總之，P.t.1120v是914—920年間沙州歸義軍節度使曹議金致于闐國天子李聖天的書信草稿。有關這段時間內于闐與沙州交往的史料較少，因此，書信文字雖少，卻是非常珍貴的記錄。我們知道，914年曹議金接替張承奉成爲歸義軍節度使，他改變了張氏歸義軍與周邊地方政權的敵對態度，開始與甘州回鶻、西州回鶻、于闐王國建立友好關係。這封寫於914—920年間的書信，應當就是在這樣的背景下產生的。而912年即位的于闐王李聖天，顯然已經立穩腳跟，治理天下，且府庫充盈。書信表明，在李聖天娶曹議金女爲皇后之前，似乎于闐天子較沙州尚書的身份高出一籌。

二、鋼和泰卷子藏文部分《于闐使臣上沙州太保狀》

所謂“鋼和泰卷子”又稱“鋼和泰雜纂卷”，是1918—1929年間在北京大學任教的白俄後裔、梵文學家鋼和泰購藏的一卷敦煌文書，一面用藏文書寫，分三部分，1—22行是第一部分，23—36行是第二部分，都是來到敦煌的于闐使者向沙州節度使所上的狀文，而且內容大體上相同，具體文字略有差別；37—41行是韻文十條。文書的另一面寫于闐語文書，內容龐雜，包括于闐使臣在沙州做功德的發願文、于闐使行程記、突厥部族名表、抒情詩，內容不完全關聯，所以貝利（H. W. Bailey）稱之爲“雜纂卷”（Miscellany）[25]。

此卷最早由藏學家湯瑪斯（F. W. Thomas）和于闐文專家科諾夫（Sten Konow）刊佈，其中湯瑪斯做了藏文的轉寫和英譯[26]，黃盛璋曾據湯瑪斯的英譯轉爲漢文[27]。現參照

㉑ Bailey 1951, pp. 4, 44.

㉒ 張廣達、榮新江《關於唐末宋初于闐國的國號、年號及其王家世系問題》，原載《敦煌吐魯番文獻研究論集》，北京：中華書局，1982年，此據作者《于闐史叢考》（增訂本）（西域歷史語言研究叢書），北京：中國人民大學出版社　2008年，30頁。

㉓ 赤木崇敏《十世紀敦煌の王權と轉輪聖王觀》，76—77頁。兩件文書的轉寫和翻譯見P. O. Skjærvø, *Khotanese Manuscripts from Chinese Turkestan in the British Library*, London: The British Library, 2002, pp. 522-524; 551-553.

㉔ 參見文欣《中古時期于闐國政治制度研究》，北京大學歷史系碩士研究生學位論文，2008年，29頁。

㉕ Bailey 1951.

㉖ Thomas and Konow 1929.

㉗ 黃盛璋《〈鋼和泰藏卷〉與西北史地研究》，《新疆社會科學》1984年第2期，60—73頁。

前人成果，重新轉寫並翻譯如下。

轉寫（尖括弧內爲原卷插寫在行間之語；帶底綫者爲原卷劃掉之語）：

1 @ / / the po lha rgyal po 'i snyan du / / ywu then gyi 'bangs 'bal rgyal sum dang /

2 bdag cag pho nya byin gyi zhu ba gsol ba' / / co bo the bo rgyal po la myi gsol na / /

3 gzhan du zhu zhing gsol ba 'i gnas ma mchis / / bdag cag ngan pa 'bangs na ning

4 'u then nas pho nya rdal gnyis mchis pa / / 'bal rgyal sum dang / su sha li dang / sha 'du

5 dpon yog myi bzhi 'u ten nas sngar mchis pa las <lam du rjes ngan dag mthong nas lam gsar pa rtol>[28] bla 'i rnga mo la ma[29] du gnyis kum /

6 ma shi tsam co bo the bo / / 'i spya ngar mchis / / slad kyis ham sin ca dang / 'bye tu tu

7 dang / co tu tu bdag cag 'bangs byin[30] / / mnga' bdag lha rgyal po seng ge la zhu ba gsol

8 nas / / sha cur phyin ma thog du / / co bo la zhu ba gsol nas / / mun dmag trang

9 rgyal po seng 'ge 'i spya nga na g.yon[31] blangs mchid kyis 'tshal / / 'dir mchis nas

10 bsam 'tshad ma grub / / thugs khral dag gzhan gyurd <do cig ni glo ba re>[32] / / seng ge rgyal po

11 'i drug bdun gyi <gna 'i>[33] dko[34] mdzod kha phye nas / / ham sin ca dang / 'bye tu tu dang / co tu tu

12 la co dkor bzang pa <ma 'phangs ci mchis pa jo bo the bo la>[35] bo spya ngar brdzangs / pa lags / / jo bo lha rgyal po dang / jo[36] the bo mched[37]

13 drung po bzhugs pas / / bdag bag 'bangs la yang dbyer ma mchis / / 'bangs

---

㉘ las的右上角有插入號+。

㉙ ma：當作lam。參見Thomas and Konow 1929, p. 123。

㉚ byin：當作phyin。

㉛ g.yon：當作yon。

㉜ gyurd的右上角無插入號+，但從第29—30行來看，括弧內字爲第二封書狀採用。

㉝ gyi的右上角無插入號+，但從第30行來看，gna 'i爲第二封書狀採用。

㉞ dko：當作dkor。托瑪斯讀作dkor，見Thomas and Konow 1929, p. 123。

㉟ pa的右上角無插入號+，但從第31行來看，括弧內字爲第二封書狀採用。

㊱ jo：其後缺bo字。

㊲ mched：後加字-d寫在基字ch-的下面。

<kyang>[38] yul sha cur

14 gzhi <na>[39] rab du yun rings / / rad kos nas kos ma mchis / / yul[40] gzhi na yang bdag cag

15 'bangs kyi kyim na bu tsa yang nyon mongs / / co bo the bo la yang thugs rje gzigs nas

16 zla ba phyi ma tshes gcig gnyis tshun cad du lam snyan du zhu / / lam thugs dpags

17 myi <cir>[41] mdzad na / / zla ba tsha phyi ma tshes bcu yan chad thal na / / de les[42] hu ten du mchi

18 rngo myi thog <shul ma thon (?) lam rab bu dog par mchi sang pod dpyid yan cad lam mchi thugs myi thub>[43] / / bdag cag 'bangs kyang srog can lags <lam na dgra dang mjal na co bo the bo la yang bka mchu(i)d myi snyan>[44] / / seng 'ge rgyal pos kyang

19 'bangs la chad pa la thug <che thang du bcad>[45] / / de bzhin snyan du zhu / shul di ci myur du thugs d[p]ags cir mdzad

20 lam du ma shi ste zho myed par yul du phyin na / / slar yang co bo the bo 'i zhal myur du mthong bar smon

21 bka' lung ci stsal na gnyer bkum / / zhu ba yang lam du me cong tu tu la gsol nas spya ngar

22 zhus ma zhus bdag cag la g.yar tshod ma mchis /

23 @ : / jo bo la myi zhu na gzhan du zhing gsol ba 'i gan dam pa ma mchis / / bdag cag ngan pa 'bangs /

24 na ning 'u ten nas pho nya rdal gnyis mchis pa / / 'bal rgyal sum las stsogs pa sngar mchis pa las

25 lam du rjes ngan dag mthong nas / lam por nas snga phyin myi ma mchis pa'i lam sar brtol nas shul du bla

26 'i mga mo gnyis bkum / / ma shi tsam co bo 'i spya ngar mchis / / slad kyis ham sin ce dang / 'bye tu tu dang / cong tu tu

---

[38] 'bangs的右上角無插入號+，kyang字亦未被第二封書狀採用。

[39] gzhi的右上角無插入號+，na字亦未被第二封書狀採用。

[40] yul：原作yun，後改作yul。

[41] myi的右上角有插入號+。

[42] les：當作 as。

[43] thog的右上角無插入號+，但從第34—36行來看，括弧內字爲第二封書狀採用。

[44] lags的右上角無插入號+，但從第35行來看，括弧內字爲第二封書狀部分採用。

[45] thug的右上角無插入號+，括弧內字亦未被第二封書狀採用。

27 mchis pa la / / jo bo seng ge lha rgyal po la <zhu ba gsol>[46] nas / / sha cur phyin ma thog du / / jo bo the po la zhu ba gsol na / /

28 mun dmag trang / / jo bo seng ge rgyal po 'i spya nga nas[47] kyang yon blangs / / mchid kyis 'tshald / / 'dir mchis

29 nas / / na ning bsam ba bzhin yang don ma grub / / thugs khral dag gzhan gyurd / / do cig la don 'di

30 co bo thugs khral du bzhes na / / bsgrub par glo ba re / / seng ge co bo rgyal pos kyang / / gna' 'i dkor

31 mdzod kha phye nas / / jo bo the po la ma 'phangs[48] nas / / sgo skyes bzang po spya ngar brdzangs / / jo bo rgyal po

32 dang jo bo the bo mched drung po lags / / ci ltar mdzad na jo bo mkhyen / / bdag cag 'bangs la yang dbyer myed

33 'dir yang yun rings / / 'u ten gyi gos 'dir mchis bas[49] / / myi la yang ngo tsha / / zla phyi ba tshes gcig

34 gnyis la btang bar glo ba re <ci gnang>[50] / / dus kyang lags / / zhag bca[51] bcu mchi rngo[52] myi thog na shul rab du dog par mchi /

35 bde' bar yang myi thar / / mched <rnam>[53] gnyis kyi bka' mchid yang myi snyan de / / sang pod dpyid las mchi thugs myi

36 thub 'bangs kyang srog can lags / / shul 'di dag zla ba 'di la tshes gnyis gsum thugs dpags cir mdzad / /

37 @ / / gcig du gdung rus btsun ba'i sku / gnyis su khri gdugs brdal ba 'i 'od / / gsum du

38 ma btubs kyin de mjald / / bzhi ru spung[54] sdug yid dang thad / / lgna ru bskor cing gzhan

39 la gzigs <myi gdang ngo>[55] / / drug du bskor cing gzhan la gzigs / / bdun gyi khri lcams mdzes sdug

---

㊻ rgyal po和la中間的上面有插入號+。

㊼ 托瑪斯稱nas下有一符號，或表示去掉nas（Thomas and Konow 1929, p. 124）。筆者未見原卷，在其刊佈的圖版上無法識別。

㊽ 'phangs：或意同'bag（沾污）。

㊾ mchis bas：其下有pa nas de yang，nas復被劃掉。

㊿ ci gnang插寫在劃掉的glo ba re之下，當爲取代glo ba re之詞。

[51] bca：此詞係衍文。

[52] rngo：托瑪斯誤作ngo。見Thomas and Konow 1929, p. 124。

[53] rnam插寫在mched之下，但mched的右上角無插入號+。

[54] spung：托瑪斯認爲當讀作spun，從之。見Thomas and Konow 1929, p. 124。

[55] 括弧内字插寫在la gzigs之下，但la gzigs上無插入號+。

40 la / / brgyad kyi snyan snyungs 'di gsol lo / / dgu 'i man tshigs kar[56] por pa / / bcu

41 'i cgung la mjal bar smon / /

翻譯（尖括弧内字爲原卷插寫在行間之語；帶底綫者爲原卷劃掉之語；方括號内爲筆者據文意補充之語）：

第一封書狀（第1—22行）：

（1—2）太保、天王左右，于闐臣民末結心（'Bal rGyal sum）[57]與我等使人敬呈。（2—3）若不陳情阿郎[58]太保、天王，〔我等〕别無他處可得陳請。（3—6）我等卑臣上年自于闐分作兩般使人〔前來〕，末結心和蘇舍利（Su Sha li）[59]及舍努（Sha 'du）[60]主僕四人[61]先自于闐動身，<途中因見凶兆，乃取新路，>途中殺二良駝，乃得未死而至阿郎太保尊前。（6—9）後，韓信者（Ham sin ca）[62]和皮都督（'Bye tu tu）[63]及張都督（Co tu tu）[64]我等臣民出發，向君主、獅子天王陳情〔出發〕。甫至沙州，即向阿郎陳情，呈報於"黑將軍"（Mun dmag trang）、獅子王尊前取來信物。（9—10）自抵此地，所願之事尚未完成，復轉有他事（？），<其一[予我等]希望>（？）。（10—12）獅子王開庫六、七<舊>府庫，<爲致意阿郎太保，>賜給韓信者、皮都督和張都督佳妙<清淨>之財而於尊前遣之。（12—13）阿郎天王與阿郎太保乃真誠兄弟，對於我等臣民亦無差别。（13—15）〔我等〕臣民至此地沙州已久，衣服亦無。我等臣民家中子孫在家鄉實爲煩憂。（15—17）懇請阿郎太保慈悲鑒察，〔我等〕祈望於下月初一、二日内返鄉。（17—19）若不蒙允准，若過

56 kar：托瑪斯認爲或當作gar。見Thomas and Konow 1929, p. 124。

57 'bal rgyal sum：于闐語部分第9和35行分别作bulu'nä rrgyaḍä sū'mä和baḍä rrgyaḍä sū'mä。bulu'nä當來自藏語blon，即"論"；至於baḍä，貝利認爲相當於藏語部分的'bal，可能爲此人家族之名稱。見Thomas and Konow 1929, p. 129; Bailey 1951, pp. 2-3, 9, 23。

58 阿郎（co bo）：下文也作jo bo，意爲"主宰"、"主人"、"尊者"等，敦煌漢文文獻有稱歸義軍節度使作"阿郎"者，"阿郎"即"主人"之意，與藏文同，今用之。參見蔣禮鴻主編《敦煌文獻語言詞典》，杭州：杭州大學出版社，1994年，1頁。

59 su sha li：于闐語部分第9、39和42—43行有ttāgutta ka'rä ṣau ṣarrnädattä/ṣarrnadattä，意爲"吐蕃的ka'rä ṣau Ṣarrnädatta/Ṣarrnadatta"。托瑪斯推測二者或可勘同，但貝利未置可否。Thomas and Konow 1929, p. 129; Bailey 1951, pp. 2, 4, 44. ka'rä，貝利最初疑作region，地區；後譯作title，稱號。見H. W. Bailey, *Dictionary of Khotan Saka*, London: Cambridge University Press, 1979, pp. 53-54。

60 sha 'du：于闐語部分第9和44行作hvaṃna /hvana ka'rä ṣau ṣaṃdū，意爲"于闐的ka'rä ṣau Ṣaṃdū"。Thomas and Konow 1929, p. 129; Bailey 1951, pp. 2, 4, 10, 44.

61 按文書作gnyi bzhi，即四人，但實際列出的名字僅三人。

62 ham sin ca：于闐語部分第10行有naṃpa-jamñai ṣau śvāṃnakai，意爲"Naṃpa Jamña的ṣau Śvāṃnakai"，第39、45行作ṣau śvāṃnakai。托瑪斯推測二者或可勘同，但貝利未置可否。Thomas and Konow 1929, p. 129; Bailey 1951, pp. 2, 4, 10, 44.

63 'bye tu tu其人在于闐語部分未出現。

64 co tu tu：下面第26行作cong tu tu，于闐語部分第39行作cāṃ ttūttū。Thomas and Konow 1929, p. 129; Bailey 1951, pp. 4, 24, 44.

下月初十，則勢不能回于闐。<〔若〕誤啟程，則道途梗阻，明春之前不能上路。>我等乃是凡人，<途中若遇賊寇，于阿郎太保將〔有〕些些話語，>獅子王亦將懲罰〔我等〕臣民。（19）即此陳情左右，祈望早日啟程，伏望允准。（20—22）若得途路無危，乏資而抵吾故土，願得異日早拜阿郎太保尊顏，任何教敕，〔皆將〕執行。〔此〕陳情於途中呈送明崇都督（Me cong tu tu）[65]，是否已達尊前，我等不知（？）。

第二封書狀（第23—36行）：

（23）若不陳情阿郎，並無其他賢者可以陳情。（23—26）我等卑臣上年自于闐分作兩般使人〔前來〕。末結心等先行，途中因見凶兆，遂棄之而取先前無行人之新道，途中殺二良駝，乃得未死而至阿郎尊前。（26—29）後有韓信者、皮都督和張都督，向阿郎獅子天王陳情〔出發〕。甫抵沙州，即向阿郎太保陳情，呈報于“黑將軍”、阿郎獅子王尊前馭來國信。（28—30）至此之後，未如上年所願而成事，復轉有他事（？）。若蒙阿郎垂情，或有望完成一二。（30—31）阿郎獅子王亦開啟舊府庫，爲不污阿郎太保而〔給予我等〕佳妙信物，〔而後〕於尊前遣之。（31—32）阿郎君王和阿郎太保乃真誠兄弟，阿郎當知該作如何。對於我等臣民亦無差別。（33）〔我等〕至此已久，于闐〔攜來之〕衣雖在，然已羞於見人。（33—36）切望<懇請>於下月初一、二日〔將我等〕發遣。〔我等在此〕已有時日，若十日內不能〔啟程〕，則道途梗阻，難望平安抵達，〔汝〕兄弟二人也將有些些話語，而明春〔我等〕將不能〔前來〕。〔我等〕臣民亦是凡人，祈望於此月[66]初二、三日內啟程，伏望允准。

韻文（第37—41行）：

其一，門第高貴之士；

其二，發自寶蓋之光；

其三，會晤難相見者（？）；

其四，直面親愛之同胞；

其五，察看侍從與其他（？）；

其六，察看侍從與其他；

其七，對美麗可愛之夫人；

其八，請問貴體無恙；

其九，爾後拋出話語；

其十，祈願得見貴人。

第一封書狀有多次刪除、增加的痕跡，而且有些修改的部位並不十分明確，所以當是草稿。第二封書狀卷面較前者乾淨，而且吸收了不少第一封書狀修改的內容，所以當

[65] 按從于闐使呈文先致明崇都督來看，可能他本是沙州方面派去于闐的使臣，而後復與于闐使一起返回。

[66] 此月（zla ba 'di）：當作“下月”（zla ba phyi ma）？

爲改寫後的本子，不過似乎也是草稿。托瑪斯認爲兩封信的筆跡也不同。至於最後的韻文部分，托瑪斯認爲是校對者所寫，提示他想要強調的重點[67]。

按鋼和泰卷子背面于闐文文書所記年代爲某王統治第十四年、狗年，經蒲立本考證爲于闐王李聖天的同慶十四年，即925年[68]。而後烏瑞根據蒲立本的研究以及文書于闐文部分的the pū和藏文部分的the po都是漢文“太保”的音譯這一證據，將藏文部分的年代判斷在歸義軍節度使曹議金時期，而且也是在925年，雖然他對曹議金太保稱號的年份把握不准[69]。今天我們通檢漢文文書，曹議金之稱太保，可以肯定在925—927年間[70]。儘管歸義軍節度使曹元德、曹元忠、曹延恭、曹延禄都曾稱“太保”，但考慮到藏文文書提到的于闐使臣至少有三人與于闐文部分提到的使臣名稱可以勘合[71]，所以可以把這兩件呈給歸義軍節度使的藏文書狀放在925—927年間，其中的“太保”指曹議金。

值得注意的是，這兩件藏文書狀在稱呼沙州節度使時，前後有所不同。第一封書狀稱作the po lha rgyal po“太保、天王”或co bo the bo rgyal po“阿郎太保、王”，第二封書狀稱作jo/co bo“阿郎”或jo bo the po/bo“阿郎太保”，也就是說不再以lha rgyal po“天王”或rgyal po“王”稱之。但對于闐統治者的稱謂則前後未變，作jo bo seng ge lha rgyal po“阿郎獅子天王”、jo bo seng ge rgyal po/seng ge co bo rgyal po“阿郎獅子王”、jo bo rgyal po“阿郎王”。曹議金之稱“大王”是931年以後的事[72]，如果第一件書狀的lha rgyal po或rgyal po是“大王”的“王”的意思，那就和我們所知的曹議金稱大王的年代相抵牾。我們推測，這裏的rgyal po“王”和lha rgyal po“天王”一樣，反映的是當時敦煌在佛教思想影響之下所流行的將歸義軍節度使比作轉輪王的觀念[73]。因此，它是藏文語境下的“天王”的意思，而不是漢文語意的“大王”，後者的用例可見P.t.1189r《肅州司徒致河西節度天大王書狀》，這裏對於河西節度使“天大王”，用的是漢語音譯（thyen the'i 'wong）[74]。我們看到，《鋼和泰卷子》第二件藏文書狀即不用lha rgyal po或rgyal po來稱呼沙州的統治者，這大概是于闐的使臣很快發現這個用法不妥，所以就不再用這種稱呼了。在遞呈給歸義軍節度使的正式文本上，也應當不會使用這一稱呼。

文書另一饒有意味的敘述，是將于闐王和歸義軍節度使的關係稱爲“兄弟”，言“阿郎天王/君王與阿郎太保乃真誠兄弟”。我們知道，李聖天於934年娶曹議金女爲

---

[67] 參見Thomas and Konow 1929, pp. 128-129。

[68] E. R. Pulleyblank, “The Date of the Staël-Holstein Roll”, pp. 90-91。

[69] Uray 1981, p. 86.

[70] 榮新江《歸義軍史研究》，132頁。

[71] Thomas and Konow 1929, p. 129; Bailey 151, pp. 9-10, 24，並參見上注57—62。按黄盛璋根據湯瑪斯的推測而徑將藏文的Su Sha li與于闐文的Ṣarrnädatta/Ṣarrnadatta等同、藏文的Ham sin ca與于闐文的Śvāṃnakai等同（《〈鋼和泰藏卷〉與西北史地研究》，64、65、73頁）。我們存疑。

[72] 榮新江《歸義軍史研究》，132頁。

[73] 赤木崇敏《十世紀敦煌の王權と轉輪聖王觀》，59—89頁。

[74] 文書圖版見IDP，内容與年代參見Uray 1981, pp. 83-84, 87；武内紹人 1986，582頁。

妻，曹氏並以“皇后”或“天皇後”見稱[75]。以兄弟相稱似乎表明，本文書當撰寫於934年以前。從另一個角度來看，雖然于闐爲一獨立的王國，而沙州曹氏不過鎮守一方的歸義軍節度使，但在于闐使臣的眼裏，雙方的關係是平等的，猶如兄弟一般。

另外，兩件藏文書狀在指稱于闐王時，有一他處未見之名，即Mun dmag trang，我們根據文意譯作“黑將軍”。三如托瑪斯所言，trang當同'dren，意爲“率領”[76]。至於mun dmag，贊拉·阿旺措成編著的《古藏文辭典》對此詞有三種釋義：一是秘密軍隊，二是偵察兵，三是判定世系等的名冊[77]。按此詞也見於米蘭出土的藏文文書M.I.iv.132：[--]I [l]o la / / s[k?]un mkhar / nob chungu g.yung drung rtser / rkyen gyI / mun dmag spu tshugs dkar /。不過，這件文書的內容不甚明瞭，可能是一種名冊（dkar chag），大概是說屬於（？ rkyen）小羅泊（Nob chung）的g.Yung drung rtse地方的Mun dmag的白氆（？ spu tshugs dkar）云云[78]。另外，此詞又見於《吐蕃王朝編年史》（IOL Tib J 750）的兩處記載，其一在虎年（690/691）：dbyard btsan po bal po bzhugs shIng / blon che khrI 'brIng gyis 'o yugI tsha stengsu mun magI rtsis mgo bgyIs pha“夏，贊普住於跋布川，大論欽陵於'O yug之Tsha steng制定Mun mag之名冊”；其二在蛇年（729/730）：blon chen po cung bzang kyIs / dgun 'dun skyI sho ma rar bsduste / mun magI snon god brtsIs / dmag dru gu yul du drangs pha slar 'khord par lo gchIg /“大論Cung bzang於Skyi Sho ma ra召集冬季會盟，清點Mun mag之增損，［爾後］率軍（dmag）赴突厥之境，還，是爲一年。”[79]後兩處的mag皆當同dmag，對於mun [d]mag，托瑪斯認爲是後方的半軍事組織[80]；王堯、陳踐分別譯作“後備”和“預備軍”[81]；杜曉峰（Brandon Dotson）於第一處譯作soldiers/conscripts“士兵/募兵”，第二處譯作soldiers“士兵”[82]。從《吐蕃王朝編年史》蛇年的這條記載來看，mun dmag顯然與dmag不同，杜曉峰的翻譯似不夠確切。但從我們討論的Mun dmag trang來看，若將mun dmag作爲後方的

---

⑮ 張廣達、榮新江《關於唐末宋初于闐國的國號、年號及其王家世系問題》，33、34頁；張廣達、榮新江《10世紀于闐國的天壽年號及其相關問題》，原載《歐亞學刊》第1輯，北京：中華書局，1999年，此據《于闐史叢考》（增訂本），300、301頁。

⑯ Thomas and Konow 1929, p. 129.

⑰ bTsan lha Nga dbang tshul khrims, *brDa dkrol gser kyi me long zhes bya ba bzhugs so*, Mi rigs dpe skrun khang, 1996, p. 645.

⑱ F. W. Thomas, *Tibetan Literary Texts and Documents concerning Chinese Turkestan*, II, London: The Royal Asiatic Society, 1951, p. 270; T. Takeuchi, *Old Tibetan Manuscripts from East Turkestan in the Stein Collection of the British Library*, vols. I-II, Tokyo: The Centre for East Asian Cultural Studies for Unesco, The Toyo Bunko; London: British Library, 1997-1998, no. 430.

⑲ IOL Tib J 750的彩色圖版見IDP網站。另杜曉峰書有清晰的復製可參閱，見B. Dotson, *The Old Tibetan Annals: An Annotated Translation of Tibet's First History*, Wien: Verlag der Österreichischen Akademie der Wissenschaften, 2009, pp. 306, 312。

⑳ F. W. Thomas, *Tibetan Literary Texts and Documents concerning Chinese Turkestan*, II, p. 270; III, 1955, pp. 6, 107.

㉑ 王堯、陳踐譯注《敦煌古藏文文獻探索集》，上海：上海古籍出版社，2008年，91、96頁。

㉒ B. Dotson, *The Old Tibetan Annals: An Annotated Translation of Tibet's First History*, pp. 97, 117.

預備軍來對待，似也不妥：獨立的于闐國的國王怎麼衹是一支後方預備軍的領袖呢？我們推測，到10世紀，mun dmag的詞義已經發生轉變了吧。如果單純從詞語本身的意思來分析，mun的基本含義是黑暗，因此我們是否可以將Mun dmag trang理解成“率領軍隊破滅黑暗的英勇將領”呢？我們知道，10世紀初期的于闐周邊不同政權林立，西面和北面有西遷葛邏祿、樣磨、回鶻等突厥系的勢力，東部先後有璨微、仲雲及其他吐蕃余部，高居誨《行程錄》言“自靈州渡黃河至于闐，往往見吐蕃族帳，而于闐常與吐蕃相攻劫。”[83]958年前往于闐的敦煌使者某富住還稱李聖天“鑾駕親征西幸”[84]。總而言之，Mun dmag trang這個稱號所提示給我們的信息值得深入思考。

還有一點值得注意，就是通過與同卷于闐語部分的比較，我們看到兩部分的使臣名字並不完全相同，其中末結心（'Bal rGyal sum）、舍努（Sha 'du）和張都督（Co/Cong tu tu）可分別與于闐語部分的Rrgyadä sū'mä、ṣau Ṣaṃdū和Cāṃ ttūttū勘合；另外蘇舍利（Su Sha li）與于闐語部分的ṣau Ṣarrnädatta/Ṣarrnadatta勘同的可能性也比較大。其他韓信者（Ham sin ca）和皮都督（'Bye tu tu）不見於于闐語部分；而于闐語部分提到的人名如ṣau Śvāṃnakai、Padä-dūsä、Kharuṣai和Khrrī-rttanä則不見於藏語部分。看來，于闐使可能是分批而至，這與兩封藏語書狀所述末結心等先行、皮都督等繼之出發的內容是十分符合的。

綜合以上，鋼和泰藏卷的兩件藏文書狀，應當是925—927年間于闐使臣在敦煌呈給歸義軍節度使曹議金的，他們敘述了來沙州的情形並請求太保提供衣物，以便他們得以回鄉。從這些使臣的狀文中得知，在于闐與沙州建立了外交往來後，于闐使臣前赴後繼，克服途中的艱難險阻，前往沙州充使。在啟程之時，于闐王會開啟府庫，以上好的信物送給沙州節度使。使臣一路艱辛到達沙州後，已經衣不蔽體，因此請求沙州統治者予以幫助，賜給衣服，並及時安排他們返回家鄉。

三、P.t.984Cr《河西節度使沙州曹令公上聖神聖主（于闐王）書狀》

最初法國國立圖書館將P.t.984分出兩張紙，一大一小，分別編作P.t.984(1)和P.t.984(2)，後來又新揭出一件新文書，編作P.t.984A，原來的P.t.984(1)和P.t.984(2)遂相應地改編作P.t 984B和P.t.984C[85]。拉露《國立圖書館所藏敦煌藏文寫本注記目錄》曾著錄P.t.984Cr，編作P.t.984(2)[86]。1981年烏瑞介紹了這件文書，將其年代定在曹議金的931

---

[83] 《新五代史》卷七四《四夷附錄》，北京：中華書局，1974年，917、918頁。

[84] 張廣達、榮新江《于闐史叢考》（增訂本），31、32頁。

[85] Catalogue *des* manuscrits chinois de Touen-houang: *Fragments chinois du* fonds Pelliot Tibétain de la *Bibliothèque nationale de France*, Paris: Bibliothèque nationale, 2001, p. 56.

[86] Lalou 1950, p. 30.

至約935年之間[87]。1986年武内紹人對文書做了完整的轉寫與翻譯[88]。1988年烏瑞再次討論這件文書，重新考慮文書的年代，將其放在931—1002年之間[89]。這件文書未被《法藏敦煌藏文文獻選集》收錄，IDP網站也尚無這件文書的彩色圖版，不過近年金雅聲、郭恩（M. Cohen）主編出版的《國立圖書館所藏敦煌藏文文獻》收有其黑白圖版，卷面十分清晰[90]。文書存5行，下缺。先錄文如下：

轉寫：

1 @ / / rma chu chus bcad kyi / / ha se tser to / / sha cu'i dbang p[o] tshe'u leng

2 kong kyis mchId gsol ba' / / she zhin rje 'phrul kyi zha snga nas /

3 ston mtha' ma'I / ba mos / ch[u] grang ba dang [ ] / gnam sa la mnga' mdzad

4] / / nam ka'i skar ma 'dra ba kun

5] sa / / thugs rje kun la

[

翻譯：

毗鄰黄河地區之河西節度、沙州府主曹令公謹呈。聖神聖主尊前，季秋霜重水寒，……治理天地，……如天星，皆……，慈悲……

值得注意的是，P.t.984Cr的文字和上述P.t.1120v《沙州府主曹尚書致菩薩于闐聖神天子書狀》的文字，除了開頭部分和一些專門的名詞外，兩者都保存的部分，文字幾乎完全一樣，現將兩者所存文字比較如下，(A) = P.t.1120v，(B) = P.t.984Cr，爲醒目起見，兩兩上下對照排列：

(A)] pa ba' tha yas kyi byang chu s[e]m pa' / / yu then gyi she zhin then [ce] [/ /

(B)（此文書略收信人）

(A) / sha cu'i dbangs po dzo shang shi gyis mchis gsol ba' / /

(B) rma chu chus bcad kyi / / ha se tser to / / sha cu'i dbang p[o] tshe'u leng kong kyis mchId gsol ba' / /

(A) she zhin rje 'phrul kyi zha snga nas [/ /]

(B) she zhin rje 'phrul kyi zha snga nas /

(A)] / /

(B) ston mtha' ma'I / ba mos / ch[u] grang ba dang [ ] /

(A) gnam sa la mnga' mdzad cing / /

(B) gnam sa la mnga' mdzad [

(A) phyogs bzhi 'i 'bangs / / nam ka'i skar ma 'd[ra ba]

---

⑧⑦ Uray 1981, p. 82.

⑧⑧ 武内紹人 1986，589頁。

⑧⑨ Uray 1988, p. 518.

⑨⓪ 第9册，上海古籍出版社，2009年，334頁。

(B)] / nam ka'i skar ma 'dra ba kun [ ] sa / /

(A)] mos pa'i skyib su / / thugs kun la khyengs cings / /

(B) thugs rje kun la [

(A) bargs mrdzod kying kor mang por m[dzad?]

據烏瑞的説法，P.t.984Cr中的she zhin rje 'phrul“聖神聖主”是指于闐王[91]。根據上述對比，其説完全成立。兩者內容不同之處，是致信的方向正好相反，P.t.984Cr是某位ha se tser to / / sha cu'i dbang p[o] tshe'u leng kong“河西節度、沙州府主曹令公”致于闐王的書信。在曹氏歸義軍時期，“令公”有四種可能：① 928—935年間的曹議金，更可能是928—931年間只稱“令公”的時期，因爲此後“令公”與“大王”並稱，對於于闐這樣的外國來説，可以徑稱“大王”；② 956—974年間的曹元忠，更可能是在956—960年間，因爲此後“令公”與“太傅”、“太師”、“大王”並稱；③ 976年的曹延恭；④ 984—1002年間的曹延祿，而且期間他是“太師”、“令公”、“大王”並稱[92]。看來，僅僅從“曹令公”一名還無法細緻地判斷文書的時間。

這件文書的ha se tser to當是漢文“河西節度”的音譯[93]。從敦煌歸義軍時期的漢文文書來看，唐朝於大中五年（851）在敦煌設立歸義軍節度，但張議潮以降的歸義軍節度使爲了發展自身的勢力，往往自稱“河西節度”。這一稱號沿用到曹氏歸義軍時期，比如P.3262《建窟功德記》稱曹議金爲“河西節度使尚書”[94]，P.3718（1）《張明集寫真贊》稱曹議金爲“河西節度曹太保”[95]，S.1181《長興二年（931）曹議金施捨回向疏》的“敕河西歸義等軍”節度也是曹議金，時已稱“大王”[96]；S.4245據考是修建莫高窟第100窟的《造窟功德記》，其中稱曹元德爲“河西節度使司空”[97]；P.3269《發願文》中的“河西節度使司徒”，則指曹元深[98]；P.2642《結壇祭文》中的“河西節度府主太保”可能是曹元忠[99]；以後則很少見歸義軍節度使稱河西節度了，其實從曹議金開始，歸義軍已經沒有力量控制河西一道。由“河西節度”的稱呼，似可排除曹延恭和曹延祿兩位令公。那麼，這裏的令公，既可能是928—931年間曹議金，也可能是956—960年間的曹元忠。不過，從其文字與P.t.1120v《沙州主曹尚書致菩薩于闐聖神天子書狀》幾乎完全相同來看，這封信起草的年份更可能是在928—931年間。敦煌文書表明，僅931年一年，就有沙州僧政范海印出使于闐（P.3718-2），又有歸義軍押衙氾潤甯、陰員住等

---

[91] Uray 1981, p. 82; Uray 1988, p. 518.

[92] 榮新江《歸義軍史研究》，130—132頁。

[93] Uray 1981, p. 82; 武内紹人 1986，589頁；Uray 1988, p. 518.

[94] 賀世哲《試論曹仁貴即曹議金》，《西北師大學報》1990年第3期，42、43頁。

[95] 姜伯勤、項楚、榮新江《敦煌邈真贊校錄並研究》，臺北：新文豐出版公司，1994年，250頁。

[96] 郝春文《英藏敦煌社會歷史文獻釋錄》第5卷，北京：社會科學文獻出版社，2006年，272、273頁。

[97] 賀世哲《從供養人題記看莫高窟部分洞窟的營建年代》，敦煌研究院編《敦煌莫高窟供養人題記》，北京：文物出版社，1986年，222、223頁。

[98] 那波利貞《唐代社會文化史研究》，東京：創文社，1974年，665、666頁。

[99] 譚蟬雪《曹元德曹元深卒年考》，《敦煌研究》1988年第1期，56頁。

充使往于闐（P.4638）[100]，這封書信草稿的正本被他們帶往于闐的可能性是存在的。

四、P.t.1106r《于闐王天子長兄致〔沙州〕弟登里尚書書狀》+ P.t.1106v《于闐王天子長兄致弟令公書狀》

P.t.1106著錄於拉露《國立圖書館所藏敦煌藏文寫本注記目錄》，不過對其正面內容，《目錄》僅稱是物品清單[101]，直至1988年纔由烏瑞發現其中包含一份與于闐相關的10世紀的書信[102]。文書的黑白圖版見《法藏敦煌藏文文獻選集》[103]，彩色圖版見IDP網站。由於文書不僅殘缺破損，而且涉及大量至今未能解讀的織物與其他物品的名稱，下面的描述主要參考烏瑞的意見。

P.t.1106r文書第1行作nu bo dang re shang she la skyes brdzangs pa'i skyes la[n du] "致弟登里尚書之回禮信物"，第2—7行爲物品清單。接下去的第8—15行也爲物品清單，但屬於後來插入。其中第12行又另起一段：/ : / gcen po lha sras li rjes / "兄天子于闐王"。據烏瑞的意見，此行當和第16—17行相連：/ nu bo dang re shang shu la men tri rgya thags lnga bcu [ ]l ba'i tshong lan du / /，"致弟登里尚書作爲購買五十……漢地絲綢之回贈〔物品〕"。不過其下沒有物品清單。第18—20行雖仍是物品清單，但和第12、16—17的信件沒有關係[104]。

我們把與于闐相關的文字轉寫如下：

12 @ / : / gcen po lha sras li rjes

16 / nu bo dang re shang shu la men tri rgya thags lnga bcu [

17]l ba'i tshong lan du / /

翻譯：

兄天子于闐王致弟登里尚書，作爲購買五十……漢地絲綢之回贈〔物品〕。

烏瑞指出，這件文書既非副本，也非習字，而是書信草稿。他還認爲，登里（dang re，源於回鶻文täŋri，意爲"天"）這種突厥稱號用於沙州統治者應是10世紀末沙州開始突厥化的時期，又因歸義軍節度使的尚書稱號不晚於931年，所以這位登里尚書應是10世紀末期某位節度使的弟弟或兒子[105]。

按曹氏歸義軍節度使除曹議金在914—920年間稱尚書外，沒有其他節度使在任期間稱尚書的，而912—920年間的于闐王李聖天似乎也沒有資格稱曹議金爲弟。烏瑞的看法

---

[100] 榮新江《于闐王國與瓜沙曹氏》，《敦煌研究》1994年第2期，112頁。

[101] Lalou 1950, p. 61.

[102] Uray 1988, pp. 520-521.

[103] *Choix de documents tibétaines*, II, pls. 446-447.

[104] Uray 1988, p. 520.

[105] Uray 1988, p. 521.

很有見地，我們注意到敦煌漢文文書P.4046《天福七年（942）十一月二十二日曹元深迴向疏》在祝願司徒元深後，接着說：“尚書異俊，抱文武之宏才。”[106]這位尚書大概就是尚未任節度使的曹元忠當時的加官[107]。如果把這件書信看作是李聖天致944年即位之前的尚書曹元忠，則沒有任何障礙。這一點和下面所論文書背面的內容也可相互印證。不過我們還需解釋dang re“登里”一詞的用法。這確實是個突厥（或回鶻）文的藏文借詞，但這是于闐人使用的詞彙，所以我們未必能夠把這種回鶻的影響安在沙州歸義軍的頭上，因爲從公元7世紀初葉（唐朝初年）以來突厥文化對于闐的影響既深且遠，所以“登里”很可能早已進入于闐人的“天”的概念裏面，到了10世紀，于闐人只不過是把“天”這個詞用在尊敬的沙州統治家族成員身上，就像他們借用漢文寫thyen the'i 'wong“天大王”一樣。

綜合以上，我們可以將P.t.1106r定名爲《于闐王天子長兄致〔沙州〕弟登里尚書書》。P.t.1106v(1)《于闐王天子長兄致弟令公書狀》早爲烏瑞注意，他認爲這是一件習字，並據“令公”稱謂而將其年代定在931到約935年之間[108]。1986年武内的文章對其做了轉寫與翻譯[109]。1988年烏瑞修正自己以前的看法，據文書所言的兄弟關係而將其定在曹元忠（945—974）或曹延祿（976或978—1002）的時代[110]。按這件文書僅有兩行字，寫在紙張的中間部位，上、下約有4行寬的空白。上部空白以上的部分是以不同筆跡所寫的藏文，共6行，書寫方向與此文書相反，内容不詳。下部空白以下的右下角有另一不同筆跡所寫的4行字，内容也不詳。我們討論的這件文書第1行爲發信人，第2行爲收信人。以下先將文書轉寫與翻譯，再據目前我們所掌握的歸義軍節度使的歷史來考證其年代。

轉寫：

1 gcen po lha sras li rjes /

2　　　　　　gcung le kong la gsol pa' gyis

翻譯：

兄天子于闐王謹呈弟令公。

如上所述，曹氏歸義軍時期的“令公”有四種可能，即928—931年的曹議金、956—960年的曹元忠、976年的曹延恭、984—995年的曹延祿。從兄弟相稱來看，912—966年在位的于闐王李聖天娶曹議金女爲皇后，他可以與曹元忠兄弟相稱；967—977年在位的于闐王尉遲蘇羅（Viśa' Śūra，967—977年在位）是李聖天和曹氏之子，也可以和曹氏之侄曹延恭、曹延祿兄弟相稱。尉遲蘇羅王之後的于闐王是尉遲達磨（978—982年在位），再後爲尉遲僧伽羅磨（Viśa' Saṃgrāma，983—1006？年在位）。由於于闐

[106] ポール・ペリオ、羽田亨編《敦煌遺書》影印本第一集，上海：東亞考究會，1926年，15、16頁。

[107] 榮新江《歸義軍史研究》，113頁。

[108] Uray 1981, pp. 82, 87.

[109] 武内紹人1986，591頁。

[110] Uray 1988, pp. 519-520.

一般使用嫡長子繼承制，所以983年以後在位的于闐王尉遲僧伽羅摩多半是尉遲蘇羅王的晚輩，顯然不能與984—995年的曹延祿稱作兄弟。雖然從“令公”來看，P.t.1106v(1)的年代可以有956—960年和976年兩種選擇，但按照敦煌寫本的一般常理，寫在同一寫本的正背面的文件，一般來說年代應相差不遠。因此，這封看似書信信封上的文字，最有可能是在956—960年間的某日于闐王李聖天致沙州節度使令公曹元忠的記錄。

五、P.t.1256v豬年（亥年）于闐使劉司空（Li'u Si kong）文書

拉露《國立圖書館所藏敦煌藏文寫本注記目錄》有文書的完整錄文[111]。其黑白圖版見《法藏敦煌藏文文獻選集》[112]，彩色圖版見IDP網址。1981年烏瑞判斷其年代在920年以後[113]。1988年王堯、陳踐也對其做了藏文錄文和漢文翻譯，並推測其年代在915年或927年[114]。這件文書下端被切斷，但基本內容完整無損，文書分6行書寫，第6行在文字之後有5個記號，記號意義不詳。拉露懷疑是孩童塗鴉（enfantins），烏瑞則認爲是身份標誌（marques d'identité），他並指出第2個記號上寫有名單中第2位使者（O rog can bo ka）的名字殘痕[115]。文書上面有4道折痕，從第2道折痕與第3行文字重疊的情況看來，似文字先寫，而後被折疊。文書所記爲某豬年于闐使劉司空（Li'u Si kong）、尚滅（Zho gam）一行出發往于闐時的人員名單，包括劉司空和尚滅在內共11位。

轉寫：

1 @ / / phag gi lo ston sla ra ba bcu drug la / / yu then gi pho nya li'u si kong dang / zho gam

2 las stsags pa chas pa'i dus su / / ph[o] nya 'di rnams nyes o myed par yu then

3 du brdzang par khas blangs pa'i mying smra [ba'] / / pu sti bo zas u ga' / o rog ca

4 bo ka to tog / / shab ta ra ku la rtse to tog / zi ma leg beg de mer to tog / jor lo od

5 can to tog / tul byer lig gol myis / o sta mam bras / shab ta ra nya can / bo co nya

6 us cag / /

翻譯：

豬年孟秋十六日，于闐使劉司空和尚滅等啟程之際，應允此等使者無危而遣往于闐，其名如下：布悉帝部雜（Pu sti bo zas）於伽（u ga'）、烏禘者部伽（O rog ca bo ka）都督（to tog）、攝多羅貴羅子（Shab ta ra ku la rtse）都督、肆磨曆北帝摵（Zi ma leg beg de mer）都督、汋盧沃氈（Jor lo od can）都督、

---

[111] Lalou 1950, p. 93.

[112] *Choix de documents tibétaines*, II, pl. 508.

[113] Uray 1981, pp. 84, 88.

[114] 見所著《敦煌吐蕃文書論文集》，成都：四川民族出版社，1988年，漢譯部分63、64頁；藏文部分95頁。收入作者《敦煌古藏文文獻探索集》，藏文部分，221頁；漢文部分，290、291頁。

[115] Uray 1981, p. 84.

督俾歷沽殞（Tul byer lig gol myis）、烏悉他蠻勃羅（O sta mam bras）、攝多羅野氈（Shab ta ra nya can）、部張野危綽（Bo co nya us cag）

第1行的yu then gi pho nya li'u si kong“于闐使劉司空”，森安孝夫比定爲曾於天福七年（942）入貢中原王朝的于闐使都督劉再昇，時間在940年代前後[116]。筆者之一榮新江與張廣達先生在討論敦煌出土于闐文獻的年代時，也曾推測“豬年”指939年或951年[117]。對於于闐史研究者來說，劉再昇其人並不陌生。《新五代史》卷七四《四夷附錄》記天福三年（938）晉高祖遣張匡鄴、高居誨等前往于闐冊封李聖天爲大寶于闐國王。天福七年張匡鄴等還，李聖天“又遣都督劉再昇獻玉千斤及玉印、降魔杵等”[118]。此事又見於《新五代史》卷九《晉出帝紀》：“〔天福七年十二月〕丙子，于闐使都督劉再昇來，沙州曹元深、瓜州曹元忠皆遣使者附再昇以來。”[119]又《舊五代史》卷八一《晉少帝紀》：“天福八年（943）春正月……乙巳，于闐、回鶻入朝使劉再成等並授懷化大將軍、將軍郎將，放還蕃。”[120]劉再成當爲劉再昇之誤。從這幾處記載可見，于闐使劉再昇曾在天福七年與敦煌歸義軍的使者等一起，前往後晉朝貢，並於次年春被遣回國。那麼劉再昇這次出使逗留敦煌的時間當在942—943年間，相當於虎年和兔年。此後的豬年有951年和963年，其中以951年的可能性較大，原因如下。首先，敦煌漢文文書P.3160《辛亥年（951）六月歸義軍押衙知內宅司宋遷嗣牒》對柴草支出有這樣的記錄：“廿日，看于闐使，煮肉兩束。”[121]這裏被歸義軍節度使特意看望的于闐使，其中當有比較重要的人物，或許他就是曾陪中原天使回國而後返回敦煌的劉再昇。其次，942—943年劉再昇的身份是“都督”，這大概是于闐官人的一種常見的稱號，比如這裏討論的于闐使者名單中即有4位是都督。但豬年來到敦煌的劉再昇被稱作“司空”，按照中原的制度，這是高於尚書、僕射的加官名號，一般爲節度使的加官，因此豬年的劉司空大概是都督劉再昇入貢中原成功以後被中原皇帝或于闐王贈賜的稱號，年代一定在942—943年以後。P.5535于闐體梵文《陀羅尼咒》後用漢字題記：“大寶于闐國進奉使司空劉再昇”[122]。P.2782第1—61行是用韻文體寫的于闐文《法華經綱要》，其第12行和61行有供

---

[116] 森安孝夫《イスラム化以前の中央アジア史研究の現況について》，《史學雜誌》第89編第10號，1980年，66頁。

[117] 張廣達、榮新江《關於敦煌出土于闐文獻的年代及其相關問題》，原載北京大學中國古代史研究中心編《紀念陳寅恪先生誕辰百年學術論文集》，北京：北京大學出版社，1989年，此據《于闐史叢考》（增訂本），97頁。

[118] 《新五代史》卷七四《四夷附錄》，917、918頁。

[119] 《新五代史》卷九，91頁。參見《舊五代史》卷八一《晉少帝紀》：“［天福七年（942）十二月］丙子，于闐、回鶻皆遣使貢方物。”（北京：中華書局，1974年，1074頁）

[120] 《舊五代史》卷八一《晉少帝紀》，1075頁。

[121] 張廣達、榮新江《于闐史叢考》（增訂本），88頁。

[122] 張廣達、榮新江《巴黎國立圖書館所藏敦煌于闐語寫卷目錄初稿》，原載《敦煌吐魯番文獻研究論集》第4輯，北京：北京大學出版社，1987年，此據《于闐史叢考》（增訂本），146頁。

養人的名字ḍyau tceyi-śīñä和ḍyau si-khūṃ[123]。據金子良太考證，分别相當於"劉再昇"和"劉司空"[124]。這兩件于闐文獻的年代過去放在942—943年[125]，現在看來當是951年劉再昇敦煌逗留期間所遺。

文書最後列9位使者的名字，其中第1位的稱號是於伽（u ga'，來自突厥語ügä），其後4位是都督（to tog，來自漢語，突厥語作tutuq或totoq），最後四位似沒有官稱。烏瑞推測這9位都是于闐人名[126]，我們完全贊同。"于伽"和"都督"都是突厥化的官號，於伽之官銜當比都督高，所以列在前面，但最高位置的是司空，所以劉再昇是當然的使團首領。

六、P.t.1284《河西節度使曹太保致于闐王書狀》

拉露《國立圖書館所藏敦煌藏文寫本注記目錄》對第1—5行沒有著錄，自第6行以下，分别編作P.t.1284(1)、P.t.1284(2)和P.t.1284(3)。烏瑞1981年的文章把第3—5行和6—11行的兩種書狀分别編作P.t.1284(2)和P.t.1284(3)，顯然是把第1—2行預留爲P.t.1284(1)，這種做法較拉露進步。文書的黑白圖版收入《法藏敦煌藏文文獻選集》[127]，彩色圖版見IDP網站。第1—2行殘缺過甚，其意不明。烏瑞認爲第3—5行是内容提要，第6—11行是書信習作的開頭部分[128]。我們認爲兩者皆是書狀草稿，而且似乎内容也有所關聯。第11行下是紙縫，紙縫前後的紙質、顔色都不相同，應當是後來接上去的。第12行以下抄寫兩篇文獻，後一種是《孔子項託相問書》[129]。我們所處理的部分和烏瑞相同，故此採用烏瑞的編號。

轉寫：

3 @ / / sku bla gnyen zhIng brtsan pa'i mthu byin dang / / yab lha sras kyIs mnga' tang [

4 rje 'I bka' sgrom dang / / the'I po yIg tshang skyel ba' I / / bka' 'dogs ki pho nya / / 'gi ba['?] /

5 dpon g.yog / / dpyId sla 'brIng po ngo la phebs / /

6 @ / / lha'I rgyal po ched po yab seng ge lI rje'I zha sngar /

7 / ha se byang ngos kyI tser to tshe'u de'i po'u gyis mchId

---

[123] H. W. Bailey, *Khotanese Text* III, London: Cambridge University Press, 1968, pp. 58, 62. Cf. H. W. Bailey, "A Metrical Summary of the *Saddharma-puṇ darīka-sūtra in Gostana-deśa*", *Bulletin of Tibetology*, II.2, 1965, pp. 5-7.

[124] 金子良太《Pelliot 2782文書所見のDyau Tceyi-śīñä》，《豐山學報》第22號，1977年，125—128頁。

[125] 張廣達、榮新江《于闐史叢考》（增訂本），129頁。

[126] Uray 1981, p. 84.

[127] *Choix de documents tibétaines*, II, pl. 550.

[128] Uray 1981, p. 84.

[129] Cf. M. Soymié, "L'entrevue de Confucius et de Hiang T'o", *Journal Asiatique*, 242.3-4, 1954, pp. 311-392.

8 gsol ba' / / lha sras gyI zha snga nas / dgun tshIgs dbu ma la bab ste /

9 dgung lhags che ba dang / rin po chen 'dan khri la bzhengs skyod kyIs rub du 'o brgyal

10 na / / sku gnyen zhing btsun ba las snyun bzhas sam ma bzhas[130] / mchid yi ge las gu[s]

11 par snyun gsol zhing mchIs /

P.t.1284(2)第一封書狀翻譯（第3—5行）：

尊體安泰清吉之嚴者（？）與父、天子，福祿……，攜帶……王之函劄（？）與發自太保記室[131]之令的使人……主僕將於仲春抵達。

P.t.1284(3)第二封信稿翻譯（第6—11行）：

天大王、父、獅子、于闐王尊前：

河西一路[132]節度曹太保謹呈。天子尊前，仲冬降臨，寒風凜冽，聖躬於寶座治理，極甚辛勞。尊體清吉何似，謹修書恭問平安[133]。

這兩封書狀都是太保致父、天子/于闐王的書信，從後者來看，應當是河西歸義軍節度使曹氏某位太保給于闐王的書信，字跡都不算潦草，可能是爲同一封信先後擬的草稿。由於P.t.1284(2)的內容基本上包含在P.t.1284(3)中，以下的討論以後者爲主。

這封書狀的年代，烏瑞定爲924—931年之間[134]，武内紹人放在約920—約1050年曹氏歸義軍時期（原文如此！）[135]。我們認爲，判斷此信年代的關鍵之處是這位歸義軍節度使曹太保稱于闐王爲“父”。

首先，曹氏稱“太保”的有以下幾個時段：曹議金在位的925—926—（927）年，曹元德的939年，曹元忠的947年或950—955年，曹延恭的975年，曹延祿的（976）—978—980年[136]。如上所述，曹議金於934年嫁女予于闐王李聖天（912—966年在位）爲妻，此前兩人的關係被稱爲“兄弟”，故曹議金當無尊李聖天爲父之理；曹元德、曹元

---

[130] bzhas sam ma bzhas：bzhas似當作bzhengs，例子見P.t.1129，參見T. Takeuchi, “A Group of Old Tibetan Letters Written under Kuei-i-chün”, p. 185。

[131] 藏文tshang skyel ba字面的意思是“檔案館”，唐後期以降藩鎮負責代節度使起草文書的掌書記，俗稱“記室”，或即tshang skyel ba此處要表達的意思。

[132] 河西一路（ha se byang ngos）：byang ngos的意思是“北部”、“北方”。此處漢譯參考了P.t.1263藏漢對照詞表，其中藏語ha se byang ngos，漢語作“河西一路”。參見榮新江《龍家考》，《中亞學刊》第4輯，北京：北京大學出版社，1995年，147頁。

[133] 對於P.t.1284(3)，山口瑞鳳譯稱謂部分分別作“神之大王、父、獅子之李國主陛下”和“河西北道之節度曹太保奏”。見其撰《吐蕃支配以後の諸文書》，《敦煌胡語文獻》，東京：大東出版社，1985年，518頁。文書問候語部分的英譯參見T. Takeuchi, “A Group of Old Tibetan Letters Written under Kuei-i-chün”, p. 190.

[134] Uray 1981, p. 86.

[135] 武内紹人1986，585頁。

[136] 榮新江《歸義軍史研究》，132頁。

忠與李聖天同輩，亦不合[137]；曹延恭、曹延祿與當時的于闐王尉遲蘇羅（967—977年在位）是兄弟輩；再後是曹延祿與于闐王尉遲達磨（978—982在位），他們的輩份關係不明[138]。因此唯一的可能是978年以後。

其次，從兩地的婚姻關係來看。莫高窟第61窟主室東壁門北側第七身供養人像題記作“大朝大于闐國天冊皇帝第三女天公主李氏爲新受太傅曹延祿姬供養”[139]，榆林窟第25窟洞口甬道北壁第一身供養人題記作“大朝大于闐金玉國皇帝的子天公〔主〕……”，其相對的南壁第一身供養人題記作“勅推誠奉化功臣歸義軍節度瓜沙等州觀察處置管內營田押番落等使特進檢校太師兼中書令燉煌王譙郡開國公食邑一千七百戶曹延祿一心供養。”[140]可見這位李氏是于闐金玉國皇帝的公主、曹延祿的夫人。她的題名又見南林蔣氏舊藏《于闐公主供養地藏菩薩畫像》：“故大朝大于闐金玉國天公主李氏供養。”[141]據榆林窟題記中曹延祿的“太傅”稱號，可知供養人像是980年前後補繪的[142]。“李氏爲新受太傅曹延祿姬”云云，是說李氏在此前後嫁給太傅曹延祿爲妻。她的父王被稱作“于闐金玉國皇帝”，與李聖天被稱作“大寶于闐國大聖大明天子”、“大寶國皇帝”截然不同[143]。過去我們曾把P.2787于闐語文書第51行的ysarnai bāḍa ū ranījai janaivai看作“金玉國”的于闐語對應詞，因此把金玉國和這件文書所讚頌的尉遲僧伽羅摩年代放在一起[144]。這種說法雖然受到質疑[145]，金玉國並不一定與尉遲僧伽羅摩年代完全對等，但是很有可能，于闐金玉國是繼李聖天的大寶國之後的于闐王國稱號，金玉國皇帝公主的年代一定在966年以後。

第三，從“太保”的稱號來說，P.t.1284祇能在曹延祿的976—980年間；從莫高窟第61窟供養人題記來看，約在980年前後；則此時的于闐王是尉遲達磨。雖然于闐長期

---

[137] 王堯、陳踐兩位認爲這是河西節度使太保曹元忠致于闐國王李聖天的信，見所撰《歸義軍曹氏與于闐之關係補證》，《西北史地》1987年第2期，52頁；收入《敦煌吐蕃文書論文集》，成都：四川民族出版社，1988年，41頁。其說不可取。

[138] 榮新江《于闐王國與瓜沙曹氏》，115—117頁。近年吉田豊提出在李聖天和尉遲蘇羅王之間另有一王，爲李聖天之子、尉遲蘇羅王之兄，時間在965—967年，這一結論疑點太多，我們不取。見其著《コータン出土8—9世紀のコータン語世俗文書に關する覺え書き》，神戸市外國語大學外國學研究所，2006年，76—78頁；漢譯見榮新江、廣中智之譯《有關和田出土8—9世紀于闐語世俗文書的劄記（二）》，朱玉麒主編《西域文史》第3輯，北京：科學出版社，2008年，97、98頁。

[139] 敦煌研究院編《敦煌莫高窟供養人題記》，164、165頁。

[140] 《敦煌藝術敘錄》，487、488頁。題記文字略有校正。

[141] 王國維《于闐公主供養地藏菩薩畫像跋》，《觀堂集林》卷二〇，北京：中華書局，1959年，999頁；張廣達、榮新江《關於唐末宋初于闐國的國號、年號及其王家世系問題》，22、23頁。按畫像今爲美國費利爾美術館（Freer Gallery of Art）收藏，圖版見美術館網站：http://www.asia.si.edu/collections/singleObject.cfm?ObjectNumber=F1935.11。

[142] 賀世哲、孫修身《〈瓜沙曹氏年表補正〉之補正》，《甘肅師大學報》1980年第1期，78、79頁。

[143] 張廣達、榮新江《關於敦煌出土于闐文獻的年代及其相關問題》，收入《于闐史叢考》（增訂本），74、75頁。

[144] 張廣達、榮新江《關於唐末宋初于闐國的國號、年號及其王家世系問題》，22—24頁。

[145] H. Kumamoto, “Some Problems of the Khotanese Documents”, in R. Schmitt and P. O. Skjærvø ed., *Studia Grammatica Iranica: Festschrift für Helmut Humbach*, München: R. Kitzinger, 1986, pp. 227-230.

以來實行嫡長子繼承制，但因爲李聖天超長的統治年代，所以不能排除在尉遲蘇羅王逝世後，由於某種特別的原因，尉遲達磨以尉遲蘇王同父異母的兄弟（更可能是兄弟之子）的身份而登上皇位。同時期的敦煌歸義軍節度使基本上是實行兄終弟及制的。況且于闐王尉遲氏、甚至敦煌歸義軍曹氏皆非漢族[146]，不會十分嚴格地遵循漢族的倫理規範。所以這位曹延祿夫人李氏有可能是尉遲達磨王的女兒。唯有如此，P.t.1284(3)中歸義軍節度使太保稱于闐王爲父纔順理成章。還應當予以解釋的是，據于闐語文書Ch.i.0021a.a（IOL Khot S. 21），尉遲達磨王曾於982年派使臣前往沙州求娶漢女爲皇后[147]。如果他在980年前後有女兒可以出嫁給曹延祿，那他一定曾有皇后，因爲在他978年即位時沒有皇后是難以想像的。後來不知何故，982年他的皇后去世或被廢，故再向曹延祿求娶漢地女子爲皇后。

第四，與P.t.1284(3)相關的有一件漢文文書P.2826《于闐王致沙州令公書》，其中于闐王稱歸義軍節度使是"沙州節度使男令公"[148]，這種輩份稱呼與P.t.1284(3)完全相同，因此也應當是曹延祿與尉遲達磨王之間的文書。據曹延祿稱"令公"的年代，應當在984—1002年之間，而且可能是靠近前面的年份，因爲以後"令公"和"太師"、"大王"合稱[149]。

綜合以上，P.t.1284(3)是歸義軍節度使曹延祿致于闐王尉遲達磨的書信草稿，因爲曹延祿娶其女兒爲妻，所以延祿稱他爲父王。P.t.1284(2) 的稱謂（"父、天子"）與此相關，年代當也大體相同吧。這兩封書信草稿沒有什麼實際的內容，但從雙方的稱謂來

---

[146] 榮新江《敦煌歸義軍曹氏統治者爲粟特後裔說》，《歷史研究》2001年第1期，65—72頁。

[147] P. O. Skjærvø, *Khotanese Manuscripts from Chinese Turkestan in the British Library*, pp. 522-524.

[148] 上海古籍出版社、法國國家圖書館編《法藏敦煌西域文獻》，第19冊，上海：上海古籍出版社，2001年，9頁。按，王重民曾指此爲于闐王賜張淮深劄，見所編《伯希和劫經錄》，《敦煌遺書總目索引》，北京：商務印書館，1962年，273頁；史葦湘認爲是于闐王李聖天賜其婿曹延祿的信劄，見所撰《絲綢之路上的敦煌與莫高窟》，《敦煌研究文集》，蘭州：甘肅人民出版社，1982年，120頁；黃盛璋將此文書和P.t.1284(3)聯繫起來，認爲是曹議金執政初年致于闐王李聖天的信，見所撰《關於沙州曹氏和于闐交往的諸藏文文書及相關問題》，《敦煌研究》1992年第1期，37—39頁。諸說均有無法解釋之輩分關係，故不取。

[149] 以上解說是在榮新江《于闐王國與瓜沙曹氏》一文基礎上進一步論證的，參見《敦煌研究》1994年第2期，111—119頁。按，P.2826上鈐有"通天萬壽之印"，故此以下各位學者都把此印與李聖天的"天壽"年號（963—966年）聯繫起來，見Hélène Vetch, "Lettre de l'empereur de Khotan au commissaire militaire de Shazhou", *Sérinde, Terre de Bouddha. Dix Siècles d'art sur la Route de la Soie*. (*Galeries nationalites du Grand Palais, Paris, 24 octobre 1995-19 février 1996*), Paris: La réunion des musées nationaux, 1995, pp. 61-62；李正宇《俄藏中國西北文物經眼記》，《敦煌研究》1996年第3期，41頁；森安孝夫《河西歸義軍節度使の朱印とその編年》，《内陸アジア言語の研究》XV，2000年，58、59頁。但其時在歸義軍節度使位的曹元忠與李聖天的輩份顯然非子父關係。又，赤木崇敏接受"通天萬壽"與"天壽"年號的聯繫，但採用吉田豊的新說，把天壽歸爲假設的李聖天長子的年號。暫且不論吉田看法是否成立，如果是李聖天長子，那就更不能稱曹元忠是"男"了。參看Takatoshi Akagi, "Six 10th Century Royal Seals of the Khotan Kingdom", *New Studies of the Old Tibetan Documents: Philology*, History and Religion (Old Tibetan Documents Online Monograph Series vol. III), ed. by Y. Imaeda, M. T. Kapstein and T. Takeuchi, Tokyo: Research Institute for Languages and Cultures of Asia and Africa, Tokyo University of Foreign Studies, 2011, pp. 219-220.

看，半個多世紀以來沙州處於長輩的優勢地位似乎已經淪落，這個時期的于闐王可能在與疏勒的戰爭中變得強勢，因此超過了文弱的曹氏晚期節度使曹延祿。

本文在前人研究的基礎上，重新系統整理了用古藏文書寫的于闐王國與沙州歸義軍政權之間的往來文書，提供新的轉寫、翻譯，並盡可能把每件文書的年代放到較爲明確的年代中間。但是，不論是從語言方面來看，還是從歷史角度來說，我們目前還無法對10世紀的這批文書做出透徹的解讀，衹是力圖接近原意而已。文中未能明瞭之處，至盼方家教正。

缩略语

Bailey 1951 = Bailey, H. W. "The Staël-Holstein Miscellany", *Asia Major*, new series, vol. II.1, 1951, pp. 1-45.

Lalou 1950 = Lalou, M. *Inventaire des Manuscrits tibétains de Touen-houang conservés à la Bibliothèque Nationale*, II. Paris: Bibliothèque Nationale, 1950.

TDD = Imaeda, Y., T. Takeuchi, *et al.* eds. *Tibetan Documents from Dunhuang Kept at the Bibliothèque Nationale de France and British Library*, vol. 1. Tokyo: Research Institute for Languages and Cultures of Asia and Africa, Tokyo University of Foreign Studies, 2007.

Thomas and Konow 1929 = Thomas, F. W. and S. Konow. "Two Medieval Documents from Tun-huang", *Publications of the Indian Institute* I.3: *Oslo Etnografiske Museums Skrifter* III.3, pp. 122-160.

Uray 1981 = Uray, G. "L'emploi du tibétain dans les chancelleries des états du Kan-sou et de Khotan postérieurs à la domination tibétaine", *Journal Asiatique* CCLXIX, 1981, pp. 81-90.

Uray 1988 = Uray, G. "New Contributions to Tibetan Documents from the post-Tibetan Tun-huang", *Tibetan Studies. Proceedings of the 4th Seminar of the International Association for Tibetan Studies Schloss Hohenkammar-Munich 1985*, eds. H. Uebach & J. L. Panglung. München: Kommission für Zentralasiatische Studien, Bayerische Akademie der Wissenschaften, 1988, pp. 515-528.

武内紹人 1986 = 武内紹人《敦煌・トルキスタン出土チベット語手紙文書の研究序說》，山口瑞鳳編《チベットの仏教と社會》，東京：春秋社，1986年，563—602頁。

Group of Old Tibetan Documents Concerning the Relations between Khotan and Dunhuang in the 10th Century

Rong Xinjiang and Zhu Lishuang

This paper re-exams a group of old Tibetan documents concerning the relations between Khotan kingdom and the local regime of Return-to-Allegiance Army 歸義軍 of Shazhou 沙州 on the basis of more recent research findings, especially those on the history of Dunhuang and the titles of its Military-Governor 節度使. The paper provides a new transliteration and Chinese translation of each document, and attempts to clarify their date of composition.

All in all, P.t.1120v is a draft letter written by Cao Yijin 曹議金 (r. 914-935), the Military-Governor of Return-to-Allegiance Army in Dunhuang, to Li Shengtian 李聖天 (Viśa' Saṃbhava, r. 912-966/967), king of Khotan, sometime between 914 and 920 because the sender was addressed as Cao 曹 (Tib. *Dzo*) *shangshu* 尚書 (Tib. *shang shi*) "President of a Ministry", who was definitely Cao Yijin and obtained the title in 914-920.

The two Tibetan letters of the Stäel-Holstein Scroll were written by Khotan envoys to Cao Yijin sometime between 925 and 927, but not precisely in 925 as proposed by G. Uray, because the addressee of the document was mentioned as *taibao* 太保 (Tib. *the po*; Kh. *the pū*) "Grand Guardian", which was the title of Cao Yiijn in 925-927.

P.t.984Cr, i.e P.t.984(2) in Lalou's catalogue, was written by a certain Cao (Tib. *Tshe'u*) *linggong* 令公 (Tib. *leng kong*) "President of a Department of the Imperial Secretariate," of Military-Governor of Hexi 河西 (Tib. *Ha se tser to*) to the king of Khotan. Although this Cao *linggong* could either be Cao Yijin or Cao Yuanzhong 曹元忠 (r. 944-974), the former is more likely than the latter because the language of the document was almost identical to that of P.t.1120v. Therefore the document could be attributed to the period between 928 and 931.

P.t.1106r was addressed to the younger brother, the *dang re* (= Turkic *täŋri*, heavenly, divine) *shang shu*, by the elder brother, the king of Khotan. We suggest that the document be written by Li Shengtian to Cao Yuanzhong before the latter became the Military-Governor of Return-to-Allegiance Army in 944. As for P.t.1106v(1), since its sender and addressee were the elder brother, Son of Heaven, king of Khotan and the youner brother, *linggong*, respectively, we believe that it was more likely written to Cao Yuanzhong by Li Shengtian sometime between 956 and 960.

P.t.1256v is a name list of Khotan envoys who set off for Khotan in a certain Pig year, which should be 951. The leader of the envoys was Liu 劉 (Tib. *Li*'u; Kh. *Ḍyau*) *sikong* 司空 (Tib. *si kong*; Kh. *si-khūṃ*) "Minister of Works" who, as identified by former scholars, was definitely the famous envoy of Khotan, Liu Zaisheng 劉再昇 (Kh. *Ḍyau tceyi-śīṃä*). We also discuss the related Dunhuang Khotanese document P.2782, which seems to be left in Dunhuang by Liu Zaisheng in 951.

P.t.1284(3), i.e. P.t.1284(2) in Lalou's catalogue, was a draft letter written by a certain Cao *taibo*, the Military-Governor of Return-to-Allegiance Army to the king of Khotan who was mentioned, among others, as the father, which is the point of departure for dating the document. We believe that the only possibility that a Khotan king was addressed as the father-in-law by the governor of Dunhuang is that it should be after 978 when the two rulers were

Viśa' Dharma (r. 987-982) and Cao Yanlu 曹延祿 (r. 976-1002). And because here Cao Yanlu's title was *taibao*, the document should be written sometime between 978 and 980. The Chinese document P.2826 was closely related to P.t.1284(3). It was a letter sent to Dunhuang by the king of Khotan with the addressee written as the Military-Governor of Shazhou, son, *linggong*. We believe that it was also a document between Viśa' Dharma and Cao Yanlu, and its date should be put sometime between 984 and 1002.

The paper also discusses in detail the historical significances of each document.

Early Tibetan Toponyms: An Attempt to Identify 'Byi lig of P.T. 116 and P.T. 996*

Bianca Horlemann

This paper provides an attempt to identify and localise 'Byi lig of P.T. 116 and P.T. 996 which, I argue, designates a monastic establishment of the 8th to 10th century situated in Southeast Amdo, possibly in modern The bo/Diebu 迭部 County in southern Gansu 甘肃 province. The context in which 'Byi lig appears in our sources, implies that it was actively involved in the transmission of Chan Buddhist ideas along the Sino-Tibetan border area. Its probable location in between the former influential Chan Buddhist communities of Dunhuang 敦煌 in the north and of the Chengdu 成都 area in Sichuan 四川 in the south, further corroborates this assumption.

I will first discuss the occurrences of 'Byi lig in P.T. 116 and P.T. 996 and analyse the pieces of information provided by these texts. Secondly, I will link the term 'Byi lig to several other toponyms occurring in later Tibetan texts on the presumption that they are variant orthographic forms of the original monastic name 'Byi lig. Last not least, I will suggest a possible location.

'Byi lig in P.T. 996

P.T. 996 is considered to be one of the four key Tibetan documents concerning the transmission of Chinese Chan Buddhism to Tibet.① According to the identifiable persons mentioned in this manuscript, it must be posterior to the mid-9th century and probably pre-dates the early 11th century.② Marcelle Lalou has been the first to publish a facsimile of the

* This is a revised version of a paper presented at the 11th IATS conference in Koenigswinter/Germany. I thank Brandon Dotson, Wendi Adamek and Carmen Meinert for comments and suggestions, however, all mistakes remain entirely my own.

① See Broughton 1983: 10.

② The text provides an account of Spug Ye shes dbyangs who passed away at the age of eighty in circa 838 or 850. According to Heller (1997: 395) he died in ca. 862, but this seems rather late with regard to Ye shes dbyangs' abbotship in Khri kha already in 804. (For more details see the following paragraphs.) Although the mid-11th century is usually regarded as the time of the sealing of the Dunhuang cave in which the manuscript was found, Rong Xinjiang (1996: 23-48, 1999/2000: 272-275) has argued convincingly for the first decade of the 11th century.

Figure 1　Map of the Sino-Tibetan border area (B. Horlemann/A. Gruschke)

manuscript and to provide a translation.[3] The text is divided into four sections. The first section relates how the teachings of a certain A rtan hywer, a Chan adherent coming from India to An se/Anxi 安西,[4] are transmitted by different Buddhist masters along the Gansu Corridor,

③ See Lalou 1939: 505-521. This document has also been studied by many other scholars in connection with the transmission of Chan Buddhism to Tibet.

④ Lalou (1939: 506, 510) identifies An se/Anxi with Kucha in East Turkestan since the seat of the Anxi Grand Protectorate 安西大都護府 was shifted from Gaochang 高昌 /Xizhou 西州 to Kucha during the early Tang period. Thus Kucha also became known as Anxi. Another Anxi which is near to former Guazhou 瓜州 where the Buddhist Yulin 榆林 grottoes are located, was named Anxi apparently only in the early Qing Dynasty. See Wu Songdi 2002: part 1, 339-340, part 2, 178 and *Qinding huangyu xiyu tuzhi*《欽定皇輿西域圖志》4: 1a-2b.

i.e. via Sha chu/Shazhou 沙州, Kam chu/Ganzhou 甘州 and Se'u chu/Suzhou 肅州?⑤ down to Tshig tsa Nam ka'i snying po⑥ in Tsongkha 宗喀. In its second section the text provides a short account of the life and qualities of monk Nam ka'i snying po. Here, 'Byi lig is mentioned in connection with witnesses of miracles occurring at the death of Nam ka'i snying po in a hermitage near the Zhong pong and Srin po mountains:⑦

P.T. 996, fol. 2b, line 5 - fol. 3a, line 1:

de'i nub mo nam gI gung la / dben sa'I la 'og gI zhong pong gI rI rgyud nas / srIn po rI'i bar gI nam ka la 'od chen po gnyIs rgyud chags su byung bas yul phyogs // gsal bar gyur te / nub phyogs su 'das par gyur te / phyog[s] cu 'ByI lIg gI dge 'dun ltam rje dpal gyI rgyal mtshan dang/ 'gwan blo gros las bsogs pa yul myI mang pos mthun par mthong / ...

The night [of Nam ka'i snying po's death], in the middle of the sky, from the Zhong pong mountains underneath the hermitage, two converging great lights appeared in the sky over the Srin po mountains which illuminated the land and which disappeared towards the west. Dpal gyi rgyal mtshan, the superior of 'Byi lig of the Ten Directions, and 'Gwan blo gros saw it in agreement with many local people.

The third section of P.T. 996 which contains a Buddhist hymn composed by Nam ka'i snying po, will not concern us here, however the fourth section is again of interest, because it provides a short account of the oeuvre and the death of Spug Ye shes dbyangs. He was an eminent translator and abbot of a monastery in Khri ga/kha (modern Guide in Qinghai) in the late 8th/ early 9th century commissioning Buddhist carvings in 'Bis mda' (804) and Ldan ma brag (816).⑧ These carvings were connected to the then popular Vairocana cult in Central Asia and Northeastern Tibet. The Buddhist scripts that formed the so-called Vairocana cycles apparently

⑤ Chin. Suzhou/modern Jiuquan 酒泉 is usually spelled Sug cu in early Tibetan documents, but Se'u cu also occurs. One might, however, also consider the possibility that Se'u cu is a variant form of Se cu and designates Chin Xizhou/Turfan 吐魯番. On Se'u cu/Sug cu see Horlemann 2002: 60, n. 28.

⑥ According to Lalou (1939: 507) and Wangdu and Diemberger (2000: 104, n. 427), Tshig tsa Nam ka'i snying po might be identical with Gnubs/Snubs Nam mkha'i snying po. Both were obviously contemporaries of Khri Srong lde btsan (755-ca. 800). However, this identification has been doubted since, according to tradition, Gnubs/Snubs Nam mkha' i snying po was famous as one of the 25 disciples of Padmasambhava and as having collaborated with the Buddhist master Vairocana in the translation of several Buddhist texts. He is thus considered as a Rdzog chen adherent while Tshig tsa Nam ka'i snying po was active in Amdo in Chan Buddhist circles; see Karmay 1988: 98-99 and Meinert 2007: 264-265, n 97.

⑦ Nam ka'i snying po must have passed away in, or close to, the otherwise unknown hermitage of Slar yam yog near Khri ka. See Lalou 1939: 507 The Zhong pong mountains (and desert) still remain unidentified, but the context elucidates that they must have been near Khri kha/modern Guide in Qinghai province. The same applies to the Srin po mountains which, however, are explicitly mentioned in the *Mdo smad chos'byung* (1987: 217) as forming the border to Khri ka gong'og.

⑧ See Heller 2002: 38.

also played a role in Chan Buddhist thinking.⑨ According to P.T. 996 Spug Ye shes dbyangs passed away at the Mong yog mda' hermitage of Nam ka'i snying po near Khri ga/kha. Ye shes dbyangs was thus either a contemporary of Tshig tsa Nam ka'i snying po or posterior to him with the latter alternative seeming more likely.

Regarding 'Byi lig, the main topic of our investigation, we can now deduct the following information from P.T. 996: a sangha named 'Byi lig existed at the time of the death of Tshig tsa Nam ka'i snying po when the superior (*dge 'dun ltam rje*) of 'Byi lig, a certain Dpal gyi rgyal mtshan,⑩ was one of the witnesses⑪ of the two miraculous lights appearing at that occasion. Since Nam ka'i snying po's lifetime was either contemporary or prior to Ye shes dbyangs' who passed away in the mid-9th century, 'Byi lig monastery must have already existed in the early 9th century if not the late 8th century. That the superior of 'Byi lig is presented as a witness, suggests that he must have been quite well-known and respected at his time, thus lending more credibility to the miracles and attaching more importance to Nam ka'i snying po. Otherwise it would have been quite pointless to call on Dpal gyi rgyal mtshan as a witness. Since the abbot of 'Byi lig monastery is mentioned in connection with a Chan adherent and in a document that is concerned with the transmission of Chan Buddhism, it seems likely that he, as well, was somehow affiliated to Chan.

It is also noteworthy that the apposition *phyog*[*s*] *cu*, i.e. "[monastery of] the ten directions," is added to 'Byi lig's name. In China, *shi fang* 十方, "ten directions," designated—at least since the Song Dynasty (960-1279)⑫ —so-called "public" monasteries. These were public in the sense that they were supposed to be open to all officially ordained Buddhist clergy and were sanctioned and sometimes supported by the state. Furthermore, the abbacies were open to all eminent members of the monastery rather than restricted to disciples of previous abbots. In China, these *shi fang* monasteries were often the larger, more famous and powerful Buddhist establishments.⑬ I do not know whether the Tibetan term *phyogs cu* was already commonly used as an apposition to monastic names in Tibet during the lifetime of Nam ka'i snying po, i.e. during the late 8th/early 9th century. It might thus have been added to the monastic name of 'Byi lig only later when the document P.T. 996 was composed sometime

⑨ See Heller 1997: 395 and 2002: 38, 45.

⑩ I have not been able to find further references to Dpal gyi rgyal mtshan.

⑪ Also the other witness called 'Gwan blo gros remains unidentified.

⑫ The designation of a monastery as *shi fang* obviously already existed to some extent during the late Tang Dynasty (618-906). See Foulk 1993: 164-165.

⑬ See Foulk 1993: 163-64. In a detailed study by Liu (2005: 176-274) of Song Dynasty *shi fang* monasteries in contrast to so-called *jiayi* 甲乙 monasteries, i.e. monasteries in which the abbotship was passed from teacher to student within one line of transmission, Liu (2005: 185) points out that many monasteries which were affiliated to Chan, already were or later became *shi fang* monasteries.

between the 9th and 11th century. However, the designation also seems to indicate that 'Byi lig monastery must have been quite large and influential in the late 8th/early 9th century and/or at the time of the composition of P.T. 996.

'Byi lig in P.T. 116

P.T. 116 is an extensive manuscript of more than 200 folios and constitutes a collection of excerpts from Chinese Chan texts and other works related to Chan topics.⑭ Just as P.T. 996, the manuscript must be posterior to the mid-9th century and probably pre-dates the early 11th century.⑮ Among its recorded sayings of various Chan masters, P.T. 116 also contains one saying that is attributed to a certain 'Byi lig *hwa shang*:

P.T. 116, pl. 113, fol. 186, ll. 2-3:⑯

'byI lIg hwa shang gi bsam brtan gyi mdo las 'byung ba...

Quoted from the *dhyāna* saying of the monk [of] 'Byi lig [monastery] ...

The *saying* (*mdo*) of 'Byi lig *hwa shang* is the fourth last in a list of altogether 18 mostly short sayings of Chan masters, starting and ending with *mkhan po* Bu cu.⑰ The introductory sentence of a saying usually has the following format:

P.T. 116, pl. 111-113, fol. 173-187:

mkhan po b'u cu'I bsam rten gyi mdo las 'byung ba' / ... / mkhan po kim hun shen shI'i bsam rten gyi mdo las 'byung ba / ... / mkhan po dzang shen shI'i bsam rten gyi mdo las 'byung ba / ... / mkhan po de'u lim shen shI'i bsam rten gyi mdo las 'byung ba / ...

Quoted from the *dhyāna* saying of master (*mkhan po*) B'u cu ... Quoted from the *dhyāna* saying of Chan master (*mkhan po ... shen shi*) Kim hun ... Quoted from the *dhyāna* saying of Chan master (*mkhan po ... shen shi*) Dzang... Quoted from the *dhyāna* saying of Chan master (*mkhan po ... shen shi*) De'u lim ...⑱

It should be noted that whenever we have a proper name of a person in this specific list

---

⑭ This document has already been studied extensively in particular by Japanese and American scholars such as Ueyama, Obata, Kimura, Okimoto, Broughton and more recently by Tanaka and Johnson. For brief summaries of relevant Japanese articles see Ueyama 1983: 327-349. However, 'Byi lig still remains unidentified.

⑮ See also n. 2. Demiéville (1979: 7, 9) dates the manuscript to the post-9th century.

⑯ See MacDonald and Imaeda 1978, vol. 1.

⑰ The collation of these sayings into a list of eighteen is based on formal aspects as well as on context. This has already been suggested by Lalou (1939: 40, who, however, has grouped them into 14 sayings, probably accidentally overlooking 4 sayings) as well as by Broughton (1983: 13-15) and Ueyama (1983: 331, where he provides a short summary of an article published in Japanese already in 1974).

⑱ B'u cu is usually identified with Wuzhu, Kim hun with Kim Musang and De'u lim with Niaoke Daolin 鳥窠道林 (781-824). Dzang remains unidentified so far. See Broughton 1983: 13, nn. 56, 57.

provided by P.T. 116, it is usually preceded by *mkhan po*[19] which, however, is lacking in the case of 'Byi lig *hwa shang*. Furthermore, in 10 out of 18 instances, Tib. *shen shi*, i.e. Chinese *chan shi* 禪師/Chan master, is added to the personal name. Tib. *hwa shang*/Chin. *heshang*和尚/monk only occurs in the case of 'Byi lig. It is therefore suggested that 'Byi lig *hwa shang* actually stands for 'Byi lig gi *hwa shang* and refers to an unnamed monk who was affiliated to the 'Byi lig monastery mentioned in P.T. 996.[20] This would also explain why neither *mkhan po* nor *shen shi* were added to 'Byi lig. It also implies that these two terms have not been omitted accidentally.

The fact that P.T. 116—like P.T. 996—is a text documenting Chinese Chan traditions current in Central Asia and the Sino-Tibetan border area, confirms once again that 'Byi lig must have had certain connections to Chan Buddhism. Two of the Chan masters listed in P.T. 116 together with 'Byi lig *hwa shang* are Bu/Bhu cu who is generally identified as the well known Chinese Chan master Wuzhu 無住 (714-774), and Kim hun/Kim hu who can probably be identified with the famous Korean Chan master Kim Musang (684-762) whose Chinese name was Jin Wuxiang 金無相.[21] Both were proponents of Southern Chan and were active in former Yizhou 益州/Tib. Eg chu, i.e. in the greater Chengdu area in Sichuan. While Wuzhu represents the Chan tradition of the Baotang monastery 保唐寺,[22] Master Kim is associated with the Jingzhong monastery 淨冢寺.[23] Furthermore, Master Kim is probably identical with Gyim *hwa shang* in the *Dba' bzhed* who obviously played an instrumental role in the early transmission of Chan Buddhism to Central Tibet.[24]

Concerning the location of 'Byi lig monastery, both P.T. 996 and P.T. 116 point towards the Sino-Tibetan border area of Gansu, Qinghai and Sichuan because these were the areas where

---

⑲ *Mkhan po* occurs in 16 out of 18 instances. The only other instance besides 'Byi lig in which *mkhan po* is missing, is that of a Chinese layman (*rgya'i dge snyen*) who obviously originally came from Keng shi/*Chin. *jingshi* 京師, i.e. the Chinese capital area, as a messenger or envoy (*keng shi nas pho nyar mchis pa*). On the meaning of Keng shi as a toponym see, for example, Wangdu and Diemberger 2000: 31, n. 44. However, in his study on the Chan masters mentioned in P.T. 116, Obata (1976: 28) regards Keng shi as a personal name and refers to P.T. 813 in which *rgya'i dge snyen keng shi nas pho nyar mchis pa* also appears. So does Broughton (1983: 13).

⑳ Obata (1976: 30) assumes that 'Byi lig is a personal name such as that of *mkhan po* Mahayan(a). However, he disregards the fact that 'Byi lig is neither designated as *mkhan po* nor as *shen shi*/*chan shi*. Furthermore, Obata was obviously not aware of the second occurrence of 'Byi lig in P.T. 996.

㉑ See Broughton 1983: 12-14.

㉒ Baotang monastery was probably located in Shuangliu County in Chengdu Sub-Prefecture; see Li Fangmin 2006: 258 and Adamek 2007: 342, 487 n. 337 (Adamek has revised her earlier assumption (Adamek 2003:37 and 2004: 82) that Baotangsi was in Zizhou 资/梓州, i.e. ca. 75 km southeast of Chengdu.)

㉓ Jingzhong monastery was located in Chengdu City Prefecture. See Adamek 2004: 82 and 2007: 336.

㉔ See Wangdu and Diemberger 2000: 48-52, Broughton 1983: 6-8, Kapstein 2000: 71-75 and Faure 2005: 160-162.

the documents originated from, i.e. Dunhuang in Gansu, and where Chinese Chan Buddhist ideas were widely circulated at the time. Also the toponyms mentioned in P.T. 996, such as An se, Sha cu, Kam cu, Se'u cu, Tsong ka and Khri ga, confirm this supposition. Furthermore, we find several names of monks and of Chan masters both in P.T. 116 and P.T. 996 who were closely linked to the Sino-Tibetan border area such as Tshig tsa Nam ka'i snying po, Spug Ye shes dbyangs, Bu cu/Chin. Wuzhu and master Kim, i.e. Jin Wuxiang. Apart from their association with monasteries in the greater Chengdu area in Sichuan, both Wuzhu and Kim are also linked to mountain hermitages in Northwest Sichuan on the border to Tibet. We will return to this connection in the paragraph on the localisation of 'Byi lig.

Occurrences of possibly variant orthographic forms of 'Byi lig

I will now attempt to further substantiate my assumption that 'Byi lig was an important 8th-10th century monastic establishment in the Sino-Tibetan border area by analysing information gained from other, later Tibetan texts. In this context I presume that Bhig tig, 'Big (tig) and Pyi tig are variant orthographic forms of 'Byi lig. The question whether this assumption is linguistically tenable, will be discussed further down.

Let us first consider the information provided by the 15th century *Deb ther sngon po* (*Blue Annals*) which is a well-known chronicle by 'Gos Lo tsa ba Gzhon nu dpal. In its section dealing with the second propagation of the Dharma in Tibet, i.e. the *spyi dar* era, a monastery called Lha rtse Bhig tig appears in connection with the biography of the famous teacher Dgongs pa Rab gsal (ninth/tenth century) who was instrumental in the revival of Buddhism in Central Tibet. According to this biography Dgongs pa Rab gsal spent altogether 12 years in Bhig tig before he moved on to his later and better known abode in Dan tig.[25]

Deb ther sngon po, p. 90, l. 18-p. 91, l. 4:[26]

de gsan nas slar log ste / shar phyogs su lha rtse bhig tig ces bya ba / sngon gyi lha rten mang du bzhugs pa'I dge 'dun gyi gnas shig tu kwa 'od mchog grags pa dang mjal nas / shes rab kyi rol tu phyin pa'i 'bum Tig la sogs pa dang / byang chub sems dpa'i sa la sogs pa mngon pa'i theg pa chen po lo bcu gnyis su gsan nas / ...

After having heard this, he [i.e. Dgongs pa rab gsal] turned around once again and after having met with Kwa 'Od mchog grags pa in a monastic establishment in the east called Lha

---

㉕ Parallel versions—one with the orthographic form Lha rtse Bhi gtig—are also found in the biography of Dgongs pa Rab gsal written by the III Thu'u bkwan tulku Blo bzang Chos kyi Nyi ma (1737-1802) and in the *Mdo smad chos 'byung*. See Watson 1978: 271 and *Mdo smad chos 'byung* 1987: 17. The dates given for Dgongs pa Rab gsal vary between 821-905, 832-915, 855-939, 881-965 and 892-975. See Stoddard 2004: 63-64.

㉖ See the modern Chengdu edition of 1984, vol. 1.

rtse Bhig tig which contained many ancient images of gods, he studied [with him, i.e. Kwa ’Od mchog grags pa] for twelve years the *Shes rab kyi rol du phyin pa’i ’bum tig*㉗ etc., the *Byang chub sems dpa’i sa*㉘ etc. and the *Mngon pa’i theg pa chen po*㉙ ...

Apart from providing the information that Dgongs pa Rab gsal spent twelve years in a monastic establishment (*dge ’dun gyi gnas shig)* called Lha rtse Bhig tig, the Blue Annals also mentions that Bhig tig contained numerous ancient images (*sngon gyi lha rten*). This confirms that Bhig tig must have been quite old since Bhig tig—or more precisely: its statues—were already considered as “ancient” at the time of ’Gos Lo tsa ba Gzhon nu dpal. In Bhig tig, Dgongs pa Rab gsal studied with a certain Kwa ’Od mchog grags pa until he was induced by a dream to move on to Dan tig, north of the Rma chu/Huanghe 黄河, near modern Xunhua 循化.

Dgongs pa Rab gsal’s teacher Kwa ’Od mchog grags pa is mentioned in the 13th century *Me tog phreng ba* as one of the monks who was able to escape the persecution of Buddhism at the time of Glang Darma (mid-9th century). When ’Od mchog grags pa was returning from Nepal to Central Tibet he heard the news of the persecution and thus fled over the “northern route” to Amdo. He later became the abbot of a monastery called Dpal bzangs ’khar chag dril bu.㉚

We can thus assume that ’Byi lig/Bhig tig continued to be an active and important monastery at least well into the second half of the 9th century if not the 10th century, i.e. during the lifetime of ’Od mchog grags pa and Dgongs pa rab gsal.

Also the *Dba’ bzhed*, the narrative of the influential Dba’ (variants: Dba’s, Sba, Rba) clan, contains a reference which seems to point towards ’Byi lig/Bhig tig. The edition published by Wangdu and Diemberger probably dates back to the 11th century.㉛ In its section on the conclusion of the construction of Bsam yas, the first state supported monastic establishment in Central Tibet, and on the training of translators, the *Dba’ bzhed* mentions a certain ’Big Khyi’u as a translator of Buddhist texts from Chinese into Tibetan.

Dba’ bzhed, fol. 17b, first gloss:

The translators from the Chinese language were Lha lung klu gong, [...], Lo khyi chung, ’Big Khyi’u, and Khyi chung.㉜

From the *Dba’ bzhed* we thus learn that a certain ’Big khyi’u was among the early translators of Buddhist texts from Chinese into Tibetan at Bsam yas, i.e. probably during the second half of the 8th century. As ’Big is not a typical Tibetan clan or personal name it seems possible

㉗ Prajñāpāramitā.

㉘ Bodhisattva-bhūmi.

㉙ Abhidharma.

㉚ See Uebach 1987: 123-127.

㉛ See Wangdu and Diemberger 2000: XIV.

㉜ I here rely on the translation provided by Wangdu and Diemberger since the Tibetan gloss is written in such small script in the facsimile that I have not been able to read it.

that 'Big khyi'u is not a proper monk's name but refers to a monk named Khyi'u who was affiliated to a monastery called 'Big, i.e. 'Byi lig /Bhig tig. Furthermore, it seems that the list of the three translators Lo khyi chung, 'Big khyi'u and Khyi chung is corrupted and that in fact all three names designate one and the same person, namely a Lo Khyi chung who is also mentioned in the 12th/13th century *Rgya bod kyi chos 'byung rgyas pa* as one of the translators at the time of Khri Srong lde btsan.㉝ The use of the diminutive 'u—as in Khyi'u—is quite common in Classical Tibetan, so that Khyi'u is obviously a variant of Khyi chung. If these assumptions were correct, then we would obtain a further indication that monks from 'Byi lig/ Bhig tig played a vital role in the early transmission of Chinese Buddhism to Tibet.

Next we will examine references in three Tibetan religious histories, i.e. in the *Sngon gyi gtam me tog phreng ba* and in the *two Lde'u chos 'byung*. Since all three works contain similar and mutually supplementing information regarding our topic, I will analyse them together. The *Sngon gyi gtam me tog phreng ba* by Nel pa Pandita from 1283㉞ contains a section on the establishment of Dharma colleges by the Tibetan Emperor Khri Gtsug lde btsan Ral pa can (815-841) in which a Pyi tig pring ka, located in Mdo khams, is mentioned:

Sngon gyi gtam me tog phreng ba, fol. 11b, line 6:㉟

mdo 'khams na 'jing gi ra 'go / tre'i ka brag / skam gyi ngang mo 'grin, pyi tig pring ka dang [bzhi]'o...

In Mdo 'khams there were 'Jing gi ra 'go, Tre'i ka brag, Skam gyi ngang mo'grin and Pyi tig pring ka, these four...

The 12th/13th century *Lde'u chos 'byung* by Lde'u Jo sras [=*Lde'u chos 'byung* I] contains a parallel section in which it mentions a Dharma college Stong ka chen po in Mdo khams:㊱

Lde'u chos 'byung, p. 136, line 9:㊲

mdo khams na rjing gi ra mgo dang tre'i ka brag dang spyi thogs ngang mo'grin dang stong ka chen po dang bzhi 'o

In Mdo khams there were Rjing gi ra mgo, Tre'i ka brag, Spyi thogs ngang mo'grin and Stong ka chen po, these four...

In the 12th/13th century *Rgya bod kyi chos 'byung rgyas pa* by Mkhas pa Lde'u [=*Lde'u chos 'byung* II] which is presumably an enlarged version of the above-mentioned *Lde'u chos' byung*

㉝ See *Rgya bod kyi chos 'byung rgyas pa* 1987: 302. An identification of Lo Khyi chung with Khyi chung has also been suggested by Wangdu and Diemberger. For similar confusions and/or contractions of names which are mentioned together with Lo Khyi chung see Wangdu and Diemberger 2000: 71, nn. 247, 254, 256.

㉞ See Uebach 1987: 16.

㉟ As published in facsimile in Uebach 1987.

㊱ Concerning the still uncertain dating and authorship of the *Lde'u chos 'byung* see Martin 1997: 44, no. 55 which contains references to important studies by van der Kuijp and others.

㊲ See the modern Lhasa edition of 1987.

I,[38] we find a Dharma college Steng khang chen mo, located in Mdo khams:

Rgya bod kyi chos 'byung rgyas pa, p. 357, line 3:[39]

mdo khams na ljang gi ra mgo dang tre'i ka brag dang spyi thog ngang mo'grin dang steng khang chen mo dang bzhi'o

In Mdo khams there were Ljing gi ra mgo, Tre'i ka brag mgo, Spyi thog ngang mo 'grin and Steng khang chen mo, these four...

Although in all three works the monastic names which I believe to refer to 'Byi lig/Bhig tig, are spelled differently, i.e. as

- Pyi tig pring ka
- Stong ka chen po
- Steng khang chen mo

it is obvious from the context that they must all refer to the same establishment as Uebach has already pointed out.[40] Stong ka chen po, Steng khang chen mo and Pyi tig pring ka are all listed as one of altogether four Dharma colleges of a certain kind which had been established under the reign of Emperor Ral pa can (815-841) in Mdo khams respectively Mdo smad. These other three monasteries on which we unfortunately lack more specific information, are:

- 'Jing gi ra 'go (*Lde'u* I) / Ljing gi ra mgo (*Lde'u* II) / Jing gi ra mgo (*Me tog*)
- Tre'i ka brag (*Lde'u* I) / Tre'i ka brag (*Lde'u* II) / Tre'i ka brag (*Me tog*)
- Skam gyi ngang mo 'grin (*Lde'u* I) / Spyi thog ngang mo 'grin (*Lde'u* II) / Spyi thogs ngang mo 'grin (*Me tog*)

The altogether 30 Dharma colleges (*Me tog*: *chos grwa*) which are mentioned as having been institutionalised under the rule of Emperor Ral pa can, are divided into three large groups, i.e.

a) 12 *slob sbyong gi gr'a chen po* (*Lde'u* I) / *bslab pa'i grwa* (*Lde'u* II) / *thos bsam blo sbyong gyi bshad grwa chen po* (*Me tog*)

b) 6 *ltangs 'bul gyi grangs* [*grangs recte grwa*] (*Lde'u* I) / *lhar 'bul ba* (*Lde'u II*) / *mkhas btsun ltang 'bul gyi kyad grwa* (*Me tog*)

c) 12 *smra bcad sems 'chos gyi dra* [*dra recte grwa*] (*Lde'u I*) / *blo sbyong gi grwa* (*Lde'u* II) / *smra bcad sems chos kyi sgoms grwa* (*Me tog*)[41]

The Dharma colleges belonging to these three categories are then further subdivided according to regional affiliation, i.e. as belonging either to Dbus, Khams, Mdo khams or Mdo

---

[38] Concerning the dating and authorship of the *Rgya bod kyi chos 'byung rgyas pa* see Martin 1997: 43-44, no. 54.

[39] See the modern Lhasa edition of 1987.

[40] See Uebach 1990: 403.

[41] The *Lde'u chos 'byung* II further subdivides these monasteries into 8 *sgom sa* and 4 *sgom grwa* which poses certain problems. However, I will not discuss these here since they do not interfere with my hypothesis regarding Pyi tig = 'Byi lig.

smad (khams). In all three works Stong ka chen po, Steng khang chen mo and Pyi tig pring ka belong to group a) but are located in either Mdo khams (*Lde’u* I and II) or Mdo smad (*Me tog*). Since the geographical affiliations of the monasteries to either Khams, Mdo khams or Mdo smad (khams) are rather confusing and also differ in all three works without being of direct concern to our topic, I will disregard this problem here.

The above-mentioned division of the Dharma colleges into three distinctive categories seems to follow a system that has been widely applied in China during the Song Dynasty, i.e. a division into Teaching monasteries, Chin. *jiao yuan* 教院, Vinaya monasteries, chin. *lü yuan* 律院, and Meditation monasteries, Chin. *chan yuan* 禪院.㊷ Here, the designations of group a) seem to reflect Teaching monasteries, those of group b) Vinaya monasteries and those of group c) Meditation monasteries. According to this system, Stong ka chen po, Steng khang chen mo and Pyi tig pring ka are all designated as Teaching monasteries. This conforms well with the earlier information that ’Byi lig was a “Monastery of the ten directions” and thus a “Public monastery” since, according to Foulk, in the Chinese system all Teaching monasteries belonged to the class of Public monasteries.㊸ Furthermore, Dgongs pa rab gsal’s long stay of 12 years at ’Byi lig/ Bhig tig in order to study Buddhist texts seems to provide further proof of its status as a Teaching monastery.

One might wonder whether the designation of Pyi tig as a Teaching monastery does not contradict my earlier assumption that ’Byi lig was closely linked to Chan Buddhism. It seems, however, that while the classification as either a Vinaya monastery or a Teaching monastery was already commonly used in Tang China, the designation as a Chan monastery was still rather rare. Although the establishment of specific Chan monasteries had probably already been stipulated in the late 8th/ early 9th century, it seems that only in the Song Dynasty did especially designated Chan monasteries appear on a greater scale.㊹ Thus—during the Tang Dynasty—

㊷ See Foulk 1993: 165 and Mochizuki 1954-1971, vol. 3, 2.945.

㊸ See Foulk 1993: 165. However, Teaching monasteries are passed over in silence in Liu’s study of Monasteries of the Ten Directions (2005: 176-274). Instead, Liu (2005: 185-186) stresses that during the Song Dynasty a large number of Chan monasteries already fell within the category of Monasteries of the Ten Directions whereas Vinaya monasteries mainly followed the *jiayi* 甲乙 system (see n. 13) until they were pressured by the imperial government to adopt the *shi fang* system.

㊹ During the Early Tang Dynasty Chan followers often either lived in small communities in secluded mountain areas or within the compounds of the big monastic establishments in the capital area which were usually supported by the state or by rich donors. Although the latter was more common for the adherents of the Northern Chan school, also many Southern Chan followers became gradually and increasingly involved with influential political figures and rich donors. The above-mentioned 8th century Chan masters Kim Musang/Jin Wuxiang and Wuzhu in Sichuan are good examples of this trend. This might also explain why in a late 8th century text, i.e. in the *Lidai fabao ji*, the Jingzhong monastery of Kim Musang is already expressedly designated as a Chan monastery in contrast to a Vinaya monastery. See Collcutt 1983: 172-74, 182-83, Adamek 2004: 82-84, 2007: 352-53, 355-56 and Jorgensen 2005: 479-480.

Chan monks often resided in Teaching monasteries which were shared by different Buddhist sectarian schools. 'Byi lig/ Bhig tig/ Pyi tig probably falls into this category as well.

I do not know whether these Chinese monastic classifications were also commonly used in Central Tibetan and if so, since when. However, we can assume that they were at least known and sometimes also applied in the Sino-Tibetan border region. This is also confirmed by Stoddard's research on the disciples of Dgongs pa rab gsal in the early *phyi dar* period who eventually split into three groups, i.e. those who concentrated on following the rules of the Vinaya (*btsun rgyud*), those who concentrated on scholarly pursuits (*mkhas rgyud, mkhan slob gyi sde*) and those who concentrated on the three activities of *thos*, *bsam* and sgom, i.e. meditation.㊺ Although these Tibetan terms are different from the ones quoted above, the threefold classification is easily discernable. However, since the composition of the two *Lde'u chos 'byung* and of the *Me tog phreng ba* was more or less contemporary to the Song Dynasty, the threefold classification system might only have been applied to Tibetan monasteries and monks retrospectively and might not have been in place in Tibet at the time of Emperor Ral pa can in the first half of the 9th century.

That Pyi tig is mentioned as having been first "institutionalised"㊻ under the reign of Ral pa can during the 9th century whereas 'Byi lig must already have existed during the latter half of the 8th century, is not necessarily a contradiction. It seems quite likely that some, if not many, of the 30 Dharma colleges which were officially recognised and started to receive state funding under Ral pa can's reign, i.e. were thus "institutionalised," already existed prior to his rule.

With regard to the linguistic problems involved in the likewise identification of Stong ka chen po with Steng khang chen mo and Pyi tig pring ka, I presume that Stong ka chen po and Steng khang chen mo are abridged and corrupted forms of a possible "original" * 'B(y) i tig steng ka (chen mo/po), similar to the above-mentioned Pyi tig pring ka. The variations between *steng/stong* and *ka/khang* might be easily explained by scribal error which was not unusual if the texts from which the scribes copied, were written in *dbu med* script. In *dbu med* the vowels e and o are easily mistaken as well as the *tsheg* for a *ng* suffix. Thus, for the same reasons, the scribe probably mistook "superscribed sa, ta" for "pa, subscribed ra" in the case of *pring ka* and erroneously added the vowel i because he had just written two i in Pyi tig.㊼ It is also obvious from the many orthographic variations in the names of the other monasteries

㊺ See Stoddard 2004: 72-74. Apart from the two *Lde'u chos 'byung* and the *Me tog phreng ba* Stoddard also refers to the 16th/17th century *Myang chos 'byung*.

㊻ See Uebach 1990: 414 where she explains the Tibetan term *'khod bsam/khod bsams* accordingly.

㊼ Uebach (1990: 403) presumes that Pyi tig pring ka in the *Me tog phreng ba* might be an erroneous contraction of Spyi thogs ngang mo 'grin/Spyi tho ngang mo 'grin and Stong ka chen po/Steng khang chen mo as occurring in the *Lde'u chos 'byung* I and II but this does not seem very convincing with regard to the fact that the *Me tog phreng ba* itself lists a Skam gyi ngang mo 'grin instead of a Spyi thogs ngang mo 'grin.

mentioned together with Stong ka chen po, Steng khang chen mo and Pyi tig pring ka in the two *Lde'u chos 'byung* and the *Me tog phreng ba*, that the scribes were not at all familiar with many of the monasteries in Amdo.

Although at first glance the orthographic form "Pyi tig pring ka" seems to be the most distorted one in comparison to "Stong ka chen po" and "Steng khang chen mo," it is precisely this form Pyi tig which provides the clue to a possible link with 'Byi lig/Bhig tig. I assume that the variations between the Tibetan spellings of *'byi*, i.e. "prefix achung, ba, subscribed ya, gigu," and of *bhig*, i.e. "ba, subscribed ha, gigu, ga," might be due to the uncertainties in early Tibetan spelling as well as the unfamiliarity with this seemingly non-Tibetan word.[48] The same applies to the forms "prefix achung, ba, subscribed ya, gigu" and "pa, subscribed ya, gigu." However, I am not sure how to account for the change from "lig" to "tig," i.e. from 'Byi lig to Bhi(g) tig. Thus I can only refer to Marcelle Lalou who, in her study of P.T. 996, already pointed out that the text has many orthographic variations in comparison to later Classical Tibetan.

Based on the alleged identity of 'Byi lig with Bhig tig and Pyi tig and the additional information thus gained from later Tibetan sources, we can tentatively conclude that 'Byi lig/Bhig tig/Pyi tig was a "public Teaching monastery" on the Sino-Tibetan border which existed at least from the second half of the 8th century up to the 9th/10th century. We know that a certain Dpal gi rgyal mtshan was its abbot at the end of the 8th century and that a certain Kwa 'Od mchog grags pa probably taught at the monastery during the second half of the 9th century, one of his disciples being Dgongs pa Rab gsal. Furthermore, there are indications that 'Byi lig/Bhig tig/Pyi tig entertained relations with famous Chinese Chan masters from Chengdu in Sichuan, with Tibetan masters in Khri ka and Dan tig in Northeast A mdo and maybe even with Bsam yas in Central Tibet.

Now I will attempt to link 'Byi lig/Bhig tig/Pyi tig to a certain locality.

Localisation

The scarce information concerning the location of 'Byi lig/Bhig tig/Pyi tig offered by the above-mentioned Tibetan sources can be summarized as follows:

1. All Tibetan sources agree that 'Byi lig/Bhig tig/Pyi tig was situated to the east of Central Tibet, i.e. in Mdo khams or Mdo smad. Although the two toponyms Mdo khams and Mdo smad have not been studied sufficiently yet in connection with the expansion of the Tibetan empire to provide precise delineations, we know at least that 'Byi lig/Bhig tig/Pyi tig must

---

[48] Coblin (2002: 181-183) has pointed out that *achung* is a diacritic which is used to mark deviations of the standard pronunciation of a Tibetan letter and was thus often used in transcribing foreign sounds.

have been located in the area conquered by the Tibetans in the 7th/8th century on the border to China.[49]

2. The name 'Byi lig/Bhig tig/Pyi tig seems to be closely related to other names such as Dan tig, Yang tig (a place not far from Dan tig), Lok [sic] tig (in the Ganzhou area) and Nam tig which, according to F.W. Thomas, all designate places or people which are found in the area of the Nan shan/Qilian shan 祁連山 down to the Rma chu/Huanghe. He associates these names with a certain Di people since the old Chinese pronunciation of *di* 狄 was *tig.[50] Di is usually understood as a Chinese generic term for "northwestern barbarians" who have been mentioned in Chinese sources starting from the Zhou Dynasty (12th-3rd century BC). However, both F.W. Thomas and Wolfram Eberhard, for example, regard them as a proper people. In Thomas' opinion, the original meaning of *di/tig* in the Di/Tig language was 'man' and the proper self-designation of the Di/Tig was Nam (tig). Thus, Dan tig, Yang tig, Bhig tig etc. were originally tribal names and only later changed into place names.[51]

Whether the assumptions concerning the Di as a people are correct, is still uncertain, however Thomas' research clearly suggests to look for 'Byi lig/Bhig tig/Pyi tig in eastern Amdo.[52]

3. Fortunately, the two *Lde'u chos 'byung* together with the *Me tog phreng ba* provide a piece of information which might enable us to localise 'Byi lig/Bhig tig/Pyi tig more precisely. Although the three designations Stong ka, Steng khang and Pyi tig pring ka vary orthographically, they obviously all refer to a place called either Stong or Steng ka(ng) as already mentioned above. In this case, the form Steng kha recalls the ancient monastic establishment of Dpal shes steng kha dgon pa/Chin. Baxidianga si 跋喜電尕寺 in modern The

---

㊾ See also Uebach 1990: 405-406.

㊿ According to Karlgren *di* read *d'iek*. See Ulving 1997, no. 1181.

51 See Thomas 1948: 52-61.

52 If we look at Chinese sources referring to the early history of the The bo/Diebu area, we come across another Di 氐 people (unlike the Di 狄/Tig mentioned above) which also appear in Chinese texts starting from the Zhou Dynasty (12th-3rd century BC). The Old and Middle Chinese pronunciation of this character would have read tiər/tiei. They are thus not identical with the Di 狄/Tig mentioned above who are usually associated with the area north of the Rma chu/Huanghe whereas the Di/Tiei territory is found south of the river. However, their territories might have overlapped. Presumingly, the Di/Tiei were a settled, agrarian people at least since the late Eastern Zhou Dynasty (770-221 BC) and especially flourished during the 4th century AD when they established several local regimes, including the so-called Qiuchi 仇池 regime in the Wudu 武都 area which is situated on the 'Brug chu/Chin. Bailongjiang 白龍江/Baijiang 白江 in modern Longnan 隴南 Prefecture in southernmost Gansu. A record of the early 6th century describes the houses of the Qiuchi Di as having mansions, orchards and storehouses, made of earthen walls and wooden boards. They were known to weave cloth, to raise pigs, cattle, horses and donkeys and to use advanced agricultural techniques. The bo/Diebu County is about 250 km northwest of modern Wudu and is supposed to have been within the domain of the Qiuchi Di. See Eberhard 1942: 378-383, Littig, 2000: 5, 24, 30, Ma 2006: 8-12 and Karlgren in Ulving 1997, no. 6969.

bo/Chin. Diebu.

This monastery is situated ca. 1 km northwest of Steng ka/Chin. Dianga 電尕 township in The bo/Diebu County in Southern Gansu and just a few kilometres from today's border to Rnga ba TQAP/Chin. Aba zangzu qiangzu zizhizhou 阿壩藏族羌族自治州 in Sichuan Province.

According to tradition Steng kha dgon was established only in the 13th century by a disciple of 'Phags pa Blo gros rgyal mtshan (1235-1281), i.e. Dpal shes rab 'bar, who was a native of Diebu.[53] However, as we know from the *Mdo smad chos 'byung*, many of the Buddhist establishments which are supposed to have been "founded" by 'Phags pa and his disciples, had already existed long before they were converted into Sa skya pa monasteries.[54] In fact, the *Mdo smad chos 'byung* quotes an oral tradition with regard to Steng kha dgon which claims that Dpal shes rab 'bar (13th c.) was a "disciple" of Dgongs pa rab gsal (9th/10th century).[55] Of course, Dpal shes rab 'bar cannot have been his direct disciple because of the time lapse of ca. 300 years between them. However, this oral tradition recalls the claim in the Blue Annals and in the *Me tog phreng ba* that Dgongs pa rab gsal had spent 12 years at Bhig tig monastery, i.e. as I assume, at (Pyi tig) Steng kha dgon. It seems thus not unlikely that Dpal shes rab 'bar as a native of The bo/Diebu had studied in Bhig tig monastery/Steng kha dgon in his youth and that during Dpal shes rab 'bar's time Dgongs pa rab gsal was still revered at this monastery. Thus, the above-mentioned oral tradition provides a further indication that Dpal shes rab 'bar only initiated a conversion of the probably already existing and very ancient Steng kha dgon into a Sa skya pa monastery after he had become a follower of 'Phags pa.

Modern The bo/Diebu is actually known as a stronghold for Bon religion. 12 Bon monasteries are still—or better: again—existing in the greater The bo/Diebu area with four of them allegedly dating back to at least the 9th/10th century, i.e. more or less contemporary to 'Byi lig/Bhig tig monastery. Rtsa ri'i bon dgon/Chin. Zhari benjiaosi 扎日苯教寺/Zare benjiaosi 咱熱苯教寺, for example, is supposed to have been founded by two Bon practitioners from Central Tibet at the end of the reign of Khri Srong lde btsan (742-c. 800).[56] The early existence of Tibetan Bon monasteries in The bo/Diebu confirms that this area has—from early on—been an important place for religious activities. Furthermore, The bo/Diebu was most probably the seat of a Tibetan garrison during the 8th/9th century as we will see further down. Thus, we might presume that the local religious institutions catered to both Bon and Buddhist adherents

---

⑬ See *Mdo smad chos 'byung* 1987: 735, Pu 1990: 545-47 and Gruschke 2001, vol. 2, 50-51.

⑭ See *Mdo smad chos 'byung* 1987: 20-21. For other ancient monasteries in the The bo area which probably already existed before they were converted by Sa skya pa adherents, see van Spengen 2006: 220 n. 87, 221 n. 98.

⑮ See *Mdo smad chos 'byung* 1987: 735-736.

⑯ See Li 1998: 145-147, 150-151 and Tsering Thar 2003: 249.

from early on, especially since the co-existence of both Bon and Buddhist establishments in locations which were big and wealthy enough to support a large number of clergy, was not uncommon.[57]

From early on, Chinese rulers took an interest in the The bo/Diebu area which from today's point of view seems to be so far off and still quite unaccessible. Today The bo/Diebu can be reached either from Klu chu county/Chin. Luqu 碌曲 in the northwest or from 'Brug chu county/Chin. Zhouqu 舟曲 in the southeast. However, also a north-south connection from Lintan/Taozhou 洮州 and Co ne/Chin. Zhuoni 卓尼 via The bo/Diebu to Mdzod dge/Chin. Ruo'ergai 若爾蓋 in Nga ba and Zung chu/Songpan 松潘 exists and apparently has been in use at least since the Tang Dynasty.[58] Apart from a favourable description in Chinese sources as an area with a mild climate which permitted agriculture and the growth of fruit trees and which was known for its resources of metal—probably copper—in the nearby mountains,[59] The bo/Diebu was obviously of significant strategic and military value. Thus the Chinese and the Tibetans competed for the military domination over this area from the 7th century onwards. According to the 11th century *Zizhi tongjian*《資治通鑑》the Tibetans plundered and conquered Diezhou 疊州 in ca. 676/77 and the Chinese were not able to regain control before 857, only to lose it again to the local tribes as well as to the Hunmo/Wenmo 渾末/溫末[60] probably in 862.[61] The Tang (618-906) and the Northern Song Dynasty (960-1278) repeatedly attempted to keep a military garrison or outpost in The bo/Diebu and at times even established a separate prefecture called Diezhou with its official seat in The bo/Diebu.[62] However, during most of its history The bo/Diebu was only under nominal Chinese control, administratively belonging either to Fang-芳/Fen- 芬, Tao-洮 or Minzhou 岷州.[63] Thus, during the late 8th to mid-9th century of the documented existence of 'Byi lig/Bhig tig/Pyi tig, The bo/Diebu seems to have been under Tibetan domination and thereafter under the control of more or less "local" and already substantially tibetanized political forces. This conforms well

---

⑰ The *Mdo smad chos 'byung* (1987: 735) contains evidence that Bon and Nying ma pa monks sometimes even shared one and the same monastery; see also Li 1998: 144.

⑱ See *Minzhou zhi* 4:24r (p. 225) and *Taozhou ting zhi* 1907: 723.

⑲ See the early 9th century *Yuanhe junxian zhi* 39: 26v-29r (pp. 622-23) and the early 18th century local history *Minzhou zhi* 4:24r (p. 225). The bo/Diebu's metal resources had already been mined under the Northern Zhou Dynasty (557-581). The 11th century *Xin Tangshu* 4: 1037 also mentions that The bo/Diebu produced incense which it offered as tribute.

⑳ The Chinese character *wen* 溫 of Wenmo should have a mouth radical, *kou* 口, instead of a water radical. On the complicated history of the Hunmo/Wenmo see Horlemann 2007: 84-85, n. 10.

㉑ See *Zizhi tongjian* in *Tongjian tufan shiliao*, 1982: 19, 20, 221, 285, 287.

㉒ In the late 11th century the Chinese general Wang Shao claimed to have re-established and pacified Diezhou.

㉓ The bo/Diebu was frequently renamed by the Chinese and the official seat of Diezhou shifted between different places. For example, Diebu was also known as Hechuan 合川 during the Tang Dynasty.

with the information that 'Byi lig/Bhig tig monastery was "institutionalised" under the rule of emperor Ral pa can and was still an active Tibetan monastery during the 9th/10th century at the time of Dgongs ba rab gsal.

Thus, contrary to the post-14th century situation, when The bo/Diebu appears to have become a backwater of Taozhou under the rule of the Co ne *tusi*, The bo/Diebu probably was a local—if not regional—economic and religious centre with considerable military strategic significance from at least the 6th to the 14th century.[64]

Furthermore, a location of 'Byi lig/Bhig tig/Pyi tig in The bo/Diebu on the border to North Sichuan seems also very likely in view of the monastery's obvious connection to the Chan masters Wuzhu and Kim as stated in P.T. 116. As has been mentioned before, both Chan masters are supposed to have spent several years meditating in mountain hermitages in Northwest Sichuan. Kim, for example, lived for several years in the Tiangu 天谷 Mountains in modern Guan 灌 County[65] northwest of Chengdu. These mountains were situated in the contested Sino-Tibetan border region and only later did Kim come down to Chengdu on the request of the provincial official and Chan adherent Zhangqiu Jianqiong 章仇兼瓊.[66] Wuzhu is known to have spent 7 years (ca. 759-766) on the Sino-Tibetan border in the Baya 百崖 mountains west of Canya 蚕崖 pass which during the 8th century probably belonged to Mao 茂 prefecture which is still further northwest of Chengdu. Despite the alleged remoteness of Wuzhu's hermitage, his religious fame spread all the way to Chengdu just as Kim's had done.[67] Thus, Kim's and Wuzhu's religious influence as Chan masters very likely also reached the area north of their respective hermitages, i.e. North Sichuan and South Gansu where 'Byi lig might have been situated.

Conclusion

The evidence provided by P.T. 996 and P.T. 116 already suggests that 'Byi lig refers to an important Buddhist Teaching monastery in Amdo which also functioned as a significant link for the transmission of Chinese Chan Buddhism to the Sino-Tibetan border area. This notion is further enhanced if we accept a possible identification of 'Byi lig with Bhig tig and Pyi tig of later Tibetan sources.

From a linguistic point of view my assumption that 'Byi lig, Bhig tig and Pyi tig pring ka

---

[64] For a description of the political and economic situation of the The bo area in the late 19th and early 20th century see van Spengen 2006.

[65] According to Tan (vol. 5, 1982: 65-66) modern Guan County was situated in mid-8th century Pengzhou 彭州.

[66] See Adamek 2007: 337, 483 n. 285.

[67] See Adamek 2007: 337, 354-55, 358-59, 484 n. 289, 492 n. 431.

all refer to the same place, remains rather questionable. Also my hypothesis that ’Byi lig/Bhig tig/Pyi tig was situated in The bo/Diebu and might be identical with Steng ka dgon, remains speculative and might be impossible to prove for lack of sources. Yet, I hope my endeavour might draw more attention to the importance of the study of early Tibetan toponyms in the Sino-Tibetan border area in order to enhance our knowledge not only of the political and religious history of A mdo and Khams but also of early imperial Tibet.

Bibliography

Adamek, W.L. 2007. *The Mystique of Transmission: On an Early Chan History and its Contexts*. New York: Columbia University Press.

——2004. The *Lidai fabao ji*《歷代法寶記》(Record of the Dharma-Jewel through the ages). In S. Heine and D. S. Wright (eds.) *The Zen Canon. Understanding the Classic Texts*. Oxford: Oxford University Press, 81-106.

——2003. Imagining the portrait of a Chan master. In B. Faure (ed.) *Chan Buddhism in Ritual Context*. London: Routledge Curzon, 36-73.

Bacot, J. *et al.* 1940. *Documents de Touen-houang relatifs à l’histoire du Tibet*. Paris: Librairie Orientaliste Paul Geuthner.

Brag dgon Dkon mchog bstan pa rab rgyas 1987. *Mdo smad chos ’byung* [=*A mdo chos ’byung*]. Lanzhou 蘭州: Kan su’u mi rigs dpe skrun khang.

—— 1989. *Anduo zhengjiao shi* 《安多政教史》(Chinese Translation of the *A mdo chos ’byung*). Lanzhou: Gansu chubanshe 甘肃出版社.

Broughton, J. 1983. Early Ch’an Schools in Tibet. In R.M. Gimello and P.N. Gregory (eds.) *Studies in Ch’an and Hua-yen*. Honolulu: University of Hawai’i Press, 1-68.

Coblin, W.S. 2002. On certain functions of ‘*a-chung* in early Tibetan transcriptional texts. *Linguistics of the Tibeto-Burman Area* 25.2, 169-183.

Demiéville, P. 1979. L’introduction au Tibet du Bouddhisme sinisé d’après les manuscrits de Touen-houang. In M. Soymié (ed.) *Nouvelles Contributions aux Etudes de Touen-houang*. Genève: Librairie Droz, 1-16.

Eberhard, W. 1942 *Kultur und Siedlung der Randvölker Chinas*. Leiden: Brill.

Faure, B. 2005. Ch’an master Musang. A Korean monk in East Asian context. In R.E. Buswell (ed.) *Currents and Countercurrents: Korean Influences on East Asian Buddhist Traditions*, Honolulu: University of Hawai’i Press, 153-172.

Foulk, T. G. 1993. Myth, ritual, and monastic practice in Sung Ch’an Buddhism. In P.B. Ebrey and P.N. Gregory (eds) *Religion and Society in T’ang and Sung China*. Honolulu: University of Hawai’i Press, 147-208.

’Gos Lo tsa ba Gzhon nu dpal 1985. *Deb ther sngon po*. Chengdu 成都: Si gron mi rigs dpe skrun khang, 2 vols.

Gruschke, A. 2001. *The Cultural Monuments of Tibet's Outer Provinces-Amdo, Volume 2. The Gansu and Sichuan Part of Amdo*. Bangkok: White Lotus.

Heller, A. 1997. Buddhist images and rock inscriptions from Eastern Tibet, VIIIth to Xth century, part IV. In E. Steinkellner (ed.) *Proceedings of the 7th Seminar of the International Association for Tibetan Studies, Graz 1995, Tibetan Studies, vol. I*. Wien: Verlag der Österreichischen Akademie der Wissenschaften, 387-403.

—— 2002. The paintings of Gra thang: history and iconography of an 11th century Tibetan temple. *The Tibet Journal* XXVII 1&2: 37-70.

Horlemann, B. 2007. The relations of the eleventh-century Tsong kha tribal confederation to its neighbour states on the silk road. In M.T. Kapstein and B. Dotson (eds.) *Contributions to the Cultural History of Early Tibet*. Leiden: Brill, 79-101.

—— 2004. *Aufstieg und Niedergang der Tsong-kha-Stammeskonföderation im 11./12. Jahrhundert an der Schnittstelle von Tibet, China und Zentralasien [The Rise and Fall of the Tsong kha Tribal Confederation in the 11th/12th Century at the Crossroad of Tibet, China and Central Asia]*. Frankfurt: Peter Lang.

—— 2002. A re-evaluation of the Tibetan conquest of eighth century Shazhou/Dunhuang. In H. Blezer (ed.) *Tibet, Past and Present. Tibetan Studies 1. Proceedings of the 9th Seminar of the International Association for Tibetan Studies, Leiden 2000*. Leiden: Brill, 49-66.

Jorgensen, J. 2005. *Inventing Hui-neng, the Sixth Patriarch. Hagiography and Biography in Early Ch'an*. Leiden: Brill.

Kapstein, M.T. 2000. *The Tibetan Assimilation of Buddhism. Conversion, Contestation, and Memory*. Oxford: Oxford University Press.

Lalou, M. 1939. Document tibétain sur l'expansion du Dhyāna chinois. *Journal Asiatique* CCXXXI, 505-521.

—— 1939-50. *Inventaire des manuscrits tibétains de Touen-houang conserves à la Bibliothèque Nationale*. Paris: Librairie d'Amérique et d'Orient, 3 vols.

Lde'u Jo sras 1987. *Lde'u chos 'byung* [I], Chos-'dzoms (ed.). Lhasa: Bod ljongs mi dmangs dpe skrun khang.

Li Fangmin 李芳民 2006. *Tang Wudai fosi jikao* 《唐五代佛寺輯考》. Beijing 北京: Shangwu yinshuguan 商務印書館.

Li Shunqing 李順慶 1998. Benjiao zai Gannan zangqu de chuanbo yu fazhan 《苯教在甘南藏區的傳播與發展》. *Xibei minzu yanjiu* 《西北民族研究》 22, 143-156.

Littig, I.B. 2000. *Bicultural Governance: An Institutional Analysis of the Former Qin Kingdom under the Rule of Pu Jian (338-385)*. PhD thesis, Chinese University of Hong Kong.

Liu Changdong 劉長東 2005. *Songdai fojiao zhengce lungao* 《宋代佛教政策論稿》. Chengdu: Bashu shushe 巴蜀書社.

Ma Changshou 馬長壽 2006. *Di yu Qiang* 氐與羌 Guilin 桂林: Guangxi shifan daxue chubanshe 廣西師範大學出版社.

Macdonald, A. and Imaeda, Y. (eds.) 1978. *Choix de Documents Tibétains conservés à la Bibliothèque*

Nationale. Vol. 1. Paris: Bibliothèque Nationale.

Martin, D. 1997. *Tibetan Histories. A Bibliography of Tibetan-Language Historical Works*. London: Serindia.

Meinert, C. 2007. The conjunction of Chinese Chan and Tibetan Rdzogs chen thought: reflections on the Tibetan Dunhuang Manuscripts IOL Tib J 689-1 and PT 699. In M.T. Kapstein and B. Dotson (eds.) *Contributions to the Cultural History of Early Tibet*. Leiden: Brill, 239-301.

Meisezahl, R.O. 1985. *Die große Geschichte des tibetischen Buddhismus nach alter Tradition*. Sankt Augustin: VGH Wissenschaftsverlag.

Minzhou zhi《岷州志》1968, comp. by Wang Yuanjiong 汪元絅 and Tian Ersui 田而穟 (1702). In Xinxiu fangzhi congkan 《新修方志叢刊》, Xibei fangzhi 34 《西北方志》三十四. Taipeh 臺北: Taiwan xuesheng shuju 臺灣學生書局.

Mkhas pa Lde'u 1987. *Lde'u chos 'byung rgyas pa* [II], Chab-spel Tshe-brtan Phun-tshogs (ed.). (Lhasa:) Bod ljongs mi dmangs dpe skrun khang.

Mochizuki Shinko 1954-1971. *Mochizuki Bukkyō daijiten*. 11 vols. Kyoto: Sekai seiten kanko kyokai.

Obata Hironobu 1976. Pelliot tib. n° 116 bunken ni mieru shozenji no kenkyū. *Zenbunka kenkyūsho kiyō* 8 (Aug. 1976), 1-31.

Pu Wencheng 蒲文成 (ed.) 1990. *Gan Qing zangzu fojiao siyuan* 《甘青藏族佛教寺院》. Xining 西寧: Qinghai renmin chubanshe 青海人民出版社.

Qinding huangyu xiyu tuzhi 《欽定皇輿西域圖志》 1965, comp. by Fu Heng 傅恒 (d. 1770) *et al*. 5 vols. Taipeh: Wenyou shudian 文友書店.

Rong Xinjiang 榮新江 1999/2000. The nature of the Dunhuang cave library and the reasons for its sealing. *Cahiers d'Extrême Asie* 11, 247-75. (Translation of his original Chinese article from 1996.)

—— 1996. Dunhuang cangjingdong de xingzhi ji qi fengbi yuanyin 《敦煌藏經洞的性質及其封閉原因》. *Dunhuang Tulufan yanjiu* 2, 23-48.

Stoddard, H. 2004. "Rekindling the flame", a note on royal patronage in tenth century Tibet. In Cüppers, C. (ed.) *The Relation between Religion and State (chos srid zung 'brel) in Traditional Tibet. Proceedings of a Seminar held in Lumbini, Nepal, March 2000*. Lumbini: Lumbini International Research Institute, 49-104.

Tan Qixiang 譚其驤 (ed.) 1982-1987. *The Historical Atlas of China/Zhongguo lishi ditu ji* 《中國歷史地圖集》. 8 vols. Beijing: Zhongguo ditu chubanshe 中國地圖出版社.

Tanaka, K.K./Robertson R.E. 1992. A Ch'an text from Tun-huang: implications for Ch'an influence on Tibetan Buddhism. In S.D. Goodman and R.M. Davidson (eds.) *Tibetan Buddhism: Reason and Revelation*. Albany: State University of New York Press, 57-78.

Tang Kaijian 湯開建 and Liu Jianli 劉建麗 1986. *Songdai Tufan shiliaoji (yi)* 《宋代吐蕃史料集 (一)》. Chengdu: Sichuan minzu chubanshe 四川民族出版社.

Taozhou ting zhi 《洮州廳志》 1970, comp. by Zhang Yandu 張彥篤 (1907). In Zhongguo fangzhi congshu 中國方志叢書, Huabei difang 華北地方, vol. 349. Taipeh: Chengwen chubanshe 成文出版社.

Tsering Thar 2003. Bonpo monasteries and temples in Tibetan regions in Qinghai, Gansu and Sichuan. In S.G.

Karmay and Y. Nagano (eds.) *A Survey of Bonpo Monasteries and Temples in Tibet and the Himalaya. Bon Studies* 7. Osaka: National Museum of Ethnology.

Thomas, F.W. 1948. *Nam. An Ancient Language of the Sino-Tibetan Borderland*. London: Oxford University.

—— 1951. *Tibetan Literary Texts and Documents concerning Chinese Turkestan, Part II*. London: Luzac & Company (for the Royal Asiatic Society).

——1955. *Tibetan Literary Texts and Documents concerning Chinese Turkestan, Part III*. London: Luzac & Company (for the Royal Asiatic Society).

Uebach, H. 1987. *Nel-pa Paṇḍitas Chronik Me-tog Phreṅ-ba*. München: Kommission für Zentralasiatische Studien, Bayerische Akademie der Wissenschaften.

——1990. On Dharma-Colleges and Their Teachers in the Ninth Century Tibetan Empire. In P. Daffina (ed.) *Indo-Sino-Tibetica. Studi in onore di Luciano Petech*. Rom: Bardi, 393-417.

Ueyma D. 1983. The study of Tibetan Ch'an manuscripts recovered from Tun-huang: a review of the field and its prospects. In W. Lai and L. Lancaster (eds.) *Early Ch'an in China and Tibet*. Berkeley: Berkeley Buddhist Studies Series, 327-49.

Ulving, T. 1997. *Dictionary of Old and Middle Chinese. Bernhard Karlgren's Grammata Serica Recensa Alphabetically Arranged*. Göteborg: Acta Universitatis Gothoburgensis.

Van Spengen, W. 2006. Chone and Thewu: territoriality, local power, and political control on the southern Gansu-Tibetan frontier; 1880-1940. In Ch. Klieger (ed.) *Tibetan Borderlands, Proceedings of the tenth Seminar of the International Association for Tibetan Studies, Oxford 2003*. Leiden: Brill, 209-230.

Wangdu, P. and Diemberger, H. 2000. *Dba' bzhed. The Royal Narrative Concerning the Bringing of the Buddha's Doctrine to Tibet.* Wien: Österreichische Akademie der Wissenschaften.

Watson, C.E. 1978. The second propagation of Buddhism from Eastern Tibet according to the "Short biography of dGongs-pa Rab-gsal" by the Third Thukvan bLo-bzang Chos-kyi Nyi-ma (1737-1802). *Central Asiatic Journal* XXII No. 3-4, 263-285.

Wu Songdi 吴松弟 (ed.) 2002. *Liang Tangshu dilizhi huishi* 《兩唐書地理志匯釋》. Hefei 合肥: Anhui jiaoyu chubanshe 安徽教育出版社.

Xin Tangshu 《新唐書》 1975, comp. by Ouyang Xiu 歐陽修 (1060). In *Ershisi shi* 二十四史, 10 vols. Beijing: Zhonghua shuju 中華書局.

Yuanhe junxian zhi 《元和郡县志》 1987 comp. by Li Jifu 李吉甫 (813). In *Siku quanshu* 四库全書, vol. 468. Shanghai: Shanghai guji chubanshe 上海古籍出版社.

Zizhi tongjian 《資治通鑑》 1982, comp. by Sima Guang 司馬光 (1086). In *Tongjian Tufan shiliao* 通鑑吐蕃史料. Lhasa: Xizang renmin chubanshe 西藏人民出版社.

一件吐火羅A語—梵語雙語律藏殘片*

荻原裕敏

一、導　　論

西格（Emil Sieg）和西格林（Wilhelm Siegling）出版的吐火羅A語殘片No.457一直沒有受到吐火羅語學者的注意。但筆者研究發現這件殘片很可能是律藏寫本。本文擬探討這件殘片的內容，並介紹吐火羅A語的律藏文獻。

二、吐火羅A語的定義

衆所周知，從現有吐火羅語研究與印歐歷史比較語言學的研究成果來看，吐火羅A語及B語是兩種不同的語言，即Tocharian A語及Tocharian B語。它們彼此相近，但其間的歷史關係還不清楚。雖然貝利（Harold W. Bailey）很早就對於A語提出“焉耆語（Agni）”這樣的名稱①，而經過馮承鈞翻譯之後，也普遍爲中國學者所接受，但實際上這並不是一個合適的稱呼。

列維之所以將吐火羅B語命名爲“龜兹語（koutchéen）”，是基於古代龜兹地區（主要是指今日的庫車、拜城、沙雅、新和四縣境內）發現了不少以這種語言寫成的世俗文書及題記，包括官方發行的所謂“通行許可證”木簡（*laissez-passer*）。在他的考述下，將吐火羅B語認定爲龜兹國的日常生活語言是相當合適的，也爲多數文獻學及語言學者所接受。經過數十年的研究，現在我們知道龜兹語有悠久的歷史，其音韻、文法、構詞法以至於書法等各個層面都有從早期到晚期的變化。特別是克孜爾發現的一些

* 本文是中國人民大學科學研究基金（中央高校基本科研業務費專項資金資助）項目（12XNF011）“古代新疆西域北道胡語的歷史語言學研究”成果之一。內容爲基於筆者博士論文Ogihara Hirotoshi, *Researches about Vinaya-texts in Tocharian A and B* (unpublished doctoral dissertation. Paris, EPHE), 2009, pp. 131, 417-418的修訂與擴充。相關研究最初發表於2008年*The Scientific Conference Dedicated to Centenary since the Beginning of Deciphering of the Tocharian Texts*會議（莫斯科—聖彼得堡，8月25—27日），並將改寫爲英文稿。此處根據中文讀者的關注範圍補充第2節。改寫爲漢文過程時得到慶昭蓉博士提供意見，在此致謝。

① Harold W. Bailey, “Ttaugara”, *Bulletin of the School of Oriental Studies*, Vol. 8, No. 4, 1937, p. 903.

龜茲語佛典，從音韻、語法與字體上都有比較古老的特徵[②]。考慮到這些現象，因此可以說龜茲語（也就是吐火羅B語）是古代西域北道流行的主要語言之一。這也說明了爲什麼這種語言材料的發現以龜茲地區爲中心，但焉耆、吐魯番等地也發現不少中、晚期的B語佛典。

相對地，A語之命名爲焉耆語，主要是鑑於A語文獻大多數發現於焉耆地區。有一些發現在吐魯番地區，其他地區則幾乎沒有[③]。這些有限的材料沒有反映出語言與字體的明顯變遷，似乎是相當標準化的一種語言。然而其字體在年代分類上卻屬於比較晚近的婆羅謎文字字體。也就是說以字體而言，A語文獻的書寫或抄寫時代較不少B語文獻要晚。另外，最顯著的一個特徵是A語材料幾乎都是典籍與經文。除了兩件德藏碩爾楚克出土寺院文書，可以說目前尚未出現A語用於實際生活語言的證據[④]。然而以上述寺院文書而言，至多也衹能證明A語可能在一些佛寺中有所使用。考慮到歐洲的基督教僧院也持續使用拉丁語，我們很難斷定A語就像B語的情況一樣，必然也是古代焉耆國的日常語言。也就是說，對於A語究竟是一種書面語、日常語，或甚至是某些社會群體或社會階層使用的方言，仍然是有待研究的課題。在此筆者不敢遽下結論。

然而，假使我們同時使用“龜茲語”及“焉耆語”兩種命名，很容易令人誤以爲它們的意涵彼此對稱，亦即前者是古代龜茲國通行的語言，後者是古代焉耆國通行的語言，兩者具有相似的年代與平行的歷史演變過程。這正是筆者想要竭力避免的情況。但獨留“吐火羅A語”這種稱呼也顯得不大自然。先不論當初回鶻文《彌勒會見記》究竟是否翻譯自A語版本，抑或是兩者有共同的起源文本（這點筆者擬日後另闢專文討論），我們確實已經知道的是A語的書寫者將A語本身稱呼爲*Ārśi*語，而沒有使用過“吐火羅”這樣的語詞。

因此，吐火羅A語最爲合適的稱呼應該是*Ārśi*語。至於這個名字與“焉耆”有怎樣的歷史關係，而這個語言又具有怎樣的性質，仍然是目前學者們正在結合吐火羅語文獻、漢語史籍等種種資料繼續加以研究的問題。然而，在此新創一“*Ārśi*語”顯然又會引起讀者的疑惑與困擾。考慮再三之後，本文仍擬依照西方吐火羅語學界及印歐比較語言學界目前通行的作法，將這種語言直譯爲吐火羅A語（以下簡稱A語），而暫不採用過去譯爲“焉耆語”的習慣。

---

② 參看Tamai Tatsushi, *Paläographische Untersuchungen zum B-Tocharischen*, Institut für Sprachen und Literaturen der Universität Innsbruck, 2011, Melanie Malzahn, “The Most Archaic Manuscripts of Tocharian B and the Varieties of the Tocharian B Language”, In: Melanie Malzahn (ed.), *Instrumenta Tocharica*, Winter, 2007, pp. 255-297和Michaël Peyrot, *Variation and Change in Tocharian B*, Rodopi, 2008。

③ 特例是蘇巴什發現的一件A語寫成的藥方寫本，其概述參見Georges-Jean Pinault “Concordance des manuscrits tokhariens du fonds Pelliot”, In: Melanie Malzahn (ed.), *Instrumenta Tocharica*, Winter, 2007, pp. 171, 179-180。

④ 筆者曾在西域古典語言學高峰論壇（吐魯番，2010年10月24—26日）的會議論文裏提供這兩件文書的轉寫，論文即將修改出版。

三、德國所藏A語殘片No.457

1921年西格與西格林已經出版了這件殘片的羅馬字母轉寫（transliteration）⑤。殘片現藏柏林國家圖書館，現行編號爲THT1091。從它的早期編號T I D 3來看，出土地點是高昌（Dakianus = Xočo），是第一次德國探險隊發現的寫本之一。當時西格與西格林二人已經察覺它是件雙語文獻，首先寫梵文，接着有A語的相應翻譯。因爲殘片的保存情況很差，他們出版時無法決定其內容。

西格與西格林的轉寫出版之後，便無人再仔細研究過這件殘片。祇有2004年Jin-il Chung（鄭鎮一）出版《十誦律》“受具足戒法”的梵漢對照研究時⑥，指出No.457上面的*catasra kalpikā vasā*對應於《十誦律》“受具足戒法”裏面的“四種淨脂”⑦。但是他也沒有仔細探討這件殘片的內容。

根據筆者研究，這件殘片很有可能屬於律藏寫本。更精確地來說，它的內容是說明四種藥，而在《十誦律》裏面可以找到相關記載。另一方面，通過比較研究，我們可以構擬A語的這四種藥的詞語表現形式。而這是以前沒有人觸及過的問題。以下提供筆者對於No.457的轉寫、漢譯，並引述《十誦律》的相關內容⑧。

No.457 (= THT1091)⑨

a(1)

1 /// *[k]i[ṯ\ †] catasra kal[pi]kā vasā † śtwar ka[p̱pi](k)* ///

2 /// *(sa)ptāhik sāṉṯa̱ḵ\ || yāvajjīvikaṃ bhaiṣa[jy](aṃ)* ///

3 /// *(pa)ñca mūlabhaiṣajy(ā)ni † p̱a̱ñ^{ä}\ tsmārasi [ṣ](āṃṯḵa̱ntu)* ///

4 /// – † *pañ[c]a lavaṇāni † p̱a̱ñ sāley[ä]n[t](u)* ///

5 /// *[na](2) yāvajjīvika[ṃ] bhai[ṣ](ajyaṃ)* ///

b

1 /// – *tṣaṃ kālik sāṃṯa̱ḵ* – ///

---

⑤ 參看Emil Sieg and Wilhelm Siegling *Tocharische Sprachreste. I. Band: Die Texte, A. Transkription; B. Tafeln*, de Gruyter, 1921, p. 246。

⑥ Jin-il Chung, *Das Upasaṃpadā-vastu. Vorschriften für die buddhistische Mönchsordination im Vinaya der Sarvāstivāda-Tradition. Sanskrit-Version und chinesische Version*, Vandenhoeck & Ruprecht, 2004.

⑦ 《大正新脩大藏經》卷二十三, no. 1435, p. 156c26。

⑧ 理論上很難決定這件殘片屬於哪個部派的律藏傳統。但四種淨脂這個表現祇出現在《十誦律》和《十誦羯磨比丘要用》裏面，因而此處我祇引用《十誦律》。

⑨ 此處筆者按照殘片原件修正*Tocharische Sprachreste*的轉寫。

/// : 寫本殘緣。

( ) : 嚴重殘缺但尚可復原的字符（akṣara）。

[ ] : 略殘但尚可識讀之字符。

– : 無法識讀的字符，或相當於一個字符長度的缺空。

2 /// *mā śwā[ḻˎ] || yāmi[ka]ṃ bhaiṣajyaṃ (†) yā(mi)[k s](āṃṯa̱ḵˎ)* ///

3 /// *m[o] yām[a] anati[k]r[āṃ]tas tāvat paribhokta(vyaṃ)* ///

4 /// *(ati)krāṃtas tu [na] paribhoktavyamˎ [†] ḵa̱tkontaṃ [k](ar)* ///

5 /// *(pa)riḅh[o]ktavyaṃ † s̱p̱a̱t koṃsā [wä]rpnāḻˎ † ati(krāṃtas)*(3) ///

[注釋]

（1）據筆者研究，西格和西格林出版的轉寫顛倒了正反兩面，因而此處予以修正。（原則上吐火羅語研究資料中的a面表示正面，b面表示反面。）

（2）沒有辦法決定這個音節表示否定詞或表示名詞單數具格的語尾。

（3）根據b面4行的內容可以復原爲*tu na paribhoktavyaṃ*。

[翻譯]

這件殘片中的A語、梵語的內容相當一致，因此不予重複。

a

1 /// … 四種淨脂 ///

2 /// 七日藥 || 盡形藥 ///

3 /// 五種根藥 ///

4 /// … 五種鹽 ///

5 /// … 盡形藥 ///

b

1 /// … 在此，時藥 … ///

2 /// 不應食。時分藥 ///

3 ///（在）… 夕夜未盡（之時），應可受用。///

4 /// 要是（時間已經）過去，不應受用。///

5 /// 七日之間應該受用。要是（時間已經）過去，（不應受用。）///

《十誦律》卷二十六"七法中醫藥法"

"佛言。若不自乞檀越施應受。從今日聽僧服四種藥。何等四種藥。一時藥。二時分藥。三七日藥。四盡形藥。時藥者。五種佉陀尼五種蒲闍尼五似食。何等五種佉陀尼。一根食。二莖食。三葉食。四磨食。五果食。何等根食。芋根蘸根藕根蘆蔔根蕪菁根。如是等種種根可食。何等莖食。蘆蔔莖穀梨莖羅勒莖柯藍莖。如是等種種是莖佉陀尼。何等葉食。蘆蔔穀梨葉羅勒葉柯藍葉。如是等種種葉可食。是葉佉陀尼。何等磨食。稻大麥小麥。如是等種種。是磨佉陀尼食。何等果食。菴羅果閻浮果波羅薩果鎮頭佉果那梨耆羅果。如是等種種。是果佉陀尼。何等五種蒲闍尼食。一飯二麨三糒四魚五肉。如是五種蒲闍尼食。何等五種似食。糜粟穬麥莠子迦師如是等種種。是名似食。未漉漿汁。是名時藥。時分藥者。若淨漉漿汁。是名時分藥。七日藥者。若酥油蜜石蜜。是名七日藥。盡形藥者。五種根藥。何等五種。一舍利。二薑。三附子。四波提毘沙。五菖蒲根。是藥盡形壽共房宿無罪。五種果藥。呵梨勒。鞞醯勒。阿摩勒。胡椒。華芙羅。盡形壽共房宿。有五種鹽。黑鹽紫鹽赤鹽鹵土鹽白鹽。盡形壽共房舍宿。有五種樹膠藥。興渠薩闍羅荼帝夜帝夜波羅帝夜槃那。盡形壽共房宿。五種湯。根湯莖湯葉湯華湯果湯。盡形壽共房宿。是四種藥。時藥時分藥七日藥盡形藥。若即日受時藥時分藥七日藥盡形藥。若和合一處。此藥時應服。非時不應服。時藥力故。若即日受時分藥七日藥盡形藥。是藥和合一處。是藥應時分服。過時分不應服。時分藥力故。若即日受七日藥盡形藥。是藥和合一處。七日應服。過七日不應服。七日藥力故。盡形藥隨意服。若即日受時藥不淨。受時分藥七日藥盡形藥。和合一處不應服。即日受時分藥不淨。受七日藥盡形藥。和合一處不應服。即日受七日藥不淨。受盡形藥。和合一處。不應服。長老優波離問佛。是三種藥。時分藥七日藥盡形藥。是三種藥。舉宿得口受不。佛言。不得。是三種藥。惡捉得口受不。佛言。不得。是三種藥。手受口受。不病得服不。佛言。不得。是三種藥。手受口受。病得服不。佛言得。"⑩

(《大正新脩大藏經》卷二十三, no. 1435, pp. 193c18-194b2)

四、A語裏面的四種藥

龜兹語文獻裏也有兩件律藏殘片談論到了相關主題⑪。這些殘片都屬於說一切有部的廣律，而內容提到其中兩種藥，也就是《十誦律》所見七日藥和盡形藥。現在我們則可以對比A語和漢譯佛典來決定A語對於四種藥的表現。

《十誦律》	A語⑫	梵語
時藥	*kālik*	*kālika-*
時分藥	*yāmik*	*yāmika-*
七日藥	*saptāhik*⑬	*saptāhika-*
盡形藥	–⑭	*yāvajjīvika-*

⑩ 據Jin-il Chung, "Sanskrit-Fragmente des sogenannten Daśādhyāya-vinaya", In: Jin-il Chung (eds.) *Sanskrit-Texte aus dem buddhistischen Kanon: Neuentdeckungen und Neueditionen.* Vol. 4, Vandenhoeck & Ruprecht: 2002, p. 91。中亞出土梵語寫本裏沒有對應於這個部分的文本。

⑪ 關於這兩件殘片，參看Georges-Jean Pinault, "Formes verbales nouvelles dans des manuscrits inédits du fonds Pelliot Koutchéen", In: Bernfried Schlerath (ed.), *Tocharisch. Akten der Arbeitstagung der Indogermanischen Gesellschaft (Berlin, 27-28. September 1990)*, Málvísindastofnun Háskóla Íslands, 1994, pp. 161-165。

⑫ A語*kālik*和*saptāhik*, Pavel Poucha, *Thesaurus Linguae Tocharicae Dialecti A* (*Institutiones Linguae Tocharicae.* Pars I, Monographie Archivu Orientálního, vol. 15), Státní pedagogické nakl., 1955, p. 61, 360和Gerd Carling, *Dictionary and Thesaurus of Tocharian A. Volume 1: A-J. In collaboration with Georges-Jean Pinaut and Werner Winter*, Harrassowitz, 2009, p. 118 都有解釋。

⑬ 龜茲語有*saptādhik*, 同注⑪。

⑭ 龜茲語有*yāvajjīvik*, 同注⑪。考慮到A語和龜茲語的對應，A語的形式很有可能是*yāvajjīvik*。

從上列表格可以看出A語直接利用了梵語原有詞彙形式。這與漢譯佛典不一樣，漢譯佛典把這些詞彙按照意義翻譯。比如說義淨翻譯《根本說一切有部毘奈耶藥事》時，也用“時藥”、“更藥”、“七日藥”、“盡壽藥”來翻譯這一系列專詞[15]。

值得一提的是，雖然A語用梵語的借用語來表示這四種藥，但是其他一些術語也具有音寫與意譯兩種翻譯方式[16]。比如梵語*pātayantika-*（漢譯有“波逸底迦”、“波逸提”、“墮罪”等種種譯法），A語就有兩種表現方式：一種是直接借用梵語，而成爲*pāyti*的形式[17]；另一種是按照字面意思翻譯爲*wärkṣant* ‘turning’（動詞詞根*wärk-* ‘to turn’的現在主動分詞）[18]。應當注意，過去列維（Sylvain Lévi）曾經指出漢譯佛典所看到的波逸提可能是龜茲語*pāyti*的音譯詞[19]。但是現在學者已經知道西域北道出土的梵本殘片裏有*pāyitti*、*pātti*等形式[20]，因此，漢譯波逸提應該是這個梵語形式*pāyitti*的音譯，而不是吐火羅語的音譯。也就是說對於這個律藏術語而言，漢譯與A語的音譯形式都是來自當時西域地區流行的梵語詞彙。

五、A語文獻裏的律藏文獻

1921年西格和西格林出版A語文獻時，已經指出其中有幾件律藏文獻。加上筆者研究的結果，可以按照內容分類排列如下（凡是下表中以THT爲首的寫本編號，都是筆者個人鑑定的成果，過去沒有人指出它們的律藏屬性）：

[比丘戒本]

No.352, 353, 354[21]

[比丘尼戒本][22]

---

⑮ 《大正新脩大藏經》卷二十四，no. 1448, p. 1a24。

⑯ 關於吐火羅語佛教專詞的翻譯問題，參看Georges-Jean Pinault, “*The rendering of Buddhist terminology in Tocharian*”,《敦煌吐魯番研究》第一卷，1995年，21—32頁。

⑰ 參見Werner Thomas, *Tocharisches Elementarbuch. Band II: Texte und Glossar*, Winter, 1964, p. 114。

⑱ 關於這個A語詞形，參看Olav Hackstein, *Untersuchungen zu den sigmatischen Präsensstammbildungen des Tocharischen*, Vandenhoeck & Ruprecht, 1995, pp. 81-84。

⑲ 參見Sylvain Lévi, “Le „Tokharien B “, langue de Koutcha”, *Journal Asiatique*, 11e Séries, tome 2, 1913, p.379。

⑳ 關於梵語*pāyitti*或*pātti*, 參見Georg von Simson, “Eine Prātimokṣasūtra-Handschrift in hybrider Sprache”, In: Petra Kieffer and Jens-Uwe Hartmann (eds.), *bauddhavidyāsudhākaraḥ. Studies in Honour of Heinz Bechert on the Occasion of His 65th Birthday*. (Indica et Tibetica 30), Indica et Tibetica Verlag, 1997, pp. 583-604和Heinz Bechert, *Sanskrithandschriften aus den Turfanfunden. Teil VIII,* Franz Steiner, 2000, pp. 162-164。

㉑ 關於No.353和354，參看Klaus T. Schmidt, *Der Schlußteil des Prātimokṣasūtra der Sarvāstivādins. Text in Sanskrit und Tocharisch A verglichen mit den Parallelversionen anderer Schulen. (Sanskrittexte aus den Turfanfunden XIII),* Vandenhoeck & Ruprecht, 1989和Georges-Jean Pinault, Review of K.T. Schmidt (1989), *Kratylos Jahrgang* 36, 1991, pp. 117-122。在THT1636 frg.n.b3可以構擬*[p](r)ātimo[kä](ṣ)*, 但是無法決定這件殘片是否屬於戒本。

㉒ 因爲殘片的情況很不好，無法決定部派歸屬。

THT1042 frg.n, q, r, THT3335, 3336, 3338, 3347, 3349, 3555[㉓]

[廣律]

No.457[㉔]

[羯磨文]

No.381[㉕], 414[㉖], 415, 416, 417, THT1042 frg.p, 2387, 3348, 3355, 4004, 4026[㉗]

讀者可以立即看出本文所探討的No.457的獨特意義。也就是說，它是A語文獻裏面首次發現的廣律殘片。

值得一提的是A語文獻裏還有比丘尼戒本的殘片，而目前龜茲語文獻裡還沒有可以確定爲比丘尼戒本者。另外殘片THT2387也頗爲重要。雖然它的保存情況很不好，但從現存內容來看，可以確定它也屬於*SHT(VII)*所謂的*Poṣatha calendar*（布薩曆）殘片[㉘]。更精確地說，THT2387也是一件A語—梵語雙語文獻。其中梵語內容和《十誦比丘波羅提木叉戒本》的開頭“大德僧聽。冬時一月過少一夜。餘有一夜三月在。”相當一致[㉙]。而參考同類的龜茲語—梵語雙語布薩曆殘片，THT2387中A語部分的意思是“某月滿月之日（即15日），應該（如此）念誦”[㉚]。因此可以說他們每次舉行布薩時，都參考這樣的寫本，選擇其中某些合適的內容，而用梵語來念戒本的開頭部分[㉛]。

㉓ THT1887、3357、3469也有可能屬於比丘尼戒本。

㉔ No.456也有可能跟《十誦律》“七法中醫藥法”有關。

㉕ Sieg和Siegling沒有決定No.381屬於戒本或者羯磨文。但是根據比較研究，筆者認爲這件殘片屬於羯磨文。

㉖ 参看Herbert Härtel, *Karmavācana. Formulare für den Gebrauch im buddhistischen Gemeindeleben aus ostturkistanischen Sanskrit-Handschriften*, Akademie-Verlag, 1956, pp. 104-105, 114-115和Walter Couvreur, Review of Härtel (1956). *Indo-Iranian Journal*, Vol. 1, No. 4, 1957, pp. 315-317。

㉗ No.428、458、459、THT1042 frg.o、1050 frg.b, c, d、1093 frg.d、1584 frg.b、1636 frg.m、1643 frg.a、2026、2155、3314也有可能屬於羯磨文。

㉘ 参看Heinz Bechert, *Sanskrithandschriften aus den Turfanfunden*. Teil VII, Franz Steiner, 1995, p. 66。關於*Poṣatha calendar* (布薩曆)，参看Ogihara Hirotoshi, “Notes on some Tocharian Vinaya fragments in the London and Paris collections”, *Tocharian and Indo-European Studies* 12, 2011, pp. 125-123和Ogihara Hirotoshi, “On the Poṣatha ceremony in the Tocharian Buddhist texts”, 《龍谷大学佛教文化研究所所報》第35號, 2012, pp. 22-28。

㉙ 参見《十誦比丘波羅提木叉戒本》(《大正新脩大藏經》卷二十三, no.1436, p. 470b27-28)。梵語內容爲: *nirgatam āyuṣmanto grīṣmād ekarātrono māsaḥ saikarātrās trayo māsā avaśiṣṭaḥ*。参看Georg von Simson, *Prātimokṣasūtra der Sarvāstivādins. Teil II: Kritische Textausgabe, Übersetzung, Wortindex. (Sanskrittexte aus den Turfanfunden, XI)*, Vandenhoeck & Ruprecht, 2000, p. 157。

㉚ THT2387 frg. 1a1（據筆者研究，TITUS Tocharica公開的照片顛倒了正反兩面，因而予以修正。）/// *(ma) ñis pä[ll](a)ṃ[taṃ] t[rä]ṅ[kä](l)*。

㉛ 目前不知道龜兹僧侶們舉行布薩時，是用梵語念戒本的哪個部分。關於龜兹佛教中的梵語使用情況問題，亦參見季羨林《龜兹研究三題》，《季羡林全集》第十六卷，北京：外語教學與研究出版社，2010年，245—255頁。

六、結　　語

本文討論A語殘片No.457的內容，並構擬出A語四種藥的音譯方式。同時也介紹A語文獻裏的律藏文獻概要。事實上，現存中亞出土胡語寫本之中，除了梵語寫本，保存最多律藏殘片的是吐火羅語文獻。據筆者研究，吐火羅語文獻裏約有兩百多件律藏殘片[32]。因此，這些吐火羅語律藏殘片對於律藏傳播的研究是不可或缺的材料。以A語佛典而言，雖然現在大致上可以說它們屬於說一切有部[33]，但這些A語佛教文獻在佛教歷史上的定位仍然是今後應當繼續探討的重要課題。

A Fragment of the *Bhaiṣajya-vastu* in Tocharian A and Sanskrit

Ogihara Hirotoshi

Among the Tocharian Buddhist texts, there are many fragments belonging to the Vinaya texts. However, one can rarely find the fragment that is identified as the *Vinaya-vastu*. In this paper, I introduce one Tocharian A and Sanskrit bilingual fragment kept in Berlin. Although it was published by Emil Sieg and Wilhelm Siegling as No.457 (= THT1091) in *Tocharische Sprachreste*, it has remained unidentified. The comparison with the Chinese parallel text of the Sarvāstivādins enables us to identify it as the *Bhaiṣajya-vastu*. This is the first fragment in Tocharian A that can be identified as the *Vinaya-vastu*. The list of the Vinaya texts in Tocharian A will be also presented.

㉜　筆者已經研究過這些吐火羅語文獻裏的律藏殘片，參看Ogihara Hirotoshi, *Researches about Vinaya-texts in Tocharian A and B* (unpublished doctoral dissertation. Paris, EPHE), 2009, Ogihara(2011)和Ogihara Hirotoshi, “A fragment of the *Bhikṣu-prātimokṣasūtra* in Tocharian B”, *Tocharian and Indo-European Studies* 13, pp. 163-180。

㉝　筆者在這裡所用的說一切有部包含所謂的根本說一切有部。

A Wooden Staff with a Runic Inscription from Khotan

Peter Zieme

One of the acquisitions of the National Library of Beijing in 2007[①] is a small wooden staff from Khotan or, as its exact origin is unknown, from a place nearby. Today it is kept at the National Library under the shelf number BX 3-95. A piece of poplar (?) wood was cut to a cubed staff which is 0.3 cm low, 3 cm wide and 32.4 cm high.

In the middle of one side we see a row of letters carved, rather deeply, because the used wood is rather soft. The inscription is written in a script which can be characterised as a type of the so-called Runic script, better known from other regions of Central Eurasia (Mongolia, Tuva, Altai, Talas, Hungary to mention only some major parts). So far no Runic text is known from Khotan, but we know documents on wood from Miran east of Khotan or from Talas north of the Pamir.[②]

The inscription which can be read vertically consists of 16 characters They are approximately 1 cm high. If read according to the conventions when the script is used for Turkic, it can be transliterated in the following way[③]:

01	a/ä
02	l^2
03	b^2
04	l^2
05	kü
06	d^2
07	qu/uq
08	r^1

---

① First of all I would like to express my thanks to Mrs. Duan Qing 段晴 of Peking University who kindly made it possible for me to investigate this little piece. I also acknowledge the help and support of Mrs. Saren Gao Wa 薩仁高娃and Mrs. Zhao Daying 趙大瑩 from the National Library, Beijing.

② A.M. Ščerbak, "The inscription on a wooden stick from the basin of the River Talas", in: *Rocznik Orientalistyczny* XLIX (1994), pp.171-176.

③ The index numbers denote back consonants, front consonants.

09 g^1
10 t^2
11 t^1
12 n^2
13 r^2
14 m
15 š
16 :

Some characters are not clear and may be read differently from what I proposed. Nr. 5 has a shape which also resembles the letter *up* known from Runic paper documents.④ Dubious is also Nr. 8 for which I proposed the back *r*, it may also be another character. For the character Nr. 11 there are also other reading possibilities instead of front *t*. The last sign is the syllable, word or word group dividing mark [:] which is strictly followed. Sometimes if there is no space after the last word of a line it is put at the beginning of the following line.⑤

Interpreting the line as Turkic, one could propose a preliminary reading which includes either names or some unknown words: Äl B(i)lküd Qu?gt (= Qurgat?) T?n ärmiš.

Only the characters 13 to 15 can be explained clearly as a well-known Turkic word, i.e. *ärmiš* "was" Following the assumption that the preceding characters represent personal names, one can translate the whole inscription as follows: "(They) were Äl B(i)lküd (and?) Qurgat (?) T(ä)n."

Especially the Runic inscriptions from the Altai among which some documents can be read but not interpreted as Turkic, remind us to be cautious in drawing wide-ranging conclusions. Thus, there remains a possibility that the underlying language is different from that here proposed.

④ A.v. Le Coq, "Köktürkisches aus Turfan (Manuskriptfragmente in köktürkischen 'Runen' aus Toyoq und Idiqut-Schähri [Oase von Turfan])", *SPAW* 1909, pp.1047-1061.

⑤ An example: U 5 I verso 10, cf. P. Zieme, "A Manichaean-Turkic Dispute in Runic Script". In: Paul Mirecki/ Jason (eds.): *The Light and the Darkness. Studies in Manichaeism and Its World.* Leiden/Boston/Köln, pp. 209-219.

Two More Leaves of the *Dharmaśarīrasūtra* in Sanskrit and Uigur

Dieter Maue and Peter Zieme

I Introductory remarks

II The texts in transliteration and transcription with translation and commentary

III Glossaries

IV References

I

Recently a leaf in the possession of the Fujii Yūrinkan Museum (Kyoto) was published.① The Sanskrit text (together with the Uigur translation) turned out to be a short passage from a sūtra which was amply quoted in Yaśomitra's Sphuṭārtha. With some probability the sūtra was named *Dharmaśarīra*.② The square leaf is nearly complete and in excellent condition, folio no. 79③ of a manuscript the rest of which seemed to be lost forever. To our surprise there preserved two more leaves of the same manuscript in even better state of preservation. They are kept in the National Library (Beijing).④ The folio numbers, 63 and 67, are given on the reverse in both Brāhmī (red ink, right margin) and Chinese ciphers (black ink, upper margin). The writing area was defined by red lines. The script is regularly and carefully executed. It is exactly hanged on the seven horizontal lines and rarely goes across the marginal lines.

A remarkable and elsewhere unknown form of reading assistant occurs in our manuscript. The graphemes <c-> and <n-> resp. bear red dots below to be differentiated from their respective homographs, <v-> and <t->. However, the distinction does not work consequently

---

① Maue 2008, 79 ff.

② Hori 2005, 92 f.

③ The folio no. was overlooked by Maue 2008.

④ We are grateful to Professor Rong Xinjiang 荣新江 and the authorities of the National Library (Beijing) for giving us the opportunity to work on these fragments.

or faultlessly.[⑤] Sometimes <ṇ-> has a dot above, abundantly, as there is no risk of confusion.

II

Some signs and symbols need explanation, as their use is not standardized and perhaps not self-explaining.

+ equivalent of 1 akṣara

× part of an akṣara

atha (italics) 1. in transliteration, transcription, glossaries: uncertain reading

2. elsewhere: according to the conventions of the editor

(a) 1. in Uigur words: normalising addition, e. g. y(a)rašı, spelled yra śi

2. in translations: phraseological or commentarial complement

[atha] 1. lost text restored by conjecture

2. phonetical value

<a> 1. restored by emendation

2. graphematic representation (not marked in the transliteration or in the apparatus criticus)

a < b a comes from, or is a direct borrowing of b

a << b a comes from, or is a borrowing of b through an intermediary

/a/ phonological value

°kṛta° abridged quotation leaving out the text before and after kṛta

r(ecto) obverse

v(erso) reverse

ling$_2$ 1. in translations: rendering of a hendiadys through one word

2. in transcriptions of Chinese: mark of the tone(s)

Folio 63

recto

1 ksaṃ bu dd^{h}o | kyo ṇi tyu zyu ṇi tu ymi- | u

2 dā raṃ | ye g$_1$yu styuṃ ki | ā rṣa b^{h}aṃ st^{h}ā naṃ | u

3 d^{h}lā-ṟ e lī g1i nī-ṅ o rṇiṃ | pra ti jā nā

4 ti | pli-ṟ | brā hmaṃ ca kraṃ | zä rv1ā ti lkyā ṇiṃ

5 va rta ya ti | tya g$_1$siṃ tyu ryu-ṟ | pa ri ṣa di |

6 k̄u wrā-g$_1$ ā rā | sa mya-k | kyo ṇi | siṃ ha

---

⑤ 63r3 pratijṇāti: the dot is uncertain, 67r7 ākhyāta: perhaps with an erroneous dot. 67v4 niryātīti: erroneous dot.

7 nā daṃ | a rslāṃ eya d^{h}i ṇiṃ | na da ti | eya d^{h}ṇyā

verso

1(8) yyu-r̲ | ka ta mā ni | k̄ā yu lā ro-l̲ | ca

2(9) tvā ri | tyo-rt te syā-r̲ | sa mya ksaṃ bu dd^{h}a

3 (10) sya | kyo ṇi tyu zyu ṇi tu ymi śk̄a | me | mā

4 (11) ṅā | sa ta | eya rtyā ci kyā | i me te | po

5 (12) lā rya ryu rlyā-r̲ o lā-r̲ | d^{h}a rmā | ṇo mlā-

6 (13) -r̲ | a na b^{h}i saṃ bu dd^{h}ā i ti | tu yu ×mā

7 (14) to k̄lā rte- | a tra māṃ | mu ndā mān ṅā | ka ści-

	Sanskrit	Uigur
1	[samya]ksaṃbuddho	köni tüzüni tuymıš
2	u(2)dāraṃ	yeg üstünki
3	ārṣabhaṃ sthānaṃ	u(3)dlar eliginiŋ ornın
4	pratijānā(4)ti	b(i)lir
	brāhmaṃ cakraṃ	zırwa tilgänin
5	vartayati	tägzintürür
6	pariṣadi	(6) kuvrag ara
	samyak-	köni
7	siṃha(7)nādaṃ	arslan ätinin
	nadati	ät(i)nä-⑥
1	(8)	yür
	katamāni	kayular ol
2	(9)ca(2)tvāri	tört tesär
3 (10)	samyaksaṃbuddha(3)sya	köni tüzüni tuymıška
4 (11)	me	ma(4)ŋa
	sata	ärdäčikä
5 (12)	ime te	bo(5)lar ärürlär olar
6 (13)	dharmā	nomla(6)r
7 (14)	anabhisaṃbuddhā iti	tuyunma(7)doklar tep
	atra māṃ	munda maŋa
	kaści(64r1)t	

⑥ Despite the spelling of *ätin and ät(i)nä-* with d^{h} in this ms. we transcribe them with the expected -t- (cp. Röhrborn 2010, pp. 200, 201). The Uigur *Daśabalasūtra* shows that also the simplex verb *ät-* can be used in the meaning of *ät(i)nä-* "to roar", cp. Shōgaito 2002, p. 295.

⑦catvārīmāṇi śāriputra tathāgatasya vaiśāradyāni, yair vaiśāradyaiḥ samanvāgatas tathāgato 'rhan samya[63r1]**ksaṃbuddho u[r2]dāram ārṣabhaṃ sthānaṃ [r3]pratijānā[r4]ti brāhmaṃ cakraṃ [r5]vartayati pariṣadi [r6]samyaksiṃha[r7]nādaṃ nadati.**

[v1]***katamāni ca***[v2]**tvāri.**

samyaksaṃbuddha[v3]sya me [v4]sata ime te [v5]dharmā [W p.646] **[v6]anabhisaṃbuddhā iti [v7]atra māṃ kaści[64r]**c chramaṇo vā brāhmaṇo vā sahadharmeṇa⑧ codayet, smārayet.

Four, o Śāriputra, are the Tathāgata's confidences in himself, endowed with which the Tathāgata, the Arhat, **the perfectly enlightened one claims for himself the high, excellent place, sets the brahmic wheel in motion, roars the lion's roar perfectly in the assembly.**

Which four?

"To **me** (the Tathāgata) **being perfectly enlightened these dharma-s here are not perfectly enlightened." For this** (statement) any monk or Brahman could reprove and remind me in accord with the Dharma.

Folio 67

recto

1 (15)　brā hmaṃ ca kraṃ | zä rv1ā ti lkyā ṇiṃ | va rta⑨
2 (16)　mi | tya g1siṃ tyu ryu rmyāṃ | pa ri ṣa di | k̄u wrā-
3 (17)　-g ā rā | sa mya ksiṃ ha nā daṃ | kyo ṇi
4 (18)　a rslāṃ eya t^{h}i ṇiṃ | na dā mi | eya tṇyā yyu
5 (19)　rmyāṃ | ye vā me | k̄ā yu eya rsyā rymyā
6 (20)　mya ṇi-ṅ | śrā va kā nāṃ | te tsi lā ri
7 (21)　mk̄ā | mā rga | yo-ḻ | ā khyā ta | ṇo mlā d^{h}i

verso

1 (22)　lti eya rsyā-ṟ | ā ryo | tyo zyoṃ | nai ryā⑩ ṇi
2 (23)　ko | uyuṃ tyu rtyā ci | nai rve d^{h}i ka | oya tkyo
3 (24)　rtyā ci | sa ba ta | o-ḻ i ñci-p̱ | na
4 (25)　ni ryā tī ti | uyuṃ tyu rmyā zte-p̱ | a tra māṃ
5 (26)　mu ndā mā ṅā | ka ści-t | ki mk̄ā yu | śra
6 (27)　ma ṇo vā | to yiṃ eya rsyā rymyā | brā hma

⑦ For an understandable context the text of the manuscript (**bold-faced**) was supplied with some passages from W(ogihara's edition). Textual differences between our ms and W are not discussed here.

⑧ Or: saha dharmeṇa? Emphatically in favour of the compound BHS-D 587a.

⑨ Above something blurred out, perhaps the lacking akṣara <yā>.

⑩ Relatively rare variant of <rā> with -ā is bent to the left, sometimes met with also in Tocharian (e. g. TochSprR A 400 v4); s. Maue in *SIAL* 2002, 89.

7 (28) ṇo vā | bra miṃ eya rsyā rymyā | de vo vā |

	Sanskrit	Uigur
1 (15)	brāhmaṃ cakraṃ	zırwa tilgänin
2 (16)	varta<yā>(2)mi	tägzintürür-män
3 (17)	pariṣadi	kuvra(3)g ara
4 (18)	samyak siṃhanādaṃ	köni (4) arslan ätinin
5 (19)	nadāmi	ät(i)näyü(5)r-män
6 (20)	yo[11] vā me	kayu ärsär ymä (6) mäniŋ
7 (21)	śrāvakāṇāṃ	tetsıları(7)mka
	mārga	yol
	ākhyāta	nomla{dı}-
1 (22)		-ldı ärsär
	āryo	tözön
2 (23)	nairyāṇi(2)ko	üntürdäči
3 (24)	nairvedhika(ḥ)	ötgö(3)rdäči
	sa bata	ol inčip
4 (25)	na (4) niryātīti	üntürmäz tep
5 (26)	atra māṃ	(5) munda maŋa
	kaścit	kim kayu
6 (27)	śra(6)maṇo vā	toyın ärsär ymä
7 (28)	brāhma(7)ṇo vā	bramın ärsär ymä
	devo vā	[täŋri ärsär ymä]

ye vā punar mayā śrāvakāṇām āntarāyikā dharmā ākhyātāḥ, tān pratiṣevamāṇasya nālam antarāyayety. atra māṃ kaścic chramaṇo vā brāhmaṇo vā sahadharmeṇa codayet. smārayet. tatrāhaṃ nimittam api na samanupaśyāmi. evaṃ cāhaṃ nimittam asamanupaśyan kṣema-prāptaś ca viharāmy abhaya-prāptaś ca vaiśāradya-prāptaś ca udāram ārṣabhaṃ sthānaṃ pratijānāmi. [Bl. 67r1] **brāhmaṃ cakraṃ varta<yā> [r2]mi. pariṣadi [r3]samyak siṃhanādaṃ [r4]nadāmi.**

[r5]yo vā me [r6] śrāvakāṇāṃ [r7]mārga ākhyāta [v1]āryo nairyāṇi[v2]ko nairvedhika(ḥ) [v3]sa bata na [v4]niryātīti. atra māṃ [v5]kaścit śra[v6]maṇo vā brāhma[v7]ṇo vā devo vā sahadharmeṇa codayet, smārayet ...

"Again, as to the obstructive conditions, which were explained by me to the disciples, even for one who is addicted to them there is no real obstruction." For this (statement) any monk or Brahman could reprove and remind me in accord with the Dharma. Therein I do not even

[11] The ms has ye (plur. masc.) which must be emended into yo (sing. masc.) because it refers to mārga(ḥ). The Uig. translation kayu (sing.) is correct.

perceive a reason. Thus not perceiving a reason I am living as one who has attained peace, safety and self-confidence. I claim for myself the high, excellent place, **set the brahmic wheel in motion, roar the lion's roar perfectly in the assembly**.

(End of the third vaiśāradya)

"**Again, the way, which was explained by me to the disciples as noble, conducive to deliverance, penetrating, this way indeed does not conduce to deliverance. For this** (statement) **any monk or Brahman or god** could reprove and remind me in accord with the Dharma. ...

III

NB: The order of the Latin alphabet is used without regard of diacritics.

Special signs and symbols:

aham - män	is exactly corresponding to
māṃ ~ maŋa	is slightly different from
aham : [ ]	(possible) equivalent is lost
tvam ≠ kaŋımız	is lexically different from (which does not imply difference of the designata)
aham : Ø	has no equivalent

1. Sanskrit – English – Uigur

aham	"I" : 14, 25/26 māṃ (acc.) ~ maŋa (dat.). 10/11 me (gen., dat.) - ma(11)ŋa (dat.), 19/20 – mäniŋ (gen.)
ākhyā	"to explain, teach" : 21/22 ākhyāta(ḥ) "was explained, or taught" (predicate without copula in a subjunct clause) - nomlaldı ärsär
anabhisaṃbuddha-	"not completely enlightened": 13/14 anabhisaṃbuddhā(ḥ) (nom. pl. masc.) - tuyunmadoklar
ārṣabha-	"bull-like, excellent": 2/3 ārṣabhaṃ sthānaṃ (acc.) "excellent place" ~ udlar eliginiŋ ornın "place of the neat's king"
ārya-	"noble": 22 āryo (sandhi form < °as, nom.sing. masc.) - tözön
as-	"to be" s. sat-
atra	"here, in this (respect etc.)": 14, 25/26 atra - munda
ayam	"this": 11/12 ime (nom. pl. masc.) - bolar
bata	"indeed": 24 bata - inčip
brāhma-	"brahmic": 4, 15 brāhmaṃ cakraṃ (acc.) "brahmic wheel" ~ zırwa tilgänin "Brahmā's wheel"

brāhmaṇa-	"Brahman": 27/28 brāhmaṇo (sandhi form <°as nom. sing. masc.) - bramın
buddha-	"awaken, enlightened": 1, 9/10 buddha- - tuymıš s. samyak
cakra-	"wheel": 4, 15 cakra- tilgän; s. brāhma-
catur-	"four": 8/9 catvāri (neutr.) - tört
deva-	"god": 28 devo (sandhi form <°as nom. sing. masc.) : [ ]
dharma-	"dharma": 12/13 dharmā(ḥ) (nom. pl. masc.) §nomla(13)r
iti	(pospos.) "thus saying" : 13/14, 25 iti - tep
kaścit	"whosoever, any": 14 kaści[t] : [ ]. 26 kaścit - kim kayu
katama-	"which?" : 8 katamāni (nom. plur. neutr.) - kayular
mārga-	"way, path": 21 mārga(ḥ) - yol
na	"not": 24/25 na - -mäz
nad	"to sound, roar": 18/19 nadāmi – ät(i)näyür-män. 7/8 nadati – ät(i) näyür
nāda-	"a loud sound, roaring": 7 nāda- - ätin s. siṃha-
nairvedhika-	"penetrating; (here:) causing to penetrate": 23 /24 nairvedhika(ḥ) - ötgördäči "causing to pass through"
nairyāṇika-	"surpassing; (here:) causing to surpass (the saṃsāra), conducive to deliverance": 22/23 nairyāṇiko (nom. sing. masc.) – üntürdäči "causing to rise from (the saṃsāra)"
niryā	"to surpass; (here:) to cause to surpass (the saṃsāra), conduce to deliverance": 25 na niryāti - üntürmäz
pariṣad-	"assembly": 5/6, 16/17 pariṣadi (loc.) - kuvrag ara
pratijñā	"to know": 3/4 pratijānāti - b(i)lir
sa-/ta-	"this, he": 24 sa – ol. 11/12 te (nom.plur.masc.) - olar
saṃ-	(in saṃbuddha-) "completely" : 1, 9/10 saṃ- - tüzüni, s. samyak
samyak	(adv.) "perfectly": 6, 17 samyak – köni
samyaksaṃbuddha-	"perfectly and completely awaken, or enlightened": [samya]

	ksaṃbuddho (sandhi form < -as nom. sing. masc.) - köni tüzüni tuymıš . 9/10 samyaksaṃbuddhasya (gen. pro dat.) - köni tüzüni tuymıška (dat. auctor.)
sat-	"being": 11 sata(ḥ) (gen. pro dat.) ~ ärdäčikä (dat.)
siṃha-	"lion": 6/7, 17/18 siṃhanādaṃ (acc.) "lion's roar" - arslan äDinin
śramaṇa-	"monk": 26/27 śramaṇo (sandhi form <-as nom. sing. masc.) - toyın
śrāvaka-	"hearer, disciple": 20/21 śrāvakāṇāṃ (gen. pro dat.) ~ tetsılarımka
sthāna-	"place": 2/3 sthānaṃ (acc.) – ornın (acc. with pers. pron. suff.)
udāra-	"raised, excellent": 1 /2 udāraṃ - yeg üstünki "highest$_2$"
(... vā) ... vā	"(either ...) or": 19 vā - ärsär ymä. 27/28... vā ... vā ... vā - ... ärsär ymä ... ärsär ymä [... ärsär ymä]
vṛt	caus. vartaya- "to turn, to set in motion (wheel)": 5 vartayati – tägzintürür. 15/16 varta<yā>mi - tägzintürür-män
ya-	(relat. pron.) "who, which": 19 yo (ex coni., nom. sing. masc.) - kayu

2. Uigur – English - Sanskrit[12]

är-	"to be" – as. S. ärdäči, ärsär ymä
ara	(postpos.) "in" - Skt. locative
ärdäči	"being" - sat-
ärsär ymä	"or" - vā
arslan	"lion" - siṃha-
arslan äDini	"lion's roar" - siṃhanāda-
ätin	"loud voice, roaring" - nāda-. S. arslan
ät(i)nä-	"to cry, roar" - nad
bil-	"to know" - pratijñā
bo	"this" - ayam
bramın	"Brahman" - brāhmaṇa-
elig	"king" : Ø. S. ud

[12] In form of a word list, for details see glossary 1.

inčip	"indeed" - bata
kayu	1. (interrog.) "which?" - katama- . S. kim
	2. (relat.) "who, which" - ya-
kim kayu	"whosoever, any" - kaścit
köni	"perfectly" - samyak
köni tüzüni tuymıš	"perfectly and completely enlightened" - samyaksaṃbuddha-
kuvrag	"assembly" - pariṣad-
män	"I" - aham
-mäz	"not" - na
munda	"here, in this (respect etc.)" - atra
nom	"dharma" - dharma-
nomlal-	"to be preached, taught" - ākhyā (pass.)
ol	1. "this, that" - sa-/ta-
	2. (used as copula) - Ø
orun	"place" - sthāna-
ötgördäči	"causing to pass through" - nairvedhika-
tägzintür-	"to turn, to set in motion (wheel)" - vṛt (caus.)
tep	"saying" - iti
tetsı	"disciple" - śrāvaka-
tilgän	"wheel" - cakra-
tört	"four" - catur-
toyın	"monk" - śramaṇa-
tözön	"noble" - ārya-
tuymıš	"having perceived, enlightened" - buddha-. S. köni
tuyunmadok	"not enlightened" - anabhisaṃbuddha-
tüzüni	"completely" - saṃ- (in saṃbuddha-). S. köni
ud	"cow, neat": udlar eligi "the neat's king" ~ ārṣabha- "bull-like"
üntür-	"to cause to surpass" - niryā
üntürdäči	"causing to surpass" - nairyāṇika-

üstünki "being on the top". S. yeg

yeg "better, best": yeg üstünki "highest$_2$" - udāra- "raised, excellent"
yol "way, path" - mārga-
zırwa "Zurvan, Brahmā" : zırwa tilgäni "Brahmā' wheel" ~ brāhma-cakra- "brahmic wheel"

IV

BHS-D F. Edgerton, *Buddhist Hybrid Sanskrit*. Vol. 2: Dictionary. New Haven 1953.

Hori 2005 Shin'ichirō Hori, "Additional Notes on the Unidentified Sanskrit Fragments in the Ōtani Collection at Ryūkoku University Library". In: *Journal of the International College for Postgraduate Buddhist Studies* 9 (2005), pp.91-97.

Maue 2002 D. Maue, "Altbekanntes und Neues: Bruchstücke des uigurischen Almanachs von 1277/78". In: *Studies on the Inner Asian Languages* 17 (2002), pp.77-115.

Maue 2008 D. Maue, "The equanimity of the Tathāgata". In: *Aspects of research into Central Asian Buddhism. In memoriam Kōgi Kudara*. Ed. by P. Zieme. Turnhout 2008. (Silk Road Studies; XVI.), pp.179-190.

Röhrborn 2010 K. Röhrborn, *Uigurisches Wörterbuch. Sprachmaterial der vorislamischen türkischen Texte aus Zentralasien* - Neubearbeitung - I. Verben Band 1: ab- - äzüglä-. Stuttgart 2010.

Shōgaito 2002 M. Shōgaito, "Fragments of Uighur *Daśabala sutra*". In: *Splitter aus der Gegend von Turfan. Festschrift für Peter Zieme*. Ed. by M. Ölmez & S.-C. Raschmann, İstanbul & Berlin 2002, pp.291-297.

TochSprR A E. Sieg & W. Siegling, *Tocharische Sprachreste*. 1. Band: Die Texte, A. Transkription. Berlin & Leipzig 1921.

W U. Wogihara, *Sphuṭārtha Abhidharmakośavyākhyā by Yaśomitra*. Tokyo 1932-?.

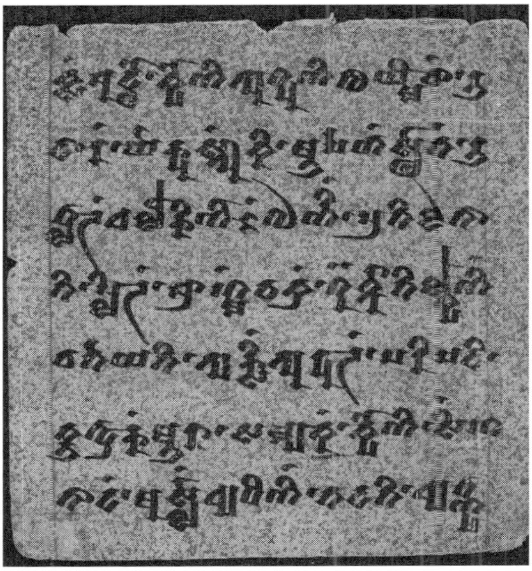

Folio 63 recto

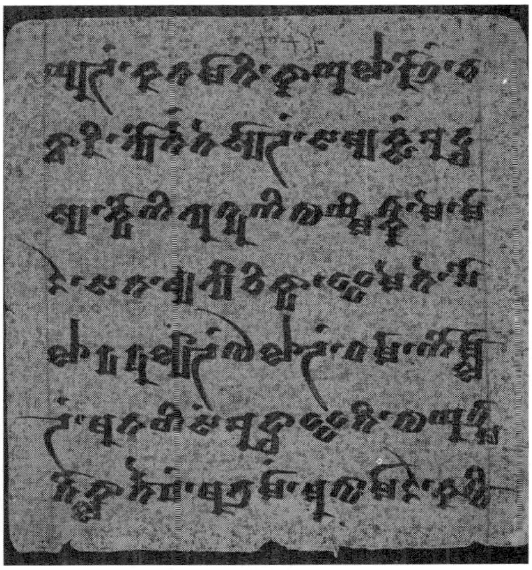

Fol. 63 verso

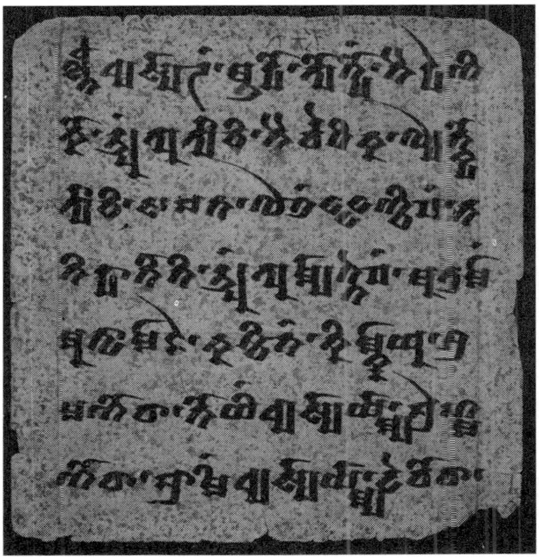

Folio 67 recto

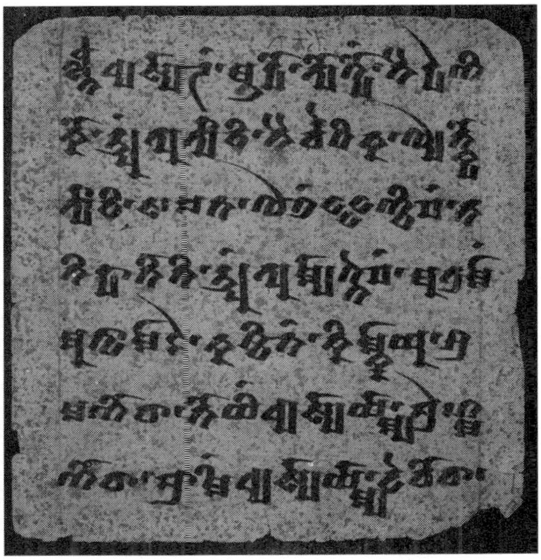

Fol. 67 verso

十姓回鶻王及其王國的一篇備忘錄*

張鐵山　茨默 著　白玉冬 譯

據我們理解，我們在此公開的這一對開本文書，是關於一位回鶻王以及他的軍隊所從事的一些重要軍事行動的歷史記述。很遺憾，該文書本身未標明年代。但這個倍受稱頌的王國被稱爲“十姓回鶻王國”。從這一事實我們可得出結論：本文書年代所指的是以吐魯番地區的高昌爲中心的西州回鶻王國時期。這允許我們做出如下推論：這篇文書描述了一些大約發生於10—11世紀的事件。我們目前的這一稿件衹能被認爲是解釋這篇文書的第一階段。我們希望其他學者們盡快補充他們對這些事件之歷史的洞察①。由於這一片段保存完好，文書原稿的其他部分存在可能出現的希望。這是一篇珍貴文獻，它彌補了關於維吾爾的西州回鶻王國史料之匱乏。

文書描述

保存基本完好的這一張文書是一本書的第22對開頁，收藏於中國文化遺産研究院（原中國文物研究所），編號是xj 222-0661.9。沒有該文書被發現於何時、何地以及由何人帶至研究所的信息可利用②。文書片段的規格爲17厘米×28.6厘米。對開頁的上下端標有黑綫，左右端標有紅綫。背面一側左端帶有如下標記：回鶻文獻類型名稱[t]g“請求、向上級的請願”（ED, p. 51a），在此翻譯爲“備忘錄”，接下來是用回鶻文字和漢字兩種文字共同書寫的頁碼iki③ otuz 二十二。[t]g“請求”作爲文獻類型名稱，我們還是初次遇見。但正如森安孝夫所示，這個詞被清楚地記錄在書信格式中。他

---

* 拙稿是中央民族大學少數民族語言文學學院張鐵山教授與德國回鶻學家茨默教授聯合發表在匈牙利東方學報英文論文的（Zhang Tieshan & Peter Zieme, “A Memorandum about the King of the On Uygur and His Realm”, *Acta Orientalia Academiae Acientiarum Hungaricae* 64 (2), 2011, pp. 129-159）翻譯。對二位先生准許筆者將其翻譯成漢文並在國內發表，深表感謝。如拙稿出現文義不妥之處，均爲譯者責任。

① 我們對仔細檢查我們的文章並給予寶貴評論的埃爾達爾（Marcel Erdal）和海斯（Michael Heß）表示衷心的感謝。但所有的錯誤或錯誤的解釋，均由我們負責。我們還要對建議一些新解釋的森安孝夫表示感謝，我們還希望他以及其他同仁能研究這一新的文獻。

② 在此我們對中國文化遺産研究院允許我們公開這篇文書，表示感謝。

③ 這個單詞最初被錯誤地拼寫爲’yk，現糾正爲iki，置於該行左側。該標題衹用回鶻文字書寫，但頁碼是由回鶻文字和漢字兩種文字共同寫成。

強調，這個名詞與它的同源動詞ötün-“向上級提出陳述或請求”④ 具有同樣的語義。他還寫到：“[t]g基本上是由下屬向上級提交的文書”⑤。這個定義也符合我們的“備忘錄”。

内　容

A. 在第一節，我們得知新國王的青年時期。我們瞭解到，在他還是孩童時，在他的父王（Tängri Elig）對一些鄰近民族，例如從蒙古的古代突厥碑文所知的九姓達靼開進行的征服活動中，幫助他父王的一段奇異的記述。在地理上，該文書涉及高昌東部地區。

B. 第二節談到在王國的昌盛時期新王子也扮演了積極的角色。在登上王位後，爲了壯大高昌王國的力量，他採取了幾項行動。

C. 在這裏，文書轉向西方。我們瞭解到居住在塔里木地區，即沿着塔里河居住的其他一些居民。他們因爲自己的抵抗而被征服。文書描寫他們爲muyγa（瘋狂的、野蠻的）。

D. 之後，接下來是針對唆裏迷城的軍事行動。在征服唆裏迷城後，宣佈平定了天下。

E. 隨後一節，注意力轉移到更遠的西方：怛羅斯城被征服，而且談到在一位將軍統領下的十個城主。祇有最後一個人名（即將軍）被記爲bahucaq，這個名字，在其他史料中無從得知。

F. 針對敵人的箴言。

G. 針對忠順民眾的箴言。

H. 隨後的一節，作者談到rājaśāstra。它是類似於王子典範的著名的印度文獻類型名稱，提到詳述國王如何統治其國家的一些作品。這樣的印度作品還被編入佛教界廣爲人知的佛教典籍《金光明經》，11世紀初從漢文《易經》翻譯爲回鶻文，是古維吾爾流傳最廣的佛教典籍⑥。“對外族人給予懲罰，對忠順的民眾給予寬容”——這樣的說法似

---

④ G. Clauson, *An Etymological Dictionary of Pre-Thirteenth-Century Turkish*, Oxford, 1972, p. 62.

⑤ T. Moriyasu, “Epistolary Formulae of the Old Uygur Letters from Central Asia”, *Acta Asiatica. Bulletin of the Far Eastern Culture, Japanese Studies in the History of Pre-IslamicCentral Asia*, 2008, vol.94, pp. 139-140.

⑥ S. C. Raschmann在柏林出版了收藏品中的古回鶻文書片段的三卷目錄，見S. C. Raschmann, *Alttürkische Handschriften, Teil 5: Berliner Fragmente des Goldglanz-Sūtras, Teil 1: Vorworte und erstes bis drittes Buch*, Stuttgart (VOHD XIII,13), 2000; *Alttürkische Handschriften, Teil 6: Berliner Fragmente des Goldg lanz Sūtras, Teil 2: Viertes und fünftes Buch*, Stuttgart (VOHD XIII,14), 2002; *Alttürkische Handschriften, Teil 7: Berliner Fragmente des Goldglanz-Sūtras, Teil 3: Sechstes bis zehntes Buch, Kolophone, Kommentare und Versifizie- rungen, Gesamt- konkordanzen*, Stuttgart (VOHD XIII,15), 2005; 眾多研究論文見S. C. Raschmann, “Aus den Vorarbeiten F. W. K. Müllers zum Altun Yaruk Sudur”, In: J. P. Laut & M. Ölmez (eds.), *Baxşı Ögdisi, Klaus Röhrborn Armağanı, Freiburg–İstanbul*, 1998, pp. 295-304; “Bruchstück eines Komme- ntars der Beschreibung der zehn bhūmīs”, *Türk Dilleri Araştırmaları* 10, 2000, pp. 17-24; “Einige Bemerkungen zu den Buddhanamen im 8, Kapitel des Goldglanz-Sūtras”, In: S. Bretfeld & J.Wilkens (eds.), *Indien und Zentr- alasien. Sprach- und Kulturkontakt,Vorträge des Göttinger Symposions vom 7. bis 10. Mai 2001*, Wiesbaden, 2003, pp. 95-107. 單單柏林收藏品中的1000個左右的物品，就深刻表明sūtra在佛教文獻中的重要性。

乎就是這本說教性文本的箴言。但很遺憾，我們未能在《金光明經》中發現這樣的句子。

I. 包括穆斯林的所有民眾歸順於十姓回鶻。

J. 對王國的稱頌。

K. 對國王（汗）的稱頌。

L. 順從的表現。

M. 最神聖的王國就是十姓回鶻王國，最神聖的國王就是“我們的t'ngrik'n”。

N. 汗的英名傳至天地之際，從“三唆裏迷”到“大尤勒都斯”。

O. 平定包括于都斤山地區在內的其他國家。

P. 這些功績史無前例。

Q. 傳頌英名。

R. 十姓回鶻王國之名聲自開始之日起就很偉大。

S. 歸屬中國（契丹）王國的六姓達靼人被汗征服。

T. 人民居住的區域達到bay tah 和横相乙兒（北）。

U. 過渡性韻文。

V. 王子們及其他一些人來到並

W. 居住於“新城”。

X. Yeti Buqa 供奉他的女兒給“我們的t'ngrik'nt”作妻子。

Y. s]g]l]g（s]ng]l]g?）王子帶來了他的民眾。

Z. 大概是該文書新一節的開頭。

轉寫除外，爲便於參考，我們將在後面使用這些段落編碼。

創作年代

該文書可能的年代需要進行討論。它存在一些特點，指明該文書出自13或14世紀。

（1）存在若干來自新波斯語的借詞。單詞saqa、sipasalar 以及b(a)nd(a)g ī 將在其前後文脈中被討論。

（2）代替回鶻語單詞使用漢字不是一個明確的標準，但使用這種混寫格式的文書的大部分都寫于蒙元時代。大部分都是一些簡單的漢字被用於代替回鶻語單詞。在宗教與非宗教回鶻文書中書寫漢字這一習慣是個普遍現象，這也表明漢文化對回鶻的深厚影響⑦。於此列出這些漢字的明細（表1）。

⑦ 張鐵山《回鶻文佛教文獻中夾寫漢字的分類和讀法》，《西域研究》1997年第1期，99—104頁；《對回鶻文佛教文獻中夾寫漢字現象的一些認識》，《突厥語言與文化研究》，北京：中央民族大學出版社，1997年，112—122頁。

表1

行數	漢字	文書中的古維吾爾語	文書中不存在的古維吾爾語對應詞
正面09，背面18、22	天tian		t’ngri
正面14	十shi		on
背面27	是shi		bu
正面30	人ren	kixil’r	
背面02	此［>聖］天ci［>		bu［>”duq］t’ngri
背面08	三san		]c
背面08	大da		uluh
背面11	四si		t[rt
背面15	此ci		bu
背面15	王wang		xan
背面21	心xin		k[ng]l
背面23、27	七qi		yeti
背面28、31	聖天sheng tian		”duq t’ngri
背面30	金jin		altun

表1清楚表明作者衹有一次使用漢字的回鶻語同義詞。可以說，其他所有的漢字都是其所對應的回鶻語單詞的替代。

（3）如埃爾達爾指出，yamhur代替yahmur以及s’r’ umad”n 代替s’r] umad”是後期之特徵。q’pswrwp（31行）代替qavxurup也可以被考慮爲是唇音的變化。

（4）所謂齒音混同例子，不像在更早時期的文本中那樣罕見。

齒音混同詞彙表

	換寫	轉寫
正面1	y’dwr	yatur
1	’ ’ lp’qwd	alpahut
5	yykyd	yigit
7	twrydm’z	tur”tmaz
11	y’tm’q	yadmaq
12	kyd’rw	ketärü
15、背面17	’wdr’	otra
17	p’z’	basa
19	swyzy	süsi
22、23、28	t’l’z	talas
23、背面2、背面21	”rdwq	artuq
23	kwyswndwrw	közüntürü
27	y’r’dyqy	yarat”g”

28	d’r’yw	tarayu
28	pwsdwrm’tyn	buzdurmat”n
背面3	p’z’	basa
7	y’tdyl’r	yadt”lar
8	’ydylmys	etilmiš
9	’wrn’dw	ornatu
10	pwydwrw	bütüri
13	”lq’dmys	alkatm”š
15	”tyncyq	ad”nč”g
17	qwtwp	kodup
17	ywrdyn	yurt”n
20	qwty	kud”
21	kwykws	kögüz
23	tykyd	tegit
29	kwydwrwp	kötürüp

地理、人物及部族名稱

下面的表格（表2）給出了出現在這一備忘錄中的所有專用名詞的概要。我們按地理、人物及部族名稱進行整理。

表2

行	地名	人名	部族名
正面10			Toquz
正面14，背面5、13			On Uyhur
正面15，背面17		Udan	
正面18	Kočo uluš		
正面18	Tar”m		
正面20	Solm” bal”q		
正面22、23	Talaz（Talas）		
正面22		Bahučaq	
正面30			Čomaq
背面1			Uyhur
背面8	Üč Solm”		
背面8	Uluh Yultuz		
背面9	Ötükän		
背面14			Q”day
背面14			Alt” Tatar
背面15		Toquz Buqa	
背面20	Bay Tah		
背面20	Qum Sängir		
背面23		Sirafil Taysi	

续表

行	地名	人名	部族名
背面23		Turd" Taysi	
背面23、27		Yeti BuQa	
背面25	Yang" Bal"q		
背面29		Azlanču ohl"	
背面29		Sügülüg（Süngülüg?）Tegin	

很明顯，表2表明，很多名稱包括一些熟悉的，在此處均是第一次出現。這也拓展了我們對一些歷史事件的認識，雖然我們必須考慮該文書作爲頌詞文書的特點，這意味着此處談到的每件事情不一定都是歷史事實。

文學風格及文書構成

這個文書是關於西州回鶻王國一位王子經歷的備忘錄。它以讚美詩的形式稱頌了王子和他的王國。該文書是散文部分與詩歌部分的結合體，沒有任何表明這兩種文體區別的特殊表現。詩句是以典型的押韻爲特點。

el xan這個稱謂僅指國王。在J節和K節中，el xan這個稱謂被分配使用到两段詩文中。其中一段詩文以el開頭，另一段以xan開頭。這两段詩文都使用了節奏歡快的首字母押韻手法，" duk uyhur xan 和bu tängrikän這两種此處當作同義詞使用。文書在談到最好的國王是高昌回鶻國王，最好的王國是高昌王國時達到高潮（M節）。文書中可見很多並列結構的句子或詩文。下面是一些例子：

tös-lärin basa : töngitü :
ärin-lärin 04 yap"nu ängitü
alq"š-l"g yamhur yah"td"-lar :（L）

金 [altun] yipin arqaš"p
kümüš yipin kökläšip :（Y）

在第二個例子中我們注意到，在每一行中都使用嚴格的同義詞並列結構，是兩行構成兩行詩句的藏頭押韻法。這一段詩句的每一部分，每一行中都有4+3=7個音節結構。這種結構與廣爲人知的很多突厥語族的民族詩歌的音節類型一致。

拉丁字母換寫[⑧]

（正面）

01 01 kyčyk ky ' pyšyk t' y'dwr 'rk'ṅ 'wk "ḋyn 'lp 'lp'qwd 'r 'n l'r

---

⑧ 爲便於參考，我們給全部行數加上了編碼，{…}用於表示被作者擦掉的詞彙。

02 02 nynk kwyv'nw s'vynw swyzl'myš sv l'ryn kyryšyṅ swqymyš 'wyn l'ryn s'r '
03 03 'wm'dyn yydrw Чyn twykwp q'tyq 'wynyn č'rlyw kys'r ''rsl'n 'nwky ''č kyč'yk
04 04 ky ' 'rs'r : ym' ''ryЧ t'Чy ''dyn k'yyk l'r nynk ''tn'rmyš 'wyn l'ryn s'r '
05 05 'wm'dyn '' Чyzyq l'ryn tyš l'ryn čy Чr'dyp 'wyrw qwdy sykryyw ywkwrwr k'č'r
06 06 typ ''nčwl'yw yrm' pw t'nkryk'nym'z . 'wyzy y'šy t'qy kyčyk twyrk yykyd
07 07 'wЧl'n yrly Ч'r 'rk'n 'wk : ''č'y'n twnk' 'wqlyn č' twrydm'z twyrk
08 08 ywr'k lyk yrlyq'r 'wyčwn kys'r ''rsl'n 'ṅwkynč' kynk kwykwz lwk
09 09 kyk'y syz 'dr'm lyk yrlyЧ'r 'wyčwn ''t' sy 天 'ylyk qwtynk'
10 10 ''rЧ' pyryp ''lЧ'tmyš 'yl k' mwyЧ' pwlmyš twqwz t'tr pwdwnyn
11 11 'wykr'tkw p'lyЧs'Ч' synd' 'wyrk'r č'ryk 'wrwp y'tm'Ч'wyz'
12 12 'wyzk' snlyЧ qyrw yrlyЧ'p 'wyz 'yly nynk p'synčyṅ kyd'rw y'd'yl lyk
13 13 'yyq s'qynč ly Чy'qy l'r q' 'yšydmyš t' 'wk 'yč'ṅЧwlwЧ'ym'nkwlwk
14 14 qylw y'rlyЧ'd y 十 'wyЧwr 'ylynd' ''rykm' Чm'Ч pwdwn pwЧwn
15 15 'wd'n q'nkymz 'wЧly 'wlwЧ'dty : 'wndyn synk'r y'd y' Чy p'synčyn
16 16 kwyrm'k'y pyz typ 'wlwq 'wykrwnč lwk s'vynč lwk pwlty l'r .
17 17 'wlwq 'wrwn q' y'rlyq'myš t' p'z' k'ntw 'wykwš t'lym 'yš
18 18 kwyč 'yšl'yw y'rlyq'dy qwtlwЧ qwčw 'wlwš nwnk y'qy sy pwlmyš
19 19 t'rym lyq pwdwnyn y'nčq'lyr 'wyčwn qwp q'm'q swyzy č'ryky pyrl'
20 20 ''tl'ṅw y'rlyЧ'p swlmy p'lyЧ q' qwdwl'p t'kym lyk č'rykyn
21 21 t'r'yw s'čyp yyr ywdwky q'm'q pwdwnyn 'ynčk' tynč q' t'kwrw y'rlyq'dy
22 22 kyrwky t'l'z ywd wn ''tl'ṅw y'rlyЧ'p p'Чwč'Ч syp' s'l'r p'šyn 'wn
23 23 ''rdwq k'nt p'k l'ryn kwyswndwrw y'rlyЧ'p : yytydw ywntdwrwp t'l'z
24 24 ''tlЧ p'lyq yЧ 'ylyk yčyn ''lw y'rlyЧ'dy : q'tydyp twrd'čy y' Чy q'
25 25 q'tyЧ y'rlyЧ t'twrm'k qyn'm'Ч : ''nkytyp twypwn twyšd'čy l'ryk
26 26 'syrk'm'k tswywrk'm'Ч 'rs'r : 'rklyk kwyč lwk 'ylyk l'r nynk q'n l'r nynk
27 27 'ytyky y'r'dyqy čwqy y'lyny 是 tykwčy r'č' š'styr pytyk t'ky
28 28 s'vyЧ 'wytyk k'lwrw y'rlyЧ'p t'l'z pwdwnyn d'r'yw pwsdwrm'tyn ''šyn
29 29 twyk'l qwdwp yyd' y'rlyЧ'dy :: 'wl s'vyq 'yšydmyš č' kwyrmyš č'
30 30 人 kyšy l'r twlp čwm'Ч pwdwny 'yr'qdyn y'qyn tyn 'ydwq t'nkry ymyz k'
31 31 'ylyk l'ryn q'pšwrwp ''yydw ywkwnw ''dynw mwnk'dw 'ynč' typ swyzl'dyl'r
（背面）'wytwk {'yk} 'yky 'wtwz 二十二
32 01 'yl 'rs'r 'ydwq 'wyqwr q'n 'rmyš : 'ylyk 'yyyn kyrmyš pwdwnwЧ 'yrynčk'm'k mwnd'
33 02 ''rdwЧ mw pwlwr : q'n 'rs'r q'm'q t' yyk 聖[⑨] 天 k'ṅ 'rmyš q'r' syn q'nk č'

⑨ 此字看起來像“此”，但應被讀作“聖”。

34 03 mwnd'Ч pwylmyš p'r mw : tyšyp twyš l'ryn p'z' : twynkydw ⑩: 'ryn l'ryn

35 04 y'pyrnw 'nkydw ''lЧyš lyq ymqwr y'qytdy l'r : 'yr'qdyn 'yšydykm' kyšy l'r : {'yl t'}

36 05 'yl t' 'ydwЧy 'wn 'wyЧwr 'yly 'wk 'rmyš q'n t' s'Чly ym' pw t'nkryk'ṅ

37 06 twyrwmyš tyšyp 'ydwq t'nkryk'nymz nynk 'dkw ''tlyq č'vyn swrwЧ yn kwyk

38 07 k' kwytwrdy l'r : y'Чyz t' kynkwrw y'tdy l'r : 'yrd'sy slmyš y't 'yl lyk

39 08 l'r 'ydylmyš 三 swlmy 'wlwš qyЧwzwn 'wl'dy 大 ywltwz q't'ky 'wyzk' s'ṅ lyq

40 09 yyr yn swv yn 'wytwk'ṅ pwdwnyn 'wrn'dw y'rlyq'dy 'yčw l'ry ''p' l'ry

41 10 qylm'dwq 'yš l'm'dwk ''dyl ''drwЧ 'yš l'ryṅ 'wykwš t'lym 'yšl'yw pwydwrw

42 11 y'rlyЧ'dy : 四 tyn synk'r ''lp q'tyЧ 'dkw ''tyn kynkwrw y'd' y'rlyqp

43 12 twywk twym'n pwdwnwЧ pwЧwnwЧ twypw l'ryn twynkytdwrw 'wyzk' s'n lyq

44 13 qylw y'rlyq'dy : {Чwlmyš} ''lЧ'dmyš 'wn 'wyqwr 'yly twrЧ'lyr tyn p'rw

45 14 'yr'Ч tyn 'dy 'yšydylwr : qyd'y 'yl k' s'n lyq ''lty t't'r pwdwny twyrwp

46 15 此 'yl k' y'Чwm'dyn twЧwz pwq ' p'k'r : 王 pyrl' ''dynčyq 'ydwq ''lp

47 16 q'ṅymyz nynk ''tyn č'vyn 'yšydyp t'pynw 'wyk'myš 'yl yn q'n yn t'pl'

48 17 m'tyn qwtwp 'wrn'nmyš ywrdyn twrwЧ yn 'wqš'r č' tytyp : 'wd'n

49 18 'ydwq 天 k'nymyz k' pwdwn pwlw'p kwyč pyrkw tylt'Ч yntyn qwnkrwlw {qwwlwЧ}⑪

50 19 kwyčwp k'lyp qwtlwЧ 'ydwq t'nkry k'nymyz nynk qwr ynk' qwtl'q ynk'

51 20 syqynw k'lyp qwty p'y t'q : qwm s'nkyr k' t'ky qwnwp ywrtl'p

52 21 心 l'ry ṅwnky⑫ kwykws l'ry k'rmyš t'k 'd'my 'wykwš ''y t' ''rdwq {tykyn}

53 22 'ydwq 天 k'n nynk 'wdr'k lyk k'nt l'rynk' k'nt pwlwp 'yčykdy l'r

54 23 'wrn'šdy l'r : 'wyn'k tykyd syr'vyl t'ysy 'wЧl'ṅy twrdy t'ysy : 七 pwq '

55 24 č'nkšy p'šyn pntky tykyt l'r : ywrtl' Чw twyz ywrt l'ryn n' qwdwp

56 25 ywrtč' {'wyk' kwyl'yw} 'wyrk' k'lyp kytyp y'nky p'lyq 'ltyn yn

57 26 ywrdl'p⑬ qwnwp : 'yl t' twqmyš pwdwn t' ''rdwq 'yčykdy l'r 'wrn'šdy

58 27 l'r 七 pwЧ ' čnkšy 'wyzt' twrmyš⑭ qyzyn 'wyzy t'pl'p y'qyz

59 28 yyr 'rklyky y'lyn lyq 聖天 k'nymyz nynk y'ryndy sy pwlmyš :

---

⑩ 寫爲twynk'ydw, twynkrydw?

⑪ 可能被擦掉了。

⑫ 如我們的讀法ongay正確，那首字母旁邊的分號應爲錯誤。

⑬ 寫作ywrdlyp。

⑭ 或爲twqmys, twnmys?

60 29 ”zl’nčw ’wЧly swykwlwk tykyn k’ : twypwsyn t’ kwydwrwp k’lwrwr
61 30 č’ kyšy l’ryk yyqyp 金 yypyn ”rЧ’šyp kwymwš yypyn kwykl’šyp :
62 31 twym’n yyl q’t’ky kwyč pyrkw ’wyčwn twyk’l lyk 聖天 k’nymyz pyrl’

拉丁字母轉寫[15]

（正面）

A．散文

01 kicig k(i)y’ bexik-t’ yatur ‘-k’n [k ad”n alp alpahut ‘r’n-l’r 02 -ning k]v’n] s’vin] s[zl’mix sav-lar”n kirixin suq”mix]n-l’rin s’r’ 03 umad”n y”cruq”n t]g]p qat”h]nin carlayu kesar arslan ‘n]ki ac kicig 04 – k(i)y’ ‘rs’r : ym’ ar”h-taq” ad”n k’yik-l’r-ning ‘tin’mix]n-l’rin s’r’ 05 umad”n az”glar”n tix-l’rin c”krat”p [r] qud” sikriy] y]g]r]r k’c’r 06 tep anculayu ym’ bu t’ngrik’nimiz. [zi yax” taq” kicig t]rk yigit 07 ohlan y(a)rl”qar ‘rk’n [k :acayan tonga ohl”n-ca tur”tmaz t]rk 08 y]r’k-lig yarl”qar]c]n kesar arslan ‘n]kinc’ keng k[g]zl]g 09 kig’y-siz ‘dr’m-lig yarl”qar]c]n ata-s” 天 [t’ngri]elig qut”nga 10 arqa berip alqatm”x el-k’ muyha bolm”s toquz tatar bodun”n 11 [gr’tg][16] bal”q saqa-s”nda]rk’r c’rig urup yatmaq]z’ 12 [z-k’ sanl”h q”lu yarl”qap [z eli-ning bas”nc”n ket’r] yat ellig 13 ay”h saq”nc-l”h yah’-lar-qa exidmix-t’ [k “canhuluq ‘ym’ng]l]k 14 q”lu yarl”qad”[17]

B．押韻詩句

+[on]uyhur elind’ ‘rigm’ qamah bodun boqun

15 udan qang”m”z ohl” uluhadt” :

ond”n s”ngar yat yah” bas”nc”n 16 k[rm’g’y biz tep

uluh [gr]ncl]g s’vincl]g bolt”-lar

17 uluh orunqa yarl”qam”xqa basa k’nt]]k]x t’lim ix 18 k]c ixl’y] yarl”qad”

C．押韻詩句

qutluh koco ulux nung yah”-s” bolm”x 19tar”m-l”h bodun”n yancqal”r]c]n

qop qamah s]si c’rigi birl’ 20 atlanu yarl”qap

D．散文

solm” bal”qqa qudulap t’gimlig c’rigin 21 tarayu sac”p yer y]d]ki qamah bodun enck’ t”ncqa t’g]r] yarl”qad”

E．散文

22 ker]ki talaz yudun atlanu yarl”qap bahucaq sipasalar bax”n on 23 artuq k’nt b’gl’rin k[z]nd]r] yarl”qap : yitit] yontdurup talaz 24 atl(i) h bal”q”h elig icin alu yarl”qad” :

---

[15] 轉寫之中，[…] 表示用於原文書中的漢字的同義詞。押韻詩句的首音節用黑體字加以強調。

[16] [gr’tg] 的讀法並不確定。

[17] 寫作y’rlyq’d y，此處最後一個字母與前面部分相隔寫成。

F．押韻詩句

qat''t''p turdac'' yah''qa

25 qat''h yarl''h t't]rm'k q''namaq :

G．押韻詩句

'ngitip t[p]a t]xd'ci-l'rig

26 'sirk'm'k tsuyurqamaq 'rs'r :

'rklig k]c-l]g elig-l'r-ning xan-lar-n''ng 27 etigi yarat''h'' coh'' yal''n''

H．散文

是[bu]teg]ci raca-sastir bitig-t'ki 28 sav''h [tig k'l]r] yarl''qap talaz bodun''n tarayu buzdurmat''n ax''n 29 t]k'l qodup yed' yarl''qad''：：

I .散文

ol sav''h exidmix-c' k[rmix-c' 30 人 kixi-l'r tolp comaq bodun'' ''raqd''n yaq''n-t''n ''duq t'ngrimiz-k' 31 elig-l'rin qavxurup ay''tu y]k]n] ad''nu mungadu inc' tep s[zl'dil'r

J．押韻詩句

32 el 'rs'r 'duq uyhur xan 'rmix :

elig eyin kirmix bodunuh

irinck'm'k munda 33 artuq mu bolur :

K．押韻詩句

xan 'rs'r qamah-ta yeg 聖天[''duq t'ngri]k'n 'rmix

qara-s''n qangca 34 mundah b[lmix bar mu : texip

L．詩行內的押韻文

t[x-l'rin basa : t[ngit] :

'rin-l'rin 35 yap''nu 'ngit]

alq''x-l''h yamhur yah''td''-lar :

M．押韻詩句（變體？）

''rad''n exdigm' kixi-l'r :

36 el-t' ''duq'' on uyhur eli [k 'rmix

xan-ta sahl''[18] ym' bu t'ngrik'n 37 t[r]mix texip

N．散文

''duq t'ngrik'nimiz-ning 'dg] atl''h cav''n soruh-''n k[k 38 –k' k[t]rdi-l'r : yah''z-ta keng]r] yadd''-lar : ird'xi s(a)lm''x yat ellig 39 –l'r etilmix 三[]c]solm'' ulux q''quz''n ulat'' 大[uluh]yultuz-qat'gi

O．押韻文

[z-k' san-l''h 40 yerin suv''n

[t]k'n bodun''n ornatu yarl''qad''

P．押韻詩句（？）

---

⑱ 或爲sa h l'' h''(?)。埃爾達爾口頭認爲是動詞sa-"數"的派生詞，即sa- hl''。

ec]l’ri apalar” 41 q”lmaduq ixl’m’d]k

ad”l adruq ixl’rin]k]x t’lim ixl’y] b]t]r] 42 yarl”qad” :

Q. 押韻詩句

四[t[rt]tin s”ngar alp qat”h ‘dg] at”n keng]r] yada yarl”qap

43 t]k t]m’n bodunuh boqunuh

t[p]-l’rin t[ngitd]r][19] [z-k’ san-l’’h 44 q”lu yarl”qad”

R. 散文

alqatmix on uyhur eli turhal”r-t”n b’r] 45 “raq-t”n ad” exidil]r :

S. 散文

q”day el-k’ san-l”h alt” tatar bodun” t[r]p 46 此[bu]el-k’ yahumad”n toquz buqa b’g’r : 王[xan]birl’ ad”nc”h “duq alp 47 xan”m”z-n”ng at”n cav”n exdip tap”nu [gr(‘)nmix[20] el-in xan-”n tapla 48 -mat”n qodup

ornanmix yurt-”n turuh-”n okxar-ca titip :

udan 49 “duq 天 [t’ngri]k’nimiz-k’ bodun bolup[21] k]cberg] t”ltah-”nt”n

T. 押韻詩句

qongrulu qutluh 50 k[c]p k’lip

qutluh “duq t’ngri-k’nimiz-ning

qur-“nga quurlah-“nga 51 s”h”nu k’lip

qud” bay tah : qum s’ngir-k’-t’gi qonup yurtlap

U. 押韻詩句

52 心[k[ngg]l]l’ri ong(a)y

k[g]z-l’ri qanm”x t’g ‘d’m(’)r[22]

V. 押韻詩句

]k]x ay-ta artuq 53 “duq天 [t’ngri]k’n-ning

]dr’g-lig[23] k’nt-l’ring’ k’nt bolup icikdi-l’r 54 ornaxd”-lar :

[ng tegit siravil taixi ohlan” turd” taysi : 七[yeti]buqa 55 cangx” bax”n b(a)nt(‘)gi tegit-l’r :

W. 押韻詩句

yurtlahu t]z yurt-lar”n n’ qodup

56 yurtca [rk’ k’lip ketip yang” bal”q alt”n-“n

57 yurtlap konup: el-t’ tuhm”x bodun-ta artuq icikdi-l’r ornaxd” 58 –lar

X. 散文、押韻詩句

七[yeti]buqa cangx” [z-t’ tuhm”x q”z”n [zi taplap

---

⑲ 見 G. Clauson, *An Etymological Dictionary of Pre-Thirteenth-Century Turkish*, p. 524a töngre-?

⑳ 好像寫作’wykr’mys。

㉑ 寫作pwlw’p!]k]c berg

㉒ 或爲ädämi？但不清楚。

㉓ 寫作’wdr’k lyk。

yah’’z 59 yer ‘rkligi

yal’’n-l’’h 聖天[“duq t’ngri]k’nimiz-ning yar’’nd’’-s’’ bolm’’x :

Y. 散文

60 azlancu ohl’’ s]g]l]g[24] tegin-k’ : t[p]sin-t’ k[t]r]p k’l]r]r 61 –c’ kixi-l’rig y’’g’’p

金[altun]yipin arqax’’p k]m]x yipin k[kl’xip :

Z. 散文

62 t]m’n y’’l-qat’gi k]c berg]]c]n t]k’l-lig聖天[“duq t’ngri]k’nimiz birl’

譯文（按文書段落）

A. 當他還躺在搖籃裏的時候，他就不能忍受其他（即外國）軍隊首領們傲慢興奮地發出的言談和手指置於弓弦發出的射擊聲。他會握緊拳頭，吼聲洪亮——如同一個饑餓而幼小的Kesārin 獅子之幼仔，不能忍受森林中其他野生動物發出的聲音而咬牙切齒、跳上躍下、跑動——這就是我們的T’ngrik’n，雖然他年歲尚幼，卻是一個強壯有力的孩童。他如同Ājāneya豹對自己的幼子一樣有一顆溫柔而堅強的心，如同Kesārin幼獅一樣有寬闊的胸膛和無盡的美德，他幫助他的父王天王陛下（聖主）。他通過在城外部署驚人的軍隊，馴服了背叛神聖的（十姓回鶻）國的九姓達靼人民，並使他們稱臣納貢。他清除了自己王國面臨的威脅，使得那些心懷叵測的異國之敵聽到時心驚膽顫。

B. 生活在十姓回鶻國的所有人民，我們的父親鄔陀南之子長大成人了。他們變得非常幸福快樂，說道：“我們不會再經受周邊外敵的壓迫”。他（即新國王）登上王位後，親自採取了很多英勇的行動。

C. 爲了打擊成爲神聖的高昌國之敵人的塔里木（地方）的人民，他和其所有的軍隊一起跨上了駿馬。

D. 如暴風驟雨般攻打進唆裏迷城之後，他與自己高貴的軍隊遣散了（人民），從而帶給這片國土上他的所有人民和平與安寧。

E. 他進軍（？）西方的怛羅斯城，使得Bahucaq 將軍帶領的十多個城主出現（在他面前），在刀光劍影中，他獲取被稱爲怛羅斯的這個城市和王國，使之成爲自己的內屬（一部分）。

F+G+H. “對頑抗的敵人要施以嚴厲的命令和懲罰，向卑躬屈膝的人們展示慈悲和恩寵”。（遵循這個法則）尊貴華麗、光彩耀人、充滿力量和權威的國王們和可汗們（即我們的國王）帶來了Rājaśāstra 記錄中稱爲“是”[25] 的話語，他沒有驅逐並摧毀怛羅斯地方的人民，而是恩准他們擁有自己全部的食糧並領導他們（向前）。

㉔ 可能讀作süngülüg。

㉕ 漢字“是”意思爲“這個”，但在此處並不通順。因此，我們認爲它是漢字“王法rājaśāstra”的錯誤讀法。若果真如此，那該手稿定是一手抄本。另一方面，有人也許會認爲單詞tegüči“稱作”有必要被抹掉。

I. 人們聽到或看到了這件事，他們——來自遠方和近處的Čomak（穆斯林）人民即刻在我們神聖的T’ngri面前疊起雙手，並鞠躬致意。他們驚歎道：

J. 說起這個王國，就是神聖的回鶻汗，
將仁慈賜予這些
服從國王的人民，
比這更偉大的是什麼？

K. 談起汗，勝於萬物者就是神聖的T’ngrik’n，
他不是像父親一樣分發了他的財富嗎？——他們就這樣互相流傳。

L. 他們按着他們（自己的）的胸膛鞠躬，
他們捂着他們（自己的）嘴唇鞠躬，
他們使祝福的雨降下。

M. 聽到這些（事情）的遠方的人們彼此說道：
“王國之神聖者就是十姓回鶻王國，
作爲郡主中的最重要者，這位T’ngrik’n已經產生。”

N. 他們把我們神聖的T’ngrik’n的美好名聲與威望，高舉至上天。在他們開拓的遙遠而寬廣的褐色（大地）上，在三嘜裏迷王國之山谷中——在這些異族人建立的被施予調查的地方，更遠到達大尤勒都斯之地。

O. 他恩賜于都斤地方的人民，
居住在他自己管轄下的領土上。

P. 他進行並成就了他的前輩和祖先沒有而且沒能完成的、特別輝煌的眾多事業。

Q. 他向四方廣泛傳播他勇敢堅定的美名，他使數以萬計的人民俯首並服屬於他。

R. 受人稱頌的十姓回鶻王國自存在以來，它名揚遠方。

S. 附屬於契丹王國的六姓達靼人興起，在他們（還）沒有接近這個王國時，他們聽到了君主Tokuz Buka和汗，以及我們高尚、神聖、勇敢的汗（Alp 汗）的名字與威望時，他們就放棄並拋掉了他們已經習慣於服侍的汗（el 汗）。雖然他們熱愛（讚美）他們的家園和故土，但他們放棄了這些並成爲了鄔陀南，即我們神聖的T’ngrik’n的人民。由於給了力量，

T. 決裂而來的人們移居過來，
由於我們仁慈神聖的T’ngrik’n的
腰帶，他們得到了庇護，
向下方（從）Bay Taγ直到橫相乙兒地方，他們定居並建立家園。

U. 人民（？）他們心情舒暢，
他們胸懷滿足，

V. 很多個月來，他們湧入到我們神聖的T’ngrik’n的繁榮的城市群，
把它們當作自己的城市並定居下來。
（隸屬的？）王子們由皇子，即Sirafil 太子、他的兒子Turdi 太子、
Yeti Buqa 長史統領。

W. 他們一離開曾經居住的美好家園，

他們就來到（這個地區，並把它）作爲他們長（住）的家園，
去定居在新城（Yangï Balïq）的下部（地區）。
比出生在這個王國裏的人民更多的他們進入並居住下來。

X. Yeti Buqa長史，他自己把親生的女兒許給他本人（即T'ngrik'n），
成爲了褐色大地之王，
我們光輝神聖的T'ngrik'n的yar''nd''。

Y. 向Azlancu之子 S]g]l]g（= Süngülüg？）王子：
他帶來並聚集起人民（或婦女）時，他即刻向他抬頭，
他們被金綫連在一起，
他們被銀綫綁在一起。

Z. 爲了給予力量直到萬載，與我們完美神聖的T'ngrik'n一起……

文書注釋

A. 在第一中行，年輕的王子被比作幼獅。這種比較是基於佛教文學的傳統。在新年的祝福中也有用kesar<（Skt. Kesārin）arslan的相似表達法：kesar arslan täg sikriyü“像獅子一樣跳躍”[26]。但我們沒有找到渴望與敵人作戰的兒童被比作尋找食物的饑餓的幼獅之寓言。將描述爲türk yigit的男孩比喻作豹子，豹子前面附有通常用於馬身上[27]的梵語形容詞ājāneya。同樣有趣的是türk yüräklig“擁有一個強有力的心臟”這個表達語。

第2行：kirixin suq''mix]n-l'rin“手指置於弓弦發出的射擊聲”。

第5行：寫法''qyzyq可能是單詞az''h“大牙或獠牙”的錯誤拼寫[28]。

第7行：tur''tmaz：見動詞tur''t-“傷害”。參見tur''tmaqs''z[29]。

第9行：kig'y-siz可能來自kig'y“輻條”，但在此處代表何意，完全不明。

第9行：青年的父親被稱作t'ngri elig“聖主”，此處第一個單詞用漢字“天”寫。是青年支持了他的父親！這與英雄史詩非常相似。

第10行：九姓達靼人已被談到，他們自鄂爾渾碑文起就爲人所知[30]。

第10行：關於不常見的單詞muyha，我們從文书U5374右側第7行再引一個例子：buryuqlar（buyruq的一個罕見的音位替換形式）muyha bolup“大臣們發瘋”。Säkiz yükmäk yaruq sudur在254行有這樣的後續語tosun y(a)vlaq muyha t''nl('')hlar''h“未馴服

㉖ P. Zieme, Mängi bulzun! - Ein weiterer Neujahrssegen, In: Şükrü Elçin (ed.), *Dr. Emel Esin'e Armağan (Türk Kültürü Araştırmaları 24:1)*, Ankara, 1986, pp. 131-139.

㉗ M. Monier-Williams, *A Sanskrit–English Dictionary*, Oxford, 1899, p. 132c.

㉘ G. Clauson, *An Etymological Dictionary of Pre-Thirteenth-Century Turkish*, p. 283a.

㉙ J. Wilkens, *Das Buch von der Sündentilgung, Edition des alttürkisch-buddhistischen Kšanti Kılguluk Nom Bitig*. 1-2 (Berliner Turfantexte XXV), Turnhout, 2007, *ll.* 2837-2838; M. Erdal, *Old Turkic Word Form- ation, A Functional Approach to the Lexicon*, 1-2, Wiesbaden, 1991, pp. 515, 790.

㉚ H. Şirin User, *Köktürk Ve Ötüken Uygur Kağanlığı Yazıtları, Söz Varlığı İncelemesi*, Konya, 2009, pp. 164-165.

的，不好的，野生物種”㉛。克勞森稱該詞爲“一個貶義的形容詞”㉜。

第11行：第11行的第一個單詞很難讀也很難解釋。這個動詞所關聯的前面單詞bodun是賓格形式，所以我們必須預想到它是一個及物動詞。這可能衹是ögrät-，但是在-t-字母後面我們看到一個小勾，這有可能是“n”或者“’”或者“r”，最有可能的是“-n-”。

第11行：bal”q saqa-s”rda 這一表現，意思應該是“在城市的環境裏”或者類似的意思。喀什噶里衹收有saqa“山脚下”這個單詞㉝。此處我們認爲單詞saqa是來自傳入新波斯語的阿拉伯語“地方上的平原”㉞，這可從奥斯曼和土耳其共和國語中的saha得知。

第12行：özkä sanl”的意思是“使成爲納貢者”。我們的這個想法借自埃爾達爾，見第43-44行。

B．第15行：正如我們可以從1334年的高昌王世勳碑瞭解到，Udan是回鶻王朝創建者名字的第一部分。在第29行中，Boquq與漢語的“兀單卜古”Wudan Bugu= Udan Bügü（可汗）㉟ 相對應。L. Clark認爲這個名字用笠井最近編輯的題記來解釋㊱。

此處補充說明一下，公主的別名Tängrikän Taq”n㊲ K”z Tängrim以藏頭押韻（用黑體字强調）的方式置於完全並列的兩行内，强調了對她的崇拜。第一行中四個單詞的每個單詞都能在第二行中找到它的嚴格的對應詞。

udan uhušnung udumbar lenhuas”   2+3 // 3+3

boquh töznüng pundarik čäčäki   2+3 // 3+3

“Udan氏族的udumbara蓮花

Boquh起源的puṇḍarīka花”

C．第19行：塔里木地方的人民被提到是高昌王國的敵人。塔里木是“庫車附近的回鶻邊境上的一個地名。它被稱作是üsmi tarim，有一條河流過它”㊳。

D．第20行：唆裹迷城㊴以三唆裹迷的名稱在後面提及。

第21行：yer yüdüki的意思應該類似於“遠到大地所及”（？），這可從動詞yüd-“承載”>“大地所承載的”得到解釋。

㉛ J. Oda, *A Study of the Buddhist Sūtra Called Säkiz yükmäk yaruq or Säkiz törlügin yarumïš yaltrïmïš in Old Turkic, Text Volume, Facsimile Volume*, 2010, Vol. I, p. 234.

㉜ G. Clauson, *An Etymological Dictionary of Pre-Thirteenth-Century Turkish*, p. 772b.

㉝ 同㉜, p. 805b。

㉞ F. Steingass, *A Comprehensive Persian-English Dictionary*, London, 1892, p. 638b.

㉟ Geng Shimin & Hamilton. James, *L'inscription ouïgoure de la stèle commémorative des Iduq Qut de Qočo*, Turcica 13, 1981, p. 35.

㊱ L. Clark (2009, p. 64); 笠井（2004, pp. 3-4）（譯者補：原文如此，參考文獻欠缺）。

㊲ 可能爲從taq”n-（< taq-“固定、綁住”,G. Clauson, *An Etymological Dictionary of Pre-Thirteenth- Century Turkish*, p. 464b）派生而來的固有名稱，在古突厥語中未被記載，但見於K. Röhrborn, *Uigurisches Wörterbuch. Sprachmaterial der vorislamischen türkischen Texte aus Zentralasien*, 6 Vols., Wiesbaden, 1977-1998, Vol. 3, p. 783.

㊳ R. Dankoff & J. Kelly, *Maḥmūd al-Kāšγarī: Compendium of the Turkic Dialects* (Dīwān Lugāt at- Turk), 3 Vols, Harvard University Printing Office, 1982-1985, Vol. 1, p. 302.

㊴ 耿世民、張廣達《唆裹迷考》，《歷史研究》1980年第2期，147—158頁。

E．第22行：怛羅斯在本文書中均被寫成Talaz，是一個在很多古代突厥史料中見到的西方著名城市。

第22行：tahucaq 這個名字除此之外，不爲所知，該詞讓人聯想起回鶻的10+8部落之一的Awuche = *Avučah[40]。這個部落名字被哈密屯[41] 作不同解釋。其他的可能性爲：(1)來自粟特語p'γwc(h) “華麗” 的借用語[42]；(2)Şecere-i Terākime: 69b Baḳuy Dip Han[43]的Bukuy（Baquy）。

第22行：用於 “將軍” 的單詞sipasalar 來自新波斯語sepāhsālār “將軍”[44]。Poucha 1970, p. 178 引有 Dad ispahsalar bäg[45]。拉德洛夫[46] 收有下列詞條：“sıbasa-lar（…）高級將領”，引述KB 81, 8（sü bašlar päk s”ba-salar nägü täk kärägin） “[此章] 他說，高級將領、軍隊首領應像什麼？” M. Kaçalin KB 0034有 bâb sü başlar er negü teg kerekin ayur。這個單詞在拉德洛夫的詞典及拉紹尼和鮑斯基的著述中[47] 沒有注釋。拉德洛夫的詞條可能指的是KB的 Fergana MS, p. 71. 3。這個術語還出現在KB（MS 維也納）的Heart寫本第81頁第8行[48]。

第22行：單詞ywd wn可以被讀作yodun, yudun, yüdün 等，但是它們都不能按預想中的意義 “向，朝……方向” 來解釋。

F. 一個印度諺語被伯特林克所收集：“一個國王，應有正義感，他要能爲給予保護並征服敵人的城市而操心，要熱愛自己的臣民，如同生物之主熱愛生物。”[49]

第24行：qat”t”p，來自qat”t- “加固，使堅固” 的派生動詞。

第25行：tätürmäk （t'twrm'k）見克勞森詞典[50]。

H. 第27行：上面我們已說明，漢字 “是” = bu “這個” 作爲 “王法” “rājaśāstra” 的

---

[40] P. Golden, *An Introduction to the History of the Turkic Peoples, Ethnogenesis and State-Formation in Medieval and Early Modern Eurasia and the Middle East*, Wiesbaden, 1992, p. 156.

[41] J. R. Hamilton, Toquz Oγuz et On-Uyγur, *JA* 250, 1962, p. 43.

[42] B. Gharib, *Sogdian Dictionary, Sogdian - Persian - English*, Tehran, 1995, no. 6439.

[43] Z. K. Ölmez, *Ebulgazi Bahadır Han: Şecere-i Terākime* (Türkmenlerin Soykütüğü), Ankara, 1996, p. 120.

[44] F. Steingass, *A Comprehensive Persian–English Dictionary*, p. 651a（譯者補：原文此處忘標文後所附參考文獻 C. E. Bosworth, Ispahsalar, Sipahsalar, i. the Islamic World Excepting India, In: *The Encyclop- aedia of Islam*, Second edition, Vol. 4, Leiden, E. J. Brill, 1978, pp. 208-210. 在此譯者據文義補入。另本稿省去原文E段落第22行sipasalar、S段落第45行Alt” Tatar及V段落第54行 Sirafil Taysi 的注釋中所引阿拉伯文字或波斯文字）。

[45] P. Poucha, “Rang und Titel bei den Völkern des mongolischen Raumes im Laufe der Jahrhunderte”, In: *Proceedings of the IXth Meeting of the Permanent International Altaistic Conference, Ravello* 26-30 *September* 1966, Naples, 1970, p. 178; V. M. Nadeljaev, D. M. Nasilov, Ė. R Tenišev & A. M. Ščerbak, *Drevn- etjurskij slovar'*, Leningrad, 1968, p. 158a.

[46] W. Radloff, *Versuch eines Wörterbuches der Türk-Dialecte*, 4 Vols., Sanktpeterburg, 1893-1911, Vol.4, p. 670（譯者補：該註及註48所引KB，原文未標出全稱）。

[47] L. Rásonyi & I. Baski, *Onomasticon Turcicum, Turkic Personal Names*, 2 Vols., Bloomington, 2007, Vol. 2, p. 660a.

[48] V. M. Nadeljaev, D. M. Nasilov, Ė. R Tenišev & A. M. Ščerbak, *Drevnetjurskij slovar'*, p. 501 a.

[49] O. von.Böhtlingk, *Indische Sprüche, Sanskrit und Deutsch* (Vol.1): A-Na, St. Petersburg, 1863, pp. 246-247, Nr. 2329.

[50] G. Clauson, *An Etymological Dictionary of Pre-Thirteenth-Century Turkish*, p. 459b.

錯誤解釋。《金光明經》的第20章中被稱作rājaśāstra[51]。我們並不清楚本文書所指的是這個版本還是其他的rājaśāstra。首先，我們找不到與該文書相匹配的其他清楚的記述。我們認爲這個格言多少有些大眾化的想法，因爲無法找到能夠翻譯成這句回鶻文的精確的並列格式表現。

第28行：從喀什噶里的詞典可知，此處動詞tara-是“散佈、分散”之意[52]。

第29行：森安孝夫建議讀作yed-“喂養”。

I. 第30行：čomaq bodun” 的意思是“čomaq 人民”。單詞čomaq 的意思是“權杖，粗短的棍棒”。喀什噶里記錄道：“čomaq 是回鶻和一般異教徒之間的穆斯林……”。有人說čomaq eri指的是“穆斯林”[53]。這是這種提法在古回鶻文書中的第一次出現。

J. 第32行：elig eyin kir-“加入並跟隨國王”意爲“服從，遵守”。

K. 第33行：qara可能與 yilki qara“家畜的統稱，可能是馬和牛”同義[54]。克勞森提到察哈台語 kele qara“家畜”的例子[55]，但強調單獨 qara 並不以這個意思被使用。在吉爾吉斯語中，qara 當中卻有“馬、牛”的意思[56]。有人也可能會問到這個單詞是否有更廣闊的含意，例如“財產”，此處有人可能會想到mal（最終轉爲阿拉伯語māl），代表“財產”和“牛”。

M. 第36行：xan-ta sahl”。如上所述，sahl” 可能按sa-hl”分析。可能的相關解釋參見sahl”h“數到的所有東西”[57]。

N. 第38行：irdäš+i salm”š, irteš “詳細的檢查和在一個部落內發生的關於一些事情的詳細敍述”（…）[58]。irteš qopd” 意爲“開始一項調查或詳細檢查”。

第39行：罕見的單詞qoquz（在此拼寫爲qyqwz）可解釋作如下：“像山谷、凹陷處或洞穴的低窪地區”，在文書的後面部分還有“窪地”的意思[59]。

第39行：［Uluh］Yultuz “大星”。Yultuz（Yulduz，尤勒都斯）是吐魯番綠洲北部（譯者補：原文如此，按尤勒都斯位於吐魯番綠洲以南）的一條河和一大片高地的名字。布魯傑閥爾斯基把這個地區描述爲：“下到那拉提時，我們進入了尤勒都斯。這一名稱意爲‘星’，可能是賦予源自群山之中較高位置的這一地區，或來自其牛群之樂土這一環境。牧草在每個地區都很肥沃，在夏天能夠倖免於蚊蟲叮咬。如同土爾扈特人爲我們所描述的那樣：‘至美的、涼爽怡人的、且肥沃豐饒的土地，適合男人與牛群居住的土地’。它自東向西形成了綿延數百俄里的廣闊的低窪地。很可能，在地質學的某

---

[51] Ş. Tekin, Altun Yaruk'un 20, Bölümü: İligler Qanlarınıng Köni Törüsin Aymaq (= Rājaşāstra) [Appendix: The Mongolian Version by Jan Nattier], *Journal of Turkish Studies/Türklük Bilgisi Araştırmaları* 11, 1987, pp. 133-199, 201-210.

[52] G. Clauson, *An Etymological Dictionary of Pre-Thirteenth-Century Turkish*, p. 532b.

[53] 同[52], p. 422b。

[54] 同[52], p. 643b。

[55] 同[52], p. 644a。

[56] K. K. Judachin, Kirgizsko–russkij slovar', Moskva, 1965, p. 346a.

[57] 同[52], p. 809a。

[58] 同[52], p. 207a。

[59] 同[52], p. 614。

個遠古時代，它是一個内陸海床，因爲它的衝擊層黏性土壤傾向於證明這一點。尤勒都斯地方由兩部分組成：大尤勒都斯佔據着全部低窪地的最廣闊的西半部，而小尤勒都斯是較小的東部地區。這兩個地區具備同樣的整體特徵，它們之間的區别僅在於它們的大小。我們整個穿過的小尤勒都斯，地貌呈草原平地狀，縱向延伸達135俄里、中心寬度達30俄里”[60]。亞兹德（Šaraf ad-dīn ʻAlī Yazdī）在他的Zafarnāme中記錄到，1389年帖木兒從小尤勒都斯返回首都撒馬爾罕的途中，在作爲驛站的大尤勒都斯舉辦了一次盛宴[61]。這一高原，還在吐故舍瓦引自斯坦因文書的、並由她編輯的一份文書信件中被提及[62]。信件中寫道：basm”l”h yultuzka ünär tesär an” üzä ol yollar”h tututrung tep y(a)rl(”)h ”du y(a)rl”qad(”)m(’)z ärti “我們已經屈尊傳達了命令（口令）‘如果拔悉密人去往尤勒都斯，就據此保護這條道路’”。[63]克勞森認爲Yulduz是河的名稱[64]。

S. 第45行：Alt” Tatar. 在解釋完爲什麼所有的突厥部落被稱爲達靼人之後，拉施都丁説道：塔塔爾的各部落在當地都爲人所知，並非常著名，他們分别有各自的軍隊和首領。他們由以下六個部落組成：Tutuqli’ut Tatar, Alchi Tatar, Chaghan Tatar, Küyin Tatar, Nira’ut Tatar, 和Buruqui Tatar（腳註 2）。Tutuqli’ut 可能是《蒙古秘史》第153節中的塔塔爾部落Duta’ud。Alchi（JTK 有Anchi）按同名出現在《蒙古秘史》第153節中。Chaghan即 Chahan及Cha’a’an（《蒙古秘史》第153節）。Küyin即γuyin（《蒙古秘史》第53節）。拉施都丁文本中的Buruqui（可能應爲Buiruqut）即塔塔爾的 Ayiri’ud Buiru'ud（《蒙古秘史》第53節）。《蒙古秘史》中沒有對Nira’ut的記載，但對文本稍作校訂，Nira’ut 很容易變成 Ayira’ut，即《蒙古秘史》中的 Ayiri’ud[65]。帶有若干變化形式的名簿還見於《蒙古秘史》。關於這些名稱的詳細情況，伯希和、韓百詩曾有討論[66]。

第46行：Toquz Buqa bägär[67] “Toquz Buqa王”是達靼部落中迄今不爲人知的人物。

T. 第50行：合成詞qur-“nga quurlah-“nga 的第二個單詞是qurlah（拼寫有兩個w！），喀什噶里[68]記錄它是來自動詞 qurla- 的名詞。名詞qurlah“腰帶”見於圖瓦語[69]。

---

[60] N. Prejevalsky, *From Kulja, Across the Tian Shan to Lob-Nor, Including Notices of the Lakes of Cen- tral Asia*, London (translated by D. Morgan), 1879, pp. 41-42.

[61] V. A. Romodin (ed.), *Materialy po istorii kirgizov i Kirgizii, Vypusk I*, Moskva, 1973, Vol. 1, p. 142.

[62] L. Ju.Tuguševa, “Three Letters of Uighur Princes, From the MS Collection of the Leningrad Section of the Institute of Oriental Studies”, *AOH* 24, 1971, p. 173, fn. 2.

[63] 同[62], p. 176, *ll.* 16-18-20-22. 譯文與吐故舍瓦的譯文略有不同。

[64] G. Clauson, Two Uygur Administrative Orders, *UAJb* 45, 1973, p. 214.

[65] A. A. Ali-zade（ed.）, *Fazlallāx Rašīd ad-Dīn, Džāmi‘ at-tavārīx*, I/1, Moskva, 1965, p. 164.

[66] P. Pelliot & L. Hambis, *Histoire des campagnes de Gengis Khan: Cheng-Wou Ts’in-Tcheng Lou*, Leiden, 1951, pp. 3-9.

[67] 術語bägär。鐵兹江解釋做 bäg + är, 見 S. Tezcan, *Das uigurische Insadi-Sūtra*, Berlin (Berliner Turfantexte III), 1974, p. 75（譯者補：Toquz Buqa bägär此處釋作Alt” Tatar“六姓達靼”之王，與譯文S段落内容略有矛盾）。

[68] V. M. Nadeljaev, D. M. Nasilov, Ė. R Tenišev & A. M. Ščerbak, *Drevnetjurkskij slovar’*, p. 468b.

[69] D. A. Monguš, *Orus–tıva slovar’/Russko–tuvinskij slovar’*, Moskva, 1980, p. 433b; L. Levickaja, qur I , in G. F. Blagova, *Ėtimologičeskij slovar’ tjurkskich jazykov, Obščetjurkskie i mežtjurkskie leksičeskie osnovy na bukvy «K»*, Moskva, 2000, pp. 150–152.

第51行：Bay tah在世界地圖上地理位置爲北緯 45°15′0″（45.25度），東經 90°49′58″（90.833度）。該Bay tah或其他一些Bay tah還被‘Abd ar-Razzāq Samarqandī在其1375年的Maṭla‘ as-sa‘dayn va majma‘ al-baḥrayn中被提及：帖木兒去往Bay tah（在引用書中寫爲Baitak），並征服了Uč-Barman⑩。

第51行：Qum Sängir“橫相乙兒（沙岬）”：哈密屯⑪言：Ghumsghur可能爲Qum-Sängir之名稱，Qum-Šinggir蒙古語化爲Qum-Sängir，意爲“沙漠之角”，蒙元時期，該地位於自喀喇和林前往北庭（Bešbalïq）路途上、自北庭一周路程之處。在其完美的地圖上，哈密屯在北庭北面標有Qum Sängir⑫。另一方面，斯坦因在新疆西部記錄了一個小城Qum Sängir⑬。志費尼報告道貴由在Qum Sängir去世，那是“烏倫古河上游某地”⑭。

第51行：s“g“n-“尋求庇護”⑮。

U. 第52行：ong(a)y“容易、輕鬆”。有人可能會識別出，在開頭字母的左側有通常用來標記 n字母的小點，在此應爲誤寫。

第52行：考慮到一個小勾l被遺漏，單詞’d’my/’d’mr可被釋爲ädäm（來自新波斯語）的複數形式“人”+lär。

V. 第53行：üdräglig：埃爾達爾認爲應視爲來自動詞üdrä-的üdrä-glig。

第54行：öng tegit，這個合成名稱應指王子們（tegit表示全體王子們）的高層團體，在王子們前面明確加有öng = ong（漢字“王”指“國王、王子”）。在1334年的高昌王世勳碑中，一位公主被稱爲ong tegin bägi“公主或者是身份高貴的女性（bägi，即王子或王（ong-tigin）之女”⑯。

第54行：Sirafil Taysi。Sirafil這個名字來源於Isrāfīl, 是天使長的名字，從它的變體寫法Sarāfīl 和 Sarāfīn 中得出，它很可能來自希伯來語Serāfīm。我們第一次在莎車從阿拉伯語和回鶻語文獻中發現Israfil 這個名字⑰。Sirafil這個寫法形式似乎衹能在此處得以成立，但是我們找不到叫Sirafil Taysi的歷史人物。Taysi這個稱謂來源於漢語的“太子”⑱。

第54行：Turdi Taysi: Turdi是一個常見的土耳其語名字（意爲“他屹立”），而稱謂表明此人屬於貴族階級。

第54行：〈Yeti〉Buqa，一個人名，可被釋爲“七個公牛”。在X段落也有出現。

---

⑩ V. A. Romodin (ed.), *Materialy po istorii kirgizov i Kirgizii*, Vypusk I, Moskva, 1973, Vol. I, p. 152.

⑪ J. R. Hamilton, “Autour du manuscrit Staël-Holstein”, *T'oung Pao* 46, 1958, p. 146.

⑫ J. R. Hamilton, *Manuscrits Ouïgours du IXe-Xe siècle de Touen-Houang, Textes Établis, Traduits*, Paris, 1986.

⑬ A. Stein, *Memoir on Maps of Chinese Turkistan and Kansu from the Surveys Made during Aurel Stei- n's Explorations 1900-1, 1906-8, 1913-5*, Dehra Dun, 1923, 5. A.1.

⑭ J. A. Boyle, *The History of the World-Conqueror, 'Alā al-Dīn 'Aṭā Malek Joveynī*, Vol. 1, Cambridge MA. Harvard University Press, 1958, p. 261; J. J. Saunders, *The History of the Mongol Conquests*, London, 1971, p. 227.

⑮ G. Clauson, *An Etymological Dictionary of Pre-Thirteenth-Century Turkish*, p. 813.

⑯ Geng Shimin & Hamilton. James, *L'inscription ouïgoure de la stèle commémorative des Iduq Qut de Qočo*, p. 34.

⑰ M. Erdal, “The Turkish Yarkand Documents”, *BSOAS* 47, 1984, pp. 292-293; M. Gronke, The Arabic Yārkand documents, *BSOAS* 49, pp. 494, 496.

⑱ H. Ecsedy, “Old Turkic Titles of Chinese Origin”, *AOH* 18, 1965, p. 89.

第55行：cangx" 是來源於中國〈長史〉的古代稱謂，“他們的級別有時相當於總督或省長”。

第55行：pntky這種拼寫可以被解釋爲新波斯語 bandegīi “隸屬、閣僚、忠誠、束縛”。這是個難點。

第54—55行：“（隸屬的？）王子們由皇子（[ng tegit），即Sirafil 太子、他的兒子Turdi 太子、Yeri Buqa 長史統領”。

W. 第55行：yurtla- “定居，定居下來” 在克勞森的詞典中沒能得到確定。Ötüken詞典中有yurtlanmaq “在某地建房；在那裏定居”⑲。

第56行：yang" bal"q可被釋作Yangibaleχ，“應認爲距離靠近同一名稱的河流——瑪納斯河的現瑪納斯城不遠。這可能是在唐代時……喀什嘎裏提到維吾爾人五座城市中的yang" bal"q"⑳。

第59行：yar"nd"/yar"nt"，把y'ryndy讀作yar"nd" 或yar"nt"，有人可能自然而然地把這個至今未被證實的單詞理解爲來自動詞yar- “裂開、劈開”㉑。如同在土耳其共和國yar" nt" “因流經斜坡面的洪水或地表水而形成深溝或淺溝狀的凹陷”。但在此我們不能給這個單詞一個確切的意思，衹能寄希望於未來的理解力。

Y. 第61行：arkaš- ㉒，根據羅伯恩㉓，這個動詞的意思衹能從 Brāhmī的寫本得知。有一個例子表明它的原意非常接近於“被束縛”。

最後評論

這份獨特的手稿進一步證明了古維吾爾豐富的文學文化。我們無法想象誰是寫這個備忘錄的下屬，而誰又是擁有這個備忘錄的上級。如果我們認真看待22這個頁碼，就意味着這份文書衹是一個大型作品中被保留下來的片段部分。進一步的調查研究或可使該頁文書意義更加非凡。

詞彙表（略）

---

⑲ Y. Çağbayır, *Ötüken Türkçe Sözlük*, Ankara-Istanbul, 2007, p. 5368b.

⑳ J. R. Hamilton, Autour du manuscrit Staël-Holstein, p. 148. 位置見 J. R. Hamilton, *Manuscrits Ouï- gours du IXe-Xe siècle de Touen-Houang* 附圖。

㉑ G. Clauson, *An Etymological Dictionary of Pre-Thirteenth-Century Turkish*, p. 954b.

㉒ 同㉑, p. 218a。

㉓ K. Röhrborn, *Uigurisches Wörterbuch. Sprachmaterial der vorislamischen türkischen Texte aus Zent- ralasien - Neubearbeitung*, I. Verben, Band 1: ab--äzüglä-, Stuttgart, 2010, p. 75.

有關帕當巴桑傑的漢文密教文獻四篇*

孫鵬浩

早在20世紀40年代，呂澂就曾經對傳為元代宮廷流出的《大乘要道密集》作過研究，呂氏無疑是用現代學術方法研究漢譯藏傳密教文獻的第一人①。進入21世紀後，陳慶英首次將《大乘要道密集》與藏傳佛教於西夏的傳播聯繫了起來②。其後，沈衛榮又在《大乘要道密集》所收《依吉祥上樂輪方便智慧雙運道玄義卷》中發現一首偈頌，乃是引自俄藏黑水城文書③中的《[拙火]能照無明要門》，由此將黑水城文獻和《大乘要道密集》在文本方面實在地聯繫起來④。筆者願步前賢後塵，冀望通過研究西夏和元代漢文藏傳密教文獻，以及發掘和拓寬黑水城文獻和《大乘要道密集》之間的聯繫，來進一步理解藏傳佛教的傳播史，並紹承呂澂開創的漢文密教文獻研究之傳統。

於黑水城文獻和《大乘要道密集》中，筆者選出的四篇漢文文本都與帕當巴桑傑（Pha dam pa sangs rgyas, 約卒於1117年）這位於藏傳佛教史上大名鼎鼎，同時具有過多神話色彩的人物有關。帕當巴被息解派（Zhi byed pa）和覺派（gCod，也稱斷派）尊為祖師，來自印度，在西藏則被人稱為“印度聖者（Dam pa rgya gar）”。他是一位博學班智達，據說精熟佛法一切分支，曾先後師從五十四位上師，其中多是聲名顯赫的密宗大師。據傳帕當巴桑傑曾先後七次入藏傳教，然而比較可信的或僅有最後的兩次。一次或發生在1073年，他曾到達澎域（’Phan yul），後自吐蕃復往漢地；另一次發生在

---

* 本文初稿於2011年8月在無錫舉辦的兩岸漢藏佛學研討會上發表，當時於靈山梵宮提出寶貴意見的學者們，特別是范德康、謝繼勝、才讓、劉國威等先生，令作者受益良多。另外，如果沒有沈師衛榮和杜旭初君的幫助，以及來自談錫永上師的長期指導和支持，本文是無法完成的。

① 呂澂《漢藏佛教關係史料集》，成都：華西協和大學，1942年。《大乘要道密集》（上、下）（影印本），臺北：自由出版社，1962年（2003年重印）；另一種是經陳健民修訂過的《薩迦道果新編》（重排本），臺北：慧海書齋，1992年。另外，Christopher Beckwith也曾在英文世界推介《大乘要道密集》，見Beckwith, Christopher, “A Hitherto Unnoticed Yüan-Period Collection Attributed to ’Phags pa”, *Tibetan and Buddhist Studies commemorating the 200th Anniversary of the Birth of Alexander Csoma de Cörös*, edited by Louis Ligeti, I, Budapest: Akadémiai Kiadó, 1984, pp.9-16。

② 陳慶英《〈大乘要道密集〉與西夏王朝的藏傳佛教》，《賢者新宴》（三），石家莊：河北教育出版社，2003年，49—64頁。

③ 俄羅斯科學院東方研究所聖彼德堡分所、中國社會科學院民族研究所、上海古籍出版社編《俄藏黑水城文獻》1—6冊，上海：上海古籍出版社，1996—2000年。

④ 沈衛榮《〈大乘要道密集〉與西夏、元朝所傳西藏密法》，《中華佛學學報》第20期，2007年，251—303頁。

1097年，他來到後藏的定日（Ding ri），二十年後去世。[⑤]說他曾往漢地傳法，居漢地達十二年之久，但其中恐多穿鑿附會之辭，如言其只履西歸等等，顯然是根據漢傳禪宗有關菩提達摩的故事演繹而來的，難以令人置信[⑥]。

有關息解派在西夏的流傳，在《安多政教史》（*mDo smad chos 'byung*）中，有帕當巴來到大通河（'Ju lag，又名浩門河）的記載[⑦]。於《青史》中有一條容易被人忽略的記載，其文說帕當巴的再傳弟子Pa tshab向Bu shong sgom pa傳授了教法，後者在成為西夏王（Mi nyag rgyal po）的應供上師（mchod gnas），而名為"Nag khrid zhus len"的法門在北部地方（byang khams）的傳播歸功於他[⑧]。然而帕當巴在漢地做了什麼，傳了什麼法，在這兩部大型史書中均不得見。

本文即將先後討論的四個漢文文本，前兩篇寫本乃求修要門，自稱是帕當巴所傳之法；第三篇為讚頌詞，讚頌對象即是帕當巴的傳人；最後是一篇道歌集，雖然寫明傳自他人，然與在某處細節上與它更為對應的內容可在帕當巴所傳教法的早期寫本中找到。顯而易見，對這四個文本進行考證和研究，確認它們與帕當巴桑傑之間的關係，不但對於揭露藏傳佛教於西夏傳播歷史的真實面貌，而且也對11世紀印藏佛教史研究、特別是爲息解派早期歷史提供多語種材料，實有極為難得的意義。職是之故，茲謹對此四篇文本及其與帕當巴的關係一一加以考證。

---

⑤ 關於帕當巴的生平事蹟，《青史》第十二章"息解傳承"顯然最為重要。本文所用《青史》以兩個版本為主，藏文本為'Gos lo tsā ba gZhon nu dpal, *Deb ther sngon po*, chengdu: Si khron mi rigs dpe skrun khang, 1984, 1015-1092頁。英譯本為Geroge N. Roerich, *The Blue Annals*. Delhi: Motilal Banarsidass, 1976, pp.902-926。

此外，有19世紀末Khams smyon Dharma seng ge所著傳記：*Grub pa'i dbang phyug chen po rje btsun dam pa sangs rgyas rnam par thar pa ngos sgrub 'od stong 'bar ba'i nyi ma*, TBRC W23755。該傳記有法燈漢譯，題為《當巴桑吉傳》，惜未正式出版。這部作品的詳細性顯然是其他文獻無法比擬的，然而常流於神話。

關於學者對其生平的研究，可參見Ronald Davidson, *Tibetan Renaissance*, New York: Columbia University Press. 2005, pp.150-151, 245-249。以及Dan Martin, "Padampa Sangye: A History of Representation of a South Indian Siddha in Tibet", *Holy Madness: Portraits of Tantric Siddhas*, Rob Linrothe (Ed.), New York: Rubin Museum of Art. 2006, pp.108-123.

⑥ Khams smyon前揭書，p.60。Thu'u bkwan Blo bzang chos kyi nyi ma, *Grub mtha' shel gyi me long*, Lan kru'u: Kan su'u mi rigs dpe skrun khang, 1984, p.443。漢譯本：劉立千譯《土觀宗派源流》，北京：民族出版社，2000年，222頁。

⑦ "jo bo bod du ma byon pa'i gong tsam la pra sgom chos kyi rdo rje zhes bya ba 'ju lag dang nye bar 'khrungs pas pra sde sgar ba bcu gsum byung/ pha dam pa dang lab sgron yum sras kyang phyogs 'dir byon pas lab kyi sgom khang dang/ dam pa'i 'ob tu grags pa sogs kyang yod/（阿底峽未至西藏之時，pra sgom chos kyi rdo rje誕生於距浩門河不遠之地，出現pra sde sgar ba bcu gsum，帕當巴和Lab sgron師徒也來過此地，尚有Lab修行屋和當巴修行洞。）" Brag dgon pa dKon mchog bstan pa rab rgyas, *mDo smad chos 'byung*, kan su'u mi rigs dpe skrun khang, 1982, p.20。漢譯：智觀巴·貢卻乎丹巴繞吉著，吳均、毛繼祖、馬世林譯《安多政教史》，蘭州：甘肅民族出版社，1989年，26頁。

⑧ 關於此條信息，作者感謝西北民族大學才讓教授見告。見《青史》藏文本，1080-1081頁，英譯本，p.928。

一、《四字空行母記文卷上》

此文見於《俄藏黑水城文獻》第五冊，編號TK329[⑨]。因文本缺首，或有傳者、譯者的信息而不得見，從內容看，這部《四字空行母記文卷上》當是《亥母耳傳求修劑門》的注疏，屬於今天所謂勝樂輪（cakrasaṃvara，藏譯'khor lo sdom pa）的修法系統[⑩]。從內容看，正式注疏之前有五段對此記文的全面介紹：一敘師功能、二明所攝何教、三釋亥母得名、四釋有何利益、五明分科五段。今所存文本即從"敘師功能"中途開始。此記文可擬分科如下：

（序分、缺）

乙一、敘師功能（缺首）

乙二、明所攝何教

乙三、釋亥母得名

乙四、釋有何利益

乙五、明分科

甲一、明起發（或云演發起）

乙一、首標題目

乙二、明歸敬

乙三、敬禮讚歎

乙四、遮自說允許之義理

乙五、明分科

甲二、釋自體（或云明體義）

乙一、先所作

乙二、正釋體義

甲三、依上中下三品說勝劣解不解等義

甲四、明見解定果等

甲五、物［惣？］釋結歸

其中甲三至甲五乃根據"分科五段"所列而知。此上卷《記文》截止到"先所作"，推想下卷以"正釋體義"[⑪]開始。在"首標題目"中，可見其梵文標題，曰"室哩末日囉

---

⑨ 孟列夫、蔣維崧、白濱在《俄藏黑水城文獻·敘錄》中說它是"西夏寫本。卷軸裝。未染麻紙。高23，寬337.7。共6紙，紙幅57.3。卷心高20.2，天頭1.4，地腳1.6。每紙32行，行20字。楷書，硬筆，墨色濃勻。有雙行小字注釋與校改校補字。首缺。尾題：'四字空行母記文卷上'。已裱。"

⑩ 文內言，其所據乃是"《集輪根本本續》及《亥母出現本續》"。此二續指*'Khor lo sdom pa rtsa ba'i rgyud*和*Phag mo mngon 'byung ba rtsa ba'i rgyud*，均屬cakrasaṃvara（藏譯'khor lo sdom pa，漢譯集輪，cakrasaṃvara或藏譯 bde mchog 'khor lo，漢譯上樂輪、勝樂輪）系統之經典。

⑪ "先所作"當為藏文sngon 'gro，即前行，"正釋體義"當為藏文dngos gzhi，即正行。

合嚕機你西底”；同時亦給出華言對譯，曰“吉祥金剛修習母求修”。於是可還原為梵文為：śrīvajrayoginīsiddhi。構擬其藏文則為：dpal rdo rje rnal ’byor ma grub pa。其梵文標題中的“西底”對應siddhi，藏文為grub pa，本意“成就”；而對應“求修”的更常見的梵文為sādhana，即藏文sgrub thabs（或sgrub pa’i thabs），本意“成就法”。查俄藏黑水城西夏文文獻中有一篇《亥母耳傳記文》（No. 652），或與此《亥母耳傳求修劑門》有同一來源，我們或可期待這一西夏文本的翻譯和解讀早日面世，以補漢文之闕[⑫]。

從“敘師功能”部分剩餘的文字來看，其先述小黑足師之事蹟，再錄師承之次第。此段文字含有許多信息，特加句讀，錄文於此（括弧內小字為原文行間旁注，無括弧小字為原文雙行夾註，□為筆者無法識別之字）：

……无所遺留，後以諸處修行，所起□□□□自在故，得觀音攝受，及智成就師等攝受，故名葛麻辢石辢（□□□□師[⑬]）。次修行至救度山，□求修於渴征國內，作戲輪（論），行於八墓地中，作集輪。上師向龍樹山庵內，了悟真理。次烏哩延國[⑭]中，遇大黑□師攝受，師云：“汝為密結集大師，”故稱小足師。於後得大威德，似同金剛手，金剛手攝受，得不壞世尊之名。次大寒林墓地內，覺證法體，身心輕安，心境融鎔，空樂自顯，得智空行母等攝受。得戒受敕已。次後西番國內，現種種神變，不可具述。然此求修者，小黑足見智空行母，依理傳敕，與諸眾生作大利益故說此求修，傳流於世。今師相傳者，有遠近二種，遠則真實究竟名滿，傳與文殊師演說獅子音（西番□麻悉麻尾□吃），此傳第八地菩薩阿拽丁瓦，傳與菩提勇識米拽瓦，傳與須過麻曷廝帝空行母。此三是出世聖人，此傳與勝勢銘得哩瓦，此傳與悉麻倉（寶昌空行母），此傳與征捺波攝廝大黑足師，此傳與師辢麻捺乙[⑮]鐘小黑足師。上來皆是遠傳已竟。近則辢麻捺乙鐘傳與辢麻周乙，此傳與斜悉當章吃普宗，此傳與辢麻松巴性散哩結章光正覺寶昌師，此傳與辢麻葛悉兼名無生，此傳與辢麻昆曷普喜。

在此傳承宗師名錄中提到的名為“葛麻辢石辢”（當為梵文Kamalaśīla之音寫）的小黑足師，應當就是帕當巴桑傑。其人曾經有眾多不同的名字行世，諸如Kamalaśīla, Kamalaśri, Nag chung, Dam pa rgya gar, Dam pa sangs rgyas等等。“葛麻辢石辢”是他正式的名字，而所謂“小黑足師”（音譯“捺乙鐘”，即藏文Nag chung者）則為帕當巴的一個綽號化的稱呼。有學者認為身材矮小和膚色黝黑令他得名殊勝小黑（Dam pa Nag chung或Dam pa Nag gu）[⑯]，而上引文中則說，他得“小黑足師”之名的原因是大黑足

⑫ E. Kychanov, *The Catalogue of Tangut Buddhist Text*, Kyoto: Kyoto University, 1999, p.579.

⑬ 原文模糊，似謂“無足能行師”。

⑭ “烏哩延國”，即烏延國，此中哩字當自藏文U rgyan（<Uḍḍiyāna）中之r-而來。

⑮ 此處用“乙”表示原文書中的。

⑯ Dan Martin前揭書，p.119。

師曾贊其為“密結集大師”。“密結集”或當指“gsang ’dus”，即無上瑜伽部之父續《吉祥密集本續》[17]。

特別需要讀者注意的是，在這裡姑且使用“乙”字來表示原文書中的乚。筆者猜測，它為一缺筆九字，大概因為12世紀末漢語的西北方音中，中古入聲韻尾-p, -t, -k已經完全消失[18]，故用一個簡單的缺筆的見母字來對音藏文後加字-g，此處為Nag中的-g。這個現象亦可反過來作為彼時入聲韻尾消失的佐證。

上引傳承次第上師名錄中的部分名字可同定如下：

真實究竟名滿，指佛陀（Sangs rgyas）；傳文殊師演說獅子音，藏文sMra ba’i seng ge，其音正對小字所注“麻悉麻尾冂吃”，指文殊菩薩；傳第八地菩薩阿拽丁瓦，即Arya de ba（skt. Āryadeva），指聖天；傳菩提勇識米拽瓦，似指密哩斡巴（Birwapa/Virūpa）；傳須遏麻曷廝帝空行母，即mKha’ ’gro ma Sukhamahāsiddhi，譯言“空行母喜樂大成就”；傳勝勢銘得哩瓦，即Jina Maitri ba(pa)；傳悉麻倉，不詳；傳征捺波攝廝，藏文rJe Nag po zhabs之音，當指錄文中之大黑足師，原梵名當為*Kṛṣṇapāda[19]；傳辢麻捺乙鐘，即Nag chung，小黑足師；傳辢麻周乙，不詳；傳斜悉當章吃普宗，不詳；傳辢麻松巴性散哩結章光正覺寶昌師，不詳[20]；傳辢麻葛悉兼名無生，即sKye med，無生上師；傳辢麻昆曷普喜，藏文Kun dga’，其人不詳。

目前尚無法同定這一名錄中的所有宗承上師，以列出一完整法統，但是sMra ba’i seng ge、Āryadeva、mKha’ ’gro ma Sukhamahāsiddhi都是帕當巴桑傑一系傳承中的重要導師，可佐證其為小黑足師的猜測。在下一篇材料《甘露中流中有身要門》中，亦可找到與上列名錄部分對應的部分。按照傳統，此《記文》當是最後一位傳承者昆曷（Kun dga’）所傳。帕當巴也確有一位著名弟子名昆曷（Kun dga’），常稱Thugs sras Kun dga’，譯言“心子昆葛”。然而很難設想他即是這位與帕當巴之間尚隔周乙、斜悉當章吃、松巴、葛悉兼名四位上師的昆曷。

這裡一位名“悉兼名”（sKye med），譯言“無生”的宗師，在《大乘要道密集》所收《無生上師出現感應功德頌》中可以看到他的事蹟，後文將有討論。

---

[17] 小黑足師與《密集本續》的關係待考。

[18] 龔煌城《十二世紀末漢語的西北方音（韻尾問題）》，《西夏語言文字研究論集》，北京：民族出版社，2005年，521—568頁。

[19] Kṛṣṇapāda這個名字出現在黑水城西夏文文書《聚輪供養作次第》（Kychanov目錄編號384）中。

[20] “散哩結”應當對應藏文sangs rgyas，意為正覺，如後文小字所寫。而“章光”（或如小字所示義為“寶昌”），不知與何藏文對應。

二、《甘露中流中有身要門》

文見於《俄藏黑水城文獻》第五冊，編號A15[㉑]，署為“少黑法師傳”。文中如是簡要介紹該法傳承：

> 後别列傳人有三，謂佛、菩薩、成就[㉒]上師也。佛者，文殊獅子音也。菩薩者，救度佛母也。成就上師者，具德密拽瓦等五十四師也。此要門即後所說者是也。

此中“文殊獅子音”即與《四字空行母記文卷上》中提到的“文殊師演說獅子音”對應，即sMra ba'i seng ge；密拽瓦即“米拽瓦”；而“五十四師”則是帕當巴生平事蹟中的一個重要標誌，對此《青史》亦有具體記載[㉓]。據此可知少黑法師即是小黑足師帕當巴桑傑。在《青史》所載少黑法師師從之五十四師之中，其名字都難與密/米拽瓦建立比較完美地對音。然而“密”可對bi[㉔]，米拽瓦或即Birwa ba[㉕]，即Virūpa。

從《甘露中流中有身要門》的內容來看，其所傳中有之法與噶舉派所傳“那若六法（Nā ro chɔs drug）”中的“中有”修法有顯著的不同。它將中有分為七種，其中有“三共中有”，即極惡中有、無記中有和調善中有；以及“四不共中有”，即不生滅心中有、斷輪回涅盤種三昧中有、了自境界如夢幻中有等（第四種不共中有因闕文不詳）。這七種中有並非中有的三個階段，而是因不同業力導致的不同果報。

三、《無生上師出現感應功德頌》

見於《大乘要道密集》第四卷，署為“馬蹄山修行僧拶巴座主依梵本略集”，可知寫作方式是編譯，篇尾寫明內容來源乃“上來偈頌所解文義，依無先［生！］金剛上師行記內廣明知之”。陳慶英對此做過很有啟發的研究[㉖]，筆者在其基礎上利用前文提到的《四字空行母記文》中所提供的新信息，重讀此文本，有了新的發現。茲先將其頌文

㉑ 《俄藏黑水城文獻·敘錄》說它是“西夏寫本。蝴蝶裝，無口，中有頁碼。未染麻紙。共5頁。紙幅高13.8，寬23.5。字心高10.6，天頭1.8，地腳1.6。每半頁8行，行13字。上下單邊，左右無邊。楷書，墨色中勻。有校補字。校改字寫於同頁背面誤字位處。首題：‘甘露中流中有身要門’。另行小字：‘少黑法師傳’。尾缺。三處‘明’字缺筆為‘明’，一處不缺筆。首頁北面下方寫‘月’字，或為千字文藏書號。本號與A14《金剛亥母集論供養次第錄》行款、紙質、字跡相似，但A14‘明’字不缺筆”。

㉒ 原字誤，同頁背面校改為成就。

㉓ 《青史》英譯本，pp.868-869。

㉔ 《大乘要道密集》所收《依吉祥上樂輪方便智慧雙運道玄義卷》中，即以密栗啞鉢巴對音Birwapa。《大乘要道密集》（自由出版社2003年重印版），47頁。

㉕ 按照前例“阿拽丁瓦”中以拽對音藏文rya，則恐怕某處將rwa誤作了rya。這個錯誤可能發生在願藏文文本中，也可能發生在譯者對藏文文本的閱讀中。

㉖ 陳慶英《西夏大乘玄密帝師的生平》，《西藏大學學報》2000年第3期，5—13頁。

加上序號轉錄於此：

1. 遏令怛巴養者作良醫，達逞農家之女為眷屬，感夢金剛手師作加行，降得無生殊勝我讚禮。2. 七歲諸人談論一切法，超勝無比勇慧世間希，厭離本房遊歷為乞士，噹巴悉京銘處我讚禮。3. 化於東方夜夢金剛手，教示指歸西番中國內，松巴師處受生於一載，遏令恵辨師處我讚禮。4. 復往西天雪山國王迎，妖怪龍神聚集皆鎮伏，到女王國空行親拜受，仁德無生上師我讚禮。5. 伊吾國王信邪毀正法，勾攝摧壞現於神通力，葱嶺持呪胡僧化魅去，大寶無生師處我讚禮。6. 高昌國王迎師五百里，作密供養十遍生流行，送至萬程河邊降龍王，極能無生師處我讚禮。7. 要達弥陁國中路峭嶮，龜步羸形酸心應廻首，躡土焚香觀音親拜受，懃勇無生師處我讚禮。8. 廻至烏延國近大寒林，內見於頭托手二空行，顯於閉風加行求拜受，善逝無生師處我讚禮。9. 托脚惱臂擎頭交坐母，遊走禪定六母共拜受，見八屍林上師親指教，見吉無生上師處讚禮。10. 百花林中住於空行宮，又赴烏延蝦笑笑金行窟，不語割鉢囉師而拜受，最勝無生師處我讚禮。11. 復入大寒林中參諸聖，籛悉多莫吃囉處付本續，脩習六年親見脩習母，最上無生師處我讚禮。12. 將出寒林又遇撈巴師，受得耳傳再脩六年兮，夜聞犬吠記得我法空，要妙無生師處我讚禮。13. 自然天降亥母密本續，開演現諸神通大歡喜，一切施碍龍神而供養，威德無生師處我讚禮。14. 遊歷西天三十六國土，遍行佛師脩習所居處，無量空行受記利有情，精進無生上師我讚禮。15. 復往西番中國屍堂林，遇精進師得受大密續，解盡本續三藏明覺受，玄密無生上師我讚禮。16. 西番國王恭敬為師資，廻遣大軍拔樹而折伏，降請外道及截霜風雹，大力無生師處我讚禮。17. 辭王化利夏國大臣民，僧俗求請奉金曼捺辣，受與耳傳四字亥母法，甚深無生師處我讚禮。18. 往於西路烟焰面禪室，一切戎軍劫廣而惱害，彈指彊直人為俱不進，威勢無生師處我讚禮。19. 此師金剛手身之化現，廣受萬行圓滿而歸寂，光出感珠體顯四輪佛，勝上無比師處我讚禮。20. 為生軀形諸國參聖跡，無量師佛空行共拜受，現證解脱德化於法界，吉祥成就上師我讚禮。21. 通達禪密顯教化群密，勇猛勇母師佛親受記，超越苦海慈悲利有情，大乘辣麻渴師我讚禮。22. 禪定呪印施食無間断，脩習精進堅固得覺受，夜夢空行拜受而指示，明解慈悲上師我讚禮。

據此偈頌，這位無生上師行腳所至，有西天雪山國、女王國、伊吾國、葱嶺、高昌國、萬程河、要達彌陀國、烏延國、西番中國、夏國等等。無生師在各地學法、降魔、傳教，功德當不輸神話化後的玄奘。然而個中神跡、人名、地名之究竟，仍待深入解讀。不過顯然的是，這位無生上師與《四字空行母記文》之宗承師名錄中提到的那位"粹麻葛悉兼名無生"之所指為同一人。上錄第3偈中有云"教示指歸西番中國內，松巴師處受生於一載"，第17偈中則云"受與耳傳四字亥母法"，這正可與《四字空行母記文》所載無生上師自"粹麻松巴散哩結章光"處獲得四字空行母傳承的記載吻合。看來，《大乘要道密集》所記無生上師，實為帕當巴桑傑教法傳人。

再者，因為有噹巴悉京銘（dam pa skye med）、辣麻（bla ma）這樣的藏文音譯詞，我們可以認為拶巴座主所依“梵本”——所謂“無生金剛上師行記”——當指藏文文本。《四字空行母記文》所載“葛悉兼名”中之“葛”或為無生上師的姓氏，在《功德頌》第21偈中寫作“渴”。或亦有“遏”的寫法，然而其父名“遏令怛巴養者”（第1偈），第3偈亦稱無生上師為“遏令惠辨師”，則似乎遏令不可分。若作者馬蹄山修行僧拶巴座主所依“梵本”確實為藏文本，那麼筆者猜測，藏文史書常用'ga'來指稱西夏[27]，或許“葛”字用以指稱無生師的家鄉西夏，而漢文譯者不知其來源而音譯為葛。同時，考慮西夏時期“遏”可與藏文ga字對音[28]，則“遏令”頗似著名姓氏mGar（噶爾）之音。1214—1217年間受老師吉天宋恭（'Jig rten gsum mgon, 1143—1217）之命來西夏傳法的西藏僧人卻頂巴（Chos lding/sdings pa, 1180—1240）即名mGar Dam pa，此名亦可對應“遏令怛巴”。然而二者關係是否真如其名所示，在閱讀他的篇幅不短的手抄本藏文傳記之前，難作定語[29]。

於此再對若干語句作一探討，聊作拋磚。被認為是元中期的《唐僧取經圖冊》中，表現了許多他處聞所未聞的取經故事，是一套相對獨立的取經故事系統[30]。其中下冊圖14題簽為“萬程河降大威顯勝龍”，雖與畫面表現內容很不一致，但其文字頗似第6偈的“萬程河邊降龍王”。二者關係值得研究。

第10偈“百花林中住於空行宫，又赴烏延蝦笑笑金行窟，不語割鉢囉師而攝受，最勝無生師處我讚禮”中，“蝦笑笑”似為“蝦蝦笑”之訛，當來自藏文ha ha rgod，乃是八大屍陀林（dur khrod chen po rgyad）之一。

第15偈“復往西番中國屍堂林，遇精進師得受大密續，解盡本續三藏明覺受，玄密無生上師我讚禮”中之“精進師”，極似黑水城西夏文文獻《大手印究竟要集》中所載第八位祖師“精進”[31]。據索羅寧（Kirill J. Solonin）對《大手印究竟要集》中人名的同定，精進乃是銘得哩斡（Maitripa, 1007/1010—1088）的三傳弟子，“藏國人”，亦是《要集》譯者西夏人德慧之師[32]。

㉗ 如《紅史》，見Dung dkar blo bzang 'phrin las, *Deb ther dmar po'i gal che'i tshig 'grel gnad bsdus*, Pe cin: Mi rigs dpe skrun khang, 2004, pp.25, 303。亦可參見Elliot Sperling, “Lama to the King of Hsia”, *The Journal of Tibet Society* 7, 1987, pp.31-50, n.9。

㉘ 孫伯君《西夏新譯佛經陀羅尼的對音研究》，北京：中國社會科學出版社，2010年，173、174頁。

㉙ 此處作者感謝劉國威先生閱讀此文初稿時即提出的猜想，即無生上師可能姓mGar，為一止貢噶舉僧人。關於卻頂巴（Chos lding pa）的傳記，最近得范德康（Leonard W. J. van der Kuijp）教授見贈，書此誌謝。

㉚ 曹炳建、黃霖《〈唐僧取經圖冊〉探考》，《上海師範大學學報》（哲學社會科學版），2008年第6期，72—82頁。

㉛ K. J. Solonin, “Mahāmudrā Texts in the Tangut Buddhism and the Doctrine of ‘No-thought’”，沈衛榮主編《西域歷史語言研究集刊》第二輯，北京：科學出版社，2009年，277—305頁。

㉜ 索羅寧前揭文將西夏文《大手印究竟要集》描述的祖師傳承同定如下：1.金剛持佛，2.薩囉曷（Saraha），3.龍樹（Nāgārjuna），4.山墓（Śavaripa），5.慈師（Maitripa），6.智稱（未同定），7.語主（未同定），8.精進（未同定），9.德慧。精進（*brtson 'grus）是“藏國”人，當可對應第15偈所謂“西番中國”。

關於無生上師的遊歷線路，甚至“西番中國屍堂林”所在何處的問題，筆者認為謝繼勝《莫高窟76窟〈八塔變〉及相關的幾個問題》所論宋初中印佛教交流的內容，頗值參考，然而這並非本文重點，故不多述。詳見謝繼勝《莫高窟76窟〈八塔變〉及相關的幾個問題——11至13世紀中國多民族美術關係史研究》，《藝術史研究》第十三輯，廣州：中山大學出版社，2011年，207—250頁。

四、《大手印金瓔珞要門》

見於《大乘要道密集》第四卷。其與《師承等處奉集輪儀》、《大手印纂集心之義類要門》和《那彌真心四句要門》合題為《新譯大手印金瓔珞等四種要門》。其中，從《大手印金瓔珞要門》與《師承等處奉集輪儀》中我們可以提取其傳承譜系，然後利用《青史》第八章“大手印傳承”的記載，可以同定其名錄中的宗承師如下：

《金瓔珞要門》	《師承等處奉集輪儀》	《青史》（*Deb ther sngon po*）
薩斡哩巴	大師薩斡哩巴	Śavaripā
銘得哩斡師	大師銘得哩斡	Maitripa
金剛手師	大師金剛手	Vajrapāni
巴波無生師	大師巴波無生	Bal po sKye med (A su)
末唧囉二合孤嚕師	大師末唧囉二合孤嚕	g.Yor po rLung ston rDo rje bla ma (Vajraguru)
玄密帝師	大師辢麻瞻	
智金剛師	大師智金剛	
玄照國師		

呂澂在藏文大藏經中同定出了《大手印金瓔珞要門》之藏文原本，即*rDo rje'i mgur bzheng ba nyams kyi man ngag thig le gser gyi phreng ba*（德格no.2449），並提出其為大藏經所收*Phyag rgya chen po gSer phreng ba*（譯言《大手印金瓔珞》，德格no. 2454）之略本：“大手印修習重在心傳，然亦可表示語言以資契證，故銘得哩斡嘗集祖師法語成一書，以為傳習之用。今所校印之大手印金瓔珞即其略本也。”並提出有益的猜想：“銘得哩斡廣為搜羅，得一百二十六家，厘為三篇，合成一集。習者或病其繁雜，刪為略本，固不必出自銘得哩斡之手。略本藏文原書不題作者與譯人，殆以此歟？”[33]

需要指出的是，《大手印金瓔珞要門》中所提到的巴波無生（Bal po sKye med）並非前文中提到的葛無生。巴波無生亦名阿蘇（A su），《青史》文中前後使用不同的名字指稱他，如bla ma sKye med和Bal po sKye med等等。巴波（Bal po）易解，因他是尼泊爾人，藏文Bal po即指其鄉；阿蘇（a su < asu）作為一個梵文詞，意謂“生”，而藏文名sKye med（無生），意思相反；更有可能的是，su本為sū（生）之訛，加一否定前綴則為無生（asū），梵文母音之長短在藏文轉寫中發生訛誤實為常見。

金剛手是銘得哩斡（Maitripa, 1007/1010—1088）的四大弟子之一，其弟子阿蘇來到西番傳法，略本《金瓔珞》大概就是這時譯為藏文的，其弟子或再傳弟子傳至西

㉝ 呂澂前揭書，XI頁。

夏，該文又被譯為漢文。《青史》第八章所述銘得哩斡大手印傳承，頗具價值，略集如下。銘得哩斡自Ri khrod zhabs（Śavaripāda）處學得大手印，辯敗Shānti pa，獲名勝勢銘得哩斡（rGyal ba mai tri ba, Jina Maitripa）。其有四大徒四、七中徒、十小徒。金剛手（Phyag na rdo rje, Vajrapāni, b.1017）為大徒四人之一，博學多聞，尤擅杜哈道歌（snying po skor，即Saraha的Dohā）。大手印於西藏的傳承分為早中後三期，中期又分上下二譯，上譯（stod 'gyur）為金剛手赴藏地後所弘傳者，下譯（smad 'gyur）則由阿蘇在衛地時之所傳，而瑪爾巴（Mar pa）所傳為別譯（zur 'gyur）。阿蘇生於尼泊爾，祖父是來自印度的班智達，阿蘇向金剛手請求密法，獲得證悟。在'Phan yul的Sum 'phreng稍住，娶沒廬氏（'Brom）女為妻，後在那曲卡附近的rLung shod住了很久，曾受到rMa sgom Chos kyi shes rab的來訪，後受Klu phyug之請，到'Brom地上部，其間受到惹穹巴（Ras chung pa）來訪。阿蘇有四子三女，其心子有"四柱"、"六梁"、"碯波（g.Yor po）三子"等。其中，g.Yor po rLung ston rDo rje bla ma具備阿蘇教法精髓，超越其他弟子，具備了細緻講解杜哈道歌的能力。阿蘇的孫輩如Siddha mGon po、Sang rgyas sgom pa、Bal po 'Jig rten等都曾師從於他[34]。

帕當巴桑傑與阿蘇是何關係？雖然沒有直接的記錄表明二人有過交往，但帕當巴是銘得哩瓦的親傳弟子，而巴波無生是銘得哩瓦親傳弟子金剛手的弟子，且二人到西藏傳法的時間亦有交集。特別是，《青史》載rMa sgom Chos kyi shes rab在向帕當巴求法後，曾往rLung shod拜見阿蘇[35]。今天我們也許看不到阿蘇所傳的藏文本《金瓔珞要門》，但是，在13世紀初成書的《息解派前中後三傳法匯》[36]中，我們找到了略本《金瓔珞》的另一個版本[37]，從題目到內容，其與大藏經所錄大體一致，僅有個別用詞有所不同。這個版本的《金瓔珞》大概是帕當巴親傳自銘得哩斡的。帕當巴所傳的這個版本或可以幫助我們理解在漢譯《金瓔珞》中何以出現"嘚呤浪巴"和"丁哏巴"這兩個譯名同時指稱Ti lo pa的問題。在《金瓔珞要門》中有兩首道歌，云：

嘚呤浪巴大師頌曰："如鳥住於妙金山，變鳥本色成金相。智者若達于無生，易乎本質大安樂。"

麻曷丁哏巴大師頌曰："我今然雖法爾是明滿，妄念遮障親不見明滿。達之時無得無所見，了達不二即是大手印。"

在大藏經的版本中，對應"嘚呤浪巴大師"和"麻曷丁哏巴大師"均作Slob dpon

㉞ 《青史》藏文本，983—1014頁；英譯本，pp.839-866。十小徒中有一名小黑（Nag po pa chung ba）者，當即帕當巴桑傑。

㉟ 《青史》英譯本，p.860。

㊱ *Zhi byed snga bar phyi gsum gyi skor*. TBRC W23911. Thimphu, Bhutan: druk sherik parkhang, 1979. Dan Martin介紹了這部文獻：這是目前惟一的早期息解派文獻彙集，寫本，大概寫於1250年，很可能是1207年的金字寫卷的忠實復製。Dan Martin前揭書，p.114。

該文獻內容豐富，作者擬另文討論該文獻與史書所載息解教法的關係。

㊲ "Grub thob bzhi bcu'i rdo rje'i mgur thig le gser gyi 'phreng ba." In *Zhi byed snga bar phyi gsum gyi skor*. TBRC W23911. 1: 357 - 366. Thimphu, Bhutan: Druk sherik parkhang, 1979.

Ti lo pa[38]。此處有疑：同為Ti lo pa，何以漢譯名稱有異？再者，文中所見諸師各是道歌一首，何獨Ti lo pa一師兩首？在《息解派前中後三傳法匯》所收《金瓔珞要門》的版本中，對應“嘚吟浪巴”者為Te lo pa，對應“丁哏巴”者為Tre lo pa，顯然不是當作同一人來處理的。因此我們可以認為這一版本更為接近漢譯本。然而另一方面，從漢藏對音角度來看，顯然“嘚吟浪巴”應該對應Tre lo pa，而“丁哏巳”應該對應Te lo pa，此處的這樣一種倒置尚不知該如何解釋。

《青史》和《土觀宗派源流》等書，都確實記載了帕當巴傳過四字（yi ge bzhi）、中有（bar do）等法，但它們並未保存在以息解後傳為主的《息解派前中後三傳法匯》中，它們在藏文世界裡或已失傳，或扔在靜靜等待發掘。我們知道在黑水城所出西夏漢文寫本中，有一篇《夢幻身要門》（編號A15），是塔波噶舉開山上師岡波巴鎖南領真（sGam po pa bSod nams rin chen, 1079—1153）所傳《幻身要門》之漢譯[39]。這件文書被確認為西夏寫本，故最晚不過13世紀初。如此之早的漢譯藏傳密教文本的發現，令我們對西夏所傳藏傳密教的發展程度有了新的認識。本文所討論的這四篇材料均未找到完全對應的藏文原本，兩部求修要門的內容也與今天主流教派所傳相應教法的內容明顯不同，這或是因為息解派早期所傳文獻大多已失傳所致，或是由於息解派的傳承從未建立起堅固的社團，後來逐漸融入其他教派所致。

上述四篇材料仍難作為帕當巴桑傑來過漢地的直接證據，但至少說明他的教法（或曰小黑足師/少黑法師的教法）已經在西夏時代的漢文化圈中流傳[40]。此前我們確知噶舉和薩迦系統的教法曾於西夏流傳，不曾想到帕當巴桑結所開創的未成大氣候的教派[41]也曾在西夏留下印記，藏傳佛教於西夏傳播之早、之廣、之深於此也可見一斑。

㊳ 雖然不同大藏經版本的寫法不同（Ti lo pa/ Tai lo pa），但每個版本內部的兩個名字都一致。

㊴ 沈衛榮《西夏黑水城所見藏傳佛教瑜伽修習儀軌文書研究I：〈夢幻身要門〉》，《當代藏學學術研討會論文集》，臺北：“蒙藏委員會”，2003年，383—473頁。

㊵ 另外，我們看到兩條小而有趣的線索。一條是Kurtis R. Schaeffer注意到的：在《息解法匯》的mkha' 'gro ma brda'i mgur（TBRC W23911. 1: 325-332.）的跋文中，提到“寫在紙卷上（shog dril du gnas）”，這可能是Pha dam pa在漢地時接受的做法。Kurtis R. Schaeffer, *Dreaming the Great Brahman*, New York: Oxford University Press, 2005, p.92.

另一個是在《息解法匯》中 用gal te這個藏文詞表示布袋。也許因為這個義項在任何詞典中都查不到（Martin前揭書表示了同樣的好奇），劉立千所譯《土觀宗派源流》中，只音譯為“伽代”，在注釋中才注為“布口袋”。這個藏文詞有可能是漢語“口袋”音譯後的訛變。

㊶ 當然，這裏的說法只局限於教派整體的規模和組織，至於息解教法，後來仍有不小的流傳，在一些噶舉派、格魯派僧侶的傳記中均可見到。而另一個將源頭歸於帕當巴桑傑的覺派，直到今天在拉卜楞寺的德唐夏茸活佛仍在傳授覺派教法，如一百零八泉等。關於覺派的發展，可參考Janet Gyatso, “The development of the gcod tradition”. *Soundings in Tibetan Civilization*. Barbara Nimri Aziz and Matthew Kapstein (Eds.), New Delhi: Manohar Publications, 1985, pp.320-341.

Four Chinese Tantric Documents Apropos of Pha dam pa sangs rgyas

Sun Penghao

This paper discusses four Chinese documents, all widely regarded as translations of Tibetan tantric texts during Tangut Xia (1038-1227), and demonstrates that they are all related in different extents to Pha dam pa sangs rgyas (?-1117). Two of them, both tantric tracts in the Khara-Khoto Collection, respectively on practice of Vajravārāhī and antarabhāva, contain lineages of their traditions in which Master Nag Chung is of essential importance. Based on the texts, the author identifies him as Pha dam pa sangs rgyas through phonological and historical analysis and then proposes that another name listed in the lineage, Master sKye med, referring to the previously elusive master named Wusheng, who is praised by a semi-hagiogrphical eulogy in *Dasheng Yaodao Miji*. In the last part of the paper, it is pointed out that one version from Pha dam pa sangs rgyas' collection has a unique feature, which is absent in all versions of Tripitaka, corresponding to its Chinese counterpart, included in *Dasheng Yaodao Miji*. The author attempts to draw attentions to this unnoticed figure in the eastward-spread of Tibetan Buddhism.

俄藏西夏文《大手印定引導要門》考釋

孫伯君

一

俄藏 инв. № 2530 號西夏文文獻，迄今未獲刊佈。克恰諾夫先生在《西夏佛典目録》中曾根據卷首三個西夏字“[illegible]”，著録爲《定道久》，且對其形制做了簡單描述①。在對№ 2530 號文獻做大致解讀後，我們發現這份文獻與《大乘要道密集》中所收漢譯本《新譯大手印頓入要門》、《大手印赤引定要門》的内容基本一致②。可以肯定，№ 2530 號文獻所收實爲《大手印頓入要門》和《大手印赤引定要門》兩種屬於藏傳佛教“大手印”法的經典，其中第九葉之前爲《大手印頓入要門》，之後爲《大手印赤引定要門》。

西夏文本首尾均未見完整題名，根據封面上的三個西夏字“[illegible]”可知，其題名當爲“[illegible]”，可譯爲《大手印定引導要門》，與漢文本題名《大手印赤引定要門》略有不同。此外，該經還出現在俄藏編號爲№ 7216 的合鈔本中，《西夏佛典目録》據西夏文“[illegible]”，著録爲《大手印直入要論》③，西田龍雄在《西夏語仏典目録編纂の諸問題》中也有較爲詳細的介紹④。

《大手印定引導要門》爲藏傳佛教“噶舉派”所奉“大手印”法的重要經典，又名《大手印赤引定要門》、《大手印赤引導》、《大手印無文字理》、《傳理要門》、《大手印一種主》、《大手印金剛無比主》等，闡述的主要是“修心之要”，即在動用中修持，以任運無作爲要。所謂“心不整則自明，水不動則自澄，道不謬則自近，果不緣則自証。不脩有三：身不脩者，如曠野屍，縱任而住，或如柴蔞斷，任運而住；語不脩者，不應談説；心不脩者，意勿緣慮。故有頌曰：‘不須急切繫縛心，縱任解脱無所疑’”。“大手印”法與中原禪宗頗爲相近，正如呂澂所言：“‘大手印’法門以本覺爲宗，明心爲道，乃至傳法有偈，証道有歌，又大同於中土禪宗。其傳大手印空行母機語妙曲者膽巴祖師 dam pa rgya gar，後人且視同達磨焉。”⑤

西夏文《大手印定引導要門》未註明譯者和翻譯年代。《大乘要道密集》曾記載漢

---

① Е. И. Кычанов, *Каталог тангутских буддийских памятников*, Киотс: Университет Киото, 1999. стр. 611

② 八思巴等編《大乘要道密集》第四卷，北京大學圖書館所藏民國年間（1912—1949）影鈔本。

③ 同①，стр. 562。

④ 同①，XLIV。

⑤ 呂澂《漢藏佛教關係史料集》，《華西協合大學中國文化研究所專刊》乙種第一冊，成都：華西協和大學，1942 年。

文本《新譯大手印頓入要門》的傳譯者爲——“果海密嚴寺玄照國師沙門慧賢傳、果海密嚴寺沙門慧幢譯”，陳慶英先生曾通過《大乘要道密集》中《大手印伽陀支要門》所記載的師承次第，認爲這一系屬於藏傳佛教噶舉派所尊奉的“大手印”法，而師承關係從米拉日巴、玄密帝師，最後傳至玄照國師；同時，據《大乘要道密集》中《無生上師出現感應功德頌》中出現的“西番國王恭敬爲師資”、“辭王化利夏國大臣民”等字句，陳慶英先生還推斷這些讚頌大乘玄密帝師的偈頌，其出現年代當在西夏王朝的末期到元朝的初期⑥。

仔細考察《大乘要道密集》諸經中的譯音用字，頗有西夏時期漢語河西方音的特點，如：第一卷《依吉祥上樂輪方便智慧雙運道玄義卷》中，梵文 Avadhūti，對譯爲“阿斡歓帝”，dhū 對“歓”；第四卷《金瓔珞要門》中梵文 Vajra 對譯爲“末唧囉二合”，j-對“唧”；梵文 Indra bodhi，對音爲“因得囉二合波矴”，dhi 對“矴”；藏文 Tilopa，對譯“丁啷巴”，lo 對“啷”，等等，其對音漢字的使用都與 12 世紀西夏時期新譯佛經一致⑦，反映了 12 世紀前後河西方音的典型特徵，當可佐證前賢有關《大乘要道密集》中部分經典的翻譯時代在西夏中晚期或夏元之交等考證，而西夏文本的翻譯年代應與漢文本相當。

二

根據克恰諾夫先生在《西夏佛典目録》中的描述可知，№ 2530 號《大手印定引導要門》的形制爲鈔本，冊葉裝，外有綢質封皮，存 33 葉，首尾俱全。每葉 6 行，行 8—9 字。對照《大乘要道密集》中所收漢譯本，西夏文本的譯法有很多不一致的地方，可知西夏文和漢文本是分別據藏文本譯出的。兩種譯本最突出的差別是西夏文本多出最後一葉咒語：

西夏文：禰 談厳形 㮖⑧絣緲莵醱 緈 瓾錙 蔽精莵㳄 緈 瓾錙 㳄彷 㴶纸蘐 莚莵醱 緈 瓾錙 禰 談厳形 蘐絨𢕮莵醱 緈 瓾錙

梵文：Oṃ vajra vairocaniye huṃ phaṭ hṛnisa huṃ phaṭ sarva pathadavaniye huṃ phaṭ Oṃ vajra darmaniye huṃ phaṭ

此外，第 32 葉卷尾還有一行西夏字“絣瓾厳敂精絣緗㮖鼠絣”，直譯爲“貴上見畏所無不了達”，似乎是與經文無關的雜寫，字體與第十九葉很像，所寫文字筆劃多有錯訛，顯得很不熟練。

下面我們將根據漢文本《大手印赤引定要門》，對西夏文本做全文譯釋，其中不一致的地方，在説明中指出。西夏文録文中【】號標示的是西夏文本的葉次，［ ］號指示的是下文所要説明的內容。

---

⑥ 陳慶英《〈大乘要道密集〉與西夏王朝的藏傳佛教》，《中國藏學》2003 年 3 期，94—106 頁。

⑦ 孫伯君《西夏新譯佛經·陀羅尼的對音研究》，北京：中國社會科學出版社，2010 年。

⑧ 此字原文爲“[illegible]”，字形較難辨認，根據梵文，似爲“㮖”。

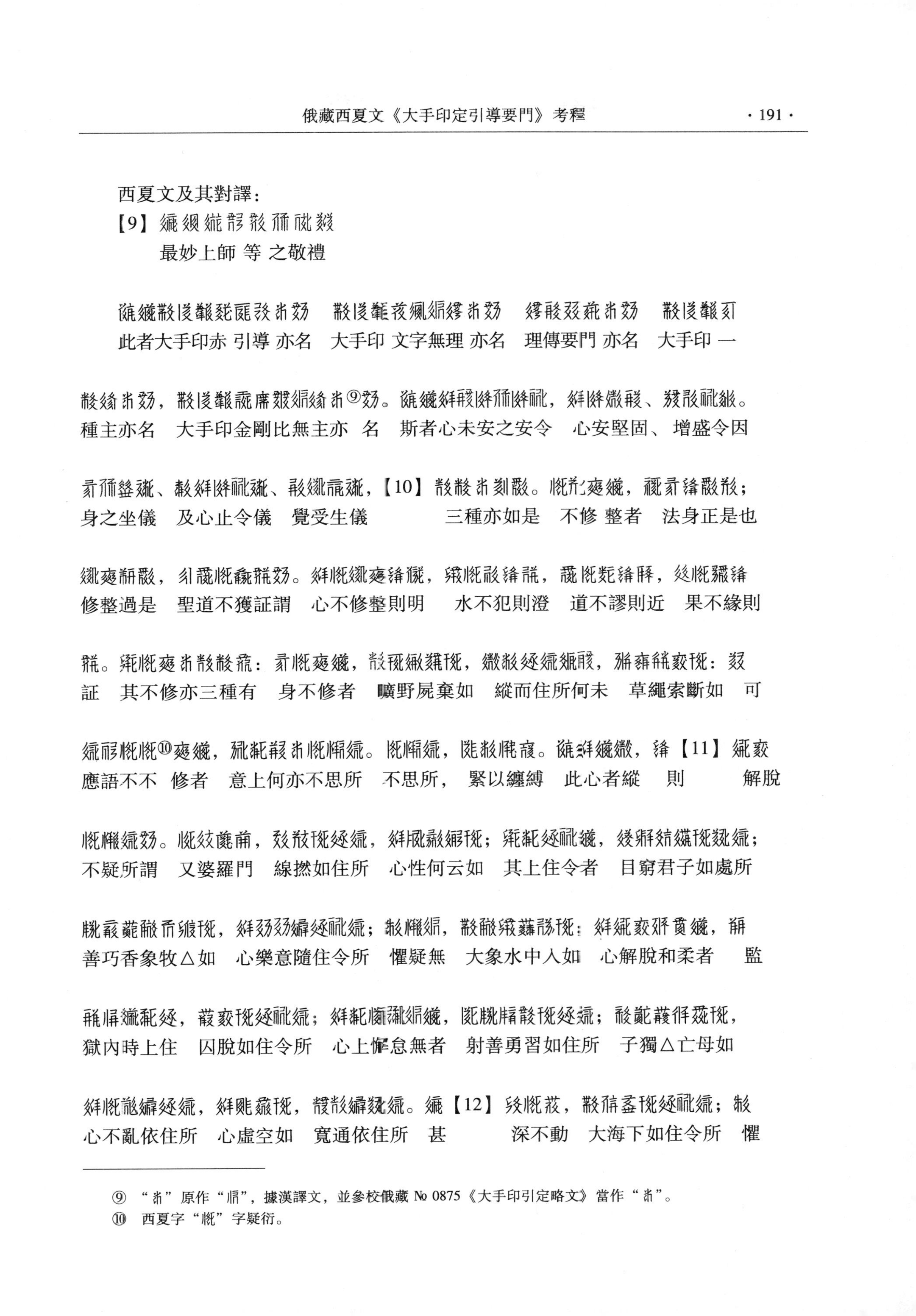

西夏文及其對譯：

【9】[illegible]

最妙上師 等 之敬禮

[illegible]

此者大手印亦 引導 亦名 大手印 文字無理 亦名 理傳要門 亦名 大手印 一

[illegible]⑨[illegible]

種主亦名 大手印金剛比無主亦 名 斯者心未安之安令 心安堅固、增盛令因

[illegible]【10】[illegible]

身之坐儀 及心止令儀 覺受生儀 三種亦如是 不修 整者 法身正是也

[illegible]

修整過是 聖道不獲証謂 心不修整則明 水不犯則澄 道不謬則近 果不緣則

[illegible]

証 其不修亦三種有 身不修者 曠野屍棄如 縱而住所何未 草繩索斷如 可

[illegible]⑩[illegible]【11】[illegible]

應語不不 修者 意上何亦不思所 不思所， 緊以纏縛 此心者縱 則 解脫

[illegible]

不疑所謂 又婆羅門 線撚如住所 心性何云如 其上住令者 目窮君子如處所

[illegible]

善巧香象牧△如 心樂意隨住令所 懼疑無 大象水中入如 心解脫和柔者 監

[illegible]

獄內時上住 囚脫如住令所 心上悕怠無者 射善勇習如住所 子獨△亡母如

[illegible]【12】[illegible]

心不亂依住所 心虛空如 寬通依住所 甚 深不動 大海下如住令所 懼

---

⑨ “[illegible]”原作“[illegible]”，據漢譯文，並參校俄藏 № 0875《大手印引定略文》當作“[illegible]”。

⑩ 西夏字“[illegible]”字疑衍。

[illegible]
疑無有　國王如住所　心最上遍　亦過而不染，日光如處所　現亦自性無　水月

[illegible]
如住所　照亦妄念無　虹霓如處所　斯如上住能　則法身現前成　譬水澄湛　風

[illegible]
無燈如　及雲無虛空如　花上雨帶如　明了澄湛　照明清浄　樂明明解　自顯不

[illegible]【13】[illegible]
二現　　也　樂者和定　明者慧鑒是　其二 何所生　亦染著應勿　那曷　中云

“[illegible]”。
最上大樂刹那以　真心具者過咎滅住

譯文：

敬禮最妙上師

此者亦名《大手印赤引導》，亦名《大手印無文字理》，亦名《傳理要門》，亦名《大手印一種主》，亦名《大手印金剛無比主》。斯則心未安者令得安息，已安息者令得堅固、增盛[1]。故又身之坐儀、止息心儀、生覺受儀，三種之法，亦如也[2]。不修整者，正是法身；修整是過，不獲聖道。心不整則明，水不動則澄，道不謬則近，果不緣則証。不修有三：身不修者，如曠野棄屍，縱任而住，如草繩斷；語不修者，不思何意；（心）不思者，以緊纏縛。縱任此心，則解脱不疑[3]。如婆羅門，撚線而住，何云心性；令住其上，如目窮君子[4]；如善巧人，牧於香象，隨心樂意而住[5]；無有疑懼，如大象入水[6]；心得解脱，意地調柔，如久獄囚而得脱離；心無懈怠，如善射人，習勇而住；如喪亡一子之母，心不散亂[7]，心如虛空，寬通而住。甚深不動，應如大海；無有疑懼，應如國王；心雖普遍，過不能染，應如日光；亦現而無自性，應如水月[8]；雖明照而无妄念，應如虹霓。若能如斯，法身現前。如澄湛浄水，如無風燈[9]，無雲晴空。春花帶雨，明了澄湛，歷然清浄。樂明明解，自然顯著，不二現前。樂者湛定，明者鑒慧。此二生時[10]，勿應染著，准《那曷》云：“最上大樂刹那中，具真心者滅過咎。”

説明：

［1］已安息者令得堅固、增盛，漢文本作“已安息者令得堅固，堅固者，令增盛”，據此，相應的西夏文當爲“[illegible]”。

［2］三種之法，亦如也，漢文本作“三種之法，唯斯是矣”，之後“所以云”三

字，西夏文本無。

[3] 縱任而住，如草繩斷；語不脩者，不思何意；(心) 不思者，以緊纏縛。縱任此心，則解脱不疑，漢文本作“縱任而住，或如柴蔞斷，任運而住；語不脩者，不應談説；心不脩者，意勿緣慮。故有頌曰：不須急切緊縛心，縱任解脱無所疑”。

[4] 如婆羅門，撚線而住，何云心性；令住其上，如目窮君子，漢文本作“如婆羅門，撚線而住，任其心性；縱意坦然，如務畢君子。”其中西夏文“[illegible]”(目窮)對應“務畢”；西夏文“[illegible]”(令住其上)，漢文本作“縱意坦然”。

[5] 隨心樂意而住，漢文本作“随心而住”。

[6] 此句漢文本無。

[7] 習勇而住；如喪亡一子之母，心不散亂，漢文本作“習勇而住，心不散乱；如喪亡一子之母”，西夏文“心不散亂”在“如喪亡一子之母”之後。

[8] 亦現而無自性，應如水月，漢文本作“雖現諸相而無自性，應如水月然”。

[9] 此句中“[illegible]”與“澄湛”對譯，其中“[illegible]”音 mo^2，義爲“慚”，此前未見此種用法；如無風燈，漢文本作“室密明灯”。

[10] 西夏文“[illegible]”，義爲“何所”，下文與漢文本“凡所”對應。

西夏文及其對譯：

《[illegible]》[illegible]：[illegible]，[illegible]，[illegible]，[illegible]
名 實真　中云　一刹那大勝慧以　諸法一切現前了　牟尼實際最上意　不

[illegible]。[illegible]：[illegible]，[illegible]【14】[illegible]。
動極善淨自體　又　内心自體性解　則一念中究　　竟明滿 証謂

《[illegible]》[illegible]：[illegible]，[illegible]，[illegible]，[illegible]
上明經契　中云　有所無亦無有雖　無所亦約略無　有無上計度以　自性

[illegible]。[illegible]，[illegible]，[illegible]。
無者意上悟　大勝慧理悟了法　所無有法性上　無懃處則禪定是

《[illegible]》[illegible]：[illegible]，[illegible]⑪[illegible]，[illegible]，[illegible]。
聖偈　中云　諸色蘊者不見　受蘊亦不見　想見不有　行亦見所不爾成。

[illegible]【15】[illegible]，[illegible]。[illegible]。
何謂種　　識及又心與意見無　此者性見是謂　如來等令説謂

---

⑪ “[illegible]”原文誤作“[illegible]”。

[illegible]：[illegible]，[illegible]，[illegible]，[illegible]。[illegible]
又云：思者此岸是名　救者實宣説　思實破時，棄者彼岸往所能成　何等思

[illegible]，[illegible]，[illegible]，[illegible]。
與△離　彼者隨得者　彼等彼岸到時　安師教上住謂

《[illegible]》[illegible]：[illegible]，[illegible]。[illegible]，[illegible]，[illegible]
般若　中云　勝慧彼岸到念者　虚空念是　體有不念　體無不念　相有不

[illegible]，[illegible]。【16】
念　相無不念謂

《[illegible]》[illegible]：[illegible]，[illegible]
菩提心禪定十二種理　中云　念能念所二相不有　亦勝義界上不二相亂不

[illegible]，[illegible]。[illegible]，[illegible]。
居住　亦菩提心之禪定彼之謂。了悟界内法爾不散亂　清淨菩提心之禪定是

《[illegible]》[illegible]：[illegible]，[illegible]。[illegible]
菩提行人　中云　因支此等一切者　勝慧起 因牟尼説　彼又則故諸苦罰止

[illegible]，[illegible]⑫[illegible]。【17】
令欲　故勝　慧起當

[illegible]：[illegible]，[illegible]，[illegible]，[illegible]
又云　是如心之最上義　心之義者不解　則樂獲苦惱除欲　亦彼者利無空

[illegible]。
疲勞

譯文：

《真實名》云[1]："即以刹那大勝慧，現前了解一切法[2]。牟尼實際最上意，不動極善淨自體。"又云："若能了解内心體性，一念得証究竟明滿。"

《上明經》云："然雖無所有，所無亦復無。計度於有無，而了無自性。欲了勝慧理，於無所現性。無懃是禪定。"《聖偈》云[3]："不見色蘊，亦不見受蘊，又無思蘊，想蘊無所見[4]。何謂種識及與心意無所見[5]，此是見性，諸如來所宣説。"[6]

⑫ "[illegible]"西夏文本無，據漢文補。

又云："思是此岸，救世實宣説。若破其思，捨者即能往彼岸[7]。何等遠離於思而得隨順者[8]，到於彼岸安住導師教。"

《般若經》云："若念勝慧到彼岸者，是念虛空。不念有體，不念無體；不念有相，不念無相也。"

又《菩提心十二種禪定》云[9]："雖無能念所念之二相，於勝義界不二相不亂安住者[10]，即此名爲菩提心禪定。大了悟界法爾不散亂[11]，此是清淨遍淨心禪定。"

《入菩提行》云："此等一切因⑬支者，爲起勝慧牟尼説。若欲止息諸苦惱，是故應當起勝慧⑭。"

又云："如是心之最上義，若不了解心之義，欲獲安樂除苦惱，則無利益空疲勞。"

説明：

[1]《真實名》云，漢文本作"《文殊真實名》云"。

[2] 現前了解一切法，漢文本分作兩句，即"覺了任持一切法，現前了解一切法"。

[3]《聖偈》，漢文本作"《寶集偈》"。

[4] 又無思蘊，想蘊無所見，漢文本作"又無想蘊，行蘊無所見"。

[5] 此句漢文本作"眾識及與心意無所見"。

[6] 此句漢文本作"此是見法，諸佛所宣説"。

[7] 此句漢文本無"捨者"兩字。

[8] 此句漢文本無"何等"兩字。

[9] 菩提心，漢文本皆作"遍淨心"，下同。

[10] 此句漢文本作"於勝義界不亂安住者"。

[11] 法爾，與西夏文"[illegible]"對應，義即"從前"、"往昔"。"法爾"在西夏譯禪宗著作中又被譯作"[illegible]"，義爲"原本"、"本來"，如法藏述《修華嚴奧旨妄盡還源觀》："三者性起繁興法爾止"，西夏文譯本作"[illegible]"。⑮

西夏文及其對譯：

《[illegible]》[illegible]：[illegible]，[illegible]，[illegible]。

教中云　諸明滿之真智者　最二妄念無上出　彼不妄念 捨棄應

《[illegible]》[illegible]：[illegible]，[illegible]。[illegible]，[illegible]

教中云　空亦不非不空非　不二最上大樂者　此者誰於有謂　則究竟明

---

⑬ 漢文本原作"困"，據西夏文改。

⑭ "慧"漢文本原作"惠"，據上下文改。下同。

⑮ 孫伯君《西夏文〈修華嚴奧旨妄盡還源觀〉考釋》，《西夏學》第6輯，上海：上海古籍出版社，2010年，57—69頁。

[illegible]，[illegible]⑯【18】[illegible]。
滿如於有　默有了解界　　　內現

《[illegible]》[illegible]：[illegible]，[illegible]。
般若　中云　何所念無意無作者　佛念法念僧念等是謂

《[illegible]》[illegible]：[illegible]，[illegible]。[illegible]，[illegible]
教　中云　思念無之界住，則此者思念最上解謂　妄念相等何起　亦過去

[illegible]⑰[illegible]，[illegible]。[illegible]，[illegible]，[illegible]，[illegible]
蹤跡　不追　未來不引承　過去足跡不追者　前念不蹤跡　未來不引承　後念不

[illegible]。[illegible]，[illegible]。[illegible]：[illegible]，[illegible]，[illegible]【19】[illegible]
釋　現在識新上住　即其則法身是　又亦云　寺不修整　道不修整　果　　不

[illegible]。[illegible]，[illegible]，[illegible]。[illegible]，[illegible]，[illegible]，[illegible]
修整是　又寺生無，道滅無　果意超是　又自性生無　力用滅無　性爲不變，意

[illegible]。[illegible]，[illegible]，[illegible]。[illegible]。
本性依解脱是　見解明了　自出禪定　明了顯現　行明了解脱也

[illegible]
遏遏嗦囉。

譯文：

又《教》云[1]：一切明滿之真智，從最上無妄念所流出[2]，是故應須捨妄念。

又《教》云：亦非是空非不空，不二最上廣大樂。若道誰能具有者？究竟明滿具有之，具寂了解界內現[3]。

《般若經》云：凡所無念無作意者，即念佛念法念僧等[4]。

又《教》云：無念界中安住者，此是最上之思念[5]。雖起妄念，過去不追，未來不引。過去不追者，前念不尋；未來不引者，後念不思。若能住於現在新識，即是法身。又云：寺不修整[6]，道不修整，果不修整。又寺則無生，道則無滅，果即超意。又自性無生，力用無滅，行相不變，意本解脱也。見解明了，自出禪定，明了顯現。行行明了，自然解脱也[7]。

---

⑯ "[illegible]"原文誤作"[illegible]"。

⑰ "[illegible]"原文作"[illegible]"，疑誤。下同。

遏遏嗪囉。

説明：

［1］《教》，漢文本皆作“《聖教》”。下同。

［2］此句漢文本無“最上”二字。另，西夏文“[illegible]”，字面意思爲“最中”，參照下文，可譯爲“最上”。

［3］具寂，西夏文作“[illegible]”，或譯爲“默有”和“禪定”，譯自藏文 rnal ’byor，梵文爲 Yoga。

［4］此句漢文略作“即念佛等”。

［5］最上，西夏文一般作“[illegible]”，此作“[illegible]”。

［6］此句漢文本作“因不修整”。

［7］從“見解明了”至“自然解脱也”，漢文本作“見解明了，自然出生；禅定明了，自然顯現。行行明了，自然解脱也，西夏文本有所節略。

西夏文及其對譯：

《[illegible]》[illegible]：[illegible]，[illegible]，[illegible]、[illegible]，[illegible]。[illegible]，

空行母　云：善男子　境勿緣　心勿觀爲應，勿多　行勿雜　自求勿爲

[illegible]，[illegible]。[illegible]，[illegible]，[illegible]，[illegible]。[illegible]

怖疑勿起　心樂意依放應謂　其平等理於　不亂不動　不遇不思　不懃不集　沉

[illegible]【20】[illegible]，[illegible]；[illegible]，[illegible]。[illegible]

沒則鳥野空飛　　如　緣無以心舉應　亂則自起自滅　任住應　空中云與虹霓

[illegible]，[illegible]，[illegible]，[illegible]；[illegible]，[illegible]，

等起何　起亦空中起　住空中住　入空中入　大海中波濤等何起　亦起海中起

[illegible]，[illegible]。[illegible]，[illegible]，[illegible]，[illegible]【21】

住海中住　入海中入　心於妄念等等何起　亦起心上起　住心上住　入心上

[illegible]

入也

《[illegible]》[illegible]：[illegible]，[illegible]。[illegible]，[illegible]

教　中云　譬如水中水入　則其水與者平等成　譬如酥中酥入　則其酥與

[illegible]。[illegible]，[illegible]。[illegible]，[illegible]，

者一味成　譬如心與上心住　則心如究竟明滿成　譬如平坦上雪降　如及渠口滿

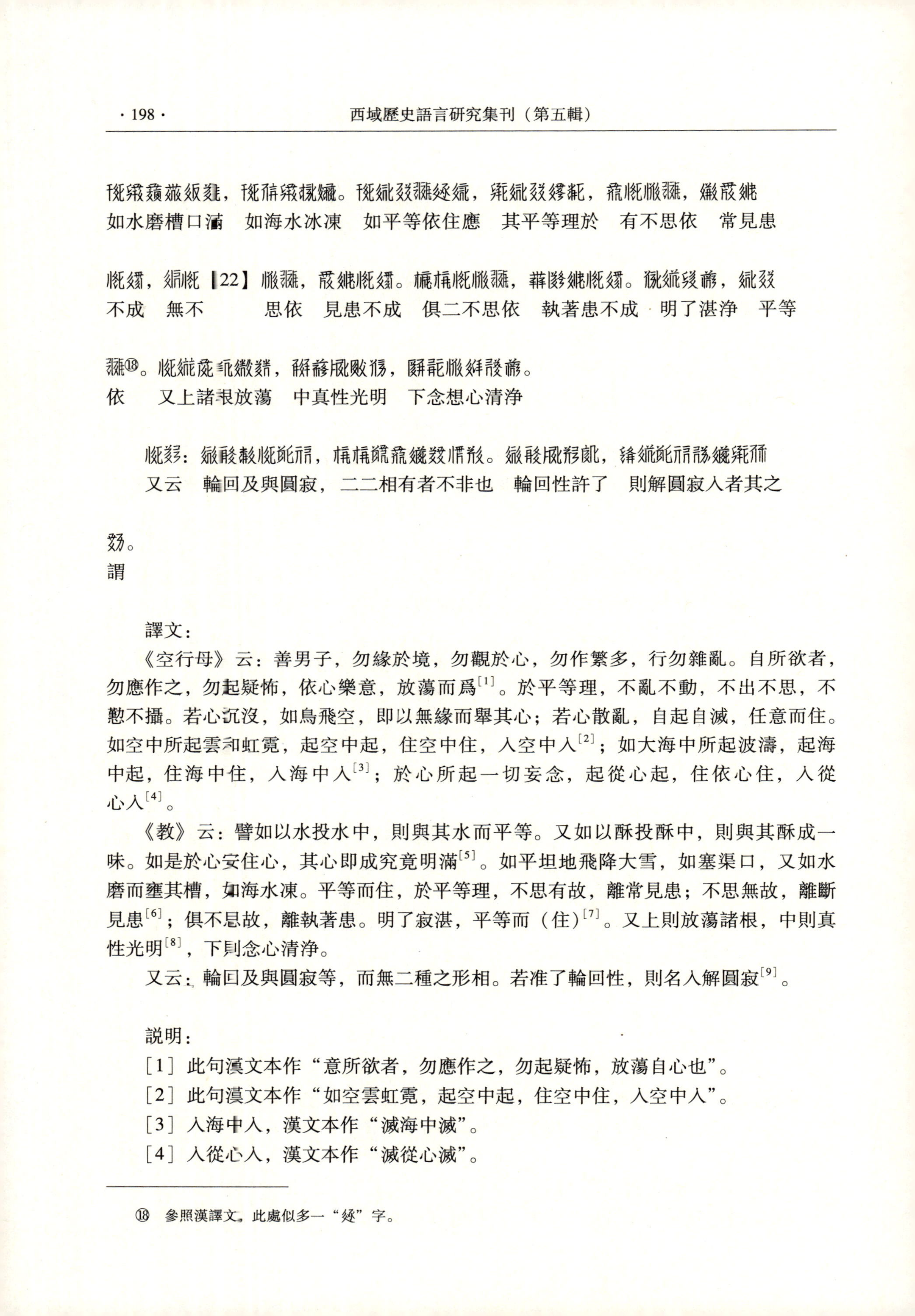

[illegible]
如水磨槽口㶑　如海水冰凍　如平等依住應　其平等理於　有不思依　常見患

[illegible]【22】[illegible]
不成　無不　　思依　見患不成　俱二不思依　執著患不成　明了湛浄　平等

[illegible]⑱。[illegible]
依　　又上諸根放蕩　中真性光明　下念想心清浄

[illegible]
又云　輪回及與圓寂，二二相有者不非也　輪回性許了　則解圓寂入者其之

[illegible]。
謂

譯文：

《空行母》云：善男子，勿緣於境，勿觀於心，勿作繁多，行勿雜亂。自所欲者，勿應作之，勿起疑怖，依心樂意，放蕩而爲[1]。於平等理，不亂不動，不出不思，不懃不攝。若心沉沒，如鳥飛空，即以無緣而舉其心；若心散亂，自起自滅，任意而住。如空中所起雲和虹霓，起空中起，住空中住，入空中入[2]；如大海中所起波濤，起海中起，住海中住，入海中入[3]；於心所起一切妄念，起從心起，住依心住，入從心入[4]。

《教》云：譬如以水投水中，則與其水而平等。又如以酥投酥中，則與其酥成一味。如是於心安住心，其心即成究竟明滿[5]。如平坦地飛降大雪，如塞渠口，又如水磨而壅其槽，如海水凍。平等而住，於平等理，不思有故，離常見患；不思無故，離斷見患[6]；俱不思故，離執著患。明了寂湛，平等而（住）[7]。又上則放蕩諸根，中則真性光明[8]，下則念心清浄。

又云：輪回及與圓寂等，而無二種之形相。若准了輪回性，則名入解圓寂[9]。

説明：

［1］此句漢文本作"意所欲者，勿應作之，勿起疑怖，放蕩自心也"。

［2］此句漢文本作"如空雲虹霓，起空中起，住空中住，入空中入"。

［3］入海中入，漢文本作"滅海中滅"。

［4］入從心入，漢文本作"滅從心滅"。

⑱　參照漢譯文，此處似多一"[illegible]"字。

［5］此句“明滿”兩字，漢文本譯作“佛”。

［6］西夏文“[illegible]”，字面意思爲“不成見患”，與漢文本“離斷見患”義通。

［7］漢文本“平等而住”之後有“大成晦空”四字，西夏本無。

［8］此句“中”字，漢文本作“上”。

［9］此句漢文本作“若了輪回自性者，即此便名入圓寂”。

西夏文及其對譯：

[illegible]：[illegible]，[illegible]。【23】[illegible]，
黑足師云　三世明滿自體一　彼之自性自之心　了達 成則樂意縱

[illegible]。
習調力依現前成謂

[illegible]：[illegible]，[illegible]。[illegible]
當精幹師云　凡夫識者心之中忠誠　六根浄則大樂續不斷　究治一切益無

[illegible]。[illegible]。
苦惱因　念所無有 昔成界中浄。

[illegible]：[illegible]，[illegible]。[illegible]
大心勑中云　不同向及對治能不棄，凡所解則勇懃皆棄捨　平等如於無整

[illegible]，【24】[illegible]。
縱放　則假名言略禪定其之謂

[illegible]《[illegible]》[illegible]：[illegible]，[illegible]。
又　教　中云　真空修則解脱成　爾又禪定斯理非謂

[illegible]《[illegible]》[illegible]：[illegible]，[illegible]。
又　終時真智經契　中云　心如真智出生因　明滿智又不尋求

[illegible]《[illegible]》[illegible]：[illegible]，[illegible]，[illegible]。
又　教　中云　心無遷變生滅無　斯乃餘非　金剛勇識是謂

[illegible]：[illegible]，【25】[illegible]。[illegible]，[illegible]
智心師云　有無現前之理解　最了者亦不能話説　其之體性 何云應　最

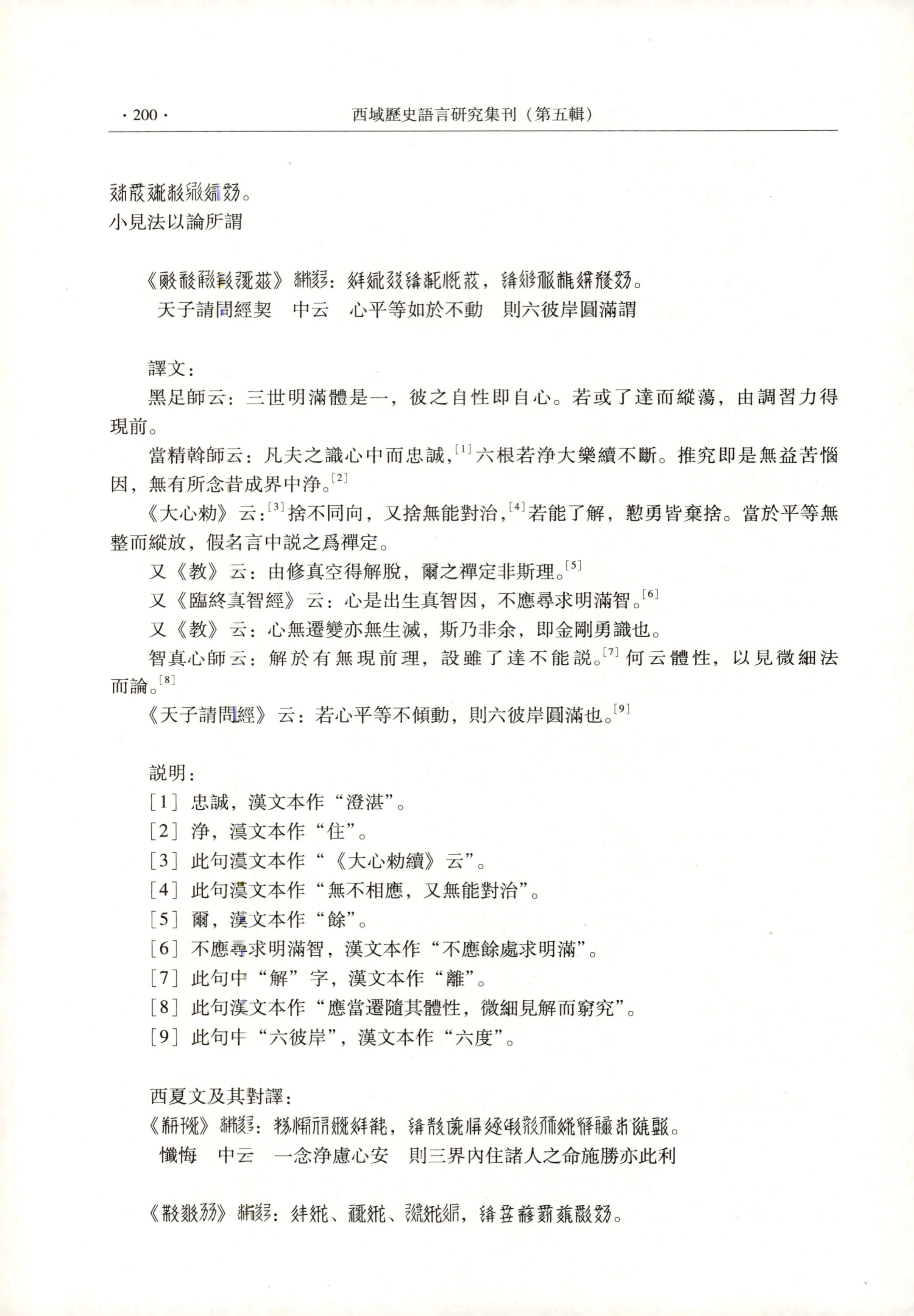

[illegible]。

小見法以論所謂

《[illegible]》[illegible]：[illegible]，[illegible]。

天子請問經契　中云　心平等如於不動　則六彼岸圓滿謂

譯文：

黑足師云：三世明滿體是一，彼之自性即自心。若或了達而縱蕩，由調習力得現前。

當精斡師云：凡夫之識心中而忠誠，[1]六根若净大樂續不斷。推究即是無益苦惱因，無有所念昔成界中净。[2]

《大心敕》云：[3]捨不同向，又捨無能對治，[4]若能了解，懃勇皆棄捨。當於平等無整而縱放，假名言中説之爲禪定。

又《教》云：由修真空得解脱，爾之禪定非斯理。[5]

又《臨終真智經》云：心是出生真智因，不應尋求明滿智。[6]

又《教》云：心無遷變亦無生滅，斯乃非余，即金剛勇識也。

智真心師云：解於有無現前理，設雖了達不能説。[7]何云體性，以見微細法而論。[8]

《天子請問經》云：若心平等不傾動，則六彼岸圓滿也。[9]

説明：

[1] 忠誠，漢文本作“澄湛”。

[2] 净，漢文本作“住”。

[3] 此句漢文本作“《大心敕續》云”。

[4] 此句漢文本作“無不相應，又無能對治”。

[5] 爾，漢文本作“餘”。

[6] 不應尋求明滿智，漢文本作“不應餘處求明滿”。

[7] 此句中“解”字，漢文本作“離”。

[8] 此句漢文本作“應當遷隨其體性，微細見解而窮究”。

[9] 此句中“六彼岸”，漢文本作“六度”。

西夏文及其對譯：

《[illegible]》[illegible]：[illegible]，[illegible]。

懺悔　中云　一念净慮心安　則三界内住諸人之命施勝亦此利

《[illegible]》[illegible]：[illegible]、[illegible]、[illegible]，[illegible]。

大寶積　中云　佛思、法思、僧思不　則真實供養是謂

《[illegible]【26】[illegible]》[illegible]：[illegible]，[illegible]。
金剛六句　　經契　中云　心與明滿本來二相無　了達此者大手印

《[illegible]》[illegible]：[illegible]，[illegible]。[illegible]
禪定六義　中云　種種妄念相等所生　亦妄念其如法性是　解則法身如者

[illegible]。[illegible]。[illegible]，[illegible]，[illegible]，[illegible]
餘又念不爲　此者對治及又遣所無謂　六根縱蕩　身心不整　諸根任運　明瞭達

[illegible]。[illegible]，[illegible]【27】[illegible]，[illegible]，[illegible]，
寬坦依住也　意名言與離　如君　　子心△剖爲能　瓦器△破如　六根縱放

[illegible]，[illegible]。
空中鳥飛　蹤跡無依住所

《[illegible]》[illegible]：[illegible]，[illegible]。[illegible]，[illegible]。
教　中云　真空焰烈熾盛中　妄念霜雪皆消滅　樂明明解　自顯不二是

《[illegible]》[illegible]：[illegible]，[illegible]，[illegible]，[illegible]。
那曷　中云　水及灯如　自明任放所　去來我者　不取不捨也謂

《[illegible]》[illegible]：[illegible]，[illegible]【28】[illegible]。[illegible]，[illegible]；[illegible]
教　中云　思所無之界住　則　　此者思中上是也謂　念無者　法身　安

[illegible]，[illegible]；[illegible]，[illegible]；[illegible]，[illegible]。[illegible]⑲[illegible]，[illegible]。
樂　報身　明者　化身　自性無者　自性身是　三身乎　四身之界於　不動而住應

[illegible]：[illegible]，[illegible]，[illegible]
得吟浪巴師云　妙高金山於者鳥住　則鳥之本性捨時金如現　凡所巧健生

[illegible]，[illegible]。
無了達　則如體自性棄捨大安樂謂

---

⑲ 據漢文本，“[illegible]”（乎）當作“[illegible]”（或）。

譯文：

《懺悔經》云：一念浄慮安心者，勝於三界諸人處，惠施自己身命福。

《大寶積經》云：[1]若不思佛、思法、思僧，是真供養也。

《金剛六句經》云：心與明滿本來無二相，了達此者即是大手印。[2]

《禪定六義》云：雖復發生種種妄念相，當於妄念若了法性者。即是法身不須念餘事，無能對治及無於所遣。縱蕩六根，不整身心；任運諸根，應依明了。寬坦而住，意離名言，如剖心君子，如擊破瓦器；縱放六根，如鳥飛空，無跡而住。

《教》云：真空熾盛烈焰中，妄念霜雪皆消滅。樂明明解，自顯不二。[3]

《那曷》云：如水如燈，任性而縱放，我來去者，[4]不取而不捨。

《教》云：若能住於無思界，即此思中爲最上。無念者，法身；樂者，報身；明者，化身；無自性者，即自性身。應於三身或四身界，不動而住。

得吟浪巴師云：如鳥住於妙高金山，[5]變鳥本色成金相。巧健若達於無生，棄捨本質自性大安樂。[6]

説明：

[1]《大寶積經》，漢文本簡作"《寶積經》"。

[2] 了達此者即是大手印，漢文本作"了達之時無見無所得，了解不二即是大手印"。

[3] 自顯不二，漢文本作"自然顯現，即是不二"。

[4] 我來去者，漢文本作"來去不我"。

[5] 妙高金山，漢文本作"妙金山"。

[6] 此句漢文本作"智者若達於無生，易乎本質大安樂"，其中西夏文"[illegible]"（巧健），漢文本作"智者"。

西夏文及其對譯：

[illegible]：【29】[illegible]，[illegible]。[illegible]，[illegible]
捺浪巴師云　　　輪轉王之四軍者　四河洲中勝勢如　平生真智了達　則

[illegible]。
輪迴中者勝勢渡

[illegible]：[illegible]，[illegible]。[illegible]
語絶槍持師云　遮求無則四身分別無　緣趣無則諸法一本　散亂無者明滿

[illegible]，[illegible]。
諸之道　方分無則默有主富上

[illegible]：[illegible]⑳[illegible]，[illegible]。【30】[illegible]
重堅甲有師云　作所捨 則要門是　欲樂無則解見謂　安樂體無禪定

[illegible]，[illegible]。
是 求所無則行行解

[illegible]　[illegible]，[illegible]。[illegible]，
那彌行嚕噶師云　了達意如大寶珠者　覺受藥以而莊嚴　其行能則求所出

[illegible]。
平等具者等求應謂

[illegible]：[illegible]，[illegible]。[illegible]
妙勝師云　大手印理本自於元成者 明了無思慮無自性放　斷見不成覺受自

[illegible]。[illegible]【31】[illegible]。
性也。常見不成著　無捜融是

[illegible]：[illegible]，[illegible]。[illegible]
無敗劍持師云　大德師於依 則其如見　寂靜林間修則安樂獲　諸法皆習了

[illegible]，[illegible]。
則不通無　虛空乳飲 最極充足得

[illegible]《[illegible]》[illegible]：[illegible]，[illegible]。[illegible]
又　教　中云　慮求緣趣鹹皆棄捨時　不思不念略上不宮住　不動顯照界上

[illegible]，[illegible]。
樂意可　念無平等依住慮進應

[illegible]《[illegible]》[illegible]：【32】[illegible]，[illegible]。
又　教　中云：　慮求緣趣不作住無捨離於雖　慮無界中不修自性任放

[illegible]，[illegible]，[illegible]，[illegible]。[illegible]
則空如修整不爲　虛空猶如明　明了顯照　大樂不二法身是謂也　竟

⑳ “[illegible]”原作“[illegible]”，據漢譯文改。

譯文：

捺浪巴師云：如轉輪王四軍眾，於四洲中得勝勢。若了具生真智者，於輪回中得勝勢。

絶語持棓師云：若無遮求四身無分别，若無緣趣諸法是一原。若無散亂即諸明滿道，若無方分默有勝富主[1]。

有重堅甲師云[2]：若捨所作是要門，無所樂欲名見解。安樂無體即禪定，無所求者行中勝。

那彌行噜噶師云：了達如意大寶珠，覺受以藥而莊嚴[3]。若能行斯得所求，具平等者應求之。

妙勝師云：大手印理本自元成者，明了無思無懃而縱放。不成斷見覺受自性[4]，不成常見無著而雙融。

無敗持劍師云：依仗大德尊師而得旨，寂靜林間修習獲安樂。若了諸法皆真無不通，飲虚空乳最極得充足。

又《教》云：懃求緣趣咸皆應棄捨，當於不思不念而不住。不動顯照界中而縱放，無念平等而住應懃進。

又《教》云：不作懃求緣趣捨離於無住，無勤界中不修任性而縱放。如空逈無修整，猶如虚空明，明了顯照，大樂不二是法身。竟

説明：

［1］默有，漢文本作“具寂”。

［2］有重堅甲師云，漢文本作“方甲師云”。

［3］藥，漢文本作“甘露”。

［4］自性，漢文本作“增盛”。

三

此前，通過西夏學者整理的黑水城出土文獻目録，人們曾隱約地感覺到藏傳佛教對地處河西的西夏産生過很大影響，薩迦派、噶舉派的“道果”法、“大手印”法在西夏曾廣爲傳承，但遺憾的是，迄今爲止沒有一篇相關的西夏文獻獲得解讀。據不完全統計，全部俄藏黑水城出土西夏文獻中，譯自藏傳佛教“大手印法”的經典有十幾個編號，目前可以肯定的是，俄藏編號 инв. № 2530 、№ 0875、№ 0892、№ 2841、№ 4977、№ 6775、№ 7216、№ 7218 等屬於這類文獻，涉及藏傳《大手印頓入要門》、《大手印赤引定要門》、《大手印伽陀支要門》、《大手印九喻九法要門》、《大手印定引導略文》等。由於這些西夏文文獻大多首尾殘斷，且文本至今未刊佈，加之西夏學界對藏傳佛教典籍不是很熟悉，因此，這些文獻的定名均需要進一步梳理。

如所周知，西夏佛教與藏傳佛教交往甚密，西夏時期很早即有薩迦派和噶舉派等教

法傳入，據藏文史書記載，夏仁宗仁孝（1140—1193 在位）曾召請噶瑪噶舉派的創始人都松欽巴（Dus gsum mkhyen pa）到西夏，都松欽巴派去了他的弟子臧波巴貢卻僧格（gTsang po pa dKon mchog seng ge），臧波巴到西夏後號稱臧巴底室哩（gTsang pa ti shrī），並被奉爲帝師㉑。此外，據西夏仁宗乾祐二十年（1189）御制《觀彌勒菩薩上生兜率天經發願文》中記載，當時在西夏首都興慶府附近的大度民寺所做的大法會上，曾"延請宗律國師、浄戒國師、大乘玄密國師、禪師、法師、僧眾等，請就大度民寺內，具設求修往生兜率內宮彌勒廣大法會，燒施道場作廣大供養，奉無量施食，並念誦佛名咒語。讀番、西番、漢藏經及大乘經典，説法作大乘懺悔。"㉒ 其中的"大乘玄密國師"曾把《解釋道果語録金剛句記》傳至西夏，而據《大乘要道密集》第四冊中"大手印伽陀支要門"，此人又是噶舉派著名祖師米拉日巴的再傳弟子㉓。

夏元之交，西夏故地河西，尤其是與藏族毗鄰的甘州、永昌、涼州等處，更是藏傳密教"大手印"法廣爲傳行之地。據現藏洛陽白馬寺的《故釋源宗主宗密圓融大師塔銘》所記載的一行國師慧覺的生平："夏亡，易服爲苾芻……時西北之俗篤信密乘，公服膺既久，深得其道，乃肥遁嵓藪，勵精禪想。既而曰：'密乘固修心之要，非博通經論，不足以究萬法之源，窮佛道之奥。'聞先宗主贈司空護法大師，傳一乘圓極之説，風偃秦洛，負笈從之，有針水之契。"㉔ 謂追求"修心之要"的"密乘"，當即指藏傳佛教"大手印"法。據《土觀宗義史》："心要派漢人稱之爲'宗門'，就其實義與噶舉派相似，即名爲大手印之傳承。"㉕ 此外，據考古發現，賀蘭山拜寺口雙塔中的西塔是典型藏傳佛教佛塔之一，西塔塔刹穹室壁內有朱書梵文，大意爲："圓滿菩提會成佛，解脱妙法會解脱，清浄清浄會清浄，普遍解脱遍解脱，一切清淨佛世尊，以大手印爲依身。"㉖ 説明"大手印"法曾廣泛傳播於西夏故地的中心區域。"大手印法"與元代宫廷流行的密教有着千絲萬縷的聯繫。1240 年，蒙古王子闊端從涼州派多達那波帶兵進藏，並召請噶舉派止貢寺法台京俄紮巴迥乃到涼州時，紮巴迥乃轉而推薦了薩迦班智達，此後遂有薩迦班智達攜八思巴和元朝統治者於 1247 年在涼州的歷史性會面，自此，薩迦派成就了藏傳佛教在元朝宫廷的百年興盛。

西夏文獻所反映的藏傳"大手印"法傳承與噶舉派等藏傳佛教根系相連，這些西夏文經典的面世，不僅可以極大地豐富西夏語語料，而且對全面瞭解西夏的宗教面貌，對還原宋元時期藏傳佛教諸宗的宗教傳承，特別是爲研究元朝頗爲盛行的噶舉派、薩迦派教義，從而爲藏學、蒙古學等領域的研究提供極爲可靠的資料。

㉑ E. Sperling, "Further Remarks Apropos of the 'Ba'-rom-pa and the Tanguts", *Acta Orientalia Academiae Scientiarum Hungaricae*, vol. 57 (1), 2004, pp. 1-26.

㉒ 聶鴻音《乾祐二十年〈彌勒上生經御制發願文〉的夏漢對勘研究》，《西夏學》第 4 輯，銀川：寧夏人民出版社，2009 年，42—45 頁。

㉓ 八思巴等編《大乘要道密集》第四卷。

㉔ 趙振華《元朝白馬寺釋源宗主塔銘考》，《考古與文物》，1999 年 3 期，66—75 頁。

㉕ 土觀・善慧法日（Blo bzang chos gyi nyi ma）著、劉立千譯《土觀宗義史》，蘭州：西北民族學院研究室，1980 年，439 頁。

㉖ 李範文《藏傳佛教對西夏的影響》，《歷史博物館館刊》第 6 卷第 3 期，1996 年，46—59 頁。

附録：《大乘要道密集》第四卷所收漢譯本《大手印赤引定要門》

敬禮宜妙上師

然此引定亦名《大手印赤引導》，亦名《大手印無文字理》，亦名《傳理要門》，亦名《大手印一種主》，亦名《大手印金剛無比主》。斯則心未安者，令得安息，已安息者，令得堅固，堅固者，令增盛。故又身之坐儀、止息心儀、生覺受儀，三種之法，唯斯是矣。所以云：不脩整者，正是法身，脩整是過，不獲聖道。心不整則自明，水不動則自澄，道不謬則自近，果不緣則自証。不脩有三：身不脩者，如曠野屍，縱任而住，或如柴蔞斷，任運而住；語不脩者，不應談説；心不脩者，意勿緣慮。故有頌曰：不須急切擊縛心，縱任解脱無所疑。

如婆羅門，撚線而住，任其心性；縱意坦然，如務畢君子；如善巧人，牧於香象，随心而住，心得解脱，意地調柔；如久獄囚而得脱離，心無懈怠；如善射人，習勇而住，心不散乱；猶如丧亡一子之母，心如虚空，寬通而住；甚深不動，應如大海；無有疑懼，應如國王；心雖普遍，過不能染，應如日光；雖現諸相而無自性，應如水月然；雖明照而無妄念，應如虹霓。若能如斯，法身現前，如澄湛浄水，室密明灯，無雲晴空，春花带雨，明了澄湛，歷然清浄。樂明明鮮，自然顯著，不二現前。樂者湛定，明者鑒慧。此二生時，勿應染着。

准《那曷》云：宜上大樂刹那中，具真心者滅過咎。

《文殊真實名》云：即以刹那大勝慧，覺了任持一切法。現前了解一切法，牟尼實際宜上意，不動極善浄自体。又云：若能了解内心体性，一念得証究竟明滿。

《上明經》云：然雖無所有，所無亦復無。計度於有無，而了無自性。欲了勝惠理，於無所現生。無懃是禅定。

《寶集偈》云：不見色蘊，亦不見受蘊，又無想蘊，行蘊無所見，衆識及與心意無所見。此是見法，諸佛所宣説。又云：思是此岸，救世實宣説，若破其思，即能往彼岸。遠離於思而得随順者，到於彼岸安住導師教。

《般若經》云：若念勝慧到彼岸者，是念虚空。不念有体，不念無体；不念有相，不念無相也。

又《遍浄心十二種禅定》云：雖無能念所念之二相，於勝義界不乱安住者，即此名為遍浄心禅定。大了悟界法尔不散乱，此是清浄遍浄心禅定。

《入菩提行》云：此等一切困支者，為起勝慧牟尼説。若欲止息諸苦惱，是故應當起勝惠。又云：如是心之宜上義，若不了解心之義。欲獲安樂除苦惱，則無利益空疲勞。

又《聖教》云：一切明滿之真智，從无妄念所流出，是故應須捨妄念。

又《聖教》云：亦非是空非不空，不二宜上廣大樂。若道誰能具有者？究竟明滿具有之，具寂了解界内現。

《般若經》云：凡所無念無作意者，即念佛等。

又《聖教》云：無念界中安住者，此是寂上之思念。雖起妄念，過去不追，未來不引。過去不追者，前念不尋；未來不引者，後念不思。若能住於現在，新識即是法身。又云：因不脩整，道不脩整，果不脩整。又因則無生，道則無滅，果即超意。又自性無生，力用無滅，行相不变，意本鮮脱也。見解明了，自然出生；禅定明了，自然顕現；行行明了，自然鮮脱也。

遏遏嗱囉。

《空行母》云：善男子，勿緣於境，勿觀於心，勿作繁多，行勿雜乱。意所欲者，勿應作之，勿起疑怖，放蕩自心也。於平等理，不乱不動，不出不思，不懃不拜。若心沉沒，如鳥飛空，即以無緣而舉其心；若心散乱，自起自滅，任意而住。如空雲虹霓，起空中起，住空中住，滅空中滅；如大海中所起波濤，起海中起，住海中住，滅海中滅。於心所起一切妄念，起從心起，住依心住，滅從心滅。

准《聖教》云：譬如以水投水中，則與其水而平等。又如以酥投酥中，則與其酥成一味。如是於心安住心，其心即成究竟佛。如平坦地飛降大雪，如塞渠口，又如水磨而壅其槽，如海水凍。平等而住，於平等理，不思有故，離常見患；不思無故，離断見患；倶不思故，離執着患。明了寂湛，平等而住，大成晦空。又上則放蕩諸根，上則真性光明，下則念心清浄。又云：輪廻及與圓寂等，而無二種之形相。若了輪廻自性者，即此便名入圓寂。

黑足師云：三世明滿体是一，彼之自性即自心。若或了達而縱蕩，由調習力得現前。

當精斡師云：凡夫之識心中而澄湛，六根若浄大樂續不斷。推究即是無益苦惱因，無有所念昔成界中住。

《大心勑續》云：無不相應又無能對治，若能了解懃勇皆棄捨。當於平等無整而縱放，假名言中説之為禅定。

又《聖教》云：由脩真空得鮮脱，餘之禅定非斯理。

又《臨終真智經》云：心是出生真智因，不應餘處求明滿。

又《聖教》云：心無遷变，亦無生滅，斯乃非餘，即金剛勇識也。

智真心師云：離於有無現前理，設雖了達不能説。應當任隨其体性，微細見解而窮究。

《天子請問經》云：若心平等不傾動，則六度圓滿也。

《懺悔經》云：一念静慮安心者，勝於三界諸人處，惠施自己身命福。

《寶積經》云：若不思佛、思法、思僧，是真供養也。

《金剛六句經》云：心與明滿本来無二相，了達之時無見無所得，了解不二即是大手印。

《禅定六義》云：雖復發生種種妄念相，當於妄念若了法性者。即是法身不須念餘事，無能對治及無於所遣。縱蕩六根，不整身心；任運諸根，應依明了。寛坦而住，意離名言，如剖心君子，如擊破瓦器；縱放六根，如鳥飛空，無跡而住。

《聖教》云：真空熾盛烈焰中，妄念霜雪皆消滅。樂明明鮮，自然顯現，即是不二。

《那曷》云：如水如灯任性而縱放，來去不我不取而不捨。

又《聖教》云：若能住於無思界，即此思中為寂上。無念者，法身；樂者，報身；明者，化身；無自性者，即自性身。應於三身或四身界，不動而住。

得呤浪巴師云：如鳥住於妙金山，變鳥本色成金相。智者若達於無生，易乎本質大安樂。

捺浪巴師云：如轉輪王四軍衆，於四洲中得勝勢。若了具生真智者，於輪廻中得勝勢。

絶語持檜師云：若無遮求四身無分别，若無緣趣諸法是一原。若無散乱即諸明滿道，若無方分具寂勝富主。

方甲師云：若捨所作是要門，無所樂欲名見解。安樂無体即禅定，無所求者行中勝。

那弥形嚕噶師云：了達如意大寶珠，覺受甘露而莊嚴。若能行斯得所求，具平等者應求之。

妙勝師云：大手印理本自元成者，明了無思無懃而縱放。不成斷見覺受自增盛，不成常見無着而雙融。

無敗持劍師云：依仗大德尊師而淂旨，寂静林間脩習獲安樂。若了諸法皆真無不通，飲虚空乳寂極得充足。

又《聖教》云：懃求緣趣咸皆應棄捨，當於不思不念而不住。不動顯照界中而縱放，無念平等而住應懃進。

又《聖教》云：不作懃求緣趣捨離於無住，無懃界中不脩任性而縱放。如空逈無脩整猶如虚空明，明了顯照大樂不二是法身。

《大手印赤引定要門》竟

A Study of the Tangut Version of *the Instruction of the Fixed Guide of Mahāmudrā*

Sun Bojun

This paper determines the Tangut инв № 2530 sūtra in Russia as a combined manuscript, comprising *The Instruction of Perception all at once of Mahāmudrā* and *The Instruction of the Fixed Guide of Mahāmudrā*. With reference to the Chinese version of *The Instruction of the Fixed Guide of Mahāmudrā* included in *Dacheng Yaodao Miji*, an annotated translation is given in full text. The discovery of this Tangut text translated from "Mahāmudrā" tradition of Tibetan Buddhism will definitely provide helpful information for studying the transmission of Tibetan Buddhism from Western Xia to Yuan Dynasty and for clarifying popular religious denominations before and after the 13th century in the Hexi area.

道殷《鏡心録》西夏譯本初探*

索羅寧

導論：華北及西夏佛教特色初探

西夏佛教研究領域在最近數十年中獲得一些新發展。通過各國學者公佈大量黑水城以及其他地方出土的西夏文和漢文文献，極大地促進了西夏佛教的研究。早在20世紀80年代，史金波教授在《西夏佛教史略》一書中即總結了20世紀西夏佛教的研究，爲此領域開闢了一條新路。聶歷山[①]、王静如、周叔迦[②]以及西田龍雄[③]雖然對西夏佛教的一部分特點有些預感以及初步探討，並且準備了西夏文佛教文獻籌備性的目録，直到克恰諾夫（E. I. Kychanov）在1999年發表《聖彼德堡東方研究所所藏西夏文佛教文獻目録》之後[④]，西夏佛教研究纔獲得了比較穩定的資料基礎。目前的西夏佛教研究主要集

---

* 這篇論文主要參考的《大正大藏經》、《卍字藏經》、《嘉興藏經》及《續藏經》皆爲電子版本（CBETA，2010年）；黑水城漢文文獻主要參照《俄藏黑水城文獻》1—11冊（上海：上海古籍出版社，1996—1999年）；聖彼得堡東方文獻研究所所藏西夏文獻利用貴所提供的原典影印本。凡例：《大藏經》表示爲：大正藏、卷數、文獻編號、頁碼行碼；《續藏經》表示爲：卍字續藏經、卷數、文獻編號、頁碼行碼。

① 聶歷山雖然未正式發表其西夏佛教文獻目録，但在其《西夏文與文學資料》[收録在*Тангутская филология*（西夏語文學）1—2冊 Москва: ГРВЛ 1960]一文中提供了一些有關西夏佛教文獻的初步探討，並且提出了西夏和遼國早就有些佛教範圍關係的假設。

② 周叔迦早在1930年在不同季刊中發表了幾篇討論北平圖書館所藏西夏佛教文獻的論文，皆收録於《周叔迦全集》（北京：中華書局，2004年）。

③ 西田龍雄對西夏佛教研究頗多，其中主要的是《西夏文華嚴經》1—3冊（京都：京都大學出版社，1975—1976年），這部大作中最重要的是收録在第三冊的"聖彼得堡所藏西夏佛教文獻目録"。後來西田氏於1997年出版《西夏王国の言語と文化》（東京：岩波書店），該書也涉及一些與西夏佛教有關的問題。

④ Е. И. Кычанов, *Каталог Тангутских Буддийских памятников из собрания Института Востоковедения РАН*，京都：京都大學出版社，1999年。克恰諾夫的目録在許多方面依靠1963年所編的西夏文獻一覽表：З. И. Горбачева, Е. И. Кычанов, *Список отождествлённых и определённых тангутских рукописей и ксилографов коллекции Института народов Азии АН СССР*（《俄羅斯科學院亞洲研究所所藏西夏文寫本和刊本清單》）（Москва: 1963），在確認西夏譯本的漢文和藏文原典基礎上更從西田氏在《西夏文華嚴經》的判斷。

中在幾個不同的領域：從語言學的角度討論佛教文獻⑤；針對西夏不同經典的譯本背景以及西夏佛教的歷史狀況的專門研究⑥；西夏大藏經的歷史研究以及西夏佛教與元代佛教的關係研究。總而言之，最近數十年對西夏佛教的探討在很多方面改寫了中亞和東亞佛教的歷史⑦。主要的結論是西夏佛教並不是獨一無二的現象，而是東亞佛教及文化演進轉變的組成部分。因此西夏佛教文獻研究不僅有助於瞭解西夏佛教本身的發展，而且能夠爲宋末元初，包括遼金時代佛教的研究開創一種新前景。對西夏佛教的研究顯然不能祇限於對黑水城以及他處出土文獻的研究，而是必須掌握宋遼金元各方面的資料,以便得到比較全面徹底的瞭解。

西夏遺僧在元代佛教制度的作用之巨大早已周知，但隨着《洛陽市志》一書中元代不同僧侶碑文塔銘的公佈，學術界對西夏遺僧活動逐漸有所瞭解。透過史金波、竺沙雅章、白濱、崔紅芬、年輕學者李燦等人的研究，學術界獲得關於龍川行育（？—1293）及其弟子西夏遺僧一行慧覺（？—1312/3）活動的初步認識⑧。兩者的主要活動雖然集中在中原地區，但在《佛祖統紀》或《佛祖歷代通載》等天台或禪宗編輯的歷史資料中則不見記載⑨。故洛陽發現的碑文塔銘在許多方面修改及補充了對元初中原地區華嚴宗地位的學術認識。因此得知尚存的一行慧覺《華嚴經海印道場懺儀》（簡稱《華嚴海印懺儀》）不僅是一本中原佛教大作，同時它與西夏天慶七年（1200）西夏顯官賀宗壽管轄編輯的《密呪圓因往生集》（下面簡稱《往生集》）及在《大乘要道密集》所收録的

⑤ 在這個領域中代表性的著作可以提到林英津著《西夏語譯“真實名經”釋文研究》，臺北：“中央”研究院歷史語言研究所，2006年；有關西夏和藏文佛教文獻的比較研究，主要是見於最近幾年段玉泉在“西夏研究”所發表的文章，如：《西夏藏傳〈尊勝經〉的夏漢藏對勘研究》，《西夏學》第5輯，上海：上海古籍出版社，2010年，29—37頁；西夏漢文文獻對勘見於聶鴻音《〈禪源諸詮集都序〉的西夏譯本》，《西夏學》第5輯，2010年，23—28頁。

⑥ 例如：聶鴻音《西夏帝師考辨》，《文史》2005年第3期，205—217頁；《西夏文藏傳〈般若心經〉研究》，《民族語言》2005年第2期，21—29頁；荒川慎太郎，“Study of the Tangut version of “*Prajñāpāramitā-hṛdaya-sūtra*” with a commentary preserved in Russia”，in: *Philological Studies on Old Central Asian Manuscripts*. Kyōto: University of Kyōto Press, 2006；孫伯君《西夏文〈修華嚴奥旨妄盡還源觀〉考釋》，《西夏學》第6輯，上海：上海古籍出版社，2010年，57—69頁，等等。

⑦ 見沈衛榮《重構十一至十四世紀的西域佛教史——基於俄藏黑水城漢文佛教文書的探討》，《歷史研究》2006年第5期，23—34頁；《初探蒙古接受藏傳佛教的西夏背景》，《西域歷史語言研究集刊》第一輯，北京：科學出版社，2007年，273—286頁。

⑧ 有關龍川行育和一行慧覺的資料，早在2000年日本學者竺沙雅章在《宋元佛教文化史研究》（東京：汲古書院）中做過介紹和分析。後來白濱教授和崔紅芬教授也介紹了相關資料，詳見白濱《元代西夏一行慧覺法師輯漢文“華嚴懺儀”補釋》，《西夏學》第1輯，銀川：寧夏人民出版社，2006年，76—80頁；崔紅芬《僧人“慧觉”考略——兼谈西夏的华严信仰》，《世界宗教研究》2010年第4期，47—57頁。最近詳細研究一行慧覺及其著作的另有李燦的《元代的西夏人華嚴懺法——以“華嚴經海印道場懺儀”爲中心》，北京大學2010年碩士論文。

⑨ 因爲此種原因，任宜敏在《中國佛教史：元代》（北京：人民出版社，2005年）一書中並未提到這兩位僧侶的名字，亦未討論其活動。

一部分資料一樣可以算西夏晚期佛教代表作之一[⑩]。同時，《華嚴海印懺儀》的一些思想與遼代《顯密圓通成佛心要集》（下面簡稱《心要集》）以及其他以《釋摩訶衍論》思想爲主的遼代佛學著作有些類似之處。《心要集》和《往生集》皆有黑水城出土版本，並且兩者文内收載的陀羅尼文頗爲相似，表示兩個文獻之間的相似性並非偶然。《大乘要道密集》收録的“大手印”論著與黑水城的相關文獻比較相似[⑪]，這些資料研究允許構擬重建西夏佛教的一些特色，同時可以對遼代以及整個華北區域在蒙古侵略之前的佛教提供新的啟示。由此推之，西夏佛教之形成是各種不同因素互動和交流的結果，這些因素包含中原佛教主流、遼代佛教的華嚴學及密教、藏傳佛教之不同傳統等。

西夏與遼之佛教互動

一行慧覺的《華嚴經海印道場懺儀》是目前尚存的一本最大保留西夏佛教痕跡的資料。迄今之研究成果可總結如下：一行慧覺的《華嚴經海印道場懺儀》雖然以中原佛教儀軌爲主，但也包含藏傳佛教以及遼國佛教的部分因素[⑫]。不同要素匯合之緣由在於一行慧覺“西北密乘”以及“一乘圓極之說”的“顯教”傳統背景[⑬]。可見一行慧覺的“密乘”包含藏傳與漢傳密教的不同因素：《華嚴經海印道場懺儀》出現“無上瑜伽”本續、“上師瑜伽”（guru yoga, 藏文bla ma'i rnal 'byor）[⑭]以及各種密法的“劑門”[⑮]，也有來自唐代密宗的成分。在解釋慧覺論點時，蒼山普瑞也提到“本續”和“大手印”。從西夏文資料可知，“大手印”在西夏晚期頗爲流行，《大乘要道密集》收

---

⑩ 白濱、李燦等學者早就發現《華嚴海印道場懺儀》與西夏佛教的關係，不過有些需要補充的地方：《往生集》收録在《大正藏》第46冊#1956；這本資料由甘泉獅子峯誘生寺出家承旨沙門智廣及北五臺山大清涼寺出家提點沙門慧真編集，其發願者是一位西夏高官賀宗壽。按其《往生集》序，編輯該書主要與賀宗壽的個人臨終經驗以及往生淨土的意願有關。《往生集》所藏的陀羅尼文的一部分與《華嚴海印道場懺儀》接近，並未見於其他資料中，因此這兩本或許有些同樣的背景。參見索羅寧《一行慧覺及其〈華嚴經海印道場十重行願常徧禮懺儀〉》，《臺大佛學研究》23，2012年，1—76頁。

⑪ 西田龍雄在其對克恰諾夫《西夏佛教文獻目録》序文中，對一部分西夏文“大手印”資料及其師承信息進行了初步探討，證明與藏傳的“大手印”傳統比較接近。

⑫ 《華嚴海印道場懺儀》的基本結構及其儀軌特色在李燦的論文中有相當詳細的討論，此不贅述。

⑬ “西北密乘”和“一乘圓極之說”的詞語皆見於《故釋源宗主宗密圓融大師塔銘》，竺沙氏在《宋元佛教文化史研究》中曾對此做過分析（173—174頁等處）。

⑭ 如《金剛空行本續》（與金剛亥母Vajravarahī或Vajrayoginī信仰有關的文獻，在西夏頗爲流行）、《不動本續》、《吉祥上樂本續》、《最明了悟本續》、《金剛尖本續》（按沈衛榮教授，這部本續應該爲*Vajraśekhara-mahāguhya-yogatantra*，藏文作*Gsang ba rnal 'byor chen po'i rgyud rdo rje rtse mo*等藏傳資料。

⑮ 按沈衛榮教授，“劑門”與《大乘要道密集》中的“要門”相同，即藏文“man ngag”的漢譯。

録的元代“大手印”（Mahāmudrā）文本或許是由西夏僧侶初步翻譯成漢文的[16]。慧覺“顯教”的背景是女真人龍川行育及其祖師永安寺善柔（元憲宗時代人，活躍於1251—1259年間）以《華嚴經》、《首楞嚴經》、《金剛經》爲主的“圓頓法門”[17]。善柔法師的活動範圍包括主持“清涼大會”、“攝京師華嚴講席”，以及“經之闕者，勒而補之；寺之廢者，撤而新之”等。永安寺善柔和龍川行育的著作未傳於世，因此一行慧覺的《華嚴經海印道場懺儀》具有很高的研究價值。從現存的西夏文獻來看，“顯密匯合”似乎是西夏以及整個華北地區12—13世紀佛學主流之一，而慧覺的《華嚴海印懺儀》爲其代表著作。一行慧覺極少討論義學問題，且這些討論集中在文內的“註解”部分，故學者一般認爲“注解”文并非爲慧覺本人所造，而屬於元代雲南華嚴僧蒼山普瑞（活躍在14世紀30—40年代）。筆者不以爲然，據《華嚴懺儀》與普瑞的另一著作，即《華嚴懸談會玄記》的比較結果，筆者認爲大部分“義學”注解屬於慧覺本人[18]。

一行慧覺的義學似乎有出自《釋摩訶衍論》以及遼代法悟（生卒年不詳）的《釋摩訶衍論贊玄疏》的要素[19]。慧覺在其極少討論義學問題時，提到“不二果海”的概念。據筆者所知，“不二果海”這一說法出現在《釋摩訶衍論贊玄疏》[20]，該材料是遼道宗（1055—1105）時詮圓通法大師法悟編纂的對《釋摩訶衍論》的注解。此書受到遼道宗的個人支持和贊助，道宗認爲《釋摩訶衍論》之復興爲佛教之大功德。

由此可知，一行慧覺對“不二摩訶衍”有所瞭解，其對於義學發展雖屬中原大乘佛教範圍，但他有一些偏於遼代華嚴宗的方面。按照慧覺自己的解釋，他對《華嚴經》的瞭解與清涼澄觀（737—838）的《華嚴經大疏》和李通玄（630—735）的《華嚴合論》

---

⑯　陳慶英《〈大乘要道密集〉與西夏王朝的藏傳佛教》，《中國藏學》2003年第3期，94—106頁；沈衛榮《〈大乘要道密集〉與西夏元朝所傳西藏密法——〈大乘要道密集〉系列研究導論》，收錄於沈衛榮《西藏歷史和佛教的語文學研究》，上海：上海古籍出版社，2010年，347—391頁；K. J. Solonin “Mahāmudrā Texts in the Tangut Buddhism and the Doctrine of ‘No-Thought’”，《西域歷史語言研究集刊》第二輯，北京：科學出版社，2009年，277—305頁；索羅寧《〈華嚴海印懺儀〉思想補考》（待刊）。

⑰　善柔法師傳記見於《補續高僧傳》，《續藏經》第77冊#1524頁392c7-22；竺沙雅章在《宋元佛教文化史研究》中亦有詳細討論（170—173頁）。

⑱　參見索羅寧《一行慧覺及其〈華嚴經海印道場十重行願常徧禮懺儀〉》；另可參見李燦《元代的西夏人華嚴懺法——以“華嚴經海印道場懺儀”爲中心》的討論。

⑲　《釋摩訶衍論》的流傳問題尚未徹底弄清。目前可以參考遼代法悟《釋摩訶衍論贊玄疏》序文中的段落：“噫！歷世久湮，必將有待，會逢外護，果視中興。我天佑皇帝，傳刹利之華宗，嗣輪王之寶系，每餘庶政，止味玄風，陞御座以談微，光流異瑞，窮圓宗而製讚，神告休徵。然備究於群經而尤精於此論。”（《續藏經》第45冊 #772頁831a18-21）。這句話說明，遼代學僧認爲本論的重新流傳於世是遼道宗皇帝的功勞。遼道宗本人對《釋摩訶衍論》的評價也相當高。黑水城文獻中除了《釋摩訶衍論》本身外，另有所謂《龍論》則是遼代法悟《釋摩訶衍論贊玄疏》（TK-79；這一點學者已有所研究，不過筆者另有一些簡單的考證）的異本，這些情況證明西夏與遼佛教關係密切。

⑳　參見索羅寧《一行慧覺及其〈華嚴經海印道場十重行願常徧禮懺儀〉》。

相當一致[21]，接受《大乘起信論》對藏識以及如來藏的看法，因而慧覺的義學可以臨時界定爲“本覺思想”的一種[22]。

雖然一行慧覺沒有專門討論判教問題，但在不同處可見少數判教内容之言論，故可推測他在此亦有一種“圓融觀”。在“八萬四千惑業懺悔”章節内有“帝網無盡佛法僧、竇毘盧遮那如來、普賢、文殊海會聖眾”之“性相諸宗”包容“八萬四千法門”等說法，好像與華嚴宗“毘盧法界”和“普賢行海”圓宗理想接近[23]。這個概念在遼宋華嚴學僧著作中同樣常見，黑水城的《往生集》版本雖然不那麼直接，但也屬於這個範圍。值得注意的是，唐代華嚴之“教”與禪宗的“行”相應，慧覺及其遼西夏先賢修改了此體系：禪宗的地位以密宗修行及持誦陀羅尼法門所取代[24]。一行慧覺有如下言語：

> 一契本源自性供養，二藉密法助緣供養。此中亦有二種：一實錯供養，二呪印供養，皆依密法。又前即“觀念性起”供養。此即“緣起新成”供養。皆含攝故，成於緣性圓融供養之海。向下讚歎，敬禮念佛，旋繞誦經，并呪等無不如是，眾等應知。[25]

這句話可以解釋爲：“性起”和“緣起”兩種修行的結合纔成“圓融修行”。其中“自性供養”即是“觀念性起”，能符契自性清淨本覺“本源”；“密法”則爲其“助緣”修行。“本源”既是“本覺性”，亦即一切波羅蜜的起源[26]。這種對應可以通過“理事”或“理入行入”來解釋，乃至與圭峰宗密（780—841）“華嚴禪”有相應之處。上述引文清楚介紹了以華嚴爲主的“圓教”體系。祇是，本來能夠發揮本覺的成佛潛能的禪修爲“密法”所替代[27]。由“密法”及華嚴思想所成立的“圓宗”在西夏佛教有些流行：黑水城出土的《往生集》文末有一段“録文”，其中有句話相當明顯：

> ……唯此陀羅尼者是諸佛心印之法門，乃聖凡圓修之捷徑。秘中之秘，印三藏以導機。玄中之玄，加聲字而詮體。統該五部，獨稱“教外之圓宗”，

---

[21] 一行慧覺祇在一處探討了其思想基礎：“華嚴大教，乃如來根本法輪；一切佛書於中流出。譬之其猶天覆地擎，海涵春育。大抵皆修普賢之因，以證遮那之果故也。昔李長者之《論》，觀國師之《疏》，極其蘊奥，發其幽隱。然一行禪師之儀文，切於物情，中於機會，可謂修行之指南也。”參見《續藏經》第74冊#1470頁，“敬造華嚴道場儀文記”146c7-10頁。

[22] 宗密的“真心”或“覺性”思想在其他著作中有討論，此處不再另提，參見吉津宜英《華嚴禪の思想史の研究》，東京：大東出版社，1985年，285—289頁。按吉津氏的理解，宗密思想可以界定爲“本覺思想”。

[23] 《華嚴海印懺儀》，《續藏經》第74冊 #1479：356b23-c19。

[24] 這段有關一行慧覺思想的闡述，部分參考了李燦的論文，部分為筆者尚未發表的《華嚴海印懺儀思想補考》之内容。

[25] 《續藏經》第74冊#1470：140b13-16；李燦先生的論文也討論過這段話的内容及其意義。

[26] 按照吉津宜英教授的看法，這個“本覺”性既是宗密“禪源”詞組内的“源”内涵。參見《華嚴禪の思想史の研究》，英文摘要，13、14頁。

[27] 一行慧覺祇有一次提到宗密的名字，或許因爲會覺對禪宗的批判態度，但是基本思想立場還是接近圭峯禪師。批評禪宗爲“破飲酒戒”，見於《華嚴海印懺儀》（《續藏經》第74冊#1470：219c20-220b1）。不過其所討論的“禪宗”似乎意味着基於“洪州宗”的南北宋時期的禪。

> 包括一乘以盡瑜伽之奧。旨土散屍[28]，露神離五趣。風吹影觸[29]，識翫天宮[30]，加持一念，裂惑障於八万四千，頃剋攝受圓五智而證十身[31]。神功叵測，聖力難思，睹斯勝利，虔誠於《圓因往生集》。……將此功德，上報四恩下濟三有……[32]

這段話無疑代表遼代佛教的思想。房山石經中《最上乘秘密藏陀羅尼集》的“上都大安國寺傳密教超悟大師賜紫三藏沙門行琳”的序文，會加深對上述《往生集》“録文”的瞭解。《行琳序》載：

> 陀羅尼者，揔持之梵稱也，開佛心之秘藏，示圣證之樞由，至理之極譚，上乘宗要，秘中之秘，印三藏以導教機，玄乃復玄，加聲字而明法理，弘旨普光之妙體……最上乘教，不共圓宗，五智權實之洪源，瑜伽奥旨……三乘教外，別有持明，雖復言同字同，而功別義別。[33]

《行琳序》是“大唐乾寧五年”（898）編寫的，其刻爲石經的時代爲唐末遼初年間。序文内容與學術界所瞭解的遼代佛教的情况是相應的，可以說行琳的闡述代表遼代佛教的一個主要側面。不難看出，行琳序的部分文字與西夏的《往生集》的“録文”特別相似，這種“共同語言”可以作爲西夏與遼存在着佛教關係的假設的明顯的根據之一。“教外圓宗”和“不共圓宗”，指的是陀羅尼法門。這裏“教外之圓宗”一詞頗有意義，似乎是針對禪宗的“教外別傳”而說。“圓宗”、“包括一乘以盡瑜伽之奥”，很清楚地否定禪宗修行，而取陀羅尼法門而代之。賀宗壽的這句雖然未提“華嚴”，但是在排斥禪宗的態度上，與《華嚴經海印道場懺儀》以及遼宋出現的“圓教”有共同之處。這些共同之處在此不一一而言。目前尚存的宋（包括華嚴和天台宗）西夏、遼以及部分高麗佛教文獻皆有一種以“華嚴一乘法界”爲主的“圓宗”的共同趨向。這個趨向的代表著作不少，不過比較明確表達這個思想核心内容的著作似乎是高麗僧統義天（1055—1101）的《圓宗文類》[34]。在其不同著作内，義天經常提倡“藉教悟宗”的達摩禪，並且盡力排斥北宋和南宋的激進禪修。一行慧覺《華嚴經海印道場懺儀》的圓宗看法似乎爲“華嚴理論”與“密法修行”的綜合體系，甚至把《華嚴經》本身“密教

㉘ 指一種密宗儀軌。

㉙ 《佛頂最勝陀羅尼經》的間接引文。

㉚ 《心要集》的間接引文。

㉛ 《華嚴經》所說的毘盧遮那法身佛的十身。

㉜ 《往生集》黑水城版爲聖彼得堡所藏TK-271，收録在《俄藏黑水城文獻》第4冊，359—364頁。賀宗壽大名在黑水城的其他文獻内也有所見：西夏文的《拔濟苦難陀羅尼經》的題記提到他的名字和官位，參見聶鴻音《俄藏西夏本〈拔濟苦難陀羅尼經〉考釋》，《西夏學》第6輯，1—5頁。

㉝ 林光明編著《房山明呪集》，臺北：嘉豐出版社，2008年，第1冊，2、4頁。

㉞ 《續藏經》第58冊#1015；學術界對“華嚴一乘法界”思想討論頗多。

化"[35]。

這個思想脈絡雖然各地有些出入[36]，不過還是存在一些共同點，高麗僧統義天曾經很清楚地表達其意：

[義天]見《飛山[37]別傳》議爲跋曰：甚矣，古禪之與今禪名實相遼也！古之所謂禪者，"藉教入禪"者也。今之所以禪者，"離教說禪"者也。"離教"者，執其名而遺其實。"藉教"者因其詮而得其旨。救今人矯詐之敝，復古聖精純之道，珠公論辯斯其至焉！近者遼國詔有司，令義學沙門詮曉[38]再定經録，世所謂《六祖壇經》、《寶林傳》等皆與焚棄。而比世中國禪宗章句多涉異端，此所以海東人師疑華夏爲無人。今見飛山高議，乃知有護法開士。百世之下住持末法者，豈不賴珠公力乎？[39]

這段話清楚地排斥義天在中原所見到的依靠《六祖壇經》及馬祖道一洪州宗的燈史《寶林傳》的禪宗支流，表達義天對"藉教入禪"與"離教說禪"兩個典範對立之評價。其中"藉教入禪"代表達摩大師在《二入四行》中的立場：此處"教"意味着《楞伽經》內的"如來藏"以及"佛性"的說法；"離教說禪"則是"比世中國禪宗章句多涉異端"的宋代的禪學。這種對禪宗的態度在遼代佛教界頗爲流行，在圓通鮮演的《華嚴經談玄抉擇》中可見相關部分[40]。一行慧覺雖然距義天及鮮演有兩百多年，但在其"飲酒懺悔"中引用永明延壽，圭峯宗密，龍牙禪師，圓通帝師等人言語，表示同樣的態度：

又古德云：口誦禪歌，心無契悟。一世不能斷諸妄想。雖了本心，若不止業，有何利益也？[41]

此偈見於"飲酒懺悔"，雖說是"古德云"，但好像是慧覺自己編，此語宗旨是：了悟本心不能代替逐漸修行，見性成佛雖有其道理，但是需要執行一切萬行纔能得佛果。此語既是"頓悟漸修"的宗密南宗禪（宗密認爲其爲"達摩禪"思想）的一

㉟ 一行慧覺"密教化"《華嚴經》的特徵可見於其對"華嚴三觀修心"的解釋：慧覺利用來自密宗"劑門"名相來描述這個觀法。《華嚴經》密教化始於唐末，澄觀《華嚴經隨疏演義鈔》採用許多密宗文獻解釋華嚴經，在遼代得其盛興（鐮田茂雄在其《中國華嚴思想史の研究》中早就討論了這些問題；最近遠藤純一郎發表了三篇文章專門研究《演義鈔》中的密教經典的引用）。

㊱ 考慮到遼代流行的華嚴思想，可以提到房山石經刻《一乘法界圖合詩一印》以及《華嚴漩洑偈》等資料（見姚長壽《房山石經華嚴典籍考》收録在《法源》#16，1998）；黑水城出土也有與所謂"華嚴三偈"相關的資料。

㊲ 即是飛山戒珠（985—1087），北宋英宗時代人，曾爲禪僧及淨土僧；《別傳心法議》《淨土往生傳》的作者。參見黃啟江《北宋佛教史論稿》，臺北：商務印書館，1997年，215、216頁等處。

㊳ 遼國著名的唯識宗學僧，詳細介紹可參見竺沙雅章《宋元佛教文化史研究》，101—105頁等處。

㊴ 這句話見於不同處，此依《佛祖統紀》（大正藏，第49冊#2035：223c17—28）。義天與遼國佛教界的關係頗爲密切，因而對遼佛教政策應有一手瞭解。參見王承禮、李亞泉《高麗義天大師著述中的遼人文獻》，《社會科學戰綫》1993年第2期，182—189頁。

㊵ 參見《華嚴經談玄抉擇》，續藏經第8冊#235：7b21-c6。

㊶ 續藏經第74冊#1470：220a3-5。

種改寫。對義天而言，學習研究“達摩禪宗”是其到達中國的目標之一[42]。黑水城出土文獻中有其他文獻，足以證明西夏佛教確實存在這種思想脈絡。這種脈絡的核心思想爲永明延壽、《心要集》等材料中的“真心”學說。這種思想與荷澤南宗禪“靈知不昧”以及《起信論》的“體相用”典範有關，可以推測這個思想典範在10—13世紀爲華北佛教的基本典範。暫且可以推測：“圓宗”排斥拒絕的並非全部的禪宗，而祇是宋元時期“激進”的禪派，基於華嚴圓宗義學的禪宗，既是宗密所謂南宗反而受到尊重。在以密宗爲究竟法門的判教內，禪宗地位顯然不如以前宗密體系，但仍然保留其價值。在黑水城文獻之中有幾篇論著會對瞭解華北10—13世紀禪學帶來新的啟示。這些例子明顯行不通：一行慧覺與遼義學華嚴的關係不過是一種推測，需要進一步的研究，但其“圓宗”體系與遼華嚴比較相似。至於《往生集》與《行琳序》之相似性，似乎代表西夏與遼密教領域間的關係。在《華嚴懺儀》見到的對禪宗的態度也與遼代判教制度接近。

本文研究目標

遼與西夏對禪宗的排斥並不代表遼與西夏完全沒有禪宗。遼代高僧圓通道㲀（1056？—1114？）《顯密圓通成佛心要集》中推動其“圓教”理念如下：

> 謂如來一代聖教，不出顯密兩門（《仁王經鈔》云：“如來一切教，不越顯密兩宗）。於顯教中雖五教不同，而華嚴一經最尊最妙，是諸佛之髓菩薩之心。具包三藏，總含五教（……雖文義廣博，其中最津要者，唯別《行普賢行願品》一卷經文。是華嚴之關鍵修行之樞機，可讚可崇。西天道流無不依之修行也)。於密部中雖五部有異，而准提一呪最靈最勝，是諸佛之母菩薩之命，具包三密，總含五部。（……其中最綱要者，准唐善無畏三藏所譯一卷經文，是諸壇之領袖七眾之藥餌，可傳可尚。東夏高德無不依之持誦也。）
>
> 今此兩宗。准《纂靈記》并義淨傳說：自如來密度已後，時人不聞不知（不聞顯圓不知密圓）。至龍樹菩薩七百年中出世，雙弘顯密圓宗，方乃流行人世。今居末法之中。得值天佑皇帝菩薩國王。率士之內流通二教。[43]

這段文字明顯表明：“顯教”依華嚴爲圓，“密教”依准提呪爲圓，因此就有顯密和合圓融。考慮到遼代的以“顯圓”和“密圓”組成的“圓教”，可以發現“華嚴五教”中另有其他對其核心思想，即所謂“一心”的解釋。其中與“絕待真心”相應的修行境界則是‘南宗禪”。按照道㲀的說明，“南宗禪”是由清涼澄觀、圭峰宗密、荷澤

---

[42] 王承禮、李亞泉《高麗義天大師著述中的遼人文獻》，182頁。

[43] 《顯密圓通成佛心要集》，大正藏第46冊#1955：1004b5-21；遼佛教的“圓教”常出現在各種遼代文獻中。其中最有代表性的應該是應縣木塔出現的《圓教四門問答》的寫本（《應縣木塔遼代秘密藏》第2冊，北京：文物出版社，1996年，520、521頁）。據知《圓教四門問答》實際上是澄觀《華嚴經行願品疏》或《華嚴經疏》相關段落的總結（《華嚴經行願品疏》，《續藏經》第5冊 #0227：56b20-c7）。

神會組成的傳統。總而言之，此禪思想基於“藉教悟宗”的“達摩禪”發展“見性”、“安心”、“發行”的菩提達摩在《二入四行》里陳述的修行實踐。西夏禪宗文獻似乎反映出同樣的特色：遺存西夏佛教禪宗證明西夏禪宗傳統具有上述特徵。現存黑水城文獻中大多數資料屬於宗密本人以及與其思想相關的著作[44]。其實西夏流傳禪宗或許可以用“真心思想”或“華嚴禪”冒頭爲其定義[45]。這個思想體系的核心概念爲“本覺性”、“真心”、“靈智不昧”等與《圓覺經》和荷澤禪“知之一字，眾妙之門”比喻有關理論[46]。這個宗派的時間界限大概在晚唐至北宋時代，甚至可以追溯至元代[47]。按照吉津宜英教授的判斷，宗密《禪源諸詮集都序》以及《圓覺經大疏》皆爲“華嚴禪本覺”的代表作。其流佈範圍不限於中原本土，相反，其在遼[48]以及西夏[49]而得以盛行。“華嚴禪”思想進入西夏的途徑目前不詳，學術界對此有兩種看法：華嚴禪思想在西夏的盛行應該與白雲宗[50]在元初的勢力之龐大有關係，而黑水城出土的部分文獻的斷代則

㊹ 宗密作品的西夏譯本名，可見K. J. Solonin, “The Glimpses of Tangut Buddhism” in: *Central Asiatic Journal* 58 (1), 2008。

㊺ 西夏佛教的漢傳佛教傳統基本上由華嚴思想以及澄觀和宗密的思想組成。對這種思想的初步討論見索羅寧《西夏佛教的“真心”思想》，《西夏學》第5輯，163—172頁。

㊻ 對“華嚴禪”思想的介紹主要依靠吉津宜英《華嚴禪の思想史の研究》的闡述。該宗派雖然有其比較明顯的特色，從來沒有確定的自我認同，因此不過是一種方便解釋一些佛教的歷史現象的學術推測，該思想基於宗密對《圓覺經》的瞭解，也可爲“眾生本覺思想”與所謂的“一乘”、“如來清淨禪”、“心地法門”、“禪宗南宗”、荷澤神會的禪學等有關。至於其地理的分佈，目前也缺少確切資料，祇是按照一些主要文獻的地理背景和宗密著作晚期分佈而推之爲華北以及吳越地區（關於宗密《禪源序》及其“中華傳心地禪門師資承襲圖”在吳越的流轉，在“重刻禪源詮序”中有相關的記載）。

㊼ 宗密的《禪源序》是該傳統的代表作，且在五代和北宋初期是一種主要佛教著作。在元代也有其重要性：至元十二年（1276），元世祖“召在京耆宿問諸禪教乖互之義”。此時僧侶主要“因以圭峯禪源詮文爲之對”。此記載足以證明，元初宗密的著作，雖已罕見於世，但其知名度相當高（參見“重刻禪源詮序”，《大正藏》第48冊#2015：398a15-17）。

㊽ 按照“重刻禪源詮序”的記載，曾有一本“遼朝崇天皇太后清寧八年（1063）印造頒行天下定本”（同上，頁398a23），此本爲後來的元版底本。

㊾ 西夏方塔出土的有《圓覺經》（西夏文：《䏙䌳𤃩蔽》）、《圓覺經疏》（《圓覺經疏之略補》西夏文作《䏙䌳𤃩蔽𦁗𤘣㣼𦄊》，參見《山嘴溝西夏石窟》（北京：文物出版社，2007年）等資料，黑水城出土的有西夏譯本《禪源序》，《中華傳心地禪門師資承襲圖》的漢文及西夏文本等資料（見前引聶鴻音《〈禪源諸詮集都序〉的西夏譯本》）。按照聶教授的解釋，西夏譯本的文字順序與現存版本不同。

㊿ 白雲宗在西夏有其影響力：白雲清覺（1086—1160）的《正行集》有其西夏文本（孫伯君教授的發現，見上，注4），另外西夏文本的《三代相照言文集》似乎爲白雲宗的著作，不過其年代不詳。按照克恰諾夫的看法，《三代相照言文集》不是翻譯本而爲西夏人自己創造，這個文獻裏面出現的“白雲釋子”應爲西夏佛教認識。參見E. И. 克恰諾夫著、粟瑞雪譯《〈三代相照言文集〉——活字印刷術獨一無二的明證》，《西夏學》第6輯，6—13頁。

應該爲元初[51]。

在黑水城出現的禪宗文獻中，部分資料似乎反映出上述傳統。其中西夏文本《鏡》（西夏文作〈[illegible]〉，Tang 413, #2548）的內容特色似乎有助於解決華北佛教10—13世紀禪宗的一些特色[52]。因其封面未存，無法得知其全名，《鏡》是見於其版心白口中的簡稱。蝴蝶裝，一紙14行，一行15字，凡16紙，現僅存第2至16頁，無卷首題，也無卷尾題，因此難以確定其作者及成書時代[53]。該書曾被認爲是受澄觀、宗密思想影響的西夏本土佛教作品之一[54]，而通過進一步的研究纔發現，儘管該書承襲了唐末"華嚴禪"，但實際屬於華嚴禪宗發展後期的作品，成書非於中原，而是在契丹遼國。此外，另有漢文文獻《解行照心圖》，也反映出與《鏡》同樣的思想特色[55]。

西夏與遼禪宗關係的一些背景

在黑水城以及其他西夏遺文中，《鏡》並不是唯一討論禪宗"圓宗"問題的文獻，除了圭峯禪師的作品以外，黑水城出土文獻另包括一批受到宗密思想深刻影響的著作，其中最有學術價值的是漢文原典已失的《唐忠國師住光宅寺時中衆人問佛理二十五問答》（西夏文作《[illegible]》）[56]，《洪州宗師趣開明要記》（西夏文作《[illegible]》）[57]等著作。這許

---

[51] 這個想法主要由孫伯君教授在不同文章中所提出，主要論證西夏文所提到的"白雲釋子"爲北宋時期的白雲清覺，負責所謂"河西藏"的刻版工作的西夏後裔管主八帝師曾爲白雲宗的人物，黑水城出土文獻有清覺的《正行集》的譯本等。筆者認爲，"白雲釋子"和白雲清覺的認同不完全可靠，同時，管主八大量推動華嚴學，且把與華嚴相關的文獻收到不同的大藏經版本中，大概衹能證明他保留了一些西夏佛教的遺產，讓其大量進入中原佛教的主流，即不能說這些文獻都是元初纔初次翻譯成西夏文。這個問題有待更深入的考察。總可推論，元代管主八印刻"河西藏"問題和黑水城出土文獻的斷代不能完全混爲一談。

[52] 聖彼得堡所藏西夏文獻，編號Tang 413, #2548。

[53] 詳見 E. И. Кычанов, *Каталог Тангутских Буддийских памятников из собрания Института Востоковедения РАН*, p.612; Tang 413 #2548。

[54] K. J. Solonin, "Guifeng Zongmi and the Tangut Chan Buddhism"，《中華佛學學報》1998年第11期，365—425頁。

[55] 參見索羅寧《禪宗在遼與西夏：以黑水城出土〈解行照心圖〉和通理大師〈究竟一乘圓明心義〉爲例》（待刊）。

[56] 這個文獻的初步討論見索羅寧《"南陽慧忠（?—775）及其禪思想"：〈南陽慧忠語録〉西夏文本與漢文本比較研究》，《中國多文字時代的歷史文獻研究》，北京：社會科學文獻出版社，2010年，17—41頁。南陽慧忠（西夏文作 [illegible]）似乎爲西夏最受歡迎的禪宗人物：其《問答》總共有17種不同的版本出土。參見E. И. Кычанов, *Каталог Тангутских Буддийских памятников из собрания Института Востоковедения РАН*, pp.602-606; Tang 186 #2891, 3816, 2612, 2626等。其中 #2822題跋記載了其刊版時期爲"乾祐十二年"（1181）。

[57] 此文獻介紹見：K. J. Solonin, "Hongzhou Buddhism in the Tangut State"；另見E. И. Кычанов, *Каталог Тангутских Буддийских памятников из собрания Института Востоковедения РАН*, p.601, Tang 111 #2529。

多資料，雖其內容不同，但或以華嚴“真如不變隨緣”爲主要思想典範[58]；或大量引用取自宗密和澄觀的作品的譬喻和典故（例如《南陽慧忠二十五問答》利用宗密“銅鏡”比喻説明“體相用”等）。由此觀之，如上之西夏文獻皆屬於以宗密爲主的“真心”（“一心”或“心地”）思想傳統。在西夏晚期時代變成了具有其地方性的佛教主流之一[59]。

一部分黑水城出土文獻中冒頭有“一乘”二字，指的是上述“圓宗”思想，即與後來的一行慧覺等人思想相同，此“一乘”與正宗華嚴宗相比，缺少精緻的理論探討，其內容應該限於“真心”以及‘不二”、“圓融”概念的介紹[60]。這些資料中有與《鏡心録》同樣來自遼代的“通理大師”（西夏文[illegible]）所造《究竟一乘圓明心義》（西夏文[illegible]）[61]。黑水城漢文資料中另有通理大師的《立志銘心誡》、《無上圓宗性海解脱三制律》等[62]。文獻考證證明：這位“通理大師”即是遼代道宗時期負責房山刻經工作的高僧“通理大師恒策”（1049—1099），並且黑城出土的漢文資料中保留有這批文獻來自遼代的歷史背景的痕跡：主要是《華嚴經》的“華”字寫成“花”，這種寫法爲遼代特色[63]。學術界原來對通理大師的活動比較陌生，房山一帶的幾個碑文塔銘的公佈增加了對這位大德的認識[64]。按照雲居寺的《大遼涿州涿鹿山雲居寺續秘藏石經塔記》的記載：

> ……有故上人通理大師，緇林秀出，名實俱高，教風一扇，草偃八宏。其餘德業，具載寶峰本寺遺行碑中。師因遊茲山，寓宿其寺，慨石經未圓，有續造之念，興無緣慈，爲不請友。至大安九年正月一日，遂於茲寺開放戒壇，仕庶道俗入山受戒，叵以數知，海會之衆，孰敢評之？……[65]

按照《崇昱大師墳塔記》：“[崇昱] 首抵王家島，先有通理策師□授以達摩傳心之

---

[58] 此兩篇西夏文獻的初步研究見於：K. J. Solonin “Hongzhou Buddhism in the Tangut State: the Heritage of Zongmi (780-841): A Tangut Source” in: *Asia Major* New Series 16 (2) 2003. 此文獻介紹另見於Е. И. Каталог *Тангутских Буддийских памятников из собрания Института Востоковедения РАН*, p.567, Tang 112 #2540.

[59] 對這個問題的初步討論，參見K. J. 索羅寧《西夏佛教的“真心”思想》，《西夏學》第5輯，163—172頁。

[60] 這個問題尚未得到徹底解決：吉津宜英教授在其《華嚴一乘思想の研究》（東京：大東出版社，1991年刊行）中介紹了正宗華嚴學者對此問題的看法，其與遼宋的傳承關係尚待進一步研究。

[61] Tang 183 #2848，此書漢文原典《究竟一乘圓通心要》殘葉見《俄藏黑水城》A-6代號。

[62] 俄藏黑水城文獻A-26代號。

[63] 竺沙雅章《宋元佛教文化史研究》，117頁。

[64] 通理大師的主要研究資料見：陳燕珠《房山石經中通理大師刻經之研究》（臺北：慧苑文教基金會，1993年，38—52頁）；任傑《通理大師對房山刻經事業的重大貢獻》，呂鐵鋼編《房山石經研究》1—3冊（香港：中國佛教文化研究所，1999年，117—131頁；黃春和《遼〈大安山蓮花峪延福寺觀音堂記〉通理實行補考》，《北京文博》1998年第3期，41—47頁；L. Ledderose, “Carving Sutras into Stone before the Catastrophe: The Inscription of 1118 from the Cloud Dwelling Monastery near Beijing.” in: *Proceedings of the British Academy* 125, 2004, pp. 381-454, 特別是pp. 409-412.

[65] 陳燕珠《房山石經中通理大師刻經之研究》，362頁。

要。”[66] 因此可判斷，通理大師主持過“海會”以及弘揚“達摩傳心之要”，毫無疑問是禪僧。他的著作雖然有“無上圓宗”語句，但缺少此概念的定義解釋，不過對他著作的初步分析允許推測，他是以“華嚴禪並行”爲其主張。目前爲止，保存通理大師資料最多的是遼國天慶五年（1115）《大安山蓮花峪延福寺觀音堂記碑》[67]，除判斷通理大師生卒年代之外，另提供一些對研究遼代佛教的核心資料。這段碑文介紹“通圓大師（1049—1104），通理大師以及寂照大師”的活動，不過衹有前兩者的信息尚存。應該注意的是，此三位大師皆稱爲“曹溪”及“法眼”法嗣，“此方宗派之原，傳心之首者”，則三位大德與南宗禪的弘揚有關。同時通圓以及通理皆賜爲“內懺悔主”，既是說其思想與活動乃是以懺儀儀軌與禪觀爲主。碑文開頭有些值得注意的文字：

> ……（前略）達磨[68] 來梁，玄風創扇，由是禪講隆興，久傳唐宋至我大遼，歷業已來，教傳盛而三惠[69] 齊生，宗未隆而一心闕，即致唱教雖隆，見性得地者□矣。至康安二號，[70] 南宗時運，果有奇人來昌大旨，遂以寂照大師、通圓、通理此土三人[71] 捷生間出，□□中之龍焉。傳佛心印，繼累代之高風，建[72] 無勝幢，作不請文。俾祖光迴照，□□燈無昧者，始自三師。（……中略兩行）斯乃學□雖衆，原其根本唯三上人，乃曹溪的[73] 嗣，法眼玄孫，爲此方宗派之原，傳心之首矣”（……後略一行）[74]。

黑水城文獻中另外有一批殘文，似乎能確認通理與荷澤南宗的關係：《無上圓宗三戒律》附録《沙門恒潤啓》[75] 內介紹通理傳承如下：“（前缺）祖傳燈於唐代無名

---

[66] 陳燕珠《房山石經中通理大師刻經之研究》，365頁；黃春和改“王華島”。

[67] 原文見：梅寧華等編輯《北京遼金史跡圖志》第2冊，北京：燕山出版社，2004年，20—21頁；另見：包世軒《遼〈大安山蓮花峪延福寺觀音堂記〉碑疏證》，《北京文博》1997年第3期，72—77頁。

[68] 應與“達摩”同。“摩”爲“磨”之改寫是否爲遼代文獻特色尚待研究。

[69] 或爲“三慧”：聞慧、思慧、修慧。

[70] 應該指“太康，太安”兩個遼道宗年號，即是1075—1100年間。

[71] 黃春和解讀：“此三上人”讀起來比較順，但需要把原文“土”寫成“上”。筆者認爲“土”字和“三”字要換位而已。後面另外有“三上人”的說法，因此筆者的想法需要進一步考證。

[72] 原文缺第一個字。這句話似乎出自《八十華嚴經·十廻向品》，按此補之。《景德傳燈録》另有“建無勝幢，使佛日廻照”，與碑文相同。

[73] 黃氏解讀爲“嫡”。參前注[52]。

[74] 黃春和先生在其《遼〈大安山蓮花峪延福寺觀音堂記〉通理實行補考》已經對通理以及其他遼代末期禪僧做了一些考證，可惜本人未見此文章全文。後來在1999年收録於《首都博物館叢刊》第3輯的《遼燕京禪宗傳播史跡考述》一文中，黃氏重新整理遼禪宗傳播資料，其結論是通圓、通理等皆爲臨濟宗的代表。其中理由之一爲碑文的“法眼”爲“法演”之誤寫。“法演”則是臨濟宗第五祖法演。實際上，《觀音堂記》不一定需要那樣解釋：“南宗”毫無疑問是指“達摩禪”，其特色另作討論；“法眼”不一定爲“法演”之誤寫，而爲一種佛教“正法眼藏”譬喻縮寫。如果這樣，這個句子的意思大概爲：“通圓、通理、寂照爲漕溪慧能法嗣，佛陀傳給迦葉正法眼藏的承受者。”這不過是一個假設，同時碑文中的“法眼”指的是法眼宗祖師法眼文益實際上與宋代禪僧的習慣用語也不矛盾。

[75] 《俄藏黑水城文獻》第5冊，316頁；稱《色財名立志詞》A-26代號。

位而德古慧遠隱跡於虎溪。非紫綬[76]而道高千古。然其世有高而不名，名而不高。（云云）。”[77]

這段文字應該屬於通理的傳記，從而得知通理屬於荷澤神會法嗣體系内，這裏的無名禪師應該爲“五臺山無名”[78]，即爲清凉澄觀國師弟子並受傳南宗印可的荷澤神會子弟，因此可以推測，無名禪師在遼西夏佛教體系中地位自然高。通理其他思想與廬山慧遠的“虎溪”傳統有關的提示具體内容難以瞭解，是否與淨土信仰有關，尚待研究。

西夏文通理《究竟一乘圓明心義》（漢文現存殘片是冒頭的《究竟一乘圓通心要》，則與《心要集》的“心要”兩種含義類似）大概是一種对弟子們的開示，因而不多談義學問題。初步研究表示：其主要思想來源爲《華嚴經》、《大乘起信論》、《大乘本生心地觀經》、《首楞嚴經》、《不增不減經》。並且能見到“如來藏海清静法身”、“靈明心”（西夏文作 [illegible]，字面翻譯“明覺心”，符合漢文原文的“靈覺”）、“靈心蹤跡”（西夏文缺）以及“體相”的說法，皆爲華嚴禪傳統的主要概念。文中偶爾可見“悟心是佛”（西夏文作 [illegible]）等。這個說法的來歷似乎不在馬祖道一（709—788）的禪學，而屬於華嚴宗對南宗禪的理解：所指的並非馬祖的“平常心”，而是有“自知”的靈覺清淨真心。祖師西來通過“以心傳心，不立文字”傳下來的核心思想既是指此心，並且這個“以心傳心”在9世紀初成爲宗密禪學的一種獨特思想[79]。通理的主要思想與《心要集》、《華嚴談玄抉擇》等資料相似：通理利用的是與《心要集》、遼代圓通悟理大師鮮演（1048—1118）的《華嚴談玄抉擇》[80]等論著同樣的《華嚴經》段落。其中最主要的則是“性空即是佛，不可得思量”（西夏文作 [illegible] □[illegible]）、“如來成正覺時，於其身中普見一切眾生成正覺，乃至普見一切眾生入涅槃，皆同一性，所謂“無性”（西夏文作 [illegible]）等。通理本人相信其禪學與“達摩所傳”相同：其唯一提到的禪師就是菩提達摩及其《達摩大師壁記》（西夏文作《[illegible]》）[81]。

---

⑯ 這段與《大安山蓮花峪延福寺觀音堂記碑》“宗天皇太后道宗皇帝見重，特賜紫袍，號通理焉’的說法有矛盾，待研究。

⑰ 馮國棟教授對此句理解與筆者不同：他認爲“無名”非爲法號，而爲譬喻，其解讀應該爲：“祖傳燈於唐代，無名位而德[高？]。”

⑱ 應該與洛陽無名為同一個人（見《宋高僧傳》“五臺山清凉寺澄觀傳”，大正藏第50冊#2061：737a18-20）；無名禪師也出現在澄觀碑文“妙覺塔記”中（參見蒼山普瑞《華嚴懸談會玄記》卷第一，續藏經8冊#2036：93b9-10）；鐮田茂雄、木村清孝等學者討論頗詳。

⑲ 這些問題見鐮田茂雄《宗密禪學の思想史の研究》，東京：東京大學出版會，1975年，295—300頁。

⑳ 圓通鮮演的資料詳見：王未想《遼上京發現遼代鮮演墓碑》，《遼海文物學刊》1987年第1期；朱子房、王承禮《遼代佛教的主要宗派和學僧》，《世界宗教研究》1990年第1期。討論鮮演思想體系主要見於木村清孝《中國華嚴思想史》（臺北：大東出版社，1996年）的相關章節；另有吉川太一郎《鮮演の真妄論》，《印度學佛教學研究》104，2004年，163—165頁；張文良《鮮演（？—1118年）的性具善惡說》（未刊稿）。

㉑ 這本書《鏡》中也有載，應該爲遼代偽書。

總而言之，“南宗禪”在遼國的流行屬於太康太安年間，主要由寂照大師、通圓大師及通理大師三位所弘揚。此“南宗”內容應該偏於荷澤、清涼、圭峯對南宗的理解，並且包融了一些江西禪宗的成分。南宗進入遼前，其佛教有所謂的“教”所統治，而信徒缺少對“一心”大旨的瞭解。此處“一心”內容不詳，也許與《大乘起信論》內“心真如”有所接近。遼佛教初期流傳時，祇有義學興隆，但“一心”之禪宗不得盛行。有通圓、通理及寂照大量弘揚達摩宗旨，皆爲漕溪法眼以及神會、無名的法嗣。通過三上人的努力，宗派開始流傳於世，因此遼佛教獲得圓滿完整。在西夏此“南宗”有了新演進，西夏文“洪州文獻”證明：江西禪宗的因素雖然被吸收，但是經過了大量的“華嚴化”，以致其與“圓宗”配合[82]。

現存的其他遼代文獻皆有同樣的對“南宗”的瞭解：遼上京高僧圓通悟理大師鮮演在其《華嚴經談玄抉擇》卷三有不同處討論禪宗南宗思想。鮮演爲華嚴宗以及唯識宗的學僧，對禪宗瞭解可能有些偏見，但是基本上接受澄觀與宗密對禪修的看法。這個看法意味著無論如何，他主要以北宗神秀和南宗慧能兩個脈絡來理解禪宗，並且主要解釋典範來自圭峯宗密。其主要主張爲：

> ……[圭峯云]空寂之心，靈知不昧。即此空寂之知，是達磨所傳清淨心也。任迷任悟，心本自知。不藉緣生，不因境起。迷時煩惱知非煩惱。悟時神變，知非神變。然知之一字，衆妙之門……[83]

此語來自宗密《中華傳心地禪門師資承襲》對荷澤禪的介紹，並且表達華嚴禪思想脈絡中對禪宗的態度。即是說，這裏以“知”、“自性本用”爲“衆妙之門”。這些概念皆來自荷澤神會、清涼澄觀以及圭峯宗密的思想。在不同處鮮演同樣依靠宗密的《圓覺經大疏》把心性頓悟與“即心即佛”連接起來：

> ……一頓悟漸修：如頓見九會之臺，要須躡階而漸昇。法亦如是：頓了心性即心即佛，無法不具，而須積功遍修萬行……[84]

這個說法出現在鮮演大師討論“漸頓悟修”可作爲一種華嚴與即心即佛思想的融合見證。這裡主要的是：“即心即佛”的心乃是“心性”，也即是說“本來靜靜真覺”之心，並非洪州宗的“平常心既是道”的概念。圓通鮮演解釋“頓漸”之間的關係，實際上祇有一次把自己的態度表達清楚：

> ……准云：先頓悟後漸修，以達返也。欲絕疑者岂不見猛風頓息，波浪漸停？訴良頓成，禮樂漸學？（如高貴子孫於少時亂，沒落爲奴，生來自不知貴。時清父母論，得當日全身是貴人，而行跡去就不可頓改，故須漸學也。）是知頓漸之義甚爲要矣（勿謂頓漸多門似同，不許頓漸。多義有異，請諸學

---

[82] 實際上馬祖道一學說與華嚴以及《起信論》的關係早已存在，參見鐮田茂雄《宗密教學の思想史の研究》，483—489頁 西夏文資料更明顯表現出洪州宗的華嚴趨向。

[83] 《續藏經》第8冊 #2035：19b3-7。該句出自《禪源序》。

[84] 同[83]，頁46a4-6。

者善須體釋）[85]。

這幾句話既是說代表遼期流傳"圓融性"的禪宗。圓通鮮演著作是否有西夏譯本目前還不得而知，但是類似那樣的以華嚴禪爲主的典範另可見於《顯密圓通成佛心要集》，以及在現存的大量黑水城出土宗密著作的西夏譯本及漢文原典。總而言之，遼代遺文證明，華北曾經有一種"達摩南宗"的禪宗派，其義學基礎爲《華嚴經》及《釋摩訶衍論》，修行之道主要依靠華嚴禪的荷澤神會以及圭峯宗密思想，並且包容了宗密對"即心即佛"概念的特殊理解。這個禪宗思想的特色皆在《鏡》中出現，其可算爲華北華嚴禪體系的代表。黑水城現存文獻似乎證明這個傳統在西夏不僅存在，而且得到新的發展，西夏文的《鏡》即爲此發展趨向的一本代表著作。

《鏡》的作者考證

最早研究《鏡》的結論是：這部文獻可以算爲會昌法難（842）[86]之後，華嚴思想及荷澤禪傳承體系在中國北方的延續存在的證明。西夏文的《鏡》與現存道殿的唯一著作《顯密圓通成佛心要集》（以下簡稱《心要集》）在內容和思想以及文獻結構上都有極多相似之處，兩者進一步的比較更確切地證明，《鏡》爲道殿的某一部前所未見著作的譯本。道殿的《心要集》中大量引用了法藏、澄觀和宗密的作品，並且其中大部分引文也許並不是從原文中摘錄而來，而是憑記憶或從與今世標準版本不同版本而摘出來的，所以與現存的經典標準版本有一些明顯差異。《鏡》文內可見與《心要集》一致的引文段落，因而得知《鏡》和《心要集》許多引文來自同處。舉例如下：

西夏原文：

𗫡𗱈𗎫𗤻𗤻：𗒐𗖰𗧻𗖻𗖵𗰔𘃎𗰔𗤙，𗦇𗂧𗰔𗫨𗤙，𗰔𗤴𗤴𘙌𗤙。𗦇𗼃𘗾𘜔，𗦇𘊝𗂧𗰔𗢳。

漢文構擬：

賢首大師謂：若以起心作凡行聖行，則非真行也。不作一切行，心行無依故則稱真行。

《心要集》亦見此語如下：

又若起心，作凡夫行，作聖人行，亦非行也。不作一切行，行心無寄，是名大行。[87]

此語來自法藏的《華嚴經義海百門》，不過原典內這個段落則是如下：

又賢首云：若起心作凡行聖行，非是真行。不作一切行，行心無寄，是名大行。[88]

---

[85] 同⑧③，頁b17-21。
[86] 見K. J. Solonin, "Tangut Chan Buddhism and Guifeng Zongmi"。
[87] 《大正藏》第45 #1875：633b9-11。
[88] 《大正藏》第 #1955：992a23-25。

類似的語句頗多，從而可見《鏡》和《心要集》所引用的是《義海百門》的同一版本，並且亦非今存標準版。同樣文字同步出現證明，《心要集》和《鏡》之間關係非同一般，足以證明爲同一人所造，並且此人應該爲遼金河寺五臺山沙門道㲀。

《鏡》雖然爲西夏書簡略的名稱，此全稱亦有得知：金末元初曹洞僧萬松行秀（1166—1246）在其《萬松老人評唱天童覺和尚頌古從容庵録》提到“遼朝上人㲀公作《鏡心録》，訶南泉輩殺生造罪”[89]。因此可知，“遼上人道㲀公”（即道㲀）有一本標題包含“鏡”字的著作，從此推之，則西夏文的《鏡》有可能爲此文的譯本。

決定性的證明來自元朝大理國華嚴僧蒼山普瑞[90]的《華嚴懸談會玄記》：在《鏡》末尾部分的注疏中，作者說明“有爲心”和“無爲心”修行。《鏡》如下所載：

西夏原文：

[illegible]，[illegible]，[illegible]，[illegible]。[illegible]，[illegible]。[illegible]，[illegible]。[illegible]，[illegible]。[illegible]，[illegible]，[illegible]。[illegible]，[illegible]。[illegible]，[illegible]。

漢文譯作：

> 言修有爲者，隨八識生滅有爲心修萬行，則見有實煩可止，見有實行可爲，候有果[之]求，故說有爲。若隨生滅有爲心修，則所修萬行皆具有爲。譬如木作器，一切器器皆木。若頓了真心本淨，妄心本無，則所修萬行一切真心也。[即是真心，故則曰“無爲”也][91]。譬如金作器，器皆如金。

此漢文原文出自蒼山普瑞的《華嚴懸談會玄記》：

> 依八識生滅有作之心修于萬行，則見有實惑可斷，實行可作，當果可求，名爲有作。既依生滅有作心修，故所修萬行盡屬有作。如木作器，器器皆木，若頓悟真心本淨，妄心本空，故所修萬行儘是真心。如金作器，器器皆金。[92]

普瑞在文中特别指出，這句話是“《鏡心録》云”[93]。由此可知，現存的西夏文《鏡》爲遼高僧道㲀所造《鏡心録》的譯本。

---

⑧⑨ 見《萬松老人評唱天童覺和尚頌古從容録》（《大正藏》第48冊 #2004: 232c13-15）。

⑨⓪ 蒼山普瑞是一位與西夏佛教關係密切的法師，除了上述《華嚴懸談會玄記》之外，他曾經整理過蘭山沙門一行慧覺的《大方廣佛華嚴經海印道場十種行願常徧禮懺儀》（《續藏經》第8冊 # 1470）。普瑞活躍的時間應該是1314—1337年在雲南的大理。參見李燦《元代西夏人的華嚴懺法——以〈華嚴經海印道場懺儀〉爲中心》，55頁）。普瑞的資料比較豐富，但還是無法判斷其生卒時間。

⑨① 下面普瑞的引文中不見此語。

⑨② 《華嚴懸談會玄記》（《續藏經》第8 冊 #236：166b15-22）。

⑨③ 同⑨②，頁166b14。

上述討論的結果乃爲《鏡》是契丹金河寺沙門道殿（字法幢）[94] 所著；西夏文《鏡》是其譯本，而其漢文原典似乎不見於世[95]。因此，這個文獻不衹爲一份研究西夏佛教的資料，而且他可以看成爲遼佛教研究的一份主要材料。所以本文主要考證《鏡》的作者，對其內容進行基本的分析，並且提供其漢文原典的初步構擬。

《顯密成佛心要集》與《鏡心録》

作爲《鏡心録》的譯本，西夏文《鏡》的佛學背景自然與《心要集》大致上一樣。《鏡心録》本身在許多處不過是《心要集》相應處的西夏文翻譯而已。儘管如此，兩者之間有些差異值得探討。兩份資料的思想典範是喜覺所翻譯的《八十華嚴》。除此之外，本文最多出現的經典則有《圓覺經》和《首楞嚴經》等偽經，此兩者皆爲宗密所推崇的經典。《鏡》另外出現般若三藏所翻譯的《大乘本生心地觀經》等，《鏡》與《心要集》似乎對天台“三止觀”思想也有所瞭解。不過《鏡》與《心要集》相比，《鏡》討論的佛教範圍狹窄；《心要集》的主要意願在：“（前略）今迺不揆瑣才，略宗成佛心要，庶望將來悉得圓通。故依教理略啟四門：一顯教心要；二密教心要；三顯密雙辯；四慶遇述懷。”[96]

即是說道殿在賢首清涼的思想基礎上“共判如來一代時教”，結果基於“佛心要”的概念，遼僧道殿追求顯密圓融結合的“圓通”佛教理想[97]。《鏡心録》義學基礎亦爲“心”、“性”、“行”之說，則與《心要集》相同。《鏡》內另外出現“性宗”（西夏文作 “[illegible][illegible]”，即是“華嚴宗”）和“南宗”（西夏文作“[illegible][illegible]”）的概念，並且有“性宗禪宗”（西夏文作“[illegible][illegible][illegible][illegible]”）的混合名稱。“南宗”的概念也是非常狹義的，顯然衹包括達摩（[illegible][illegible]）、六祖（即慧能，538—713，《鏡》中作 “[illegible]

---

[94] 道殿生卒年不詳，惟一確定的是他爲遼道宗時代人，遼道宗在位時間為1055—1101年；按照《遼史》記載（《道宗本紀》，254頁），在清寧二年（1056）由文武百僚上尊號“天佑皇帝”。在不同的遼代佛教文獻中常出現此尊號。遼壽昌二年（1097）道殿還在“舊都（大同）通玄關北永安寺”，修了舍利塔，元代尚在（《辯偽録》，《大正藏》第52冊 #2116：780a19-12）。另可參見遠藤純一郎《“顯密圓通成佛心要集”に於ける顯密觀》，《蓮花寺佛教研究所紀要》1，2010年，63—90頁，特別是64—66頁的討論。

[95] 考證《鏡》爲道殿作品的最初證據，參見K. J. Solonin, “The Glimpses of Tangut Buddhism”，pp.108-112; K. J. Solonin “The Khitan Connection of The Tangut Buddhism”，沈衛榮、中尾正義、史金波主編《黑水城人文與環境研究——黑水城人文與環境國際學術討論會文集》，北京：中國人民大學出版社，2007年，371—395頁。

[96] 《大正藏》第6冊#1955：c21-24。

[97] 《心要集》的最早討論可見於鎌田茂雄《中國華嚴思想史の研究》，東京：東京大學出版會，1965年，606頁；最近有遠藤純一郎的一系列文章討論同樣的內容，其中有前引《〈顯密圓通成佛心要集〉に於ける顯密觀》；初步討論《心要集》的思想還有R. Gimello “Wutaishan in the Early Ch’in Dynasty: Testimony of Chu Pien”，《中華佛學學報》第7期，1994年，501—612頁。

[illegible]”）、荷澤神會（670—762，或“七祖”，《鏡》中作“[illegible]”）[98]、澄觀（《鏡》作“[illegible]”）以及宗密。宗密還出現其他名號：圭峯（《鏡》作“[illegible]”，即是西夏文音寫）、草堂（《鏡》作 [illegible]）等。從而得知，《鏡》的探討範圍限於禪宗或者“達摩宗”的內容，並沒有涉及《心要集》顯密融合的內容。這些法師們的引文大多來自宗密的各種著作，主要是《禪源集》（《諸說禪源諸詮集都序》）和《禪源圖》（《中華傳心地禪門師資承襲圖》）等論著。

因爲《鏡》以禪宗與一心爲主，文中引用一些《心要集》未見的禪宗著作，但這僅僅限於他們與華嚴禪宗學說對“心”的理解一致而無矛盾的地方。最好的例子就是該書中引用的黃檗希運（d. 850, 西夏文爲 xow pie“[illegible]”）的學說（漢文構擬）：

> 黃檗“心義”（西夏文作《[illegible]》）中謂：“佛及一切衆生，獨一心也，無外法。此心無始以來未曾生未曾滅。”

黃檗禪學對《鏡》而言不起作用，但確實具有思維價值以及作爲思想指南則是澄觀和宗密的著作，特別是澄觀的《大方廣佛華嚴經疏》和其對《大方廣佛華嚴經》不同部分所作的注疏，所引用的宗密資料乃包括《禪源諸詮集都序》、《禪門師資承襲圖》以及最爲重要的《圓覺經大疏》。道㲉雖然表面上尊重賢首法藏，但實際上利用其思想極少，因而《鏡》以及《心要集》很明顯的屬於澄觀學派。這種情況與遼佛教華嚴學的整體情況相當一致：遼華嚴宗基本上由澄觀思想所統治[99]，並且“華嚴經密教化”與澄觀思維脈絡關係亦頗爲密切[100]。除上述外，《鏡》則偶爾提到一些不出名的人物，其中包括宣什（生卒年不詳，西夏文作xjwā śia“[illegible]”，西夏文音寫）[101]，“悟極”（西夏文作：tsjij dźjwa“[illegible]”，音寫）及其著作《達摩壁記》（西夏文作：《[illegible]》）[102]

---

[98] 這也說明《鏡》與宗密的學說有很緊密的聯繫，宗密似乎是出名的宗師中惟一對唐貞元十一年（796），德宗皇帝賜予神會的“第七祖”尊號表示肯定的人。在《中華傳心地禪門師資承襲圖》（下稱《禪門師資承襲圖》、《續藏經》63#1225：31c13-23）中，他解釋了“第七”的重要性並且說明了爲何“第七祖”之後，其宗派的繼承就中斷了。儘管如宗密所說，唐德宗曾敕皇太子置碑於內神龍寺，立荷澤神會爲第七祖，並禦制七代祖師贊文，但是卻很少有佛教宗師把神會看作慧能南宗的法嗣。同時，在遼佛教裏承認荷澤神會爲第七祖的事，早已周知。

[99] 按照明末清初整理華嚴資料的錢謙益先生的判斷，曾經提出過：“[師]會師廣引清涼諸文；[文]才師委釋賢首本疏，二家義趣不同”等說。參見《般若心經略述小鈔》，《續藏經》第26冊 #532：767c5-7。這裡討論的雖然是對賢首法藏《般若心經略疏》的不同注解，但似乎代表宋元華嚴宗內部的分裂。

[100] 此事由鎌田茂雄故教授早在1965年發現（參見其《中國華嚴思想史の研究》，605—606頁）；後來2001（#4：2-18）年在*Journal of the International College for Advanced Buddhist Studies*鎌田教授發表了一篇《唐末宋初の華嚴と密教：安嶽石窟を手がかいとして》。雖然討論的是四川佛教中華嚴與密宗的結合，但是有重大研究價值。最近日本學者遠藤純一郎總共發表了三篇文章（三篇同樣名稱《澄觀と密教》，在此特別感謝荒川慎太郎教授幫助介紹這三篇文章並提供影印本），主要內容集中在討論澄觀在《華嚴隨疏演義鈔》中的各種不同密教經典的影響痕跡。

[101] 《心要集》未載此人，漢文文獻唯見於《禪源序》內，並且宗密對此人的學說和思想瞭解的也不多。

[102] “悟極”不見於傳統文獻中；其《壁記》也許是遼國流行的僞書：在西夏文遼通理大師所著《究竟一乘圓明心義》（西夏文作《[illegible]》）內同樣提出這個文獻，不過通理文章討論此書段落漢文原文未存，因而不得知此書左右。

等。除此之外，《鏡心録》另外引用一段文字是來自鳩摩羅什的《悟玄序》，不見於《心要集》。此論肯定是一部僞書，具有與《寶藏論》類似的思想，並且在唐代清涼澄觀幾次引用過，後來蒼山普瑞在其《華嚴懸談會玄記》收録其全文[103]。從而《鏡》所表達的佛學背景與《心要集》相同，並且接近其他遼代著作。其中幾處引用圓通鮮演的《華嚴經談玄抉擇》。在此需要提出，《心要集》與《鏡》最起碼對禪學而言，大致上皆基於唐末華嚴禪的典範，以及對北宋禪思想的陌生。這種思想好像曾轉移到西夏，影響西夏佛教形成的過程。《心要集》與《鏡心録》相似之處頗多，大致上西夏文本是《心要集》中討論“顯教心要”的“真如絕相觀”的一部分。《鏡》主要內容與《心要集》和信心概念“絕待真心”有相應。雖然文字上有些差異，但《鏡》是一種在《心要集》基礎上闡述評論以六祖慧能、荷澤神會、清涼澄觀、圭峯宗密等人思想爲主的“理想的禪學”的文章，這樣其內容接近《心要集》內部“注解文”討論禪學的部分是理所當然的情況。《心要集》創造的“禪宗”內部的“見性門”、“安心門”以及“發行門”的結構確實來自《心要集》。雖然《鏡心録》內有不少屬於其獨特的思想，但是也有不少地方與其他遼代文獻有共同之處。其中與圓通鮮演的《華嚴經玄談抉擇》交叉處最多，足以證明《鏡心録》、《心要集》、《華嚴抉擇》基本上屬於同一個思想典範。

《鏡心録》流傳問題

《心要集》爲道殿之大作，曾流傳中原、高麗、日本、西夏。對《鏡心録》而言，其漢文版在中原流傳情況十分不詳：遼代西夏遺僧管主八重視道殿的著作，大概在1306年左右把《顯密圓通成佛心要集》收録在《大藏經》內[104]。《鏡心録》的記載反而極少：除萬松和尚以及蒼山普瑞記載之外，現存歷史記載並未提到《鏡心録》。萬松老和尚在《從容録》提到其書名以及內在公案，但並未大量引用其文，因此無以得知，其是否曾見《鏡心録》全文。蒼山普瑞在14世紀前半葉編完的《華嚴懸談會玄記》兩次提到《鏡心録》，其中一次與西夏譯本有相應之處，雖然足以證明西夏《鏡》爲《鏡心録》的譯本，但文字不完全一致，從而得知普瑞一定瞭解《鏡心録》的全文，但其所見版本與西夏譯本的底本不同。

現存《心要集》成書問題亦頗多，目前的判斷是其成書時期應該爲1077年以後[105]。主要的理由是《心要集》思想上與其他現存遼代佛教資料頗爲接近，並且曾採用其文字。其中總秘覺苑所編《大日經義釋演密鈔》大概在大康三年（1077）成書，《心要集》出

---

[103] 見注[176]。

[104] 《圓通成佛心要集》的後序載：[管主八]“敬鐫刻於斯文，俾流通而入藏”（《大正藏》第46冊#1955：1007a5-6）。

[105] 王頌《“華嚴普賢行願修證儀”甲本の著者について》，《印度學佛教學研究》103，2003年，171—177頁。此文中王氏提出1056—1097年間成書，可能範圍太廣；另外遠藤氏的判斷則是1077年左右。

現其段落[106]。西夏文《鏡心録》同樣有一段話：

（漢文構擬）前祖師謂："實相斷知説，真如絶聞見。此者是安心所，異學者等有多□謂説也。"

這句話的漢文原文如下：

古師偈曰："實相言思斷，真如絶見聞。此是安心處，異學徒云云"。

這句話見於圓通鮮演造《華嚴經談玄抉擇》以及遼僧志福造《釋摩訶衍論通玄鈔》[107]，兩個文獻偈語的上下文一致，並且似乎不見於其他論著。《鏡心録》所録偈語是同樣的，但是周邊的文字不同。《華嚴經談玄抉擇》及《釋摩訶衍論通玄鈔》皆爲遼道宗時期，但其確切編寫年代不甚詳。不過從高麗僧義天與契丹"冊命使"耶律思齊書信交往考證，可以獲得一些啟示：耶律思齊在遼道宗壽昌二年（1097）至高麗，後來與義天有些交流。從現存資料可知，義天要求遼代的佛教著書，其中包括鮮演著作[108]。鮮演著作頗多，大部分今皆未存，衹有《華嚴經談玄抉擇》，義天是否要求的這一本資料，則不得而知，但是可能性很大。假若如此，此書在11、12世紀之際已流傳於世，因而《鏡心録》此時已有成書流傳。《鏡心録》成書年代則可暫且定在1077—1097年間。

因爲西夏譯本題記未存，《鏡心録》的西夏文翻譯的時代難以判斷。黑水城出土的漢文《顯密圓通成佛心要集》亦爲殘片[109]；但其版本與多流傳於世基於"磧砂藏"的版本有些出入，應該經過一些修改：把它簡略成爲"陀羅尼"之集並且刪除大部分"顯密佛教"的討論[110]。因爲題記之缺，無以知其出版時段，衹能夠設想其與西夏高官賀宗壽以及幾位高僧在西夏天慶七年共同編輯的《圓因往生集》並行。若確實如此，則黑水城版《心要集》為現存本子中最早之一，並且與管主八收録在"磧砂藏"的不完全一致。《鏡心録》所反映的是佛教"顯宗"的趨向，有可能與西夏文本1181年出版的《南陽慧忠二十五問答》以及1173年出的《達摩大師觀心論》皆爲西夏天佑年間出版[111]。總而言之，《鏡心録》可能是西夏時期的譯本，在元代西夏後裔僧侣之間有所流行。它的發現對瞭解華北佛教的發展提供了一些新的材料。

---

[106] 遠藤純一郎《〈顯密圓通成佛心要集〉に於ける顯密觀》，65、66頁。

[107] 鮮演的偈見：《續藏經》第8冊 #235：69a13-14；志福偈見：《續藏經》第46冊#775：160c11-12。

[108] 詳見王承禮、李亞泉《高麗義天大師著述中的遼人文獻》。

[109] 《俄藏黑水城出土文獻》第4冊，上海：上海古籍出版社，1997年，358、359頁（TK 270）。聖彼得堡收藏版本無疑爲《顯密圓通成佛心要集》並且有作者的記載，不過其具體内容與大正藏藏本不全同，部分内容有所省略。

[110] 索羅寧《〈華嚴海印懺儀〉思想補考》（未刊稿）。

[111] Е. И. Кычанов *Каталог Тангутских Буддийских памятников из собрания Института Востоковедения РАН*, p.505，介紹Tang 400 # 582, 6509（《達摩大師觀心論》 西夏文作 《[illegible]》）提到此文的題跋說"乾佑四年布發（1173）"；《南陽慧忠二十五問答》的 #2822題跋記載了其刊版時期爲"天佑十二年"（1181）。

譯文中的注釋

以下《鏡心録》的漢譯文主要是通過“構擬”方式而編的。不過其保留了一些原文的特色。《鏡心録》所引用的漢文經典的句子的譯本是按照西夏文的句法構造的，其原文可見於注解。西夏文的句法與漢文不一致，一些西夏文必有的助詞、問句助詞、動詞的後綴、動詞詞頭等語法符號用漢文無法表達，因此，在不影響漢文解讀的地方語法符號有所省略，在必須保留的地方，則利用聶歷山在其《西夏語言》以及西田龍雄在其《西夏語研究》所建議的漢文構擬來表達，並且提供說明。漢譯文基本上按照林英津教授在研究西夏文《真實名經》創造的“四行結構”而編，但因文章大小關係，僅保留最完整的第四行。這種漢文構擬翻譯雖然偶爾不順，但是會向讀者提供瞭解本文獻內容的機會，不過不能取代原文，並且其可靠性有限。□號代表不詳的或缺的字。[ ]代表已未存的字，？代表難以識別的字。譯文更從西夏原文，經論的引文按西夏文表達，並且保留了西夏文的經典譯名，漢文原文及數名録在注解。

全文翻譯（宋體字爲正文，楷體字爲道殿注）

【鏡】[112]

2a言[113]：“迷時，起一切煩惱，煩惱亦不離此心。悟時起無邊妙用，妙用亦不離此心。妙用煩惱，功罪雖異，不異此心在迷在悟，欲成佛則當悟此心。”故前祖師[114]等惟傳此也[115]。

又《禪宗始終圖》[116]中說：“今欲以此心成佛，則先用識[117]自真心”。[118]惟佛成時，又無外法。譬以真金作佛像時2b，當先識真金。若金真，則像成，體[119]無增減[120]。《華

---

⑫ 西夏文作“[illegible]”，儘管筆者在構擬時盡可能留心，但我們仍需慎重對待現有的結果，因爲這部書並不是每個地方都足夠清楚。其中一些構擬和相應的譯文會給出“試擬”的標誌以示讀者。

⑬ 西夏文作“[illegible]”，通常用作引號，所以通常在翻譯和構擬時略去不譯。

⑭ 大概符合“古德”，或“祖師”的用語。

⑮ 引自《中華傳心地禪門師資承襲圖》（《續藏經》第63冊#1225：33a07-9），漢文原文爲：“迷起一切煩惱，煩惱亦不離此心，悟起無邊妙用，妙用亦不離此心，妙用煩惱，功過雖殊，在悟在迷心不異。”

⑯ 西夏文作《[illegible]》，即《中華傳心地禪門師資承襲圖》。

⑰ 宗密的漢文原文此處作“悟”，而西夏人用“[illegible]”（漢文意爲“識”）以避免與“悟”的概念混淆，從而使其意思更精確。

⑱ 《續藏經》第63冊#1225：33a5的漢文原文爲：“心不異，欲求佛道，須悟此心。”《心要集》（《大正藏》第46冊#1955：992b1）中也引用了這段話；鮮演《華嚴經談玄抉擇》亦有此語（《續藏經》第8冊#235：69a7-10）。這個段落介紹“達摩禪”，並且鮮演討論“靈覺”之概念。

⑲ “體”字前，西夏文則有“[illegible]”（可翻譯爲“以後”或“然後”），爲連接詞，漢文原典不見此語，則簡略之。）

⑳ 引自《大方廣圓覺修多了義經略疏》（《大正藏》第39冊#1795：531a26-27），原文爲：“如造真金佛像，先須辨得真金，成像之時體無增減故。”

嚴》經典中說："不能悟自心，如何知正道？因此顛倒慧，增一切諸惡。"[121]欲求佛，則當先悟心。又圭峯[122]禪師謂："欲求聖果，先當識緣，若緣不真，果亦是妄。"[123]故《首楞嚴》經典中說："若令[124]以作生滅心根作[爲]□[125]修緣，欲求如來之不生滅果者，非有此說3a也。"[126]又說："汝緣心地，"及說："此果、地、覺等，觀[爲]同乎異[乎]？[127]同則必證，異則不成。"[128]又《大乘觀善惡》經典中說："若有眾生欲趣大乘，則用最上根本知覺也[129]。最上根本者, 是眾生心，本於以來清淨平等"。又盛延壽師[130]謂："未悟本心，欲求修證者，譬如壓沙望油，及冰中尋火[131]，妄勞受苦也"。

3b此故欲成菩提，則當悟絕待[132]一心，玄滿清淨，中不含他[133]，一切妄知本來是無，絕待真心本來清淨。《華嚴》經典中說："法性本虛寂，無取亦無見，空性即是佛，知思不可得。"[134]《起信論》[135]中說："一切諸法本於以來離言說相，離名字相，離慮

---

[121] 《華嚴經》原文："不能了自信，云何知正道？彼由顛倒慧，增長一切惡"（《八十華嚴》，"昇須彌山頂品"，《大正藏》第10冊 #279：82a26-27）在《心要集》亦見此語。

[122] 西夏文作"[illegible]"。

[123] 引自《圓覺經略疏》（《大正藏》第39冊#179：531a26），原文爲："夫求果者必觀於因，因若非真果還是妄。"《心要集》亦見此語。

[124] 西夏文作西夏文作丑。這個字則爲語法虛詞，應爲"使"的意思。在西夏文句中此字位句尾。與句首蔲（"若"）連接則爲"假如"或"倘若"之義。

[125] 西夏字不詳。似乎爲"修"，合與句意。

[126] 這段話與《大佛頂如來密因修證了義諸菩薩萬行首楞嚴經》的基本內容接近，見《大正藏》第19 冊#0945。

[127] 文句結構爲"[illegible]"（漢文可譯爲："同乎異乎"），爲西夏語比較特殊的文句結構。

[128] 實際上從"圭峯爲"至"大乘觀善惡經"的段落是《圓覺經大疏》卷3的引文：見《續藏經》第9冊#243：344b2-6。

[129] 西夏文作"[illegible]"。這部經還未識別出來，其引文無法找到出處，但看起來像是對《占察善惡業報經》（《大正藏》第17冊#839：907a2）中一段話的改寫，其原文爲："若有眾生，欲向大乘者，應當先知最初所行根本之業。"《鏡》中稱"心"而不是"業"，應該是道殿自己加上去的。

[130] "[illegible]"（khej ɣjwā swew dzjiij）。這裏的情況很複雜："[illegible]"，意爲"富"、"盛"、"豐"，可能是意譯，但不像是根據西夏語語法。"壓沙望油"可在永明延壽的《宗鏡録》中得到驗證。"盼墅"可能是"延壽"的音譯，但也衹是試擬。原來筆者解讀這個人名爲"開源明師"，不過僧史不見此人。暫時假定爲永明延壽，還待研究。

[131] 見《宗鏡録》（《大正藏》第48冊#2016：425b21）："是以若於外別求，從他妄學者，猶如鑽水覓火，壓沙出油。"《宗鏡録》中的這段隱喻與《鏡》相同，但是延壽對了悟心性的必要性闡述得更加精微。

[132] 西夏文作：[illegible]，意爲《心要集》中的"絕待一心"。西夏文的"[illegible]"（絕待）翻譯成"絕待"應該無誤。

[133] 西夏文作"[illegible]"，引自《心要集》（《大正藏》第46 冊#1955：990b25）。這句話爲宗密《圓覺經序》"[目之圓覺]，彌滿清淨，中不容他"之翻譯。《鏡》中之用途似乎與《心要集》同。遼代佛教文獻中，亦見於志福《釋摩訶衍論通玄鈔》。

[134] 見《心要集》（《大正藏》第46 冊 #1955：990b26-27）。西夏文"[illegible]"則爲漢文"不可思議"的固定翻譯，上譯文據西夏文句法構造。

[135] 西夏文作"[illegible]"。

心[136]相，究竟平等，不有變化，無所破壞，惟是一心[137]，4a故名真如"[138]。普及法界，本來一味[139]。應知絕待真心，寂默清淨、不生不滅。若求易解，則普及法界，惟一清明，如圓珠也[140]。顯明清淨，無影無相。故宣什師謂："十方世界皆惟一明珠也"。又澄觀法師謂："照體獨立[141]，物我真一。"[142]又《金光明》經典[143]中說："唯真如，真如智獨存。"[144]又4b第六宗師謂："明鏡清淨，何[故]拂拭小垢？"[145]又天龍[146]根師謂："斷一切凡聖事，無山河大地，十方世界皆是獨共目[147]"。[148][上述]皆是此心之傳。

《黄檗心義》[149]中謂："諸佛及一切眾生唯是一心，又無外法。此心無始以來未曾生未曾滅"[150]。知三界虛華，四生夢境，則本無煩惱，即是菩提[151]。5a心者佛也，外求豈得？澄觀大師謂："不悟如此，則行行非真。若修行卻是造業。"[152]故第六宗師等皆

---

[136] 西夏文作"緈𗁅"。

[137] 西夏文作"緈𗠁"。西夏文𗠁可以代表漢文"一"、"惟"、"獨"之意。

[138] 見《大乘起信論》（《大正藏》第32冊 #1666：576a11-13），亦見《心要集》（頁 990c1-3）。從"當悟絕待一心"到"故如真名"，譯自《心要集》（《大正藏》第46冊#1955：990b24-c03）《起信論》原文："是故一切法從本已來，離言說相、離名字相、離心緣相，畢竟平等、無有變異、不可破壞。惟是一心故名真如"。

[139] 西夏文作"𗋕𗥃"。

[140] 《心要集》（《大正藏》第 46冊#1955：990c8-11），說是引自澄觀，但實際上可能爲道殷自創。

[141] 西夏文作"𗤶𗫡𗠁𗗙"。

[142] 見《要集》（《大正藏》第 46 #1955：990c11-12），澄觀的話可在《答順宗心要法門》（《續藏經》58#1005）得到驗證。《答順宗心要法門》爲宗密所編，記録了澄觀和順宗皇帝大約在806年的對話。"𗓽𗐯𗋕𗧓"，意爲"物我皆如"。《慧忠問答》亦見此語，並且與《鏡》一致。

[143] 西夏文作"𗧓𗌽𗖵𗏴𗗙"。

[144] 這段話在《金光明經》中未能找到，似乎應該來自澄觀的《華嚴經隨疏演義鈔》（《大正藏》第36冊#1736：618b25-26）。

[145] 西夏文作"𗖵𗩾𗪘𗪙𗫂，𗹦𗈪𗊢𗍫𗍫"。這最後兩句來自慧能的《壇經》第二偈（見《南宗頓教最上大乘摩訶般若波羅蜜經六祖惠能大師於韶州大梵寺施法壇經》，《大正藏》第 48冊 #207：338a11："明鏡本清淨，何處染塵埃。"）第二句在此偈的任何版本中未能找到，即是道殷所用材料恐怕並非來自《壇經》。見《心要集》（《大正藏》第46冊 #1955：990c13-14），曹溪云："明鏡本清淨，何假出塵埃？"

[146] 西夏文作"𗔫𗗊"。此人難以認定，或許爲"天親、龍樹"二菩薩簡稱。

[147] 西夏文作"𗧅"，可能是"𗧓"（净）的訛誤，則能成其義，此文出處不明。

[148] 引文出處未確定。

[149] 西夏文作"𗑗𗖻緈𗍳"，即《黄檗传心法要》。

[150] 《黄檗傳心法要》（《大正藏》第 48冊#2012A：379c18-19）的開頭幾句：師謂休曰："諸佛與一切眾生，惟是一心更無別法，此心無始已來，不曾生不曾滅。"

[151] 這個句子出現在不同處，整段文似乎無法確認其來源。

[152] 見《心要集》（《大正藏》第 46冊 #1955：991a14-15），這裏也說是澄觀的話，但實際來源於《圓覺經大疏》（《續藏經》第9冊#243：343a14-15）。

說“見性成佛也”[153]。廬山誠師[154]謂：“宗師西來，惟說見性成佛，如後多說皆不及此也”。《禪源集》中說：“若頓悟自心本來清淨，本無煩惱，無漏智性，本自具足，此心是佛，究竟不異。依此修5b者，最上乘禪也，又名如來清淨禪。達摩門下次第傳者唯是此禪也。”[155]

第二安心門[156]說者，達摩謂：“此安心順[157]，如壁觀[之]行[158]。修此道者，心住真理，寂淨無爲，譬如壁觀，不起分別也。”[159]凡達摩壁觀安心順者，爲一切安心順之根源。今又集諸安心順及諸聖法中[之]要義，則又有三6a門。一真如觀念門[160]，二念起即覺門[161]，三心竟無依門[162]。

一真如觀念門者：普觀常法界，惟是一味清淨真如，本來無一切異別相。此能觀智亦是一味真如。《華嚴》經典中說：“一切法無生，一切法無滅。若能悟此，則諸佛常現前”。又第七宗師謂：“無念念者，是念真如。”[163]第六宗6b師，解無念[之]義謂：“念者念真如，無者無相。”[164]此者，諸法測念[165]，全是真如。雖然[有]測念，本無測念相。故《起信論》中說：“念而不有能念所念。”[166]

依此理[而]修者，常知一切諸法，惟是一味清淨真如，本無生滅，故便言

---

[153] 西夏文作“[illegible]”。此語在六祖慧能的資料中似乎無法找到，可以想像，《鏡心録》作者對六祖本人的思想瞭解有限。

[154] 西夏文作“[illegible]”。人名和引文都不確定，可在《景德傳燈録》（《大正藏》第51冊 #2076：429a22-23）中找到與引文大致類似的內容，該書說是廬山歸宗寺慧誠禪師的言論（聶鴻音教授建議西夏文的“次”可以翻譯成漢文的“誠”，如此引文來源更確定）。

[155] 見《諸説禪源諸詮集都序》（《大正藏》第48 冊#2015：399b18-20）：“頓悟自心本來清淨，元無煩惱，無漏智性本自具足。此心即佛，畢竟無異，依此而修者，是最上乘禪，亦名如來清淨禪。”實際上，這段話是《禪源序》的兩個不同段落的合併。

[156] 西夏文作“[illegible]”。

[157] 西夏文“[illegible]”（漢文可譯爲“順”）是一種多義字，在佛教文獻中常與瞭並成瞭槽，既是“隨順”或“相應”之義。

[158] 西夏文作“[illegible]”。

[159] 見《心要集》（《大正藏》第46冊#1955：992b1-2）：“如是安心所謂壁觀，令修道人，心住真理，寂然無爲，喻似牆壁。不起分別，即是安心門。”

[160] 西夏文作“[illegible]”。《心要集》中“真如絕相觀”的三門之一，此三門分別爲“常觀編法界”（相當於西夏文《鏡》中的“真如觀念門”）、“若念起時，但起覺心”、“棲心無寄，理自玄會”。這些分類並沒有明確的標準，更像是對“真如絕相觀”的描述，因此《鏡》中闡述顯得更正式。

[161] 西夏文作“[illegible]”。

[162] 西夏文作“[illegible]”。

[163] 荷澤神會的言語引自《荷澤大師示眾記》：“無念念者，即念真如。”《景德傳燈録》有收録（《大正藏》第51冊#2076：458c28）。所有的引文，皆來自《心要集》，而非来自《景德》本文。從“真如觀念門”至“第七祖”皆引自《心要集》頁992a3-10。按照《心要集》注解文，此門符合“頓教絕待真心”。

[164] 這一條與《心要集》（《大正藏》第46冊：992a4-10）中的對應部分完全一致。七祖神會其他文獻中未見此語；六祖慧能的引文與宗寶本《六祖法法寶壇經》相似，但不全同。

[165] 西夏文作“[illegible]”，漢語意爲“想念”或“思念”。

[166] 《起信論》未見此語，並且這個句子意義不甚詳，西夏文作“[illegible]”。

“真如三昧”，又名“一行三昧”，又名“無生三昧”[167]。

二念起即覺門者：若起念時，既應起覺心。第七宗師謂：“念起即覺，覺即亦無。修行妙門，無過於此”。又7a說：“妄起覺起，妄滅覺滅，妄覺雙滅，即是真如[168]。如此雖起覺心而本來不起覺相也。

隨此門[而]修者一切時中，若心念起時，即當起覺心，此者是修行妙要門也[169]。

三心淨無依門者[170]：心起則逆，念動則背。但心不著境[171]，則成理即妙和[172]。

《華嚴》經典中說：“法性本虛空，無取亦無見。性空即佛，思量[173]不可得”。[174]前祖師謂：“實相斷知說，真如絕聞7b見。此者是安心所。異學者等有多□謂說也”。[175]但當此本性自和[176]照，又非可新起異[177]悟慧。《圓覺經典》中說：“諸菩薩及末法眾生等一切時中不起妄念。諸妄心中又不止滅，住妄知境不增加知覺，無知覺不辯真實。”[178]又賢首[179]大師謂：“若以起心，行凡聖行，則非真行也。一切行不8a爲，心行無依，故

---

[167] 引自《心要集》的注解文，《大正藏》第46冊：992a11-12。

[168] 此句《心要集》未載。其來歷可見於宗密的各種著作，參見鎌田茂雄《宗密教學の思想史の研究》，376頁。

[169] 這一條與《心要集》（《大正藏》第46冊：992a12-15）中的相應段落相同。荷澤神會的相關文獻似乎不見此語。鮮演《華嚴談玄抉擇》亦見此段落，與《心要集》及《鏡心録》大致相同，鮮演利用“南宗意”的冒頭，並未提荷澤神會一名。

[170] 該部分與《心要集》對應部分幾乎完全一致，儘管《鏡》用不同的方式來介紹此“門”：“擬心即差，動念便乖，但棲心無寄，理自玄會。”漢文原文中這段話有四小句，西夏文並沒有直譯，而是進行了改寫。“心淨”的冒頭也許是“心境”的誤寫：西夏Sofronov的4339（境）及4347頗爲相似，譯文根據西夏文原文。

[171] “淨”爲“境”之錯寫，見注[164]。

[172] 西夏文作“𗾞𘙇”（字面譯爲“妙和”）代表《心要集》的“玄會”之意。

[173] 試擬，原文模糊不清。

[174] 見《八十華嚴》，《大正藏》第10冊 #2079：81c5-16；與西夏文全一致。

[175] 試擬，原文模糊不清。此引語來自圓通鮮演《華嚴經談玄抉擇》：“古師偈曰：實相言思斷，真如絕見聞。此是安心處，異學徒云云。”（《續藏經》第8冊#235：69a13-14）因鮮演文中有“云云”二字，此文應該非爲鮮演所造，而爲引文，來源不詳。

[176] 西夏文作“𘙇”（“應”，“和”之意）。

[177] 此處“新起異云云”可爲“另外起”、“起別的”之意解釋。

[178] 《圓覺經》的原文：“善男子！但諸菩薩及末世眾生，居一切時不起妄念，於諸妄心亦不息滅，住妄想境不加了知，於無了知不辨真實。”（《大正藏》第17冊 #917：b9-11）

[179] 西夏文作“𗗙𗹦”。

則名大行。”[180]又什羅[181]法師爲：“凡妙道者以修功[而]不可得；聖智者以有心[而]不可知；真諦者以有我[而]不可會；聖功者以事法[而]不可作。但去功則合與道也；心空則會與理也。心合則一與真也。除智則同與聖。說“合道”而無“合”心，則成真合也；說“同聖”而不求“同”，故則8b成同”。第六宗師謂：“不思一切善惡，則此隨得入”。荷澤大師謂：“一亦不思則是即心，非智所知，［此］外無別行”[182]。

依此門[而]修者，一切時中心無所依，故名真修。雖修萬行，萬行中心無所依。新禪修者等，乃深喜此門也[183]。以實論[之]，則亦非也。此者如何？一者此安心門，先朝說雖然[有]說，未遇明師，則前不宣示[184]，則難悟實理[185]。仔細求問，則禪部[186]等師[中]，悟心者少也。二者此安心順門教令悟，而不顯明悟心見性，則成顛倒。《華嚴》經典中說：“不能悟自心，何知正道？因此顛倒慧，增一切諸惡。”今時禪部，乃多淺教，云：“悟心、見性、我得知”，非此門中所攝。三者假如明悟真性，得遇安心門，9a而若不依於行起門，菩薩之萬行不全修，則此亦非達摩之宗趣[187]也。

第三起行門[188]說者，達摩謂：“此起行順有四種行。一報怨行[189]，二隨緣行[190]，三無所求行[191]，四合法行也[192]。報怨行如何？則此者修道者若受苦時作如此念：我昔先世無數劫中逆本滯末，流漏諸有，多起怨憎，逆無次第。今時雖無罪然，我之先世9b怨報也。惡業果已熟，非天行[所]作，非人行[所]作，喜悅忍受伏我，不應起怨結告怨。故

---

[180] 全段見於《心要集》（頁 992a16-25），法藏引文見於《華嚴經義海百門》（《大正藏》第32冊 #1635：633b9-11），但是行文有所不同。《心要集》中的引文爲道殿自創或者憑記憶仿照，僅能在道殿的作品中得到驗證。對此法門的全部介紹與《心要集》中的文字完全同。

[181] 西夏文作“[illegible][illegible]”。此爲西夏文音譯，“[illegible]”爲音譯字śji，漢文音“石”；“[illegible]”爲音譯字lja，漢文構擬則爲“石拉”。在此處“石拉”無疑代表鳩摩羅什（Kumārajīva，343-413），引文則是其《悟玄序》裏面的話。這篇是僞書，不過從澄觀開始在華嚴學著作中頗爲有權威的著作，宗密、延壽、鮮演等人著作可見其痕跡。其全文可見於蒼山普瑞《華嚴懸談會玄記》卷27（《續藏經》第8冊 #236：294c17-295a8），對這個文獻的初步討論，見鎌田茂雄《鳩摩羅什對中國佛教的影響》（筆者無法找到此日文原文，參考其在www.douban.com/ group/ topic/14622763的漢文翻譯）。《鏡心録》的西夏譯文似乎接近普瑞的版本：“……什公《悟玄敘》文也。具云：‘夫玄道不可以設功得，聖智不可以有心知，真諦不可存我會，至功不可以營事，爲惟亡言者可與道合，雖云道合無心於合，合者合焉；雖云聖同不求於同，同者同焉。’”

[182] 神會的言語，見《景德傳燈録》（《大正藏》第51冊：439b24-26）。

[183] 試擬，原文模糊不清。

[184] 西夏文作“[illegible][illegible][illegible]”。這句含義應該是：修行人不得聞對此門在其面前的直接解釋，則無法衹依靠前代祖師說法證悟實理。不過還是一種構擬翻譯。

[185] 試擬，原文模糊不清。

[186] 西夏文作“[illegible][illegible]”，漢文意爲“禪類”。

[187] 西夏文作“[illegible][illegible]”，這一部分無法在可見的參考資料中找到。“宗趣”爲一種明顯的華嚴學的名相。

[188] 西夏文作“[illegible][illegible][illegible]”。

[189] 西夏文作“[illegible][illegible][illegible]”，漢文作“報怨行”。

[190] 西夏文作“[illegible][illegible][illegible]”，漢文作“隨緣行”。

[191] 西夏文作“[illegible][illegible][illegible][illegible]”，漢文作“無所求行”。

[192] 西夏文作“[illegible][illegible][illegible]”，漢文作“稱法行”。

經典中說："遇苦不優，如何也？是識了緣"。發此心，則與理隨順，了怨進道也。此故便說報怨行。二隨緣行者眾生無我，業緣所纏，乃受苦樂皆隨緣起。若得勝報，成高貴時，此者因我過去世修[行之]10a因，今得樂果。因緣滅，則即成無，於有何喜？得失隨因緣也，心無增減。以喜風不動，嗔風不起，則與道順和。此故便說隨緣行也。三無所求行者世人常迷，著於一切故名求。智者以悟真理翻俗，安心無爲。動起隨緣，萬有皆空，應無愛心。功德黑培[193]常爲相導[194]。三世九有10b譬如火屋。有求皆苦，安樂者誰？能如此悟，則思住於諸有[而]無求也。故經典中說：有求皆苦，無求則畢竟樂。知無求則真修道也。此故便說無所求行。四合法行者，淨性真理之故名"法"。此意眾相皆空，無著無染，無此無彼。"經典中說："法無眾生，眾生離垢也，法不有我，11a離我垢也"。智者若能信了此理，則應以行與法合。法體無慳，常以此身命物作施行。無愛慳，明瞭三空。不依不著，常除去垢。攝教眾生，不取此相。此者作自利也又亦能利他，亦能莊嚴菩提道。施行如此，他五渡亦與此一樣。去妄智故，修行六度[亦]無所行，故則成名法11b合行。"[195]

按此文義理者說：應止一切諸惡，全修萬行。凡觀惡可止，則是本來清淨真心。真心以外，無相可止，故則名實止[196]。觀萬行可修，則此亦本來清淨真心也。真心以外，無別行相，則名真修。因此前祖師說："無止無修。"是何如？此者止修皆真心也，可自知。今時修者惡不全止，善不全修，故則云"是無止無修"。因此起解，則斷見[197]中纏也[198]。

又草堂禪師《圓覺疏補》[199]中亦說三門，與前三門大同小異也。今以略說：先悟圓覺性，次發菩提心，後修菩薩行等是[200]。其中欲悟圓覺性者，凡因起心修行[201]12a則先用通達真正，以此爲宗。宗若不正，則所修皆邪，雖起精進，而苦勞虛虛。今圓覺本淨，本無無明，四大非我，五蘊皆虛，虛病亦空。直了此，則因此即覺。凡聖異相，異則不真，佛生體同，同何[有]增減？依此了[知]，則前後不異，故發菩提心，能學菩薩行。

---

[193] 西夏文作"[illegible][illegible]"，《鏡》中所引用菩提達摩的"二入四行觀"與《心要集》中所引的不同，前者更接近於《景德傳燈録》所引用的版本。

[194] 西夏文作"[illegible][illegible]"，漢文作"隨逐"。

[195] 這段引自達摩著作的內容照搬了道殷作品《心要集》（《大正藏》第46冊：992b2-8）中的相應部分，但《鏡》中的內容更爲完整，而《心要集》則略去了達摩著作的末尾部分。

[196] 西夏文作"[illegible][illegible]"。"[illegible]"與"[illegible]"（觀）组合時可能譯作"止觀"。

[197] 西夏文作"[illegible][illegible]"。

[198] 這段話在漢文資料中未得到驗證。最後一句含義是"如果對'無止無休'有那樣的理解，這個等於墮於斷見。"

[199] 西夏文作《[illegible][illegible][illegible][illegible]》，即宗密的《圓覺經大疏》。

[200] 《圓覺經》中的"三門"似乎是宗密所闡述修行各階段的一個總框架，出現在宗密有關《圓覺經》的大部分論著中。這"三門"也被道殷採用到《鏡》中，不過作了若干改動，如下。《心要集》（《大正藏》第46冊，頁 992b8-12）簡短地介紹了"圭峯禪師之三門"，而未詳論，表明這三門在修行術語和釋經原理方面構成了一個整體，能使人更好地理解"禪宗諸家語録"。

[201] 構擬翻譯。

見聞有影，何實何僞，身音已12b起，誰主誰他[202]？不依此了，行行不真[203]。《華嚴》經典中說："倘若菩薩此無量百千萬億那由他中全行六波羅蜜"，修習種種菩提[204]？法，若無此智說，未聞大威德法門。威德法門者，但一真心之說也。若聞候不信，不從不了不入，則不得真菩薩之名。當知，若聞此法後，信從了入，此人乃已生如來藏，能入如來13a之無礙境界[205]。故澄觀大師解謂："如此有爲而修［於］多劫，壞滅所做。無心竟了，則一念合［與］佛家。"[206]

云修有爲者，隨八識生滅有爲心修萬行，則見有煩可實止，見有行實可爲，後有果[之]求，故說"有爲"。若隨生滅有爲心[而]修，則所修萬行皆能有爲。譬如木作器，一切器器皆木。若頓了真心本淨，妄心本無，則所修萬行皆是真心，即是真心，故則說"無爲。"譬如金作器，一切器皆金，即非是全不修行之無爲。此全不修行人者，修之以外求別無修也，如此則是外道見。云竟了無心者，悟本無妄心，真心本淨，則如此發心，皆無心也。如何也？是成自知，此者所發自心，本無妄心，凡是真心[207]。故澄觀師謂："心心作佛，13b則無一心［而］非佛心"。[208]仔細論［其］理，則理有二種：一依見性門論［之］，則頓悟真心本真，妄心本無，則此者是"本來無心。"二依安心門論［之］，則修者四夜所起妄心，凡無實，故說"無心。"又依性宗經論、南宗禪門所說，皆是"無心"，或言"無念"，不出此二。源古禮禪者不知如此"無心"[之]理，故全令同與木石，度知度思，故說"無心"。說如此，則墮斷見中，是最大罪。昔臥輪[209]禪師偈謂："臥輪有一計，能斷百想思，遇境不起心，菩提日日盛"。第六宗師聞後謂："此偈義未具明心地。若依此修行，則增入繫縛。故謂偈說：慧能無計謀[210]，百想思不斷，遇境心數起，菩提

---

[202] 試擬，原文模糊不清。

[203] 這段見於《續藏經》第9冊 #343：343a8-22。

[204] 無法辨認。

[205] 這一整段直接引自宗密的《圓覺經大疏》（《續藏經》第9冊#0243：343a10-22），但是宗密的論述不同於道殿，宗密採用"悟圓覺性"、"悟菩提心"、"修菩薩行"等三門來闡釋《華嚴經》之"解行"與《大乘起信論》中的"悟"、"信"、"行"之間的關係。

[206] 見《大方廣佛華嚴經疏》（《大正藏》第35冊 #1735：505a1-2）。

[207] 這一段可在宋元時期蒼山普瑞（生卒年不詳，活躍於南宋末及元初）的《華嚴懸談會玄記》中找到。筆者所能判斷的是，這部作品是澄觀《華嚴經疏鈔》的簡略本，並結合一些來自宗密針對《圓覺經》所作的論述。同時，普瑞的這部作品也借鑒了道殿的《鏡心録》（《續藏經》第8冊#236：166b14-23）。有關普瑞生平的資料非常少見，從他作品的特點我們可以斷定《華嚴道場懺儀》的傳承與他有聯繫，而他曾經在大理國呆過一段時間，大理國與西夏國曾有過佛教上的密切聯繫。他顯然知曉並大量採用過道殿的作品。

[208] 引自澄觀與唐順宗皇帝的談話録，即所謂《答順宗心要法門》（《續藏經》第58冊，#1005：426b20）。

[209] 西夏文作"𘟣𗴂"（詞語爲意譯）。

[210] 西夏文作"𗋕𗗚"。臥輪和慧能的偈文中同樣的"伎倆"，在西夏文有兩種翻譯："𗗚"及"𗋕𗗚"，兩者爲"謀思"之義，與原典的"伎倆"不全同（見注[172]）。

豈盛？”[211]。第六宗師偈者是真無心也[212]。又悟極[213]禪師《壁記》[214]中說：“此師得無心之心，悟無相之相。無相者萬相眼觀[215]也，無心者增長分別”[216]，此亦真無心也。故《淨名》經典中說：“能分別諸法等相，此第一義本不動”。又14a明師謂：“知分別性空，日日分別，不離寂滅[217]，皆是‘無心’之傳。”[218]又澄觀之《華嚴淨行品疏》中說：“即問謂：凡集妙行，則但是無念。爲何此經中，勸人成見善，［而］使離見惡？如此令身心苦勞，乃合於道如何做？答謂：如此見，則離念以外，求別無念。今未得真無念中，如何得念及無念互相無礙理也？又無念者，是無盡行中一種行。”[219]以此絕一切無盡事相，豈有[此]處？”今時修者，多持咒誦佛，不肯修習衆行，動念或發言。此者離念以外，求別無念也，此皆非真無念也。若得真無念，此亦是無盡行中一種行。今學禪部者取外道體，小乘等無念之義，疾病少見，執異亂亂。先有法門，理趣深妙，常識及微，故便今略解。修者當好好知此解義。

次發菩提心順者，圓覺14b悟，則能發大心，爲萬行之本也。華嚴二千行法中，菩

---

[211] 西夏文作“[illegible][illegible][illegible]”，漢文原文作“菩提作麼長”。請注意西夏文對漢語口語的翻譯。這個句子的“[illegible]”（漢文爲“一”）爲動詞詞頭。

[212] 臥輪禪師（約545—626）在傳統的中國禪宗史上並不知名，宗密曾在其《禪源諸詮集都序》中簡短地提到過他，永明的《宗鏡録》中也引過他的話。無論如何，臥輪偈和慧能對其偈批判的故事屬於禪學作品集的一部分，正如道殷在其作品中提到的那樣。故事的原文見《景德傳燈録》（《大正藏》第 51冊 #2076：245b6-12）同樣的內容也可以在宗寶本《壇經》（《大正藏》第48冊 #2008：358a26-b3）中找到。這兩本書中的故事與道殷所講的版本一樣，但是道殷引用的資料來源卻不詳。臥輪偈的故事在敦煌本《壇經》中沒有出現，而考慮到遼代佛學行政機構普遍對晚期禪宗所持的激進態度，宗寶本《壇經》在契丹國也許並不知名。上述所引用的資料很有可能來源於某種流行於遼國的“傳燈録”史書。另一種可能就是來源於禪宗史書《燈要》的西夏文殘本，其僅存卷三，現存部分記載的是慧能的第一批弟子，因此不太可能在該書的其他地方提及。《景德傳燈録》的這段文字如下：“臥輪有伎倆，能斷百思想，對境心不起，菩提日日長。”六祖大師聞之曰：“此偈未明心地，若依而行之。是加繫縛因。示一偈曰：慧能沒伎倆，不斷百思想，對境心數起，菩提作麼長？”

[213] 西夏文作“[illegible][illegible]”。此爲意譯，相關文獻似乎不見此人。

[214] 西夏文作《[illegible][illegible]》。此書名在其他西夏文獻出現，不過未見於漢文原典。

[215] 試擬，原文模糊不清。

[216] 來源不明。

[217] 此語來源不明。

[218] 此語來源不詳。

[219] 西夏文作“[illegible][illegible][illegible]”，引自《大方廣佛華嚴經疏》（《大正藏》第35冊#1735：613b13-17）：“復有問言：夫妙行者，統唯無念。今見善見惡，願離願成，疲役身心，豈當爲道？答：若斯見者，離念求於無念，尚未得於真無念也。況念無念之無礙耶？又無念但是行之一也。豈成一念頓圓如上所明也？”西夏文的翻譯似乎接近對澄觀思想的解釋，即不是字面的直接翻譯。

提心者最初，爲所依隨[220]。

《華嚴》經典中說："以失忘菩提心而修善根者，爲魔之所攝受"。[221]又說："欲見一切十方佛，欲施無盡功德藏，欲眾生離苦惱，當即發大菩提心"。

凡菩提心體有三種。一以大悲心救護眾生之一切眾腦也。菩薩以護生爲事，利生以爲心。二以大智心正念真如法。

此者，直觀真性，則上無菩提可求，下無眾生可度，間無萬行可求，故《淨名》謂："今諸天子，15a當棄菩提心分別見。"[222]

三以大願心樂修一切皆諸善行也。

此者是四大願等。先說三心中無一不成。惟有大悲多深入凡夫中，惟有大智則多墮聲聞中。悲智雙行，是菩薩行。雖然已有悲智，若無大願，則多起退轉。云："有大願力，悲智無厭，修萬行也。"云："習禪宗者，隨菩提心，［而］多有三心中[之]大智，[而]無大悲等。"何以知乎？則願者是索求[之]義。新禪部及求佛國者之令不求修，又亦令不修習萬行，而此故知我也。唯有智心者，墮聲聞［之］地，故天台智者謂："若修者，了悟一切諸法隨心起，因緣空虛不實故空，一切諸法名字形象無所得也。"[223]故上不見佛果可求，下不見眾生可度。若隨心住，則墮聲聞地之中也。故《蓮花》經典中說："諸聲聞等，即歎謂：我等15b若聞導眾生［至］淨佛國［之］教時，不起喜心。如何？一切諸法淨，皆空寂，無生無滅，無大無小，無漏無爲等是也。"[224]

後菩薩修行者，若發心應修諸行。故善財遇與諸善知識一一處皆謂言此：我先生阿耨多羅三藐三菩提心，不知當如何學菩薩之行，當如何修菩薩之道[225]？

---

[220] 引自《圓覺經大疏》（《續藏經》第9冊# 243：343a24-b1）。道殿在此縮寫了宗密的觀點：圭峯因襲《大乘起信論》，從"體"、"相"、"用"三方面分析"此心"。"體"被進一步解釋爲有"大悲"、"大智"、"大願"三體，此三者中，"大願"是"大悲"、"大智"的基礎。因此，"大願"是"信"的基礎，有了"大願"，纔會出現"菩提心"的其他二體。道殿簡略了這一部分而直接從悟心的三個方面開始他的進一步論述。（見《圓覺經大疏》，頁 343b5-8）。根據道殿的看法，"大悲"爲先，然後是"大智"，最後是"大願"，而宗密則以"大智'爲先，接下來是"大願"，以"大悲"爲高潮。然而，宗密和道殿對菩提心三體缺一不可的特性進行的討論卻是相同的。

[221] 見《八十華嚴經》（《大正藏》第10冊 # 279：307c18-19）："忘失菩提心，修諸善根，是爲魔業。"《鏡》中的引文偏離了漢文原文。

[222] 《維摩詰經》似乎不見此語。

[223] 這段話原出自天台智者大師的《修習止觀坐禪法要》（《大正藏》第46冊#1915：417b17-19），但是《鏡》引用的並不是智顗的作品，而是子璿的《起信論疏筆削記》（《大正藏》第44冊#1848：406a14-20）和宗密的《圓覺經道場修證儀》（《續藏經》74#1475：509b12-14）中都引用過的修正版。宗密引文如下："若行者，如是修止觀時，即能了知一切諸法，皆由心生，因緣虛假不實，故空，以知空故，即不得一切諸法名字相貌，即是體真止也。"

[224] 見《妙法蓮花經》（《大正藏》第9冊 # 262：18b25-28）。

[225] 引自《圓覺經大疏》（《續藏經》第#9冊：343b26-c2）。《華嚴經·入法界品》常見的一段話。

悟此上三門[中]圓覺性，能發菩提心，發菩提心，故則得修菩薩行。菩薩行者，除一切諸惡，全修眾善。

今此三門16a，此略說廣者，即中宣說。

澄觀大師答順宗皇帝[226]之問謂："諸了義經典[227]中有四門［之］說：一者，於不可思議境，當常發信解；二者，發真正菩提心，令應超過？淨；三者，定慧增和，應資修萬行，四者，菩提常廻向故應圓果滿。性宗禪宗修行法門，無過於此"。

此者達摩自實傳見性，安心，起行等三門也。譬如鼎之三足，無一，所無。[228]若無見性門，則不悟本心，修萬行而修功苦勞。若無安心門，則不能心心和道，念念離習。16b若無起行門，則成四智二備，不能善之莊嚴。此三門全，故則成圓妙。問謂："先見性門中說：本無煩惱即菩提也。若本無煩惱，豈有除斷？"答：圭峯大師說："全頓悟此理，而此識即頓除"。問："此者，無始以來此本無□，有妄起悟。毫妄起惡，妄乃習□□□□□即頓除。"問："故故此無始妄習……"

《鏡》的禪學初探

上述《鏡》的譯文很清楚地表達，這篇文獻爲一種"判教"論文，並且文內討論的內容並未涉及所有的與道殿同時的禪宗宗派，但限於所謂"南宗"或"達摩傳心地法門。"《鏡》內涵大致上爲《心要集》一卷內判出"顯教"的那段文字。《心要集》第一卷主題亦爲"判教"，不過所追求的理想是"顯密並行"的"圓宗。"對"圓宗"的追求似乎爲遼代佛教的普遍趨向，並且《釋摩訶衍論》復興之後，有了一種新發展[229]。《心要集》與其他遼代佛學著作相似之處頗多，不一一談。《鏡心録》雖然作爲討論禪宗的論著，其主要目的在於 "圓宗"的結構內確定禪宗的地位。關鍵的是，作爲"顯教"的禪非爲佛陀的究竟奧旨，其單獨修行適合"中下根器"的人而已。如果假設《心要集》、《鏡心録》等文獻的主要思想基礎爲宗密在《禪源序》對"心"以及"心"與"禪"關係的解釋，這個可能不是很大的錯誤[230]。

在判"顯教心要"體系上，與禪修相應的是"絕待真心"。文中"心要"二字內涵似乎有兩種："核心思想"、"對心的基本理解"。"絕待真心"這個名相缺少其固定定義，最早似乎出現在永明延壽的《宗鏡録》的不同處。按照永明延壽的解釋，此概念

---

[226] 西夏文作"[illegible]"。

[227] 西夏文作"[illegible]"（漢文"諸竟義經典"）。

[228] 西夏文作"[illegible]，[illegible]"。

[229] 這個問題的專門討論可見遠藤純一郎的《"顯密圓通成佛心要集"に於ける顯密觀》，《蓮花寺佛教研究所紀要》第一号，2008年，63—90頁；另有遠藤純一郎《覺苑選"大日經義釋演密鈔" に於ける華嚴と密教の關係性について》，《蓮花寺佛教研究所紀要》1，2010年，91—116頁。

[230] 《大正藏》第48冊#2015：399a16-53等處。

來自《華嚴經》以及《起信論》、《釋摩訶衍論》，可以歸納“一真法界”思想。真心（或稱“一心”）爲“如來一代之教”核心思想，《法華經》常以“妙法”之譬喻表達其義，又可以用“心性”名相來解釋[231]。其“絕待性”的意義在於其爲佛教核心的“無諦”的表現，既是說“非對有稱無”[232]，但爲一種畢竟如虛空之真如。從而，“絕待真心”爲真如體，不生不滅，迷之號衆生，悟之爲法身佛。這個思想與華嚴禪概念頗爲接近，衹是宗密著作未見“絕待真心”這個名相。《心要集》對“絕待真心”看法無疑基於那樣的思想，不過有進一步的發展。對作爲禪僧的延壽大師而言，“絕待真心”應該是核心的概念，對《心要集》的作者來講，它爲“毘盧法界”覺悟體系的一部分或階段，必須與“別教一心”相應纔能有其意義。道㲀根據其華嚴“三藏、始、終、頓、圓”以及“同、別教”的典範來分析“絕待真心”內容。

《心要集》的判教觀可以如下分析[233]：基本出發點的“心要”有二：按密宗以及按顯宗。“顯宗”則按賢首清涼而判之。“大乘終教”包含《法華》、《涅槃》等經、《寶性》、《佛性》等論，核心內容爲一切衆生皆有佛性，本來靈明不昧，了了常知。了知“自家佛性”以後，應該逐漸修妙行。這個也是“大乘盡理之教”。“頓教”則爲《楞伽經》和《思議經》理論，同時爲達摩所傳的宗旨。其內涵爲“妄相本空，真性本淨，元無煩惱，本是菩提”。最後是“不思議乘圓教”乃是華嚴學以及《十地經》論思想。這個法門“總含諸教，無法不收”。這些教皆按“根權施設”，皆從權至實，因而“圓教”最爲究竟，包含一切其他法門。然後“圓教”核心內容則是“若因若果，一具一切，重重無盡”的華嚴思想，包含著兩種互相配合的修行：了悟毘盧遮那法界，既是“一真無障礙法界”的切入。這個法界爲“一心，”亦即是說“凡夫聖人根本之真心。”如此之“覺悟”是後來“普賢行海”成功的主要前提。這個“真心”或“一心”又可以按照“同教”和“別教”分析。“同教一心”則與其他大乘佛教宗派一種對“心”共同的理解，亦有二種：“終教一心”及“頓教一心”或“絕待真心。”西夏文《鏡》主要討論就是這個“心”。按照《心要集》這種對“心”的理解衹次於“別教一心”，並且爲《華嚴經》、《圓覺經》、達摩大師、清涼澄觀、曹溪慧能等大德所傳的對“心”的理解。這些不同對“心”、“真性”、“心性”的瞭解成立一種“毘盧法界”，並且爲菩薩修行成功的條件。《心要集》有另一個思想脈絡，既是根據所謂“四法界”安排。可以假設，“頓教一心”或“絕待真心”應該與“理事法界”相應，然則“帝網無盡”的“別教真心”或許屬於“事事無礙”的境界內。

普賢行海就在與“稱毘盧法界”基礎上而進行的，總有五“觀門”，其中有：“諸法如夢如幻觀”、“真如絕相觀”、“理事無礙觀”、“帝網無盡觀”、“無障礙法界觀”。這個判教體系可算爲“圓宗”的很清楚辯解，並且他似乎代表遼宋時期的一個主要思想脈絡：同樣的文字曾出現在北宋晉水淨源（1011—1088）編輯的《華嚴普賢行願

---

[231] 《宗鏡録》卷25，《大正藏》第48冊#2016：555c10-15。

[232] 《宗鏡録》卷67，《大正藏》第48冊#2016：795a7-10。

[233] 在此限於討論與《鏡》內容相關的部分。

修證儀》的所謂“甲本”的“端坐思惟”品内[234]。對這本資料研究的結果是《華嚴普賢行願修證儀》的“甲本”不是淨源自己的作品，其入遼的途徑或許與義天的活動有關。《華嚴普賢行願修證儀》的编辑者把《心要集》的相關部分直接貼到儀軌文書中，接下來因爲書名相同，後人認爲此書爲晉水淨源的著作[235]。無論如何，在兩種不同著作文字同樣表明，“圓宗”（圓教）當時成了一種遼、宋、高麗、西夏，日本共同的思想典範。

每一種“觀門”有其特徵，其中“真如絕相觀”地位在“諸法如夢如幻觀”高於小乘觀法。此門另外分爲三法門：‘常觀遍法界’，“若念起時但起覺心”，“擬心即差，動念便乖”[236]。這些修行則與“理事法界”相應，在《鏡》裏面皆屬於“絕待真心”領域。上述“真如絕相觀”的三門即是西夏文《鏡》的核心内容。按照《鏡》的内容，一切禪行目標在於顯露“絕待真心”的本質。同時，在其《心要集》内文注解對“真如絕相觀”有如下的解釋：

> 又禪宗東夏七代祖師所傳心要，而有三門攝盡無遺。一見性門：先須了悟絕待真心。一切妄相本無，真心本淨，即心是佛，非假外求，即前頓教一心是也。二安心門：如上所説，想念真如等三門是也。三發行門：須備修菩薩六度萬行。具依三門即是正禪。隨闕一門故成偏見。達磨云：“我法以心傳心不立文字”。此心是一切眾生清淨本覺，亦名佛性。欲求佛道須悟此心，即是見性門。又云：“如是安心，所謂‘壁觀’”。令修道人心住真理，寂然無爲喻似“牆壁”。不起分别即是安心門。[237]

《心要集》接下來的文字則爲簡略的菩提達摩《二入四行觀》的“四行”部分。這個結構似乎爲《心要集》獨有的，其他遼代文獻雖然能夠找到類似之處，但《鏡心録》禪修分類體系似乎爲道殿自己的創作。《鏡》的主要内容屬於《心要集》討論“禪宗”修行以及與其相應“絕待真心”或“頓教真心”，並且其主要的目標有二：一批判各種所謂“新禪”；二創造“性宗禪宗”典範。《鏡心録》實際上爲上述那段文字的闡述。

《鏡》的基本結構似乎接近達摩《二入四行》：“見性門”（西夏文作“[illegible]”）爲“理入”，“發行門”（西夏文作“[illegible]”）爲“行入”，另有添補“壁觀”的“安心門”（西夏文作“[illegible]”）。

按照《鏡》的内文說明，此結構應該是在宗密《圓覺經大疏》“悟圓覺性”、“發菩提心”、“修菩薩行”等三門的基礎上而設計的[238]。同時《鏡》和《心要集》的結構不全同，不過道殿在《心要集》的正文與在其注解所介紹的内容也不完全一致，《鏡》

---

[234] 這個情況早被鐮田茂雄所發現，參見其所著《“華嚴普賢行願修證儀”の研究》，收録於《禪學研究所紀要》6/7（1976）305—318頁。在這一文中，鐮田氏核對現存《華嚴普賢行願修證儀》兩本，並且討論“端坐思惟”品的内容。後來在2003年王頌發表了一篇《“華嚴普賢行願修證儀”著者について》，收録於《印度學佛教學研究》103（2003），171—176頁。

[235] 王頌《宋代華嚴思想研究》，北京：宗教文化出版社，2008年，289—291頁。

[236] 上面的闡述基於《心要集》的說明，參見《大正藏》第46冊 #1955：989c12-992b12。

[237] 《大正藏》第46冊 #1995：992a26-b2。

[238] 《圓覺經大疏》（《續藏經》第9冊 #243：343a8-22）。

的理論似乎接近其注解內所提出的想法。

根據道𣪍在《鏡》以“見性門”爲闡述出發點。“見性門”則以《華嚴經》、《起信論》以及宗密、澄觀、六祖、七祖、黃檗希運（西夏文作 “[illegible]”）、永明延壽、宣什的理論來說明和考證，除此還有大量其他唐代不同僧侶的著作（這些學說和作品中有一些還未確定其正確標題和作者）來補充。道𣪍認爲眾祖所傳是“一真心”或“絕待真心”，而“真心”的覺悟與“最上乘禪”以及“如來清淨禪”是一致的，這二者都是宗密禪宗思想中的重要概念。甚至可以想像“見性”從某一種角度來看，符合“毘盧法界”之掌握。同樣的看法似乎出現在圓通鮮演的《華嚴經玄談抉擇》，不過此文內似乎不見“絕待真心”，並且他採用的是“本覺一心”（亦稱“佛性”及“靈覺”）的概念，則與圭峯宗密更爲相似[239]。同時，因爲《鏡》中錄取《二入四行》的“行入”部分，可推論，《鏡心錄》中“見性門”的主要思想基礎則是“理入”的理論。以此推之，則“見性”位於華嚴宗所常討論的“因位”，此“因”通過“安心”以及“起行”而得其實現，則華嚴“因即果，而不失其位”的基本態度由此可見。

實際上，《鏡心録》的“安心門”真是對南宗禪宗的說明部分。與達摩的禪宗關係相當密切：在《天竺菩提達摩禪師論》（以下簡稱《達摩大師論》）早已見之。雖然《達摩大師論》對“安心”的理解與《鏡心録》不同，並且《達摩大師論》屬於敦煌出土文獻，不知其是否在五代北宋時期流行於華北，但此名相與達摩學說有關係是毫無疑問的。“安心門”的概念在鮮演的《華嚴玄談抉擇》也偶爾出現，並且與達摩禪宗以及“傳心”概念接近[240]。“安心門”由三種修行組成，基本上照搬《要集》中提出的普賢觀行五門之一“真如絕相觀”中的劃分。《鏡》中的闡述更詳細，並且《鏡心録》的闡述與《心要集》介紹“禪宗”是一致的，但與其正文不同：

> 安心門說者，達摩謂：此安心順[241]，行如壁觀。修此道者，心住真理，寂淨無爲，譬如壁觀不起分別也。凡達摩壁觀安心順者，爲一切安心順之根源。今又諸安心順，集諸聖法中要義，則又有三門。一真如觀念門（[illegible]），二念起即覺門（[illegible]），三心淨無依門（[illegible]）。

在此我們注意到，“壁觀”並不是一種具體的修行，而是一個綜合性的概念，其包含“無念”（“真如觀念門”）、覺幻無分別（“念起即覺門”）和心性自然顯出（“心境無依門”）三方面的修行。這種分類與《心要集》的“安心門”是一致的[242]。根據道𣪍在《鏡》文中的注釋，其所稱“新修禪者”把“心境無依門”理解爲真實的“禪宗。”不過從他的角度來看，這種態度是不妥當的：

> 依此門[而]修者，一切時中心無所依，故名真修。雖修萬行，萬行中心無所依。新禪修者等，乃深喜此門也。以實論[之]，則亦非也。此者如何？一者

---

[239] 《續藏經》第8冊 #235：69a2-16。

[240] 同[239]。

[241] 漢文的“順”字代表西夏原典的“[illegible]”，其意義在此不詳。

[242] 《大正藏》第46冊#1995：992a3-25。

此安心門，先朝說雖然[有]說，未遇明師，則前不宣示，則難悟實理。仔細求問，則禪部等師[中]，悟心者少也。二者此安心順門教令悟，而不顯明悟心見性，則成顛倒。《華嚴》經典中說："不能悟自心，何知正道？因此顛倒慧，增一切諸惡"。今時禪部，乃多淺教，云："悟心、見行、我得知"，非此門中所攝。三者假如明悟真性，得遇安心門，而若不依於行起門，菩薩之萬行不全修，則此亦非達摩之宗趣也。

上述批判可以如下分析：這個禪門雖然之前有所流傳，不過現在因爲缺少有修行的禪師，其中之道理難以把握，另外此法門集中在"心"（也許指的是"平常心是道"），但不討論"見性"之義，後來此法門不強調"菩薩行"，乃至與華嚴思想頗有矛盾，並且也不是達摩在《二入四行》所傳的宗旨。

在《要集》和《鏡》中"發行門"段落同様包含了菩提達摩"二入四行觀"中的"行入"部分。儘管達摩的"四行觀"是指"利他"以及"莊嚴菩提道"，目的是爲了讓修禪者通過棄惡從善完全顯現自己的真心，但這對道殿來說已經夠有意思了（漢文構擬）：

按此文義理者說：應止一切諸惡，全修萬行。凡觀惡可止，則是本來清淨真心也。真心以外無止相，故則名實止。觀萬行可修，則亦是此本來清淨真心。真心以外，無別行相，則名真修。按此前祖師說：無止無修。如何也？自當知：此者止修全是真心。今時修者惡不全止，善不全修，故則是無止無修。按此起了則斷見中纏也。

除上述之外，《鏡心録》另提出"無心"概念。這個思想與"靈智"和"真心"一樣，在西夏和遼國有所流行。其主要特色則是，按照《鏡心録》的闡述，"無心"的內容似乎接近"無念"和"真心"的內涵，既是有"止滅妄想"，顯露"真如不變"的意思（詳見漢文構擬）。西夏佛學界對此說法並不陌生，在目前所發現的西夏文版本最多的《南陽慧忠二十五問答》中也常出現。《慧忠問答》雖然經過巨大的修改，甚至似乎無法認定其爲南陽國師的開法記録，但"無心"的段落皆保留，並且加注華嚴思想。從此可想像，"無心"思想針對西夏以及遼的"達摩禪宗"的核心作用。

這段文字不見於宗密的著作，《要集》亦不見之，應爲《鏡心録》獨有的思想，反映"達摩禪"的基本特色。上述的分析不過爲一種初步的討論，作爲原典早已不見的遼代佛教文獻，《鏡心録》還需要更深刻的研究。目前毫無疑問的是，《鏡心録》爲華北區域所流行"達摩禪"或"真心"思想的主要著作之一。按照《鏡心録》的介紹，"無心"與"無念"是同義詞，並且兩者皆爲"真如心"之譬喻：

竟了無心者，悟本無妄心，真心本淨，則如此發心，皆無心也。如何也？是成自知，此者自心可發，本無妄心，凡真心也。[243] 故澄觀師謂："心心作

[243] 這一段可在宋元時期蒼山普瑞的《華嚴懸談會玄記》中找到。筆者所能判斷的是，這部作品是澄觀《華嚴經疏鈔》的簡略本，並結合一些來自宗密針對《圓覺經》所作的論述。同時，普瑞的這部作品也借鑒了道殿的《鏡心録》（《續藏經》第8冊# 236：166b14-23）。有關普瑞生平的資料非常少見，從他作品的特點我們可以斷定《華嚴道場懺儀》的傳承與他有聯繫，而他曾經在大理國呆過一段時間，大理國與西夏國曾有過佛教上的密切聯繫。他顯然知曉並大量採用過道殿的作品。

佛，則無一等心［而］非佛心”。仔細論［其］理，則理有二種：一依見性門論［之］，則頓悟真心本真，妄心本無，則此者本無心也。二依安心門論［之］，則修者四夜所起妄心圓明無實，故則說無心也。又依性宗經論、南宗禪門所說，皆是無心，或言無念，不出此二。

從此可見，“無心”及“無念”皆爲發揮真心之主要管道，但其不能像在所謂“新禪部”那樣，變成一種能夠代替一切其他修行的門路。覺悟真心之後另外需要加以修行纔能夠合與道。“無念”或“無心”則不是究竟修行法門，但是次第修行過程的部分而已。爲了證明這一點《鏡心録》大量飲用澄觀的說法，並且這些引文似乎不全見於清涼現存的著作□。其中最關鍵應該是來自《心要法門》的一句：

澄觀大師答順宗皇帝之問謂：“諸了義經典中有四門［之］說：一者，於不可思議境，當常發信解；二者，發真正菩提心，令應超過？淨；三者，定慧增和，應資修萬行，四者，菩提常廻向，故應圓果滿。性宗禪宗修行法門，無過於此。”

這段話似乎不見於澄觀與順宗皇帝的對話録内，但對“鏡心録”而言，此語頗爲重要。此處澄觀說明 “性宗禪宗”爲何而成。翻譯雖然不特別順，但可見“性宗禪”即是由“信、解、菩提心、戒定慧以及廻向”而成。這個體系顯然與《華嚴經》、《大乘起信論》、《圓覺經大疏》等華嚴禪著作的思想關係相當密切，並且包括六祖慧能以及南宗禪的一些思想。這個禪宗體系另可稱爲“達摩禪宗”，並且遼西夏學僧確實相信達摩所傳的法門真是如此：

按照道𡸁在《鏡》中所提出的看法，衹有達摩禪宗或“性宗禪宗”纔會形成一個完整的修行體系（漢文構擬）：

此者達摩自實傳見性，安心，起行等三門也。譬如鼎之三足，無一，所無。若無見性門，則不悟本心，修萬行而修功苦勞。若無安心門，則不能心心和道，念念離習。若無起行門，則四智二備……不能善之莊嚴。此三門全，故則成圓妙。

“三門爲鼎”的說法無疑是《鏡心録》独特的思想，不過“見性”需要用各種波羅蜜多加以修行的立場是華嚴禪佛教傳統早就有的。其主要的來源可以見於澄觀的《大方廣華嚴經隨疏演義鈔》一書中。在解釋“理事無礙”境界中清涼大師順便提出：

事理雙修：依本智而求佛智者。二不礙兩存，上來交徹不礙之義，恐人誤執。謂‘泯二相，”故舉此言。亦由惑者執禪，則依本性無作無修，鏡本自明不拂不瑩。執法之者須起事行當求如來，依他勝緣，以成己德並爲偏執故此雙行。依本智者約理而說，無漏智性本具足故；而求佛智者約事而論，無所求中吾故求之。心鏡本淨，久翳塵勞故；恒沙性德，並埋塵沙煩惱中故。以順法性無慳貪等，修檀施等故。諸佛已證，我未證故。又理不礙事不妨求故；事不礙理求即無求故。若此之修名爲“無修”。“無修”之修，修即無修，爲真修矣[244]。

這段話的全部或部分文字在華嚴禪不同文獻中經常出現，並且亦見於《鏡心録》。清涼大師此處似乎創造了一種基於華嚴四法界以及理事無礙典範的一種包容禪修以及其他波羅蜜多修行的綜合體系。按照清涼的解釋，禪宗必須與了悟本性的同時進行諸波羅蜜多的次第修行，乃可獲得佛果，否則墮於偏見，佛果亦不得成。限於禪修而忽略其他修行則無以得佛陀境界的證悟。澄觀的這個看法相當有影響力：鮮演《華嚴談玄抉擇》解釋此語時特別提到，這裏所討論的皆是當代禪徒：

由“惑者執禪則依智性乃至云並爲偏執者”：義當四病也。故《大方廣圓覺經》說：衆生修行當離四病：一者作病，但作有爲事行，未識真如本心，尚不得生佛家，豈得冥合圓覺？故說爲病。(義當執法者也)二者任病，生死既空，何勞除斷？涅槃本寂，何假欣修？一切放縱身心更不念其罪福，泯絕無寄，故成其病。差乎！近代多落此科：誦禪歌、毀於法筵、虛尋名相。說：“理性非於塔寺”。狂認福，妄立宗途，悞惑含識，斷除佛種，良足悲哉！……三止病：真心絕念，動念即乖。若止妄念，不生真性自然顯現。斯由不知妄念即真，貪嗔本道，而於妄外求真。何異除波覓水？故成其病。四者滅病：道由惑覆，惑盡道彰。故欲斷惑求真，令得身心永寂。夫菩薩用心利他爲本。今欲避□取寂，誠非大士？況乎不釋動以求靜，不怖惑而度生，真覺士也。今欲離障求寂尚雜二乘狹見，豈能冥通圓覺？故說爲病（此之三病義，當執禪者也）。[245]

這裏的批判範圍基於《圓覺經》“作、任、止、滅”的四種修者的疾病。其中“作病”似乎屬於《鏡心録》的“有爲”之修，則是不得“即心即佛”理念的修行。後來“任”、“止”、“滅”好像代表不同禪宗的宗派。可以想像，“任”病者爲“任運”動心，“平常心是道”並且不得“體相用”真意的洪州宗；“止”比較難判斷其對象爲何，按照圭峯禪師的解釋，這個標題代表唐無住以及金和尚的“四川禪”；最後的“滅”病屬於牛頭宗之類的禪法[246]。鮮演在此并没有具體介紹所有的宗派，不過其批判主要目標似乎在於馬祖的洪州宗，完全符合義天、《心要集》以及《鏡心録》排斥過度重視禪修的看法。理想的“性宗南宗”基於“真心”的義學概念、屬於達摩傳法體系，並且除了禪修之外，另有一切修行。按照鮮演下面的解釋，上述四病還是能夠成立一種綜合體系，主要的前提既是“理事”的修行應該是同步進行，則可修道佛果，也即是說可以合併“本覺理智”和“始覺事智”以成與“圓覺”之冥合[247]。

從這個角度來談，《鏡心録》的“見性”、“安心”、“發行”之三門同樣屬於理想的佛教，似乎基於華嚴宗的“信、解、行”以及“理事配合”的典範上。這一觀點以及“三門爲鼎”的譬喻似乎是《鏡心録》內容的宗旨。同時可見，《鏡心録》、《心要

---

[244] 《大正藏》第36冊#1736：9a14-27。

[245] 《續藏經》第8冊#235：7c19-8a1。

[246] 圭峯禪師在《圓覺經大疏釋義鈔》卷3內，參見《續藏經》第9冊#245：534c16-20。

[247] 《續藏經》第8冊#235：7b19-20；上下文。

集》、《華嚴玄談抉擇》在思想上雖然有些差異，但是核心思想是一致的，如是則可以推測這種思想傳統曾經爲華北佛教的主流之一，且也可能是遼對西夏禪宗理解的一個特色。這個思想脈絡地理分佈好像不限於遼及西夏，中國北宋時期以及11—12世紀的高麗也能見到其痕跡。

小　　結

西夏文《鏡》是遼高僧道𡩋的《鏡心録》的譯本，其西夏流傳時期大概爲12世紀末，與其他西夏流傳“南宗禪”文獻成統一體系。這個“南宗禪”曾形成於唐末北宋，但得其隆興在遼，後來這個傳統成爲華北佛教的主流之一。基於“絕待真心”典範的“南宗禪”（另稱“達摩禪”）應爲“顯密並行”圓教的組成部分，不過同時也單獨流行。《鏡》西夏譯本的存在證明西夏佛教與遼佛教界關係比較密切，並且可以看成爲遼佛教對西夏佛教體系影響之痕跡。除此以外，一行慧覺《華嚴海印懺儀》、圓通鮮演《華嚴談玄抉擇》、通理恒策《究竟一乘元明心義》等遼、西夏及元初著作，雖然內容上有明顯的差異，但同時具有許多類似之處，足以想像這些文獻代表同樣的思想傳統。另外漢文的《解行照心圖》的基本“見性”、“安心”、“修萬行”的結構與《鏡心録》一樣，從而得之，遼的“達摩禪”在西夏獲得了新的發展，成爲西夏地方佛教傳統的特徵。主要的結論是該傳統曾經爲華北佛教的主流，流傳於西夏、遼等處，並且在其基礎上形成的“圓宗”典範內，中國佛教一些脈絡發生了變化：其不再爲獨立“宗派”，但成爲“圓宗”的成分。《鏡心録》代表圓宗禪宗（所謂“性宗禪宗”）的轉變過程。從現存佛教文獻的部分分析可知，這個傳統爲西夏所謂“中國佛教”的主要因素，並且爲北宋、遼西夏時期華北佛教主要佛教傳統之一。

附图　《鏡》西夏文本（樣頁）（俄羅斯科學院東方文獻研究所藏）

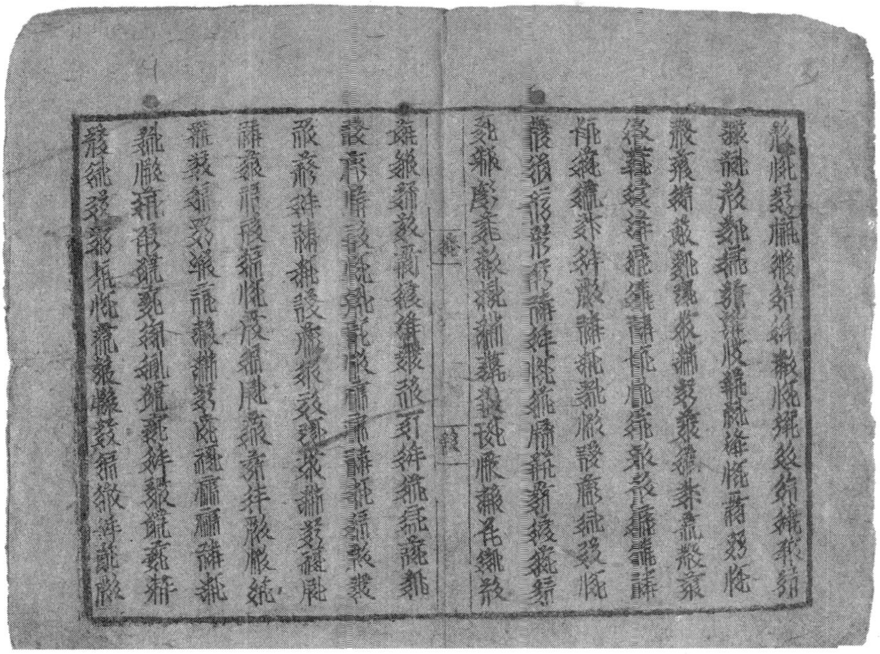

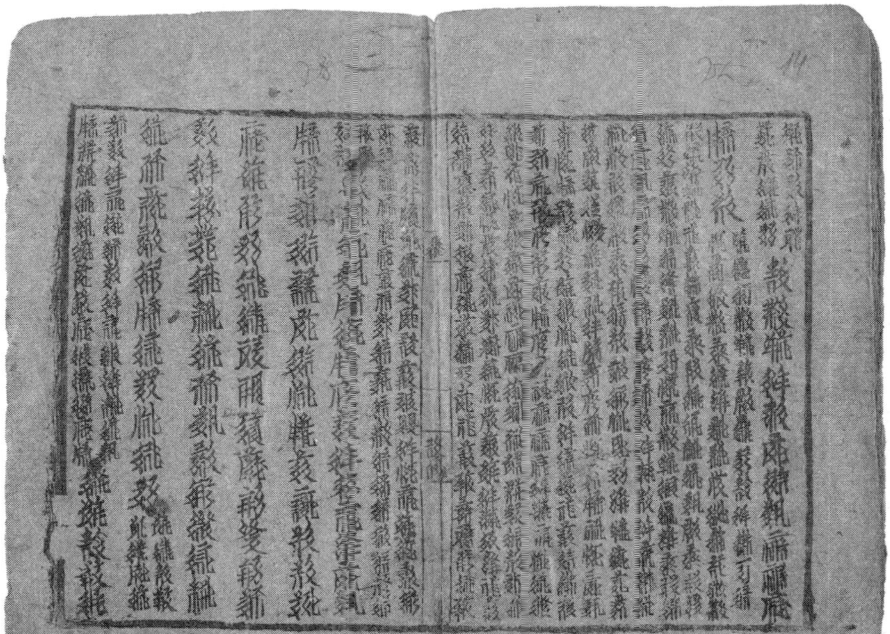

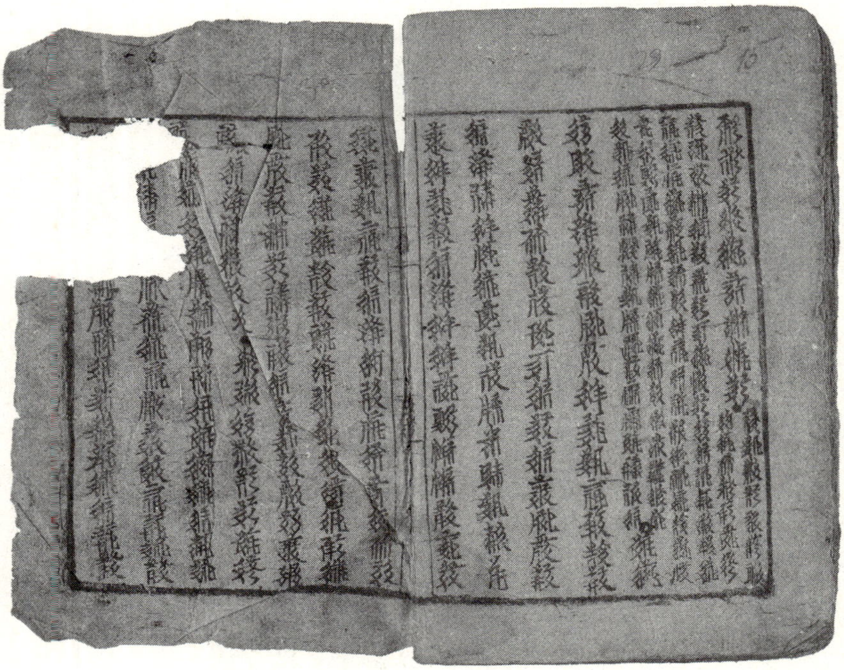

Daoshen and his *Record of the Mirror of Mind in* the Tangut Translation

Solonin Kirill

The paper is devoted to the further study of a Tangut text from Khara-Khoto collection kept in St. Petersburg Institute of the Manuscript Research. The text is known only under its abridged title *The Mirror*. The paper contains a brief analysis of the provenance of the text, introduction of its content and an attempt to contextualize the text within a more general framework of the Tangut Buddhism. The bulk of the paper is constituted by the translation of the text into Chinese as an attempt to find out how its Chinese original might have looked like. The main conclusions are: "The Mirror" is textually close to the *The Essentials of Attaining the Buddhahood according to Perfect and Penetrative Teaching of Esoteric and Exoteric School* 《顯密圓通成佛心要集》 by Liao Buddhist Master Daoshen 道㲀. Thus *The Mirror* is identified as otherwise unknown second work of Daoshen *The Mirror of Mind* 《鏡心録》, previously known only through quotations in the Yuan Dynasty works. The Tangut text is further identified as a Huayan compilation with substantial elements of the Bodhidharma Chan and considered representative of the Liao Chan Buddhism, which apparently was also widespread in the Tangut State.

伊金霍洛——從“大禁地”到“成陵”

陳得芝

舉世聞名的成吉思汗陵園，就坐落在內蒙古鄂爾多斯伊金霍洛旗境內。這裏雖然不是成吉思汗骸骨埋葬的地方，但自從明朝中葉原守護成吉思汗諸斡耳朵（Ordos）和葬地的蒙古部落遷入河套（這個地區因此得名“鄂爾多斯”），當時蒙古人稱之爲“八白帳”（Naiman Čaγan Ordos），一直受到尊崇和妥善地保護的成吉思汗“靈帳”當亦隨之南遷。“八白帳”不僅是祭祀成吉思汗的場所，還是蒙古大汗舉行即位大典標誌其正統性的地方。北元林丹汗敗亡後，統領鄂爾多斯部的蒙古王公額琳臣濟農向皇太極歸降；順治六年（1649）入朝清帝，受封多羅郡王，世襲罔替。後劃定鄂爾多斯六旗牧地（領地），額琳臣掌左翼中旗（常稱郡王旗），“八白帳”遂被置於郡王旗境內，其守護者、號稱五百戶“達爾哈特”自爲一部，不隸於旗。該地被稱爲“伊金霍洛”，1956年建成宏偉的成吉思汗陵。其後，郡王旗與札薩克旗合併，改名伊金霍洛旗。

1987年中國蒙古史學會召開國際學術討論會期間，與會的中外學者到成陵參觀，我曾詢問“伊金霍洛”名稱的字意，記得接待者答覆說：“就是成陵”，我似懂非懂。後讀陳育寧教授所著《祭祀成吉思汗的地方——鄂爾多斯：河套歷史概述》（中國華僑出版公司，1989年），其所述成陵歷史地理及祭祀制度甚爲詳明，受益良多。書中有一句解釋：“伊金霍洛是帝王陵寢的意思”（75頁），我想其字面意義或者是：“伊金”係指帝王，“霍洛”意爲“陵寢”。在1993年內蒙古大學出版社出版的《內蒙古歷史地理》一書中也找到兩處對此名的解釋：“伊金霍洛（成吉思汗的斡耳朵——宮帳）”，見該書202頁；“[伊金霍洛旗]以境內有成吉思汗陵園（蒙古語爲伊金霍洛）而得名”，見305頁。據此則“伊金”係專指成吉思汗，“霍洛”有“宮帳”、“陵園”二解。上面所引三處解釋，都沒有注此名的文獻出處。我想這大概是約定俗成，就應該作如此解釋，無可置疑，但總覺得字面意義上還不太明白。

最近因爲寫一篇有關成吉思汗葬地的文章，我又想到了二十多年來一直沒有真正理解這個名稱的遺憾，於是斗膽請教幾位蒙古族學者，希望知道此名用於指成吉思汗陵寢的最早文獻依據。承內蒙北方民族文化遺產研究會會長巴拉吉尼瑪先生告知，內蒙古文化出版社1998年出版的《成吉思汗的八白室》資料集收錄有一件宣統三年蒙文檔案，記載着這個名稱，據說順治年間的檔案也出現過此名。中央民族大學達力扎布教授幫我找到了《成吉思汗八白室》（Činggis Qaγan-u Naiman Čaγan Ordo）書中的有關材料（宣統三年十月初十日的文件）拍照發來，係命各旗札薩克將祭祀物品銀兩等徵收齊備，親自送到伊金霍洛地方（Ejen qoroγan-u γajar）交納，但未找到載有“伊金霍洛”名稱的清初文獻。達力教授還找到另外一部有關的書——賽音吉日嘎拉、沙日勒代搜集整理、卓日格圖校訂的《成吉思汗祭典》（民族出版社，1983年9月），爲我摘譯了其中的相關部分。第一章第一節開頭："將放置成吉思汗及孛爾貼合敦靈柩的地方稱之爲額真霍洛（Ejen qoroγ-a），爲了與鄂爾多斯境内存放和祭祀其他歷史紀念物的地方相區别，又尊稱之爲'大額真霍洛（Yeke Ejen qoroγ-a）'"。"額真霍洛"一詞有一條注釋："在鄂爾多斯，把祭祀成吉思汗和他的合敦以及存放旗纛的地方稱作額真霍洛（Ejen qoroγ-a）或蘇勒定霍洛（sülde-yin qoroγ-a）。舊時也把旗衙門印務所在地稱作鄂托克霍洛（otoγ qoroγ-a）或杭錦霍洛（qanggin qoroγ-a）。鄂爾多斯以外的蒙古地區，也有以希都爾固巴圖霍洛（sidurgu batu qoroγ-a）命名的地方。霍洛（qoroγ-a）在這裏無牲畜欄圈之意，而是習慣地指稱歷史紀念地、文化發源地或行政中心。"根據這條注釋，"霍洛"在這裏衹是習慣用法，但其歷史淵源和詞語原意並沒有說清楚，而我想知道的就是這一點。查蒙語辭典，qoroγ-a釋義爲"圈"、"府"、"院"、"牆垣"、"庭園"，以及同藏文rwa-ba"有牆圍繞之屋"。把這個詞解釋爲"陵寢"、"陵園"或"宫帳"，似需說明其來源和詞義的演變，何時、爲何具有這樣的含義[①]。

最早的蒙文史書《元朝秘史》第281節記有"忽魯阿"（quru'a）一詞，旁譯爲"寨"。該節記述窩闊台檢討自己做得不對的幾件事，最後一件是：

巴撒/騰格里/合札剌察/ 札牙阿秃/脱劣克先/ 戈劣額速泥/ 阿合/迭兀竹克/斡都兀只/客延/

Basa tenggri qajar-ača jaya'atu töreksen göre'esün-i aqa de'ü jük odu'u-ji ke'en

<u>再 天 地行(從) 命有的 生了的 野獸 行 兄 弟 處 恐去麼道</u>

合籃剌周/ 忽魯阿/ 約兀兒合/那都兀勒周/ 者惕古周/阿忽/孛侖/阿合/迭兀迭徹/

qaramlaju quru'a yo'urqa nödü'üljü jetgüjü aqu bolun aqa de'ü deče

<u>貪 著 寨 牆 教築 著 擋 著 住（有）做 兄弟 行(從)</u>

赤馬里孩/兀格/莎那思罷/必/

čimalqai üge sonos-ba bi

<u>怨 言 聽 了 我</u>

（又，將天地所生的野獸，爲恐其跑到兄弟處去，懷着貪心築寨牆攔擋，招致兄弟們的怨言。）

此"忽魯阿"quru'a（亦鄰真復原本寫作quruqa=quruγa）一詞，羅依果（Igor de Rachewiltz）英譯作fence（栅欄）[②]，意義與今蒙語詞典上的qoroγ-a（圈）一樣。

---

① 查内蒙古社會科學院語言文字研究所編的《漢蒙辭典》（北京：民族出版社，2006年），陵墓：ongγun/bungqun，陵寢：Qaγan-u ongγun，陵園：bungqun-u γajar，墳墓：bulasi，都沒有列qoroγa一詞。

② Igor de Rachewiltz, *The Secret History of the Mongols*, Brill: Leiden-Boston, 2006, p.218.

俄國蒙古學奠基者、駐北京正教會傳道團成員科瓦列夫斯基所編《蒙俄法辭典》（Kowalewski，Dictionnaire Mongol- Russe-Français，三卷本，1844—1849，喀山）收有quruγa一詞，釋義爲lieu enfermé（關閉/圍繞的地方），與此義同。

《元朝秘史》漢字音寫旁譯作“寨”的詞，還見於第79、88、111[③]、133、158、198、265等節，詞根都是“豁兒合”qorqa[④]。但第26節的corqaqsan（過去時形動詞）則旁譯“圍住的”。小澤重男《元朝秘史全釋》第26節的注中說，qorqa-一詞不見於迄今的辭書類，科爾沁方言有horγo，意爲“圍住”、“攔住’、“圈住”、“擋住”，此qorγo- 與qorqa形、義均相近[⑤]。伯希和的《蒙古秘史》法譯本第26節的qorqaqsan譯爲assiégeaient（圍住），第133節的qorqa譯爲retranchement（防禦工事，堡壘），qorqalaqsat譯爲retranché（設堡壘保護的）[⑥]。羅依果的英譯本第26節qorqaqsan譯爲penned（關住的，監禁的），第133節qorqa譯爲stockade（柵欄，圍椿），qorqalaqsat譯爲barricaded（設柵防守/阻擋的）[⑦]。根據諸名家的譯解，《元朝秘史》裡漢文旁譯爲“寨”的qorqa（其動詞意義爲“圍住”）和quru'a，可以下連到現今蒙語的“霍洛”qoroγ-a，這也就是說，“霍洛”一詞在詞義上可以上溯到《元朝秘史》的豁兒合qorqa和忽魯阿quru'a。

《元朝秘史》中與qoroγ-a意義相近的還有第111節的“豁里牙安”qoriya'an，旁譯“院子”，總譯“遮救”（伯希和法譯作enclos，圍起來的場所；羅依果英譯作shelter，庇護所）；第9節還有與此詞相關的qorilalduju（qori-[禁止]+la+ldu-，重復共動態副動詞），旁譯“相禁約著”。查田清波的《鄂爾多斯辭典》（A. Mostaert, Dictionnaire Ordos, Peking, 1941）收錄有χori-（=qori-），譯解爲enfermer（關/圍），prohiber（禁止），défendre（防衛），empêcher（阻擋），見第一卷頁358；又有χorō =qoroγa，譯解爲enclos，enceinte（圍起來的場所），résidence de prince（王府）等（第一卷頁360）。今蒙語詞典也有qoriγa（禁止、阻攔），qorila-（阻攔，禁止，防守），qoriya（院落，圍牆）等詞。從以上所舉《元朝秘史》諸詞及其相關的今蒙語詞釋義看來，qoroγa和qoriγa在詞義上可以相通，“霍洛”的本義當應是“用柵欄或牆垣圍護的，禁止（或阻止）進入的場所”。

《元朝秘史》沒有記載成吉思汗埋葬地的名稱。《元史》記爲“葬起輦谷”，據亦鄰真考證，就是《秘史》所載“古連勒古”。這是個地區名稱，是成吉思汗年輕時爲躲避泰赤烏氏貴族迫害，從斡難河遷徙來下營的地方，並非其葬地名稱。祇有伊利

③ 漢字音寫作“合剌秃”，缺旁譯。伯希和《蒙古秘史》（P. Pelliot, *Histoire Secrète des Monglols*, Paris, 1949）法譯文注中稱此詞應訂正爲qorqatu，即qorqa的形容詞（p.151）。

④ 第79節qorqolaju（=qorqalaju，下同）旁譯“寨做著”；第88節qorqolaqsan“寨做了的”；第133節qorqalaqsat“寨子把了的”；第154節qorqaqlaju'u“寨子把了來”，qorqaqsan“寨子把了的”；第198節qorqa qorqalaju'ui“寨子/寨子把了”；第265節qorqola' ulju“寨（教）把著”。

⑤ 小澤重男《元朝秘史全釋》上，第一卷，日本：風間書房，1984年，148頁。

⑥ P. Pelliot, *Histoire Secrète des Mongols*, pp. 124, 162.

⑦ Igor de Rachewiltz, *The Secret History of the Mongols*, pp. 6, 57.

汗國宰相拉施都丁主編的《史集》記載了當時蒙古人對成吉思汗及其幼子拖雷家族埋葬地的尊稱。該書《成吉思汗紀》敘述，成吉思汗有一次在不兒罕哈勒敦山狩獵時，爲自己和子孫（uruq）選定了一處埋葬地（مدفن madfan），他去世後，諸王和異密們按其遺詔將他葬在該處；後來拖雷及其子蒙哥、忽必烈、阿里不哥等人的也都埋葬在那裏。“這個偉大禁地的守衛者是兀良合惕部的異密們”（qurūqčīyan ān Ğurūq(-yi) buzurg umarāī(-yi) aqwām(-i) Ūrīāngqat and）；斯米爾諾娃俄譯本將Ğurūq buzurg（德黑蘭刊本《史集》542頁作قروق نزرگ Qurūq buzurg）譯爲Великий заповедник“偉大的禁地”⑧。同書《蒙哥合罕紀》也載有這個名稱。據載，蒙哥在攻打釣魚山城時去世，從臣將遺體運回，在其諸斡耳朵依次舉哀，“其後把他安葬在不兒罕哈勒敦地方他們稱爲‘大禁地’的成吉思汗和拖雷汗葬地旁邊”（ba'd az ān ū-ra dar maużaʻ Būlqān Qāldūn kah ān-ra Yeke Qūrūq gūyand dar janab Čīŋgīz-khan wa Tūlūī-khān dafn kardand）⑨。上引兩處所載成吉思汗葬地名稱，《成吉思汗紀》用波斯語buzurg（偉大）形容，《蒙哥合罕紀》則用蒙古語yeke，並加“他們稱爲（gūyand）”，這說明“偉大禁地”是當時蒙古人對成吉思汗及其幼子拖雷家族埋葬地的尊稱。

《史集》“禁地”一詞的波斯原文或作γurūq，或作qurūq，qūrūq；qurūqčīyan一詞（俄譯本譯作Охранитель，守衛者）則應是qurūq加上突厥-蒙古語施動者後綴-či、再加波斯語複數後綴-an的名詞形式。查Steingass的《波英辭典》，قروق 釋爲“禁止（尤指進入宮廷）”（prohibition, especially of entering a royal court），قروقچی 釋爲“[設在婦人寓所入口的]守衛者”（a sentinel placed at the entrance of women's apartment）；並收有قورق（又作قورغ，قوروق），釋爲“被禁止的=禁區”、“狩獵地”（Forbidden; a hunting ground）。波斯文的寫法說明這是一個外來詞。德國學者德福（G. Doerfer）所著《新波斯語中的突厥—蒙古語成分》第1462詞條قرق（quruq），釋義爲reservat（保護區）、tabu（禁忌）、verbotenes（禁止），還收有غورق（ghūruq），قروق（qurūq），قوروق（qūrūq），غوروق（ghūrūq），قورغ（qūrugh），قوروغ（qūrūgh），قوريغ（qōrīgh），غريق（ghorīq），قريق（qorīq）等不同寫法，係由突厥語進入蒙古語者⑩。查喀什噶里《突厥語大辭典》（民族出版社，2002年），قرغ（qoriγ）釋爲“[伯克等人的]圍牆”，“被護衛看守的地方”（第一卷，393頁。按英譯本此詞作protected place）；قرغجی（qoruγči）釋爲“堡壘守衛者”（第三卷，238頁）；相類的詞還有qorīdī（看守、看管，第三卷，258頁），qoruštī（保衛、防守，第二卷，96頁）等。可見《史集》所謂“禁地”（qūrūq）當來自突厥語，應指設有柵欄（或圍牆）和守護者防衛之地，和《秘史》的“豁”（qorqa，quru'a）字意相同。這使我們聯想到，在成吉思汗去世後

⑧ 《史集》伊斯坦布爾抄本，235頁；Смирнова，Сборник Летописей，第一卷第二冊，莫斯科，1952年，235頁。

⑨ 《史集》第二卷波斯原文Blochet刊本（1911年），336—337頁；德黑蘭刊本（1959年），853頁；余大鈞等漢譯本，271頁。

⑩ G. Doerfer, *Türkische und Mongolische Elemente im Neupersichen*, Wiesbaden, 1963-1975, pp. 444-450.

六年（1233）到過蒙古的南宋使者彭大雅根據他親身見聞所著《黑韃事略》的記載：“其墓無塚，以馬踐蹂使如平地。若忒沒真之墓，則插矢以爲垣，闊逾三十里，邏騎以爲衛。”這段文字是對成吉思汗埋葬地最早的描述，文中的“垣”譯爲蒙古文就是quruγa~quru'a[⑪]，這不正是《史集》所記載的“禁地”（qūrūq）嗎！成吉思汗落葬後就設置柵垣，建立守衛部隊加以防護，禁止人們進入。大概從那時起（也可能從蒙哥或忽必烈時起），蒙古人就使用這個詞（加Yeke形容）作爲對成吉思汗及其幼子拖雷系黃金家族（altan uruq）埋葬地的尊稱。

《史集》的《鐵穆耳合罕紀》記述成宗即位後，將父親所留一整份財產給予長兄甘麻剌，派他到成吉思汗諸營盤（یورت yūrt）諸斡耳朵所在的哈剌和林之境，統率該境諸軍和各個地區，“以及稱爲不兒罕哈勒敦的成吉思汗大禁地，全由他掌管；固定在那裡的成吉思汗諸大斡耳朵也由他守衛，有四大斡耳朵和其他五個，總共九個在那裏。……他製作了他們[祖先]的肖像，經常焚香[祭祀（wa Ghurūq(-yi) buzurg Čīnggīz khan kah ān-ra Burqan Qaldun（*Būrqān Qāldūn*） mī khwānand tamāmad o mī dānd，wa Ōrdō-hāī(-yi) buzurg-i Čīnggīz khān bar qarār ānja and wa ū maḥāfażat namāyid，čahār Ōrdōī(-yi) buzurg panj dīkar ka tamāmat nuh bāshad ānjā mī bāshand……şaurathāī(-yi) īshān sākhtah(*sākhta*) hamwāra bakhūrāt (*bukhūrāt*，香、沉香) wa ğawālī mī sūzānand]”[⑫]。根據《元史》記載，甘麻剌於至元二十九年（1292）封爲晉王，出鎮蒙古本土，“守太祖肇基之地”[⑬]。他雖是已故皇太子真金長子，但忽必烈去世後，帝位卻由真金第三子鐵穆耳（成宗）繼承，甘麻剌仍歸晉藩。後其子也孫帖木兒嗣封晉王，1323年英宗遇弑後他被擁立爲帝，在太祖大斡耳朵即帝位（泰定帝），其即位詔稱：“薛禪皇帝（忽必烈）可憐見嫡孫、裕宗皇帝（真金）長子、我仁慈甘麻剌爺爺根底，封授晉王，統領成吉思皇帝四個大斡耳朵及軍馬、達達國土都付來。……在後，完澤篤皇帝（成宗）教我繼承位次，大斡耳朵裏委付了來。已委付了的大營盤看守着……”[⑭]這段話和《史集》的記載完全一致，就是說，成吉思汗的“大營盤”/“大禁地”和四大斡耳朵及其他五個斡耳朵，係由晉王家世襲守衛，在拉施都丁編撰《史集》的14世紀初期，成吉思汗的葬地還是被稱爲“大禁地”（Yeke quruq）。

《史集》記載說，就在成吉思汗落葬的那年，其葬地就長出無數樹木和青草，“如今那裡森林茂密，已無法通過；最初[成吉思汗選定爲葬地標誌的]那棵樹和他的葬地已經辨認不出了，甚至連老守護人也找不到通到那裡的路了”[⑮]。這和元末明初人葉子奇《草木子》記述的“元朝官裏”（皇家）的葬制很相近：“用梡木二片，鑿空其中，類

---

⑪ 見亦鄰真撰《起輦谷與古連勒古》（蒙文），《亦鄰真蒙古學文集》，呼和浩特：內蒙古人民出版社，2001年，342頁。

⑫ 《史集》波斯原文，德黑蘭1959年刊本，第二卷，949頁；余大鈞等漢譯本第二卷，377頁。

⑬ 《元史》卷一一五《顯宗傳》。

⑭ 《元史》卷二九《泰定帝本紀》。

⑮ 《史集》第一卷第二分冊，余大鈞等漢譯本，323頁；參照原文德黑蘭刊本第一卷，541—542頁。

人形小大，合爲棺。置遺體其中，家髹漆畢，則以黄金爲圈，三圈定，送至其直北園寢之地深埋之。則用萬馬蹴平，俟草青方解嚴，則已漫同平坡，無複考志遺跡。”（《元史·祭祀志》對葬制有詳細記載，略同）可見“大禁地”並無類似所謂“陵”（蒙文ongγun）的建築。蒙元諸帝埋葬地是禁止人們進入的，祭祀的場所則應在晉王統領的諸斡耳朵所在地。《史集》説那裏有四大斡耳朵和其他五個，共爲九個斡耳朵。《史集》記載甘麻剌在這裡建有寺院，並供奉祖先畫像，經常祭祀，這應該就是如同在大都設立的先帝“影堂”（也稱神御殿）。大斡耳朵地區是成吉思汗興起的“根本之地”，按照蒙古體例應該是其幼子拖雷家族繼承的領地，所以甘麻剌可以在該地建立影堂（如同拖雷家族的中原分地真定建立有拖雷及其正妃唆魯和帖尼的影堂一樣）。至元二十九年甘麻剌出守大斡耳朵時，還有江南正一道教首領張留孫的弟子陳宜甫隨從，居其地七年，同時在那裏的還有其他道士[16]，則其地可能還建有道觀；大德十一年（1307）武宗即位後，下令“發卒二千人爲晉王也孫鐵木兒治邸舍”[17]。可見元代這個地方建有不少房子。近年，蒙古國和日本的歷史考古學家在蒙古國肯特省德勒格爾汗蘇木的阿兀剌嘎（據報告應爲成吉思汗大斡耳朵遺址）發掘出多處建築遺址，證明了史料的記載[18]。

泰定帝即位後南下居兩都（大都、上都），立長子阿剌吉八爲太子，以次子八的麻亦兒間卜嗣封晉王，依制當守太祖大斡耳朵。《元史·諸王表》記載他在“天曆元年（1328）隕於上都”，不知何時南來京城居住。按泰定三年（1326）、四年先後有諸王失剌、也先鐵木兒、火沙、阿榮等“鎮北邊”，四年三月泰定帝幼子允丹藏卜也“出鎮北邊”（見《元史·泰定帝本紀》），也許八的麻亦兒間卜是在泰定三年離開漠北“太祖肇基之地”的。泰定帝死後，就爆發了以掌握侍衛親軍留守大都的武宗舊臣燕鐵木兒爲首擁立武宗之子的軍事政變，與在上都擁立太子阿剌吉八繼承帝位的諸王、大臣勢力交戰，最後上都派潰敗，阿剌吉八下落不明，晉王八的麻亦兒間卜也可能是上都失守時死亡。允丹藏卜“出鎮北邊”後就沒有了下文，《元史·宗室世系表》稱他爲“允丹藏卜太子”，並謂泰定帝諸子“俱早隕，無後”。此後即不見有襲封或另封晉王的記載。《元史·文宗本紀》載至順二年正月“以晉邸部民劉元良等二萬四千余戶隸壽安山大昭孝寺爲永業戶。”此寺原爲大都近郊道觀，英宗當太子時遊覽過，喜其地風景優美，即位後就遷走道觀，改建爲佛寺[19]。原晉王位下的部民被授與此寺，實際上就是剝奪其分民。

晉王爵位的封授雖斷絕，太祖大斡耳朵卻仍有宗王居守。《元史·順帝本紀》載，至正十三年十二月己亥“寧王旭滅該還大斡耳朵思，賜金系帶一，鈔一千錠。”

---

⑯ 張伯淳《秋岩先生陳尊師墓誌銘》，《養蒙集》卷四；陳宜甫《秋岩詩集》。

⑰ 《元史》卷二二《武宗本紀》。

⑱ 參看白石典之《チンギス=カンの考古學》，東京：同成社，2001年。

⑲ 見許有壬《大司徒釋源宗主洪公碑銘》，《至正集》卷四七。

寧王是世祖庶子闊闊出的封爵，旭滅該無疑是他的後裔[20]。很可能從元文宗時起就以寧王闊闊出後裔代守大斡耳朵。世祖末爲晉王甘麻剌所設掌管大斡耳朵地區政務的內史府，元後期仍存在，如至順二年八月，“斡兒朵思之地頻年災，畜牧多死，民戶萬七千一百六十，命內史府給鈔二萬錠賑之”，至正九年五月“乙太傅脫脫提調大斡耳朵內史府”，至正十五年正月有大斡耳朵儒學教授進奏應改革蒙古人的收繼婚習俗等[21]。

明朝與北元的多次戰役以及隨後蒙古宗室、貴族間的內爭，給大斡耳朵地區無疑造成嚴重的破壞。烏蘭教授在其《蒙古源流研究》中對“八白帳”作了詳細說明，認爲八白帳是指八座白色大氈帳組成的成吉思汗靈堂，元代歸晉王管轄。“進入明代以後，由於戰亂的影響，八白帳也受到衝擊，開始在草原上不斷遷徙，在一段時期內似乎基本上隨大汗所部行動。”15世紀上半葉脫脫不花汗封其胞弟阿黑巴爾只爲吉囊（jinong，清代常作“濟農”，即漢語“晉王”的音轉），駐守右翼，八白帳當在他管轄之內。其孫伯顏猛可繼任吉囊，15世紀70年代在河套地區活動，不久被害，八白帳落入異姓強酋之手。這期間漢籍中出現了源自八白帳的“阿爾禿斯”（Ordos）部名。16世紀初答言（達延）汗討伐右翼三萬戶異姓強酋獲勝，將阿爾禿斯部和八白帳收歸正統皇室治下。他以第三子巴兒速孛羅任吉囊，統領右翼三萬戶，“其長子一系成爲阿兒禿斯萬戶的世襲領主，……八白帳也最終固定在河套即今鄂爾多斯地區，逐漸形成今天的成吉思汗陵”[22]。

《元朝秘史》中未見表示“陵墓”的詞。元順帝至元四年（1338）所立漢文與畏吾字蒙古文合璧的《大元敕賜故諸色人匠府達魯華赤竹君（竹溫台）神道碑銘》和至正二十二年（1362）所立同樣的漢—蒙文合璧《大元敕賜追封西寧王忻都公神道碑》中，“墓”、“塋”譯爲蒙古文kegür[23]。17世紀初成書的蒙古文《黃金史綱》（Altan Tobči）記述，成吉思汗在征服西夏後病逝，諸臣奉其金柩北還，行至穆納之地，車輪陷入泥沼，諸臣向聖主之靈懇奏後，靈車才起動，於是“運往汗山大地，在那裡營建了萬世的陵寢”（Qan yeke qojar-a tende kürgebei：Qamuγ-un möngke Yeke kür tende egüsčü），“修築了永世堅固的八白室”（qamuγ-un möngke qadaγasun Naiman čaγan ger bolbai）；又據說聖主（Ejen boγda）曾讚美過靈車陷入泥沼那地方，就把用過的衣、帳和一隻襪留在那裡，“而其真身，有人講，葬於不而罕哈里敦；有人說，葬在阿爾泰

---

[20] 闊闊出於武宗大德十一年（1307）自寧遠王進封寧王，至大三年（1310）以“謀不軌”下獄，因鐵哥言得解，與家人並流高麗；仁宗皇慶元年（1312）賜還，二年死（見《元史》之《武宗本紀》、《仁宗本紀》、《鐵哥傳》；《高麗史》卷三三《忠宣王世家》）。闊闊出子薛徹禿（又作徹徹篤、徹徹禿），延佑七年（1320）封寧遠王（後進封寧王，年代不明。見《元史·諸王表》），泰定元年（1324）“賜諸王徹徹禿永福縣戶萬三千六百爲食邑，仍置王傅。”（見《泰定帝本紀》。《元史·食貨志·歲賜》載，寧遠王闊闊出位江南戶鈔，泰定元年分撥永福縣一萬三千六百四戶）。旭滅該或是其子（但其弟阿都赤也有寧王封爵，存疑）。

[21] 皆見《元史》本紀。參閱拙作《赤那思之地小考》，《元史論叢》第六輯，1997年。

[22] 烏蘭《〈蒙古源流〉研究》，瀋陽：遼寧民族出版社，2000年，246、247頁。

[23] 見道布整理、轉寫、注釋《回鶻式蒙古文文獻彙編》（蒙文），232/294，364/391頁；亦鄰真《至正二十二年蒙古文追封西寧王忻都碑》（轉寫和譯釋），《亦鄰真蒙古學文集》，638頁。

山之陰，肯特山之陽，名爲大鄂托克的地方”（ünen gegür inu yarim uud anu Burqan-u qaldun-a du ongγulaba gegü，yarim uud anu Altai qan-u aru du Kentei qan u öbör du Yeke ötög neretu γajar-a ongγulabai gegü buyu）[24]。其後成書的羅桑丹津《黄金史》、薩岡徹辰《蒙古源流》、《阿薩喇克齊史》等蒙文史書的敘述與此大同小異[25]，説明當時蒙古人已經不太清楚成吉思汗及其幼子拖雷家族的葬地所在。17世紀蒙文史書上的kür（陵墓），就是元代蒙文碑文的kegür，亦即《黄金史綱》等史書所説的“身[＝遺體]”（今辭典有“屍身”、“墳墓”二釋）。亦鄰真《至正二十二年蒙古文追封西寧王忻都碑》譯釋中，此詞轉寫作KAKOR=ke’ür，而《黄金史綱》等書的kür應該就是從ke’ür的第二音節輔音k/g弱化，兩音節合爲一音節（e’ü> ü）而來。元、明、清的蒙古文文獻都用ke’ür> kür一詞指陵墓，那麼“霍洛”（qoroγa/quruγa）就不能徑直地釋爲“陵寢”，此詞並無這種意義。

《蒙古源流》記載，巴兒速孛羅吉囊之位由長子袞·必里克·麥力艮繼承；麥力艮吉囊有九子　嫡長子那言大兒繼位。接着九子析分財產，“那言大兒吉囊駐領四豁里牙（Noyandar-a jinong Dorben qoriya degere）”。烏蘭教授的注釋中，“豁里牙”括注爲“八白帳所在部落”[26]。從上文舉出的《元朝秘史》和《史集》諸詞，參照波斯語中相關的突厥—蒙古語借詞、喀什噶里《突厥語大辭典》以及田清波《鄂爾多斯詞典》和今蒙語詞典的釋義，可知《史集》記載的“禁地”quruq~quruγ，與qori-及其派生詞，在詞義上是相通的[27]。《元典章》卷三八《兵部》之《捕獵·違禁》目屢見“禁地”一語（檔内容是禁地圍場内不許私獵野物）。《至正條格》卷第一《斷例·衛禁》之《肅嚴宮禁》目收有泰定三年（1326）五月十七日文件，留守司（上都）奏稱斡耳朵後地在世祖時沒有做買賣的，“如今做買賣的好生多有”，奉聖旨：“使將兩個扎撒孫、貴赤、火里溫，一處去拿將了來者！”《侵耕納鉢草地》目收有元統二年（1334）五月二十二日文件，經正監奏：“在前累朝皇帝時分，大都至上都等處有的納鉢營盤，奉聖旨‘教有司官提調著（者）’，俺委付火里孫擋攔有來。近年以來，蓋是有司提調正官不肯用心提調，火里孫擋攔不得有，如今相鄰著的百姓每好生侵耕、踐踏有。”[28]火里溫（qori’ul）、火里孫（qorisun）意思是擔任“禁止”、“阻攔”的人員；元代皇家狩獵的圍場、皇帝巡幸所駐的納鉢草地稱爲“禁地”，復原爲蒙文當是qoriγa或qoriya，也就是《史集》記載的quruγ。《蒙古源流》將八白帳所在地稱爲qoriya（查《蒙漢辭典》

㉔ 朱鳳、賈敬顔《漢譯蒙古黄金史綱》，呼和浩特：内蒙古人民出版社，1985年，35頁（漢譯），161頁（原文）。

㉕ 烏蘭《〈蒙古源流〉研究》，231頁（漢譯），601頁（原文拉丁字轉寫），möngke kür譯爲“永久的陵墓”，前面無qamuγ-un定語；烏雲畢力格《阿薩喇克齊史研究》（北京：中央民族大學出版社，2009年）99頁（漢譯），181頁（拉丁字轉寫）將原文Qan yeke γajar譯爲“可汗的大禁地”（這可能是借用《史集》用語，非原義），qamuγ-un möngke kür譯爲“最永久的陵墓”。

㉖ 烏蘭上引書，譯注，363、375頁；原文轉寫，667頁。

㉗ 田清波《鄂爾多斯辭典》，360頁 χorō 詞目下。

㉘ 韓國學中央研究院編《至正條格》校注本，169、170—171頁。

有“院子”、“圍牆”等義，和《蒙古語詞根詞典》釋爲“圈”、“府”、“院”的qoroγa同義），大概就是《史集》所載“大禁地”名稱的遺留。達力扎布教授給我回信說，“我認爲[額真霍洛]還是指禁地，祭祀地也是禁地。額真霍洛一詞自清代以來是指祭祀成吉思汗的地方似無異議。兀良哈蒙古人南遷後仍沿襲舊稱，把成吉思汗祭祀地（或置放其衣冠旗纛的地方）仍稱之爲禁地，後人已不知此詞確切的原始含意了。不過，額真霍洛在清代是禁地，在民國抗戰時期的‘伊盟事件’就是因爲陳長捷駐軍開墾禁地引起鄂爾多斯人的不滿。所以在這點上似乎還保留着其原始的含義。”這個意見對我很有啟發。我一直以來的想法大體也是如此，衹是因爲不熟悉明清蒙古文獻，抱着尋求理解的目的，拜讀諸家專著和勤翻各類詞典，獲得以上粗淺認識，以求教於專家。

Ejen（主人，漢字音寫“額氈”）一詞屢見《元朝秘史》，有地面的主人（第8、9節）、國主（第53、121、281節）、營盤之主（第149節），奴婢、家人的主人（第200節），牲畜的主人（第205節），都是普通名詞。“國主”應爲ulus-un ejen（往往後加qan或qaγan），沒有見到衹稱ejen的文獻。成吉思汗在蒙古人中是被神化的人物，其“黄金家族”從對祖先的神化延伸到對成吉思汗的神化。《元史》卷七七《祭祀志·國俗舊禮》記載：“每歲，駕幸上都，以六月二十四日祭祀，謂之‘灑馬奶子’。……命蒙古巫覡及蒙古、漢人秀才達官四員領其事，再拜告天。又呼太祖成吉思御名而祝之，曰：‘托天皇帝福蔭，年年祭賽者’。”“蒙古巫覡”就是薩蠻。德國蒙古學家海西希所著《蒙古的宗教》引述蒙古薩蠻頌詩有“天生成吉思汗”，“福運生君主”，“你已成爲孛兒只斤氏的威神（sülde），至高無上的福運者，神聖的君主”[29]。17世紀蒙古史書在講到成吉思汗時敬稱qan ejen，ejen boγda，但ejen並沒有因此成爲成吉思汗的專指稱號。單用ejen一詞稱君主應是很晚出現的含義。上引《成吉思汗祭典》第一節講述Ejen qoroγa中說，“爲了與鄂爾多斯境內存放和祭祀其他歷史紀念物的地方相區別，又尊稱之爲‘大額真霍洛（Yeke Ejen qoroγ-a）’”。我以爲這一點很重要，加上Yeke正是保留了蒙元時代名稱的標誌，这和田清波神甫《鄂爾多斯詞典》特録í'κχe EDžī χorō一詞並釋爲專指郡王旗内妥藏成吉思營帳的牆院（l'enclos refermant le pavillon de Tchingis）完全一致。據此則成吉思汗陵似乎應該全稱爲“亦克伊金霍洛”。本文衹是就“伊金霍洛”一詞做點咬文嚼字式的探索，無意要改變“成吉思汗陵”這一沿用已久、名聞遐邇的習稱。事實上，元朝人就已經把成吉思汗和蒙元諸帝（除太宗窩闊台和定宗貴由外）的葬地稱爲“陵地”（《元史·祭祀志》）或“園寢”（《草木子》）了，所以將“伊金霍洛”直接釋爲“成陵”雖然語義不合，但卻也於史有據。

㉙〔蒙古國〕比拉《蒙古人的成吉思汗觀》，見其論文集《蒙古的歷史、文化、史料研究》，東京亞非語言文化研究所，1994年，415—416頁。

補正：關於14世紀波斯文史料中稱伊利汗爲“賽因・額氈”（或“額氈”）的幾條記錄

邱軼皓

陳老師論文中提到“額氈”一詞在《元朝秘史》中僅作爲普通名詞使用，意爲主人。而表示“國主”一義，則需在ulus-un ejen上加qan或qaγan（君主），沒有見到衹稱ejen的文獻。不過隨着各個蒙古汗國的分立，在其統治疆域中所使用的政治術語，也較《秘史》時代有所演變，產生了一些具有地方特色的變體。如金帳汗拔都在阿拉伯、亞美尼亞文獻中被稱爲賽因・汗（Sayin qan）。而在伊利汗國，至少從14世紀起，就出現了將旭烈兀本人稱爲“賽因・額氈”（*Ṣāyin Ejin*）的記載。如瓦薩甫（Waṣṣāf）提到，14世紀初，當合贊汗的使臣來到元朝宮廷時，元成宗鐵穆耳下令將“自蒙哥汗時期留下來的，以共享的方式歸賽因・額氈・旭烈兀所有的皇室工坊（直譯：汗的工坊）的收入”（*ʿahd-i Munggū k̲h̲ān bāz, wujūhāt-i kārk̲h̲āna'ī-yi k̲h̲ānī ka bar sabīl-i ištirāk bi-Ṣāyin Ejin Hūlāgū taʿalluq dāšt.*）交由其使臣攜帶回國[30]。在另一處，伊利汗的使臣回憶道，根據“大札撒”（*yāsā nāma-yi buzurg*）四大汗國各自確定了征服的目標，而“賽因・額氈的家族則決心轉過頭來備戰並征服馬格里布、米西兒、魯木和佛郎地區”（*aḥfād-i Ṣāyin Ejin himmat bar munājazat wa istik̲h̲lāṣ diyār-i Mag̲h̲rib wa Miṣr wa Rūm wa Farang maṣrūf gardānand*）[31]。瓦薩甫說，旭烈兀在世時，人們“稱其（旭烈兀）‘賽因・額氈’”（*ū rā Ṣāyin Ejin guftand*）[32]。也許就像“合罕・汗”專指窩闊台、“賽因・汗”專指拔都一樣，“賽因・額氈”也是旭烈兀本人的專名。不過單獨的“額氈”（主人）一詞，看來也被施加於嗣後的伊利汗頭上。例如，一部寫成于14世紀的起兒漫（Kerman）地方的歷史書中，曾提及法兒思的世侯們（*pādišāhān-i Fārs*）來到“伊利汗・額氈的國土”（*zamīn-i ejen īlkhān*）覲見[33]。作者沒有說明當時的伊利汗是誰，不過根據本章所敘述事件的大致年代（666/1266—7），應該是在阿八哈（Abaqa）在位初年（1265—1282）。

---

[30] *Tārīk̲h̲-i Waṣṣāf al-Ḥaḍrat*. Jeld-e Čahārom, by Adib Abdollāh-e-Shirāzi, Dr. Ali Rezā Hajyān Nejād, Tehran: Tehran University Press, 2009, p.259.

[31] 同[30], p.138.

[32] 同[30], p.141.

[33] Anon. *Tārīk̲h̲-i Šāhī-yi Qarākhitāi'yān* (哈剌契丹諸汗史), ed. by Muhammad Ibrāhīm Bāstānī Pārīzī, Tehran: Intesharat-i Bonyad-i Farhang-i Iran, 1976, p.138.

Ejen Qoroγa：From Great Forbidden Place to Chinggis' Mausoleum

Chen Dezhi

The "Ejen qoroγa banner" in Ordos of Inner Mongolia got its name after the so-called "Chinggis khan's mausoleum" in its feoff. Mogolian "qoroγa = quru'a" firstly found in *The Secret History of the Mongols* was translated as "stockade" or "fence" (another word "qorqa" in this book has the same translation). Rashid al-Din's *Jami' al-Tawarikh* states that Chinggis khan's buried place located in front (i.e. to the south) of Burqan qaldun (Kentei Mt., Mongolia), near the Chinggis-khan's Great Ordo(s), and a chiliad from Urianqad tribe were appointed to guard this worshiped "Great forbidden place" (Persian غروق بزرگ). During the middle Ming period, the Mongol (North Yuan) prince in charge of the Great ordos (Naiman chaγan ordos) and of the sacrifices to ancestors, together with the aforementioned guardian chiliad, moved southward to the bend of Huanghe. At the same time, they brought sacrificial ceremony and the worshiped name to represent Ordos region, so the new place for sacrifice to Chinggis khan was also called "Ejen qoroγa" - According to Mostaert's *Dictionnaire Ordos*, this name should be completely called "Yeke ejen qoroγa", the Great lord 's forbidden place.

關於《元朝秘史》顧校本的幾個問題

烏 蘭

中國國家圖書館善本部藏有《元朝秘史》的四種抄本，其中之一即顧廣圻校本（以下簡稱“顧校本”）。

顧校本[①]最爲珍貴，也最爲人所熟知。然而圍繞顧校本，還有一些問題需要進一步釐清。首先，不妨就這一本子的流傳做一梳理。據顧廣圻的跋文，顧廣圻曾見張祥雲家藏有“影元槧舊鈔本”，就讓張古餘借來“覆影”一部，他再進行校勘，於1805年完成。因此這個本子一般稱爲‘顧校本”或“顧氏監抄本”。顧校本的底本屬十二卷本[②]，因出自明初刻本，質量應當不錯，顧廣圻稱它“通體完善”。由於明初刻本、“影元槧舊鈔本”均已失傳，而十五卷本諸本都出自《永樂大典》從明初刻本轉抄的本子，所以經過顧廣圻校勘的影抄本就成爲現存《元朝秘史》的最佳抄本，受到學界的重視。

顧校本後來輾轉爲清宗室盛昱所得，19世紀80年代中期文廷式、李文田據盛昱藏本各自轉抄一部[③]。20世紀初文廷式再請人復抄一部送給了日本友人內藤湖

---

① 藏書號7394。現在衹爲讀者提供原本的縮微膠片。

② 目前存世的《元朝秘史》抄本，多爲一五卷本。十五卷本是從《永樂大典》中的抄本轉抄的，而《永樂大典》本又是從明初刻本轉抄的。現存十二卷本之抄本，僅見有顧校本（包括其轉抄本）、永樂二年抄本、喀喇沁王府藏本。永樂二年抄本僅有總譯部分，原藏陳垣“勵耘書屋”，現藏中國國家圖書館古籍館，藏書號77277，爲1冊，卷1—6，卷末所貼條簽書“一部二本永樂二年八月內抄到”。喀喇沁王府藏本，爲殘本，僅保留大約兩卷的內容（卷7、卷8），現藏北京大學圖書館古籍室，藏書號NC2700/1425,1。另知伯希和（P. Pelliot）曾拥有一个十二卷本的舊抄本，現藏法國國家圖書館手抄本部（藏書號Ms. Chinois 11003）。筆者尚未接觸到原書，僅見卷首之圖片，據所鈐印记，知該本曾爲王士鍾收藏。據羅依果（Igor de Rachewiltz）介紹，爲6冊，版式同葉德輝刻本和四部叢刊三編本，但無葉碼和版心書名。參見伯希和《〈元朝秘史〉中的蒙古文原文》（“Un passage altéré dans le texte Mongol ancien de l’Histoire secrete des Mongols”, *TP*《通報》27, 1930）；伯希和《〈元朝秘史〉卷1—6轉寫法譯本》（*Histoire secrète des Mongols, restitution du texte Mongol et traduction française des chapitres I à VI*, Paris, 1949）韓百詩（L.Hambis）告讀者書；羅依果《蒙古秘史：13世紀的蒙古史詩編年史》（*The Secret History of the Mongols, a Mongolian Epic Chronicle of the Thirteenth Century*, Brill, 2004）導論（lii, xcii）。

③ 李文田抄本現藏中國國家圖書館古籍館，藏書號5331。卷首顧廣圻跋文後，欄外有李文田所寫文字：“此本今藏盛伯羲司成家，即顧千里手校之本也。丙戌夏借鈔一部。此後轉鈔者十數家焉。李文田記之。”此丙戌爲公元1886年。據文廷式抄本題記，他於1885年冬借得顧校本，與李文田各重抄一部。1896年李文田的《元朝秘史注》刻版印行（漸西村舍彙刻本），他的注釋主要是以《連筠簃叢書》所收十五卷總譯本爲工作本的，在他去世一年後出版。

南[④]。留在文廷式處的轉抄本[⑤]後由葉德輝據以刻版，於1908年發行[⑥]，一般稱"觀古堂本"或"葉德輝本"。日本學者那珂通世從內藤湖南處得到再抄本的影抄本[⑦]，不久即開始著手翻譯、注釋，於1907年出版了影響學界的《成吉思汗實錄》[⑧]。盛昱去世後，藏書四散，顧校本後爲上海涵芬樓所收[⑨]。商務印書館於1936年將顧校本影印收入四部叢刊三編，當時以故宮內閣大庫所發現的明刻本的四十一枚殘葉替換了抄本中的相應部分。四部叢刊三編本因此成爲學界最受歡迎和普遍使用的本子。20世紀30年代，因戰爭的原因顧校本幾乎失傳。據傅增湘回憶，當年陳垣"治元史地理學，欲得《元朝秘史》舊本爲勘正之資"，他遂寫信給商務印書館的張元濟，從涵芬樓借到了顧校本，交陳垣使用，在此期間上海遭日本飛機轟炸，涵芬樓毀於戰火，顧校本因借往北京而倖免於難[⑩]。

關於顧校本所見蒙古語書名，顧廣圻在跋文中說張祥雲家藏"影元槧舊鈔本"卷首

④ 該本現藏日本京都大學人文科學研究所圖書館。有人以爲文廷式將自己的抄本送給了內藤湖南，其實不然。文廷式在寫給內藤湖南的書信中說："蒙文《元秘史》，已募人鈔寫一部，敬以寄上。"文廷式隨抄本致內藤湖南函以及抄本上的題記都落款爲辛丑年 "十二月朔日"，即1902年1月20日。均見《內藤湖南全集》第12卷"目睹書潭·蒙文元朝秘史"，東京，1970年，150頁。據考，文廷式於1901年末托白岩龍平回國時將再抄本捎送內藤湖南，白岩龍平於1902年2月18日在東京與內藤湖南會面。參見中見立夫《〈元朝秘史〉渡來之際——日本"東洋史學"的開端與歐洲東洋學、清朝"邊疆史地學"的交叉》，《東亞文化交流研究》第4號，2009年，3—26頁。

⑤ 原藏陳垣"勵耘書屋"，後歸其後人所有。2009年末被拍賣，買主不詳。

⑥ 《元朝秘史》，長沙葉氏觀古堂，1908年。

⑦ 該本現藏日本築波大學圖書館。該本亦有再抄本，現藏日本早稻田大學圖書館。

⑧ 那珂通世《成吉思汗實錄》，東京：大日本圖書株式會社，1907年。

⑨ 傅增湘《鈔本元朝秘史跋》（《藏園群書題記》，上海：上海古籍出版社，1989年，166頁）謂："此書舊藏盛伯羲祭酒家，癸丑歲，意園藏籍星散，余偶見之正文齋譚篤生許，因告菊生前輩，爲涵芬樓收之，而余爲之諧價焉。"此癸丑爲公元1913年。但據傅增湘寫給張元濟的信函，此事發生在壬子年即1912年。壬子年五月初一日即1912年6月15日傅增湘致信張元濟，寫道："景元本《元秘史》，正續十五卷，六巨冊，一匣。顧千里跋。大字。詢子培當知此物。一百五十六元。"張元濟在信上批答"《元秘史》一種，我欲得之"。不久傅增湘又致信張元濟說："《元秘史》一種，老譚還一百卅元。……成交。"見《張元濟傅增湘論書尺牘》，北京：商務印書館，1983年，15、16、21頁。

⑩ 傅增湘《鈔本元朝秘史跋》。據傅增湘寫給張元濟的信函，陳垣借顧校本之事發生在1931年。傅增湘在1931年三月一日（4月18日）寫給張元濟的信中說："鈔本《元秘史》計已檢出。陳援庵急盼一閱也。"張元濟四月二十五日（6月10日）回信說："景元鈔《元秘史》六冊，又照片三葉，亦托敝友帶去。"傅增湘五月八日（6月23日）回信提到"《元秘史》已照收"。1932年四月二十九日（6月3日）張元濟去信說："前假去《元秘史》等書，如已用畢，乞寄還。"傅增湘五月八日（6月11日）回信告知"寫本《元秘史》已索回"，七月一日（8月2日）再告："《元秘史》奉還。交伯恒帶上。"兩年後，傅增湘於1934年嘉平十日（1月24日）再次爲陳垣請借《元秘史》，說陳援庵"擬求再借重校一過"，"乞公概允"。張元濟二月二十四日（4月7日）回復："前陳垣翁假閱《元秘史》，現已照出，即日可將印出毛樣寄去。"傅增湘不久告知："《元秘史》樣本蒙頒下。亦交陳援安校長矣。"見《張元濟傅增湘論書尺牘》，260、262、263、286、314、315頁。該"毛樣"現藏中國國家圖書館古籍館，藏書號5321。

標題下有"忙中豁侖紐察脫察安"幾個字[11]，"必是所署撰書人名銜"。忙中豁侖紐察脫察安，是蒙古語Mongqol-un ni'uča to[b]ča'an的漢字音譯，意即"蒙古秘史"，這在今天早已不是什麽問題，但是對於19世紀初的漢族文人們來說，要一下子做出正確判斷還是有一定難度的。儘管錢大昕在1800年成書的《補元史藝文志》中已懷疑到《秘史》即元代國史"脫必赤顔"[12]，然而要達到能將"脫必赤顔"與"脫察安"聯繫在一起、弄清楚"忙中豁侖"和"紐察"之義的程度，還需要等待學術漸進的過程。顧廣圻誤解的影響一直延展到了20世紀初，先後爲李文田、葉德輝等人所沿襲[13]。但也就是在20世紀初，情況有了轉變。

在1907年出版的《成吉思汗實録》的序論中，那珂通世已正確地將"忙中豁侖紐察脫察安"解釋爲蒙古語"蒙古秘史"的音譯，並轉寫爲Mongholun Niucha Tobchaan。他進一步分析"忙中豁侖"即"蒙古的"之義，"紐察"即《元史語解》中的"尼古察"，"秘密"之義，"脫[卜]察安"即《元史》中的"脫必赤顔"，說三詞合爲"蒙古之秘密實録"亦即"蒙古秘史"之義。幾乎與此同時，中國國内的文人沈曾植也表達了相同的觀點，他在《元秘史補注》中說："《元史語解》，'尼古察'秘密也，'尼古察'即'紐察'。"又說："此書蒙文，凡'蒙古'字皆作'忙豁侖'，而'脫察安'三字對音極與'脫必赤顔'近，竊疑'忙豁侖'之言'元'，'紐察'之言'秘'，'脫察安'之言'史'，七（当作"八"）字即《元朝秘史》蒙文也。"[14]到1925年，王國維也重申了類似觀點，他說："此本卷首書題下，有忙豁侖紐察脫察安二行，曩顧千里跋此本，以爲撰人姓名，余謂此即元朝秘史之蒙古語也。忙豁侖即蒙古，脫察安即元史之脫必赤顔。"[15]據張爾田1930年在沈曾植稿本上補寫的内容，沈曾植早于王國維20年更正了顧廣圻的錯誤理解[16]。王國維的《蒙文元朝秘史跋》作於1925年，那麽沈曾植的《元秘史補注》應該完成於1905年左右。洪煨蓮（William Hung）在

---

⑪ 關於"忙中豁侖紐察脫察安"八字，最早是由顧廣圻報道見於張祥雲所藏"影元槧舊鈔本"，並爲顧校本所保留。目前所見大多數本子中，還有韓泰華舊藏本和孫星衍舊藏本在卷首有這一蒙古語題名（韓泰華舊藏本訛"紐察"爲"組察"）。另據報道，馬玉堂舊藏本卷首亦有這一蒙古語題名。見白·特木爾巴根《馬玉堂的〈元朝秘史〉十五卷抄本》，《内蒙古師大學報》1989年第3期，73—78頁。

⑫ 錢大昕《補元史藝文志》（《叢書集成初編》，册一二，19頁）記："元秘史十卷，續秘史二卷。不著撰人。記太祖初起及太宗滅金事。皆國語旁譯。疑即脫必赤顔也。"

⑬ 李文田在《元朝秘史注》卷首說："按忙豁侖，即蒙古氏也。紐察其名，或與脫察安同撰此史，或紐察乃脫察安祖父之名。"葉德輝在《元朝秘史》觀古堂刻本的序言中說："卷首標題下分注二行，左爲忙豁侖紐察五字，右爲脫察安三字，猶存撰書人名銜。"另外，馬玉堂在所藏抄本的卷首識語中說："元本第一卷有忙豁侖細察脫察安八字，即注書人姓名也。"白·特木爾巴根核對馬玉堂藏本原文，知馬玉堂識語誤抄"紐"爲"細"。參見上引白·特木爾巴根《馬玉堂的〈元朝秘史〉十五卷抄本》。

⑭ 沈曾植《元秘史補注》稿本，册一葉二正（藏上海圖書館，後於1945年收入《敬躋堂叢書》）。

⑮ 王國維《蒙文元朝秘史跋》，《觀堂集林》卷十六"史林八"，册三，北京：中華書局，1959年，765頁。

⑯ 沈曾植《元秘史補注》稿本，册二葉五三背。"此書原題忙豁侖紐察脫察安，脫察安三字，李氏亦不得其解，亡友王靜安考定爲脫卜察顔之對音，而豈知先生于二十年前已早發之，前輩通識自不可及。庚午夏，張爾田校記"。

《〈蒙古秘史〉源流考》一文中認爲沈曾植、王國維取那珂通世類似的結論，“爲時頗遲”⑰。他的看法恐怕稍失公允。

關於顧校本與四部叢刊三編本的關係，以往普遍認爲當年商務印書館影印顧校本，再以內閣大庫所發現的四十一枚殘葉替換顧校本相應部分，印成四部叢刊三編本。基本情況確實如此，然而經過仔細核對，可知一些細節上的變化。下面僅以替換部分爲例，就內閣大庫殘葉、顧校本和四部叢刊三編本進行考查：

（1）四部叢刊三編本未將所發現的全部內閣大庫殘葉進行替換。

1933年趙萬里在故宮內閣大庫發現了四十多葉《元朝秘史》明初刻本的殘葉。陳垣在《元秘史譯音用字考》中報道爲“四十五頁”⑱；張元濟在四部叢刊三編本的跋文中說借影北平圖書館“明初刊本殘葉”，“凡得四十一葉”⑲。洪煨蓮徑直說“1933年在北京故宮舊內閣大庫發現刻本四十一葉”⑳。經與殘葉原件之縮微膠片核對，所發現的殘葉實際包括四十一個整葉和四個半葉，若按整葉計算，當爲四十三葉㉑。四部叢刊三編本替換的是四十一個整葉，而對那四個半葉可能是考慮到不易操作就沒有替換㉒。

（2）四部叢刊三編本對顧校本原文乃至內閣大庫殘葉都有所改動。

例如：

卷葉行	四部本	大庫殘葉	顧校本
031402	戈劣兀魯臣	戈[舌]劣兀魯臣	戈[舌]劣兀魯臣
034610	豁牙[舌]里	[中]豁牙[舌]里	[中]豁牙[舌]里
034802	脫[中]忽剌溫	脫[中]忽[舌]剌溫	脫[中]忽[舌]剌溫
044505	[中]合札[舌]剌察	[中]合札[舌]剌察	[中]合札[舌]剌察
	址行	地行	地行
044506	荅巳安	荅巴安	荅巴安
044909	兀速泥	兀速泥	兀速泥
	水	水行	水行
073208	[中]合[舌]目剌兀	[中]合[舌]目剌兀勒	[中]合[舌]目剌兀勒

⑰　洪煨蓮《〈蒙古秘史〉源流考》（“The Transmission of the Book Known as The Secret History of the Mongols,” *Harvard Journal of Asiatic Studies* 14, 1951），433—492頁。

⑱　陳垣《元秘史譯音用字考》（初於1934年由“中央”研究院歷史語言研究所雕版印行，後收入《勵耘五種》），再收入《陳垣學術論文集》，北京：中華書局，1982年，109頁。

⑲　《元朝秘史》，四部叢刊三編，上海：商務印書館，跋文，葉一正。

⑳　同⑰。

㉑　原件現藏臺北國立“中央”圖書館。筆者利用的是北京中國國家圖書館善本室所藏原件之縮微膠片，收藏號：CBM No.149/96。縮微膠片顯示原件已訂爲一冊，四個半葉的上半葉均爲空白葉。

㉒　被替換的諸葉爲：卷三葉九至一一（§§106—108）、葉一三至一六（§§108—110）、葉四六至四八（§§124—125）；卷四葉四五至四九（§§146—147）；卷七29—36葉二九至三六（§§194—195）；卷八葉二一至二九（§§201—203）、葉三二至四十（§§203—207）。未被替換的諸葉爲：卷三葉八背（§106）、葉一二背（§108）；卷八葉二十背（§201）、葉三一背（§203）。

082309	巳勒渚納地面	巴勒渚納地面	巴勒渚納地面
084009	禿^{舌}魯黑	禿^{舌}魯黑	禿^{舌}魯黑
	久速	久遠	久遠

遺憾的是，以上這些改動都導致了錯誤。

（3）顧校本相對於大庫殘葉和四部叢刊三編本仍存在一些可取之處。

①可校改訛誤，如：

卷葉行	四部本（大庫殘葉）	顧校本
044603	移	殺
072910	箭筒日的行	箭筒自的行
082209	礼^{舌}兒里黑	札^{舌}兒旦黑
082708	（同）	（同）
083806	（同）	（同）
082410	嗚詰列速　客延	嗚詰列速　客延
	說　麽道	說　麽道
083809	一兒罕山	不兒罕山

以四部叢刊三編本爲底本進行校勘時，應據顧校本校改以上四處訛誤。

②補了大庫殘葉的缺損部分。大庫殘葉的個別葉有不同程度的文字缺損，而四部叢刊三編本的替換部分不存在這種現象，當依顧校本修補了缺損的文字。如：

卷葉行	四部本（大庫殘葉）	顧校本
031602	[ ]	雪泥
031606	[ ]遇	相遇
	禾[ ]名	種名
031608	[ ]	^{舌}兒
	[ ]	木
031610	[ ]	有月名。都相
034605	[ ]	剌速^{中}孩
034606	^{中}忽[ ]	^{中}忽兒班泥
	[ ]	三箇行
044802	^{中}合[ ]^{舌}里顏	^{中}合罕都^{舌}顏
083601	圈了	圈子

（4）四部叢刊三編本以大庫殘葉替換顧校本相應部分確有必要。

①避免了顧校本的脱字，如：

卷葉行	四部本（大庫殘葉）	顧校本
030905	^{中}合勒墩山	^{中}合墩山
031002	土蔑惕	土蔑

031005	小河行	河行
031107	歌多勒周	歌多周
031110	兀者額惕	兀者額
031502	扯舌里兀惕	扯舌里兀
031603	斡勒罷	斡罷
031603	下咱	咱
034705	中忽舌里牙勒都速	中忽舌里牙都速
044504	忙走了的	走了的
044803	說了呵	說了
073605	古卜臣別耶	古臣別耶
082102	太祖皇帝	皇帝
082604	脫卜撒中合	脫撒中合
083405	莎余舌兒中合勒	莎余舌兒中合
084009	那卜失勒都周	那失勒都周

②避免了顧校本的錯字，如：

卷葉行	四部本（大庫殘葉）	顧校本
031501	忽舌魯兀	忽魯兀
034705	嗚詁列舌論	嗚詁列論
034705	中忽魯中合納	中忽魯合納
034710	孛斡舌兒出	孛斡兒出
034710	汪古舌兒	汪古兒
034803	脫中忽舌剌溫	脫中忽剌溫
044501	扯舌里兀惕	扯里兀惕
044503	中合札舌剌察	中合相舌剌察
044505	中豁那黑三	豁那黑三
	都舌兒別坤	都兒別坤
044802	牙阿舌闌	牙阿闌
073505	額舌列宜	額列宜
073510	多舌羅木只阿察	多舌羅勒只阿察
082104	中豁舌兒	豁舌兒
082304	你又俊傑	你人俊傑
082909	阿勒荅禿中孩	阿勒荅禿孩
083304	脫舌列勒都克先	說舌列勒都克先
083606	曲魯吉耶舌兒	曲魯舌耶舌兒

（5）未被替換之四個半葉中的問題

①主要有三處未劃專名綫：

卷葉行	大庫殘葉	四部本（顧校本）
030808	脫斡鄰勒[中]罕	脫斡鄰勒[中]罕
	皇帝	皇帝
030809	帖木真	帖木真
	人名	人名
083107	失吉[中]忽禿[中]忽	失吉[中]忽禿[中]忽
	人名	人名

②還有一處錯字。從大庫殘葉的情況看，當初刻“前”字時下刀有誤，後改筆劃，使其易與“箭”字相混。顧校本因此訛抄爲“箭”。

030808	額不[舌]里耶[舌]兒	額不[舌]里耶[舌]兒
	前行	箭行

以四部叢刊三編本爲底本進行校勘時，應據内閣大庫殘葉校改以上四處訛誤。

在進行《元朝秘史》版本校勘這一基礎工作時，應以目前學界公認的最佳版本四部叢刊三編本爲底本，選擇其他一些有代表性的抄本——不論是十二卷本還是十五卷本（當然包括内閣大庫殘葉）作爲校本。顧校本因四部叢刊三編本對其内容有所改動，仍具有参校的價值。

Some Remarks on Gu's Certified Copy of *The Secret History of the Mongols*

Ulaan Borjigijin

Gu's certified copy of *The Secret History of the Mongols* held in the rare book section of the Chinese National Library is the best manuscript copy of *The Secret History of the Mongols* among all those preserved and known to us so far, both for its origin from a good facsimile copy of the printed edition made in the early Ming and for the small number of mistakes it contains. This certified copy was completed in 1805 and was divided into 12 chapters. Later it came into the possession of the imperial clansman Shengyu of the late Qing. At the end of the 19th century Li Wentian and Wen Tingshi separately prepared a facsimile text on the basis of the copy in Shengyu's collection. Not long after, Wen asked someone to make a copy of his own copy for the Japanese scholar Naitō Konan. Ye Dehui made a printed edition from the first facsimile copy of Wen and published it in 1908. It was from the copy available to Naitō Konan that Naka Michiyo was able to publish his famous annotated translation of *The Secret History of the Mongols* entitled *The Veritable Records of Cinggis Qan*. Not long after Shengyu's death, Gu's certified copy was acquired by the Commercial Press, Shanghai. The Commercial Press reproduced it photographically and published it in 1936 in the 3rd series of the *Si-bu-cong-*

kan. This edition contains 41 leaves of the printed edition of the early Ming discovered in the Imperial Palace of Peking in 1933, which replaced the corresponding original leaves in Gu's certified copy. Hence the new edition is regarded as the best modern edition of *The Secret History of the Mongols*. As for the relationship between Gu's certified copy, the leaves of the Ming printed edition discovered in the Peking Palace and the edition in the 3rd series of the *Si-bu-cong-kan*, there are still some questions that need to be clarified.

哈剌和林成立史考*

邱軼皓

一、導　言

作爲蒙古帝國的都城所在，哈剌和林城市宏偉的規模，和不同文化的交匯令歷經此地的使臣、旅行者印象深刻，並促使其隨後的著作中不吝惜筆墨地加以描述與讚頌。又因其在當日蒙古人心目中無可比擬的政治地位，它也一再成爲試圖挑戰大汗權威的“西北叛王”與元朝軍隊爭奪的目標。遊牧都市、多元文化、戰爭焦點，這都使得哈剌和林成爲帝國的重要象徵。

也正因如此，人們很容易就把它與黄金家族血統、“世界征服者”的形象聯繫在一起，看作是成吉思汗個人傳奇的一部分。至少在14世紀中後期的東西方史家筆下，“太祖定都和林”就已經成爲比較有代表性的看法[①]。這點甚至也影響到伯希和（Paul Pelliot），他既表示同意“哈剌和林自1220年起即已經被蒙古人定爲首府了”，又謹慎地表示“成吉思汗的哈剌和林”與窩闊台築城之地“並不在一處”[②]。同時，他也深爲以下事實所迷惑：保存了最多早期蒙古部落活動信息的《蒙古秘史》中，“哈剌和林”（作：“中合舌剌中豁舌魯麻”）之名要遲至第273節（1232年）方纔出現[③]。

儘管從之前的歷史來看，哈剌和林所在的地區自突厥時代以來就是一系列强大草原政權的都城所在。而出於試圖同時控制蒙古高原東西兩側的軍事考慮，其地也確實處在

---

*　本文爲國家社科基金重大項目“波斯文《五族譜》整理與研究”（項目批准号：10&ZD116）成果。

①　王惲《秋澗集》卷四三《總管范君和林遠行圖詩序》：“和林乃國家興王地，有峻嶺曰杭海答班，大川曰也可莫瀾。”元人文集珍本叢刊，第2册，臺北：新文豐出版社，1985年，21頁。許有壬《勅賜興元閣碑》：“太祖聖武皇帝之十五年，歲在庚辰，定都和林。”《全元文》第38册，南京：鳳凰出版社，2004年，320頁。《元史》卷五八《地理志》：“和寧路，始名和林，以西有哈剌和林河，因以名城。太祖十五年，定河北諸郡，建都於此。”北京：中華書局，1976年，1382頁。

同樣，谷兒只史家Thamar的《編年史》中也提到：“鐵木真的國土在名爲哈剌和林（Qaraqouroum）的地方。”Marie-Félicité Brosset, *Histoire de la Géorgie depuis l'Antiquité jusqu'au XIXe siècle*, Saint-Pétersbourg: Académie impériale des Sciences de Russie, 1849, p.485.

②　伯希和《哈剌和林札記》，米濟生漢譯《蒙古史研究參考資料》新編第26、27輯，呼和浩特：内蒙古大學蒙古史研究室，1983年，108頁。

③　《元朝秘史》續集卷二，上海：上海古籍出版社，2004年，290頁下。這也是《秘史》中唯一一次提到哈剌和林之名，其時爲壬辰（1232）年九月，窩闊台還自討伐金國的前綫。參《元史》卷二《太宗本紀》，32頁。

一個“中心”位置。但我們相信：在歷史敍述中被認爲受到自然條件和文化傳統所支配的某種“必然性”，也必須通過具體而曲折的政治過程方能實現。因此對13世紀初開始興起的成吉思汗家族來説，哈剌和林的重要性還要在很長的一段歷史時期以後纔逐漸凸現。另外，促成其性格的另一個層面，則是蒙古汗位繼承的競爭與衝突，尤其是窩闊台、拖雷系統勢力的交替。至於分佈於其境内的各支蒙古宗王勢力，既共享了作爲“黄金家族”公共領地的權益，卻也紛紛被挾裹入政治鬥爭的旋渦。某種程度上可以説，哈剌和林政治中心地位成立的過程，貫穿了蒙古帝國前期全部的歷史。

檢閲前輩學者的相關成果，可以發現他們的研究幾乎已涵蓋了與此課題相關的文獻、考古和歷史事件研究等各個方面④，這使得作者展開進一步更加綜合的研究成爲可能。所以本文试图將與哈剌和林相關的史事，放置於早期蒙古帝國的政治環境中来加以考察，力图展现出其“如何成爲蒙古帝國的中心”的具体歷史過程；並試圖藉此揭示，在政治中心移動的這一表象之下，它所折射出的是蒙古帝國政治結構内部隱藏着的某種制度衝突及其解決。

同時，東西方文獻中對哈剌和林史事的記載雖可稱豐富，不過也充斥着矛盾、含混的地方。這是因爲，相對於蒙古帝國興起這樣一個急劇動蕩、紛亂的時代，文字記述的滯後，歷史記憶的重疊，以及當事人見聞的局限，均表現得相當明顯。本文作者所使用的歷史文獻，主要集中在蒙元時期的漢文史料和編纂於13—14世紀的波斯文獻。這是因爲在所有與蒙古帝國史相關的文獻中，由這兩種文字寫成的史料佔據了最大比重。其中漢文史料在準確性和系統性方面，顯示出較大的優勢。但缺點也很明顯，那就是漢語史家對草原民族的特性較爲隔膜，又受到漢語歷史傳統的影響，往往詳於典章制度的記載，而不太注意保存諸如部族、婚姻等信息。波斯史料則正相反，其中很少能見到對歷史背景、政治制度的宏觀敍述，在傳抄過程中又會產生大量的文字脱訛。但由於波斯史家長期以來爲各種出身遊牧部族的統治者效力，所以對遊牧社會的文化傳統和政治模式較爲諳熟，且其史學傳統多以渲染英雄事跡爲主，故對許多歷史事件的描述反較漢文史

④ 文獻研究有陳得芝《元嶺北行省建置考》（上、中、下），《蒙元史研究叢稿》，北京：人民出版社，2005年，13—200頁；Paul Pelliot, *Notes on Marco Polo*, (Paris: Imprimerie Nationale,1959), Vol.1, p.167, “Caracorom”; Boyle, “The seasonal Residences of the Great Khan Ögdei”, *The Mongol World Empire 1206-1370*, (London: Variorum Reprints, 1977), pp.145-151; Ho Kai Lung（何啓龍）, *Power, Economy, and Culture on the Mongol Steppe in the Yuan Era: The Case of Qara Qorum*, (Hong Kong: Hong Kong University of Science and Technology, 2004, Thesis requirements for the Degree of Master of Philosophy); 王颋《大蒙古國的斡耳朵》，《龍庭崇漢：元代政治史研究》，海口：南方出版社，2002年，111—132頁；李治安《中國行政區劃通史：元代卷》，上海：復旦大學出版社，2009年，62—64頁。考古學研究成果有：白石典之《チンギス=カンの考古学》，東京：同成社，2001年；白石典之《モンゴル帝国史の考古学的研究》，東京：同成社，2002年。白石典之《モンゴル帝国における都市の形成と交通：カラゴルム首都圈を中心に》，載天也哲也、池田榮史、臼杵勳編《中世東アジアの周邊世界》，東京：同成社，2010年，11—22頁。林梅村《成吉思汗史跡調查》，《考古》2008年第9期，74—92頁。關於哈剌和林地區内的蒙古宗王領地的研究可參看：松田孝一《トゥルイ家のハンガイ遊牧地》，《立命館文学》第537期，京都，1994年；此文有烏日娜漢譯《拖雷家族之杭愛山領地》，《蒙古學信息》1996年第1期，8—16頁；李治安《元世祖忽必烈草原領地考》，《史學集刊》2005年第3期，75—81頁。

料更富於細節。所以作者希望在綜合比勘漢文、穆斯林史料原始文本的基礎上，再輔以其他語言的史料，以期能充分發揮不同史料間各自的優勢，並嘗試對此一歷史過程進行動態地考察⑤。

二、“蒙古斯坦”與成吉思汗的遺產

（一）“蒙古斯坦”的本義

“蒙古斯坦”（*Wilāyat-i Mughūlstān*）顧名思義，就是“蒙古人的地區”的意思⑥。在《史集》等波斯語史書中它往往與“突厥斯坦”對舉，被用來指稱諸多蒙古語部落活動的地區。但如果我們循其名而叩其實的話，就會發現包含在“蒙古斯坦”名義下的地理疆域在13世紀上半葉，發生過一次較大的變化。

追溯蒙古帝國興起之前的歷史，可以發現漠北草原從來就不是鐵板一塊的政治實體，而是諸多種族—文化集團相互交錯重疊地存在，它們或以部族爲單位進一步地聯合成更大的集團，或分裂爲較小的組織形態參與到別的部落中去。唐開成二年（840），佔據漠北中心的回鶻汗國被北方的黠戛斯部擊潰而解體。隨着殘存的回鶻人向西遷移，被他們拋在身後的大片領土遂成爲了新崛起的部落首領互爭雄長的疆場。由於漠北地區很長一段時間裏，未曾再出現强大而有力的遊牧政權，因此原本受阻於回鶻而活動於貝加爾湖西南、薛靈哥河中游以北、闊闊桑沽兒河以東地區的各支原蒙古語部落（也就是漢文史料中的阻卜—達達部落）紛紛南下⑦。

⑤ 由於對研究早期蒙古帝國史最爲重要的波斯文史籍：拉施都丁（Rāšīd al-Dīn）的《史集》（*Jāmi' al-Tawārīkh*）版本情況比較複雜：前蘇聯學者雖僅完成了《部族志》、《窩闊台汗本紀》以及《諸伊利汗紀》的集校本，但質量較高。而伊朗蒙古史學者卡彌里（Kamīl）和羅珊（Rawšān）分别完成了全書的排印、校勘本，惟校勘質量不及前者精審。此外作者也引用了倫敦大英圖書館（British Library）藏《史集》抄本（編號：BL.Add.7628，此本爲南京大學陳得芝先生惠賜膠片打印本）。鑒於上述情況，文中凡需要檢核原文處，皆優先使用蘇聯學者校勘本，次則引伊朗本，仍無法定奪者再參考倫敦本，最後引録漢譯本（據俄譯本轉譯）相參照。漢譯文無誤者，則僅引漢譯本頁碼。

⑥ 在蒙元時期的漢文史料中，我們無法找到一個能與“蒙古斯坦”指稱範圍完全契合的漢語詞彙。陶宗儀《南村輟耕録》卷十《鎖陽》條有所謂的“韃靼田地”之名（北京：中華書局，1997年，127頁）。這應該來自對蒙古語的硬譯（此則承中國社會科學院民族所劉正寅老師告知）。而對一般人而言，他們對漠北的概念是相當模糊的。通常祇是籠統地用蒙古高原中部的戈壁沙漠概稱之，更遑論對杭愛山以西地區的瞭解了。史料中將整個蒙古高原稱爲“嶺北”，或與元代嶺北行省之成立有關。與此相關的例證有：彭大雅著、徐霆疏《黑韃事略》則稱：“黑韃之國，號大蒙古。沙漠之地，有蒙古山。”又尹志平《葆光集》卷中，《臨江仙·序》云：“袁六人住沙漠十年，後出家回都，作詞以贈之。”其時袁氏當隨金公主皇后居住於鄂爾渾河畔斡耳朵中。引劉曉《成吉思汗公主皇后雜考》，原刊《民大史學》第5輯，北京：民族出版社，2004年，引自：http://www.eurasianhistory.com/data/articles/d01/349.html（檢索日期：2011/12/25）。

⑦ 白玉冬《8—10世紀における三十姓タタル=室韋史研究：モンゴル民族勃興前史として》，大阪：大阪大學博士學位論文，2010年，78頁。

而在隨後數個世紀中，先後控制北部中國的契丹和女真王朝雖然也因爲和阻卜—達韃發生衝突，有過幾次大規模進軍漠北的舉動，並在克魯倫河地區修築城牆，留下軍隊戍守。但大部分時候，他們更願意停留在草地邊緣，充當一個從外部來保持草原各部族力量平衡的干預者，以羈縻的方式維持着其漠北高原的政治存在，而並不直接插手各草原部落的内部事務。正因爲如此，在缺少强有力的核心支配力量的情況下，一波接一波草原英雄競相登場，投身於愈演愈烈的部族混戰中去。正如《秘史》中的一段韻文所描述的：

星空團團旋轉，各部紛紛作亂。

誰能在床鋪上安睡！都去劫掠財源。

大地滚滚騰翻，天下到處作亂。

誰能在被窩裏安睡！人們相殺相殘。⑧

但無論如何，從北方林木地帶分批移出的各色蒙古語部落逐漸填滿了東部的蒙古草原。遂正式開啓了由《史集·部族志》所展示在我們面前的11—12世紀漠北草原歷史的圖景。

根據陳得芝先生和涂逸珊（İsenbıke Togan）教授的看法，克烈部屬於九姓韃靼中較早南移的部族。他們於11世紀時已經是活動於鄂兒渾—土剌河地區，擁有二十餘萬民眾的强大的蒙古語部落了⑨。勢力稍遜於克烈，且隨着形勢變化與前者維持着時戰時和關係的其他蒙古語部落，還有居住於薛靈哥河下游一帶的蔑兒乞部，沿鄂嫩河分佈的泰赤烏部，原居於不兒罕山地區的兀良合惕部，以及在克魯倫河下游接近漢地邊境的塔塔兒部。

而成吉思汗的先祖，出自於較晚從額爾古納河，大興安嶺一側“林木地區”向外遷移的尼魯溫蒙古乞顔部落。他們大概在10世紀初，最早移至三河（鄂嫩—土拉—克魯倫）之源的不兒罕山地方。並在隨後的幾代首領帶領下，漸漸從鄂嫩河中游向克魯倫河流域擴張。至成吉思汗四世祖合不勒汗時期，乞顔部所控制的範圍進一步擴大，延伸至克魯倫河地方。在北方，蒙古人“以薛靈哥河爲界”劃分了與蔑兒乞部落的勢力範圍⑩。稍後穆斯林和亞美尼亞文獻中也保存了當日的蒙古人對此地的歷史記憶：如

---

⑧　《元朝秘史》續集卷一，254節，263頁上。案，此處所引爲亦鄰真先生的譯文，其文辭是諸家譯本中最爲整飭優美的（亦鄰真《成吉思汗與蒙古民族共同體的形成》，《亦鄰真蒙古學論文集》，呼和浩特：内蒙古人民出版社，2001年，407頁）。

⑨　陳得芝《十三世紀以前的克烈王國》，《蒙元史研究叢稿》，201—232頁；İsenbıke Togan, *Flexibility and Limitation in Steppe Formations: The Kerait Khanate and Chinggis Khan*, New York: Leiden, 1998, p.68.

⑩　《世界征服者史》，北京：商務印書館，2004年，上册，21頁，提到蒙古人最初的活動範圍在北方以薛靈哥河爲界。而《史集》第一卷，第2分册，49頁，則記載了合丹—太師的話：“祇要他們（蔑兒乞）從他們的營地哈剌—薛靈哥來到我們的營地哈剌—斡難”。

术札尼報道稱“成吉思汗最早活動於克魯連（Kalurān）地區”⑪，海屯（Het'um）則稱“韃靼人最初的居住地位於‘大不魯罕山’（the Great Belgean Mountain）的遠端，[此地]在亞歷山大的歷史中曾提到過。”⑫

這些蒙古語部落在草原政治中的作用日漸突出，使得西方的穆斯林史家把他們活動的區域稱作“蒙古斯坦”。《史集·部族志·序言》中是這麼解釋“蒙古斯坦”一詞的：“住在名爲蒙古斯坦，屬於克烈亦惕部族人所有，並有着許多的夏營地與冬營地的地區。”（*wa mauẓa'-i yāīlāq wa qišlāq bisyār kī ma'rūfiyyat ba-Mughūlstān wa mansūb bā qaum-i Kirāyat...*）⑬而在另一處，他又提到：“（也兒的石河）和乞兒吉思地區之間的群山，一直延伸到蒙古斯坦地區，到王汗所住的地區。”（*wa ba-ḥudūd-i ān wilāyat paiwasta tā mawāẓa' zamīn-hā'ī-yi Mughūlstān wa wilāyat'ī ki Ūngkhān ānjā mī nišasta.*）⑭拉施都丁兩次將“蒙古斯坦”一詞和克烈部（王汗）相提並論，這是因爲當時克烈部是所有蒙古語部落中最爲强大的一支，爲成吉思汗、札木合等草原英雄所共同推戴，也由此《史集》作者把它看成諸蒙古語部落的代表。所以此處“蒙古斯坦”所指稱的，是較爲貼近12—13世紀現狀的用法，也就是“斡難、怯緑憐[流域]蒙古人的土地”⑮。南宋人筆記中對“韃靼”疆界的記載亦與之完全契合，其略云：“而韃靼之境，東接臨潢府，西與夏國爲鄰，南距靜州，北抵大人國。”⑯其中，除了靜州一帶原爲汪古部（即原文所稱“白韃靼”）遊牧地外，四至所及，基本上就是《蒙古秘史》、《史集》等書中所見諸蒙古語部落的活動範圍。

綜上所述，可以得出如下結論：在史料中出現的“蒙古斯坦”的本義，僅指上揭《史集》中所謂“斡難[河]、怯緑連[河]，答蘭—巴勒渚思、不兒罕—合勒敦（不兒罕山）等處直到長城（指金界壕）”之間的區域，也就是蒙古高原東部。而乃蠻和汪古部的領地則不包括在其中。

《史集》又曾提到：“在蒙古斯坦地區中央的豁兒豁納黑·主不兒（Qorquna'a Jubur）地方”（*dar mauẓa'-i Qūrqunāq Jūbūr ki mīyāna-yi wilāyat-i Mughūlstān*

⑪ Nasirī, Abu-'Umar Minhaj al-Jūzjānī, Ṭabaqat-i Naṣīrī《納昔里史話》, *Tabakat-I-Nasirī:A general history of the Muhammadan Dynasties of Asia: including Hindustan, from A.H. 194 (810 A.D.) to A.H. 658 (1260 A.D.) and the irruption of the infidel Mughals into Islam*, trans. by Major H.G. Raverty. Vol.1-2, London: Gilbert & Rivington, 1881, p.937.

⑫ Het'um the Armenian compiled, *History of the Tartars:The Flower of Histories of the East*《韃靼人史：東方歷史菁華》,Chapter 16, “The Land Where the Tartars First Lived”, trans.by Robert Bedrosian,Long Branch:New Jersey, 2004. 引自：http://rbedrosian.com/hetum3.htm（檢索日期：2011/12/25）。

⑬ *Джāми' ат-Таварūх*, ed. by Ализеде, Москва: Наука, 1965, Том I, Часть1, p.74,《史集》第一卷，第1分冊，122頁。

⑭ *Джāми' ат-Таварūх*, Том I, Часть1, pp.292-293;《史集》第一卷，第1分冊，224頁。

⑮ 《史集》第一卷，第1分冊，207頁。

⑯ 李心傳《建炎以來朝野雜記》乙集卷一九《韃靼款塞》下冊，徐規點校，北京：中華書局，2000年，849頁。

ast.）[17]。案，“豁兒豁納黑・主不兒”一名又見諸《蒙古秘史》，其方位大致在蒙古高原東部，斡難河中游，大小巴托爾山一帶，一度曾是泰赤兀部駐地[18]。爲何拉施都丁又稱其“在蒙古斯坦中央”呢？如果我們同意他在此處使用的是蒙古斯坦的本義的話，就很容易理解了：對於成吉思汗統一漠北前的蒙古人來説，“豁兒豁納黑・主不兒”草原既是其祖先忽圖剌汗取得重要勝利的地方，又恰好處於諸蒙古語部族活動範圍的中心。而鐵木真早年和札木合在一處扎營，互結爲“安答”的地方也在豁兒豁納黑・主不兒[19]，其地與成吉思汗一生中的重要發展階段相關。因此直至拉施都丁編纂《史集》的年代，它仍然是成吉思汗後代子孫記憶中特殊的“紀念地”。

雖然哈剌和林所在的地區在此前一直是漠北草原上一系列遊牧帝國的王庭所在。但直到13世紀30年代窩闊台興建和林城以前，此地的面貌正如志費尼所記録的，“除了一堵叫做斡耳朵八里的積垣外，該地從前沒有城鎮和村落”，又說當日的蒙古人稱其爲“卯危八里”（Ma'u Bālīgh），意爲“歹城”[20]。是可知雖然在12世紀後半葉，自蒙古高原東南部迅速擴張的克烈部，在脫斡鄰汗（To'oril Qan，即《秘史》中之“王汗”）的率領下，曾一度將其疆界的最前沿，推進到哈剌和林附近[21]。但在《秘史》所記述的大部分時間裏，哈剌和林及其周邊地區已經淡出了人們的視野，不再是諸蒙古語部落爭奪的焦點。

相反，哈剌和林地區與佔據蒙古高原西北部，屬於突厥文化的乃蠻部落聯繫更爲密切。儘管擁有一個蒙古語的名稱（Naiman，意爲“八”），但乃蠻的族屬卻很可能源自突厥，或者是被深刻突厥化了的原蒙古部落[22]。如《史集》曾記載：哈剌和林及其

---

⑰ Rašīd al-Dīn, *Jāmi' al-Tawārīkh*, ed. by Muhammad Rawšan, Tehrān: Mīrās Maktūb, 1373/1994, Jeld.2, p.848. 此句又見《史集》第二卷，265頁。案，波斯語中mīyāna一詞爲“中心，中央”（middle; center）的意思。漢譯本作“在蒙古地區中部的豁兒豁納黑・主不兒”，本處引文據波斯語直譯，故略有不同。

⑱ 羅依果（Igor de Rachewiltz）認爲其地在今蒙古國肯特（Khentei）山脈東段，爲斡難河畔的一片森林地區（*The Secret History of The Mongols*, vol.1, p.314.）此處引述陳得芝先生新作中觀點，見《成吉思汗墓葬所在和蒙古早期歷史地理》，《中華文史論叢》2010年第1期，28頁。

⑲ 《元朝秘史》卷三，第115；116節，63頁下—64頁上。

⑳ 《世界征服者史》，上冊，56、260頁。

㉑ 如陳得芝先生所指出的：克烈部在王汗最强盛時期，其冬營地已經駐帳於哈剌和林以南的汪吉沐漣（Öngin Mören）—月帖古忽蘭（Ötegü Qulan）地方，《十三世紀以前的克烈王國》，201—232頁。這可能給西方使臣留下了錯誤的印象，如魯不魯克（Rubruck）曾報告說：“（王汗）是一座叫做哈剌和林的小城的主人。”《魯不魯克東行紀》，W. W. Rockhill註釋，何高濟漢譯，北京：中華書局，2002年，235頁。如伯希和就據以認爲：“以前那裏（哈剌和林）很可能有乃蠻人相當重要的駐地，可能某一時期亦有克烈人的駐地。”（伯希和《哈剌和林札記》，108頁）

㉒ 《元史》卷六三《地理志・西北地附録》載：“（乃蠻）俗與諸國異。其語言則與畏吾兒同。”（1574頁）另參考《劍橋遼西夏金元史》，北京：中國社會科學出版社，1998年，375頁；Igor de Rachewiltz, *The Secret History of The Mongols:a Mongolian Epic Chronicle of the Thirteenth Century*, Boston: Brill, 2006, Vol.1, p.518。也有學者認爲Naiman來自其突厥語本名“Säkiz Oghuz”的蒙古語對譯，其源屬九姓烏古斯部的一支（Paul Pelliot, “Une Tribu Méconnue des Naiman: Les Bätäkin”, *T'oung* Pao, XXXVII, I. 2, Paris:1943, pp.35-36; Paul Ratchnevsky, *Genghis Khan: His Life and Legacy*, trans.by Thomas Nivison Haining, Oxford: Blackwell, 1992, p.1.）

迤西，包括斡兒渾河、阿勒台山、乜兒的石河之間的一大片地區，都被稱爲“乃蠻地區”。正如普蘭·迦賓尼（Plano Carpini）堅持使用“韃靼”和“乃蠻”來指稱不同的區域：“韃靼地域位於東方與北方的交界部分……東面是契丹人和肅良合人的土地……西爲乃蠻地區。”㉓同樣，亞美尼亞史家乞剌可思記道：海屯一世（He'tum I）“先進入乃蠻國土”，再“入塔塔兒地（Tatarstan）”㉔。這都反映出，遲至窩闊台、蒙哥時期，西方旅行者仍然對“韃靼國土”和“乃蠻國土”加以仔細區分，後者是一個外在於“蒙古斯坦”的地區。

而從乃蠻更西面的，被認爲是出自烏古思（Ug͟hūz）後裔的衆多突厥部落（如康里、欽察等）看來，哈剌和林所在的地區則是烏古思所統轄的最遠端。《史集·烏古思史》稱：“他所佔有的地區和屬民一直到位於國家邊界上的極遠處的哈剌和林”（*wilāyat wa ūlūs-i īšān tā aqṣā'ī Qarāqurūm dar ho͟wzi-yi mamlakat wa qabẓa-yi taṣarruf girift*）㉕。而那些被他打敗並驅趕走（*riḥlat*）的親戚部落，大多數就留駐（*iqāmat*）於此地㉖，《史集》正是把所有蒙古人的族源都追溯到這些被趕到東方的烏古思的叔父、兄弟和子侄身上㉗。雖然這衹是拉施都丁試圖把蒙古人的歷史疊加入突厥世系的一種人爲加工，但是我們仍然能得出如下結論：在《史集》編纂的時代，人們仍然模模糊糊地具有此種意識——即把哈剌和林所在地區看成是突厥/蒙古兩個族群的邊界。

而和上文所考述的政治疆域的分野相呼應，在文化心理的投射對象上，漠北高原的東西兩側也表現出各自特異的性格，史籍中所留下的有關“聖山”的記載恰是此種性格的一個具體例證。我們知道，北亞遊牧民族中普遍有崇拜山神的習慣。而聖山所在的地區，通常也是與本部族歷史有着長久淵源的地方。據研究過突厥人的“聖山崇拜”的山田信夫所言，這是因爲古代突厥人與賦予其政治、經濟生活最爲優良的條件，也是諸多河流的源頭的巍峨群山朝夕相對，而產生莫名的敬畏之情，是此種“聖山崇拜”產生的心理基礎㉘。

突厥—回鶻文化中的“聖山”，無疑就是一再出現於古突厥語（Runic）碑銘中

㉓ 普蘭·迦賓尼《蒙古人的歷史》，馬列英俄譯，沙斯契娜註，余大鈞漢譯，載《北方民族史與蒙古史譯文集》，昆明：雲南人民出版社，2003年，3-8頁。

㉔ 乞剌可思·甘札克（Kirakos Ganjakeci）《海屯行紀》，布萊特施奈德（Bretschneider）英譯，何高濟漢譯，北京：中華書局，2002年，15頁。

㉕ Rašīd al-Dīn Faẕl Allāh Hamidānī, *Jāmi' al-Tawārīk͟h: Tārīk͟h-i Ug͟hūz*, ed. by Muḥammad Rawšān, Tehrān: Miras-i Maktūb, 2005, p.5.

㉖ 原文作：“烏古思把他們[一直]驅趕到哈剌和林。”（*Ug͟hūz īšān rā tā Qarāqurūm ba-rānad.*）*Tārīk͟h-i Ug͟hūz*, p.5. 需要說明的一點是，《史集》第一卷，第1分冊，132頁，把與烏古思歷史相關的“Qarāqurūm”，解釋成位於錫爾河某處的一個地名（見原註）。但《烏古思史》交待的非常清楚，此地在“土兀剌河畔”（*bar kanār-i āb-i Tūg͟hulā*），因此不需要另加引申。

㉗ 《史集》第一卷，第1分冊，135頁。

㉘ 山田信夫《テュルクの聖地ウトュケン山：ウトュケン山に関する覺書》，載氏著，《北アジア遊牧民族史研究》，東京：東京大學出版社，1989年，65、66頁。

的，位於鄂兒渾河畔，杭愛山山脈中的“于都斤山”（Ötükän）[29]。在突厥—回鶻時代，人們相信“沒有比于都斤山[林]（Ötükän yïšda）再好的地方，統治國家的地方是于都斤山。”[30]而回紇第二代可汗（磨延啜可汗，747—759年）所立《磨延啜碑》（Šine-Usu）中也有“他在于都斤[山]及Ögräsi [山]之間即位，其河流是薛靈哥河”（*Ötükän eli Ögräsi ekin ara olurmïs, subi Säläŋä ärmis*）[31]。同時他也提到了回鶻可汗在于都斤山中的“聖峰”（ïduq baš）駐夏，並在其西側祭天[32]。

降至蒙—元時期，在回鶻人的口傳歷史中，有關此神聖之地的記憶依然清晰。志費尼書中關於“亦都護和畏吾兒地的起源”一章中追述了西遷以前畏吾兒（回鶻）人的歷史[33]。而《史集》中也提到了“畏兀兒斯坦地區有兩座非常大的山：一座名Būqrātū-būzlūq，另一座名Ūšqūnluq-tankrīm，哈剌和林山也位於兩山之間”，可以與上揭《磨延啜碑》中的“兩山”勘同。而拉施都丁書中還提到“兩山之旁另有一座名爲Qut-Taq的山”[34]，Qut-Taq就是漢文史料中所載的“胡力答哈”，意爲“福山”[35]，應與《磨延啜碑》中的“聖峰”有關。同時《史集》也詳細羅列了發源自這兩座山脈的十九條河流的名稱[36]。

引起我們注意的地方是，儘管《秘史》基本上可以看作是一部記載蒙古孛兒只斤氏族興起始末的口傳史詩，作者總是不放過任何在他看來可以昭示成吉思汗家族受到“天命所鍾”的神異事件，並總是用富於感情色彩的筆調加以鋪敘。但《秘史》中並沒有與杭愛山脈中諸山峰有關的神話，甚至在唯一一次提到“哈剌和林”的時候，也衹是簡單地交代說“[窩闊台合罕]平安回着嶺北（哈剌·豁魯麻）行，下了”[37]，和前引突厥文碑銘中不厭其煩地反復稱頌適形成鮮明的對比。不過於1221年跟隨長春真人丘處機西

㉙ 于都斤山，漢文文獻中又寫作“鬱都軍”、“烏德犍”。

㉚ 同樣的証一再見於碑銘中，成爲慣例。耿世民譯《闕特勤碑》，《古代突厥文碑銘研究》，北京：中央民族大學出版社，2005年，117頁；《毘伽可汗碑》，168頁。原文于都斤後有“林（yïš）”字，此處據補入。

㉛ 耿世民先生的《磨延啜碑》譯文作“他在于都斤（山林）及其附近之間（建國）即位”，《古代突厥文碑銘研究》，194頁。但據最近由森安孝夫、鈴木宏節等人共同發表的《シネウス碑文訳註》一文，認爲“附近”（tägräsi）一詞爲Ögräsi的誤讀。而于都斤與Ögräsi，就是《大慈恩寺三藏法師傳》中所謂的回紇王庭“在兩山間”的山名。載《内陸アジア言語の研究》24，2009年，43—44頁。

㉜ 《古代突厥文碑銘研究》，198頁。

㉝ 《世界征服者史》上册，57—62頁。

㉞ 《史集》第一卷，第1分册，239—240頁。

㉟ 虞集《道園類稿》卷三九《高昌王世勳碑》，王頲點校《虞集全集》，天津：天津古籍出版社，2008年，下册，1016頁。“胡力答哈”或可比定爲“Qutliq Taq”，*Qutliq*（有福的）是*Qut*（福運）的形容詞態。

㊱ 《史集》在此章所記載“十條河”與“九條河”在可以比定爲回鶻文史料中的“八色楞格河”（*säkiz Säŋlä*）和“九土剌河”（*tokuz Togla*）。該文獻已先後由吐古舍娃（Tuguševa）和笠井幸代釋讀，見笠井幸代《卜古可汗（Bokug Kagan）傳說題記》，陸爗漢譯《元史及民族與邊疆研究》第十八輯，上海：上海古籍出版社，2006年，190頁。順便可以提及的是：《史集》提及的稱爲“溫·斡兒罕”的十條河中有一條名叫Qamlabkhū，其名字同樣也見諸上揭回鶻文殘卷，正確的拼寫當作“忽木闌朮”（Kamlančuin），波斯文中的-b; -kh分別是-n;-č因音點誤置造成的錯誤。《史集》第一卷，第1分册，240頁，註10。

㊲ 《元朝秘史》續集卷二，290頁下。

行朝覲成吉思汗，並穿越漠北高原全境的李志常卻在其遊記中記録道，當其一行人進入杭愛山脈時，“傍大山西行”，“李家奴，鎮海從者也。因曰：‘前此山下精截我腦後髪，我甚恐。’鎮海亦云：‘乃滿（Naiman）國王亦曽在此爲山精所惑，食以佳饌。’”[38]這顯然是輾轉聽自被征服的乃蠻民衆那裏的傳説。

《秘史》告訴我們，在成吉思汗與乃蠻塔陽汗進行最後決戰的前夜，塔陽汗正在“康孩（杭愛）地方的合池兒水邊”駐營[39]。而此前《秘史》作者又曾藉朵歹·扯兒必（Dodai Čerbi）之口説：“[乃蠻]其主軟弱，不曾出外。”[40]是則説明塔陽汗此時留駐的杭愛山區，是其傳統的遊牧地，這與以前回鶻汗國的王庭所在相近。而乃蠻部與回鶻的淵源不止於此點，《史集》又稱，古代的某個乃蠻君主擁有“亦難赤·必勒格·不古汗”（*Īnānj-Bilga-Būgū Khān*）的尊號[41]，這明顯是借用自回鶻人的歷史傳統的稱號。“亦難赤[察]”（Īnānj）來自於突厥語官稱inanču[42]，Bilga令人聯想到著名的“毘伽可汗”（Bilgä Qaγan），不古汗（Būgū Khān）則直接上承自回鶻人的祖先傳説[43]。我們可以認爲由於乃蠻部落佔據了原來回鶻人所居住草原，所以不可避免地受到前者的文化傳統的熏染。相信杭愛山中有山精惑人，正是突厥—回鶻的“聖山”記憶通過乃蠻人之口，在蒙古時代留下的一點印跡罷了。

而對於生活在東部草原的蒙古人來説，他們的信仰同樣也與本地的山川緊密相連。最早報道蒙古西征的穆斯林史家伊本·阿昔兒（Ibn al-Athīr）就提到“韃靼人……居住在中國一側的桃花石（Tamghāj）的群山中，和伊斯蘭世界相隔了超過6個月的路程”[44]，這指的正是不兒罕山（在今蒙古國肯特山脈中某處）。《秘史》一開始便説：“上天處命有的”孛兒帖·赤那和豁埃·馬闌勒“斡難河的源行，不峏罕·合勒敦行營盤做着。”[45]雖然此處所述之事已經摻雜了不少傳説成分，但我們仍可以據此確認，自從成吉思汗的始祖遷出森林，其首先來到的地方就是三河之源的不兒罕山。不兒罕山前（南）“古連勒古”地方豐茂草原更是被此後的蒙古人看作蒙古乞顔部和成吉思汗家族

㊳ 李志常《長春真人西遊記》卷上，收入王國維校註《蒙古史料四種》，臺北：正中書局，1975年，287頁。

㊴ 《元朝秘史》卷七，第194節，167頁上。《史集》第一卷，第2分册，203頁。

㊵ 同㊴，又《元朝秘史》卷七，第195節，載塔陽汗子屈出律語：“我父塔陽，於孕婦更衣處，牛犢喫草處都不曽到。”（169頁下）

㊶ 《史集》第一卷，第1分册，227頁。“亦難赤·必勒格·不古汗”在《秘史》中作“亦難察·中罕”，第151節。

㊷ 亦難赤，來自突厥語“信仰、宗教”一詞，轉義爲“信仰上取得權威者”。見《突厥語方言詞典》，第一卷，1440頁，“інанч”；pp.1362-1363，“ынанч”條。轉引自額爾登泰等《〈蒙古秘史〉詞彙選釋》，呼和浩特：内蒙古人民出版社，1980年，107頁。

㊸ 参看笠井幸代上揭文。

㊹ Ibn al-Athīr, *The Chronicle of Ibn al-Athīr for the Crusading Period from al-Kāmil fi'l-ta'rīkh*, trans. by D. S. Richards, Part.3, Burlington: Ashgate, 2007, p.204.

㊺ 《元朝秘史》卷一，第1節，11頁上。

的始興福地[46]。而且“不兒罕山”（Burqan，佛陀之山，即“聖山”）的名字本身也透露出其不平凡的地位，雖然對這點成吉思汗時代的蒙古人也許並不瞭解[47]。

據長期在蒙古國從事考古研究的白石典之介紹，不兒罕山所在的肯特山脈由玄武岩構成，其上覆蓋有萬年不化的積雪[48]。從茫茫草原上看過去，更是顯得雄偉而神聖。和于都斤山所在的杭愛山脈是多條水系的源頭一樣，斡難—怯綠連—土兀剌這三條河，都發源於不兒罕山[49]。合丹—太師對前來下戰書的蔑兒乞部信使說道：“我的左翼有[我的]英勇長兄忽圖剌（Qūtulā-Qā'ān），他出自魔鬼所住的‘忽魯忽—塔失’（Ghūruqū-Tās）地方……他攻擊的猛烈可使三河（*āb-i sih*）的水翻騰起來。”[50]這段話雖富於神話色彩，但其中提到的卻無不與蒙古部族早期活動區域有關。“三河”地方一直被看作是蒙古部族活動的中心，“忽魯忽—塔失”之地則令人聯想到著名的“大禁地”（Yeke Qoruq）[51]，而强調其爲“魔鬼所住”的地方，則更是與《西遊記》描寫的杭愛山中的“山精”相類似。這皆反映出此地在蒙古部落心目中具有特殊地位。

在《秘史》中不兒罕山是一個經常出現的地名。年少的鐵木真自從泰赤兀人那裏逃出，與其母、弟重新團聚後，“又去不兒罕山前……有個青海子做營盤。”[52]而當蔑兒乞人爲報其父輩奪妻之讎，發兵前來攻打。“帖木真弟兄們，隨即上馬。到不兒罕山上去了”，借助山間道路泥濘、林木茂密，追兵無法進入。“那軍自帖木真後襲着，繞不兒罕山三遍，拿不得”，一衆人方能脱險[53]。事後鐵木真纔下山來，捶胸說：

> 不峏罕·合勒敦保全了我，我這微如蝨子的性命。
> ……
> 合勒敦·不峏罕山庇護了我，我這小如燕禽的性命。
> 我驚懼惶恐已極！
> 對不峏罕·合勒敦山，
> 每天早晨要祭祀，每天都要祝禱。
> 我的子子孫孫，都要銘記不忘。
> 說罷，面向太陽，把腰帶掛在頸上，

㊻ 陳得芝《成吉思汗墓葬所在與蒙古早期歷史地理》，12、33頁。

㊼ N. N. Poppe, “On Some Geographic Names in The Jami' al-Tawarix”, *Harvard Journal of Asiatic Studies* (*HJAS*), 1956: 1-2, p.34. Burqan（佛陀）來自回鶻語，但我們知道成吉思汗時代及其之前的蒙古人是不信佛教的。

㊽ 白石典之《チンギス=カンの考古学》，113頁。

㊾ 《史集》第一卷，第2分册，8頁。甚至當成吉思汗爲王汗擊敗、落魄遠遁之際，還對背棄他而去的阿勒壇、忽察兒二人說：“你那三河源頭守得好着，休教別人做營盤。”《元朝秘史》卷六，第179節，146頁上。

㊿ Rašīd al-Dīn/Rawšān, *Jāmi' al-Tawārīkh*, Tehrān: Našr-i Alburz, 1994, Jeld.1, p.257; 漢譯本《史集》第一卷，第2分册，48頁；倫敦本無此節。

[51] 案，今檢Ghūruqū-Tās中之Ghūruqū應出自*Qoriγ-*“禁止、封鎖”一詞，查《蒙英字典》，《蒙漢字典》均收有Qoriqu一詞，爲*Qoriγ-*的動名詞形式，意爲“封閉”。Tās或爲Tāš（突厥語“石頭，岩石”）；或Tākh（突厥語“山”）之訛，因此“忽魯忽—塔失”或與“禁山，聖山”一類觀念有關。

[52] 《元朝秘史》卷二，第89節，39頁下。

[53] 《元朝秘史》卷二，第100節，48頁上。

把帽子托在手裏，用[另一]手捶胸，

面對太陽跪拜九次，灑奠而祝禱。㊿54

《秘史》作者在此不惜以較長篇幅的韻文，來描寫成吉思汗對得到不兒罕山庇護的感恩之情[55]。聯繫到此節所列舉的種種祭祀儀式，可以把它看作是一篇奉獻給山神（spirit of the sacred mountain）的祝詞[56]。而亞美尼亞史書中更是具體提到了居於不兒罕山中的神靈：

當成吉思汗將不兒罕山（Belgean Mountain）附近的所有部族和地區都置於其統治之下後，一天晚上他見到了別樣的幻像。白衣武士不止一次現身並對他說："成吉思汗，這是長生天（*Immortal God*）的意志，你必須越過不魯罕山前往西方，征服那些王國、地區和領土，統治無數民衆。要相信這些話反映了長生天的意志，起來，隨着你的民衆登上不兒罕山吧，直到爲大海所限定的地方。你必須屈尊面向東方行九次跪禮（*nine genuflections*），以答謝長生天。全能的神靈會親自諭示你穿越[不兒罕]山的路徑。"[57]

因爲當時的亞美尼亞王國曾先後稱臣於貴由、蒙哥和伊利汗國諸汗，和蒙古統治者保持着較爲密切的宗藩關係，所以他們有條件從熟悉歷史的蒙古大臣那裏，打聽到關於早期蒙古的信息。海屯雖然將事件發生的年代後推至成吉思汗統一蒙古各部之後，並把躲避敵方追捕的情節改飾成受到山神的啓示，但我們仍然可以分辨出後者所提到的"面向東方的九次跪拜"與上揭《秘史》中"面對太陽跪拜九次"所指當爲同一件事。至於"白衣武士"則應該是不太了解草原生活的亞美尼亞史家，對北亞遊牧民族的"山神"所作的人格化描寫。甚至成吉思汗生前還專門留下訓言，要將此地作爲自己的葬地。據上揭諸點，我們可以確信降至蒙古帝國時期，蒙古人心目中的聖山是同樣矗立於東部草原的不兒罕山；相反，突厥—回鶻傳統中神聖的于都斤山則嗣響於較西面的、受突厥—回鶻文化熏染更深的乃蠻人觀念裏。

我們在此作簡單的歸納："蒙古斯坦"一名，在成吉思汗興起前夜，僅僅包括東部諸蒙古語部族的活動區域。而隨着草原向西部伸展，佔據主導地位的部族也逐漸過渡爲諸突厥語部族。部落之間的戰爭與結盟，也許能暫時地改變某塊草原上活動的人群的族

---

[54] 《元朝秘史》卷二，第103節，51頁上。此詩爲明人譯本所略，故參考余大鈞先生譯文，但"小如燕禽的性命"，余譯作"螻蟻之命"。余大鈞譯《蒙古秘史》，111—112頁。但根據村上正二的釋讀，原文Qarča，當解作"燕兒"，故此處有所改動。村上正二譯註《モンゴル秘史：チンギス—カン物語》，東京：平凡社，1970年，第一冊，171頁。

[55] 成吉思汗憑藉不兒罕山保護得以逃出性命一事，在他從蔑兒乞部中奪回妻子時；以及最終擊潰蔑兒乞部時，又被提到了一次。《元朝秘史》卷二，第106-7節，55—56頁；卷八，第199節，184頁下。

[56] 此處參考羅依果的註釋，羅氏註釋中也提到了這些動作、儀式本身具有祭祀的特徵（Igor de Rachewiltz, *The Secret History of the Mongols: A Mongolian Epic Chronicle of the Thirteenth Century*, Leiden, Boston: Brill, 2006, Vol.1, pp.406-407）。

[57] Het'um, *History of the Tartars*, Chapter 17, "Chingiz-Khan, First Emperor of the Tartars".

屬構成[58]，但大體上，漠北草原的東西（蒙古/突厥）兩部分維持着相對的穩定與獨立。兩者之間在政治、文化，甚至心理上皆不相領屬[59]。至於哈剌和林所在的地區，雖然正處在兩個單元的分際綫上，但在這個歷史階段中，還衹有透過倥偬戎馬背後揚起的煙塵，纔能被依稀辨認出來。

（二）關於"中央兀魯思"的分封

直到12世紀下半葉，在經歷了部落間長時間的混戰之後，蒙古草原東部原有的部落及其所擁有的遊牧區域發生了極大的改變。勢力較小的部落被迫依附於强盛者求得庇護，以免在殘酷的部落戰爭中被人吞併。同時他們也隨時尋找機會，改變其效忠的對象，投奔更爲寬仁、慷慨的領袖，爲本部落的生存謀求更大的利益。

鐵木真深諳此中的道理，作爲蒙古孛兒只斤氏部的沒落貴族，他最初衹是依附於克烈部王罕的一個部落小首領。但在其早年羽翼未豐的時候，他就隨時留心籠絡各部。例如，他曾下令對偶然合牧於一處的泰赤兀屬部照烈部施以恩惠："明再合圍，上賓之。使驅獸近彼陳，讓多獲以厭其心。"[60]因此與之結盟的部落也越來越多，"若札剌兒、忙兀諸部，皆慕義來降"[61]。但其部落長期活動的範圍，仍然局限於鄂嫩河（斡難河）、怯魯連河流域至肯特山之間，並未超出其父祖輩最强盛時期所能夠控制的地域。

這是因爲遊牧活動受到其身處的自然環境（草場、水源、地形等）的嚴格制約，生存、生産的經驗也僅僅憑藉世代間的口耳相傳而繼承。故某一部落的活動範圍往往是相對固定的，並表現出較强的延續性[62]，鐵木真所率領的蒙古部落也不例外。

經過長期的苦心經營，鐵木真逐一消滅了與其敵對、且更爲强大的各個部落。如果我們按照年份來復核其征服路綫的話，就可以看出他很大程度上是局限在父祖輩的活動範圍之內的。最初，他托庇於王汗的羽翼之下。1196年他又與克烈部一道，配合金丞相完顔襄擊敗了叛服不定的塔塔兒部落，並因此而獲得了"札忽惕·忽里"的頭銜。其地在今蒙古肯特省巴彦呼塔格蘇木北、克魯倫河南岸[63]，距鐵木真平時遊牧的不魯罕山前相當接近。1200年他又征服了雖爲同宗，卻長期與之敵對的泰赤兀部[64]。據陳得芝先

---

[58] 同時，《蒙古秘史》載，成吉思汗與王汗曾深入阿勒台山地區追擊乃蠻部；而乃蠻部反攻時亦迫使"帝（成吉思汗）與汪罕移軍入塞（指金邊墻）"，《元史》卷一《太祖本紀》，8頁。

[59] 參考《元朝秘史》卷七，第189節，161頁上。乃蠻部塔陽汗之母古兒別速的話："那達達百姓歹氣息，衣服黑暗，取將來要做甚麼？教遠有者。"

[60] 《聖武親征録》，王國維校註，《王國維遺書》第13冊，上海：上海古籍书店，1983年，11頁。

[61] 《元史》卷一《太祖本紀》，4頁。

[62] 符拉基米爾佐夫（Б.Я.Владимирцов）著，劉榮焌漢譯《蒙古社會制度史》，北京：中國社會科學出版社，1980年，117頁。

[63] 白石典之《チンギス＝カンの考古学》，64頁。

[64] 《元史》卷一《太祖本紀》，7頁；《元朝秘史》卷五，第148節，102頁下。

生考證，泰赤兀部駐地主要在鄂嫩河畔，鐵木真家族居地的下游[65]。是被其消滅的草原強部中最早，同時也是最接近的部族。接着於1202年他率部擄掠了四部塔塔兒，盡數將“男子似車轄大的都殺了”[66]。又於一年後偷襲並殲滅了東部草原上最強大的克烈部。而根據《秘史》所載，王汗的大帳是“土剌河的黑林[行宮]”[67]。

縱觀成吉思汗早年富於傳奇性的征服生涯，可以發現他最主要的征服活動皆發生在蒙古草原東部。除了曾協同王汗與乃蠻部作戰，短暫進入過蒙古高原西部的阿勒台山—忽木昇吉兒地面（即貴由汗卒地“横相乙兒”Qomsangïr）外，他很少逾越蒙古—乃蠻的地理邊界[68]。相反，我們卻能找到多條他曾因躲避攻擊，南下進入金邊墻的史料。設若採信宋人記載，則因元代史臣避諱而被掩蓋的與金交往的資料當有更多[69]。

《史集》在記述了鐵木真“擊潰王汗的軍隊”，“佔有了這個國家和兀魯思”之後，遂在稍後的忽鄰勒台上（1203—1204年之際），被眾部落推舉“幸福地登上了汗位”[70]。雖然《秘史》和漢文史料僅僅提到了他“既滅汪罕，大獵於帖麥該川，宣佈號令，振凱而歸”[71]，而對選汗之事未克詳及。但事實可能正如姚大力先生所指出的：“拉施都丁說鐵木真在此時登臨汗位，並不是無根之談”，“祇是當時人對這個事件的印象，很可能被隨即發生的克服強敵乃蠻的生死搏鬥和輝煌戰績大大地沖淡了”[72]。而相對於這個初具雛形的蒙古國家來説，成吉思汗的身份更近似於一個“草原東部的汗”。

贏得了至關重要的對乃蠻·塔陽汗的戰事之後，在1206年，鐵木真以新獲的“成吉思汗”的名義出現在此後的歷史上。從此蒙古部族的歷史也進入了一個新的時期，大批追隨成吉思汗的蒙古部民湧入了杭愛山—阿爾泰山，甚至更爲西面的地方。漠北草原的政治圖景迅速而徹底地改變了，其東、西兩個部分被置於同一個政治核心的統治之下。

㊿65 陳得芝《成吉思汗墓葬所在與蒙古早期歷史地理》，26—27頁。

66 《元朝秘史》卷五，第154節，112頁上。

67 《元朝秘史》卷三，第104節，52頁上。

68 《元朝秘史》卷五，第158節：“那後，成吉思與王罕征乃蠻種的古出古敦不亦魯黑……不亦魯黑不能對陣，起過阿勒台山去了。追至忽木昇吉兒地面兀瀧古河行，……又追至乞濕勒泐巴失海子行”，116頁下。

69 如李心傳記：“今忒沒貞（鐵木真）……與白韃靼皆臣屬於金，每歲其王自至金界貢場，親行進奉，金人亦量行答遣，不使入其境也。”《建炎以來朝野雜記·乙集》卷一九，下冊，849頁。

70 《史集》第一卷，第2分冊，185頁。案，雖然《史集》同時也記録了他獲得“成吉思汗”尊號的事，這是據原註爲列寧格勒（C）抄本所增出的，註4。《秘史》的記載則更早（約於1202年），見卷4，第123節。但我更願意相信，獲尊號之事要晚於征服乃蠻。而另一伊利汗國史家穆思妥菲《選史》的記載是正確的。他說：“599[1203-04]年，成吉思汗得勝並被推爲君王。”（*ism-i Pādišāh barv iṭlāq raft.*）而獲得“成吉思汗”的名稱（*nam-i Činggiz Khān*）則在征服乃蠻之後方纔提及。雖則其年份被誤置於603/1207-08年（應該是601/1206）。Ḥamdallāh Mustaufī Qazwīnī, *Tārīkh-i Guzīda*, ed.by Nawāyī, ᶜAbd-al-Ḥusain, Tehrān: Amīr Kabīr, 1960, p.581。更可靠的記載，當參考《元史》卷一《太祖本紀》：“丙寅（1206），帝大會諸王群臣，建九斿白旗，即皇帝位於斡難河之源，諸王群臣共上尊號，曰‘成吉思皇帝’。”（13頁）以及《史集》第一卷，第1分冊，226頁。

71 《元史》卷一《太祖本紀》，12頁。

72 姚大力《草原蒙古國的千戶、百戶制度》，《蒙元制度與文化》，北京：北京大學出版社，2011年，5頁。

但僅僅在比成吉思汗興起略早的時代裏，“蒙古”仍衹是蒙兀部後裔集團的共名，而尚未成爲保留着有關遷移行動共同記憶的各部落集團的共名[73]。此後的情形則如拉施都丁所描述的那樣，早先塔塔兒（韃靼）人强盛的時期，“其他突厥部落，儘管種類和名稱各不相同，也逐漸以他們的名字著稱，全部被稱爲塔塔兒”。而在成吉思汗取得了巨大的成功之後，“蒙古人”也不再是那群“歹氣息、衣服黑暗”的可憐蟲，他們的族名也由最初帶有貶義的“軟弱、愚鈍的”意思，一變成爲“各有某種名字和專稱的突厥部落……爲了自我吹噓起見”熱衷以自稱的“尊稱”（*laqab'ī*）[74]。又如早期的穆斯林史家伊本·阿昔爾（《全史》）或奈薩維（《札闌丁傳》）等人仍然襲用“韃靼”（Tātār）的舊名，但隨着蒙古征服的幅員的擴大，與接觸的深入，我們也可以觀察到“蒙古”（Mughūl）逐漸取代前者，成爲覆蓋在全體草原遊牧部落上的一個泛稱。

而在草原的背景下，特定的部族（或部族記憶）總是與特定的遊牧區域相聯繫。“蒙古人”一詞涵蓋面的擴大，也意味着“蒙古斯坦”之名所包括的地理面積發生了擴張。但它沒有完全覆蓋原來的、關於草原政治地理格局的記憶，因此在一段時間裏，新、舊兩種“蒙古斯坦”的用法同時並存。所以《史集》中有時也會不自覺地使用它去指稱更西面的地域：“現今（*aknūn*）稱爲蒙古斯坦的地區，從畏吾兒國邊境起一直延伸到乞台和女真邊界。”[75]但對於明瞭“蒙古斯坦”本義的作者而言，無疑東部的草原纔是真正的“蒙古斯坦”——蒙古人活動區域的核心。

與此相類似的情況也表現在，當日草原社會的遊牧民，雖然被按照其與成吉思汗家族的關係遠近，分别被劃入三個具有不同身份性等級的社會—種族集團：尼魯溫蒙古、迭列列斤蒙古，以及“現今（*aknūn*）稱爲蒙古”的各部。但其中狹義的“蒙兀”僅指保持着外婚制習俗的尼魯溫、迭列列斤蒙古兩部[76]。在“蒙古人”概念的統合過程中，從成吉思汗對草原的征服，到其完成對原有部族記憶的替代，進程相當緩慢。在很長的時間裏，嚴格意義上的“蒙古”部族依然維持着其相對於後進部族（即“現今的蒙古”）的嚴格界限。

所以蒙古時代的史書作者，在一旦需要更爲具體地對那群征服者加以描述的時候，總是極力避免使居於核心地位的“蒙古人”和受其支配的别種部落相混淆。在此類場合，“蒙古”一名甚至不包括與其文化、習俗相近；且很早就被併入各千戶組織中去的篾兒乞、塔塔兒等原蒙古語部落[77]。

據較早記録蒙古入侵東歐的匈牙利史家斯帕剌脫（Thomas von Spalato）在所著《主教傳》（作於1245—1251年間）中記載：“用他們的話來説，那些人稱自己爲

---

⑬ 姚大力《“狼生”傳説與早期蒙古部族的構成》，《北方民族史十論》，桂林：廣西師範大學出版社，2007年，151頁。

⑭ *Джāми' ат-Тавāрйх*, Том I, Часть1, p.162;《史集》第一卷，第1分冊，166頁。

⑮ 拉施都丁在此處强調蒙古斯坦衹是“現今、目前”纔獲得這項意義，可以與作者在描寫部族時所使用的“現今稱爲蒙古的部落”相參照。*Джāми' ат-Тавāрйх*, Том I, Часть1, p.358;《史集》第一卷，第1分冊，251頁。

⑯ 姚大力《“狼生”傳説與早期蒙古部族的構成》，158頁。

⑰ 案，此處論點受姚大力先生提示，謹以致意。

‘蒙古人’”，不過“韃靼之名並非該民族之自稱（*Selbstbezeichnung des Volkes*），但他們沿着流經其地的同一條河（此處指克魯倫河）居住，因此就把另外（那些）以廬帳爲家[的人]也叫作‘韃靼’”[78]。而稍晚來到蒙古草原的普蘭·迦賓尼在其所著《韃靼史》中稱：“東方有一片土地……人們把它稱爲蒙古。這個地方在某一時期有四部人民：其一稱爲‘也可蒙古’（Yeke Mongγol），即大蒙古；第二個稱爲‘速蒙古’（Su Mongγol），即水蒙古……第三部稱作蔑兒乞（Merkit）；第四部爲蔑可里（Mekrit）。”[79]更爲極端的例子則見諸海屯，他甚至將早就成爲孛兒只斤家族世僕的“札剌亦兒”也剔除在“蒙古人”範疇之外[80]。

降至元代，由於草原諸部在被納入成吉思汗1206年所確立的千、百戶制度後，又經過了長期的發育，各部落原本所有的氏族制外殼已不克繼續維持。其結果就是原來“各有國家”，各自保存着獨立世系的舊的部落單位，進一步投入到“蒙古人”（或“國人”）的集合中，造成後者概念再度發生膨脹[81]。所以，元末的陶宗儀已經將“滅里吉”、“怯烈歹”、“塔塔兒”也都算在所謂“蒙古七十二種”名目中了，這至少也反映了當時人的一般看法。不過“乃蠻歹”卻仍衹能和“回回”、“唐兀”一道置身於“色目三十一種”的名單裏[82]。這從一個側面看出蒙古高原西部部族在被吸納入“蒙古人”概念之下的時間，尤要晚於草原東部的部族。

隨着越來越多的遊牧民成爲成吉思汗及其領導下的蒙古部落的屬民，他開始着手把分屬於不同氏族部落整編入以各千、百戶爲單位的軍事組織中去。除了在其生前有幾次將少量的千戶集團，及依附於此千戶名下的土地分封給自己的兄弟、兒子外，絕大多數的千戶始終留在成吉思汗本人麾下。這些千戶的數目，據拉施都丁說共有“十萬一千人”[83]，他們既是蒙古帝國武力的基礎，也是國家構造的基本單位。

那麽，這個被稱爲“大中軍”的千戶集團内部是否也存在着某種等級差異呢？我們注意到成吉思汗編組千戶、百戶的方式，一定程度上是利用了原有氏族部落建立

---

[78] Thomas von Spalato, “Geschichte der Bishöfe von Salona und Spalato vom hl.Domnius bis auf Rogerius (1266)”, Hansgerd Göckenjan und James R. Sweeney, *Der Mongolensturm Berichte von Augenzeugen und Zeitgenossen 1235—1250*（蒙古風暴：同時代人及目擊者的報告1235—1250）, Köln: Verlag Styria, 1985, pp.250-251. 參考陳得芝先生前揭文，可知蒙古乞顔部在成吉思汗時代已移營至克魯倫河上游居住，而塔塔兒部居其下游。

[79] 《蒙古人的歷史》，360頁。“蔑可里”或即《史集·部族志》中所載，“蔑兒乞”的異讀形式“蔑克里惕”（Makrīt），被迦賓尼誤當作兩個部落。*Джāми' ат-Тавāрӣх*, Том I Часть1, p. 204;《史集》第一卷，第1分冊，186頁。而據陳得芝先生意見，“蔑可里”實指“克烈”部，參看《十三世紀以前的克烈王國》，204—205頁。無論我們取何種解釋，皆可證明迦賓尼所說的“蒙古”和前揭拉施都丁書中的“蒙古斯坦”意義完全一致。

[80] Het'um the Armenian compiled, *History of the Tartars*.

[81] 關於千、百戶制度對草原社會内部結構造成的影響及其後果。參考姚大力《草原蒙古國的千戶、百戶制度》一文。

[82] 陶宗儀《南村輟耕録》卷一，《氏族》條，北京：中華書局，1997年，13頁。乃蠻在元代不被視作“國人”（蒙古人），而被歸入色目，可參看《元史》卷六，《世祖本紀》，‘（至元五年，1268）二月丁丑，罷諸路女直、契丹、漢人爲達魯花赤者，回回、畏兀、乃蠻、唐兀人仍舊。”（118頁）

[83] 《史集》第一卷，第2分冊，363頁。

在“同族意識”之上的内在凝聚力。那些主動投附的部落（或部落分支），如斡亦剌惕、翁吉剌惕部等，往往被允許保留本來的部落形式，並按照部落規模的大小被編成數目不等的千戶[84]。至於那些很早以來就在大汗身邊“服勞日久”，並立有戰功的“元勳世臣”（即蒙語“老奴婢”，Ötögü Boγol）時或也有機會被命以“收完部族”的方式另行組建千戶，同時出任千戶長。如畏答兒在與王汗作戰時奮勇請戰，且“免胄爲殿，腦中流矢”而卒。是故成吉思汗特令“其族（忙兀部）散亡者收完之，即封北方萬家”[85]。而對那些被降伏、離散並重新編組的千戶來説，由於在當時並不存在着另一種可以完全取代“血緣制”紐帶的新的社會關係，因此雖然“作爲原生血族集團的斡孛黑”正逐漸體現出“瓦解於社會的及軍事—行政的新組織之内”的趨勢，但大多數千戶當時仍被冠以某族屬的名稱[86]，而此時的千戶組織離完全喪失其族屬意義還有很長一段路要走。

在成吉思汗的軍隊中，最受倚重的無疑是他在1203—1204年間任命的六十五個老千戶。正如《朮赤台傳》所説的，“兀魯兀台、忙兀、扎剌兒、弘吉剌、亦乞列思”等五部，“當開創之先，協贊大業”，故“朔方既定，舉六十五人爲千夫長”[87]。由先後歸順成吉思汗的東部諸蒙古部落編成的這六十五千戶構成了大蒙古國千戶、百戶集團的基幹部分。而稍後這個序列又因爲不斷地吸納進新降附的部落人口而發生過兩次明顯的增殖。先是從六十五千戶擴編爲九十五千戶，進而形成《史集》名單中的一百二十九千戶[88]。而建置九十五千戶的時間，則是在成吉思汗捕殺乃蠻不亦魯黑汗，徹底控制蒙古高原的最西部之前[89]。

可以相信，將大部分千戶集團囊括其中的“大中軍”裏仍内涵有某種不均衡性。檢核《史集》、《秘史》所保留的諸千戶的族屬，就可看到出身於東部諸蒙古部族的千戶具有明顯的優勢[90]。這些蒙古千戶本身雖然要隨着戰事的發展而東征西討，但他們與原有部族、原居駐牧地之間那種千絲萬縷的聯繫，似乎並不會因此而馬上消失。而我們很快就能看到由拖雷所繼承的這份遺產，會在稍後的政治生活中發揮怎樣的影響力。

---

⑭ 姚大力《草原蒙古國的千戶、百戶制度》，31—32頁。

⑮ 姚燧《平章政事蒙古公神道碑》，《牧庵集》卷一四，四部叢刊初編景印武英殿聚珍本。《元史·畏答兒傳》乃據姚燧文删改而成。卷一二一，2986頁。

⑯ 姚大力《塞北遊牧社會走向文明的歷程》，《北方民族史十論》，179頁。

⑰ 《元史》卷一二〇，《朮赤台傳》，2962頁。

⑱ 姚大力《草原蒙古國的千戶、百戶制度》，24頁。

⑲ 這一年應該是1206年下半年。《史集》稱次年爲“虎兒年”（1206），在成吉思汗豎起九尾白纛，獲得尊號之後（第一卷，第1分册，226頁）。而據《蒙古秘史》卷八，第202節，建九十五千戶，是在本次忽鄰勒台大會上宣佈的，要早於出征不亦魯黑汗。

⑳ 對上述兩種史料所記録的蒙古千戶族屬的整理，可參看本田実信《チンギス—ハンの千戸制》，氏著《モンゴル時代史研究》，東京：東京大学出版会，1991年，34—40頁。

（三）關於幼子拖雷所得產

在1207—1211年間成吉思汗對諸子、諸弟集團的分封，是將整個漠北草原地帶劃分成左翼、中央、右翼三大區域進行分配，這是草原軍事制度習慣將全部軍隊以左、中、右三部分劃分的傳統在領地分配過程中的表現。朮赤、察合台、窩闊台三子都在阿爾泰山麓沿綫獲得了自己的分地；諸弟的分地則沿興安嶺（哈剌溫・只敦）一綫展開。至於成吉思汗末子拖雷，雖然按照《秘史》記載，他也獲得五千戶的分子[91]。但我更傾向於同意杉山正明的意見：他認爲根據蒙古“幼子守家產”的習俗，拖雷在成吉思汗生前又另外獲封遠在乞里吉思地區的分地，於情理不合[92]。

作爲通常在父親活着的時候留守大帳，在其身後繼承屬其名下的全部人戶、土地財產的“守灶子”（*od-čigin*），拖雷天然地與成吉思汗的“大營盤”（*Urdū-yi buzurg*）、“大中軍”（*Qūl*）有着更爲密切的聯繫。基於此項習俗，《史集》稱其爲“[父親]的家室和主營之長”[93]，成吉思汗在其生前也曾對窩闊台的兒子闊端和貴由宣稱：“我什麽都沒有，所有的東西都是大禹兒惕和一家之主拖雷的”[94]。同時，作爲幼子，他的“財產總是與其母親的聯繫在一起的”[95]。這種特權是如此明顯，甚至會令年代稍晚的人發生錯誤的判斷，伊利汗後期史家舍班合列伊就以爲：成吉思汗的四位嫡子“乃[分別]出自兩位‘根本’大皇后”（*az dū khātūn-i buzurg-i aṣlī*），而“拖雷汗出自他[成吉思汗]皇后中[地位]更尊貴的一位”（*wa Tūley Khān...az khātūn-i aṣlī-tar az ū*）[96]。這當然並非事實，而在半官方的史書中出現如上記載，其中固然含有效力於伊利汗宮廷的史家刻意擡高拖雷系統統治合法性的意圖，但從另一方面也反映出拖雷作爲留在父母身邊的幼子，有着優越於其他諸子的地位。

至於拖雷本人的軍事才能，在蒙古帝國早期的幾次大規模對外作戰行動中，即已顯露無遺。哈剌維（Harawī）讚頌道：“拖雷在全部[兄弟]中是年齡最小的，[但]地位最高。[他]是君王成吉思汗在所有諸子中最爲寵愛的，[呆]在他身邊受到關注。拖雷汗因爲其勇武、機敏、聰慧的緣故，長久以來在其父親眼中更受喜愛與尊重。”（*wa Tūley rā ki az hama ba-sāl khurd-tar būd, wa ba-ḥāl-i buzurg-tar, pādišāh Činggīz Khān az hama-yi pisarān dūstar wa bīštar dāštī, wa jānab-i ū iltifat bīstar kardī. wa šāhzāda Tūley Khān*

---

[91] 《元朝秘史》卷十，第242節，240頁上。

[92] 杉山正明《モンゴル帝国の原像：チンギス—カンの一族分封をめぐって》，《モンゴル帝国と大元ウルス》，京都：京都大学学術出版会，2004年，36頁。

[93] 《史集》第二卷，29頁。

[94] 《史集》第一卷，第2分冊，317頁。

[95] 《蒙古社會制度史》，88、157頁。

[96] Muḥammad ibn calī Šabānkāra'ī, *Majma' al-Ansāb*《世系彙編》, Tehrān: Amīr Kabīr, 1984, Jeld.1, p.245.“成吉思汗的子嗣”章。作者舍班合列伊作爲伊利汗國宰相拉施都丁之子（曾出任瓦即兒一職）的秘書，曾長期於其官邸中效力。

ba-vasitah-yi rujūliyyat wa mardanigī wa furūsat wa furzānigī dayim dar naẓar-i pidar cazīz wa mukaram būdī.）[97] 也正因此，“父汗（成吉思汗）命令他（拖雷）統率軍民，[從事]戰鬥，奪取土地，[並]對敵人們施行復仇”（*Pidarūrā kār-i laškar-i kiš'ī wa ḥarb wa garaftan bilād wa qahr icādī farmūda bud.*）[98]。

曾考察過蒙古兵制的斯普勒（Bertold Spuler）認爲，“蒙古人的軍隊由最富於經驗的將領統率。在成吉思汗時期是拖雷，在諸伊利汗時期則是被稱爲*Beglerbegi*的被特別指定的將領——伊朗人大多數使用*Amīr al-Umarā'*或*Mīr-i Mīrān*一詞”[99]。而*Beglerbeg*在伊利汗時代，一般是被看作地位僅次於大汗本人的最高軍隊統帥。

通常，拖雷是以“也可那顏”（yeke noyan）的身份與成吉思汗一道統帥中軍。在攻打花剌子模的戰役中，窩闊台、察合台二子衹是被委派擔任側翼攻擊的任務，而自己則“與四太子進攻卜哈兒（Bukharā）、薛迷思干（Samarqand）等城”[100]。稍後“成吉思汗親自帶領經驗豐富的軍隊攻打坎大哈，一支大軍被指派給拖雷汗”（*Čīnggīz Khān wāqica laškar-i khūd ba-Qandahār[ī] šanīd, Tūley Khān rā bā laškar-i anbūh bar way farstānd*）[101]，即從“中軍”分兵交由拖雷追擊札闌丁。而癸酉年（1213）蒙古軍大舉南侵金國時，成吉思汗的部署同樣也是採取了以“大太子、二太子、三太子爲右軍，循太行而南”；其弟“哈撒兒及斡陳那顏、拙赤解、薄刹爲左軍沿海破洙、沂等城而還”，自己則“與四太子馭諸部軍由中道”的左、中、右三路進軍的傳統戰術[102]。其中，中路軍理所當然是進軍的主力。

據上所述，在長期對外征服的過程中，拖雷事實上與大部分中軍千戶維持着上下級的統轄關係，也因此有機會與他們建立起更多的私人聯繫。所以我們可以相信拉施都丁把整個中軍千戶都描述成拖雷私人財產的説法，並非誇大其辭。與此相關，我們也觀察到，現在留存下來的兩種波斯文譜系史料：《五族譜》（*Šu'ab-i Panjgāna*）和《貴顯世系》（*Mu'izz al-Ansāb*）中，繫於拖雷名下的蒙古異密序列幾乎是完整照抄了《史集》中“大中亘”千戶的名單。相反，留在窩闊台合罕名下的蒙古老千戶，除了繼續擔任大斷事官一職的失乞忽秃忽，和負責華北地區軍事的木華黎之子Tūkhāl，則衹有本屬

---

[97] Saif ibn-Muḥammad Saifī Harawī, *Tārīkh Nāma-yi Harāt*《也里史志》, Calcutta: Baptist Mission Press, 1944, p.49.

[98] *Majamī' al-Ansāb*, Jeld.1, p.248.

[99] 參考Bertold Spuler, *Die Mongolen in Iran: Politik, Verwaltung und Kultur der Ilchanzeit 1220-1350*, Berlin: Akademie Verlag, 1985, “Das Heer”, p.331.

[100] 《聖武親征録》，75頁。

[101] Muḥammad Ibn-Aḥmad al- Nasawī, *Sīrat-i Jalāl al-Dīn Munkabiritī*《札闌丁傳》, 波斯文譯本（譯成於13世紀）, ed. by Minovi, Tehrān, Širkat-i Intišārāt-i 'Ilmī wa Farhangī, 1986, p.106. Houdas譯注本紀事與此相同。*Histoire du Sultan Djelal ed-din Mankobirti Prince du Kharezm par Mohammed En-Nesawi*, vol.1-2, ed. and trans.by Octave Victor Houdas, Publications de l'École des Langues Orientales Vivantes : III série, 1891. trans. pp.134-135.而在此次戰役中，窩闊台和察合台二人衹在第123頁被提到一次。《聖武親征録》中關於此事的記載，見76頁。

[102] 《聖武親征録》，65—66頁。

“大中軍”右翼千戶的不魯只（Būrūjī）那顔[103]。

正如傅禮初（Joseph Fletcher）所指出的：“蒙古大汗和部落領袖（在此應該是指諸千、百戶體系中的軍隊領袖）之間，往往是以私人化而非官僚制的關係相維繫的”[104]。這種在日常活動中建立起來的支配與領屬關係，在遊牧制政體下，通常有着較官僚體制中的等級關係更强的穩定性和延續性。所以當窩闊台擅自變更拖雷名下的三個千戶改隶己子闊端時[105]，來到拖雷遺孀唆魯禾帖尼跟前抱怨的五位將領是：塔塔兒人失乞忽秃忽，速勒都思人宿敦那顔，忙兀惕人者台那顔，札剌亦兒人忙哥撒兒·豁兒赤，別速惕人不塔臣·豁兒赤，巴牙兀惕人忽必來·豁兒赤，晃豁壇人也速兒·豁兒赤。他們中除忙哥撒兒[106]、忽必來[107]、不塔臣[108]屬於“[早]事睿宗”的私屬千戶外，失乞忽秃忽、宿敦、者台[109]三人均名列於成吉思汗自領的“中軍”千戶。但在此拉施都丁不加分別地把他們一併稱爲“隶屬於唆兒忽黒塔尼別吉及皇子們的成吉思汗的大異密。”正反映出直至拖雷身後，其妻子與衆子嗣仍能夠繼續對“中軍千戶”保持影響。

即便是到窩闊台登上蒙古帝國的汗位後，唆魯禾帖尼·別吉仍然擁有較其他宗親大得多的處置國家日常政治事務的權力。志費尼說：“合罕（窩闊台）下詔稱，袛要自己在世，朝政應按他（拖雷）的妻子……的意見處理。”而此種權力的施行對象，並不僅僅局限於拖雷名義下的屬部，而是廣泛涉及對整個帝國内部事務的處置權。“當合罕實施任何政事（*dar har kār*）時，不管是關係到帝國的前程，還是關係到軍隊的佈置，他總首先跟她商討（*kangāj wa mašwarat bā ū karda*），並且不容許改動她提出的一切提議。”[110]不難想見，唆魯禾帖尼具有如此之大影響的基礎，絕不會如後世史家所奉承的那樣，是憑藉其“驚人的美德”。而應該有着更樸素、也更加直接的根源——對諸蒙古千戶的控制力。降至貴由汗在位初年（1245），在西方使者普蘭·加賓尼眼中，唆魯禾帖尼（Serctan，在此當對應“唆里古唐”一名）仍然是除了拔都之外，韃靼人中“最高

---

[103] *Šu'ab-i Panjgāna*，南京大學元史研究室藏書，無頁碼。“*Муʿизз ал-ансаб (Прославляющее генеалогии)": Введение, перевод с персидского языка, примечания, подготовка, факсимиле к изданию Ш.Х.Вохидова,* Алматы, Издательство “Дайк-Пресс”，2006, p.55. 由Allsen撰寫的《劍橋遼西夏金元史》相關章節中，也表示了相同的看法，434頁，註1。

[104] Joseph Fletcher, “The Mongols:Ecological and Social Perspectives” *HJAS*, p.23.

[105] 《史集》第一卷，第2分册，381頁。而在《史集·拖雷汗傳》中被變更的千戶數目作“速勒都思兩千人”。第二卷，205頁。

[106] 《元史》卷一二四《忙哥撒兒傳》，3054頁。

[107] 《史集》第一卷，第1分册，290頁。

[108] 《史集》第一卷，第1分册，322頁，其人曾任拖雷之怯薛長。

[109] 者台（Jaday Nūyān），據《秘史》，在成吉思汗分封諸子時，已經分給拖雷充當“王傅”了。但如果我們同意拖雷並無在其父生前單獨獲封之可能的話，那麽我們在此不妨把者台那顔看作是隶屬“大中軍”，卻又與拖雷家族具有親密關係的異密。

[110] ᶜAlī al-Dīn ᶜAta Malikī Juwaynī, *Tārīkh-i Jahāngūšā'ī*, ed. by Qazwīnī, Leyden: Brill, 1937, Jeld.3, p. 5;《世界征服者史》下册，614頁。案，“*kangāj*”又可寫作“*kangāš*”，源自突厥語。在蒙古時代的波斯文獻中，通常用來表示“商討國事”，或“作重大協商”的意思。

貴和最有權勢的女子”[111]。

而忽必烈即位後，他“毫無限制地將在契丹[和女真]邊境及與之相接壤的蒙古斯坦的諸禹兒惕，分配[給他們]作爲駐冬與駐夏地”（*bī andāza dar sarḥud-i Khitā'ī [wa Jūrča] wa yūrt-hā'ī-yi Mughūlstān ki badān ḥudūd peywasta, muwāẓa'-yi yaīlāq wa qišlāq dāda.*）。所有這些軍隊正是“由也可那顔作爲遺產傳給自己的兒子們的”（*mazkūr az Yeke Nūyān ba mīrās ba farzandān-i ū…rasīd.*）[112]。由此點我們可以看出，拖雷所繼承的蒙古本土，雖然囊括了東起斡難、怯緑憐河上游，西到阿爾泰山的整個草原。但是“蒙古斯坦”——即東部的草原，尤其是成吉思汗諸大斡耳朵和大多數千戶所在的地區，在當時人看來，更是拖雷家族權力的淵藪。

拉施都丁非常明確地談到，拖雷後裔和其名下諸千戶的關係是一種“領屬”，也即身份法上的人身依附關係：他們“隶屬於”（*tacalluq mī dāšt*）也可那顔，並“奴隶般”（*bandagī*）地爲他和他的家族（*urūgh*）效忠[113]，這樣的身份依附與效忠關係並未因爲蒙古帝國汗位的轉移而遭褫奪。雖然《秘史》中曾記載：在推舉窩闊台爲大汗的忽鄰勒台大會上，察合台和拖雷二人已經將“守護其父成吉思汗金性命的宿衛、箭筒士、八千散班侍衛”，“梯己萬名護衛”，並“在内的百姓行（*qol-un ulus*）”[114]，一併交還給了窩闊台。而一般認爲這裏所說到“在内的”，即蒙古本部，是除了左、右翼（在此指諸子、諸弟屬民）之外的蒙古中央的全體民衆。這是否和拉施都丁的説法有衝突呢？我們注意到，《史集》在本章中又說：“這些軍隊服從於掌管老營和登大位的那個後裔。”作者使用的是“聽從其命令”（*ba-ḥukm-i ū bāšad*）一詞，而不是表示“私屬”、“領屬”，或“皇室所有”的“*īnjū*”或“*khāṣṣa*”等詞彙[115]。相反《史集》在談到在伊利汗國的蒙古軍隊時，則宣稱他們“全是旭烈兀及其家族（*urūgh*）中汗位繼承者的媵臣（*īnjū*）”；是“阿魯渾汗私產（*khāṣṣa*）”[116]。顯然，兩者的意義是有所區別的，對軍隊的指揮權並不直接具有身份法的效力。而我們也不得不重新檢核《秘史》中關於拖雷交還其父軍隊、百姓的記載，如果排除掉因爲要故意擡高窩闊台合法權威的目的而故意進行的誇大，比較可能的情況是：拖雷僅僅交還了直隶於大汗本人的“萬人怯

---

[111] 普蘭·迦賓尼《蒙古人的歷史》，366、418頁，注75。

[112] Rašīd al-Dīn/Rawšān, *Jāmi' al-Tawārīkh*, Jeld.1, p.614;《史集》第一卷，第2分册，382、383頁。案，此處據波斯文直譯。德黑蘭本在“契丹邊境”後多出“和女真”（wa Jūrča）一詞，也許是指其在與斡赤斤後王相鄰近的“哈剌溫·只敦”地方的營地。此處用括號内黑體字標出。

[113] Rašīd al-Dīn/Rawšān, *Jāmi' al-Tawārīkh*, Jeld.1, p.613;《史集》第一卷，第2分册，382頁。

[114] 《元朝秘史》續集卷二，269節，284頁下；余大鈞譯《蒙古秘史》，467頁。

[115] “媵臣”或“因朱”（*īnjū*）在一定程度上可以看作是阿拉伯-波斯語中“私屬的”（*khāṣṣa*）的對等詞彙。關於此詞的討論可以參看，Gehard Doerfer, *Türkische und Mongolische Elemente im Neupersischen*, Band.1, Wiesbaden: Franz Steiner Verlag, 1965, pp.320-325; 姚大力《蒙元時代西域文獻中的“因朱”問題》，《蒙元制度與政治文化》，340—365頁。

[116] Rašīd al-Dīn/Rawšān, *Jāmi' al-Tawārīkh*, Jeld.1, p.616;《史集》第一卷，第2分册，384頁。

薛隊”，以及加諸全部軍隊、民衆的名義之上的大汗權威而已[117]。

顯示出拖雷家族和東部草原的特殊聯繫的證據還有：不魯罕·合勒敦山中的成吉思汗埋骨之處——“大禁地”，事實上成爲了拖雷家族的世襲葬地。據《史集》所載，拖雷、蒙哥、忽必烈等人身後均安葬於此[118]，而哈山尼也曾說：“在喪禮完畢後，他（鐵穆耳合罕）的靈柩被帶到了‘[大?] –禁地’，安葬在其父親和祖先的旁邊。”[119]但相反，窩闊台本人及其諸子貴由、海都的葬地均位於其家族在葉密立—霍博的分地中[120]。

那麼，拖雷家族除了在大斡耳朵所在的地方擁有較大的勢力外，他們在蒙古草原東部應該也有自己的分地。雖則文獻的記載較爲零星，但我們發現南宋人梅應發編修《四明續志》中收録有《收刺高麗國送還人》一文，文章寫作於蒙哥汗時期，但文中提及“德安府人黄二”爲“韃主第三兄使往沙沱河牧羊”，其時當爲太宗十年（1238）左右。“韃主第三兄”據黄時鑒先生考證當指阿里不哥[121]。又考諸元代行紀，均言自開平向北往怯魯連河方向爲一系列沙陀地區，間亦有河[122]。故可知窩闊台時期，阿里不哥已在怯魯連河東側擁有分地、部民，這當然是繼承拖雷的遺產。稍後於憲宗二年（1252）冬，“上（忽必烈）命公（竇默）往詣曲你河，拜見太后，賜之貂帽、貂裘、鞋、靴稱是。既至太后所……時皇太子（真金）未冠，上命公教之。”[123]案，此處的“曲你河”即怯魯連（Kelüren）河，蓋“泥母”（n）元代譯音常與“流母”（l）混通。文中所記太后、真金均居住的怯魯連河附近的營帳，應該也包括在其分地範圍中。雖然其時拖雷

---

[117] 作爲對比的事例有：在伊利汗國第二任君主阿八哈死後，他留在報達（Baghdad）的那支掌握在其位下諸怯薛手中的，由哈剌兀納思（Qarāunās）萬戶組成的御林軍（*khāṣṣa*），在不花·豁兒赤的率領下，仍然效忠於阿八哈之子阿魯渾，而不是新即位的阿合馬。《史集》第三卷，168頁。這些人帶有：速古兒赤、阿塔赤、豁兒赤等怯薛官職。參看Charles Melville, “The *Keshig* in Iran: the Survial of the Royal Mongol Household”, *Beyond the Legacy of Genghis Khan*, ed. by Linda Komaroff, Leiden: Brill, 2006, p.148.

[118] 《史集》第二卷，蒙哥葬地見71頁，阿里不哥葬地見366頁。忽必烈的葬所則見《元史》卷一八《世祖本紀》：“（至元三十一年，1294，正月）乙亥，靈駕發引，葬起輦谷，從諸帝陵”，376頁。

[119] Qāšānī, Abu al-Qāsim ᶜAbdallāh Ibn-Muhammad, *Tārīkh-i Ūljāytū*《完者都史》, ed. by M.Hambly, Tehrān: Širkat-i Intišārāt-i ᶜIlmī wa Farhangī, 1969, p.38. 另參《元史》卷二一《成宗本紀》：“（大德十一年，1307，春正月）乙亥，靈駕發引，葬起輦谷，從諸帝陵。”（472頁）

[120] 窩闊台葬地的位置，參看John Boyle, “The Burial Place of the Great Khan Ögedei”, *Acta Orientalia,* Vol.32, Copenhagen, 1970, pp.45-50. 而貴由死後，其“靈柩運到了他的斡耳朵所在地葉密立。”《史集》第二卷，221頁。海都的葬地在“亦列河和吹河之間名爲升豁兒里黑的峻嶺上”，20頁。雖然《元史》卷二《太宗本紀》稱：太宗、定宗死後亦“葬起輦谷”，但作者還是傾向於《史集》的說法。參考陳得芝《成吉思汗墓葬所在和蒙古早期歷史地理》，11頁，注2。

[121] 梅應發《開慶四明續志》卷八，此文由黄時鑒先生首先揭出並考證（《宋蒙麗關係史一瞥：〈收刺高麗國送還人〉考述》，黄時鑒《東西交流史論稿》，上海：上海古籍出版社，1998年，373—374頁）。

[122] 《長春真人西遊記》：“三月五日，起之東北……又二十餘日，方見一沙河，西北流入陸局河。”264頁。

[123] 王磐（原書誤作“盤”），《大學士竇公神道碑》，（民國）張仁侃等修，李國鐸等纂，安亮清等訂正《肥鄉縣誌》卷四〇，《藝文·碑文》，13頁。收入北京圖書館編《地方誌人物傳記資料叢刊》第35册，北京：北京圖書館出版社，2002年，497頁。

後裔中有一部分人已遷至杭愛山西側的營地裏，但其在草原東部的屬地和影響力應該仍然保留着。

又因爲拖雷所留駐的，成吉思汗大斡耳朵所在的“三河之源”，同時也是成吉思汗諸弟集團（東道諸王）的分地所在。如別里古台曾“以斡難、怯魯連之地建營以居”；其地又與合赤溫分地相接[124]。駐牧地域的相互比鄰，也使得拖雷家族和東道諸王之間得以建立起更爲密切的聯繫[125]。因此他們在許多場合會採取共同行動的策略，如推舉窩闊台的忽鄰勒台會議（1229）上，“兀魯黑那顏及其諸弟（指東道諸王）”已經先於衆人到達[126]。而拖雷對“大中軍”千戶的支配傳統，也更容易使同樣駐牧於東部草原的諸蒙古千戶（如“五投下”及汪古部等）也和東道諸王一樣，和自己保持相同的立場。比如兀良合惕部的速不台後裔在蒙哥、忽必烈兄弟二人即位過程中所起到的重要作用，即爲一例[127]。

當然在拖雷後裔中，立足於東部草原的宗王也比其移至西部的兄弟更容易保持此種關係，並利用其謀得利益。所以，我們也可以在此回應杉山正明教授的看法：忽必烈在與其弟阿里不哥爭位過程中，爲何能夠得到東道諸王、諸千戶的響應？杉山認爲此種協同關係大抵起始於蒙哥汗時期，即忽必烈被派遣總理“漠南民事”之後[128]。但是如上文所論述的，東道諸王、諸千戶與拖雷家族的淵源可以追溯至更早時期，而忽必烈的成功，可以被看作是他靈活地利用了其家族在東部草原傳統影響力的結果。

最後要討論的一點就是，拖雷家族乞里吉思分地（別吉大營盤）的性質與獲封時間。在這個問題上，我首先想引用符拉基米爾佐夫的意見，他觀察到“斡赤斤在其母親（孛兒帖·額真）份子之外，似乎另有份地”[129]。同時，他又說：“在14世紀以降的蒙古文獻中記載，地位僅次於大汗的濟農（Jinong），在擁有自己的Qubi外，並管理[蒙古]右翼。”[130]從上述論斷中，至少能得出以下兩點：①守灶子除了得自其父母的那份遺產外，也還有可能獲得其他額外的份額。②在更高的權利層面，某人所領有的“份子”（人/土地）和他所能施加影響的範圍也有可能是不重疊的。

前文已述及，我更傾向於拖雷在1206年的那次分封中，沒有如其兄弟那樣獲得封土。而布爾勒（Paul D. Buell）的研究更表明，晚至1217—1219年乞里吉思以及其西北

---

[124] 《元史》卷一一七《別里古台傳》：“其子孫最多，居處近太祖行在所，南接按只台（合赤溫子）營地。”（2905頁）。

[125] 參見符拉基米爾佐夫對於“共同牧地”的描述（《蒙古社會制度史》，92頁）。

[126] 《世界征服者史》上册，202頁。

[127] 速不台家族駐地在禿剌河，見《元史》卷一二一《速不台傳》：“丙午，定宗即位，既朝會，還家於禿剌河上。”（2798頁）而其後裔兀良合台先後支持蒙哥、忽必烈爭位事，除《本傳》外，更可參考堤一昭《クビライ政権の成立とスベエテイ家》，《東洋史研究》第48期，1989年，120—147頁。

[128] 杉山正明《忽必烈政權與東方三王家》，收入《日本中青年學者論中國史（宋元明清卷）》，上海：上海古籍出版社，1995年，271頁。

[129] 《蒙古社會制度史》，88頁。

[130] 同[129]，226頁。

方向的大片土地，仍然處於騷動不安之中[131]。先是成吉思汗派速不台“以鐵裹車輪”，與脫忽察兒會合後，來到蟾河，征討逃亡的篾兒乞殘部[132]。隨後即發生了豁里·秃麻惕部（Qori Tumat）的叛亂，又因爲乞里吉思部拒絕出兵支持朮赤鎮壓豁里·秃麻惕部，進而演變成爲整個“林木中百姓”的集體反抗[133]。雖然朮赤最終於1219年春平息了全部的叛亂者，但是由此亦可以看出，1219年之前乞里吉思地區仍然屬於蒙古統治較薄弱，且時常成爲衝突最前沿的地區。將這樣的一片地區分封給拖雷無疑於畫餅充饑，況且這也侵犯了在此地率軍征戰的朮赤的權益。此後十數年間，成吉思汗一直處於持續地對外征服過程中，直至身故，文獻並沒有留下他再度大規模分封宗親的記載。因此拖雷家族乞里吉思、謙謙州分地的獲得時間，應該是在窩闊台汗時期[134]。

（四）窩闊台即位風波與哈剌和林的登場

1227年，成吉思汗在攻打西夏的過程中，卒於“薩里川哈老徒之行宮”[135]。同時把“大蒙古國”這份遺產留給了他的兒子們。雖然，無論漢語、蒙古語，還是波斯語史料，都提到衹有窩闊台纔是成吉思汗生前提名的繼承者[136]，但他的即位之路，仍需面臨挑戰。

斯普勒在總結了從大蒙古國到諸伊利汗的汗位繼承歷史後，認爲“蒙古人的汗位繼承沒有規律可言”[137]。在相對實力占優的情况下，無論上代大汗是否留有遺言，他的各個兒子，甚至兄弟都有權提名自己爲汗位繼承者[138]。而此中對窩闊台的繼承權構成最大挑戰的，正是他那位擁有“守灶子”身份的弟弟拖雷。

拖雷對汗位的權力來自於爲當日蒙古人所恪守的以“幼子守產”的繼承法傳統。在此傳統下，最年幼的兒子通常不需要像其兄弟那樣離開父母，單立門戶；而是始終留守在父母營帳中盡爲子之責，並在父母死後繼承他們名下的全部遺產。這個傳統廣泛流行

---

[131] Paul D. Buell, “Early Mongol Expansion in Western Siberia and Turkestan (1207-1219): A Reconstruction”, *Central Asiatic Journal*, vol.1-2, 1992, pp.26-27.

[132] 《聖武親征録》，72頁；漢譯本，《史集》第一卷，第2分冊，244—245頁。

[133] 《元史》卷一《太祖本紀》：“是歲，秃滿部民叛，命鉢魯完、朵魯伯討平之”，20頁。

[134] 陳得芝《元嶺北行省建置考（上）》，135頁。

[135] 《元史》卷一《太祖本紀》，24頁。

[136] 羅依果的討論見*The Secret History of The Mongols*, vol.2, p.937.

[137] Bertold Spuler, *Die Mongolen in Iran*, “Die Auswahl der Herrscher”, pp.212-214.

[138] Joseph Fletcher, “The Mongols:Ecological and Social Perspectives”, p.26. 傅禮初沒有提到，更加典型的例子，就是在伊利汗阿八哈死後的忽鄰勒台大會上（1282年），儘管阿八哈生前提名“讓阿魯渾當國君”（另一被提名者忙哥帖木兒當時已死），但仍然無法阻止其叔父阿合馬當選。而在阿合馬在位期間的另一次忽鄰勒台上（1284年），提名其他宗王的異密們也各有自己的理由，如“兒子比孫子有優先權”、“留守大帳”等。漢譯本《史集》第三卷，162、182頁。

於歐亞草原，它使得幼子在財產分配方面具有較其他諸子更爲顯著的特權[139]。

儘管成吉思汗所留下的龐大帝國在形式與複雜程度上，絕非構成普通牧人遺產的廬帳與畜群所能比擬。但它同樣也是可供分配的“遺產”，在家產制國家背景下，它們一樣也會受到傳統繼承習慣的支配或干擾。因此，我們可以設想：當更高層面的政治權力的繼承與分配，也需要透過遺產分配的模式得以行使的時候，幼子獲得最大份額遺產的習慣難免會對前者的順利交接造成干擾，因爲兩者並不總是一致的。

此種干擾的直接表現，就是拖雷在其父親死後近兩年時間裏留駐大斡耳朵，行使“監國”之權。在舉辦完成吉思汗葬事以後，其餘諸子均返回了其父生前所指定的分地中[140]，唯獨拖雷留駐在大斡耳朵中。雖然志費尼書在交待這一事實時態度曖昧，僅僅提到第二年（其實是第三年，1229年）召開忽鄰勒台大會時，“兀魯黑那顏等”已經先於大斡耳朵中等候。他也完全回避提及拖雷監國一事。與志費尼不同的是，拉施都丁稱：“拖雷汗在成吉思汗之龍庭及諸大斡耳朵所在的根本大營盤中住了下來，坐擁大權。”（*Tūley Khān dar yūrt-i aṣlī ki takhtgāh wa ūrdū-hā-yi buzurg-i Čīnggīz Khān būd mutamakkin [šuda] ba-nišast.*）[141]而迷兒宏德的記載不僅可以校勘《史集》文本的訛誤，更補充了“一直到召開忽鄰勒台，選出大汗執掌國事的時候”[142]，恰可與漢文史料所謂：“太祖聖武皇帝昇遐之後，太宗皇帝即大位以前，太上皇帝（拖雷）時爲太子”完全勘合[143]。在此期間，拖雷汗始終是帝國實際的統治者。

同時，拖雷一直和其母親呆在一起。舍班合列伊說：“直到這時（成吉思汗離世），這些（指各大斡耳朵）全部[掌握]在成吉思汗的皇后——也就是身爲‘根本大皇后’的拖雷汗之母手中。”（*wa tā waqt'ī ki īn jamicyyat dast dihad-i khātūn-i Činggīz*

---

[139] Lawrence Krader, *Social Organization of the Mongol-Turkic Pastoral Nomads*, Indiana: Indiana University Publications,1963, pp.25, 217，考察了鄂爾多斯蒙古人和哈薩克人中的繼承習慣。雖然在鄂爾多斯蒙古人中，長子同樣也具有較爲優越的分配權，但長子並不能和幼子一樣始終留在父母營帳中。而房兆楹（Fang Chaoying）的研究同樣也顯示出，在漢人的習俗中，幼子是其父親遺產的主要繼承者。轉引自H. F. Schurmann, “Mongolian Tributary Practices of the Thirteenth Century”, *HJAS*, Vol.19, No.3/4, 1956, p.316, note.12.

[140] 《世界征服者史》上册，202頁；《史集》第二卷，28頁。

[141] *Jami' al-Tawārīkh*, 倫敦本p.578a; Rašīd al-Dīn/Rawšān, *Jāmi' al-Tawārīkh*, Jeld.2, p.788；《史集》第二卷，200頁。劃綫部分漢譯本作：“拖雷……作爲擁有無限權力者，登上了王位。”然而表“變成、成爲”之意的“šuda”一詞不見於倫敦本；另，迷兒宏德轉録此句，亦無“šuda-”。而“王位”一詞，據俄譯本原註乃參考Blochet本增入，但我們已發現凡Blochet本所增入，而不見於別本者，多有訛誤、衍文，故此處不取，當然拖雷本身也祇是“太子”，並沒有登基之事。

[142] Mīr Khwānd, *Tārīkh-i Rawẓat al-Ṣafā*, Tehrān: Intišārāt-i Markazī,1959-1960, Jeld.5, p.166. “因爲成吉思汗之死，諸王子們在依據習俗進行哀悼後，就返回各自的營地去了。拖雷[則]返回了[作爲]成吉思汗龍庭的根本大禹兒惕中。一直到召開忽鄰勒台，選出大汗執掌國事的時候。”（*wa čūn Čingīz Khān wafāt yāft, wa šāhzādgān ba'd az iqāmat marāsim-i tacziyat ba-manāzil-i khūd raftand. Tūley dar yūrt-i aṣlī ka takhtgāh-i Čingīz Khān būd, mutamakkin gašt, tā ān zamān ki Qurīltāy karda, Qā'ān rā bar sarīr ḥukūmat nišānad-and.*）此節紀事均本《史集》，唯改倫敦本之“ba-nišast”作“gašt”。劃綫部分爲增出部分，可與《元史·太祖本紀》“戊子年。是歲，皇子拖雷監國”的記載相比對。

[143] 《聖武親征録》，79頁。

Khān, ya^cnī mādar-i Tūley Khān, ki khātūn-i aṣlī būd）而“拖雷汗本人隨侍（*mulāzim*）[其]母於大斡耳朵中。”[144]這也符合蒙古人把幼子的財產與其母親的聯繫在一起的習慣，所以强調他“隨侍於母側”反映了拖雷對大斡耳朵所擁有的特權。

拖雷家族和其父母“大斡耳朵”的特殊聯繫，還可藉由以下事實獲知。《史集》中曾提到幾位“屬於孛兒帖·旭真斡耳朵的幾個大異密”。他們是：雪尼惕部人燕帖木兒（El-Tīmūr）·寶兒赤、朵兒邊部人主兒乞（Yūrkī）·寶兒赤、札剌亦兒人兀勒都忽兒（Ūldūr）·豁兒赤，他們同時又是管理四斡耳朵的長官（*Šaḥna*）[145]。其姓名均可在《五族譜》、《貴顯世系》的“拖雷位下異密”名單中找到。其中除燕帖木兒的事跡我們目前不克得知外；兀勒都忽兒就是《秘史》中曾出現的“斡勒答合兒·豁兒赤”（Olduqur/Oldaqar）[146]。在太宗三年（1231）伐金前夕，“遂委付帶弓箭的斡勒答合兒·豁兒赤留守老營”[147]。由於這裏的“老營”（也客思·斡兒朵思，*Yekes Ordos*）一詞，仍舊是指斡難—怯緑憐河之地的“大斡耳朵”，當時還留在拖雷手中[148]。所以雖然窩闊台以大汗的身份可以對其發號施令，但他應該仍舊是“拖雷汗的異密”。而特別需要指出的是：據《史集·部族志》所載，主兒乞是曾經效力於忽必烈，隨後又因出使被留而在合贊汗時期赫赫名的丞相“孛羅·阿合”（Polad āqā）之父[149]。毫無疑問，他們是爲拖雷家族世代服勞的“斡脱古·孛斡勒”（*Ötögüs Boγol*）。作爲幼子的拖雷及其家族，在繼承其母親“份子”的同時，也繼承了與大斡耳朵有關的全部蒙古將領的身份隶屬關係。

對窩闊台而言，他對於汗位合法性的根本保證，來自父親生前要求他的衆兄弟們當面立下的推戴其爲大汗的“文書”（*khaṭṭ*）[150]。因此在稍後召開的忽鄰勒台大會上，當

---

⑭ Šabānkāra'ī, *Majamiʻ al-Ansāb*, pp.245, 249.

⑮ 《史集》第一卷，第2分冊，364頁。燕帖木兒見於*Šuʻab-i Panjgāna*, *Muʻizz*，Text. Л.47a; trans. p.61.

⑯ Ūldūr，漢譯本正文作“兀勒帶”Ūlday，又見《史集》第一卷，第1分冊，159頁，余大鈞先生已經指出兩書所載可以勘同。《貴顯世系》提供了較爲正確的寫法：“Ūldūqūr[y]”。*Muʻizz*, Text.Л.47a; trans. p.62.

⑰ 《蒙古秘史》，續集，卷二，第271節，472頁。

⑱ Igor de Rachewiltz, *The Secret History of The Mongols*, vol.2, p.993.

⑲ 《史集》第一卷，第2分冊，364頁，譯作“余剌乞”；而第一卷，第1分冊，306頁，譯作“余兒乞”；此人又見於*Muʻizz*, Text.Л.47a; trans.p.62。案，其名字的正確讀法當作：“主兒乞”。羅依果已經指出，這個詞是自蒙古語“Jürki”[《秘史》中與成吉思汗同宗，且“好鬥”的“主兒勤部”（Jürkin）一名也與此有關]，它是經歷了蒙古語的J在借入突厥時發生了J>Y的音變後，再被拉施都丁用波斯語記録的。Igor de Rachewiltz, *The Secret History of the Mongols*, vol.1, p.289.

⑳ 參志費尼所云：“窩闊台的全部兄弟遵從他的命令，寫下文書。”（*tamāmat barādarān-i Ūkutāy imtiṯāl farmān-i ū rā khaṭṭ nawištand.*），Juwaynī/Qazwīnī, *Tārīkh-i Jahāngūšā'ī*, Jeld.1, p.144;《世界征服者史》，上冊，202頁。《秘史》的記作：“太祖皇帝的名了的只聖旨依着（*jaliγ-iyar*），斡歌歹皇帝行，皇帝立了。”《元朝秘史》，續集，卷二，284頁下。“聖旨”和波斯文獻中的“文書”當為同一物。哈剌維也說窩闊台成功即位，是因爲他是“勝任登上大位和由[成吉思汗]聖旨指定”（*bar takht bar-āy wa ḥukm-i yālīkh ba-rasān*）的繼承者。*Tārīkh Nāma-yi Harāt*, p.98. 而參考了元代皇室檔案《脱卜赤顏》（tobčiyan）的藏文史書《紅史》（*Deb ther dmar po: Hu lan deb ther*），則根本否認曾經有過此類“文書”存在：“拖雷諾顏因先前未給文書，所以對皇位有所爭執。”蔡巴貢噶多吉著，陳慶英、周潤年譯，拉薩：西藏人民出版社，2002年，24頁。

局面僵持時，支持窩闊台即位的王子、異密們，“他們一再宣讀諸子立下的奉爲汗的文書（*khaṭṭ'ī*）”[151]。需要略作考述的是，志費尼雖然沒有告訴我們“文書”的具體内容，但根據漢文史料所透露出來的少量信息，可知其内容當包含有約束諸王不得違約，並承諾“世守藩服”的盟誓[152]。它和另一種通常以口頭方式表達的，宣告對未來大汗及其家族效忠與擁護的“誓言”（*mūčalkā*）一樣[153]，都是蒙古人選汗儀式上不可缺少的環節。

但這種合法性的效力到底有多少？我們似乎也不能作出過高的估計。尤其是當窩闊台將要參加的選立大會，是在拖雷控制下的大斡耳朵中召開時。1229年，窩闊台自位於葉密立、霍博的分地出發後，拖雷卻從大斡耳朵出發，在土剌河地方的“忽魯班雪不只之地”迎接他[154]。雖然史書並未記載窩闊台來時身邊帶有多少軍隊，但是我們很清楚地知道，大部分的蒙古千戶和東道諸王是和拖雷在一起的。因此窩闊台在大會上强調“按照蒙古人的風俗，出自長室的幼子將繼承父位。”（*az rāh-i āẕīn-i mughūl, az khāna-i buzurg-tar pisar-i aṣghar qī'īm maqām-i pidar bāšad*）[155]所以拖雷比自己更有獲得汗位的資格。但他出人意料的謙遜背後，未必沒有對於切身利益的憂慮。

遊牧政治的運作，很大程度上依賴於其世代相沿的習俗與傳統，因此通常呈現出一再的循環性。作爲大蒙古國家的直接繼承者之一，伊利汗國的歷史，有助於我們加深對上述事件的理解。在第三任伊利汗阿合馬（帖古迭兒）的推舉會議上，阿魯渾雖然是“阿八哈汗的遺囑”（*waṣīyat-i Ābāqā khān*）中所指定的繼任者[156]，但當大部分異密都傾向於阿合馬的時候，阿魯渾也不得不放棄努力，返回其營地“黑山”（*Siyāh Kūh*）去了[157]。事後他自己總結道：“我的父親在世時召見我，我不帶軍隊奉旨前去。當我到了那裏，他已經死了，於是事情整個地顛倒了。因爲我沒有軍隊，所以我迫不得已衹好

---

[151] 《世界征服者史》上册，204頁。

[152] 漢文史料中的記載見《元史》卷二九《泰定帝本紀》，“大德六年（1302），晉王（甘麻剌）薨，帝（也孫鐵木兒）襲封，是爲嗣晉王，仍鎮北邊。成宗、武宗、仁宗之立，咸與翊戴之謀，有盟書焉。”（637頁）以及《元史》卷三二《文宗本紀》：“至於晉邸，具有盟書，願守藩服。”（709頁）

[153] “誓言”（*mūčalkā*）來自突厥語，本義爲“契約”。關於史籍所保留的選汗儀式上諸宗室、重臣“立誓”的記載，本田實信曾作過非常詳細的整理與討論，見《モンゴルの誓詞》，《モンゴル時代史研究》，53—67頁。

[154] 《元史》卷二《太宗本紀》：“元年己丑夏，至忽魯班雪不只之地，皇弟拖雷來見。”（29頁）此事陶宗儀《南村輟耕録》誤記作“太宗英文皇帝（諱窩闊台）。宋紹定二年己丑八月己未，即位於忽魯班雪不只。”關於“忽魯班雪不只”的地望，蒙南京大學陳得芝老師來信賜教，得知其地在土拉河附近。現將陳老師教示摘録於下，並致謝忱。陳老師認爲：忽魯班・雪不只此名可復原爲qurban-subeji/subjit/subčit（voyelle mediane ou feminine），《秘史》裏有sube'e“腰窩”，subes“口子”。第115節載王罕在協助鐵木真攻打蔑兒乞人後回其土拉河黑林，途經Qacauratu subčit / Huliyatu subčit，此subčit（當來自subes）就是“雪不只”。所以我以爲忽魯班雪不只就是“三個口子”（三山口）之意。當時窩闊台從西向東前往大斡耳朵，拖雷從大斡耳朵西行迎之，應相遇於土拉河附近。它也可能就是金幼孜《北征録》中記載的“三山口地方”（2010年12月12日郵件）。

[155] Juwaynī/Qazwīnī, *Tārīkh-i Jahāngūšā'ī*, Leyden: Brill, 1912, Jeld.1, p.146.《世界征服者史》上册，208頁。

[156] *Джāми' ат-Тавāрӣх*, Том.3, ed. by Алиэеде, Баку: Йздательство Академи наук Азербайджанской ССР, 1957, p. 191；《史集》第三卷，182頁。

[157] 《史集》第三卷，162—163頁。

表示同意。”[158]可見，沒有武力作爲後盾，任何承諾也衹是徒有其文而已。

窩闊台的處境並不比阿魯渾更好。耶律楚材曾在成吉思汗死後寫詩紀事：“射虎將軍皆建節，飛龍天子未更元。我慚才略非良器，封禪書成不敢言。”[159]案，“未更元”云云，應該是指窩闊台尚未登基之事，而“封禪書”據《史記正義》註，乃爲“易姓而王，致太平，必封泰山”的典禮所作的稱頌之文。此處耶律楚材竟有“書成而不敢言”的感嘆，細繹之似乎是在影射拖雷勢力過大，而導致窩闊台遲遲不能繼位。召開於1229年的忽鄰勒台，似乎也是一波三折，並不順利：

> 己丑（1229）秋，公奉遺詔立太宗，擇定八月二十四日，諸皇族畢至。至二十二日，尚猶豫不決，公曰：‘此社稷大計，若不早定，恐生他變。’睿宗曰：‘再擇日如何？’公曰：‘過此日皆不吉。’至日，公與睿宗翼太宗登位。[160]

衹是經過了耶律楚材的一番游說後，方纔能決定即位人選。基於此，一系列研究者都同意：窩闊台汗即位本身，已經使得蒙古帝國内部不同勢力集團間的平衡出現了裂痕[161]。這次危機雖然因拖雷的意外死亡（一說爲窩闊台毒死）[162]，而稍微緩解。但幼子及其家族（其妻子）在日常政治中繼續扮演重要角色，並構成了對大汗權威的潛在挑戰[163]。它來自於蒙古帝國權力結構中的一對固有矛盾[164]，此刻衹是暫時平息，而並沒有得到解決。

所以一方面，窩闊台迫切地希望從其他的文化中，援引那些足以彰顯其權威的政治資源。例如，他甫即位，就採納了原本流行於歐亞草原西部突厥語世界中，表示比

---

[158] 《史集》第三卷，169頁。

[159] 耶律楚材《湛然居士文集》卷三《過雲中和張伯堅韻》，北京：中華書局，1986年，61頁。王國維《年譜》繫此詩於1227年，60頁。

[160] 蘇天爵《元朝名臣事略》卷五，引李微《墓誌》，北京：中華書局，1996年，76頁。

[161] Joseph Fletch, “The Mongols: Ecological and Social Perspectives’, p.36 ; Thomas T. Allsen, *Mongol Imperialism: The Policies of the Grand Qan Möngke in China, Russia, and the Islamic Lands, 1251-1259*, Berkeley Los Angeles: University of California Press, 1987, p.18.

[162] 值得注意的是，《秘史》、《元史》和波斯史料在記載了拖雷之死的消息後，完全沒有提及其葬儀。而窩闊台對拖雷之死的反應也是出人意料的淡漠，據拉施都丁載，他直接“返回了其都城，幸福地駐扎了下來”。*Джāми' ат-Тавāрӣх*, Том I, Часть1, p.71; 漢譯本，《史集》第二卷，39頁。這都令人對拖雷的真實死因產生疑惑。而“毒死”潛在對手，在蒙古帝國史中也並非絕無僅有：伊利汗阿八哈（Abāqā）剛去世，在其生前被指定繼位的忙哥・帖木兒（Mengge Temür）也死了。而馬木魯乞方面的情報稱，他是被阿剌丁・阿塔・滅里下毒毒死的。值得注意的是，本來因事繫獄的阿剌丁在阿合馬汗即位後很快就被釋放了。參考《史集》第三卷，159、165頁，阿拉伯史料的記載則參看多桑（Constantin d'Ohsson）著，馮承鈞譯《多桑蒙古史》，北京：中華書局，2004年，下冊，620頁，引諾外利書。

[163] 其實衹要肯稍事忍耐，暫時落敗的幼子也有可能在下一輪汗位選舉時，以叔父的身份從更年幼的皇子手中奪取汗權。它最早可以從匈奴人以“叔姪相繼”的方式選舉單于的傳統中被觀察到，並幾乎成爲遊牧帝國中頻繁上演的劇目。在蒙古帝國中，最合適的例子就是斡赤斤曾在窩闊台死後，作出率軍“逼宮”奪位之舉。

[164] Peter Jackson, “The Dissolution of the Mongol Empire”, *Central Asia Journal*, vol.22, Weisbaden, 1978, pp.193-195.

"汗"權威更高的"合罕"（Khāqān>Qā'ān）稱號作爲自己的尊稱[165]。其謀臣耶律楚材也頗以制訂朝儀約束諸宗親而自負，並因爲曾在選汗大會上勸説察合台等人恪守"君臣之禮"而贏得大汗的獎譽[166]。另一方面，他也不得不考慮在拖雷家族的傳統勢力範圍邊緣，重新找到一個適合於統禦全局的新的"國之中心"，而哈剌和林恰好滿足了這個要求。

但是重新賦予哈剌和林如此重要的政治地位，卻是在窩闊台上臺以後發生的事。和大多數學者的意見一樣，我並不否認把哈剌和林看作"一塊特殊的公共分地"[167]，但我也相信窩闊台家族在此地區仍應具有某種特權。關於此點，最早也最權威的記載是《世界征服者史》中的一段文字，又通過波伊勒（John Boyle）的譯本而廣爲後人引用：

> [窩闊台]登基後，把都城遷回他們在契丹和畏吾兒地之間的本土，並把自己的"其他封地"賜給他的兒子貴由，有關他的各個分地的情況，將分別予以著録。拖雷的領地與之鄰近，這個地方確實是他們帝國的中心，猶如圓中心一樣[168]。

在波伊勒的譯本中，由於使用了"其他封地"（that other fief）一詞，因此通常被認爲指的是其身爲儲君時期的"葉密立、霍博之地"。但緊接着此句的"他的各個分地的情況"據波伊勒原註"見33章"（即《合罕的宫室和駐地》章），卻又指的是哈剌和林及其四周宫殿[169]。如何理解此處記載的矛盾，我們不得不檢核原文。據波斯文集校本，此句作：

> 窩闊台身居皇儲時，[即]其父統治時代，他的禹兒惕在葉密立至霍博地區。而當他登上汗位之後，就移到了位於契丹和畏吾兒地之間的本土，並把"那個地方"給了他自己的兒子貴由；有關他的四季駐營之處，將一一分別

---

[165] 雖然《史集·窩闊台本紀》中沒有提到其改稱"合罕"一事，但《世界征服者史》（上册，205頁）則記載道，在窩闊台舉行即位儀式的同時，人們就"按習慣尊稱他爲合罕" *Majma' al-Ansāb*, 也把他登汗位和改稱"合罕"繫於同時。（*wa ū rā takht-i khān'ī nišānad-and wa ū rā Qā'ān khʷānd-and.*）（p.349）同樣的記載還見於Aḥmad b. Muḥammad Gaffārī Kāšānī, *Tārīkh-i nagāristān*, Tehrān: Ḥāfiz, 1961, p.227. "窩闊台登臨汗位，並啓用合罕尊號。"（*Ūgadāy rā bar sarīr-i khān'ī nišānd-and wa laqāb Qā'ān nihād-and.*）而這似乎也可以与《元朝秘史》第270節："窩闊歹合罕自己罕被立著"的記載相對應。雖然姚大力先生認爲當日窩闊台的正式名份仍然叫做"罕"，而《秘史》中之"合罕"則出於後人之改寫，見《"成吉思汗"還是"成吉思合罕"？：兼論〈元朝秘史〉的成書年代問題》，《北方民族史十論》，208頁。但我認爲早在蒙古時代之前的突厥人政權中，"合罕"作爲特別强大的統治者，用以彰顯其地位的"榮譽稱號"（*laqāb*），是可以與通行的"汗"號並行不悖的。這點可以參看Jūzjānī, *Ṭabaqāt-i Naṣirī*, ed. by Ḥabībī, 'Abdalḥaiy, Kabul: Pūhanī Maṭb, 1343/1964. Jeld 2, p.47. "偉大的合罕，强大的兀魯黑汗，出自著名的玉里伯里汗族。"（*Khāqān-i muᶜẓam, ulugh khān-i aᶜẓam, az tukhma-yi khān-ān Ölbärï bā nām būd[a-and.]*）其中，"偉大的合罕"是他本人汗號之外附加的稱號，也並未由其子世襲。

[166] 《元史》卷一四六《耶律楚材傳》："乃告親王察合台曰：'王雖兄，位則臣也，禮當拜。王拜，則莫敢不拜。'王深然之。及即位，王率皇族及臣僚拜帳下。既退，王撫楚材曰：'真社稷臣也。'國朝尊屬有拜禮自此始。"（3457頁）又，《南村輟耕録》卷一《朝儀》："尊長之有拜禮，蓋自此始。"（17頁）

[167] 陳得芝《元嶺北行省建置考（上）》，127頁。

[168] ᶜAta Malik Juwaynī, trans. by John Andrew Boyle, *The History of the World-Conqueror*, Manchester: University of Manchester Press, 1958, p.43;《世界征服者史》，上册，43頁。

[169] *The History of the World-Conqueror*, p.43;《世界征服者史》，上册，45頁。

著録。拖雷[的領地]與之毗鄰且相連。"那塊地方"確實是他們國之中心，就像圓之中心……（*Ūkutāy ki walī ᶜahd būd, yūrt-i ū dar ᶜahd-i pidar dar ḥudūd-i Īmīl wa Qūbāq būd, čun bar takht-i Khānī nišist, ba-mauẓa'-i aṣlī ki miyān-i Khitāy wa bilād-i Ūyghūr-ast taḥwīl kard, wa ān jāygāh ba-pisar-i khūd Kuyūk dād, wa ẓakr-i manāzil ᶜalā-ḥadda musbat ast. wa Tūley nīz muttaṣil wa mujāwir-i ū būd, wa [?ḥaqīqat]*[170] *ān mauẓa' wasiṭi-yi mamlikat-i īnšā-st bar markaz wa dāyira...*）[171]

根據波斯文的表達習慣，指示代詞必須遵守"就近原則"，指代與其在句子結構上最相近的語法成分。因此被窩闊台當作遺產傳給其子貴由的"那個地方"（*ān jāygāh*）一詞，不可能用以指代前一句中的"葉密立及霍博之邊"，而僅僅是指其在"位於契丹和畏吾兒地之間的本土"上新就的封土[172]。

此外，14世紀馬木魯克（Mamlūk）史家烏馬里（*Ibn Fadhl Allah al-ᶜUmarī*）在其所著《眼歷諸國行紀》一書中，全文抄録了此節。這對我們正確理解志費尼書原意不無裨益。烏馬里書云：

在窩闊台受命爲皇儲的時代，[即]其父[統治]期間，他[的地方]在葉密立至霍博之邊。當其登上汗國的皇位時，就移向位於契丹和畏吾兒地之間的核心地區，並把"那個地方"傳給了他的兒子貴由，皇子拖雷[的領地]與之接壤。（*wa jaᶜala waladuhū Ūkutāy wallī ᶜahdhi,wakāna mauḍaᶜhū fī ᶜahd abīhi fī ḥudūd Īmīl wa Qūbāq, fa-lammā jalasa ᶜalā takhta al-sulṭanat intaqala ilā al-mauḍa' al-aṣlli bayina bilād al-Khitāy wa bilād al-Ūyghūr wa ᶜaᶜaṭa dhalika al-mauḍa' li-waladuhū Kuyūk,wakāna waladuhū Tūlī muttaṣilan bihi.*）[173]

由於阿語具有性、數、格位的變化，因此我們很容易分辨出，傳給貴由的"那個地方"（*dhalika*）是一個陽性單數遠指代詞，它所指代的祇能是上句中的"核心地區"（*al-mauḍa' al-aṣlli*），也就是波斯文中的"*markaz*"；而不可能是指窩闊台在皇子時期獲封的"葉密立和霍博"等地區，否則複數名詞應使用陰性單數遠指代詞

---

[170] 原文作"?ḥaqīqat"，首字母缺音點。根據上下文當爲"ḥaqīqat"之誤，意爲"確實、事實"（true, certain）。

[171] Juwaynī/Qazwīnī, *Tārīkh-i Jahāngušā'ī*, Jeld.1, p.32. 此句據波斯文原文直譯，凡與漢譯本不同之處皆用黑體標示。

[172] 關於此句句義中的矛盾之處，已經由Jackson指出。他試圖把最後一句中的"ū，他"（以黑體標示）所指代的對象解釋爲成吉思汗本人而非窩闊台。因爲如果不按此理解的話，被認爲在拖雷名下的"哈剌和林地區"既不與葉密立、霍博鄰近，在地理上也不連接。但正如下面引文所顯示的，13—14世紀的穆斯林史家在引述此句時，沒有一人把"ū，他"解釋成成吉思汗本人，故本文亦不採信Peter Jackson的說法（"The Disslotion of the Mongol Empire", *Central Asiatic Journal*, 1978, 32, p.211, n.103.）。

[173] Ibn Fadhl Allah al-ᶜUmari, ed. and trans. by K.Lech, *Das Mongolische Weltreich: al-'Umari's Darstellung der mongolischen Reiche in seinem Werk Masalik al-absar fi mamalik al-Amsar, Wiesbaden: Harrassowitz*,1968, text, p.14; trans. p.100.

（*tilka*）[174]。看來時代稍晚的一些穆斯林史家仍能夠正確地理解志費尼的句意。而波伊勒的譯文或許是受到緊接其後的插入語干擾，導致了理解上的偏差，並爲後來的研究者所沿襲[175]。

同時檢閱多種寫成於蒙古統治時代的波斯文獻，可以發現，後來的作者幾乎衆口一詞地把哈刺和林和“國之中心”等同起來。例如瓦薩甫（Waṣṣāf）稱“其（指蒙哥）弟阿里不哥遂於汗國疆域中心，戍軍雲集之處的哈刺和林駐留了下來。”（*barādar-aš Ārīgh Būkā dar Qarāqurum ki markaz-i dā^{c}ir-i sulṭanat wa mu^{c}askar-i ṭalī^{c}i-yi daulat ast mānda būd*）[176]；而遲至元成宗鐵穆耳時期，佔據西域的察合台後王都哇海對前者派來約和的使臣提到：“作爲國家的中心和幸福之源泉（直譯：‘臍眼’）的哈刺和林”（*mamlakat-i Qarāqūrum ki markaz-i daulat wa surra-yi sa^{c}ādat-st*）[177]。可見無論是實際掌控漠北本土的拖雷後裔，還是偏居一隅的察合台系宗王，均承認祇有哈刺和林纔是唯一的“國之中心”。

順便要提到的是：“畏吾兒諸地”（*bilād-i Ūyghūr*）爲一複數，或指“畏吾兒諸城”[178]。而“契丹”則毫無疑問就是指女真統治下的北中國，因此“契丹和畏吾兒地之間”的窩闊台老營，所指應當就是和林城，及其迤南的各處四季宮帳[179]。而爲貴由汗繼承的“那些地方”（*pl.manāzil<sing.manzil*），則應該採信波伊勒的注釋：是指和林城周邊的諸多宮殿[180]。

---

[174] 所以萊希在註釋中因爲受《突厥世系》（*Šajarat-i Türk*）的誤導，仍然把“*al-mauẓa' al-aṣlli*”解釋成“葉密立和霍博”，是錯誤的。*Das Mongolische Weltreich*, n.86, p.213. 阿布爾—哈齊—把阿禿兒汗（Abū al-Ghāzzī Bahādur Khān），戴美桑（Peter I. Desmaisons）法譯，羅賢佑漢譯《突厥世系》，北京：中華書局，2005年， 139頁。

[175] 論及誤導波伊勒等人的史家，不得不提到瓦薩甫，其書云：“窩闊台猶在其父祇膺寶位之際，已承命嗣統；遂將汗位與‘國之腹心’置於葉密立和霍博之邊；拖雷的禹兒惕和窩闊台[的分地]毗鄰相接。”（*wa Ūgutāy dar ^{c}ahd maimūn pidar čūn walī ^{c}ahd sulṭanat kh^{w}āst būdan, ham ḥudūd-i Īmīl wa Qūbāq ki takht-gāh-i Khāniyyat wa surra-yi mamlakat būd maqām dāšt wa Tūlū rā yūrt mujāwir wa mulāḥiqu Ūgudāy būdī.*）, Waṣṣāf, ^{c}Abd Allāh b. Fadl Allāh Šīrāzī, edited by Hammer-Purgestall,*Geschichte (^{c}Abdallāh Ibn Fadl-Allāh) Waṣṣāfs,* Wien:Hof-und Staatsdr., 1856, trans. p. 93; text. p. 96. *Tārīkh-i Waṣṣāfs (Tajẓiyat al-Amṣār wa Tazjiyat al-A^{c}sār)*, Bombay: 1853 , Jeld.1, p.50. 瓦薩甫的句式完全承襲自志費尼書，祇是辭藻更加浮華。但經其刪改，“葉密立和霍博”變成了“帝國的腹心”（直譯作：“臍眼”），與同書22頁所載矛盾，這祇能看作是瓦薩甫書以辭害意的一個典型。

[176] Waṣṣāf/Purgestall, *Geschichte (^{c}Abdallāh Ibn.Fadl-Allāh) Waṣṣāfs*, text. p.20.

[177] *Tārīkh-i Ūljāytū*, p.34.

[178] pl. *bilād<sing.balad*, 釋義為“城市、地區”（cities, regions）。而亦都護所在的“別失八里”（beš-baliγ）正以其地所轄“五城”而得名。

[179] 關於合罕分地向契丹（南）方向有比較遠的延伸這點，可參看志費尼書：“合罕本人曾命令在契丹地和他的冬季駐地（汪吉沐漣）之間，用木頭和泥土築一堵牆。”《世界征服者史》上冊，第2章，《成吉思汗的律令和他興起後頒佈的札撒》，29頁。

[180] 有關和林城四周駐地，詳盡的研究可參考J. Boyle, “The seasonal Residences of the Great Khan Ögdei”, *The Mongol World Empire 1206-1370*, London:Variorum Reprints, 1977, pp.145-151; 陳得芝《和林城及其周圍》，《蒙元史研究叢稿》，39—43頁。

此外，志費尼書中提到，當選舉蒙哥的忽鄰勒台召開時，“在那個地區的失烈門和其他那些[合罕的]孫子、后妃們，他們派出哈剌和林的異密晃兀兒—塔海那顏，作爲自己的代表”（*wa Sīrāmūn wa dīgar nawādgān wa khwātīn-i Qā'ān ki dar ān khudūd būd-and, Qunqurī[t]aqāy nūyān rā ki amīr Qarāqūrum būd, qā'īm maqām-i khīš ba-fastād-and.*[181]）。而這位晃兀兒—塔海（誤作Qongqūrītāī），據伯希和的意見，就是《秘史》第277、278節中出現過的“晃豁兒歹”，他是負責整治出入大汗斡耳朵的“札薩溫”（*Jasa'ul*），應該是窩闊台位下的怯薛之一[182]。蒙哥上臺後（辛亥，1251年），“晃兀兒”繼續留任原職[183]。而《史集》在引述此則材料時，又提到另一名“哈剌和林的異密帖木兒那顏”[184]，後者的身份應該和晃兀兒—塔海一樣。從窩闊台家族控制哈剌和林城和四周宮殿的衛戍這點，我們或許可以認爲窩闊台家族在此地擁有較爲特殊的權利。

由於現存的漢、波斯語史料大多寫成於拖雷後裔奪取汗位之後，所以對哈剌和林的最初歸屬權大多語焉不詳，但察合台、窩闊台後王們仍然認爲此地在最初是屬於窩闊台家族的私產。如元成宗時代，作爲察合台後王的都哇（Duwā）曾對海都之子察八兒（Čapar）說：“設若[汝]意欲宣示英武與勇力，就去奪回汝祖父窩闊台合罕昔日的夏季和冬季駐帳之地——哈剌和林罷。”（*agar šūkat wa qudrat wa muknat dāšta bāšad, Qarāqūrum ki khāna-yi yāīlāq wa qišlāq niyā'ī-yi tū Ūkutāy Qān āst ba-gīrad.*）[185]無論都哇還是察八兒，此時都已無覬覦大汗之位的野心。這句話遂可理解成：和林城及其四周營帳，最初則是由窩闊台營建並由其後裔世襲佔駐的，衹是在蒙哥即位後纔爲其乘勢攫取。故察八兒對其提出要求，被看成是謀求恢復窩闊台家族世襲利益的表示。

最後，我們就可以來回應蒙古帝國史上的一個重要疑點：即認爲拖雷家族的分地既已包括整個蒙古高原：“哈剌和林諸山與斡難河源之間”[186]，爲何當日的蒙古人並不認爲窩闊台“定都和林”是侵犯了拖雷家族的利益？一般的解釋爲：①定都哈剌和林乃成吉思汗生前指定之事[187]。②作爲大汗，窩闊台有權利任意指定一地以供其駐牧[188]。但我們還必須注意到：蒙古大汗、諸王的營地，正如遊歷草原的東西方旅行者所親見的那樣，“皂車氈帳，成列數千”。往往包括有數目龐大的僕從、侍衛及其家小、畜群，實爲一

---

[181] Jawaynī/Qazwīnī, *Tārīkh-i Jahāngušā'ī*, Jeld.3, p.16;《世界征服者史》下冊，622頁。

[182] P. Pelliot, *Notes sur l'histoire de la Horde d'Or: suivies de Quelques noms turcs d'hommes et de peuples finissant en "ar"*（金帳汗國史札記：兼論突厥語人名與族名中以ar結尾的名詞）, Paris: Adrien-Maisonneuve, 1949, pp.90-91, note.2. 伯希和認爲，由於蒙古語中的-γ音會因前後元音融合而消失，所以波斯文中的“塔海”-tāqāī可以與《秘史》中的“歹”-tai勘同。

[183] 《元史》卷三《憲宗本紀》，45頁。

[184] 《史集》第二卷，237頁。

[185] Qāšānī/Hambly, *Tārīkh-i Ūljāytū*, pp.33-34.

[186] 如屠寄《蒙兀兒史記》卷三《成吉思汗紀》：“於是定四子分地，以合剌豁魯木之山，斡難泝漣之源與拖雷。”上海：上海古籍出版社，1989年，《元史二種》，55頁上；《多桑蒙古史》上冊，179頁，引志費尼等書概括語。

[187] Paul Pelliot, “Caracorom”, p.167.

[188] 陳得芝《元嶺北行省建置考（上）》，127頁。

組織龐大的遊牧集團[189]。因此隨意地改變某一宗王及其家族的駐牧地，是件極其複雜的工作，除非發生重大的政治變故（如蒙哥上臺後大規模調整窩闊台家族分地），一般很少採取這種措施。而在蒙古帝國同時發動向東、西雙方遠征之際，窩闊台卻甘願冒着帝國分裂的危險，試圖把拖雷家族從其領地（哈剌和林）上排擠走，未免於情理不合。

而我認爲，較爲合理的解釋是：哈剌和林的重要地位在窩闊台即位以前並未得到充分體現，同時它也衹是處在拖雷勢力範圍的邊緣地帶。正是因爲成吉思汗死後的汗位傳承危機，促佷窩闊台轉而經營此地，方使哈剌和林登上了歷史舞臺的前沿。當然我們會看到，窩闊台營建哈剌和林城這件事，距離它真正成爲蒙古帝國政治生活的中心，還將有相當長一個過程。

三、“哈剌和林”：蒙古帝國政治中心之成立

（一）哈剌和林之移入與東蒙古（窩闊台—貴由時期）

據《史集·鐵木耳合罕紀》所載，成吉思汗生前，一共曾設立九個斡耳朵，其中四個屬“大斡耳朵”（yeke ordo），另外還有五個較爲次要的[190]。關於這四個“大斡耳朵”究竟何指，諸家考論尚有分歧。王頲認爲它們係指成吉思汗於“三河之源”地區建立的四個斡耳朵：即“怯綠連河的闊帖兀阿闌”、“薩里川的哈老徒”、“土兀剌河的黑林”和“斡難河的阿魯兀忽可吾”[191]。而陳得芝先生則認爲“第四斡耳朵爲鄂爾渾上游之西行宮”[192]。

因此需要稍作辨析的一點是：鄂爾渾上游的“行宮”是否就是“第四斡耳朵”？雖然李志常曾記載道，丘處機西行時，曾經過一個在杭愛山麓“乃蠻國兀里朵”舊址上建立的新營地[193]。而這則史料通常也被引用來證明自1220年代起，蒙古帝國的政治重心已經開始西移。

但是我們注意到：①按蒙古慣例，成吉思汗諸長妻在其出征時一般都會留守在自己的老營中[194]，但丘處機在此處“乃蠻國兀里朵”卻僅僅見到了“漢（女真）、[西]夏公主”，並未提到任何重要的蒙古后妃，可證明它當時還衹是一次要之營地。②耶律楚

---

[189] 《長春真人西遊記》卷上，265頁；魯不魯克也曾觀察到：即使是普通的蒙古富人，也多擁有一、二百輛大車。而拔都汗的斡耳朵則“看起來像一座伸延在他駐地四周的巨大城池。”，《魯不魯克東行紀》，210、239頁。

[190] 《史集》第二卷，377頁。

[191] 王頲《大蒙古國的斡耳朵》，111頁。

[192] 白壽彝《中國通史·元代卷》，上海：上海人民出版社，1999年，第13冊，379頁。

[193] 《長春真人西遊記》卷上：“仲祿今年五月，在乃滿國兀里朵得旨。”（233、234頁）陳得芝《元嶺北行省建置考》，123頁。

[194] 如前揭*Maʿamīʿ al-Ansāb*所載：“大斡耳朵掌握在根本大皇后手中”，p.245.

材也提到其於1218年“始發永安，過居庸，歷武川，出雲中之右，抵天山之北，涉大磧，逾沙漠。未浹十旬，已達行在。山川向繆，鬱乎蒼蒼。車帳如雲，將士如雨，馬牛被野，兵甲赫天，煙火相望，連營萬里，千古之盛，未嘗有也”[195]。謝方曾指出，此處的“行在”位于克魯倫河畔[196]；而羅依果更進一步認爲這就是位於薩阿里客勒（Sa'ari Qöl）的大斡耳朵[197]。這點也與《長春真人西遊記》中所謂：“自此（土剌河）以西，漸有山阜，人煙頗眾，亦以黑車白帳爲家”的記載相合，他們都注意了“三河之源”是當時蒙古人最集中居住的地方。而鄂爾渾河畔雖也有“車帳千百”，頗具規模，但李志常也注意到了其地“黍米斗白金十兩，滿五十兩，可易麵八十斤。蓋麵出陰山後二千餘里，西域賈胡以橐駝負至也。”[198]完全依賴自外地轉運糧食方敷供應。而直到窩闊台在位時，哈剌和林地區纔初具農業[199]。那麼其地是否能負擔起常駐於“大斡耳朵”的大批人口，是頗成問題的。相反，怯魯連河地區的農業生產的展開無疑要早得多，亦較具規模[200]。

綜上所述，我更傾向於認爲，成吉思汗“四大斡耳朵”分佈的地區，應與其政權最核心的地方相重合。至於此處“乃滿國窩里陀”的建立，卻更多是出於戰略、而非政治上的考慮。這是因爲從當時大蒙古國的形勢來看，他發起的西征將其控制的疆域大大向西擴張，由於新征服的區域局勢還相當動蕩，原來偏在東部的政治中心已無法有效地對蒙古高原西部進行控禦；同時哈剌和林地區也具有其在地理、自然環境方面的種種優勢[201]。而這個新立的斡耳朵，此時卻尚不具備取代位於“三河之源”的大斡耳朵的條件，它與後來的哈剌和林城址也並非一地。

另外，近年後由日本學者加藤晋平主持發掘，並由白石典之撰文考述的阿兀闌迦（Avranga，其名來自A'uruγ，蒙古語“奧魯”，意爲“軍營”、“老小營”）遺址，也是一處規模較大的駐營地。其中曾發現過大型建築物的地基和陶瓷器皿[202]。雖然陳得芝先生已經否定了白石典之將其比附爲彭大雅書中的“大斡魯朵”的推測，但可以認爲這是“另外五個斡耳朵”中比較重要的一個。

“四大斡耳朵”中最主要的那個，也就是位於曲雕阿蘭的的大斡耳朵，在漢文史

---

[195] 耶律楚材著，謝方點校《西遊録》卷上，北京：中華書局，2000年，1頁。

[196] 《西遊録》，5頁，註8。

[197] *The Secret History of The Mongols*, Vol.2, p.988.

[198] 《長春真人西遊記》卷上，282頁。

[199] 《世界征服者史》上册，第32章，《合罕言行録》，234、246、247頁。

[200] 張德輝即報告了怯魯連河附近，“瀕河之民……亦頗有種藝”，相反他提到哈剌和林地區氣候較寒冷，時“糜麥皆槁……已三霜矣。”（張德輝《嶺北行紀》，賈敬顏校註《五代宋金元人邊疆行記十三種疏證稿》，北京：中華書局，2004年，344、347頁）。

[201] 白石典之認爲：哈剌和林所在的鄂爾渾平原是蒙古高原上少有的、兼具較高氣溫和較充足降水條件的地區，因此可同時滿足遊牧和農耕人群的生活需要，故自回鶻汗國以降就成爲設立都城的不二之選。（《チンギス＝カンの考古学》，145—149頁）

[202] 《チンギス＝カンの考古学》，79—85頁。

料中則被稱作“龍庭”。耶律楚材有詩云：“詔下龍庭萬國歡，野花啼鳥總欣然。熙朝龜卜符千億，聖主龍飛第一年。”[203]據王國維考證，此詩當爲窩闊台即位作，而據《元史》，其即位之地正是曲雕阿蘭（庫鐵烏阿剌里）大斡耳朵。因此我們可以判斷《元史》中多處提到的“龍庭”均非泛指[204]。如“壬辰（1232）九月，拖雷薨。帝還龍庭”[205]，指的正是返回曲雕阿蘭。

出於避開拖雷家族傳統勢力範圍的考慮，窩闊台於即位次年（1230），就將其老營西移至鄂兒渾河地區[206]。但是斡難—怯魯連之地的諸“大斡耳朵”的重要性並未因此而受到絲毫削弱，它們同之前一樣，仍然是進行宗教祭祀和宴飲游獵活動的地方，而這些正是草原帝國政治生活中最重要的組成部分。因此可以認爲，在窩闊台即位後相當一段時間裏，蒙古帝國實際上存在着新、舊兩個政治中心。

鑒於此，白石典之認爲這是一段相當特殊的時期：由於哈剌和林城的建設尚未完成，窩闊台不得不從怯魯連到斡兒寒河，在超過900公里的區域内進行季節移動[207]。這段路程據進謁蒙哥汗斡耳朵的西方使臣魯不魯克報告說，約爲10天路程[208]。因而在1230—1234年間，窩闊台四季的游幸處既包括和林地區的新營地，也兼有成吉思汗時代的舊斡耳朵。他會在曲雕阿蘭“大斡耳朵”（龍庭）中避暑[209]，直至十一月份，再依俗移向自成吉思汗時代就已成爲冬營地的“黑林行宫”（哈剌·屯，Qara-tün）。

不過哈剌和林地區的重要性也在逐漸提昇，據《秘史》，1233年夏季，窩闊台沒有和以往一樣返回怯魯連河的舊營地，而是徑直入駐於哈剌和林[210]。直至於當年冬，他纔返回東部的“阿魯兀忽可吾行宫”[211]。從第二年（1234）起窩闊台不僅整年皆於哈剌和林地區活動，並在其南部，原先克烈部王汗的夏季營地“達蘭達葩”（意爲“七十

[203] 《湛然居士文集》卷二，《和楊居敬韻二首》，其二。而早於此，其詩就有“遙思御座分香賜，更想龍庭命席前。”卷四，《戊子餞非熊仍以吕望磻溪圖爲贈》。據王國維考證，此詩寫作於拖雷監國時期（1228）。波斯文史料已指出拖雷當時正鎮守於“成吉思汗的大斡耳朵”中。

[204] 與此有關的有：《元史》卷一《太祖本紀》，“三年（1208）戊辰春，帝至自西夏。夏，避暑龍庭。”（14頁）

[205] 《元史》卷二《太宗本紀》，32頁。此條可與《史集·窩闊台合罕紀》所載勘合：“在蛇年（*Mughāl Yīl*）……（窩闊台）返回了其都城（*ba-takhatgāh-i khud*）幸福地駐扎了下來。”

[206] 《元史》卷二《太宗本紀》載，窩闊台於1229（己丑）年即位於庫鐵烏阿剌里（曲雕阿蘭）。次年（1230，庚寅）春，即載其與拖雷獵於斡兒寒河，避暑於塔密兒河。其地皆在和林西北（30頁）。

[207] 《モンゴル帝国史の考古学的研究》，381頁，註3。

[208] 《魯不魯克東行紀》，266、279頁。而據曾經行此地的張德輝所記，自怯魯連河上遊至和林城共15驛。（張德輝《嶺北行紀》，344—346頁。）

[209] 《元史》卷二《太宗本紀》，窩闊台於1232年九月結束征金後，北“還龍庭，冬十一月，獵於納蘭赤剌溫之野。十二月，如太祖行宫。”（32頁）“納蘭赤剌溫”（Naran Čila'un），譯言“太陽石”，蘇天爵編《元朝名臣事略》卷八，《左丞姚文獻公》中有“憲宗繼位，詔凡軍民在赤老溫山南者，聽上總之”語，或爲同一地，158頁。

[210] 《元朝秘史》續集卷二，第273節，290頁下。“（斡歌歹）平安回着嶺北（中合舌剌中豁舌魯麻）行下了。”

[211] 《元史》卷二《太宗本紀》，32、33頁。

嶺”，Dalan Daban）和“八里里答闌答八思之地”[212]，兩次召開宗親大會，商議征宋事[213]。

太宗七年（1235）哈剌和林城的建成[214]，無疑是蒙古帝國歷史上的一件大事。據志費尼記載，哈剌和林城址的選定，乃出自窩闊台本人之“聖裁”[215]。不過有資料顯示，和林城建立之初，它在當日蒙古帝國君臣眼中，不過是大汗營建的一處新的“行宮”，地位尚不及立有成吉思汗大帳的“龍庭”（大斡耳朵）。如負責營造和林宮殿的劉敏傳記僅稱：“是後，立行宮，改新帳殿，城和林，起萬安之閣，宮闈司局，皆公發之。”[216]耶律楚材詩中以周天子所建之“靈沼、靈臺”相比擬，則是就其具有“慶典、會盟”功能而言，至於其地位則依然是“行宮”[217]。而西方文獻中比較客觀的敘述，來自魯不魯克的準確觀察：“他們（蒙古人）最初的居所，仍能找到成吉思汗的卓帳之處的那個地方，叫做斡難—怯綠連；但因爲哈剌和林地區是其初次征服（疆域）的核心，他們遂將其視作‘皇城’（habent pro regali）。”[218]

由於其城市規模的宏大、所它的影響力很快就溢出了蒙古帝國的疆域。大約於13世紀50年代前後，“哈剌和林”之名傳播到穆斯林世界中。最早提到其名字的是阿拉伯作家、詩人伊本·阿比勒·哈底德（Ibn Abī'l-Ḥadīd，生卒年爲1190—1257/58），他在報導蒙古人於1235—1236年間對伊斯法罕城（Iṣfahān）的一次侵襲時，已明確提到：他們是受窩闊台合罕派遣，從“新建成的都城——哈剌和林出發，並向西行進”[219]。稍後於此成書的《納昔里史話》（成書於1259—1260年）中也出現了“哈剌和林”之名。合乎事實的是，朮札尼並未提到它是帝國的“首都”[220]。

但窩闊台所更關心的，應該是如何通過經營這個新的政治中心，來確立自己的權威。早在其即位之初，他就熱衷於朝會之事，以至於“時朝集後期應死者眾，楚材奏

---

[212] 《十三世紀以前的克烈王國》，225頁。

[213] 《元史》卷二《太宗本紀》：“是春，會諸王，宴射於斡兒寒河。夏五月，帝在達蘭達葩之地，大會諸王百僚”；“是秋，帝在八里里答闌答八思之地，議自將伐宋”，34頁。見《史集》第二卷，58、59頁。

[214] 《元史》卷二，《太宗本紀》：“七年乙未春，城和林，作萬安宮。”

[215] 《世界征服者史》，上冊，第一部、第33章，《合罕的宮室和駐地》，261頁。

[216] 元好問《元好問全集》卷二八，《大丞相劉氏先塋神道碑》，太原：山西人民出版社，592頁。

[217] 《湛然居士文集》卷一三《和林城建行宮上梁文》：“拋梁東。萬里山川一望中。靈沼靈臺未爲比，宸宮不日已成功。”

[218] 本處引文參考Jackson所著新譯本譯出，與柔克義本略有不同。*The Mission of Friar William of Rubruck: His Journey to the Court of the Great Khan Möngke*, trans. & Noted by Perter Jackson & David Mogan、London: The Hakluyt Society, 1990, p.125.《魯不魯克東行紀》，236頁。

[219] John E. Woods, “A Note on the Mongol Capture of Iṣfahān ”, *International Journal of Near East Studies*, 36:1, 1977, pp.49-51.

[220] *Ṭabaqāt-i Naṣirī*, Jeld 2, p.177. 另外，書中147頁也曾出現“Qarāqurūm”之名，但根據上下文，這應該是“Qarā Murūn”（哈剌—木漣，指黃河）的訛寫。而2000年由蒙古科學院與德國波恩大學共同進行的考古工作中，曾發現一枚鑄造於635 H./1237-8 AD的銀質錢幣，上面有“QRH Q(或Ḥ)RM”字樣，或可釋讀爲“Qarah Qurum”。如果此則信息可靠，那麼這應該是哈剌和林之名最早的波斯語拼法。Stefan Heidemann, “The First Documentary Evidence for Qara Qorum, from the Year 635/1237-8”, *Acta Mongolica*, Vol.11, 2011, pp. 113-128.

曰：‘陛下新即位，宜宥之。’太宗從之。”[221]而和林城的功能正與其意相合。所以我們甚至可以認爲，他於1234年頒佈的條令：“凡當會不赴而私宴者，斬”，可能就是爲了在政治中心的西移後約束諸王與會而頒佈的。參見表一，可以看出：1235年以後，窩闊台主要的政治活動都在和林城四周的宮帳中展開。與此同時，位於和林以南、翁金河上游“野馬川”（月帖古忽闌）也取代了此前的黑林行宮成爲新的冬營地[222]。

相反，這段時間中很少留下窩闊台巡幸斡難—怯魯連舊地的記載。此種和傳統政治中心的疏離，很難説和他與拖雷，以及支持拖雷的東道諸王、諸部族之間的矛盾，毫無瓜葛。其結果，則是兩者之間的關係變得更愈加微妙起來。波斯文、漢文史料記載其唯一一次臨倖東部駐牧地的活動，發生於太宗九年（1237）“冬十月，獵於野馬川，幸龍庭，遂至行宮”[223]，正與窩闊台和東道諸王之間的衝突有關。據《元史》、《秘史》等文獻可知，這是因爲本年曾發生過“左翼諸部訛言括民女，帝怒，因括以賜麾下”，此事遂在東道諸王屬部中造成很大的震動[224]。因此窩闊台急忙巡幸太祖行宮，或有消弭其影響的用意。但這衹是大汗和東道諸王之間矛盾的初露端倪。正如窩闊台本人親口承認的，“自坐了我父親大位之後”做錯的四件事中的三件：①“聽信婦人言語，取斡赤斤叔叔百姓的女子”；②將成吉思汗的宿將，“有忠義的朵豁勒忽，因私恨陰害了”；③“將天生的野獸，恐走入兄弟之國，築墻寨圍攔住，致有怨言”[225]。而這一系列事件背後所隱含的，正是窩闊台及其家族刻意疏遠蒙古“本部”的舉動，使得原本建立在共同地緣基礎上、以集會、狩獵等形式維繫着的親密關係變得更加難以維繫。作爲上述事態的進一步延伸，到“窩闊台死後，斡赤斤和察合台的子孫們漸漸變得難以約束了”（*tamarrud āghāz kard-and*）[226]。並最終導致脱列哥那攝政期間，斡赤斤率軍“逼宮”事件的發生[227]。

此後，脱列哥那爲了使貴由順利繼位，於1245年和1246年先後召開了兩次宗親大

[221] 《元史》卷一四六《耶律楚材傳》，3457頁。

[222] 白石典之認爲“野馬川”即“月帖古忽闌”（Ötegü Qulan，意爲“老野馬”）的漢式譯名（《モンゴル帝国史の考古学的研究》，264頁）。陳得芝先生則認爲其地當爲翁金河上遊東南二、三日程之地，《元嶺北行省建置考（上）》，130頁。《混一疆理歷代國都之圖》中，“和寧”西南方向標有一地名“野馬川”，可與前述觀點參證。

[223] 《元史》卷二《太宗本紀》，35頁。

[224] 此次括民女諸部乃爲斡赤斤屬部，又見《元朝秘史》續集卷二，第281節，306頁下；《世界征服者史》上册，《合罕言行録》，254頁。

[225] 《元朝秘史》續集卷二，306頁下。據《史集》，朵豁勒忽·扯兒必是拖雷節制下的那顔（第二卷，36頁）。

[226] Jūzjānī/Ḥabībī, *Ṭabaqāt-i Naṣirī*, Jeld 2, p.166; Jūzjānī/ Ravery, *Ṭabaqāt-i Naṣirī*, p.1143.

[227] 《元史》卷一四六《耶律楚材傳》：“皇后欲西遷，楚材曰：‘朝廷天下根本’”，3464頁。案，“西遷”，即遷至位於葉密立、霍博的窩闊台分地中。

會[228]。其中，1245年秋聚會的地點是“闊闊納兀兒”（Kūkā Nāᶜwūr）[229]，此地應該位於《元史》中所謂“答蘭答八思之地”範圍内，爲窩闊台時代的秋季駐地。次年，他在哈剌和林地區的汪吉宿滅禿里即位。值得注意的是，他是成吉思汗之後首位未在大斡耳朵曲雕阿蘭召開忽鄰勒台登基的大汗。此一舉動或許反映了他和蒙古高原東部諸王關係的疏遠，而同時這也多少會對其統治的合法性帶來一些影響。

和其父親一樣，貴由汗也頗熱衷於展示自己大汗的權威。他一方面“希望自己的仁德之名超過他自己的父親”[230]；一方面又以“暴烈和殘酷”之名威懾臣下[231]。但除了其居潛邸份地葉密立和霍博外，他的主要活動區域僅局限於和林城周圍。而且檢索東、西方史料可發現，在居汗位期間，他似乎從未在斡難—怯魯連地區召開大型集會活動。但對於遊牧人來説，集會、宴飲首先是一種政治方式，所以史稱貴由在位期間“法度不一，內外離心，而太宗之政衰矣”[232]，從某種角度來説，或正與其對蒙古帝國本部，和對蒙古人傳統的疏離有關[233]。

（二）東、西蒙古的統合與政治重心之西移

如上文所考，拖雷家族的傳統勢力主要在東部草原，而其監國期間所管轄的範圍則包括了漠北全境。不過文獻中似乎透露出，他們在非常靠近窩闊台潛邸分地的“葉密立、霍博地方”，也有自己的禹兒惕（*yürt*）。《史集》中曾記載十一歲的忽必烈和九歲的旭烈兀在乃蠻邊境上的“Īmār-hūī”地方狩獵，此地鄰近“葉密立·忽真”（Īmīl-qūčin）[234]；同時位於“希列河”（Hīla-āb）河彼岸，距離畏吾兒地不遠的地方[235]。由於

---

[228] 《史集》此處的記載略顯混亂，兹據漢譯本所附注，第一次的時間是伊斯蘭曆643年4月爲公元1245年8—9月（第二卷，215頁）。

[229] Rašīd al-Dīn/ Rawšān, *Jāmi' al-Tawārīkh*, Jeld.2, p.805; *Jami' al-Tawārīkh*, Ms., London, p.581a. 案，“闊闊納兀兒”一字的拼法，德黑蘭本，倫敦本皆作“Kūkā Nāᶜwūr”，而這和《史集·窩闊台本紀》中提到的距哈剌和林一日程的秋營地“Kūsa Nāᶜwūr”應是同一個地方（漢譯本，第二卷，71頁）。Boyle曾認爲“Kūkā Nāᶜwūr”是正確的寫法，陳得芝先生則認爲當作“Kūsa Nāᶜwūr”(曲先惱兒)。但如何與此處勘同？目前似仍未有一完美的解釋。《元嶺北行省建置考（上）》，129頁。

[230] 《世界征服者史》上冊，283頁。

[231] 《史集》第二卷，223頁。

[232] 《元史》卷二《定宗本紀》，40頁。

[233] 除了和兄弟們關係的疏遠，穆斯林史料還多次提到貴由因受其“王傅”（*Ata bek*）合答（Qadaq）的影響，一概蒙古人對宗教的寬容政策，壓制伊斯蘭教徒。《世界征服者史》上冊，282—283頁；Jūzjānī/Ḥabībī,*Ṭabaqāt-i Naṣirī,* Jeld 2, pp.171-172。而蒙哥汗自負“一依本俗，不從他國所爲”，也許正是針對其前任而言的。

[234] Rašīd al-Dīn/Rawšān, *Jāmi' al-Tawārīkh*, Jeld.1, p.535,作“Īmān-hūī”，此處地名拼寫採納倫敦本拼法。*Jami' al-Tawārīkh*, Ms., London, p.525b.

[235] Rašīd al-Dīn/Rawšān, *Jāmi' al-Tawārīkh*, Jeld.1, p.535, *Jami' al-Tawārīkh*, Ms., London, p.525b,《史集》第一卷，第2分冊，315頁。

當時忽必烈兄弟當時還是幼童，不可能隨軍作戰，因此此地應該是其父親的營帳。原文“Īmār”或當釋讀爲突厥語“Yamār”，對應蒙古語“Jamar”。拉施都丁在別處又稱“葉密立·忽真”是貴由前去襲擊拔都時，進軍所至之地[236]，應距離葉密立不遠。而“希列河”在《史集·忽必烈合罕紀》又被稱爲“希列·沐漣”（Hīla Mūrān），正是同一地名的蒙古語譯寫[237]。根據漢譯者的意見，此地就是耶律楚材《西使記》中提及之“亦列河”（今伊黎河）[238]。後者的正確拼法應作“Īla”[239]，但是蒙古時代的波斯語文獻中，或許受到方言的影響，有時也會在以母音起首的蒙古語詞匯前，綴以“H”音[240]。加之《秘史》明確記載了成吉思汗於1224年，征服回回國（花剌子模國）後在“額兒的失河”駐夏[241]，故可確定此地的大致方位在伊黎河北、也兒的石河南。

正因爲拖雷在與窩闊台分地相鄰地方有自己的屬地，我們遂可明瞭《元史·憲宗本紀》中“太宗在潛邸，養以爲子，屬昂灰皇后撫育之。既長，爲娶火魯剌部（Qoralas）女火里差爲妃，分之部民”的記載並非虛語。而直到拖雷死後，太宗“乃命歸藩邸”[242]。此後文獻中出現的蒙哥分地則大多數是指哈剌和林以西，杭愛山至札不罕河一帶的營地。這也正是忽必烈時代蒙哥後王昔里吉、玉龍答失勢力範圍[243]。所以在窩闊台、貴由在位期間，蒙哥及其家族祇是依附於哈剌和林“中央兀魯思”的宗王勢力。所以志費尼會提到蒙哥是“從哈剌和林地區出發”前往拔都召開的忽鄰勒台大會的[244]。

我們並不知道窩闊台收養蒙哥的動機爲何，這或許如同他有意讓己子貴由收繼拖雷遺孀唆魯禾帖尼一樣[245]，是出於某種政治目的。因爲相似的事情還可以舉出，作爲伊利汗的阿魯渾，也曾收養過與其敵對的朮赤家族後裔合贊，並在其成人後，“爲了事情的利益，便把他連同一個兒子一起打發回去了”[246]。考慮到拖雷家族是汗位的有力競爭

[236] 《史集》第二卷，143頁。

[237] Rašīd al-Dīn/Rawšān, *Jāmi' al-Tawārīkh*, Jeld.2, p.883;《史集》第二卷，304頁。

[238] 《西使記》，“又西有大河曰‘亦列’”，2頁。

[239] *Джāми' ат-Тавāрӣх*, Том I, Часть1, p. 33,《史集》第二卷，20頁。這種拼法也常見於其他波斯文史籍，如*Ḥudūd al-cĀlam*《世界境域志》等。

[240] 如安童（Altun）在《史集》中作：“Hantūn”，Rāšīd al-Dīn/Rawšān, *Jāmi' al-Tawārīkh*, Jeld.2, pp.907-908;《史集》第二卷，327頁。相似的例子還可以舉出Quṭb al-Dīn著《蒙古載紀》（*Akhbār-i Mughūlān*）中，把“窩闊台”（Mong Ögedei>Per Ūkadāy）拼寫作“忽哥台”（Hūkatāy）。Maḥmmūd ibn Masūd Quṭb al-Dīn Šīrāzī, *Akhbar-i Mughūlān dar Anbānah-yi Quṭb*《忽忒卜抄本中之蒙古載紀》, ed. by Afšar, Qūm: Kitābkhānah-yi Ayatolah Marashi Najafi, 2010, p. 20. 這也是我們在對波斯文獻中的蒙古語彙進行復原時，需要引起注意的地方。

[241] 余大鈞譯本《蒙古秘史》，456頁。

[242] 《元史》卷三《憲宗本紀》，43頁。

[243] 參考村岡倫、谷口綾《カラコルム三皇廟殘碑とモンケーカアンの後裔たち》，松田孝一編《内陸アジア諸言語資料の解読によるモンゴルの都市発展と交通に関する総合研究》，大阪：大阪大學，2007年，平成17—19年度科学研究費補助金基盤研究（B），165頁。

[244] 《世界征服者史》下冊，622頁。

[245] 《史集》第二卷，204頁。

[246] 同[245]，123頁。

者，養育其子、替其娶妻或有利對之加以控制[247]。但形勢的變化總會使大部分事先算計落空，窩闊台後裔和阿魯渾一樣，最終原先的養子還是站到了對立的陣營中。

貴由汗死後，其後裔和察合台家族堅持要在“成吉思汗的根本禹兒愓和大位所在”的斡難—怯魯連地方舉行登基儀式[248]，並試圖以此來拖延時機。這直接導致了蒙哥在得到拔都和東道諸王的支持後，撇開窩闊台、察合台兩家，於1251年在斡難河源的闊帖兀阿闌（曲雕阿蘭）登基[249]。而貴由子失烈門、腦忽的謀叛及失敗，招致蒙哥對政敵的大規模殺戮與清洗。這一切均被恰於此時趕赴大帳，晉見“國之君王”蒙哥汗（*rūy ba-ṭaraf-dār al-mulk šāhzāda Munkkū Khan*）的也里世侯苫思丁·迦兒忒（Šams al-Dīn Kart）所目擊：

> [苫思丁·迦兒忒]在此日來到蒙哥皇帝的斡耳朵，在[那裏]貴由汗的三子和蒙哥皇帝曾[有一場]殊死較量。（*ān rūz ba-urdū'ī Pādšāh Munkkū rasīd ki šāhzādah-i Kuyūk Khān wa Pādšāh Munkkū Khān bāham dar muqātalat wa muḥārabat būd-and.*）[250]

而從蒙古諸王再三堅持要在曲雕阿蘭（即成吉思汗的“龍庭”）召開選汗大會這一點，我們也不難想見，在彰顯大汗即位的“合法性”方面，哈剌和林尚未能取代位於“三河故地”大斡耳朵的崇高地位。當然，隨着蒙哥的即位，他於1251年便“在窩闊台合罕的禹兒愓：哈剌和林境内的汪吉[沐漣]地方，度過了整個冬天”（*dar yūrt-i Ūkutāy Qā'ān ki dar ḥudūd-i Qarāqurūm ast ba-mauẓa' Ūng[qīn] qīšlāqmīšī tamām kard*）[251]，佔據了窩闊台家族傳統的冬季營地。不過直到次年（1252）夏，史書纔第一次明確記載蒙哥合罕“駐蹕和林”。

作爲權力鬥爭失敗的一方，窩闊台家族的勢力遭到瓦解。《元史》載，蒙哥合罕分遷“諸王於各所”：合丹於別失八里；蔑里於也兒的石河；海都於海押立地；蒙哥都及太宗皇后乞里吉忽帖尼於擴端所居地之西（在河西）。必須注意的是也兒的石河、海押

---

[247] 宇野伸浩就根據根據魯不魯克行紀，推測也許“因爲窩闊台系與蒙哥的鬥爭”，連帶昂灰皇后爲其選擇的火里差合敦也一併失寵了，可見其背後是有着一定的政治考量的。《チンギス一カン家の通婚関係の変遷》，《東洋史研究》第52卷第3號，東京，1993年，69—104頁；孟秋麗漢譯《弘吉剌部與成吉思汗系通婚關係的變遷》，《蒙古學信息》第四期第2冊，1997年，5頁。

[248] 《史集》第二卷，237頁。

[249] 《元史》卷三《憲宗本紀》，44頁。案，本年春、夏二季蒙哥皆駐足於此地。關於此點中外史料均無異詞，唯漢譯本《史集》此處作“在成吉思汗的京都哈剌和林，蒙哥被擁戴登基御位”，頗有誤導之嫌。第二卷，243頁。今檢原文當作“蒙哥合罕在成吉思汗大位所在的，臨近哈剌和林的[地方]登上皇位。”（*Münkkā Qā'ān rā ḥudūd-i Qarāqūrum ki*[德黑蘭本作：ki] *takhtgāh-i Čīnggīz Khān bar sarīr farmāndahī wa pādišāhī nišānd-and.*），Rašīd al-Dīn/ Rawšān, *Jāmi' al-Tawārīkh*, Jeld.2, p.829; *Jami' al-Tawārīkh*, Ms., London, p.585b.

[250] *Tārīkh Nāma-yi Harāt*, p.166.

[251] Rašīd al-Dīn/ Rawšān, *Jāmi' al-Tawārīkh*, Jeld.2, p.848; *Jami' al-Tawārīkh*, Ms., London, p.589b. 案，“汪吉（翁金，Ūngqīn）[河]”一詞，倫敦本作“Ung”，與德黑蘭本不同。《史集》第二卷，264頁。

立都是朮赤家族的傳統勢力範圍[252]；而别失八里則由大汗的代理人牙老瓦赤進行管理，故此舉包含着將窩闊台家族置於大汗和朮赤系的監視之下的用意。

蒙哥又以“晃兀兒留守和林宫闕、帑藏，阿藍答兒副之”[253]，標誌着拖雷系正式取代窩闊台系成爲哈剌和林地區的主人。與之同步，原本可能留駐在東部草原的拖雷家族成員，此刻應該也協同遷入和林地區。如阿里不哥在繼承其母親的斡耳朵後，將之移至和林附近[254]。不過忽必烈的兒子真金似仍留駐在怯魯連河的大帳中[255]。自此，從“哈剌和林之地直到斡難—怯魯連地方”（*dar maqām* [*ḥudūd*]*-i Qarāqūrūm būd ba-mauẓa'-i Ūnān-Kilūrūn*），全部被看作是蒙哥汗“大位”（*takhtgāh*）的所在[256]，而拖雷家族的勢力範圍始完全涵蓋了漠北高原全境。

蒙古帝國和由契丹人建立的遼朝，在制度結構和政治傳統的許多方面都存在着相似性。《遼史》記載，遼代諸帝“秋冬違寒，春夏避暑，隨水草就畋漁，歲以爲常。四時各有行在之所，謂之‘捺鉢’。”[257]而蒙古大汗也保持着四季巡幸的習慣，元初張德輝曾應忽必烈召辟，赴漠北覲見。其《行紀》載蒙古大汗一年之間的朝會情況爲：①每歲除日後三日，詣大牙帳致賀禮；②二月中旬，春水飛放；③四月九日；④重九日，均會於大牙帳。而其四季移行亦遵循着“遇夏則就高寒之地，至冬則趨陽暖薪水易得之處以避之”的規律[258]。和遼代諸帝通常在夏季舉行祭祀木葉山神主的傳統相類似[259]，自蒙哥汗時起，在秋季登日月山“祭天”也成爲有元一代所恪守的傳統[260]。《元史》稱，憲宗二年（1252）八月七日，學士魏祥卿、徐世隆，郎中姚樞等領樂工覲見蒙哥於“行宫”後，祭日月山[261]。檢表一，此處行宫應該是薩里川哈老徒行宫，是則表明日月山位於不

[252] 《史集》第二卷，“成吉思汗把也兒的石河和阿勒台山一帶的一切地區和兀魯思……都賜給了朮赤汗管理”，139頁。瓦薩甫則把“海押立和花剌子模地區”也稱作“朮赤的分地”。*Tārīkh-i Waṣṣāf*, p.50.

[253] 《元史》卷三《憲宗本紀》，45頁。

[254] 1253年法使臣魯不魯克曾親見“蒙哥拜訪就在附近的（指和林）他母親的斡耳朵。”《魯不魯克東行紀》，293頁。

[255] 參前引王磐《大學士竇公神道碑》。

[256] Rašīd al-Dīn/Rawšān, *Jāmi' al-Tawārīkh*, Jeld.2, p.868. “ḥudūd”倫敦本作“maqām”; *Jami' al-Tawārīkh*, Ms., London, p.597b 《史集》第二卷，287頁。

[257] 《遼史》卷三二《營衛志·行營》，北京：中華書局，2007年，373頁。

[258] 張德輝《嶺北行紀》，350頁。

[259] （宋）葉隆禮《契丹國志·契丹國初興本末》，上海：上海古籍出版社，1985年，1頁：“古昔相傳：有男子乘白馬浮土河而下，復有一婦人乘小車駕灰色之牛，浮潢河而下，遇於木葉之山，顧合流之水，與爲夫婦，此其始祖也。是生八子，各居分地，號八部落……立遺像[始祖及八子]。於木葉山。”參考劉浦江《契丹族的歷史記憶：以“青牛白馬”說爲中心》，《松漠之間：遼金契丹女真史研究》，北京：中華書局，2008年，99—122頁。

[260] 《元史》卷六八《禮樂志》：“憲宗二年三月五日，命東平萬户嚴忠濟立局，製冠冕、法服、鐘磬、筍虡、儀物肄習。五月十三日，召太常禮樂人赴日月山……[八月]十一日，始用登歌樂祀昊天上帝於日月山。”1691、1692頁。

[261] 《元史》卷三，《憲宗本紀》：“[憲宗四年]甲寅（1254）是歲，會諸王於顆顆腦兒之西，乃祭天於日月山。”（48頁）

魯罕山脈中距軍腦兒、顆顆腦兒甚近的某處[262]。

和皇室成員四季巡幸的習慣相適應，蒙古帝國的中央政務機關也是隨着大汗的斡耳朵四季移動的，這在漢文史料中被形象地稱爲“行國”。蒙古大汗、宗王們更願意停留在定居社會以外，接受作爲其代理人的地方世侯覲見與奉納。而世侯朝覲地點的前後變化，也越來越顯示出帝國政治中心發生了顯著西移。

參考表1、表2，可以看出窩闊台到蒙哥汗在位期間，新、舊政治中心的分化：哈剌和林在蒙古帝國行政中地位越顯重要；而斡難—怯魯連地區則是其溝通與東部諸王、諸千戶關係，進行宴會、祭天等活動的地區[263]。表面看來渾然一體草原本部，實則按功能劃被分爲東、西兩部。在西部越來越成爲絕對的政治中心的同時，東部地區則與蒙古部的文化傳統更爲相關。當然蒙哥汗本人“自謂遵祖宗之法”[264]，在恪守蒙古傳統方面表現得比窩闊台、貴由更爲突出。這表現爲其在位期間，其四季巡幸地區更多地包含了東部的草原。

表1　史料所見前四汗時期四季駐營地[265]

年代	春	夏	秋	冬	備註	出處
成吉思汗						
1206	斡難				獲封“成吉思汗”	《史集》
1208		龍庭			戊辰夏，避暑龍庭	《元史》
1210		龍庭			庚午夏，上避暑龍庭	《聖武親征録》
1211	怯緑連河					《元史》、《史集》
1214			撒里怯兒			《秘史》第250節
1216	盧朐河行宫（怯緑連河）		黑林[?]		帝會諸將於禿兀剌河之黑林，議征滅里吉（案，此處未言季節，暫參考其習慣，定於秋季）	《元史·速不台傳》

---

[262] 參考陳得芝《蒙古部何時遷到斡難河源頭》，《蒙元史研究叢稿》，64、65頁。又案王禕《日月山祀天頌》，稱日月山爲“哈剌溫山”，在“和林之北”，恐費確論，或出於漢人文士的想象之辭。《王忠文公集》卷二一，引自《全元文》第55冊，536頁。和不魯罕山同時又是土兀剌—斡難—怯緑憐三河的發源之處一樣，木墾山也位於潢河和土拉河的交流處。漠北遊牧民族的歷史記憶往往與相似的地理環境聯繫在一起，可能是基於相同的民族心理或祖源傳統。

[263] 如蒙哥汗三年（1253）與斡難河北的豁兒豁納主不兒草原舉行過一次宗親大會，調停東道諸王間的矛盾。又於七年（1257）“復會於怯魯連之地”，召集蒙古左、右翼宗王商討南征之事，其中以左翼東道諸王、五投下軍爲主力，故聚會於東部草原。《元史》卷三《憲宗本紀》，“諸王也古以怨襲諸王塔剌兒營。帝遂會諸王於斡難河北，賜予甚厚。”（47、50頁）《史集》第二卷，265、266頁；《史集》紀事年代有誤。陳得芝《成吉思汗墓葬所在和蒙古早期歷史地理》，27、28頁。

[264] 《元史》卷三《憲宗本紀》，54頁。

[265] 此表製作參考《モンゴル帝国史の考古学的研究》，68—71頁，並有所增補。

续表

年代	春	夏	秋	冬	備註	出處
1217				土剌	丁丑冬，太祖巡狩於圖拉（土剌）河	《德興燕京太原人匠達嚕噶齊王公神道碑》[266]
1224			黑林		自花剌子模返	《秘史》264節
1225	行宮[267]	[布哈綽克察][268]			春正月，還行宮。歲乙酉，會同於布哈綽克察	《元史·太祖本紀》；《史集》；《德興燕京太原人匠達嚕噶齊王公神道碑》
1227			薩里川哈老徒行宮		成吉思汗卒	《元史》
窩闊台合罕						
1229		忽魯班雪不只	庫鐵烏阿剌里		於忽魯班雪不只見拖雷；即位於曲雕阿蘭	《元史》、《征服者史》
1230	斡兒寒河	塔密兒				《元史》
1232		阿剌合的思	龍庭	納蘭赤剌溫、太祖行宮	九月，拖雷薨，帝還龍庭	《元史》、《史集》
1233	鐵列都		兀必思	阿魯兀忽可吾		《元史》
1234	斡兒寒河	達蘭答葩	八里里答蘭答八思	脫卜寒、赤那思	春於斡兒寒會諸王；秋於八里里答蘭答八思議征宋；冬於狼山（赤那思山）狩獵[269]	《元史》、《湛然居士集》
1235					城和林，作萬安宮	《元史》
1237	揭揭察哈			野馬川、龍庭、[太祖]行宮	六月，左翼諸部訛言括民女	《元史》
1238		揭揭察哈				《元史》
1239	揭揭察哈					《元史》
1241	揭揭察哈			月帖古忽闌	太宗崩	《元史》

---

[266] 胡祗遹《紫山大全集》卷一五，長春：吉林文史出版社，2008年，357頁。此處所謂“巡狩於土剌”，當與其時駐黑林行宮有關。

[267] 《元史》卷一《太祖本紀》，23頁，“二十年乙酉春正月，還行宮。”《史集》第一卷，第2分册，316頁，1225年，春天，成吉思汗駐扎在自己的斡耳朵裏。

[268] 胡祗遹在《王公神道碑》中又提到“歲乙酉，會同於布哈綽克察。”在此次集會中“太祖以官制未備”乃命王德真爲怯薛（集賽），這和《史集》中所説的“他在家裏度過了那年夏天，頒發了若干英明的詔敕。”大體爲同一件事，故定爲夏季。唯“布哈綽克察”一名由於清人妄改而無法復原。

[269] 《湛然居士集》卷十《扈從羽獵》、《狼山宥獵》二詩。試比照《世界征服者史》（29頁），可知其時爲冬季。赤那思（Čiɔos）蒙古語謂“狼”，“狼山”應該就是此地名的漢譯，耶律楚材頗喜以漢語雅言迻譯異域地名，如譯不花剌爲“蒲華”之類（陳得芝《赤那思之地小考》，266—269頁）。

续表

年代	春	夏	秋	冬	備註	出處
貴由汗						
1245			**闊闊納兀兒、答蘭答八思**		左右翼宗王聚會	《史集》
1246	**和林**	**失剌斡耳朵**	**汪吉宿滅禿里**	**野馬川**	貴由汗即位	《元史》、《迦賓尼行紀》[270]
1247		曲律淮黑哈速				《元史》
蒙哥汗						
1251	闊帖兀阿闌、斡難	臚駒河		**汪吉**	即位於曲雕阿蘭，於汪吉駐冬	《史集·蒙哥汗本紀》
1252	失灰	**和林、曲先惱兒**、闊迭額·阿剌勒（曲雕阿蘭）	薩里川哈老徒行宮，日月山	**月帖古忽闌**	始駐和林，七月聚會於曲雕阿蘭，八月祭天於日月山	《元史·禮樂志》，《蒙古秘史》，[271]程鉅夫《信都常忠懿王神道碑》[272]
1253	**怯蹇叉罕**、斡難	火兒忽納要不兒	軍腦兒	**汪吉**	會諸王於斡難河北	
1254	**怯蹇叉罕**	月兒滅怯[土]	顆顆腦兒	也滅干哈里叉海	會諸王於顆顆腦兒之西，乃祭天於日月山	
1255		月兒滅怯土	君腦儿		乙卯年九月二十九日，頒行聖旨	《元史》，《至元辨僞録》[273]
1256	**欲兒陌哥都**	塔密兒、昔剌兀魯朵	解亦兒阿塔	阿塔哈帖乞兒密		《元史》
1257	忽闌也兒吉	太祖行宫、怯魯連	**月兒滅怯**土、軍腦兒		幸忽闌也兒吉，詔征宋；復會於怯魯連之地	《元史》
1258				（漠南）玉龍棧		《元史》
1259	也里本朵哈				受朝賀	《元史》

註：凡屬斡難—怯魯連太祖舊斡耳朵用楷體標出；和林城周邊地區用黑體標出。

[270] 失剌斡耳朵（Šira Ordc，又作昔剌兀魯朵）據陳得芝先生考證，即建於月兒滅怯土之蒙古大汗駐夏地（《元和林城及其周圍》，41頁）。又據普蘭·迦賓尼稱，貴由汗於失剌斡耳朵接見使臣後，隨即前往汪吉宿滅禿里即位（《蒙古人的歷史》，397頁）。

[271] 余大鈞譯《蒙古秘史》，494—501頁。

[272] 程鉅夫《雪樓集》卷一五，《信都常忠懿王神道碑》："二年夏，會諸侯於臚駒河。"此文所記蒙哥汗憲宗二年（1252）臚駒河宗王大會，即《蒙古秘史》末節所云鼠兒年在"客魯漣河的闊迭額·阿剌勒"舉行的"也客·忽鄰勒台"，這也可從一側面證明余大鈞先生的觀點：《蒙古秘史》正文寫定於壬子（1252）年。

[273] 釋祥邁《至元辨僞録》卷三。

表2　前四汗時期的朝觀地點

年代	朝覲人員姓名	朝覲地點	史料出處	附録
成吉思汗				
1211	哈剌魯國主阿爾思蘭（Arslan）；畏吾兒亦都護	龍居河（怯魯連）	《宣徽使太保定國忠亮公神道碑》；㉔《元史·太祖本紀》	
1215	耶律留哥	按壇孛都罕	《元史·耶律留哥傳》	屠寄考證,此地即“臚駒行宮”
1218	耶律楚材	薩阿里客勒	《西游録》	“行宮”
1221	丘處機	怯魯連大斡耳朵	《長春真人西遊記》	丘處機詩註云：“舊兀里朵”，當爲怯魯連大斡耳朵
窩闊台合罕				
1228	完顏奴申	怯魯連大斡耳朵	《金史》㉕	正大五年九月，奉使大元，至龍駒河，朝見太宗皇帝
1229	阿虎帶	庫鐵烏阿剌里	《元史·太宗本紀》	金遣阿虎帶來歸太祖之賵
1228—1229前後	東部波斯諸異密	哈剌和林[？]	《納昔里史話》㉖	案，其時和林城未建，朝覲當趨怯魯連河大斡耳朵
1229	趙誠	怯魯連大斡耳朵	《千戶趙侯神道碑》㉗	己丑五月，朝於北庭
1229	董俊	怯魯連大斡耳朵	《壽國忠烈董公傳》㉘	太宗即位，見於行宮
1236	鄒伸之使團	怯魯連大斡耳朵	《黑韃事略》	
1230	嚴實	牛心之幄殿	《東平行臺嚴公神道碑》㉙	當在塔密兒河附近
1234	嚴實、陳秀玉	哈剌和林	《東平行臺嚴公神道碑》、《和陳秀玉綿梨詩韻》㉚	
1235	陳秀玉	哈剌和林	同上	
脱列哥那后攝政				
1242	列邊·阿塔（Rabban Ata）	哈剌和林	《亞美尼亞史》㉛	彼方聽聞基督教徒爲韃靼部眾虐殺之慘狀，乃赴汗廷愬以哀憫

㉔ 黄溍《金華黄先生文集》卷二四，《宣徽使太保定國忠亮公神道碑》：“當太祖皇帝正大位之六年，歲在辛未（1211），率其國主（哈剌魯）阿爾思蘭來覲於龍居河。”引自王頲點校《黄溍全集》，天津：天津古籍出版社，2008年，下冊，647頁。

㉕ 脱脱等纂《金史》卷一一五《完顏奴申傳》，2523頁。

㉖ Jūzjānī/Habībī, *Ṭabaqat-i Naṣir*, Jeld.2, p.103; Jūzjānī/ Ravery, *Ṭabaqat-i Naṣir*, pp.1109-1110.

㉗ 元好問《遺山集》卷二九《千戶趙侯神道碑》，《元好問全集》，617頁。案，《太宗本紀》載“元年己丑（1229）秋八月己未，諸王百官大會於怯緑連河曲雕阿蘭之地”，故趙誠所朝之“北庭”亦當指此地。《元史》卷一，29頁。

㉘ 元明善《壽國忠烈董公傳》，《常山貞石志》卷一八，引自《全元文》第24冊，234頁。

㉙ 元好問《遺山集》卷二六《東平行臺嚴公神道碑》：“庚寅（1230）四月，朝太宗於牛心之幄殿，帝賜之坐，宴享終日，賜以虎符。數顧實謂侍臣曰：‘嚴實真福人也。’甲午（1234），朝於和林，授東平路行軍萬戶，偏裨賜金符者八人。”（《元好問全集》，549頁）案，庚寅年時和林城未建，參見（表1）則“帳殿”云云當爲塔密兒河畔之斡耳朵而已，參看陳得芝《元嶺北行省建制考（上）》，125頁。

㉚ 耶律楚材《湛然居士文集》卷一，引王國維所撰《年譜》：“案此詩作於秀玉入覲時。秀玉於甲午、乙未二年均至和林。”（17頁）

㉛ 引自伯希和著、馮承鈞譯《蒙古與教廷》，北京：中華書局，2001年，55頁。

续表

年代	朝覲人員姓名	朝覲地點	史料出處	附録
貴由汗				
1244	李志常、王志坦	哈剌和林	《崇真光教淳和真人道行之碑》[282]	（甲辰）夏五月，從真常北上……皇太后钦挹真风，宠赉以禮
1246	迦賓尼	哈剌和林	《迦賓尼行紀》	
1246				
1247	郝和尚拔都	宿免都	《郝公神道碑銘》[283]	
1248	雪庭福裕	哈剌和林	《少林裕公之碑》[284]	詔住和林興國禪寺
1247—1248	羅斯諸侯亞歷山大·涅夫斯基	哈剌和林[285]		
1250	董文用	哈剌和林	《元史·董文用传》	从文炳谒太后於和林城[286]
不詳	田雄	哈剌和林	《元史·田雄傳》	定宗時，入覲於和林
不詳	魯木算端魯肯(Rukn al-Dīn)	哈剌和林	《敍利亞編年史》[287]	或於1246年即位時
蒙哥汗				
1251	苫思丁·迦兒忒	怯魯連大斡耳朵	《也里史志》	
1251	李志常	汪吉河營地	《玄門掌教大宗師真常真人道行碑銘》[288]	（辛亥）冬十月，遣中使詔公至闕下
1252—1253	阿塔蔑力·志費尼	哈剌和林	《世界征服者史》	同行還有阿魯渾·阿哈等人
1254	海屯（Het'um）	哈剌和林	《海屯行紀》	
1254	魯不魯克	哈剌和林	《魯不魯克行紀》	
1255	李志常	哈剌和林	《玄門掌教大宗師真常真人道行碑銘》	碑云“行宮”，居上表當在月兒滅怯土
1255	那摩大师、少林長老等人	哈剌和林	《至元辨僞録》	以七月十六日，覲帝於鶻林城之南昔剌行宮

[282] 高鳴《崇真光教淳和真人道行之碑》，陳垣、陳智超編《道家金石略》，610頁。據下文“燕去和林，里千六百有奇”，可知所朝之地爲和林，“皇太后”時爲脫列哥那。

[283] 王磐《故五路萬戶河東北路行省特贈安民靖難功臣太保儀同三司追封冀國公謚忠定郝公神道碑銘》，（明）朱昱，《嘉靖重修三原縣誌》，脫漏部分則據成化刊本校補，上海圖書館藏抄本，第4分冊。

[284] 程鉅夫《大元贈大司空開府儀同三司追封晉國公少林開山光宗正法大禪師裕公之碑》，録文載（清）葉封，《嵩陽石刻集記》，引自無谷、劉志學編《少林寺資料集》，北京：書目文獻出版社，1982年，433—435頁。此文較程鉅夫《雪樓集》卷八《嵩山少林寺裕和尚碑》内容更爲豐富，字句錯訛亦較少。如“戊申定宗”，《雪樓集》作“太宗”，誤。

[285] George Varnadsky, *The Mongols and Russia*, New Haven: Yale University Press, 1953, p.147.

[286] 《元史》卷一四八《董文用傳》，3495頁。

[287] Bar Hebrews, Chronography《敍利亞編年史》, trans. from Syriac by E. A. Wallis Budge, “*Concerning the Enthronement of Ghoyuk* [*Guyuk*] *Khan in the Place of the Khan His Brother*”，引自網絡版：http://rbedrosian.com/BH/bh60.htm.（檢索日期：2011/12/5）

[288] 王鶚《玄門掌教大宗師真常真人道行碑銘》：“秋七月見上於行宮，適西域進方物，時太子、諸王就宴。”陳垣、陳智超編《道家金石略》，579頁。隨其前去的還有道士史志經，王鶚《洞玄子史公道行録》，《道家金石略》，577頁。

续表

年代	朝覲人員姓名	朝覲地點	史料出處	附録
1256	噶瑪拔希	哈剌和林	《红史》[289]	在昔剌斡耳朵
1254—1259?	魯木王子阿老丁（'Alā' al-Dīn Kayqubād II）	哈剌和林	《魯木塞兒柱王朝史》[290]	
不詳	馬月忽乃	哈剌和林	《故禮部尚書馬公神道碑》[291]	（祖馬月忽乃）見憲宗皇帝於和寧
不詳	魯木長官泰朮丁（Tāj al-Dīn）	哈剌和林	《月夜史譚與景行良友》[292]	
不詳	魯肯丁（Rukn al-Dīn）	哈剌和林	《世界征服者史》[293]	伊思馬因首領覲見蒙哥

（三）作爲“公共領地”的哈剌和林

自成吉思汗統一漠北起，廣義的哈剌和林地區就是淩駕於東、西兩側諸子、諸弟兀魯思之上的“中央的兀魯思”（Qol-un Ulus），但真正屬於大汗掌控的其實僅包括和林城及四周駐營地，其面積約爲15 000平方公里。和林城及其四季駐地理所當然地佔據了漠北高原的核心位置，而其周邊則“犬牙、棋布”了大量處於附屬性質的蒙古宗王、駙馬的分地[294]。其中，和林城市的居民多以移居漠北的漢人和中亞居民（色目人）爲主，過着定居式的生活[295]。而這與大多數蒙古宗王所能習慣的四季巡弋的遊牧生活相矛盾，故大多數宗王及其爲位下千戶軍隊仍然停駐於和林地區以外自己的草原領地上。因此至少在世祖朝大規模屯兵漠北之前，就和林城而言，戍守其中的蒙古軍隊當爲數不多。這

[289] 陳慶英漢譯，*Qolan Debter*《红史》（*Deb ther dmar po*），北京：中國藏學出版社，2002年，75頁：“[噶瑪拔希]龍年（1256），到達所有汗王、王族聚會之地‘賽熱烏斡耳朵’……顯無數奇特之神變”。案，“賽熱烏斡耳朵”實爲“昔剌斡耳朵（Sira Ordo）”的藏文拼寫法。王森已經將其地比定爲“翁金（Ongin）地方的錫（原書訛作“賜”）拉斡耳朵（Sira Ordo）”（《西藏佛教發展史略》，北京：中國社會科學出版社，1997年，117頁）。

[290] Ibn Bībī, *Akhbār-i Saljūqa-yi Rūm*（魯木塞兒柱王朝史），ed. by Maškūr, Muḥammad Ǧawād, Tehrān, Kitābfurūšī-i Tihrān 1971, p.293. 相關年代的討論參看Louise Marlow, “A Thirteenth-Century Scholar in the Eastern Mediterranean: Sirāj al-Dīn Urmavī, Jurist, Logician, Diplomat”, *Al-Masāq*, Vol. 22, Issue. 3, Devor University of Exeter, 2010, p.299, note.117.

[291] 馬祖常《石田文集》卷一三《故禮部尚書馬公神道碑》，引自《全元文》第32册，500頁。

[292] Aqsarā'ī, Maḥmūd Ibn-Muḥammad al-, *Musāmirit al-Akhbār wa Musāyarat al-Akhiyār*（月夜史譚與景行良友）：“馬合丁·塔合魯之子泰朮丁……放棄了庫尼亞（Qūniya，魯木地名）……在此期間定居於哈剌和林（Ghara Ghurūm）。ed. by Osman Turan, *Müsâmeret ül-ahbâr:Moğollar zamanında Türkiye Selçuklulari tarihi*, Ankara: Türk Tarih Kurumu, 1944, p.65. 他在花剌子模時期就是當地的瓦即兒。

[293] 《世界征服者史》下册，861頁。

[294] 袁桷《清容居士集》卷三四《拜住元帥出使事實》：“太祖皇帝，經劃區夏，以磐石宗犬牙於龍興絕域之地。”

[295] 《チンギス＝カンの考古学》，149頁；宇野伸浩、村岡倫、松田孝一《元朝後期カラコルム城市ハーンカー建設記念ペルシア語碑文の研究》，《内陸アジア言語の研究》第14號，大阪，1999年，1—64頁。

也是爲何在前四汗時期一旦遇到有人覬覦汗位，試圖以武力相逼時，留駐和林城的皇子、后妃往往選擇回到屬於自己的分地中去召集軍隊。例如窩闊台死後，成吉思汗幼弟鐵木哥斡赤斤兵逼和林，脫列哥那“遂令授甲選腹心，至欲西遷以避之”[296]。同樣，貴由死後其妻斡兀立·海迷失及其二子也最終選擇了返回“貴由汗前斡耳朵所在之霍博和葉密立”[297]。甚至到忽必烈、阿里不哥兄弟爭位時期，後者也選擇在自己分地中的“阿勒台夏營地”（*yailāq-i Altāī*），而不是在哈剌和林召集宗親迎立[298]。此種情況當與和林城的這種特殊性有關。

更爲普遍的情況是，哈剌和林的重要意義並非在於其軍事功能，而在於其承擔着聚會、大宴、朝拜等草原政治模式中的儀式性功能。參看蒙—元時期史料可以發現，圍繞在哈剌和林地區周邊的各支蒙古宗王當冬季開始時即率部眾避入山間，各自分散活動。而夏、秋時期往往選擇水源充沛，草場豐美的平原地區駐牧。此時的駐牧範圍以及活動規模都遠較冬、春營地爲大[299]。而哈剌和林及其迤南地區草場面積廣闊，地勢平坦，正是蒙古宗親舉行集會、大宴等例行集會的地點。因而可以想見，地位較低、屬民較少的蒙古宗王的活動規則是冬季距大汗營帳最遠，而夏秋季節則最靠近大汗的斡耳朵範圍所在；同樣的，大汗四季巡幸路綫也總是在這兩個季節和大多數宗王、千戶的營地最爲接近[300]。爲應付集會需要，在大汗的怯薛班子中甚至安排有專門的“禹兒惕赤”（Yūrtčī）和“札撒溫”（Yāsā'ūl）管理相關事宜。其具體職掌可藉由稍後的伊利汗國公文選集《書記規範》（*Dastūr al-Kātib fī Ta^cyīn al-Marātib*）所載《命官制書》概見一二：

> [禹兒惕赤一職]實國之體要，朕之肱股，[其所司職]乃爲君王安排停當夏、秋營地，宮帳，驛站，畋獵場所，及其餘種種駐驛之處。[並於]大牙帳（*yūrtī-yi mu^caiyan*）視野周及[之處]，曉諭諸王、異密、宰輔、倚納（近

[296] 《史集》第二卷《貴由汗紀》，212頁；《元史》卷一四六《耶律楚材传》，3464頁。“西遷”的目的地，參考《世界征服者史》等書，當爲移向葉密立、霍博地區以等待從東歐前綫返回的貴由。

[297] 《世界征服者史》上冊，289頁。

[298] Rašīd al-Dīn/Rawšān, *Jāmi' al-Tawārīkh*, Jeld.2, p.875;《史集》第二卷《忽必烈合罕紀》，293頁，譯作“牙亦剌黑—阿勒台”，沒有將原文中表示從屬關係的iżāfī（-i）結構譯出，今依原文補入。而值得注意的是：“阿勒台（按台山）夏營地”，據韓儒林先生考證，最初正是唆魯禾帖尼分地，嗣後由阿里不哥繼承（《元代的吉利吉思及其鄰近諸部》，《穹廬集：元史及西北民族史研究》，上海：上海人民出版社，1982年，350頁）。

[299] Bat-Ochir Bold, *Mongolian Nomadic Society: A Reconstruction of the 'Medieval' History of Mongolia*, London: Curzon, 2001, p.55. 當然四季營地衹是一個大致的範圍，在此範圍內遊牧部眾也是“今日行，而明日留，逐水草，便畜牧而已”，並不定居於一處（張德輝《嶺北行紀》，351頁）。這樣我們也就可理解，忽必烈即便在東移至“哈剌溫·只敦”地方後，也同樣在一系列駐營地中循時移居，金蓮川之地衹是其中之一。

[300] 同樣，在西亞的蒙古伊利汗的冬—夏（即一年中移動的最長距離）移駐範圍（位於阿塞拜疆地區，包括Arrān、Mūghān、Alataq、Safīd Rūd等地），也正與屬於“中央集團”的大多數蒙古宗王、部族駐地範圍相重合。參考本田實信《イルハンの冬營地・夏營地》，載《モンゴル時代史研究》，東京：東京大學出版會，1991，379頁；John Masson Smith, “Mongol Nomadism and Middle Eastern Geography: Qishlaqs and Tümens”, *The Mongol Empire and Its Lagacy*, pp.39-56。此種習慣甚至在忽必烈建立元朝，將帝國的中心南移至大都後也依然存在。《通制條格》卷八《儀制·朝現》條載，元代時“諸王、妃子、公主、駙馬、各千戶每朝現的，並不揀甚麼勾當呵，夏間趁青草時月來上都有來。”方齡貴校註《通制條格校註》，北京：中華書局，2001年，335頁。

俸）、國之重臣及諸御前侍從等人，各自營帳（*yūrt-i ū*）位置所在，並爲之妥善安排。大牙帳卓帳之地未定，隨從諸人之帳亦不得[任意]頓宿。依例：諸王駐帳於大汗[牙帳]之右手，諸兀魯斯·異密等亦於右手裏宿營，右手[蒙古語]喚作'巴舌剌溫·中合舌侖'（*Barāūūn-Qār*）。[301]而諸宰輔、財政大臣等乃於"沼溫·中合舌侖"裏（*ba-jānab-i Jāūūn-Qār*）[302]——亦即大汗之大牙帳左側宿營。（*yikī az mu^{c}zamāt-i asbāb-i mamlakat wa tartīb-i muhimmāt-i sulṭanat ān-st ki pādišāh rā dar yāilāq wa qīšlāq wa jamī' manāzil wa marāḥil wa šikār-gāh-hā wa dar har mauẓa ki nuzūl kunad, yūrtī-yi mu^{c}aiyan bāšad ki čūn šāhzādāgān wa umarā wa wuzarā wa īnāqān wa arkān-i daulat wa a^{c}wān-i ḥaẓārāt ān yūrt rā nazar āvrand, har kas az īšān dānad ki yūrt-i ū kujā-st wa ū rā kujā furo mī bāyad āmad, wa tā yūrt-i mu^{c}aiyan na-šūd, yūrt-i īšān nīz mu^{c}aiyan na-gardad. masal-an šāhzādagān bar dast-i rāst nazdīk pādišāh furo āyanad wa Umarā-yi Ulūs nīz bar dast-i rāst ki ān rā Barāūūn-Qār gūyand nuzūl kunand, wa wuzarā wa aṣḥāb dīwān ba-jānab-i Jāūūn-Qār ki čap-i yūrt-i pādišāh bāšad furo āyand.*）[303]

又：

[札撒溫]值福慶之忽鄰勒台及大飲宴時，教騎馬巡行，常川整治有來。[雖]毫髮之爽，[亦]不教犯者。（*wa dar waqt-i Qūrīltāy-yi mubārak wa Ṭoy-hā'ī-yi buzurg sawār šūda ba-wazīfa-yi yāsāmīšī ištighāl namāyad wa hīč āfrīda ba-yik sarmū'ī na-andīšad.*）[304]

案，此處可以略作引申的是，《任命禹兒惕赤文書》中的"大牙帳"[305]（*yūrt-yi mu^{c}aiyan*，意爲："特定的、指定的營帳"）和同一篇中的"王帳"（*yūrt-i pādišāh*）所指相同，均指大汗所居的"御帳"。蒙古人尚右，其觀念中的"右手"方向即指西方。集會時諸王、蒙古重臣（即文中之"兀魯斯·異密"）坐於右手，這可以從漢、波斯文獻的記載中得到印證。如曾預忽必烈所舉行之朝會的高麗文人李承修即云："西

[301] "巴舌剌溫·中合舌侖"（Per. Barāūūn-Qār<Mong. Bara'un γar），見《元朝秘史》卷八，第206節，漢文旁譯爲"右手的"，198頁下。此處譯作按元代硬譯公文文體譯作"右手裏"。趙承禧《憲臺通紀·命禿忽赤爲御史大夫》："教只兒哈郎右手裏畫字了也。"

[302] "沼溫·中合舌侖"（Per. Jāūūn-Qār<Mong. Je'ün γar），見《元朝秘史》卷八，第207節，旁譯爲"左手的"，199頁下。

[303] Hīndūšāh, Moḥammad Nakhčiwānī, *Дастўр ал-Кāтиб фй Та'йин ал-Марāтиб*（書記及命官文書規範），критич. текст, предисл. и указатели А.А.Али-заде, Tom.2, Москва: Наука, 1976, pp.62-63. 本節譯文並參考本田実信《モンゴルの遊牧的官制》所載日譯文，並有所改動（《モンゴル時代史研究》，72頁）。

[304] Nakhčiwānī/Али-заде, *Дастўр ал-Кāтиб фй Та'йин ал-Марāтиб*, Tom.2, p.58. 波斯史料中所载蒙古官名中凡带-ūl<Mong.-γul词尾（汉文史料以"-温"字对应）的，完全对应汉文史料中的-sün（-孙）词尾者。两者都是由动词加上名词性后缀，用来指称做某事的人，故此處將Yāsā'ūl<Mong.Jasaγul譯作"札撒溫"，等同於漢文史料中之"札撒孫，Jasa(q)-sun"。漢譯文風格參考《至正條格·校注本》卷一《斷例·衛禁》卷中公文用語，首爾：韓國學中央研究院，2007年，166—169頁。

[305] "大牙帳"參看張德輝《嶺北行紀》，348，350頁。

偏第一行皇太子，隔一位大王六”[306]。而哈剌維所記之窩闊台即位大會上，“[察合台]走到窩闊台身前，窩闊台安排他和全部更加受敬重的[人]一起，[坐在]在右手邊的諸王那裏。”（*pīr pīš Pādišāh Ūkatāy āmad, Ūkatāy ū rā bā ᶜazaz harčā tamām-tar ba-nawākht wa bar dast-i rāst šāhzādgān ba-nišān-and.*）[307]，均爲其例。與之相對，代表管理被統治定居民事務的官員（文中之“諸宰輔、財政大臣”）居於“大牙帳”之左手（即東方）。“御帳”在中、面南且“獨居前列”[308]，諸王、諸大臣分屬左右行帳則均以大汗所居斡耳朵爲中心，不允許有絲毫僭越[309]。

我更認爲所謂“大牙帳”、“大斡耳朵”正對應遼代營衛制度中之“横帳”[310]。而以元代的實際情況推測，則無論“大斡耳朵”還是“横帳”，均指在所有駐牧地的營帳群中大汗所居的那座。而《遼史》中更有：“契丹北樞密院。掌兵機、武銓、群牧之政，凡契丹軍馬皆屬焉……以其牙帳居大内帳殿之北，故名北院”；“契丹南樞密院。掌文銓、部族、丁賦之政，凡契丹人民皆屬焉……以其牙帳居大内之南，故名南院”[311]。雖然契丹人尚左、蒙古人尚右，但在整個國家體制中，將管理部族和定居民事務的機構按照南、北兩面分離開來，則體現出了一種相同的設計取向[312]。

在此種集會過程中，作爲大汗旁支親屬的蒙古宗王在享用種種賞賜同時，也共享因大汗召集而趕赴漠北腹心之地的東、西方知識人帶來文化資源。事實上，窩闊台家族頗留心於對來自不同文化背景的知識人的羅致。如漢地高僧海雲印簡曾被“（合罕皇帝）賜以‘稱心自在行’之詔”[313]；雪庭福裕則於戊申年（1248）由“定宗詔住和林

---

[306] 〔高麗〕李承修《動安居士集》卷四《賓王録》所載朝會賜座位序，見杜宏剛、邱瑞中、崔昌源編《韓國文集中的蒙元史料》，桂林：廣西師範大學出版社，2004年，103頁下。

[307] *Tārīkh Nāma-yi Harāt*, p.98.

[308] 彭大雅《黑韃史略》，王國維箋註《蒙古史料四种》，473頁。

[309] 《元史》卷二〇五《奸臣傳》載韓家納條列權臣哈麻罪行時，所舉之“其大者，則設帳房於御幄之後，無君臣之分。”（4582頁）

[310] “横”據元人釋義，有“特”義。横帳諸說，均參考劉浦江《遼朝横帳考：兼論契丹部族制度》，《松漠之間：遼金契丹女真史研究》，53—72頁。

[311] 《遼史》卷四五《百官制》，686頁。

[312] 當然《遼史》卷四五《百官制》，712頁提到“横帳”制度時，又有“遼俗東向而尚左，御帳東向，遙輦九帳南向，皇族三父帳北向”之說，似與上引南北分列的制度相悖。但我認爲制度的設計既受到政治、文化傳統的影響，但也不乏因地、因事而變化的地方。這裡可以舉出完者都的登基儀式來比較，其朝儀次序爲：“泰朮·丁（Ṭaj al-Dīn）列於首位（*bar sar nihad*）；宗王們（*Šāhzādgān*）列坐於左側（*bar jānib-i čap nišast*）；衆後妃（*Khātūnān*）坐於右側（*bar jānib-i rāst*）。而大那顔們（*Nūyīnān*）則鵠立於御座之前（*dar pīš takht īstāda*）。”Waṣṣāf/Ājatī, *Taḥrīr-i Tārīkh-i Waṣṣāf*, p.275。而鄭元靚《事林廣記》所録《皇元朝儀之圖》中展示的朝儀秩序爲：御座居中，兩側都列有品官和怯薛，均反映出草原舊制在經歷了各自的地方化過程之後，已經和最初的設計有所不同，遼代應該也不例外。

[313] 王萬慶《大蒙古國燕京大慶壽寺西堂海雲大禪師碑》：“歲在辛卯（1231），合罕皇帝聞師之名，特遣使臣阿先脫兀憐賜以‘稱心自在行’之詔”，《〈法源寺貞石錄〉元碑補錄》，北京文物研究所編《北京文物與考古》第六輯，北京：民族出版社，2004年，249—259頁。

興國（禪寺），未期月，憲宗召詣帳殿”[314]；太一教道士張善淵於“丙午（1246）夏四月，侍中和（蕭輔道，號中和真人）赴太后幄殿”[315]；而善於“占候、推演”之術的岳熙載、岳壽父子則分別“用其所學，進見太宗皇帝”、“事闊端太子行司天臺”[316]。而據傳在窩闊台生前被指定爲繼承人的合失（Qaši）也曾經徵召漢地士人，輔佐其參與政事[317]。是故耶律楚材曾吹噓在窩闊台治下，“詞臣游舘閣，幽隱起林泉”[318]，也未必盡屬虛譽。而拖雷諸子如蒙哥、忽必烈等人作爲資望較淺的蒙古宗王，其人本身的號召力實甚有限，起初皆依附於大汗家族方始與諸文士、名流相結交[319]。但是隨着汗位轉入拖雷家族，是此點始爲奉其爲正統的漢地、波斯史家所諱言。又因依附拖雷家族，尤其是忽必烈位下的知識人在元代愈加得勢之故，纔造成了唆魯禾帖尼、忽必烈母子善於結交文士的片面印象。

因漢地、波斯史料往往詳於本國，對正當蒙古帝國腹心的草原本部記載疏略。故於哈剌和林境內領有草原分地的蒙古宗王數目雖多，卻除了忽必烈分地依賴張德輝《行紀》得窺一二外，其餘諸人所在皆若或明或晦之間。今鈎稽東、西方文獻，略考如下：

（1）忽必烈分地。據白石典之結合文獻和實地勘測的結果，忽必烈分地在哈剌和林城以西。其冬季營地爲忽蘭赤斤山東北山麓中；夏季營地爲“唐古河”，白石典之認爲就是現在的“Chuluut”河，分地面積約爲4000平方公里，相當於大汗領有分地面積的四分之一[320]。由於草原自然環境的限制，適宜於大規模駐牧的地點具有着很强的延續性。正如韓儒林、陳得芝兩位先生研究所指出的，蒙古時期諸王的分地大多繼承自成吉思汗興起前草原諸部舊有的四季營地[321]。因此，忽必烈所選擇冬—夏營地當非無名之

[314] 程鉅夫《大元贈大司空開府儀同三司追封晉國公少林開山光宗正法大禪師裕公之碑》。

[315] 王惲《故真靖大師衛輝路道教提點張公墓碣銘》，《道家金石略》，851頁。案，定宗貴由於當年七月即位，故此處所云“太后”尤指脫列哥那。

[316] 鄭元祐《僑吳集》卷一二《元故昭文館大學士榮祿大夫知秘書監領太史院司天臺事追贈推誠贊治功臣銀青榮祿大夫大司徒上柱國追封申國公謚文懿湯陰岳鉉字周臣第二行狀》，臺北：（臺灣）國立中央圖書館，元代珍本文集彙刊影印嘉慶鈔本，1970年，517—519頁。

[317] 王鶚《玄門掌教大宗師真常真人道行碑銘》即言“己丑（1229年，太宗元年）秋七月，見上於乾樓輦，時方詔通經之士教太子，公進《詩》、《書》、《道德》、《孝經》，且具陳大義，上嘉之”（《道家金石略》，578頁）。參考王曉欣《合失身份及相關問題再考》，《元史論叢》第十輯，北京：中國廣播電視出版社，2005年，61—70頁。

[318] 耶律楚材《湛然居士文集》卷一《和冀先生韻》，18頁。據王國維所作《年譜》，此詩作於1233—1236年間。

[319] 如上引諸人中，海雲直到“壬寅（1242）”始承“護必烈大王請師至行帳，問佛法之理果何如？”而蕭輔道則據《元史·釋老傳》雖稱彼人乃因“世祖在潛邸闻其名，命史天泽召至和林，赐对称旨，留居宫邸。”但據佚名，《國朝重修太一廣福萬壽宮之碑》可知：其時爲“丙午歲（1246）”，故仍應以脫列哥那爲主使（《道家金石略》，845頁）。

[320] 白石典之《モンゴル帝国史の考古学的研究》，310、311頁，其中忽必烈潛邸分地面積據張德輝《嶺北行紀》所載資料推算得出。

[321] 韓儒林《元代的吉利吉思及其鄰近諸部》，350頁；陳得芝《元嶺北行省建制考（上）》，124、125頁。

地，丘處機西行時曾經過一處“乃蠻國窩里朵”，其地位於和林西，故忽必烈名下分地或與早先乃蠻部的駐營地有關。而當憲宗元年（1251）忽必烈南移至“蒙古斯坦的哈剌溫・只敦（Qara'un Jidun）地方”以後[322]，此塊分地轉入何人之手則未見記載，不過按照慣例，應該是由出於同一家族的成員所繼承。

（2）阿里不哥、旭烈兀分地，皆在和林西部。據拉施都丁說：“他的夏營地在阿勒台，冬營地在兀良哈和乞兒吉思，兩者之間約三日程。”（*yāīlāq-i ū dar Altāy būd wa qīšlāq-i ū dar ūrūnga [ūtika?] wa qirqīz wa qadr-i masāfat-i miyān-i har dū sih rūza-yi rāh bāšad*）[323]由此看來其分地面積應該和忽必烈潛邸分地相差無幾[324]。旭烈兀分地在其西征後由阿里不哥諸子佔據，則也應該在同一地域。波斯譜系史料更提及阿里不哥之孫、藥木忽兒（Yūmūqūr）之子忽剌出（Hulājū）和按檀不花（Altan-Būqā）“兄弟二人[住]在蒙古斯坦一側地面上”（*īn har dū barādar zamān dar jānab-i Mughūlstān bāšad.*）；藥木忽兒的另一個兒子完者都（Ūljātū）“也居於蒙古斯坦”（*dar Mughūlstān ast.*）[325]。

（3）蒙哥家族的分地，均分佈於自杭海直至阿勒台山地區。如蒙哥子玉龍答失分地在“阿勒台山附近一條名叫札不罕（Jabqan, 原文誤作：木兒罕）的河畔”[326]。而其另一子昔里吉之子禿蠻—帖木兒（Tūmān Tīmūr）在元成宗鐵穆爾在位後，“此時正效命於合罕，他的禹兒惕在哈剌和林”（*īn zamān dar bandagī-yi Qā'ān mī bāšad wa yūrt-i way dar Qarāqūrūm ast*）[327]。

（4）忽必烈之孫阿難答“在邊界和哈剌和林之間擁有禹兒惕”（*Ananda...ki bar*

---

[322] 《史集》第二卷，289頁。案，拉施都丁既已明言“哈剌溫・只敦”位於蒙古斯坦，則參本文第二節考證可以確定就是指蒙古高原東部，也就是大興安嶺南端。邵循正先生則强調忽必烈在“哈剌溫・只敦”地方有一系列駐營地，不必拘泥金蓮川一地。這是非常中肯的意見，而後來的學者轉求之於哈剌和林以西，則是缺乏史料依據的。其實王惲《太一五祖演化貞常真人行狀》中已有“壬子歲（1252），聖主居潛邸，駐驆嶺上，以安車召中和真人于衛”之語，“嶺上”應即“哈剌温・只敦”山麓某處之營地（《道家金石略》，849頁）。邵循正《剌失德丁集史忽必烈汗紀譯釋》，《清華學報》第14卷1期，1947年，81頁；李治安《元世祖忽必烈草原領地考》，79頁。

[323] Rašīd al-Dīn/ Rawšān, *Jāmi' al-Tawārīkh*, Jeld.2, p.939; *Jami' al-Tawārīkh*, Ms., London, p.607b. 倫敦本無劃綫部分，“ūrūnga”作“ūtika?”，漢譯本譯作“帖客”，《史集》第二卷，365頁。我則傾向於韓儒林先生的方案，作“兀良哈，ūriyānkqat”，即森林兀良哈部（韓儒林《元代的吉利吉思及其鄰近諸部》，350頁）。

[324] 忽必烈分地冬—夏營地間距離爲：自忽蘭赤斤至夏營地爲120—160公里；至冬營地爲30公里，相去約在150—190 公里之間。而現代牧民一日移動距離不超過40公里，而《史集》所言則指驛站間直行所需時日，當略快於是，則兩地間距也不過3日至5日路程（白石典之《モンゴル帝国史の考古学的研究》，306頁）。

[325] *Šu'ab-i Panjgāna*, Ms.,Topkapı Sarayı, 無頁碼。此處的“蒙古斯坦”應該是指蒙古高原西側，靠近杭海的地方，參見下文提到的玉龍答失分地所在。

[326] 《史集》第二卷，305頁。

[327] *Šu'ab-i Panjgāna, Ms.*,Topkapı Sarayı, 無頁碼。此處註釋文字在《貴顯世系》中略有不同，作“[他]在大汗跟前，他的禹兒惕在哈剌和林”（*paš Qā'ān mī būd, wa yūrt-īš dar Qarāqūrum būd.*）。“*Муʿизз ал-ансаб (Прославляющее генеалогии)*”，Введение, перевод с персидского языка, примечания, подготовка, факсимиле к изданию Ш.Х.Вохидова, Алматы:Издательство “Дайк-Пресс”, 2006, trans p.67, text. p.51a.

sarḥud-i suqī sūbiya wa Qarāqūrum Yūrt dašt.）[328]。《完者都史》又言：阿難答的禹兒惕距離畏吾兒地十日程，與大汗轄地相連[329]。由於阿難答在大德二年（1298）、以後，即爲元朝駐守稱海防綫的最有實力的宗王之一，因此此處分地當在按台山（阿勒泰山）以東，朝哈剌和林方向的某處草原上。

（5）在該地區的其餘宗王還有：貴由之子忽察在獲得蒙哥赦免後，被賜予了哈剌和林境内，薛靈哥河附近的一處禹兒惕[330]。又據瓦薩甫書，成吉思汗庶子闊列堅（Kuligān）之子兀魯忽帶—斡兀立（Uruqudāy-ughūl）也參加了阿里不哥在阿勒台山夏營地召集的汗位選立大會。則他所繼承的闊列堅分地應該離和林不遠[331]。以及新近刊佈的《俄藏黑水城文獻》中記載察合台系出朮伯之子必立傑—帖木兒（Bilig Temür）在“嶺北地面”也擁有投下人戶[332]。

綜上所述，我們可知：由於蒙古統治者實行的是將統治地域在黃金家族（即成吉思汗直系子孫）内部不斷細分的政策。故不出數代，就會將國土分配得越來越零碎，而各支宗王之間又爲了爭取更多利益，而不斷組合成大大小小的聯盟[333]。即使如父子、兄弟之親，也往往會加入對立的集體中去。而哈剌和林周邊被這樣的一群蒙古宗王勢力所包圍，所以那種試圖依靠某種地緣優勢在汗位競爭中獲得優勢的做法，在實踐上是無法實現的。

四、結　　語

蒙古帝國的中心，從東部草原轉移向更靠近西面的哈剌和林這一歷史過程，其實也是“中央兀魯思”（qol-un ulus）形成的過程。雖然在拉施都丁看來，除了诸王兀鲁思以外的，處在大汗直接支配下的遊牧人口及其區域就是“大兀魯思”（*ūlūs-i buzurg*），後者被認爲是“中央兀魯思”一詞的波斯語對應詞。但我們也不能忽略：至

[328] *Tārīkh-i Ūljāytū*, p.33. 劉迎勝教授曾引用此句，不過對“sūbīya”一詞詞義尚存質疑（《察合台汗國史研究》，上海：上海古籍出版社，2006年，320頁，註1）。而德福已指出波斯文獻中的“sībe（或sūbīya）”一詞，均借自古典蒙古語“牆，邊界（sibä,sibä'ä）”。德福並搜檢出波斯語例句多條，唯漏去《完者都史》中此則（Gerhard Doerfer, *Turkische und Mongolische Elemente im Neupersischen,* Wiesbaden: Franz Steiner Verlag,1963, Band.1, p.349）。

[329] *Tārīkh-i Ūljāytū*, pp.37-38.

[330] 《世界征服者史》下册，651頁；《史集》第二卷，256頁。

[331] Waṣṣāf/Hammer-Purgestall, *Geschichte* (*ᶜAbdallāh Ibn.Fadl-Allāh*) *Waṣṣāfs*, text. p.21.

[332] 《俄藏黑水城文獻》收録之《必立傑—帖木兒令旨》，轉引自陳高華《黑城元代站赤登記簿初探》，《陳高華文集》，上海：上海辭書出版社，2005年，96頁。

[333] 例如木因在描述朮赤後裔斡立答（Orda）建立的白帳汗國的分封制度時說“將近七百個人，可以從自己的宗族中分得歲賜，[並爲]他們中的每個人都準備了分地和獵圈。”（*wa qarīb haft-ṣad nafar ūrūgh-i khūd rā az anᶜām-i ᶜām bahramand mī dāšt wa Qūbī wa Sūba ba har yik az īšān rā murattab wa muhayyā gardānīda būda.*），*Muᶜīn al-Dīn Natanzī, Muntakhab al-Tawārīkh-i Muᶜīnī*《木因歷史選》, ed. by Jean Aubin, Tehrān: Kitab furust-yi Haiyām, 1957, p.88. 這可以看作是蒙古制度原型的衍生。

少在最初階段，“中央兀魯思”中作爲繼任大汗所能夠直接支配的，代表全體“黃金家族公產”的那部分人口和土地，與從上一任大汗處被作爲“梯己份子”（*emčü qubi*）而由其幼子所繼承的部分之間，仍存在着微妙的區別[334]。這種區別造成了成吉思汗死後，窩闊台和拖雷在汗位傳承之際的緊張與衝突。並導致了蒙古帝國政治中心的西移。而在汗位转入拖雷系後，隨着蒙古草原東、西兩部再度歸入同一個統治者手中，哈剌和林也最終取代三河之源成爲帝國的首都。和政治中心分離以及再度復合的過程相一致的是，原來的拖雷家族分地和“中央兀魯思”之間也不再有所區別，它們幾乎被看作是同一個概念[335]。

其次，正如蒙古帝國版圖的擴張，實則是通過不同支系的宗王在不同方向上的征服活動，被不斷吸納並累積、并合的結果[336]，蒙古的對外征服行動，往往是由某一個居主導地位的家族爲主，另附以相當一批居從屬地位的宗王、千戶集團[337]。因此，與蒙古人軍事結構相關聯，在對草原領地的支配方式上，也通常表現爲主要分地中包含着一系列零碎的、依附性的諸王、諸千戶領地。這也使得具有相當獨立性的各蒙古宗王、千戶，在受到外部形勢誘導時會發生分化與重組，進而結成新的聯盟。雖然在忽必烈朝大規模地向漢制轉型的過程中，哈剌和林及整個蒙古高原均被置於嶺北行中書省的管轄之下。但傳統的遊牧社會的部族政治的紐帶並未完全被打斷，而衹是深埋於漢式行政體制之下。一旦中央控制力有所下降，這股潛流又將再次表現出干擾局勢的發展。

最後，哈剌和林作爲蒙古帝國政治中心地位的確立，同樣也反映了這樣一種趨勢：雖然從六世紀以來雄踞歐亞的突厥帝國已經消失，但通過稍後的回鶻、乃蠻等大小草原政權，其所留下的政治制度與觀念業已成爲了漠北遊牧政治文化中最重要的遺產。當成吉思汗所率蒙古諸部從偏在一隅的弱小勢力一躍而跨入更大政治舞臺，蛻變爲統治蒙古高原全境的遊牧帝國，它也就同時開始了對前者繼承與模倣的過程。此種繼承是全方位的，它不僅僅表現在借用了突厥人的政治文化觀念——如“長生天”觀念、“合罕”稱

---

[334] 在此我想舉出的是：正如“丙申分封”時，和諸王所獲得的漢地封戶相對，還有指歸於大汗名下的“大數目裏戶計”這一概念，後者包括金中都路和河南地區。但是它應該是指大汗所能支配的“黃金家族公產”，因爲那些數目畸零的功臣的封戶，同樣也歸入“大數目裏戶計”中。而窩闊台及其家族本身還在山西北部擁有分地，這似乎纔是屬大汗本人所有“梯己份子”。以及前文所論及的關於伊利汗阿八哈死後，其所屬“御前千戶”及諸怯薛皆作爲遺產傳給其子阿魯渾，而未落入旁系宗王的新汗阿合馬之手，且隨後參與了阿魯渾奪取汗位的鬥爭。

[335] 此處受到姚大力先生相關論文的啓發（姚大力《蒙元時代西域文獻中的“因朱”問題》，《蒙元制度與政治文化》，204—219頁）。

[336] 如《元朝秘史》續集卷二，第255節，268頁上。總譯“教您各守封國”，旁譯作：“營盤（nuntuγ，即突厥之yurt）教寬，邦（qari）教鎮分咱”，266頁。“qari”據小澤重男解釋爲“其他部落，異族”，（《元朝秘史全釈続攷》，東京：風間書房，1989，325頁，註10）。此句所言反映出蒙古早期的所謂“封國”概念，就是由成吉思汗諸子分頭率軍擴張各自的營盤，鎮壓異族部眾，完全是軍事行動的衍生物。

[337] Peter Jackson曾把蒙古帝國分封過程中，因爲基於其特殊的“探馬”（tama，即從各宗王、各千戶中抽取協力軍隊）制度，所導致的兀魯思内部的“緊張性”（tension）概括爲“領有兀魯思[分地]的宗王”（ulus medekün kö'üt）和不具有此特權的宗王之間的對立（“The Disslotion of the Mongol Empire”, pp.192-193）。

號等[338]；系統性地模倣了前者的制度——蒙古帝國的政治術語大多源自突厥語；甚至也包括恢復並繼承了突厥人傳統的政治中心。這使得蒙古人能很快獲得其原本不具備的統治、管理複雜遊牧帝國的技術和經驗，大大提昇了其對內統合、對外擴張的速度。蒙古人從草原邊緣興起，並最終移入中心地區的發展軌跡，或多或少地印證了“遊牧社會的歷史是循環而非綫性的”的觀點[339]。但我們又必須注意到，即使在將首都遷入哈剌和林後，蒙古人的“聖山”依然是位於東部的不兒罕山，而並非突厥文化中的于都斤山。藉由此點，我們又能夠分辨出蒙古帝國建立所經由的不同路徑，以及仍爲其繼任者所保持的獨立的文化特質。

The Foundation of Qaraqurom: A Historical Review on the Movement of the Core Area of the Mongol Empire

Qiu Yihao

Qaraqorum is located in Orkhon Valley, which was once the core area of a series of nomadic regimes. On the eve of the campaign against the Khwarezm Empire, Chinggis Khan rallied his troops in the region of Qaraqorum. According to some scholars' opinions, this action merely indicated that the Chinggis Khan had followed the old way of his predecessors, such as Xiongnu, Turk or Uyghur. But the paradox is that this place name was mentioned only one time in *The Serect History of Mongols*. During the long process of Chinggis Khan's early exploring life, Qaraqorum and the nearby region were shadowed in the fog of history. This paper tries to esplain the paradox. We may have a cognizance of the fact that in the beginning of the 12th century, the Mongolia steppe was separated into two parts. Various groups of Mongolian-speaking hordes inhabited in the east part, and several stronger Turkish tribes dominated the west. In this time, all the Mongolian-speaking hordes, including the troop led by young Chinggis Khan, were involved in a disorderly fight. The core area of the struggle was the valley near the Tula River all along. In 1206, after the conquest of Naiman tribe, Chinggis Khan unitied the whole Mongolia steppe successfully. Boundary extension of Mongol Ulus occurred rapidly, crossing the range of Altai Mountain, to the Qipchaq steppe. Thenceforth, the region of Qaraqorum became the center of Chinggis Khan's country in deed. Ogedei Qa'an, his successor, ordered to erect a wall around the place and build a fixed palace in 1235. He moved the political center of Mongol Ulus from east (the region of Tula River) to Qaraqorum consciously, in order to deal with tensions on the throne succession, especially the challenge

---

[338] 姚大力《“成吉思汗”還是“成吉思合罕”？：兼論〈蒙古秘史〉的成書年代問題》，202—219頁。

[339] Anatoli M. *Khazanov, Nomads and the Outside World*, Madison: The University of Wisconsin Press, 1994, p.238.

from his younger brother Tolui's family. Despite this intrigue, the rebellion and the threat of the civil war clouding this dynamic process, Ogedei Qa'an's son Guyuk inherited his policy and developed it. In Möngke's era, Qaraqorum became a famous city with glorious palaces, great stupas and temples. Under the domination of Yuan Dynasty, Qaraqurom lost its status. But as a common appanage, it was shared by all the Golden family of Chinggisid.

“十六天魔舞”源流及其相關藏、漢文文獻資料考述

沈衛榮　李嬋娜

一、元代漢藏交流史上的一段公案

於元代漢藏佛教交流史上，西天僧、西番僧於元朝宮廷傳播密教修法無疑是其中十分重要的一個篇章。可是，由於當時代人對它們的記載語焉不詳，且歧義紛生，後世士人更不明究竟，且多樂於穿鑿附會、以訛傳訛，遂使番僧、番教於漢人視野中淪為擾亂宮闈，禍國殃民的淫僧、淫戲，甚至是導致元朝速亡的罪魁禍首。而番僧於元廷所傳番教中最為後人不解和詬病的是與“雙修”或者“多修”相關的所謂“秘密大喜樂禪定”和“演揲兒法”，其次便是至今人們乃不知其源流和真實面目的“十六天魔舞”[①]。

有關元代宮廷所流行的“十六天魔舞”的最詳細的記載見於明代初年官修正史——《元史》卷四三《順帝紀》，其記載如下：

> （至正十四年）十二月辛卯，時帝怠於政事，荒於游宴，以宮女三聖奴、妙樂奴、文殊奴等一十六人按舞，名為十六天魔。首垂髮數辮，戴象牙佛冠，身被纓絡、大紅綃金長短裙、金雜襖、雲肩、合袖天衣、綬帶鞋韈。各執加巴剌般之器，內一人執鈴杵奏樂。又宮女一十一人，練槌髻，勒帕，常服，或用唐帽、窄衫。所奏樂用龍笛、頭管、小鼓、箏、蓁、琵琶、笙、胡琴、響板、拍板。以宦者長安迭不花管領，遇宮中讚佛，則按舞奏樂，宮官受秘密戒者得入，餘不得預[②]。

事實上，這一段記載很有可能源出於明初專述元朝末代皇帝順帝一朝逸事的《庚申外史》，後書中稱：

> [正當紅巾軍兵臨大都城下]，而帝方與倚納十人行大喜樂，帽帶金佛字，手執數珠，又有美女百人，衣瓔珞，品樂器，列隊唱歌金字經，舞雁兒舞，其選者名十六天魔。[各執加己{巴}剌般之器，內一人執鈴杵奏樂。又宮女十一

---

① 參見沈衛榮《神通、妖術與賊髡：論元代文人筆下的番僧形象》，《漢學研究》第21卷第2號，臺北，2003年，219—247頁；卓鴻澤《“演揲兒”為回鶻語考辨——兼論番教、回教與元、明大內秘術》，《西域歷史語言研究集刊》第一輯，北京：科學出版社，2007年，227—258頁。

② 《元史》卷四三《順帝紀》。

人練槌髻，勒帕，常服。所奏樂器用龍笛、頭管、小鼓、箏、纂、琵琶、笙、胡琴、響板、拍板。以宦者長安不花領之。每遇宮中讚佛，則按舞奏樂，宦者非受秘密戒者，不得與。］③

這兩段文獻記載之間看起來有明顯的淵源關係，是故，《元史》中的這段有關"十六天魔舞"的記載，或與其有關"演揲兒法"和"秘密大喜樂禪定"的記載一樣，不過是小說家言，不能引以為信史。僅僅依據這段記載，我們也無法確定這"十六天魔舞"的來歷及其宗教象徵意義。於是，長期以來"十六天魔舞"便成了元代藏傳佛教於中原傳播史上一個難解的謎團④。

由於不瞭解"十六天魔舞"的實際來歷，更受到《庚申外史》等漢文文獻中有關"十六天魔"或者"十六天魔舞"之零星記載的誤導，"十六天魔"被後人差不多看作是藏傳佛教徒修習欲樂定，即俗稱之所謂"雙修"時的明妃（rig ma），而"十六天魔舞"則被當成與"演揲兒法"和"秘密大喜樂禪定"一樣的淫戲。這種誤導同樣開始於《元史》或者《庚申外史》，《元史》卷二〇五《哈麻傳》中云：

帝乃詔以西天僧為司徒，西蕃僧為大元國師。其徒皆取良家女，或四人、或三人奉之，謂之供養。於是，帝日從事於其法，廣取女婦，惟淫戲是樂，又選采女為十六天魔舞⑤。

而《庚申外史》中則說得更加明白、直露，曰：

［元順帝］建清寧殿，外為百花宮，環繞殿側。帝以舊例五日一移宮，不厭其所欲，又酷嗜天魔舞女，恐宰相以舊例為言，乃掘地道，盛飾其中，從地道數往就天魔女，以晝作夜，外人初不知也⑥。

所以，從元末明初開始，"十六天魔舞"就與元朝失國連在一起了，文人墨客寫詩文鞭撻、感歎者代不乏人，如曰："一代衣冠成土壤，九重歌舞罷天魔。祖龍王氣百年盡，

---

③ 任崇岳《庚申外史箋證》，鄭州：中州古籍出版社，1991年，89頁。［ ］中的內容乃據《學津討原》本補。

④ 參見沈衛榮《歷史中的小說和小說中的歷史：說宗教和文學兩種不同語境中的"秘密大喜樂禪定"》，《中華文史論叢》2013年第一期（待刊）。

⑤ 《元史》卷二〇五《哈麻傳》。

⑥ 《庚申外史箋證》，103頁；後世小說家將"十六天魔舞"演繹為淫戲者甚多，例如，蔡東藩的《元史演義》中是如是描寫"十六天魔舞"的："二僧日授秘密法，夜參歡喜禪，無拘無束，逍遙自在。他又想出一法，令宮女學為天魔舞。每舞必集宮女十六人，列成一隊，各宮女垂髮結辮，首戴象牙佛冠，身披纓絡大紅銷金長裙，雲肩鶴袖，錦帶鳳鞋，手中各執樂器，帶舞帶敲，逸韻悠揚，仿佛月宮雅奏；霓裳蕩漾，渾疑天女散花。臨舞時先宣佛號，已舞後再唱曼歌，樂得順帝心花怒開，趁着興酣的時候，就隨抱宮女數人，入秘密室，為雲為雨，親試這演揲兒法及雙修法。佛法無邊，樂何如之。"參見蔡東藩《元史演義》，北京：文化藝術出版社，2011年，310頁。而當代作家李敖在他的名著《獨白下的傳統》中又是如此描寫"十六天魔舞"的："在四面伴奏的是'天魔舞'，由十六個如花似玉的宮女，全裸着，頭帶佛冠，在小小的密室中，俯仰為舞，或行瑜伽之術。"參見《獨白下的傳統》，《李敖大全》（一），北京：中國友誼出版社，1999年，390頁。

遊客悲來感慨多”云云[⑦]。可是，通常被認為是元朝失國之禍殃的“十六天魔舞”卻並沒有從此就在中華大地銷聲匿跡了，相反，它自明至清舞遍中國，不管是江南，還是高昌，“十六天魔舞”均頻頻登場，綻放異彩[⑧]。及至今日，‘十六天魔舞”與唐代西域傳入中原的“胡旋舞”一起，是中國最負盛名的來自西域的古典樂舞，不斷有人嘗試要將其復原、重演。可是，今天又有誰知道這“十六天魔舞”究竟是怎樣一種舞蹈呢?

近年來，學界不斷有人在討論和研究“十六天魔舞”的來歷及其在中國傳播的歷史，但是，迄今為止實際上依然還沒有人能夠說清楚這種“十六天魔舞”的真實來歷，及其他在藏傳佛教語境中的本來面目和宗教意義。在發掘漢文文獻資料，追尋“十六天魔舞”在元朝末年之後在各地傳播的歷史故實方面，前人已做了相當深入的探究，取得了令人矚目的成績[⑨]。但是，僅僅憑藉出現於漢文文獻中的那些語焉不詳，還常常以訛傳訛的零星記載，我們顯然是沒有辦法還原其真實面目的。我們必須把“十六天魔”和“十六天魔舞”放回到藏傳佛教的語境中，從藏傳密教文獻中尋找資料，從藏傳密教的教法和修習中找到與其相對應者，纔能最終揭開這個歷史的謎團，破解元朝漢藏佛教交流史上這個令人困惑已久的公案。可幸的是，近年來藏、漢文藏傳密教文獻利用條件的極大改善和藏傳密教研究的巨大進步，終於為我們最終能夠解開這一歷史謎團提供了可能性。

二、“十六天魔”之來歷

由於“十六天魔舞”是由西天僧、西番僧傳入元朝宮廷的一種樂舞，故若要明確其

---

⑦ 最著名的對“十六天魔舞”的吟誦和批評大概是明人瞿佑的《天魔舞》，其云：“承平日久寰宇泰，選伎徵歌皆絕代。教坊不進胡旋女，內廷自試天魔隊。天魔隊子呈新番，似佛非佛蠻非蠻。司徒初傳秘密法，世外有樂超人間。真珠瓔珞黃金縷，十六妖娥出禁籞。滿園香玉逞腰肢，一派歌雲隨掌股。飄飄初似雪廻風，宛轉還同雁遵渚。桂香滿殿步月妃，花雨飛空降天女。瑤池日出會蟠桃，普陀烟消現鸚鵡。新聲不與塵俗同，絶技頗動君王睹。重瞳一笑天回春，賜錦捐金傾內府。中書右相內臺丞，袖無諫章有曲譜。天魔舞，筵宴開，駝峰馬乳黃羊胎。水晶之盤素鱗出，玳瑁之席天鵝抬。彈胡琴，哈哈廻，吹胡笳，阿刺來。群臣競獻葡萄杯，山呼萬歲聲如雷。天魔舞，不知危，高麗女，六宮妃，西番僧，萬乘師。回紇種類皆台司，漢兒廻避南人疑。天魔舞，樂極悲。察罕死，孛羅歸，鐵騎驟，金刀揮。九重城闕煙塵飛，一榻之外無可依。天魔舞，將奈何。”參見（清）朱彝尊《明詩綜》卷二二，文淵閣四庫全書（第1459冊），臺北：商務印書館，1986年，592—593頁。

⑧ 參見王頲《“天魔舞”的傳播及淵源》，《蒙古史研究》第8輯，2005年，133—142頁。

⑨ 對此最值得參考的論文有兩篇，分別是王頲的《“天魔舞”的傳播及淵源》；黎國韜《十六天魔舞源流考》，《西藏研究》2010年第2期，60—72頁。在廣泛發掘漢文文獻，討論“十六天魔舞”於元後中國各地傳播的歷史方面，王頲的文章做出了卓越的貢獻；而黎國韜的文章則更在其基礎上增加了一些見於漢文小說和戲曲類作品中的有關“十六天魔舞”的新資料。然而，上述二文對“十六天魔舞”之淵源的探討，實均在外圍迂回，而尚未觸及內核。黎文認為王文說“十六天魔舞”的內容是表現了佛、菩薩識破天魔波旬迷惑、拒絕天魔色相引誘的傳說是脫離了藏傳佛教的背景，這種批評無疑是正確的。然而，黎文中提出的“天魔舞所表現的內容，則與蓮花生大師收伏魔女並使之成為護法天母的傳說有關”，以及“天魔舞之創編者最有可能是噶瑪噶舉派黑帽系的上師”等主要觀點，實亦皆似是而非，多為猜測、推演之說，不可視為專家之論。

歷史的源頭，我們自然就必須從藏傳密教的文獻和修法中去尋找其線索和真相。將它說成是根據佛、菩薩識破天魔波旬迷惑、拒絕天魔色相引誘的傳說演化而來的舞蹈，顯然脫離了藏傳密教這個具體背景，失之附會；然而，將它簡單地指稱為藏傳佛教中常見的“金剛舞”中的一種，起源於蓮花生大師收伏魔女並使之成為護法天母的傳說，則失之籠統，實際上依然沒有將“十六天魔舞”還原到它當時所處的具體的教派和修法語境中去，真正揭示其本來面目。

“十六天魔”也被稱為“十六天母”，所謂“天母”當與藏文lha mo對應。藏傳密教修法中常常出現“四天母”（lha mo bzhi：佛眼母、麻麻吉母、白衣母、救度母；或稱“四空行母”）[⑩]、“六天母”（lha mo drug：色金剛母gzugs rdo rje ma、聲金剛母sgra rdo rje ma、香金剛母dri rdo rje ma、味金剛母ro rdo rje ma、觸金剛母reg rdo rje ma、法界金剛母chos kyi rdo rje ma）、“八天母”（lha mo brgyad，或稱“八方天母”，指東方黑色戈哩天母、南方紅色昨哩天母、西方黃色微荅梨母、北方綠色葛斯麻二合哩母、東北青色布葛細母、東南白色沙斡哩母、西南青色讚吒立母、西北眾色鐘必尼母）[⑪]、“三十二天母”（lha mo so gnyis）和“六十四天母”（lha mo drug cu rtsa bzhi）等等說法，而“十六天母”似不常見。而“天母”通常還與rig ma，譯言“明母”，或者“明妃”相通，或指行者修欲樂定時所依之助伴，也稱“手印母”（phyag rgya ma），或者“智印”（ye shes kyi phyag rgya）、“智慧母”（shes rab ma）、瑜伽母（rnal 'byor ma，修習女）、金剛天女（rdo rje lha mo）等；或指用以為佛、中圍（壇城）作禮贊、供養的“供養天女”。顯然，若要弄清“十六天魔舞”的源流，我們首先要找到“十六天魔[母]”的下落。

迄今為止，在已知元代所傳藏傳密教文獻中最接近於能夠幫助我們破解“十六天魔舞”之謎的資料，是20世紀初在吐魯番發現的一部元代畏兀兒文藏傳佛教文獻——《吉祥上樂輪中圍現觀修習儀》。在這部文獻中，我們見到了直接提到的“十六天女”，而順着這條線索我們便有可能最終揭開“十六天魔舞”的真實面貌。《吉祥上樂輪中圍現觀修習儀》乃元朝著名畏兀兒譯師本雅失里（Punyaśrī）所譯的一部藏傳密教儀軌，而本雅失里又是元朝帝師、薩思迦派上師八思巴（'Phags pa Blo gros rgyal mtshan dpal bzang po，1235—1280）的弟子，故他所譯的這部藏傳密教文獻無疑與當時薩思迦派上師在元朝宮廷所傳的藏傳密法修習相關。

早在20世紀20年代，德國著名回鶻文文獻研究的開創者F. W. K. Müller先生就曾經在德國藏吐魯番回鶻文文獻中注意到了這部文獻，並率先對它作了初步的研究。後來，G. Kara和P. Zieme兩位西方最著名的回鶻文獻研究專家又在70年代合作對它做了德文譯

⑩ shar du mkha' 'gro ma sngon mo/ byang du lāmā ljang gu/nub tu kha nḍa ro hā dmar mo/ lhor gzugs can ma ser mo。或稱：空行母、粹麻母、頭生母和具色母。

⑪ “八天母”的說法還有多種，如云：具抱亥母、具色母、意輪母、最掇母、語輪母、護地母、身輪猛母和輪力母等。見出自西夏時代的一篇修習上樂輪儀軌——《大集輪口口口聲頌一本》中的“讚歎偈”，參見《俄藏黑水城文獻》第2册，上海：上海古籍出版社，1996年，115頁。

注。近年來，中國學者楊富學和王紅梅又根據Kara和Zieme先生的德文譯注對這個文本中有關"十六天女"的內容作了多次的介紹[12]。遺憾的是，這些學者都沒有明確地將這部畏兀兒佛教文獻中提到的"十六金剛天女"，或曰"十六佛母"，與元代宮廷所傳的"十六天魔舞"聯繫起來。事實上，元朝宮廷中所傳的所謂"十六天魔舞"原本應當就是吉祥上樂輪中圍儀軌之嚕余巴傳軌中的十六天女/明妃供養，它經薩思迦派和噶舉派諸上師傳承，曾經於西夏、蒙古宮廷廣泛流傳[13]。

雖然，迄今為止我們還沒有找到與畏兀兒文版《吉祥上樂輪中圍現觀修習儀》完全對應的藏文原本，但其基本內容則可與八思巴帝師所造的一部題為《吉祥上樂輪中圍輪修法次第明說》（*dPal 'khor lo bde mchog gi dkyil 'khor gyi 'khor lo'i sgrub pa'i thabs rim pa gsal ba*），或稱《上樂嚕余巴傳軌之修法次第明說》（*bDe mchog lu hi pa'i lugs kyi sgrub thabs rim pa gsal ba*）的釋論對應[14]。從這部釋論的跋中可知，八思巴帝師是在陰鐵羊年（1271）昂宿月十日於臨洮城造這部釋論的，書寫者是阿闍黎[15]。根據八思巴帝師的傳記可知，他於是年離開大都前往臨洮，並應啟必帖木兒的請求造《吉祥上樂輪成就法》[16]。而就在這部成就法中，八思巴帝師提到了"十六天母"（lha mo bcu drug），並說明她們是用為伸獻給吉祥上樂輪中圍的"意生供養"。

我們迄今也還沒有見到與畏兀兒文《吉祥上樂輪中圍現觀修習儀》相應的漢文譯本，但在從西夏時代開始出現的漢譯藏傳密教文獻中見到了不少與吉祥上樂輪中圍修法有關的文本，此容後述。而在一部當可判定為明初漢譯的藏密儀軌《吉祥上樂中圍修證儀軌》中，我們見到了與畏兀兒文《吉祥上樂輪中圍現觀修習儀》中有關"十六天母"伸供基本對應的內容，茲謹先照錄如下：

> 次奉意生供養者，當胸合金剛掌，念唵微尼斡資囉二合尼吽啞。尔時，想自心間吽hūṃ字，化出無量青色琵琶天母，供養中圍，遂結蓮化舞印，誦唵薩哩斡二合荅塔葛達室哩二合撈屹囉二合三發囉曼哰辣撈屹囉二合薩哩斡二合微囉由吉

---

⑫ F.W.K.Müller, *Ein uigurisch-lamaistisches Zauberritual aus den Turfanfunden, Sitzungsberichte der Preussischen Akademie der Wissenschaften*, Berlin 1928, S. 31-46; G. Kara und P. Zieme, *Fragmente tantrischer Werke in Uigurische Übersetzung*, Berliner Turfan-Texte VII, Berlin 1976, S. 5-63; 王紅梅、楊富學《回鶻文〈吉祥輪律曼陀羅〉所見十六吉祥天女研究》，《敦煌研究》2005年第2期，74—79頁；楊富學、王紅梅《回鶻文文獻所見藏密十六佛母考》，《安多研究》第一輯，北京：中國藏學出版社，2005年，135—149頁。

⑬ 《吉祥上樂輪本續》有兩大傳軌，一是勝樂輪傳金剛亥母、再傳大成道者嚕余巴，二是大持金剛傳金剛手，再傳大成道者薩囉曷。*The Blue Annals*, I. pp. 380-390。關於嚕余巴的生平及其所傳勝樂修法參見薩思迦三祖葛剌思巴監藏（Grags pa rgyal mtshan）《勝樂嚕余巴傳軌上師傳承史》（*bDe mchog lū hi pa'i lugs kyi bla ma brgyud pa'i lo rgyus bzhugs*），收入莎南嘉措（bSod nams rgya mtsho）編《薩思迦全集》（Sa skya bka' 'bum）,Vol.3, Tokyo: Toyo Bunko, 1968, pp.293/2/1-298/4/1; Keith Dowman, *Masters of Mahāmudrā, Songs and Histories of the Eighty-Four Buddhist Siddhas*, Albany: State University of New York Press, 1985, pp. 33-38。

⑭ 《薩思迦全集》卷6《法王八思巴全集》（*'Gro dgon chos rgyal 'phags pa'i bka' ' bum*），200/1/1頁。

⑮ dge slong 'phags pas lcags mo lug gi lo smin drug gi zla ba'i tshes bcu la shing kun mkhar du sbyar ba'i yi ge pa ni a tsa ra'o//

⑯ 陳慶英《雪域聖僧——帝師八思巴傳》，北京：中國藏學出版社，2002年，156頁。

尼，明顯應供，作彈弦勢，就念微尼斡資哩二合尼斡資囉二合布節的啞吽。

唵彎室斡資哩二合尼吽啞。尔時，想自心間吽hūṃ字，化出無量黄色龍笛天母，供養中圍，遂結蓮花舞印，誦唵薩哩斡二合荅塔葛達室哩二合搊屹囉二合三發囉曼咤辣搊屹囉二合薩哩斡二合微囉由吉尼，明顯應供，作吹笛勢，就念彎室斡資哩二合尼斡資囉二合布節的啞吽。

唵密哩二合丹葛斡資哩二合尼吽啞。復想自心間吽hūṃ字，化出紅色圓鼓天母，供養中圍，遂結蓮花舞印，誦唵薩哩斡二合荅塔葛達室哩二合搊屹囉二合三發囉曼咤辣搊屹囉二合薩哩斡二合微囉由吉尼，明顯應供，作擊鼓勢，就念密哩二合丹葛斡資哩二合尼斡資囉二合布節的啞吽。

唵目嚕即斡資哩二合尼吽啞。復想自心間吽hūṃ字，化出綠色甕鼓天母，供養中圍 遂結蓮花舞印，誦唵薩哩斡二合荅塔葛達室哩二合搊屹囉二合三發囉曼咤辣搊屹囉二合薩哩斡二合微囉由吉尼，明顯應供，作擊鼓勢，就念目嚕即斡資哩二合尼斡資囉二合布節的啞吽。

唵曷昔牙二合斡資哩二合尼吽啞。復想自心間吽hūṃ字，化出紅色喜悦天母，供養中圍，遂結蓮花舞印，誦唵薩哩斡二合荅塔葛達室哩二合搊屹囉二合二發囉曼咤辣搊屹囉二合薩哩斡二合微囉由吉尼，皆於面門作金剛拳，念曷昔牙二合斡資哩二合尼斡資囉二合布節的啞吽。

唵辣昔牙二合斡資哩二合尼吽啞。復想自心間吽hūṃ字，化出青色窈窕天母，供養中圍，遂結蓮花舞印，誦唵薩哩斡二合荅塔葛達室哩二合搊屹囉二合三發囉曼咤辣搊屹囉二合薩哩斡二合微囉由吉尼，皆執鈴杵，而按於胯，念辣昔牙資哩二合尼斡資囉二合布節的啞吽。

唵機爹斡資哩二合尼吽啞。復想自心間吽hūṃ字，化出紅色妙歌天母，供養中圍，遂結蓮花舞印，誦唵薩哩斡二合荅塔葛達室哩二合搊屹囉二合三發囉曼咤辣搊屹囉二合薩哩斡二合微囉由吉尼，皆執鐃鈸，作歌勢，念機爹斡資哩二合尼斡資囉二合布節的啞吽。

唵尼哩二合爹斡資哩二合尼吽啞。復想自心間吽hūṃ字，化出綠色妙舞天母，供養中圍，遂結蓮花舞印，誦唵薩哩斡二合荅塔葛達室哩二合搊屹囉二合三發囉曼咤辣搊屹囉二合薩哩斡二合微囉由吉尼，明顯應供，作妙舞勢，念尼哩二合爹八資哩二合尼八資囉二合布節的啞吽。

唵佈施啷二合八資哩二合尼吽啞。復想自心間吽hūṃ字，化出白色妙花天母，供養中圍，遂結蓮花舞印，誦唵薩哩斡二合荅塔葛達室哩二合搊屹囉二合三發囉曼咤辣搊屹囉二合薩哩斡二合微囉由吉尼，明顯應供，作奉花勢，念佈施啷二合八資哩二合尼八資囉二合布節的啞吽。

唵都啷八資哩二合尼吽啞。復想自心間吽hūṃ字，化出青色妙香天母，供養中圍，遂結蓮花舞印，誦唵薩哩斡二合荅塔葛達室哩二合搊屹囉二合三發囉曼咤辣搊屹囉二合薩哩斡二合微囉由吉尼，明顯應供作奉香勢，念都啷八資哩二合尼八資囉二合布節的啞吽。

唵低啷八資哩二合尼吽啞。復想自心間hūṃ吽字，化出紅色妙燈天母，供養中圍，遂結蓮花舞印，誦唵薩哩斡二合荅塔葛達室哩二合撈屹囉二合三發囉曼咤辣撈屹囉二合薩哩斡二合微囉由吉尼，明顯應供，作奉燈勢，念低啷八資哩二合尼八資囉二合布節的啞吽。

唵干談八資哩二合尼吽啞。復想自心間吽hūṃ字，化出綠色妙塗天母，供養中圍，遂結蓮花舞印，誦唵薩哩斡二合荅塔葛達室哩二合撈屹囉二合三發囉曼咤辣撈屹囉二合薩哩斡二合微囉由吉尼，明顯應供，作奉塗勢，念干談八資哩二合尼八資囉二合布節的啞吽。

唵啞荅哩二合廈嚕巴八資哩二合尼吽啞。復想自心間吽hūṃ字，化出白色金剛色母，皆執明鏡，供養中圍，遂結蓮花舞印，誦唵薩哩斡二合荅塔葛達室哩二合撈屹囉二合三發囉曼咤辣撈屹囉二合薩哩斡二合微囉由吉尼，啞荅哩二合廈嚕巴八資哩二合尼八資囉二合布節的啞吽。

唵囉薩八資哩二合尼吽啞。復想自心間吽hūṃ字，化出紅色金剛味母，供養中圍，遂結蓮花舞印，誦唵薩哩斡二合荅塔葛達室哩二合撈屹囉二合三發囉曼咤辣撈屹囉二合薩哩斡二合微囉由吉尼，囉薩八資哩二合尼八資囉二合布節的啞吽。

唵思巴二合哩廈八資哩二合尼啞吽。復想自心間吽hūṃ字，化出綠色金剛觸母，皆執上服，供養中圍，遂結蓮花舞印，誦唵薩哩斡二合荅塔葛達室哩二合撈屹囉二合三發囉曼咤辣撈屹囉二合薩哩斡二合微囉由吉尼，思巴二合哩廈八資哩二合尼八資囉二合布節的啞吽。

唵塔哩麻二合塔都八資哩二合尼啞吽。復想自心間吽hūṃ字，化出白色金剛法界天母，執法生宮，供養中圍，遂結蓮花舞印，誦唵薩哩斡二合荅塔葛達室哩二合撈屹囉二合三發囉曼咤辣撈屹囉二合薩哩斡二合微囉由吉尼，塔哩麻二合塔都斡資哩二合尼八資囉二合布節的啞吽⑰。

從上引《吉祥上樂中圍修證儀軌》這個段落中，我們可以明確地看到，這所謂的"十六天母"實際上是修證吉祥上樂輪儀軌中用來對吉祥上樂輪中圍作供養的十六位供養天女（mchod pa'i lha mo），畏兀兒文《吉祥上樂輪中圍現觀修習儀》中相應段落的內容與此基本一致。而以"十六天母"供養吉祥上樂輪中圍作為吉祥上樂輪修法中的一項普遍的內容，多見於薩思迦派上師所造各種上樂輪中圍修法儀軌中。例如，在現藏於北京國家圖書館善本部的一部西夏時代漢譯的《吉祥上樂輪本續》的釋論——《新譯吉

⑰ 《吉祥上樂中圍修證儀軌》，《中國藏密寶典》第4冊，北京：民族出版社，217—230頁。本篇譯文中曾出現一個宗承上師名錄，與藏文文獻中嚕余巴傳軌宗承上師名錄差別很大，其人名中多有"吉祥"稱號，或與元代佛僧，特別是皈依八思巴帝師為弟子者之名稱多有此稱號的傳統有關，而其最後的傳承師分別是明代初年著名西域僧撒哈撈失哩和雅呐囉失彌，即明初著名的西天僧善世班智達俱生吉祥及其弟子西天佛子大國師智光，故可確定這部儀軌當是明代的作品。參見沈衛榮、安海燕《明代漢譯藏傳密教文獻和西域僧團——兼談漢藏佛教史研究的語文學方法》，《清華大學學報》（哲社版）2011年第2期，81—159頁。

祥飲血王集輪無比修習母一切中最勝上樂集本續顯釋記第三》中我們也可以找到這種修法的經典依據[18]。《吉祥飲血王集輪無比修習母一切中最勝上樂集本續》當為藏文*dPal khrag 'thung gi rgyal po 'khor lo sdom par brjod pa rnal 'byor ma bla na med pa thams cad kyi bla ma bde mchog bsdus pa*的完整翻譯，它是《吉祥上樂輪本續》（*rGyud kyi rgyal po dpal bde mchog nyung ngu zhes bya ba*）的一個異譯本。《新譯吉祥飲血王集輪無比修習母一切中最勝上樂集本續顯釋記》的作者莊嚨法幢，即Cog ro Chos kyi rgyal mtshan，他隨Mar do Chos kyi dbang phyug譯師學法，得其勝樂傳軌，記錄其所詮，造就了這部被布思端上師稱為西番最好的一部《吉祥上樂輪本續》的釋論[19]。

在這部《吉祥上樂輪本續》之釋論的殘本中，我們見到了兩段以"十六供養天母"供養吉祥上樂輪中圍的內容，都在解釋第四品——《勇猛勇母無二安置品》（dPa' bo dang rnal 'byor ma gnyis su med par dgod pa'i le'u ste bzhi pa）的釋文中。其中解釋"中圍真性"一節，共分六個部分，即一、發四等心；二、想五蘊佛；三、作擁護輪；四、積集福智；五、增長四大；六、想中圍佛。在其中的第四和第六兩個部分中，都提到了以"十六供養天母"供養吉祥上樂輪中圍。據莊嚨法幢法師的解釋，所謂"積集福智"就是通常所說的積集福德資糧（bsod nams kyi tshogs）和智慧資糧（ye shes kyi tshogs），於吉祥上樂輪中圍儀軌中：

> 四積集福智者，《遍行本續》第十二品云：積集福智二足者，而於二諦實依仗此二足中。初福足者，謂自心間花月輪上，吽字出光，召上樂輪眾寶所成勝妙宮內，五層五輪中圍佛會，及於東面屍林之內，七寶座上所尊上師，令住自己面前空中，又自心間吽字出光，化出十六供養天母，令作供養。自身復化無量之身而作敬禮。所有罪業悉皆懺悔，於此善根，為諸有情，回向善根，皈依三寶，發菩提心。未成佛間，依憑吉祥上樂輪道，恒修習也[20]。
>
> 六想中圍佛者，下文第五十一品云：山頂增成眾色蓮臍，想啞哩及葛哩。然此義者，謂山頂中央，唦字變成雜色蓮花，彼上吽字變成眾色之杵，杵臍唦字復成雜色八葉蓮花，彼上白色啞哩左繞，而又紅色葛哩右繞，此二變成紅白

---

[18] 釋迦比丘莊嚨法幢集，講經律論寂真國師沙門惠照傳，皇建延壽寺沙門惠雲等奉勅譯，皇帝詳定。

[19] *The Blue Annals*, I, pp. 380-390; 公哥卓喬（Jo nang rje btsun Kun dga' grol mchog, 1507—1565/66）的著作《百解傳承史》（*Khrid brgya'i brgyud pa'i lo rgyus*），*gDams ngag mdzod*, Vol. 18, pp. 91-93.

[20] 基本相同的內容見於宗喀巴大師所造《瑜伽自在噜余巴传规之世尊胜樂成就法——大樂光明》（*rNal 'byor gyi dbang phyug lū i pa'i lugs kyi bcom ldan 'das 'khor lo sdom pa'i sgrub pa'i thabs bde chen gsal ba*）中，後者文作：de nas rang gi snying kha'i sa bon las rig ma bcu drug sprul te// nams kyis mchod la/ rkang pa brgyad pa'i sngags kyis bstod de mchod pa'o// de nas/ dkon mchog gsum la bdag skyabs mchi// sdigs pa thams cad so sor bshags// 'gro ba'i dge la rjes yi rang// sangs rgyas byang chub yid kyis bzung/ sangs rgyas chos dang tshogs mchog la// byang chub par du skyabs su mchi// rang gzhan don ni rab sgrub phyir// byang chub sems ni bskyed par bgyi// byang chub mchog gi sems ni bskyed bgyis nas// sems can thams cad bdag gis mgron du gnyir// byang chub spyod mchog yid'ongs spyad par bgyi// 'gro la phan phyir sangs rgyas'grub par bshog// 參見*Tsong kha pa'i gsung 'bum*, ta, New Delhi: Mongolian Lama Curu Deva, 1978-1979, pp. 608-609.

月輪，於上青色吽字出光，召上樂輪勇猛、勇母來住空口，作不二行。次鎔為光，入於吽字，刹那變成五輪佛等，其勝妙宮四方四門，具四階陛於外廓下，布列十六供養天母於寶幢上，莊嚴鈴鐸，出妙音聲，垂全半鬘，及堅寶拂，以為嚴飾。周圍復想八屍堂林，次第分明而觀想之[21]。

從以上這兩段釋文中可知，"十六天母"（rig ma bcu drug）或者"十六供養天母"（mchod pa'i lha mo bcu drug）本是行者自心間化出、供養吉祥上樂輪中圍及其住於此中圍中的諸佛、本尊的供養，即所謂"伸意生十六天母之供養"（yid las byung ba'i lha

---

[21] 《新譯吉祥飲血王集輪無比修習母一切中最勝上樂集本續顯釋記第三》。"山頂增成眾色蓮臍，想啞哩及葛哩"出自《勝樂略續》（*rGyud kyi rgyal po dpal bde mchog nyung ngu zhes bya ba bzhugs so*）第五十一品。藏文為：ri steng sna tshogs padma yi/ lte bar āli kāli skyes// 下來之解說尚未發現與其密合之藏文，以其為勝樂金剛常見修法中的一個環節，故可參考相關勝樂金剛成就法之釋論作輔助解讀。茲引宗喀巴所造《瑜伽自在魯伊巴傳規之世尊勝樂成就法・大樂光明》（*rNal 'byor gyi dbang phyug lū i pa'i lugs kyi bcom ldan 'das 'khor lo sdom pa'i sgrub pa'i thabs bde chen gsal ba*）中相應部分如下：

de'i steng du pam ser po las sna tshogs padma/ de'i lte bar hūṃ las sna tshogs rdo rje/ de'i steng gi lte bar pam las lte ba dang tshad mnyam pa'i sna tshogs padma'dab ma brgyad pa/ lte ba dang ge sar dang ldan pa/ phyogs bzhi'i 'dab ma dmar/ me rlung gnyis ser/ bden bral ljang/ dbang ldan nag/ lte ba ljang/ ge sar ser ba bsam mo// 其上黃色啪字變成雜色蓮花，花心吽字變成交杵，杵臍啪字變成雜色八瓣蓮花，大小與杵臍相等，具足花心與花蕊，觀想四方之花瓣為紅色，東南與西北二隅為黃色，西南為綠色，東北為黑色，花心為綠色，花蕊為黃色。

sna tshogs padma chung ngu'i dbus su mthan so gnyis kyi ngo bo dbyangs yig dkar po bcu drug pa phrag gcig g·yas skor dang/ slar yang dbyangs yig bcu drug pa phrag gnyis pa g·yon skor du rim pa gcig gis'khod/ de'i phyi rol tu dpe byad brgyad cu'i ngo bo gsal byed so bzhi la/ ḍa ḍha da dha ya la drug bsnan pa'i gsal byed dmar po bzhi bcu pa phrag gcig g·yas skor dang/ slar yang gsal byed bzhi bcu pa phrag gnyis pa g·yon skor du rim pa gcig gis'khod/ de gnyis yongs su gyur pa las zla ba'i dkyil 'khor yongs rdzogs pa dkar la dmar ba'i mdangs can la/ dbyangs so gnyis dang gsal dang gsal byed brgyad cu gzugs brnyan shar ba bzhin du snang ba'i ā li dang zla ba'i kha dog dkar ba'i cha ni me long lta bu dang/ kā li dang zla ba'i kha dog dmar ba'i cha ni mnyam pa nyid kyi ye shes te/ ye shes de gnyis ni rnal'byor ro// 於雜色小蓮花中央，白色十六元音字母右繞一圈，復次，十六元音字母左繞第二圈，按同一次序佈列，此為三十二相之自性。其外，三十四輔音上加上ḍa ḍha da dha ya la六者，成紅色四十輔音字母，右繞一圈，復次，四十輔音字母左繞第二圈，按同一次序布列，此為八十隨好之自性。彼二者轉成圓滿月輪，具白裏透紅之光澤，如鏡影般顯現之三十二元音與八十輔音中之啞哩與月輪之白分為大圓鏡智，嘎哩與月輪之紅分為平等性智，此二智即瑜伽。

nāda'i de nas rang nam mkha'i nga rgyal gyis/ zla ba dkar la dmar ba mthong ba na/ bdag gis sangs rgyas yab yum gyi byang sems dkar dmar gyi ngo bor gyur pa'i dbus su skye ba blangs la sems can gyi don bya'o snyam du 'phen pa btang nas zla ba'i dbus su nā da zhugs pa las rim gyis nā da las thig le/ thig le las zla phyed/ de las mgo bo/ de las ha'i lus/ de las ū grub pa'i tshul gyis/ dkar la dmar ba'i mdangs can gyi hūṃ yig rgyu rdo rje 'dzin pa'i rang bzhin can du rdzogs par gyur pa ni so sor rtog pa'i ye shes so// hūṃ las kha dog sna lnga pa'i 'od zer'phro ba'i rtse mo las/ 'khor lo lnga'i lha tshogs rnams'thon te/ 'gro ba rnams de'i go 'phang la bkod pa dang/ sdud pa'i tshe sngon thog ma med pa nas grub pa'i dpa' bo dang rnal'byor ma la sogs pa phyogs bcu'i zhing khams na bzhugs pa rnams lhan cig spyan drangs te/ mnyam par spyar ba sngon du'gro bas zhu bar gyur te// 復次，自我以虛空之那達慢而觀見白裏透紅之月輪時，思惟自我於佛父母之紅白菩提心自性之中央受生而利益有情，由是投住，其後，住於月輪中央之那達依次生出明點，由明點生出半月，復生出頭，復生出哈字之身，復生出（元音）嗚，以此方式（生出）具白裏透紅光澤之吽字，具因位金剛持之自性而圓滿，此為妙觀察智。從吽字放出五色光明，其尖端顯現五輪天眾，將終生安置於其果位，收攝時，將往昔無始以來已成就之勇父與瑜伽母等住於十方刹土之（天）眾俱同迎請，先行平等和合，而後消融。（轉下頁）

圖1　吉祥上樂輪中圍（唐卡）
圖像來自*Sacred Vision*, Steven M. Kossak and Jane Casey Singer, New York: Metropolitan Museum of Art, p.128.

mo bcu drug gis mchod pa，譯言“以意生之十六天母作供養”）。同時，“十六天母”也可作為佈列於吉祥上樂輪中圍之勝妙宮四方四門寶幢上的莊嚴，所以，“十六天母”的形象常常出現在吉祥上樂輪中圍的唐卡或者塑像之上（見圖1）。

值得一提的是，“十六天母”作為無上瑜伽部密續本尊中圍之莊嚴，至少在薩思迦派的傳承中也已經作為喜金剛本尊中圍之莊嚴出現在吉祥喜金剛本尊修法中。現藏於臺灣故宮博物院的明代漢譯藏傳密教儀軌《吉祥喜金剛集輪甘露泉》於其正行示述觀修喜金剛現證六支部分中也提到了“十六天母”供養，於其說行者於禪定中觀想虛空中生起本尊喜金剛壇城時即云：

復次，緣支從虛空中，以唵ༀ啞ཨཱཿ吽ཧཱུྃ斛斛，與自心融溶成一味，而成眾寶難思宮殿：

（續前註文）khang pa brtsegs pa'i gzhal yas khang gru bzhi sgo bzhi pa/ phyi nas rim pa bzhin dkar ser dmar ljang sngo ba'i rim pa lnga dang ldan pa'i rin po che'i rtsegs bskor ba'i steng na/ rin po che'i pha gu gzhi dmar po la rin po che zur gsum dang gru bzhi la sogs pas spras pa/ de'i steng na gnas pa'i gser gyi ske rags bzhi'i phyi ngos su chu srin gyi kha nas mu tig gi do shal dang do shal phyed pa'phyang ba/ de'i phyi ngos su bya'dab las 'phyang ba'i rin po che'i shar bu/ de'i steng na padma 'dab ma phyed pa'i dbyibs can gyi mda' yab la gnas pa'i gser gyi bum pa nas 'thon pa'i rgyal mtshan dang ba dan brgyad brgyad kyis mdzes par byas pa/ phyi'i steng gi zur bzhi la gdugs bzhis brgyan pa/ rtsig pa'i 'gram nas 'dod yon gyi snam bu dmar pos bskor ba la bzhugs stabs dang kha dog sna tshogs pa'i lha mo rnams kyis mchod pa byed bzhin pa/ sgo dang sgo khyud kyi phyi'i mtshams dang rtsig pa'i phyi nang gi zur bzhir/ zla phyed la gnas pa'i rin po che dmar po'i steng du rdo rjes brgyan pa/ sgo bzhi so so'i mdun du stegs bu grub bzhi pa'i steng du bum pa la gnas pa'i ka ba bzhi bzhis bteg pa'i rta babs snam bu bcu gcig dang ldan pa'i rtse mor chos kyi 'khor lo'i g·yas g·yon du ri dwags pho mo dang bcas pa/ rta babs kyi g·yas g·yon du bum pa bzang po las skyes pa'i dpag bsam gyi zhing la/ rgyal srid rin po che sna bdun dang/ bar bar du grub pa thob pa dang/ sprin gyi gseb nas byung ba'i lha me tog gi phreng ba bzung ba rnams kyis kun nas mdzes par byas pa'o// de'i phyi rol tu sna tshogs rdo rje'i ra bas bskor ba la sogs pa'i srung 'khor/ de'i phyi rol tu bskal pa 'jig pa'i dus kyi me lta bu rdo rje'i me kha dog sna lnga pas steng dang logs kun tu khyab par g·yon skor du 'khyil zhing 'bar ba/ de'i phyi rol na gnas pa'i dur khrod brgyad ni/ shar du gtum drag/ byang du chang tshang tshing 'khrigs pa/ nub tu rdo rje 'bar ba/ lhor keng rus can/ dbang ldan du drag tu rgod pa/ mer bkra shis tshal/ bden bral du mun pa drag po/ rlung du ki li ki li'i sgra sgrogs pa ste// 宮室累迭之越量宮四方四門，從外（往内）依次為白黃紅綠藍之五層寶牆重重圍繞，其上紅色寶磚為基，以三角、四方形等大寶作莊嚴，其上四金腰帶外之摩羯魚口中銜珍珠瓔珞與半瓔珞，其外之飛簷上懸掛大寶流蘇，上有半蓮瓣形之矮牆，位於其上之金瓶内豎立八勝幢與八飛幡，以此為妙嚴。外面四角上嚴以四傘蓋，牆腳有紅色妙欲臺階圍繞，上有姿態及顏色各異之諸天女作供養。門與月牆外側之四隅，以及牆内外之四角皆有半月飾，上置頂部嚴以金剛杵之紅寶石。四門各自之前皆有方形柱座，其上之瓶中豎立四柱，柱上承托十一層牌坊，頂上有法輪，左右具牝牡二鹿，牌坊左右之妙瓶中生如意寶樹，上有輪王七寶，時有得成就者與破雲而出之天人手持花鬘，悉皆為美嚴。其外有環繞之交杵牆垣等護輪，護輪外有如壞劫之火之五色金剛焰，周遍上方與四周，左旋彙聚而熾燃。其外八大屍林者，東為暴虐屍林，北為密叢屍林，西為金剛焰屍林，南為骨鎖屍林，東北為狂笑屍林，東南為上祥屍林，西南為幽暗屍林，西北為啾啾屍林。

四方四門，具五色牆，從外次第白、黃、紅、綠、黑。彼上復有寶基黃簷，垂掛全半瓔珞之網，彼上復有箭窗、乳口。垣牆之外，欲樂地上，十六天母，持種種供奉婆伽梵。內具八柱，上安四條金剛妙袱，如棋盤紋，而中圓高正，於頂上嚴半杵幢，當於四門，各以四柱扶四欄楯，上安法輪、傘蓋、麟獸，復有繒、幡、花鬘、瓔珞、風吹月摇、寶柄拂等，想成如是種種莊嚴難思宮殿[22]。

顯然，"十六天母"作為"意生供養"於吉祥上樂輪中圍和喜金剛中圍中的表現形式和象徵意義基本一致。

至此，我們可以肯定的是，所謂"十六天魔"應該就是吉祥上樂輪中圍修法中的"十六供養天母"。"十六天母"供養是嚕余巴所傳上樂中圍儀軌中的一個不可缺少的內容。這種修法出現於早期西番上師，特別是薩思迦歷輩祖師所傳的吉祥上樂輪中圍儀軌中。漢文文獻中常說"十六天魔舞"乃"宮中贊佛"時跳的一種舞蹈，如元末著名筆記《草木子》中說："其俗有十六天魔舞，蓋以朱纓盛飾美女十六人，為佛菩薩相而舞。"[23]而《輦下曲》則說："西方舞女即天人，玉手曇花滿把青。舞唱天魔供奉曲，君王常在月宮聽。"它們雖然都是文學作品，但也均部分地反映出了歷史的真實。總之，"十六天魔舞"應該是元朝宮廷中所作吉祥上樂輪中圍或者喜金剛中圍儀軌中的一個組成部分。它的流行與當時元朝宮廷修歡喜佛，或即藏密無上瑜伽部母續喜金剛和勝樂本尊之事實應該是大致相符合的。

三、吉祥上樂輪中圍修法和十六天母供養在西夏的傳播

明人朱有燉《元宮詞》中敘元朝宮廷流行"十六天魔舞"故事時有云："背番蓮掌舞天魔，二八嬌娃賽月娥。本是河西參佛曲，把來宮苑席前歌。"[24]這首詩無意間為我們提供了一個十分重要的信息，即通常被人以為是元末宮廷中盛行的"十六天魔舞"竟

㉒ 漢文見持呪沙門莎南屹囉集譯，《吉祥喜金剛集輪甘露泉》上卷第十九開，收於臺灣"國立"故宮博物院編《佛經附圖：藏漢藝術小品》（*Convergence of Radiance: Tibeto-Chinese Buddhist Scripture Illustrations from the Collection of the National Palace Museum*），臺北，2003年。對應藏文見八思巴造《吉祥喜金剛現證如意寶》（*dPal kye rdo rje'i mngon rtogs yid bzhin nor bu bzhugs*），99/1/2—99/1/6頁，收於《薩思迦全集》卷6。藏文原文作：rkyen gyi yan lag rang gi sems dang ro gcig tu 'dres pa las rin po che sna tshogs las grub pa'i gzhal yas khang pa gru bzhi pa/ sgo bzhi pa/ phyi nas rim pa bzhin/ dkar po/ ser po/ dmar po/ ljang gu/ nag po ste rtsig pa lnga dang ldan pa/ de'i steng du rin po che'i pha gu ser po la dra ba dang dra ba phyed pa 'phyang ba/ de'i steng du rin po che'i mnga 'yab cang pu shu yod pa/ rtsig pa'i phyi rol 'dod yod gyi snam bu la lha mo bcu drug gis mchod rdzas du ma thogs nas bcom ldan 'das la mchod pa/ nang ka ba brgyad dang ldan pa/ steng rdo rje'i gdung bzhis mig mngas ris su bres shing/ mdzes par phub pa/ dbus phyur bur gyur pa'i steng du rdo rje phyed pa'i tog gis brgyan pa/ sgo'i thad so bzhir ka ba bzhi bzhis bteg pa'i rta babs bang rim bzhi dang ltan pa'i steng du chos kyi 'khor lo dang/ gdugs dang/ ri dwags dang bcas pa/ gzhan yang gos dang/ 'phan dang/ me dog gi phreng ba dang/ rlung gis bskyod pa dang/ rnga yang nor bu'i yu ba can la sogs pa rgyan du mas brgyan pa'i gzhal yas khang pa bsgom/

㉓ （明）葉子奇《草木子》卷3，《雜制篇》，北京：中華書局，1959年，65頁。

㉔ （明）朱橚《元宮詞》，《四庫全書存目叢書》（集部 第24冊），濟南：齊魯書社，1997年，270頁。

然"本是河西參佛曲"，換言之，早在元以前的西夏時代，河西地區或即已經盛行過"十六天母舞"了。顯然，此說絕非空穴來風，僅從我們目前所搜集到的西夏時代漢譯藏傳密教文獻來看，藏傳密教無上瑜伽部的修習當時於西夏王國境內業已相當盛行，吉祥上樂輪中圍修法早已在河西廣泛傳播當是一個明顯的事實[25]。

前述莊啸法幢法師集《新譯吉祥飲血王集輪無比修習母一切中最勝上樂集本續顯釋記》，乃"講經律論寂真國師沙門惠照傳，皇建延壽寺沙門惠雲等奉勅譯，皇帝詳定"，顯然這是西夏仁宗（1140—1193）年間翻譯、流傳的作品。這說明，吉祥上樂輪本尊的修法至少在西夏仁宗統治時期已經在河西開始流行了。莊啸法幢法師是Mal pa Do pa譯師的親傳弟子，他的這部釋論據稱是對後者講述《吉祥上樂輪本續》之內容的真實記錄，他傳承的是黑行師（Kṛṣṇācārya）的傳軌，所以同樣是嚕余巴的吉祥上樂輪傳軌[26]。在俄藏黑水城西夏文佛教文獻中，我們也見到了一部《留伊波現量悟之問所釋記》，被認定與藏文*Lu hi pa'i mngon par rtogs pa'i 'grel pa sdom pa 'byung ba zhes bya pa*《嚕余巴現觀釋生起律仪》相關[27]，這同樣也說明《吉祥上樂輪本續》的嚕余巴傳軌曾在西夏傳播。

不僅如此，於迄今所見西夏時代漢譯佛教文獻中，我們還發現了另外幾部與《吉祥上樂輪本續》相關的文本，例如在拜寺溝方塔出土文書中有一部被錄者定名為《吉祥上樂輪略文等虛空本續》的文獻，事實上，這個已經嚴重殘破的文本當是迦失彌羅班智達智金剛所譯《吉祥上樂輪等虛空本續王》（*dPal 'khor lo bde mchog nam mkha' dang mnyam pa'i rgyud kyi rgyal po, Śrīcakrasaṃbarakhasama tantrarāja-nāma*）[28]的一部釋論，它說修"吉祥形嚕割"、"金剛亥母"要門，通過修風、脈、明點、六輪，以及"雙融"，即雙修等法，獲證大樂身，是一部與上樂本續修法相關的文本[29]。這兩部《吉祥上樂輪本續》之釋論的漢譯文殘本的發現令我們不由得猜測當時或也當有《吉祥上樂輪本續》之漢譯本的存在。

最近，我們還確定了羅振玉在清內庫大檔中發現的《喜樂金剛空行毋［母!］網禁略集大密本續》殘本，實際上就是無上瑜伽部母續最重要的本續之一——《吉祥喜金剛

㉕ 有關蒙古人信仰藏傳佛教之西夏背景的研究，見沈衛榮《初探蒙古接受藏傳佛教的西夏背景》，《西域歷史語言研究集刊》第一輯，北京：科學出版社，2007年，273—286頁。

㉖ Kun dga' grol mchog, *Khrid brgya'i brgyud pa'i lo rgyus*. 上述這個"四次第"的傳承實際上與當時《吉祥上樂輪本續》之修法的傳承密切相關，其較詳細的記載見於《青史》中，見*The Blue Annals*, I, pp. 380-390. 關於黑行師的生平參見*Taranātha's Life of Kṛṣṇācārya/Kāṇha,* Translated by David Templeman, New Delhi: Library of Tibetan Works and Archives, 1989; 此外，薩思迦初祖公哥寗卜（Sa chen Kun dga' snying po）造有《上樂黑行師傳軌上師傳承史》（*bDe mchog nag po pa'i lugs kyi bla ma brgyud pa'i lo rgyus*），詳述黑行師及其弟子生平和教法授受事跡，見《薩思迦全集》卷1, 214/1/11—216/4/2頁。

㉗ 西田龍雄《西夏譯佛典目錄》，No. 017，《留伊波現量悟之問所釋記》，《西夏文華嚴經》III，京都：京都大學文學部，1977年，18頁。

㉘ bKa' 'gyur 德格版，續部No. 415。拜寺溝西夏方塔出土的那部文本署名"國師知金剛傳、[沙]門海照譯"，這位國師或即指這部本續的藏文原譯者智金剛（Jñāvajra）。

㉙ 寧夏自治區文物考古所編《拜寺溝西夏方塔》，北京：文物出版社，2005年，234—258頁。

本續》的漢譯本殘卷[30]。《吉祥喜金剛本續》當時或也有西夏文譯本傳世，俄藏黑水城西夏文佛教文獻中有題為《呼金剛王本續之記》者，被認為是藏文*Kye'i rdo rje zhes bya ba rgyud kyi rgyal po*，即《喜金剛本續》的翻譯[31]。而在寧夏賀蘭山拜寺溝方塔中出土的西夏文佛教文獻《吉祥遍至口合本續》實際上就是著名的《三菩怛本續》（*Saṃpuṭa Tantra*），是《吉祥喜金剛本續》的解釋續[32]。這些發現表明密乘佛教無上瑜伽部，特别是其母續，或稱瑜伽女續（Yogīni Tantra）部的主要續典都曾已經在西夏王國漢、西夏信徒中間流傳。

而吉祥上樂輪中圍的修法則尤其流傳廣泛。在拜寺溝方塔出土文獻中還有一篇被錄者暫定名為《修持儀軌》的長篇藏傳密教儀軌殘本[33]，它顯然是一部上樂輪修法儀軌，其中細述身、語、意輪修法，詳列上樂輪修法的種種密咒。在《俄藏黑水城文獻》中，我們還見到了一部題為《大集輪□□□聲頌一本》的供養上樂中圍的長篇儀軌，這是我們迄今所見到的一部最完整的修習吉祥上樂輪修法，其實際的名稱當作《吉祥上樂中圍造作供養次第儀》，文中詳列敬獻給本尊吉祥形嚕割和金剛亥母的種種供養和咒偈，述說作供養和頌咒之次第，以及依此次第造作所獲之功德，與前述拜寺溝出土的那部《修持儀軌》有很多共同之處。就在這部《大集輪□□□聲頌一本》中，我們首次見到了包括音、義兩譯的漢譯“十六天母”的完整名錄，她們是：

> 一、碧你（vīni, pi waṃ ma），琵琶；二、哪星（vaṃse, gling bu ma），龍笛；三、銘單渴（mṛtaṃga, rnga zlum mo），大鼓；四、朦羅（murja, rdza rnga mo），杖鼓；五、曷星（hasya, bzhad pa mo），喜笑；六、辣星（lasya, sgeg pa mo），搦腰；七、犵哩底（kīrti, glu dbyangs ma），妙歌；八、你哩底（nṛtya, gar mkhan ma），妙舞；九、布厮併（puṣpaṃ, me tog ma），妙花；十、㖶並（dhūpaṃ, bdug spos ma），妙香；十一、阿浪迦（dīpaṃ, mar me ma），妙燈；十二、過祢（gandhaṃ, dri chab ma），妙塗；十三、阿怛奢（ādarśarūpa, gzugs mdzes ma），勝色；十四、囉薩（rasa, zhal zas ma），妙味；十五、厮巴折（sparṣa, na bza' ma），妙觸；十六、怛銘（dharmadhātu, chos dbyings ma），妙法[34]。

上樂輪中圍修法曾於西夏流行也可以從今見於《大乘要道密集》中的三部源出於西夏時代的與薩思迦派所傳“道果法”（lam 'bras）修習相關的文本中得到印證。其中第一部題為《依吉祥上樂輪方便智慧雙運道玄義卷》，“佑國寶塔弘覺國師沙門慧信錄”，是一部以《吉祥上樂輪本續》為依據，以“四手印”為憑藉而修習“欲樂定”

㉚ 沈衛榮《羅振玉所見“演揲兒法殘卷三種”淺釋》，《上海書評》2011年12月24日。

㉛ 西田龍雄《西夏譯佛典目錄》，No. 164，《呼金剛本續之記》，《西夏文華嚴經》III，37頁。

㉜ 沈衛榮《西夏文藏傳續典〈吉祥遍至口合本續〉源流、密意考述（上）》，《西夏學》第2輯，銀川：寧夏人民出版社，2007年，92—98頁。

㉝ 《拜寺溝西夏方塔》，217—234頁。

㉞ 《大集輪□□□聲頌一本》，《俄藏黑水城文獻》第二冊，113頁。

（即俗稱之所謂“雙修法”）的儀軌。按照其文本中提供的線索可知，這是一部屬於“道果法”的儀軌。除了依行手印、法手印、記句手印和大手印等“四手印”修“欲樂定”以外，文中還包括了修習“拙火定”、“九周拙火”、“治風”、“對治禪定”、“除定障礙”、“光明定”和“夢幻定”等短篇瑜伽修習儀軌[35]。其中的第二部題為《解釋道果語錄金剛句記》，為“西番中國法師禪巴集、中國大乘玄密帝師傳、北山大清凉寺沙門慧忠譯”。其西夏文譯本也見於俄藏黑水城西夏文文獻中[36]。

再有，在黑水城出土漢文佛教文獻中還有多部《金剛亥母集輪供養次第錄》、《金剛亥母禪定》、《集輪法事》、《金剛亥母修習儀》、《金剛亥母略施食儀》、《金剛亥母自攝授要門》、《金剛亥母攝授瓶儀》、《金剛修習母究竟儀》等，顯然也是同一性質的修習上樂輪的儀軌[37]。金剛亥母是上樂輪本續的兩位主要本尊之一。同樣，在俄藏黑水城出土西夏文藏文文獻中，我們還見到了黑行師所傳的《聚輪供養次第》（*Tshogs kyi 'khor lo'i mchod pa'i rim pa*）[38]，以及《吉祥上樂輪隨中有身定入順次》、《吉祥上樂輪隨中有身定入順要論之要方解釋順》、《吉祥上樂輪隨六十二佛之百八名》等等，這都表明吉祥上樂輪本續的修習於西夏時代確實已經相當的流行[39]。

四、薩思迦派所傳《吉祥上樂輪本續》的嚕余巴傳軌

傳統以為，《吉祥上樂輪本續》有薩囉曷和嚕余巴兩種不同的傳軌，但也有人認為嚕餘巴以前的傳承，即從形嚕割吉祥輪（He ru ka dpal 'khor lo）、大持金剛（rDo rje 'dzin pa chen po）傳予薩囉曷，再傳予龍樹的傳承，實際上是徒有虛名之列舉，而沒有很多可以得到證實的內容。衹有到了小薩囉曷上師，即成道者Śavaripa將所謂《贊捺哩本續》（*Caṇḍālī Tantra, sDom pa'i rgyud*）之要門傳於嚕余巴，纔開始了《吉祥上樂輪本續》之修法的傳承。而這個傳軌在印度的傳承包括了很多大名鼎鼎的大成道者，如Dārikapa、Ḍeṅgipa、Ghaṇṭāpa（Vajraghaṇṭāpa, rDo rje dril bu pa，譯言金剛鈴尊者）、

㉟ 參見沈衛榮《西夏漢文藏傳密教儀軌《依吉祥上樂輪方便智慧雙運道玄義卷》讀解——以依“四手印”修“欲樂定”為中心》，《祝頌馮其庸先生米壽學術論文集》，上海：上海古籍出版社，2012年，即出）。

㊱ 西田龍雄《西夏譯佛典目錄》，No. 76，《道果語錄金剛句之解具記》，《西夏文華嚴經》III，24頁。

㊲ 參見沈衛榮《序說有關西夏、元朝所傳藏傳密法之漢文文獻——以黑水城所見漢譯藏傳佛教儀軌文書爲中心》，《歐亞學刊》第7期，2007年，159—179頁。

㊳ 西田龍雄《西夏譯佛典目錄》，No. 98，No. 247，《聚輪供養作次》，《西夏文華嚴經》III，27、49頁。

㊳ 西田龍雄《西夏譯佛典目錄》，No. 98，No. 247，《聚輪供養作次》，《西夏文華嚴經》III，27、49頁。

㊴ 西田龍雄《西夏譯佛典目錄》，No. 282, 283, 284，《西夏文華嚴經》III，55頁。《吉祥上樂輪隨六十二佛之百八名》則可能即是藏文*dPal 'khor lo sdom pa'i mtshan brgya rtsa brgyad pa'i stod pa*（《吉祥輪律儀一百八名贊》）的譯文。見於藏文“丹珠爾”中的黑行師作品的清單參見，*Taranātha's Life of Kṛṣṇācārya/Kāṇha*, pp. 142-146。

Kambala（Rus sbal gyi zhabs can）、Indrabūti（Indravijaya, Bar ma rnam rgyal）、Jālandhara、黑行師（Kṛṣṇācārya，Nag po spyod pa）、得玲浪巴（Tilopa）和捺囉巴（Nāropa）、尼泊爾人dPal Pham thing pa兄弟等。此外，捺囉巴的親傳弟子Kha chen Byang chub bzang bo（Bodhibhadra）、銘得哩巴（Maitri pa）、Dus kyi 'khor ba和語自在（Ngag gi dbang phyug, Vāgiśvāra）也是勝樂本續修法之嚕余巴傳軌的傳承者。而它在西番的傳播最初則要歸功於Mar pa do ba Chos kyi dbang phyug（1042—1136）和Mal lo[tsāba Blo gros grags pa]（11世紀人）兩位大譯師[40]。薩思迦始祖公哥甯卜（Kun dga' snying po，1092—1158)追隨Mal譯師長達十六年之久，Mal譯師曾為其逐品轉一次法輪，講論《勝樂輪本續》，據稱Mal譯師在西番一共向他的弟子們傳授嚕余巴德傳軌七次，而公哥甯卜則聽了五次，得其真傳[41]。

薩思迦始祖公哥甯卜顯然是於西番傳承《勝樂輪本續》之嚕余巴傳軌的關鍵人物。在他的全集中我們見到了一系列有關《勝樂輪本續》的釋論，它們是：

（1）《吉祥勝樂論根本續疏——珍珠鬘》（*dPal 'khor lo bde mchog gi rtsa ba'i rgyud kyi ti ka mu tig phreng ba*）[42]

（2）《勝樂根本續逐品釋》（*bDe mchog rtsa rgyud kyi le'grel*）[43]

（3）《勝樂根本續攝義》（*bDe mchog rtsa rgyud kyi bsdus don*）[44]

（4）《勝樂根本續釋難》（*bDe mchog rtsa rgyud kyi bka' 'grel*）[45]

㊵ *Taranātha's Life of Kṛṣṇācārya/Kāṇha*, pp.92-94, 136-138; Keith Dowman, *Masters of Mahāmudrā: Songs and Histories of the Eighty-Four Buddhist Siddhas*, pp. 33-38. 關於上樂輪本續修法之嚕余巴傳軌的歷史最詳盡的當是薩思迦三祖葛剌思巴監藏（Grags pa rgyal mtshan）所造《上樂嚕余巴傳軌上師傳承史》（*bDe mchog lū hi pa'i lugs kyi bla ma brgyud pa'i lo rgyus*），參見《薩思迦全集》卷 3, 293/2/1-298/4/1頁。此外，薩思迦二世祖鎖南孜摩（bSod nams rtse mo）於其所造《吉祥上樂輪供養鬘》（*dPal 'khor lo bde mchog gi mchod phreng bzhugs so*）中列上樂輪供養上師名錄如下：oṃ ah hūṃ gsang ba'i bdag po rdo rje 'chang/ dpal ldan slob dpon sa ra ha/ klu sgrub rin khrod mgon po dang/ rnal 'byor dbang phyug lu hi pa/ deṇ gi ba dang dā ri ka/ bla ma nams la rab tu mchod/ ghaṇḍa kaccha jālandhara/ karṇa pa dang guhya pa/ rnam par rgyal pa'i zhabs la'ang 'bul// bar ma'i slob dpon rab tu mchod/ de bzhin rje btsun ti lo pa/ dpal ldan na ro ta pa dang/ pha na phing gu pa (?) yang mchod/ shes rab brtsegs dang blo gros grags/ rje btsun thugs rje chen po can/ rab mchod dngos grub thams cad stsol// 參見《薩思迦全集》卷2, 421/4/2—421/4/5頁。類似的上樂輪供養上師名錄也見於葛剌思巴監藏造《勝樂魯余巴傳軌現證修習次第》（*bDe mchog lū hi pa'i lugs kyi mngon par rtogs pa'i bsgom pa'i rim pa*），其傳承如下：he ru ka dpal 'khor lo dang gsang ba'i bdag po rdo rje 'chang// dpal ldan slob dpon sa ra ha// klu grub ri khrod mgon po dang// lū hi pa dang dā ri ka// anta ra pa dang ti lo pa// na ro pa dang pham thing pa// blo gros grags pa rje btsun mchod//, 參見《薩思迦全集》卷4，13/4/3—13/4/4頁。

㊶ de'i spyan sngar nga gi bla ma byang chub sems dpa' lo bco drug zhugs/ dpal bde mchog rtsa ba'i rgyud la re'u re la tshogs kyi 'khor lo re byas te gsan/ spyir bla ma lo tsā bas bod du lū hi pa'i slob ma la bshad pa tsher bdun las nga gsungs pa la lnga bla mas gsan no//，參見*bDe mchog lū hi pa'i lugs kyi bla ma brgyud pa'i lo rgyus*, 298/2/5—298/2/6頁。

㊷ 《薩思迦全集》卷1，288/3/1—380/3/6頁。

㊸ 同㊷，394/3/1—395/4/4頁。

㊹ 同㊷，395/4/4—400/3/2頁。

㊺ 同㊷，400/3/2—413/1/6頁。

除此之外，公哥甯卜還造有《勝樂黑行師傳軌上師傳承史》（*bDe mchog nag po pa'i lugs bla ma brgyud pa'i lo rgyus*）[46]，以及黑行師所傳的《四次第要門》（*Rim pa bzhi pa'i gdams ngag*）[47]和《四次第實修次第要門》（*Rim pa bzhi lag tu blang pa'i rim pa sogs man ngag thor bu 'ga'*）等儀軌[48]。

黑行師是勝樂輪本續嚕余巴傳軌中的核心人物，所以他的傳軌即是嚕余巴傳軌，而他所傳的四次第的修法是根據《吉祥上樂輪本續》的密意，依照捺囉巴上師所傳之六法傳統而造的以修氣、脈、明點為主的中陰、拙火等成就法儀軌。在20世紀初於敦煌發現的古代畏兀兒文獻中，我們見到了一部為"釋迦比丘大阿闍黎法幢"，即Cog ro Chos kyi rgyal mtshan原作的作品，題為《上根有情次第成就法》，它是元代著名畏兀兒譯師薩里都統受西平王阿速歹之命，於至正十年（1350）翻譯完成的[49]。這部《上根有情次第成就法》的藏文原本無處可尋，但其內容與薩思迦派始祖公哥甯卜所造《四次第要門》極其類似，很多段落甚至完全一致，於此或可視其為勝樂輪本續嚕余巴傳軌於元朝傳播的一個佐證。

在薩思迦二世祖鎖南孜摩（bSod nams rtse mo，1142—1182）全集中我們也見到三種與勝樂輪修法相關的文本，它們是：

（1）《勝樂輪[金剛]鈴尊者之經文現證》（*'Khor lo bde mchog dril bu pa'i gzhung gi mngon par rtogs pa*）[50]

（2）《勝樂輪[金剛]鈴尊者之灌頂儀略攝》（*'Khor lo bde mchog dril bu pa'i dbang gi bya ba mdor bsdus*）[51]

（3）《吉祥勝樂輪供養鬘》(*dPal 'khor lo bde mchog gi mchod phreng*)[52]

如前所示，金剛鈴尊者同樣也是勝樂輪本續嚕余巴傳軌之宗承上師中的一員，所以鎖南孜摩所造之《勝樂輪[金剛]鈴尊者之經文現證》和《勝樂輪[金剛]鈴尊者之經文現證》同樣也屬於嚕余巴傳軌，而其所造《吉祥勝樂輪供養鬘》則是一部詳盡的吉祥勝樂輪的供養儀軌（mchod pa'i cho ga），匯合了許多供養勝樂輪的儀軌和密咒。據其跋可知，這部儀軌中記錄的是作者根據公哥甯卜上師直授、由Pham thing pa上師所傳的捺囉

㊻ 同㊷，214/1/1—216/4/1頁。

㊼ 同㊷，249/1/1—254/4/2頁。

㊽ 同㊷，254/4/2—256/3/6頁。

㊾ P. Zieme und G. Kara, *Ein Uigurisches Totenbuch: Nāropas Lehre in uigurischer übersetzung von vier tibetischen Traktaten nach der Sammerlhandschrift asu Dunhuang, British Museum Or. 8212 (109)*, Budapest: Akadémiai Kiadó, 1978, pp.26-30, 79-163. 關於這部儀軌之傳譯者及其施主的最近的討論參見阿不都熱西提・亞庫甫《北京大學圖書館藏回鶻文〈西寧王速來蠻讚〉新探》，《西域文史》第6輯，北京：科學出版社，2012年，61—77頁。

㊿ 《薩思迦全集》卷2，404/4/1—407/3/1頁。

(51) 同㊿，407/3/1—418/4/6頁。

(52) 同㊿，419/1/1—427/4/1頁。

巴上師之要門，也不出嚕余巳之傳軌[53]。

值得一提的是，在《吉祥勝樂輪供養鬘》中，鎖南孜摩仔細地描述了以"十六天女"供養吉祥上樂輪本尊的儀軌，其內容如下：

de nas rol mo'i cha byad ji snyed yod pa rnams mngon par 'du byas la/ oṃ sarva tathāgata śrīcakrasamvara maṇḍala cakra sarva vīra yoginī oṃ vajra ghaṇṭe raṇita/ praraṇita samprarṇita/ sarva budhākṣetra pracālite/prajňapāramitā nāda sambhaveta/ vajradharmāhṛdaya/ santoṣaṇi hūṃ hūṃ hūṃ ho ho ho avam svāhā/ zhes bya ba'i sngags kyis dbul bar bya'o// dngos su 'byor ba phyi'i mchod pa'o// de nas snying gnas sprul ba'i// lha mo rang gi ming dag la// yi ge gsum gyis 'brel byas pa'i sngags kyis phyung la mchod par bya// zhal gcig pa la phyag bzhi ma// dang po rang mtshan phyag rgya ste// 'og ma rdo rje 'dril 'dzin pa// bcu drug dbyangs dang bcas pas dbul// oṃ vīni vajrinī hūṃ āḥ// zhes bya bas ni pi vang ma'i 'byin pa'i sngags so// oṃ sarva tathāgata śrīcakrasamvara maṇḍala cakra sarva vīra yoginī vīni vajrini vajra pūjite āḥ hūṃ/ zhes bya ba ni mchod pa'i sngags so//

復次，演奏所有樂器，且以如下密咒作供養，念唵薩哩斡二合荅塔葛達室哩二合撈屹囉二合三發囉曼咜辣撈屹囉二合薩哩斡二合微囉由吉尼，唵斡資囉二合斡提囉尼荅不囉二合囉尼荅三不囉二合囉尼荅，薩哩斡二合不塔池得囉二合不囉二合撈列的，不囉二合疑牙二合巴囉密荅拏荅莎發微荅，斡資囉二合塔哩麻二合黑哩二合怛牙，傘多折尼，吽吽斛斛，啞龕，莎訶，是為正行之外供。復次，以自心間幻化出之天母作供養，於其各自名號上，以與三字真言相連的密咒作鉤召。一面四臂，上附自己的名號手印，下持金剛鈴杵，伴隨十六妙音而作供養。云唵微尼斡資哩二合尼吽啞者，乃鉤召琵琶天母之密咒；云唵薩哩斡二合荅塔葛達室哩二合撈屹囉二合三發囉曼咜辣撈屹囉二合薩哩斡二合微囉由吉尼微尼斡資哩二合尼斡資囉二合布節的啞吽者，乃供養之密咒也。

de bzhin du sbyar te/ oṃ vamse vajrini hūṃ āḥ/ oṃ sarva tathāgata śrīcakrasamvara maṇḍala cakra sarva vīra yoginī vamse vajrini vajra pūjite āḥ hūṃ/ oṃ mṛtaṃga vajrini hūṃ āḥ/ oṃ sarva tathāgata śrīcakrasamvara maṇḍala cakra sarva vīra yoginī mṛtaṃga vajrini vajra pūjite āḥ hūṃ/

oṃ murja vajrini hūṃ āḥ/ oṃ sarva tathāgata śrīcakrasamvara maṇḍala cakra sarva vīra yoginī murja vajrini vajra pūjite āḥ hūṃ/oṃ hasya vajrini hūṃ āḥ/ oṃ sarva tathāgata śrīcakrasamvara maṇḍala cakra sarva vīra yoginī hasya vajrini vajra pūjite āḥ hūṃ/oṃ lasya vajrini hūṃ āḥ/ oṃ sarva tathāgata śrīcakrasamvara maṇḍala cakra sarva vīra yoginī lasya vajrini vajra pūjite āḥ hūṃ/oṃ kīrti vajrini hūṃ āḥ/ oṃ sarva

---

[53] dPal 'khor lo bde mchog la mchod pa'i cho ga/ dpal na ro pa'i man ngag/ dpal pham thing pa las byung ba bla ma'i gsung bzhin du rnal 'byor pa bsod nams rtse mos bris pa 'di yongs su rdzogs so/ 參見*dPal 'khor lo bde mchog gi mchod phreng*,《薩思迦全集》卷2, 427/3/6—427/4/1頁。

tathāgata śrīcakrasamvara maṇḍala cakra sarva vīra yoginī kīrti vajrini vajra pūjite āḥ hūṃ/ oṃ nṛtya vajrini hūṃ āḥ/ oṃ sarva tathāgata śrīcakrasamvara maṇḍala cakra sarva vīra yoginī nṛtya vajrini vajra pūjite āḥ hūṃ/oṃ puṣpaṃ vajrini hūṃ āḥ/ oṃ sarva tathāgata śrīcakrasamvara maṇḍala cakra sarva vīra yoginī puṣpaṃ vajrini vajra pūjite āḥ hūṃ/ oṃ dhūpaṃ vajrini hūṃ āḥ/ oṃ sarva tathāgata śrīcakrasamvara maṇḍala cakra sarva vīra yoginī dhūpaṃ vajrini vajra pūjite āḥ hūṃ/ oṃ dīpaṃ vajrini hūṃ āḥ/ oṃ sarva tathāgata śrīcakrasamvara maṇḍala cakra sarva vīra yoginī dīpaṃ vajrini vajra pūjite āḥ hūṃ/ oṃ gandhaṃ vajrini hūṃ āḥ/ oṃ sarva tathāgata śrīcakrasamvara maṇḍala cakra sarva vīra yoginī gandhaṃ vajrini vajra pūjite āḥ hūṃ/ oṃ ādarśarūpa vajrini hūṃ āḥ/ oṃ sarva tathāgata śrīcakrasamvara maṇḍala cakra sarva vīra yoginī ādarśarūpa vajrini vajra pūjite āḥ hūṃ/ oṃ rasa vajrini hūṃ āḥ/ oṃ sarva tathāgata śrīcakrasamvara maṇḍala cakra sarva vīra yoginī rasa vajrini vajra pūjite āḥ hūṃ/ oṃ sparṣa vajrini hūṃ āḥ/ oṃ sarva tathāgata śrīcakrasamvara maṇḍala cakra sarva vīra yoginī sparṣa vajrini vajra pūjite āḥ hūṃ/ oṃ dharmadhātu vajrini hūṃ āḥ/ oṃ sarva tathāgata śrīcakrasamvara maṇḍala cakra sarva vīra yoginī dharmadhātu vajrini vajra pūjite āḥ hūṃ/ [oṃ ādarśarūpa vajrini hūṃ āḥ/ oṃ sarva tathāgata śrīcakrasamvara maṇḍala cakra sarva vīra yoginī ādarśarūpa vajrini vajra pūjite āḥ hūṃ/] zhes bya ba ni rig ma bcu drug gi mchod pa'o//[54]

如是相應，則云：唵彎室斡資哩二合尼吽啞，唵薩哩斡二合荅塔葛達室哩二合捞屹囉二合三發囉曼咤辣捞屹囉二合薩哩斡二合微囉由吉尼，微尼斡資哩二合尼斡資囉二合布節的啞吽。唵密哩二合丹葛斡資哩二合尼啞吽，唵薩哩斡二合荅塔葛達室哩二合捞屹囉二合三發囉曼咤辣捞屹囉二合薩哩斡二合微囉由吉尼密哩二合丹斡資哩二合尼斡資囉二合布節的啞吽。唵目噜即斡資哩二合尼吽啞，唵薩哩斡二合荅塔葛達室哩二合捞屹囉二合三發囉曼咤辣捞屹囉二合薩哩斡二合微囉由吉尼目噜即斡資哩二合尼斡資囉二合布節的啞吽。唵曷昔牙二合斡資哩二合尼吽啞，唵薩哩斡二合荅塔葛達室哩二合捞屹囉二合三發囉曼咤辣捞屹囉二合薩哩斡二合微囉由吉尼曷昔牙二合斡資哩二合尼斡資囉二合布節的啞吽。唵辣昔牙二合斡資哩二合尼吽啞，唵薩哩斡二合荅塔葛達室哩二合捞屹囉二合三發囉曼咤辣捞屹囉二合薩哩斡二合微囉由吉尼辣昔牙二合斡資哩二合尼斡資囉二合布節的啞吽。唵機爹斡資哩二合尼吽啞，唵薩哩斡二合荅塔葛達室哩二合捞屹囉二合三發囉曼咤辣捞屹囉二合薩哩斡二合微囉由吉尼機爹斡資哩二合尼斡資囉二合布節的啞吽。唵尼哩二合爹斡資哩二合尼吽啞，唵薩哩斡二合荅塔葛達室哩二合捞屹囉二合三發囉曼咤辣捞屹囉二合薩哩斡二合微囉由吉尼尼哩二合爹斡資哩二合尼斡資囉二合布節的啞吽。唵佈施啷二合斡資哩二合尼吽啞，唵薩哩斡二合荅塔葛達室哩二合捞屹囉二合三發囉曼咤辣捞屹囉二合薩哩斡二合微囉由吉尼佈施啷二合斡資哩二合尼

---

[54] *dPal 'khor lo bde mchog gi mchod phreng*,《薩思迦全集》卷2，420/1/3—420/3/2頁。

幹資囉二合布節的啞吽。唵都哪二合幹資哩二合尼吽啞，唵薩哩幹二合荅塔葛達室哩二合捞屹囉二合三發囉曼咤辣捞屹囉二合薩哩幹二合微囉由吉尼都哪二合幹資哩二合尼幹資囉二合布節的啞吽。唵低哪二合幹資哩二合尼吽啞，唵薩哩幹二合荅塔葛達室哩二合捞屹囉二合三發囉曼咤辣捞屹囉二合薩哩幹二合微囉由吉尼低哪二合幹資哩二合尼幹資囉二合布節的啞吽。唵啞荅哩二合廈嚕巴幹資哩二合尼吽啞，唵薩哩幹二合荅塔葛達室哩二合捞屹囉二合三發囉曼咤辣捞屹囉二合薩哩幹二合微囉由吉尼啞荅哩二合廈嚕巴幹資哩二合尼幹資囉二合布節的啞吽。唵囉薩幹資哩二合尼吽啞，唵薩哩幹二合荅塔葛達室哩二合捞屹囉二合三發囉曼咤辣捞屹囉二合薩哩幹二合微囉由吉尼囉薩幹資哩二合尼幹資囉二合布節的啞吽。唵思巴二合哩廈幹資哩二合尼吽啞，唵薩哩幹二合荅塔葛達室哩二合捞屹囉二合三發囉曼咤辣捞屹囉二合薩哩幹二合微囉由吉尼思巴二合哩廈幹資哩二合尼幹資囉二合布節的啞吽。唵塔哩麻二合塔都幹資哩二合尼吽啞，唵薩哩幹二合荅塔葛達室哩二合捞屹囉二合三發囉曼咤辣捞屹囉二合薩哩幹二合微囉由吉尼塔哩麻二合塔都幹資哩二合尼幹資囉二合布節的啞吽。如是云云者，即乃十六明母之供養也。

鎖南孜摩於此所說“十六明母供養”與前述《吉祥上樂中圍修證儀軌》中對應的內容完全一致，而且值得注意的是，於此他明確說明“十六天母供養”與樂舞是緊密地連在一起的。

薩思迦三祖葛剌思巴監藏（Grags pa rgyal mtshan，1147—1216）是薩思迦派教法傳統形成史上的一位重要人物，也是薩思迦派所傳“道果法”修習儀軌的重要奠定者。在他的全集中，我們見到了一系列與《吉祥上樂輪本續》相關的作品，其中與嚕余巴傳軌有最直接的關聯的一部重要作品是《勝樂嚕余巴傳軌現證修習次第》（*bDe mchog lū hi pa'i lugs mngon par rtogs pa'i bsgom pa'i rim pa*），亦稱《現證嚕余巴修習次第作明詳解》（*mNgon par rtogs pa lū hi pa'i bsgom pa'i rim pa gsar pa byed pa zhib tu phye pa zhes bya ba*）[55]。作者根據此前上師們所傳要門，對嚕余巴上師所傳的世尊吉祥勝樂輪現證修習次第作明確的解釋，分講所依之補特加羅（rten kyi gang zag）和現證道（lam mngon par rtogs pa）、果（'bras bu）三門。將勝樂輪嚕余巴的傳軌與密哩斡巴上師所傳的薩思迦派的根本法——道果法的修習融合到一起。

除此之外，《葛剌思巴監藏全集》中與《吉祥上樂輪本續》之嚕余巴傳軌相關的作品還有：《世尊勝樂輪現證詞義諸難處之釋論——無垢明燈》（*bCom ldan 'das 'khor lo bde mchog gi mngon par rtogs pa'i tshig gi don dka' rnams gsal bar byed pa'i bshad pa dri ma med pa'i sgron ma zhes bya ba*）[56]。總而言之，勝樂嚕余巴傳軌於西番的傳播和修習與薩思迦派諸上師的努力有很大的關聯。

---

[55] *bDe mchog lū hi pa'i lugs mngon par rtogs pa'i bsgom pa'i rim pa*,《薩思迦全集》卷 4, 1/1/1—20/1/6頁。

[56] *bDe mchog lo hi pa'i 'bru 'bum*,《薩思迦全集》卷5，278/2/1—296/4/6頁。

五、八思巴帝師所造吉祥勝樂輪儀軌

於元朝政書《元典章》之卷57《刑部十九·諸禁雜禁》中，有以下這樣一段文字:

至元十八年（1281）十一月，禦史台承奉中書省劄付:據宣徽院呈，提點教坊司申，閏八月廿五日，有八哥奉禦、禿烈奉禦傳奉聖旨:道與小李，今後不揀甚麼人，十六天魔休唱者，雜劇裡休做者，休吹彈者，四天王休妝扮者，骷髏頭休穿戴者。如有違犯，要罪過。欽此。[57]

這段文字至少為我們提供了如下兩個重要的信息：一、至遲在至元十八年（1281），元朝民間，特别是在雜劇裏已有“唱”、“做”和“吹彈”十六天魔的習俗。二、這種習俗於此時遭到元朝政府的明令禁止。

以往，學者們對這段記載有過不少討論，或者為了迎合《元史》或者《庚申外史》中將“十六天魔舞”作為元末宮廷出現的秘密修法的記載，將《元典章》中的“至元十八年”錯看成是元末的後至元時代（1335—1340）；或者將“十六天魔舞”於元初的被禁，到元末的開禁與藏傳佛教噶瑪噶舉派黑帽系上師於元朝宮廷中前後所受到的不同的際遇聯繫起來[58]。現在看來，至元十八年以前元代民間早已出現“十六天魔舞”已經不再是一件令人難以置信的事情，因為它於西番以外地區流傳的歷史可以追溯到元以前的西夏時代。而這種修法的主要傳播者應該是薩思迦派的上師，所以它在元朝或被禁止，或者重獲開禁應當與噶瑪派上師於蒙古大汗處受寵與否沒有關係。從《元典章》的這段文字來看，我們或可作這樣的解釋：當時皇帝下聖旨明令禁止的僅僅是在民間流行的雜劇裏不准彈唱、妝扮“十六天魔”以及“四天王”等，而並不是禁止凡供佛、作宗教好事時一律禁止“十六天魔”的供養。如前所述，直到元末，“十六天魔”乃“遇宮中贊佛，則按舞奏樂，宮官受秘密戒者得入，餘不得預”，其宗教的嚴肅和秘密性得到高度重視。然元初民間卻把這種宗教音樂和舞蹈糅合到了俗世的雜劇表演裏，所以受到了朝廷明令禁止。

“十六天母供養”早已於至元十八年前就在蒙古汗王和其他信徒中傳播這一事實，我們可以從八思巴帝師所造有關吉祥上樂輪修法中得到證實，見於八思巴帝師全集中的有關勝樂修法的有以下多種：

（1）《勝樂黑行師灌頂要旨》（*bDe mchog nag po pa'i dbang gi sdom tshig*），乃一部開示如何給弟子灌頂，令入勝樂輪中圍的短篇儀軌（'khor lo sdom pa'i dkyil 'khor du slob ma dbang bskur bya pa yi cho ga gi rim pa'i sdom gyi tshig），於木兔年（1255）婁宿月造於漢地人主之宮殿[潛邸]中（rGya yul mi dbang pho brang du shing yos dbyu gu zla bar sbyor）。[59] 是年，八思巴帝師剛從朵甘思返回，與忽必烈汗一起回到漢地。八思巴

---

[57] 《元典章》卷五十七《刑部十九·諸禁雜禁》，臺北：故宮博物院景印元刊本，1976年，34頁。

[58] 參見黎國韜《十六天魔舞源流考》。

[59] 《薩思迦全集》卷6，163/3/2—164/4/2頁。

於漢蒙交界之地忒剌（The le）受比丘戒。[60]

（2）《黑行師修法精華》（*Nag po pa'i sgrub thabs snying po*），或稱《吉祥勝樂輪現證修法精華》（*dPal 'khor lo bde mchog gi mngon par rtogs pa sgrub pa'i thabs kyi snying po*），是一部依據嚕余巴傳軌修習吉祥勝樂輪的長篇儀軌，內多涉勇猛與瑜伽母雙修的內容，於陰鐵雞年（1261）春上月寫成於皇帝之宮殿開平府中。[61]

（3）《吉祥勝樂輪供養儀軌——普賢供雲》（*dPal 'khor lo bde mchog gi mchod pa'i cho ga kun tu bzang po'i mchod pa sprin bzhugs*），是八思巴帝師於陽水鼠年（1252）勝月寫成於大皇帝之宮殿開平府內[62]，乃依據黑行金剛上師所傳修習吉祥形嚕割本尊修法而造的觀修、供養吉祥勝樂輪本尊、且令其歡喜的長篇儀軌，分修造、供養中圍（dkyil 'khor bsgrub dang mchod pa）、受恩（bka' drin nos）、獲成就（dngos grub blang ba）、供養自我（bdag nyid mchod pa）和結行（mjug gi las）等六個部分。而其中所述對吉祥上樂輪中圍的意生供養（yid las byung ba'i mchod pa）即是“十六天母”和七珍寶的供養，文中對每個天母及其密咒作了十分詳細的描述[63]。其內容與前述鎖南孜摩所造《吉祥勝樂輪供養鬘》中有關以“十六天女”供養吉祥上樂輪本尊的內容基本一致。

（4）《吉祥勝樂輪嚕余巴傳軌修法次第明說》（*dPal 'khor lo bde mchog gi lū hi pa'i lugs kyi sgrub thabs rim pa gsal ba*），或稱《吉祥勝樂輪中圍輪修法次第明說》（*dPal 'khor lo bde mchog gi dkyil 'khor gyi 'khor lo'i sgrub pa'i thabs rim pa gsal ba*）是八思巴帝師於陰鐵羊年（1271）昂宿月十日於臨洮城寫成的，其內容與前述元朝著名畏兀兒譯師本雅失裡（Punyaśrī）所譯的《吉祥上樂輪中圍現觀修習儀》類近[64]。

（5）《吉祥勝樂輪中圍輪修法》（*dPal 'khor lo bde mchog gi dkyil 'khor gyi 'khor lo'i sgrub pa'i thabs*），此篇是上篇《吉祥勝樂輪嚕余巴傳軌修法次第明說》的姐妹篇，也稱《修法簡本》（*sGrubs thabs bsdus pa*），是八思巴帝師於陰鐵羊年（1271）昂宿月二十五日於臨洮城寫成的，比前一篇晚成書僅十五天，而且也同樣是應其弟子皇子啟必

---

⑥⓪ 阿旺貢噶索南著，陳慶英、高禾福、周潤年譯注《薩迦世系史》，北京：中國藏學出版社，2002年，131頁。

⑥① 其跋曰：“此云《修法精華》者，取[黑]行金剛上師所造吉祥勝樂輪現證之少分義而令其易懂，乃志誠頂禮不懼怕一切所知中圍之具智者、法主大薩思迦班智達之蓮足，且渴飲其著述甘露之少分的羅古羅思監藏班藏卜，於陰鐵雞年春上月皇帝之宮殿開平府內寫成。”（dpal 'khor lo sdom pa'i mngon par rtogs pa slob dpon spyod pa rdo rjes mdzod pa'i don nyams su blang ba'i tshul go bde ba bkrol pa sgrub thabs snying po zhe bya ba 'di ni shes bya'i dkyil 'khor ma lus pa la bsnyengs pa mi mnga' ba'i mkhyen rab can/ chos rje sa skya pa paṇḍi ta chen po'i zhabs kyi padmo la gus pas gtugs shing/ de nyid kyi gsung rab bdud rtsi'i cha cung zad 'thungs pa blo gros rgyal mtshan dpal bzang po zhes bya bas lcags mo bya'i lo dpyil zla rab la rgyal po'i pho brang kha'i phing hur sbyar ba'o//）參見《薩思迦全集》卷6，173/2/3—179/4/6頁，引文見179/4/4頁。

⑥② 《薩思迦全集》卷6，187/1/5—187/1/6頁，引文見180/1/1—187/1/6頁。chu pho byi ba'i lo/ rgyal po chen po'i pho brang kha'i phing hur sbyar ba rdzogs so.

⑥③ *dPal 'khor lo bde mchog gi mchod pa'i cho ga kun tu bzang po'i mchod pa sprin bzhugs*，《薩思迦全集》卷6，184/4/1—182/1/5頁。

⑥④ 《薩思迦全集》卷6，200/1/1—208/3/3頁。

帖木兒的請求而造，文字書記也是阿闍黎。其修法的具體內容也同樣依據的是嚕余巴上師的傳軌[65]。實際上它衹是用簡明的語言（nyung zhing gsal ba'i tshig）重述了上篇中的吉祥勝樂輪中圍修法。

（6）《吉祥勝樂輪五本尊中圍輪修法》（*dPal 'khor lo bde mchog lha lnga'i dkyil 'khor gyi sgrub pa'i thabs*），其副標題為《金剛鈴上師造修習次第》（*Slob dpon rdo rje dril bus mdzad pa'i nyams su blang pa'i rim pa*），是八思巴帝師於陽水雞年（1273）佛尊開示大神變之月應其弟子皇子啟必帖木兒的請求於臨洮城寫成的，文字書記也是阿闍黎[66]。這是一部完整的修持吉祥勝樂輪本尊的儀軌，詳述對本尊作內、外、真如供養之作法，以及從生起和圓滿兩種次第修持吉祥勝樂輪本尊的修法。

（7）《吉祥勝樂輪俱生修法》（*dPal 'khor lo bde mchog lhan cig skyes pa'i sgrub pa'i thabs*），也稱《上師所傳要門莊嚴十支分》（*Bla ma brgyud pa'i man ngag gis brgyan pa yan lag bcu pa*），說觀修俱生吉祥勝樂輪修法和修吉祥形嚕割本尊之次第。乃八思巴帝師應畏兀兒地出生之僧人桑哥密怛囉所請，於陰木兔年（1255）仲夏月在漢地稱為忒剌（The le）的地方寫成[67]。

（8）《[吉祥勝樂輪]俱生修法》（*[dPal 'khor lo bde mchog] yang lhan cig skyes pa'i sgrub pa'i thabs*），於陰土兔年（1279）仲春月5日寫成於曲彌吉祥大寺[68]，內容與前述於木兔年所造之《吉祥勝樂輪俱生修法》大同小異。

（9）《十六明母供養二品》（*Rig ma bcu drug gi mchod pa'i tshig tshan gnyis bzhugs*），明顯分成前後二品，分說供養上師、中圍諸天（bla ma dkyil 'khor lha tshogs）之金剛天母之形相、顏色及其遊戲（rol pa）等特徵。不但其內容顯然比前述

---

[65] 此儀軌的跋文如下：'di yang rang gi slob ma mchog// ji big de mur gyis bskul nas// 'phags pas sbyar ba'i dge ba yis/ 'gro kun he ru kar gyur cig// slob dpon lū hi pa'i rjes su 'brang ba'i dpal 'khor lo bde mchog gi dkyil 'khor gyi sgrub pa'i thabs 'di ni/ 'phags pas lcags mo lug gi lo/ smin drug zla ba'i tshes nyi shu lnga'i nyin par shing kun gyi mkhar du nyung zhing gsal ba'i tshig gis rnam par sbyar ba'i yi ge pa ni a tsa ra'o//。參見*dPal 'khor lo bde mchog gi dkyil 'khor gyi 'khor lo'i sgrub pa'i thabs*,《薩思迦全集》卷6，208/3/3—213/2/6頁，引文見213/2/4—213/2/6頁。

[66] 此儀軌的跋文如下：dpal 'khor lo bde mchog lha lnga'i dkyil 'khor gyi sgrub pa'i thabs slob dpon rdo rje dril bus mdzad pa'i nyams su blang ba'i rim pa 'di ni/ dkyil 'khor 'di nyid du zhugs zhing 'dir 'dun pa'i thugs rnam par dag pa dang ldan pa'i rgyal bu ji big de mur gyis bskul pa'i ngor/ dge slong sngags 'chang 'phags pa zhes bya bas chu mo bya'i lo/ de bzhin gshegs pas cho 'phrul chen po bstan pa'i zla ba/ shing kun mkhar du sbyar ba'i yi ge pa ni a tsa ra'o// 參見《薩思迦全集》卷6，226/1/1—230/3/5頁，引文見230/3/3—230/3/5頁。

[67] 此儀軌的跋文如下：'khor lo bde mchog lhan cig skyes pa'i sgrub thabs/ bla ma brgyud pa'i man ngag gis brgyan pa/ yan la bcu pa zhes bya ba 'di/ chos smra pa'i btsun pa 'phags pa zhes bya ba la/ yu gur gyi yul du skyes pa'i bande mngon pa'i sde snod 'dzin pa/ saṃgha mitra zhes bya bas gsol ba btab pa'i ngor/ shing mo yos bu'i lo dbyar zla 'bring po la rgya'i yul the ler shes bya bar sbyar ba'o// 參見《薩思迦全集》卷6，230/3/5—232/1/4頁，引文見232/1/3—232/1/4頁。亦參見《薩思迦世系史》（藏文本），北京：民族出版社，1986年，168頁。

[68] 此儀軌的跋文如下：tshul 'di/ sngags 'chang 'phags pa la/ dge bshes jo sras phag mo chu yis/ bskul ba'i don du sbyar ba'i/ dge bas sangs rgyas thob par shog/ sa mo yos kyi lo dpyid zla 'bring po'i tshes lnga'i nyin par chu mig dpal gyi sde chen du sangs rgyas grags kyis yi ge byas nas sbyar ba'o// 參見《薩思迦全集》卷6，232/1/4—233/2/3頁，引文見233/2/1—233/2/3頁。

《吉祥勝樂輪供養儀軌——普賢供雲》中有關十六天母供養的記載詳細得多，而且也是首次將十六天母供養作為一種獨立的供養上師和中圍諸天的儀軌固定下來。它們分別於水豬年（1263）和陰水牛年（1253）寫成於開平府[69]。

以上這九種與吉祥上樂輪相關的修法儀軌中，除了第八種以外，它們全部都是於內地寫成，其中的大多數甚至寫成於13世紀五六十年代的"開平府"。這表明當日後的元世祖忽必烈汗尚處潛邸之時開始，八思巴上師就已經將吉祥上樂輪之修法在其宮廷和臣下之中作了相當廣泛的傳播。而作為吉祥上樂輪中圍之供養的"十六天母供養"甚至也由八思巴帝師單獨作為一種供養"上師和中圍諸天"之供養的特殊修法在日後以元上都著名的開平府內做了傳播。由此可見，元代演習"十六天母供養"的習俗早已在元朝定都中都——汗八裏以前就已經出現和流行，以至於在元初民間社會的雜劇演出中都參雜進了唱、做、吹彈"十六天魔"的習俗，它絕不是到元朝末年纔在蒙古大汗的宮廷中出現的。

六、八思巴帝師造《十六明母供養二品文》

前述見於八思巴帝師全集中的《十六明母供養二品文》是筆者目前所見最早的一部獨立的十六天女供養儀軌，儘管這部儀軌中出現的十六明母與前述作為伸供吉祥勝樂輪中圍的十六明母完全一致，但是八思巴帝師於其所造的這部儀軌中並沒有將它直接與吉祥勝樂輪中圍之修習關聯起來。其跋中有云："以金剛天母之供養，供養上師中圍諸天（bla ma dkyil 'khor lha tshogs），施與吉祥喜樂之果"，此即是說，此述金剛天母之供養或專門用來向吉祥上樂輪中圍諸本尊伸供的特殊供養，或也可用作對共通的上師和中圍諸天所做的供養。同樣據其跋可知，八思巴帝師造這部儀軌的時間分別是陰水牛年（1253）和水豬年（1263），地點則是後來成為元上都的開平府。由此可見，十六天母供養儀軌理當在忽必烈尚處潛邸、元朝還未建立以前就已經在蒙古汗的敦促下，由八思巴帝師作為一種專門供養上師和中圍諸天的獨立的儀軌介紹給了其蒙古的弟子們。

如前所述，差不多同時，在相同的地域內，八思巴帝師也在蒙古大汗、王子以及弟子們的敦請之下，撰寫了好幾部修習吉祥勝樂輪的儀軌。由此我們當可推想，《吉祥勝樂輪本續》之嚕余巴傳軌的修法一定曾經在八思巴的努力下於蒙古宮廷內外得到了相當廣泛的傳播。而十六金剛天母供養或可能最早就是作為《吉祥勝樂輪本續》修法中的一個組成部分而在元初的蒙古和漢地弟子中間傳播開來的，隨後十六明母供養又被八思巴帝師改造成為一種用於伸供共通上師和中圍諸天之供養的儀軌，而不是非要在修習吉祥勝樂輪中圍時纔將十六金剛女作為供養。前文曾提及，《吉祥喜金剛集輪甘露泉》於其正行示述觀修喜金剛現證六支部分也提到了"十六天母"供養，換言之，"十六天母"同樣可以用作對吉祥喜金剛中圍的意生供養。推而廣之，自八思巴帝師造《十六明

[69] 《薩思迦全集》卷7，117/3/6—118/3/6頁。

母供養二品文》開始，“十六明母供養”實際上或可以用作對一切上師和中圍諸天的供養。甚至，“每遇宮中贊佛”，也均可以十六天母作供養。此外，“十六天母供養”於八思巴帝師所造的這部儀軌中被稱為令上師和中圍諸天歡喜的“大喜樂供養”（bde ba chen po’i mchod pa），下文將要討論的布思端大師造《勝樂近行十六明母供養舞蹈軌範》也將十六天母舞供養稱為“大喜樂喜樂舞之供養”（bde chen bde ba’i gar gyi mchod ba），由此看來，《庚申外史》等漢文文獻中，將“十六天魔舞”與“行大喜樂”混為一談或亦全非空穴來風。當然，它所說的“行大喜樂”與八思巴帝師所傳的“大喜樂供養”實不可同日而語。

茲將八思巴帝師造《十六明母供養二品文》翻譯如下，以便讀者瞭解十六明母供養儀軌之全貌：

（35-6）***Rig ma bcu drug gi mchod pa’i tshig tshan gnyis bzhugs***

[Rig ma bcu drug gi mchod pa’i tshig（36-1）tshan gnyis bzhugs//

十六明母供養二品文

na mo gu ru vajra dhārāya/	南無上師金剛持
rdo rje lha mo pi waṃ ma//	金剛天母琵琶女
ston ka'i mdog can pi waṃ lag/	霜天秋色彈琵琶
pi waṃ sgra dang dbyangs ldan pa//	琵琶妙音與曼樂
nam mkha' khyab pas mchod par bgyi//	遍佈虛空作供養
rdo rje lha mo gling bu ma//	金剛天母龍笛女，
gser gyi（4.2）mdog can gling bu'i lag /	金黃之色吹龍笛，
gling bu'i sgra dang dbyangs ldan pa//	笛簫妙音與曼樂
nam kha' khyab pas mchod par bgyi//	遍佈虛空作供養
rdo rje lha mo rnga zlum mo//	金剛天母圓鼓女
bandhu'i mdog can rnga zlum lag /	具朱槿（紅）色擊圓鼓
rnga zlum sgra dang dbyangs ldan pa//	圓鼓妙音與曼樂
nam mkha' khyab pas mchod par bgyi//	遍佈虛空作供養
rdo rje lha mo rdza（36-3）rnga mo//	金剛天母甕鼓女
ma rgad mdog mtshungs rdza rnga'i lag /	具翡翠色擊腰鼓
rdza rnga'i sgra dang dbyangs ldan pa//	甕鼓妙音與曼樂
nam mkha' khyab pas mchod par bgyi/	遍佈虛空作供養
rdo rje lha mo bzhad pa mo//	金剛天母喜悅女

keṃ shu'i mdog mtshungs bzhad pa'i zhal//	紫槿紅色含笑勢
'dzum pa'i bzhin dang dbyangs ldan pa//	莞爾笑臉具妙音
nam mkha' (36-4) khyab pas mchod par bgyi//	遍佈虛空作供養
rdo rje lha mo sgeg pa mo//	金剛天母窈窕女
dbang sngon mdog mtshungs sgeg pa'i tshul//	如帝青色倩麗態
snyems pa'i lus dang glur ldan pa//	矜媚身姿具妙歌
nam mkha' khyab pas mchod par bgyi//	遍佈虛空作供養
rdo rje lha mo glu dbyangs ma//	金剛天母妙歌女
'char ka'i mdog mtshungs glu len brtson//	拂曉紅色作歌勢
(36-5) glu dang rol mo'i sgrar ldan pa//	妙樂歌聲與器樂
nam mkha' khyab pas mchod par bgyi//	遍佈虛空作供養
rdo rje lha mo gar mkhan ma//	金剛天母妙舞女
ma rgad mdog mtshungs gar sgyur zhing//	如翡翠色曼歌舞
gar dang snyan pa'i dbyangs ldan ba//	曼舞復具妙樂聲
nam mkha' khyab pas mchod par bgyi//	遍佈虛空作供養
rdo rje lha mo me tog (36-6) ma//	金剛天母妙花女
gur gum mdog mtshungs me tog lag/	如番紅花（黃）奉奇葩
me tog char dang rol mor bcas//	花雨伴隨妙樂聲
nam mkha' khyab pas mchod par bgyi//	遍佈虛空作供養
rdo rje lha mo bdug spos ma//	金剛天母妙香女
du ba'i mdog mtshungs bdug spos lag /	熏煙青色奉妙香
bdug pa'i sprin dang rol mor bcas//	煙雲伴隨妙樂聲
nam (118.1.1) mkha' khyab pas mchod par bgyi//	遍佈虛空作供養
rdo rje lha mo mar me ma//	金剛天母妙燈女
glog 'od mdog mtshungs mar me'i lag/	電光紅色奉妙燈
mar me'i 'od dang rol mor bcas//	燈光伴隨奏樂聲
nam mkha' khyab pas mchod par bgyi//	遍佈虛空作供養
rdo rje lha mo dri chab ma//	金剛天母妙塗女
pri yang mdog mtshungs dung (37-2) chos lag/	智洋顧（綠）色奉法螺

dri yi char dang rol mor bcas//	香雨伴隨奏樂聲
nam mkha' khyab pas mchod par bgyi//	遍佈虛空作供養
rdo rje lha mo gzugs mdzes ma//	金剛天母妙色女
ston zla'i mdog mtshungs me long lag/	如秋月（白）色執明鏡
yid 'ong gzugs dang rgyan ldan pa//	合意身姿具莊嚴
nam mkha' khyab pas mchod par bgyi//	遍佈虛空作供養
(37-3) rdo rje lha mo zhal zas ma//	金剛天母妙味女
j ā va'i mdog mtshungs zhal zas lag/	等月季（紅）色執珍饈
zhal zas bdud rtsi'i char 'bebs pa//	珍饈甘露雨降下
nam mkha' khyab pas mchod par bgyi/	遍佈虛空作供養
rdo rje lha mo na bza' ma//	金剛天母妙觸女
ma rgad mtshungs na bza'i lag//	等翡翠色執上服
gos dang reg dang 'khyud par ldan//	美衣撫觸與環抱
nam (37-4) mkha' khyab pas mchod par bgyi/	遍佈虛空作供養
rdo rje lha mo chos dbyings ma//	金剛天母法界女
kunda'i mdog mtshungs chos 'byung lag/	等茉莉（白）色執法基
zag pa med pa'i bde ster ba//[70]	施予無漏之喜樂
nam mkha' khyab pas mchod par bgyi/	遍佈虛空作供養

bla ma dkyil 'khor lha tshogs la// rdo rje lha mo'i mchod pa yis// mchod pas dpal (37-5) bde'i 'bras 'byin pa'i// tshul 'di rgyal pos bskul nas sbyar//

tshig 'di 'phags pas bsdebs mod kyi// don 'di 'phags mchog gsung las 'byung// 'di yis dge bas 'gro ba kun// 'di 'dra'i tshul gyis rol par shog/ chu phag 'byung ba'i 'khor lo la/ (37-6) kha'i phing hur bris pa yin//

以金剛天母之供養，供養上師中圍諸天，施與吉祥喜樂之果，受皇上敦促而造此法門。此語雖由八思巴綴合，其義則出自大聖之語。願以此所積善德，遂令一切有情，亦依如是之法門遊戲！於水豬生成之輪年（1263），寫於開平府。

na mo vajra satvā ya/	南無金剛薩埵

⑩　《薩思迦五祖全集》收錄的版本此處作“ma”，見429頁。

hūṃ gi yi ge las byung dpal lha mo// “吽”字化出吉祥天母
rab mdzes rdo rje dril bu pi waṃ lag/ 美妙彈奏金剛鈴琵琶
mkha' mdog nam mkha' khyab par rab spros pa'i// 散放遍滿空色虛空界
bde ba chen po'i mchod pas mnyes gyur cig// 願大喜樂供養令歡喜

hūṃ gi yi ge las byung (38-1) dpal lha mo// “吽”字化出吉祥天母
rab mdzes rdo rje dril bu gling bu'i lag/ 美妙彈奏金剛鈴龍笛
gser mdog nam mkha' khyab par rab spros pa'i// 散放金黃之色遍虛空
bde ba chen po'i mchod pas mnyes gyur cig/ 願大喜樂供養令歡喜

hūṃ gi yi ge las byung dpal lha mo/ “吽”字化出吉祥天母
rab mdzes rdo rje dril bu rnga zlum lag/ 美妙彈奏金剛鈴圓鼓
ches dmar nam mkha' khyab par (38-2) rab spros pa'i// 散放火紅之色遍虛空
bde ba chen po'i mchod pas mnyes gyur cig// 願大喜樂供養令歡喜

hūṃ gi yi ge las byung dpal lha mo// “吽”字化出吉祥天母
rab mdzes rdo rje dril bu rdza rnga'i lag/ 美妙彈奏金剛鈴甕鼓
mdog ljang nam mkha' khyab par rab spros pa'i// 散放遍滿綠色虛空界
bde ba chen po'i mchod pas mnyes gyur cig// 願大喜樂供養令歡喜

hūṃ gi yi ge las byung dpal (38-3) lha mo/ “吽”字化出吉祥天母
rab mdzes rdo rje dril bu bzhad pa'i zhal// 美妙作金剛鈴含笑面
ches dmar nam mkha' khyab par rab spros pa'i// 散放遍滿火紅色虛空
bde ba chen po'i mchod pas mnyes gyur cig// 願大喜樂供養令歡喜

hūṃ gi yi ge las byung dpal lha mo// “吽”字化出吉祥天母
rab mdzes rdo rje dril bu snyems pa'i lag// 美妙作金剛鈴窈窕態
mkha' mdog nam mkha' khyab par (38-4) rab spros pa'i// 散放遍滿空色虛空界
bde ba chen po'i mchod pas mnyes gyur cig// 願大喜樂供養令歡喜

hūṃ gi yi ge las byung dpal lha mo/ “吽”字化出之吉祥天母
rab mdzes rdo rje dril bu glu len ma// 妙作金剛鈴妙歌母勢
gser mdog nam mkha' khyab par rab spros pa'i// 散放遍滿金黃色虛空
bde ba chen po'i mchod pas mnyes gyur cig// 願大喜樂供養令歡喜

hūṃ gi yi ge (38-5) las byung dpal lha mo// “吽”字化出吉祥天母

rab mdzes rdo rje dril bu gar mkhan ma//　妙作金剛鈴妙舞母勢
rab ljang nam mkha' khyab par rab spros pa'i//　散放遍满深綠色虛空
bde ba chen po'i mchod pas mnyes gyur cig//　願大喜樂供養令歡喜

hūṃ gi yi ge las byung dpal lha mo//　“吽”字化出吉祥天母
rab mdzes rdo rje dril bu me tog lag /　美妙作勢金剛鈴妙花
gser mdog nam mkha' (38-6) khyab par rab spros pa'i//　散放遍满金黄色虛空
bde ba chen po'i mchod pas mnyes gyur cig//　願大喜樂供養令歡喜

hūṃ gi yi ge las byung dpal lha mo//　“吽”字化出吉祥天母
rab mdzes rdo rje dril bu bdug spos lag//　美妙作奉金剛鈴妙香
ljang ser nam mkha' khyab par rab spros pa'i//　散放遍满黄綠色虛空
bde ba chen po'i mchod pas mnyes gyur cig//　願大喜樂供養令歡喜

hūṃ gi yi ge las byung dpal (39-1) lha mo/　“吽”字化出吉祥天母
rab mdzes rdo rje dril bu mar me's lag//　美妙作奉金剛鈴妙燈
mdog dmar nam mkha' khyab par rab spros pa'i//　散放遍满紅色虛空界
bde ba chen po'i mchod pas mnyes gyur cig//　願大喜樂供養令歡喜

hūṃ gi yi ge las byung dpal lha mo//　“吽”字化出吉祥天母
rab mdzes rdo rje dril bu dri chab lag//　美妙作奉金剛鈴妙塗
mdog ljang nam mkha' khyab par rab spros pa'i//　散放遍满綠色虛空界
(39-2) bde ba chen po'i mchod pas mnyes gyur cig//　願大喜樂供養令歡喜

hūṃ gi yi ge las byung dpal lha mo//　“吽”字化出吉祥天母
rab mdzes rdo rje dril bu me long lag//　美妙作持金剛鈴明鏡
mdog dkar nam mkha' khyab par rab spros pa'i//　散放遍满白色虛空界
bde ba chen po'i mchod pas mnyes gyur cig//　願大喜樂供養令歡喜

hūṃ gi yi ge las byung dpal lha mo//　“吽”字化出吉祥天母
rab mdzes rdo rje dril bu zhal (39-3) zas lag//　美妙作奉金剛鈴珍饈
mdog dmar nam mkha' khyab par rab spros pa'i//　散放遍满紅色虛空界
bde ba chen po'i mchod pas mnyes gyur cig//　願大喜樂供養令歡喜

hūṃ gi yi ge las byung dpal lha mo//　“吽”字化出吉祥天母
rab mdzes rdo rje dril bu na bza'i lag//　美妙作奉金剛鈴美衣

mdog ljang nam mkha' khyab par rab spros pa'i// 散放遍滿綠色虛空界
bde ba chen po'i mchod pas mnyes gyur (39-4) cig// 願大喜樂供養令歡喜

hūṃ gi yi ge las byung dpal lha mo// “吽”字化出吉祥天母
rab mdzes rdo rje dril bu me chos 'byung lag// 美妙作奉金剛鈴法基
mdog dkar nam mkha' khyab par rab spros pa'i// 散放遍滿白色虛空界
bde ba chen po'i mchod pas mnyes gyur cig/ 願大喜樂供養令歡喜

rdo rje gsum mchog go 'phang rab brnyes nas// 遍得最勝三金剛果位
'dod yon rdo rje'i bde la dbang 'byor pa// 自在享用妙欲金剛樂
(39-5) nyid kyis nyid la mchod pa'i tshul ji bzhin// 即如自己為己作供養
gang gis mchod ba de yang de 'drar 'gyur// 但願他人供養亦如是

tshigs su bcad pa bdag gis bsdebs kyang don // 文句雖由我綴合，
rgyud las 'byung phyir 'gal ba yod ma yin// 義出本續無相違。

bdag gzhan bde chen rol pas rol pa yi// brtul zhugs mchog la dgyes pa'i (39-6) ngang tshul can// mi yi dbang po'i gsung gis rab bskul nas// sngags 'chang 'phags pa zhes byas sbyar ba yin/
緣由具歡喜以自他大喜樂樂舞遊戲之最勝律儀之自性者、百姓之君主聖旨敦促，名稱持咒八思巴者造此[《十六明母供養二品文》]。

dge ba gang des 'gro ba ma lus kun// 'dod yon rdo rje'i bde la rol par shog//
願以此一切善根，令一切眾生遊戲於妙欲金剛之喜樂中！
chu mo glang gi lo gdu bu'i zla ba'i tshes nyi shu bdun la kha'i phing hur sbyar ba'o
陰水牛年（1253）？月二十七日於開平府中寫成。

七、布思端大師造《吉祥勝樂輪本續》釋論及其修法

從上譯八思巴帝師所造《十六明母供養二品文》中可以看出，他所傳的“十六天母供養”儀軌最核心的內容無非是從種子字“吽”中化出一位吉祥天女（十六明母之一），或奏樂、或奉供，向上師、諸天伸供，再復作幻化，遍滿虛空，令其歡喜。雖然其中已具有如《元典章》中所云“唱”（頌咒）、“做”（作勢）、“吹彈”（彈奏樂器）等動作，甚至也有舞蹈（gar）的內容，但嚴格說來，它還不算是一種“十六明母供養舞蹈”儀軌。但是，以舞蹈為供養作為修習吉祥上樂輪本尊的一種修法在西夏時代

就已經流傳，這是一個顯而易見的事實。見於《俄藏黑水城文獻》中的一部源出於西夏時代的供養上樂中圍的長篇儀軌《大集輪□□□聲頌一本》，列種種奉吉祥上樂輪中圍之供養，其中就有妙音聲、舞供、妙歌詠、妙音伎樂等等，如云：

唵　薩怛囉捺
奉此如是微妙供養者　　為證一切正覺菩提故
利益一切有情大尊者　　願令有情受此妙音声
唵　涉怛
始從於今究竟正覺者　　修習母及並諸勇猛衆
於近遊戲方便勝惠等　　奉此舞供願令大歡喜
唵　禰帝
一切身中具諸微妙法　　勝勢尊前而作妙歌詠
於此歌詠而彼修習母　　願令疾速而受大喜樂
唵　你矴
復此餘外種種供養等　　最上妙音伎樂而悅意
為令息除一切有情苦　　猶如春雲為令而降集[71]

還有五欲樂篇：

奉獻金剛母色聲香味觸供養故　　最極金剛秘密此壇場
金剛最極秘密歌舞等　　奉獻最上大樂勝目耳鼻舌身前
色聲香味觸母二手奉妙鏡琵琶妙香妙味妙衣　　修習勝色聲香味觸照十方
極能哮吼具威勢　　勝色聲香味觸天母融眼耳鼻舌身內
如說色聲香味觸有三種者　　亦令奉獻諸佛等
奉獻供養而演說　　彼者是於有壞等
有壞衆明為本躰[72]

《大集輪□□□聲頌一本》中還專列有“二十種舞供養”，云：

二手作於金剛拳，實按在於兩胯間。
忿怒禰及而宣唱，其身窈窕如三折。
指搦母手是搦母，瓔珞瓔珞空行母。
覆於一切是此舞，與彼猶如彈琵琶。
亦如令作吹笛子，亦令如作拍拍板。
亦如扇子令搖扇，亦令如作豎幢勢。
又令如作盖壇板，又令如作舒展旗。
又令如作張於傘，又令喜悅而作笑。
又如怒畏而作怒，又如作搦而作搦。
亦如窈窕作窈窕，猶如射箭抱子勢。

---

⑪　《俄藏黑水城文獻》，第2册，114頁。

⑫　同⑪，120頁。

又如令作抛擲杵，又如令作礼拜儀。[73]

可見，以空行母起舞，或曰“金剛最極秘密歌舞”，作為對吉祥勝樂輪中圍的供養是勝樂輪儀軌的一個組成部分，將元朝出現的“十六天魔舞”說成“本是河西參佛曲”應當確有所據。但是迄今我們所見到的最早的十六明母供養舞蹈儀軌是元末藏傳佛教大師、沙魯派創始人布思端輦真竺（Bu ston Rin chen grub, 1290—1364）所造的《勝樂近行十六明母供養舞蹈軌範》（*bDe mchog gi nyer spyod rig ma bcu drug gi mchod pa'i gar dpe bzhugs so*）和《象雄芒所傳十六明母供養舞蹈》（*Zhang zhung mang nas brgyud pa'i rig ma bcu drug gi mchod gar bzhugs so*）兩種。

布思端大師是一位傑出的密教大師，在其長達二十六卷的全集中，我們可以見到他所造的對幾乎所有密教本續的釋論及其修習這些本尊的儀軌和要門，其中有關勝樂輪的釋論和儀軌尤多，它們是：

（1）《勝樂輪本續小品續總義釋論光明義》（*bDe mchog nyung ngu'i rgyud kyi spyi don rnam par bzhag pa don gsal*）[74]，乃布思端於1354年應薩思迦派上師莎南監藏（dPal ldan bla ma dam pa bSod nams rgyal mtshan）之請所造的一部對《吉祥勝樂輪小品續》的詳細釋論，其中包括這部本續傳承的歷史。

（2）《勝樂根本續攝義能密》（*bDe mchog rtsa rgyud kyi bsdus don gsang ba 'byed pa*）[75]，乃布思端於1353年所造的一部對《吉祥勝樂小品續》的簡明釋論。

（3）《勝樂輪本續釋論能明秘密真如》（*bDe mchog rtsa rgyud kyi rnam bshad gsang ba'i de ko na nyid gsal ba byed pa*）[76]，乃布思端於1353年應薩思迦派上師莎南監藏之請所造的另一部對《吉祥勝樂輪小品續》的詳細釋論。

（4）《瑜伽女普行續釋論——彰勝樂義論》（*rNal 'byor ma kun tu spyod pa'i rgyud bshad bde mchog gi don rab tu gsal ba*）[77]，乃對《瑜伽女普行續》的一部釋論，造於1358年。

（5）《勝樂輪修法——具四瑜伽》（*'Khor lo sdom pa'i sgrub thabs rnal 'byor bzhi ldan*）[78]，造於1353年，乃依據嚕余巴傳軌的一部修習勝樂輪本尊的詳細儀軌。

（6）《勝樂輪中圍儀軌——入明真如》（*'Khor lo sdom pa'i dkyil 'khor gyi cho ga de kho na nyid la gsal bar 'jug pa*）[79]，乃布思端於1358年應薩思迦派上師莎南監藏之請所造的一部修習勝樂輪中圍儀軌，依據的是嚕余巴的傳軌。

（7）《勝樂輪燒施儀軌——事業普成》（*'Khor lo sdom pa'i sbyin sreg 'phrin las*

---

[73] 同[71]，142頁。

[74] TBRC：W1934, Bu ston gsung'bum，卷6，7—124頁。

[75] 同[74]，126—146頁。

[76] 同[74]，147—724頁。

[77] 同[74]，725—876頁。

[78] TBRC：W1934，Bu ston gsung'bum，卷7，9—56頁。

[79] 同[78]，57—126頁。

kun grub）[80]，乃一部勝樂輪燒施儀軌，遵從嚕余巴傳軌，於1359年應湯卜且巴公葛朋（Thang po che pa Kun dga' 'bum）之請而造。

（8）《吉祥勝樂黑行師修法——離迷惑之垢》（*dPal bde mchog nag po pa'i sgrub thabs 'khrul pa'i dri bral*），造於1356年[81]，乃《吉祥勝樂現證》（*dPal 'khor lo sdom pa'i mngon rtogs pa*）的修法，依據大成道者黑行師之傳軌。

（9）《勝樂輪修法釋論——能棄迷惑》（*'Khor lo sdom pa'i sgrub thabs kyi 'grel pa 'khrul ba spong bar byed pa*）[82]，乃依黑行師傳軌所造的一部《勝樂輪修法》之釋論，成書於1356年。

（10）《黑行師需要記文》（*Nag po pa la dgos pa zin bris*）[83]，依據黑行師傳軌對《吉祥勝樂輪本續》中的一些關鍵詞匯、名相和要門的解釋。

（11）《勝樂輪身中圍現證俱生成就中圍能明》（*'Khor lo sdom pa'i lus dkyil mngon rtogs lhan gyis grub pa'i dkyil 'khor gsal bar byed pa*）[84]，乃根據金剛鈴足尊者（rDo rje dril bu zhabs）傳軌所造的一部修習勝樂輪身中圍現證的儀軌，成書於1362年。

（12）《勝樂輪自性成就中圍灌頂儀軌光明甚深義》（*'Khor lo sdom pa'i rang bzhin gyis grub pa'i dkyil 'khor du dbang bskur ba'i cho ga zab don gsal ba*）[85]，乃根據金剛鈴足尊者傳軌所造的一部修習勝樂輪中圍灌頂儀軌，成書於1362年。

（13）《勝樂輪供養鬘大喜樂遊戲供養》（*'Khor lo sdom pa'i mchod pa'i phreng ba bde chen rnam rol gyi mchod pa*）[86]，乃根據薩思迦上師和普蘭譯師（Pu hrang lotsāba）的傳軌寫成，成書於1362年。

（14）《意生供養》（*Yid las 'byung ba'i mchod pa*）[87]。

（15）《勝樂近行十六明母供養舞蹈軌範》（*bDe mchog gi nyer spyod rig ma bcu drug gi mchod pa'i gar dpe bzhugs so*）[88]，乃據《現誦無上怛特羅》（*Abhidhānottara tantra*）所造被稱為大喜樂喜樂舞蹈供養的瑜伽女供養儀軌。

（16）《吉祥勝樂輪生起修法——成就大寶藏》（*dPal bde mchog 'khor lo sdom pa 'byung ba'i sgrub thabs dngos grub rin po che'i gter*）[89]，乃《吉祥勝樂輪生起本續》（*dPal bde mchog 'khor lo sdom pa 'byung ba'i rgyud*）的修法。

（17）《勝樂輪俱生生起中圍儀軌——無垢水流》（*'Khor lo sdom pa lhan cig skyes*

⑧⓪ 同⑦⑧，127—150頁。
⑧① 同⑦⑧，151—186頁。
⑧② 同⑦⑧，187—346頁。
⑧③ 同⑦⑧，347—360頁。
⑧④ 同⑦⑧，361—392頁。
⑧⑤ 同⑦⑧，393—432頁。
⑧⑥ 同⑦⑧，433—461頁。
⑧⑦ 同⑦⑧，461—462頁。
⑧⑧ 同⑦⑧，463—472頁。
⑧⑨ 同⑦⑧，473—478頁。

pa 'byung ba'i dkyil 'khor gyi cho ga dri ma med pa'i chu rgyun)[90]，乃根據《吉祥勝樂輪生起本續》之俱生品造中圍儀軌。

（18）《象雄芒所傳十六明母供養舞蹈》（*Zhang zhung mang nas brgyud pa'i rig ma bcu drug gi mchod gar bzhugs so*）[91]，乃根據《金剛頂經》（*Vajrasekhara Tantra*）傳軌造十六明母供養舞蹈儀軌。

從以上這個目錄中不難看出，布思端是一位專精於《吉祥勝樂輪本續》及其修法的大師，其所傳釋論和修法要門基本上是嚕余巴尊者的傳軌，與薩思迦派所傳的吉祥勝樂輪修法有十分緊密的聯繫。其中與"十六明母供養"關係最緊密的除了上列第十五和第十八兩種專述十六明母供養舞蹈的儀軌之外，第十三種文本，即《勝樂輪供養鬘大喜樂遊戲供養》也對勝樂輪上師和中圍諸天之意生供養的十六明母供養提供了非常詳細的修法要門，它主要依據薩思迦派所傳的修法，但也對其他不同的傳軌作了說明。文中對十六明母的形相、色彩、相應的密咒等都作了詳細的說明，且還專門說明"若欲載歌載舞來作十六明母供養，則請看他在別處所造之儀軌（'di nams glu dang gar dang bcas pas mchod par 'dod na/ logs na bris yod pas der blta'o）"[92]，而這個儀軌當即指《勝樂近行十六明母供養舞蹈軌範》，二者所述修法之相似性和二者之間的緊密聯繫顯而易見。

八、布思端大師造《勝樂近行十六明母供養舞蹈軌範》

bDe mchog gi nyer spyod rig ma bcu drug gi mchod pa'i gar dpe bzhugs so

《勝樂近行十六明母供養舞蹈軌範》

1-1 dpal 'khor lo sdom pa la phyag 'tshal lo// mngon brjod bla ma'i le'u dgu pa nas gsungs pa'i// zhing skyes lhan cig skyes lha mo// gnas skyes rnal 'byor ma de bzhin// rigs

1-2 skyes ma mo skyes lha mo// mtha' skyes mi snang mkha' spyod ma// tha ma dang ni mchog de nyid// bar ma sna tshogs de bzhin du// sa spyod dang ni sum cu ma// sa 'og spyod pa 'og na gnas // gnod sbyin mi dang klu mo

1-3 dang// mi'am ci mo dri za mo// lha mo thams cad dngos grub dang// gzhan yang bde gshegs bsam pa can// dkon mchog gsum la mngon dga' ba// thams cad phyi yi dkyil 'khor du// sna tshogs klu dang

1-4 nyer spyod pas// rtag du glu dang gar byed cang// sna tshogs nyams kyi spro ba yis// lha mo mkha' 'gro'i gtso bo mchod// ces ba'i lha mo'i mchod pa dang[93]// te nā hūṃ/ te nā hūṃ// te nā te te hūṃ// zhes [bya] ba'i rdo rje'i glu spel

---

[90] 同[78]，499—612頁。

[91] TBRC：W1934，Bu ston gsung 'bum，卷13，263—272頁。

[92] *'Khor lo sdom pa'i mchod pa'i phreng ba bde chen rnam rol gyi mchod pa*, p. 439.

[93] 此段亦見於*'Khor lo sdom pa'i mchod pa'i phreng ba bde chen rnam rol gyi mchod pa*。

頂禮吉祥勝樂輪！

《現誦無上怛特羅》（*Abhidhānottara Tantra*）[94]第九品云："剎土生、俱生天母、處生瑜伽母亦然，種生天母、女生天母、邊生不顯現空行母、劣生、勝生、中生母，種種如是，地行母、三十母、地下行母居地下，夜叉女、龍女、非人女、幹達婆，此一切天母，與具成就者，及其餘具如來發心者，歡喜三寶者，皆於外中圍，以種種歌曲與近行[供養]，能常作歌舞，以喜樂之姿態，供養天母空行之主尊"云云，乃天母之供養，且傳曰"的納吽，的納吽，的納的的吽"之金剛歌

1-5 la/ dbyangs te te dga' pa'i glu bya// mnyam pa'i stabs las/ lag pa pad skor sngon du 'gro/ g·yon du gom pa phyin la/ g·yon pa'i rting pa la g·yas pa'i brang ba gzugs/ lag pa g·yas pa'i thal

1-6 mo phrag ba g·yon du phyag 'tshal ba'i tshul du bya zhing g·yon du cung zad phyogs nas/ lag ba g·yon sta zur na mar brkyang la/ te nā hūṃ zhes glur blang/ te nā hūṃ g·nyis ba la g·yas su thams cad de las

對其配"的的"之調，譜歡喜之歌。從同樣之姿態，（舞者）先行，手轉結蓮花舞印，向前邁步。向左邁一腳步，右胸貼近左腳，右手手掌置於左肩，作禮敬狀，復稍左轉，左手下伸至髖骨處，宣唱"的納吽"之歌。唱"的納吽"至第二遍時，一切皆朝右（反做）。

2-1 ldog/ te nā te te hūṃ la g·yas sngon 'gro'i gzhi bca' dang/ g·yon bteg pa'i gar stabs/ lag pa gnyis sgeg mo'i phyag rgya bya/ zhing skyes lhan gyi dus su rkang pa mnyam pa/ lag pa

宣唱至"的納的的納吽"時，伸前右腳立住，左腳抬起作妙舞狀，雙手結美女印。宣唱至"剎土生俱（zhing skyes lhan）"時，腳放平，手結蓮花舞印；

2-2 pad skor/ cig skyes lha mo la g·yon sngon 'gro'i gzhi bca'/ lag pa 'khyud tshul/ gnas skyes la gzhi bca' de las ldog/ rnal 'byor la rkyang lag g·yon gar stabs/ ma te bzhin la g·yas bteg

宣唱至"俱生天母（cig skyes lha mo）"時，伸前左腳立住，雙手作環抱狀；宣唱

---

⑬ 《現誦無上怛特羅》（又稱《啞必荅納》或《現詮無上續》），藏文名*mNgon par brjod pa'i rgyud bla ma zhes bya ba*，《藏文大藏經》北京版No.17，rgyud, kha 9663-22767.（Vol. 1, pp. 40/5/3-93/2/7）；德格版No. 369, rgyud, ka 247al-370a7，仁欽藏卜（Rin chen bzang po）等譯，全文69品。其為《吉祥勝樂輪本續》的九部"解釋續"中的第一部，屬不共道解釋續，對它與《吉祥勝樂輪本續》的關係，詳見布思端輦真竺（Bu ston Rin chen grub）《續部總釋——續部大寶莊嚴》（*rGyud sde spyi'i rnam par gzhag pa rgyud sde rin po che'i mdzes rgyan zhes bya ba*），*The Collected Works of Bu ston*, Lokesh Chandra, ed. New Delhi: International Academy of Indian Culture, 1966, vol. ba, 1966，pp. 396-407. 關於《現誦無上怛特羅》曾有Martin Michael Kalff於1979年在哥倫比亞大學（Columbia University）提交的博士論文*Selected Chapters from the Abhidhānottara Tantra: The Union of Female and Male Deities*,但未正式出版。

至"處生（gnas skyes）"時，由彼立住反向起舞；宣唱至"瑜伽（rnal 'byor）"時，左手左腳起舞；宣唱至"母如是（ma te bzhin）"時，右（腳）抬起，

2-3 la lag pa 'khyud tshul bya/ oṃ pra wa ra la rkyang mnyam/ lag pa pad skor/ sad kā ra la g·yon nas bskor te/ arghaṃ pra tī ccha la g·yon sngon 'gro'i gzhi bca'/ svāhā la pus mo g·yas btshugs/ las pa

手作環抱狀；宣唱至"唵不囉二合吪囉"時，兩腳平等，手結蓮花舞印；宣唱至"薩忒葛囉"時，從左旋轉；宣唱至"啞哩龕二合不囉二合底擦"時，伸前之左腳立住；宣唱至"莎曷"時，右膝著地，

2-4 thal mo 'gying ba dang bcas bas mchod yon phul la se gol gtog go/ yang te nā hūṃ la g·yon du gom pa gang phyin la g·yas bteg pa'i gar stabs/ te nā gnyis pa la g·yas su de las ldog/ te nā gsum pa

以纖纖柔掌，於供施品作彈指勢[94]；復宣唱至"的納吽"時，向左後跨一步，提起右（腳）作妙舞勢；第二次宣唱至"的納"時，從右邊反向起舞；第三遍宣唱至"的納"時，

2-5 la rkang pa g·yon rgyab tu btang ba'i g·yon bteg pa'i gar stabs/ lag pa 'khyud tshul bya/ rigs skyes ma la rkang mnyam/ lag pad/ mo skyes la rkang lag g·yas bteg ba'i gar stabs bya shing/ g·yon

左腳伸向後背，提起左腳作妙舞勢，雙手做環抱狀；宣唱至"種生母（rigs skyes ma）"時，雙腳平等，手結蓮花舞印；宣唱至"母生（mo skyes）"時，抬起右手右腳，做妙舞勢。

2-6 du phyed tsam bskor/ lha mo la de las bzlog/ mtha' skyes mi snang la g·yon sngon 'gro'i gzhi bca'/ g·yas brkyang/ mkha' spyod ma la lag pa g·yas gri gug thur du brkyang/ g·yon thod pa g·yon gyi nam

向左旋轉半圈；念唱至"天母（lha mo）"時，由此回轉；念唱至"邊生不顯現（mtha' skyes mi snang）"時，伸前之左腳立住，右腳伸展；念唱至"空行母（mkha' spyod ma）"時，右手伸至下方之刀，左手持骷髏於左邊虛空，

3-1 mkha' 'dzin cing/ kha de la phyogs shing mig kyang blta/ oṃ sogs la/ argha gyi gnas su pā dyaṃ/ mchod yon gyi phyag rgya'i gnas su zhabs bsil 'bul tshul bya/ gzhan 'dra'o// yang te nā sogs 'drab la/ sngar gyi sgeg mo'i phyag rgya'i gnas

---

[94] 注：此處應即為供施印：右膝跪地，手掌呈窈窕狀，對供施品彈指。

其臉面向此方，眼亦往此方看。念唱至“唵”等時，腳位於功德[水]之位，於結供施手印處，作獻洗腳水狀，餘皆同也；念唱至“的納”等時亦然，於前之美女印處，

3-2 su lag gnyis rdor dril ’khrol ba’i phyag rgya bya/ tha ma sogs mchod yon dang ’dra/ puṣpa sogs kyis pus bcugs kyi dod g·yas bteg pa

3-3 dang/ lag pa me tog ma’i las rgya phya zhing gzhan ’dra’o/ yang te nā sogs zhabs bsil dang ’drab la phyad bar ’khyud

雙手結奏金剛鈴之印；念唱至“塔麻”等時，與供施印同；妙花母等膝跪地處換作右邊抬起，手結奉花之業手印，餘皆同；又念唱至“的納”等處時，與供濯足水狀同，於環抱之時

3-4 pa’i dus su rdor dril dkrol lo// sa spyod sogs gzhan ’dra ba la/ ’og na gnas kyi dus su rkang pa g·yas sngon g·yon brkyang/ lag pa g·yas gri gug ’phyar/ g·yon thod pa g·yon du brkyang ste ’dzin cing kha de la phyogs shing mig kyang

奏金剛鈴。念唱至“地行（sa spyod）”等處時，與餘同；念唱至“居下（’og na gnas）”時，右腳前行，左腳伸展，右手舉刀，左手伸至左天靈蓋，臉面朝此向，眼亦同往此方看。

3-5 blta’o// sngags la dhū paṃ sogs ’dra ba la khyad par g·yas sngon ’gro g·yon bteg la/ bdug spos kyi las rgya bya’o// yang te nā sogs me tog ma dang ’dra ba la/ khyad par dri za mo’i dus su lag gnyis pi wang brdung tshul bya/ puṣpa gyi gnas su dīpaṃ/

於咒語“妙香”（dhū paṃ）等亦與此相類，所異者於右腳前行、左腳抬起，結熏香業印；復念唱至“的納”等處，與妙花母相類，所異者於妙塗母時，雙手作彈琵琶狀；於妙花母之位，

3-6 phyag rgya’i gnas su mar me’i phyag rgya bya’o// yang te nā sogs bdug spos dang ’dra ba la/ khyad par bsam bcan gyi dus su g·yas sa gnon/ g·yon mnyam gzhag/ dhūpaṃ gyi gnas su gandhaṃ/ bdug spos kyi phag rgya’i gnas su dri’i phyag rgya bya’o// yang

於妙燈手印位，作燈之手印；復念唱至“的納”等處，與妙香母相類，所異者在於作意之時，右腳壓地，左腳放平；於妙香母之位處，妙塗母於熏香手印處結妙塗手印；

3-7 te nā sogs me tog ma dang ’dra ba la/ dkyil ’khor du’i dus su dkyil ’khor ston pa’i phyag rgya bya/ puṣpaṃ gyi gnas su nai vi dyaṃ/ phyag rgya’i gnas su zhal zas ’bul tshul bya’o// yang te nā sogs bdug spos dang ’dra/ khyad bar gar gyi dus su g·yon

復念唱至“的納”等處，與妙花母相類；至“中圍”（dkyil ’khor）”處，作開示中圍之印；至妙花母處時，供施印處，作奉食狀；復念唱至“的納”處，與眾妙

香母相類，所異者乃舞蹈之時，從左邊作妙舞之勢；

3-8 nas gar stabs bya/ dhūpaṃ gyi gnas su śadta/ phyag rgya'i dus su rol mo brdung ngo// yang te nā sogs me tog dang 'dra/ khyad par gtso bo mchod kyi dus su 'khyud tshul/ puṣpaṃ gyi gnas su a mri te/ phyag rgya'i gnas su g·yas ka bā la g·yon bdud rtsi
念唱至"妙香"（dhūpaṃ）時，於音之手印處奏樂；復念唱至"的納"處時，眾妙花母相類，所異者乃於供養主尊時作環抱狀；於供花母處，結甘露手印，於此手印處，右手持嘎巴剌，左手作獻甘露狀；

4-1 'bul tshul lo//mngon brjod bla ma'i le'u lnga pa las/ ā shin tu dge mdzad mchog/ gnyis med bde ba'i bdag nyid can// rol cig rol cig legs rol bde ba'i bdag/ bde gshegs zhi ba'i bdag nyid
《現誦無上怛特羅》第五品云：啞 ā 字甚善最上行（施極善之樂為最上行），具無二喜樂本性。遊戲遊戲一而再，善妙遊戲喜樂我，善逝寂性平等行。

4-2 mnyam par spyod// rab rol rnam rol rnam dag pad dra yis// rab 'phrul rnam 'phrul rab dges pad dra yis// rab g·yo rnam g·yo bde sgrub pad dra la// rab nyed rnam nyed bde sgrub pad dra yis// haḥ haḥ hūḥ hoḥ hoḥ bde chen gzi brjid rgyal ba'i
以遍戲妙戲純淨蓮花網，以遍幻樂變極善蓮花網，以遍動善動樂修蓮花網，以遍觸妙觸樂修蓮花網，曷曷吽斛斛大喜樂威嚴勝王之自我

4-3 bdag// rab dgyes dpal gyi bde ba yis// rol cig sna tshogs dbye bas ho// rgyal ba'i gzi brjid mi bzad 'chang// ha ha ha ha hoḥ ba da hā sa pū kha hoḥ hoḥ rab dgyes chags pa'i bde ba'i bde ba sdud// dpal mchog bde ba mnyam du stor mdzad ho//
以甚喜吉祥之喜樂，分別"rol cig"等諸句；持勝王難忍威嚴；曷曷曷曷呼發答曷薩布斛斛，聚集甚喜欲樂之喜樂，平等賜予吉祥勝樂

4-4 bde ba chen po rgyu yi mchog/ thub pa bde mnyes dbang phyug mchog// hoḥ hoḥ bha ga van ma hā su kha hūṃ hoḥ bde ba sna tshogs du ma khyod// bde ba sna tshogs bde mchog ho// bde ba'i dam pa rjes gzungs mdzod// sna tshogs bde ba rab dgyes khyod// a a ro
大喜樂是最勝因，能仁、喜樂、自在、勝，斛斛，世尊！大喜樂！吽斛！種種不同之喜樂，你（持）種種喜樂最勝樂。微妙喜樂作攝持。你甚喜種種喜樂。

4-5 li ka a ma hā su khaṃ grihṇa hoḥ zhes pa rdo rje'i glu 'di dang spel ba'i rig ma bcu drug gi mchod pa bya ste// dbyangs sgeg mo'i rgyang glu bya/ ha ha huṃ hoḥ hoḥ'i dus su lag pad skor sngon 'gro/ g·yon g·yas su gar stabs 'gying ba dang bcas pa bya/ mdun

以傳唱“啞啞盧列葛啞麻曷蘇龕屹哩二合黑納二合斛”金剛歌，作十六明母之供養。唱嬌媚調，徐徐放歌。唱至“曷曷吽斛斛”時，手結蓮花舞印，前行，左伸右轉，窈冥起舞。

4-6　du g·yas sngon ’gro’i rkang bsnol/ gsum la g·yas bteg ste lag pa ’khyud tshul byas la a kā ra vī ja shes brjod pas// yid kyis snying ga’i sa bon las a chad/ yang g·yas su rkang stabs de las bzlog/ vajra vini/ lag pa pi wang brdung

於前右足前行，足呈交錯狀；唱至第三遍，右足抬起，手作環抱狀，念誦種子字“啞”字，以意自心田之種子生“啞”字。又腳向右伸，復由彼回轉。金剛琵琶母，手作彈琵琶狀；

4-7　ba’i tshul bya// sems kyis a las lha mo pi wang ma sngon mo phyag dang po gnyis kyis pi wang brdud ba// ’og ma gnyis rdor dril ’khrol ba bskyad/ vajra sphara ṇa khaṃ gyi dus su rkang pa g·yon sngon ’gro’i gzhi bca’/ mnyam pa/ lag pa nam

從心中的“啊”字生藍色天母琵琶母，前兩隻手彈琵琶，後兩隻手搖金剛鈴。唱至“唵斡資囉二合思霸二合囉納龕”（vajra sphara ṇa khaṃ）時，左腳前行立住，放平

5-1　mkha’ mdzod kyi phyag spyi bor bcings pas pi wang ma nam mkha’i mtha’ khyab tu bsam/ a shin tu sgeg pa’i dus su rkang mnyam/ lag pad/ bde mdzad bde mchog la/ g·yas su rkang pa g·yon btang zhing pus mo g·yas gzugs/ lag pa ’gying ba

指向空中之手置於頭頂，觀想琵琶母遍佈虛空邊際；唱至“啊極盡媚姿”（a shin tu sgeg pa）時，雙腳放平，手呈蓮花狀；唱至“樂行勝樂”（bde mdzad bde mchog）時，左腳向右邁，右膝跪地，手勢優美，

5-2　dang bcas pas pad skor bya zhing/ mgo bo g·yon du bcu zhing mig rting pa g·yas pa la blta/ g·yon du’ang de las ldog par byas la/ slar yang de bzhin du bya zhing/ gnyis med bde ba’i bdag nyid can/ glur blang ngo// oṃ sarva ta thā ga ta la/ g·yas

並結蓮花舞印，頭朝左轉，眼朝右下看，復由此左向反做，再復如此重做一遍；念唱至“無二大樂之自性”（gnyis med bde ba’i bdag nyid can）時，唱歌；念唱至“唵薩哩斡二合荅塔葛達”（oṃ sarva ta thā ga ta）時

5-3　sngon ’gro’i gzhi mnyam/ lag pa snying gar thal mo sbyar/ śrīcakra la snying gar pad skor/ saṃbara maṇḍala g·yon log tsam byas la pad skor/ yang cakra la dbus su pad skor/ sarva vi ra la g·yas su g·yong dang ’dra/ yo gi nī la’ang dbus su pad

前行之右腳立住、放平，於胸前合掌；唱至“室哩二合拶屹囉二合”（śrīcakra）時，於胸前結蓮花舞印；唱至“三發囉曼咤辣”（saṃbara maṇḍala）時，即從左面反

做，結蓮花舞印；復唱至“拶屹囉二合”（cakra），於中間結蓮花舞印；唱至“薩哩斡二合微囉”（sarva vi ra）時，右邊與左邊同；唱至“由吉尼”（yo gi nī）時，亦於中間結蓮花舞印；

5-4 skor/ vajra vi de hūṃ hūṃ phaṭa la g·yas g·yon gar stabs dang mthar pi wang brdung ba'i tshul bya'o// de bzhin du gzhan 'dra ba la/ a kā ra vī ja vajra vaṃ śe gling bum ser mo gling bu 'bud pa/ rol cig rol cig legs rol bde ba'i bdag/ bde gshegs

唱至“斡資囉二合微得吽吽發怛”（vajra vi de hūṃ hūṃ phaṭa）時，左右作舞勢，於邊上作彈琵琶狀，餘與此相類；於種子字“啊”金剛龍笛時，金色龍笛母吹奏龍笛；“遊戲遊戲一而再，美妙遊戲喜樂我，

5-5 zhi ba'i bdag nyid mnyam par spyod// oṃ sarva sogs dang/ gling bu 'bud tshul bya'o// de bzhin du i kā ra vī ja vajra mri taṃngge rnga zlum ma dmar mo rnga zlum brdung ba/ rnam rol rnam rol rnam dag pad dra yis/ rab 'phrul rnam 'phrul rnam dag pad dra yis// mthar

善逝寂性平等行和一切“唵”時，作吹龍笛狀；如是，“i”種子字之金剛甘露處，紅色圓鼓母打圓鼓；‘以遍戲妙戲純淨蓮花網，以遍幻樂變極善蓮花網”時，

5-6 sor mos mchan khung gi phyogs su rnga zlum brgung tshul bya'o// de bzhin du ī kā ra vī ja vajra mu ra ja rdza rnga ma ljang khu rdza rnga brdung ba// rab g·yo rnam g·yo bde sgrub pad dra yis// rab nyed rnam nyed bde sgrub pad dra yis// mthar thal mo gnyis kyis brla'i thad

於邊上手指朝向腋下，作打圓鼓狀；如是，在“ī”種子字之金剛甕鼓處，綠色甕鼓母，作敲甕鼓狀；“以遍動善動成樂蓮花網，以遍觸妙觸樂修蓮花網”時，於邊上作以雙手手掌擊大腿上的腰鼓狀。

5-7 du rdza rnga brdung ba'i tshul de bya/ de ltar rab snyan sgra'i mchod pa bzhis lho sgo ste mkha' 'gro ma bzhugs ba'i phyogs kyi sgor mchod ba byas nas/ g·yon bskor gyis shar sgor/ rab mdzes nyams kyi lha mo bzhi'i mchod pa bya ba ni/ dbyangs bde ba

如是，以四甚悦耳音樂供養於南門，於空行母所居方之門作供養，左旋而至東方之門，作四絕色天女之供養，唱喜樂遍行之歌。

6-1 kun 'gro blang zhing/ ha ha ha ha hoḥ g·yon sngon 'gro'i gzhi bca'/ g·yon du gar stabs/ va da hā sa su kha hoḥ hūṃ la de las bzlog/ ho ho la dbus su thal mo sbyar/ u kā ra vī sogs sngar dang 'dra/ bde chen gzi brjid la

“曷曷曷曷呼發”（ha ha ha ha hoḥ），左足前行、立住，於左邊作舞勢；於“斡

荅曷薩蘇渴斛吽”（va da hā sa su kha hoḥ hūṃ）時，由彼回轉；至“斛斛”（ho ho）時，於中間合掌；唱至“u”等種子字時，復與前一致；唱至“大喜樂莊嚴”時，左邊呈嬌態，

6-2　g·yon du sgeg tshul/ rgyal ba'i bdag la de las bzlog/ rab dgyes dpal gyi la/ mdun du g·yas brkyang dang lag gnyis thod pa khaṭvāṃ ga 'dzin tshul/ bde ba yis la rgyab g·yon brkyang dang lag gnyis bzhad ba'i rgya/ oṃ vajra hā sya hūṃ la g·yon

唱至“能勝之我”（rgyal ba'i bdag）時，由彼回轉。唱至“極喜吉祥之”（rab dgyes dpal gyi）時，於前右伸，雙手作持嘎巴剌狀；唱至“以喜樂意”（bde ba yis）時，左腳向後，雙手結笑印；唱至唵金剛妙笑母吽時，

6-3　sngon 'gro'i gzhi g·yas bteg/ lag gnyis bzhad pa'i phyag rgya bya'o// de bzhin du gzhan 'dra ba la ū kā ra vī ja vajra la sya vajra sogs dang/ rol cig sogs tshig bcad gnyis la gar bde chen sogs 'dra/ khyad par bzhar rgya'i gnas su

左足前行，右足抬起，雙手結笑印；餘與此相同，唱至“ū”種子字金剛戲金剛等句和“rol cig”等兩頌文時，與大喜樂舞等相同，不同者乃笑印處代以美女印；

6-4　sgeg mo'i rgya oṃ vajra lā sya la khyad par sgeg rgya'o// de bzhin du gzhan 'dra ba la ri kā ra vī ja vajra gī ti/ bde chen gzi brjid sogs 'dra/ oṃ vajra gī tī hūṃ/ phyag rgya'i gnas su ting shag brdung tshul lo// de bzhin du dī kā ra vī ja vajra nri tye/ rol cig

唱至唵金剛窈窕母，不同處乃結美女印，其餘與此相同。唱至“哩”（ri）種子字金剛歌時，與唱至“大喜樂威嚴等”（bde chen gzi brjid sogs）時相同；唱至唵金剛妙歌母吽時，手印處為搖碰鈴狀，其餘與此相同。如是，唱至“提”（dī）種子字金剛舞時，

6-5　sogs dang/ oṃ vajra nri tye hūṃ sogs 'dra/ phyag rgya gnas su lag gnyis spyi bor gar skor bya'o// de nas byang sgo'i phyogs su phyin te/ nyer spyod lha mo bzhi'i mchod pa bya ba ni/ dbyangs lha mo'i gdung dbyangs bya zhing/ ho bha ga vān sogs

與“遊戲一等”和“唵金剛妙舞母吽”等時相同，於其手印處，為雙手於頭頂作旋舞狀。由此至北門之方向，做四受供天女之供養，作音樂天女之悲歌，

6-6　la lag pa pad skor bya zhing dal bus g·yas bskor g·yon bskor dang/ pus btsugs bya/ de nas dal bus langs la/ li kā ra vī ja la gzhi g·yas bteg dang/ lag pa g·yas g·yon da ma ru dang kha ṭvāṃ ga 'dzin tshul dang/ vajra puṣpa la gzhi

唱至“斛發噶翫”（ho bha ga vān）等處時，手結蓮花舞印，徐徐向右向左旋轉，而膝跪地。復徐徐站起。唱至“li”種子字時，重心右擡，右手左手作持𪔂鼓、交床狀；

6-7 g·yon bdeg pa'i lag pa gnyis me tog dang/ ka pā la 'dzin tshul oṃ sogs 'dra/ rab dgyes chags la g·yas su gom pa gang nur te lag pa pad skor dang dpung pa g·yas thal mo sbyar/ g·yon du'ang de las ldog pa bya/ bde ba'i bde ba

唱至"持嘎巴拉狀唵"（ka pā la 'dzin tshul oṃ）等時，與唱至"金剛花"（vajra puṣpa）時相同，重心向左，雙手結花印；唱至"極喜愛"（rab dgyes chags）時，向右邁一大步，手結蓮花舞印，在中間靠右，手掌合十，復於左邊反向而作勢，喜樂之喜樂彙聚，

7-1 sdud la g·yas pus btsugs dang/ lag pa dpral bar thal mo sbyar/ dpal mchog bde ba la rgyab tu g·yas g·yon gar stabs/ nyams su ster mdzad hoḥ la mdun du sgeg mo/ oṃ vajra puṣpa hūṃ la gzhi g·yon bteg ba'i me tog gi las rgya bya/ de

右膝跪地，手掌於額前合十；唱至"吉祥勝樂"（dpal mchog bde ba）時，向後左右起舞；唱至"行如意斛"（nyams su ster mdzad hoḥ）時，於前結美女舞印；唱至"唵金剛妙花母吽"時，左腳抬起，作奉花業印；

7-2 bzhin du bdug spas ma la lī kā ra sogs/ vajra dhū paṃ dang/ oṃ sogs 'dra/ bde ba chen po sogs gyang 'dra/ phyag rgya'i gnas su bdug spos kyi che rgya dang las rgya bya'o/ mar me ma la e kā ra vī ja vajra dī paṃ sogs spo/ phyag rgya'i

如是，妙香女念"lī"種子字等，與念唱"斡資囉二合都啷"（vajra dhū paṃ）和"唵"等相同，與大喜樂等也相類；於手印處，結熏香大手印和業印；於妙燈女，與念唱至"e種子字金剛燈"等時相類，

7-3 gnas su mar me'i che rgya dang las rgya bya'o// dri chab ma la e kā ra vī ja vajra gandha oṃ sogs 'don pa spo// phyag rgya dri ma'i che rgya dang las rgya bya'o// de nas yang nub tu 'dod yon lha mo bzhi'i mchod pa bya'o// dbyangs thar pa'i sgo 'byed bya/ a a ro li ka gi

於手印處，作供燈大手印與業印；於塗香女，念唱至"e"種子字金剛香氣時，做尋香之大手印與業印；復次，又於西方作四妙欲天母供養。奏解脫法門之妙樂。於"啞啞盧列葛"（a a ro li ka）之處，

7-4 gnas su g·yas mnyam/ lag gnyis 'khyud stabs/ a ma hā su khaṃ grihta hoḥ la rkyang stabs snga ma las bzlog cing lag gnyis 'dra/ mthar g·yon du bskor zhing lag gnyis snga ma bzhin no// oṃ kā ra vī ja la g·yas sngon 'gro'i bzhi/ g·yon

右邊放平，雙手作環抱狀；念唱至"啞麻曷蘇龕屹哩二合黑納二合斛"（a ma hā su khaṃ grihta hoḥ）時，自前之腳姿態回轉，雙手類同，向左邊旋轉，雙手亦如前；唱至"唵"種子字時，右腳前行，

7-5　pus btsugs dang/ lag gnyis snying gar thal mo sbyar/ rū pa vajri ṇi la ri ma gyis langs te/ g·yon sngon 'gro'i gzhi/ g·yas bteg pa'i gar stabs bya/ lag gnyis g·yas me long/ g·yon thod pa 'dzin tshul bya/ oṃ vajra spha ra ṇa khaṃ sngar

左膝跪地，雙手於胸前合十；唱至“嚕八斡資哩二合尼”（rū pa vajri ṇi）時，徐徐起身，重心向左前傾，右足伸展作舞蹈姿，雙手右手作持鏡子狀，左手作持骷髏狀；唱到至“唵斡資囉二合思霸二合囉納龕”（oṃ vajra spha ra ṇa khaṃ）時，[動作]與前一致

7-6　bzhin na// bde ba sna tshogs la g·yon sngon 'gro'i gzhi/ g·yas brkyang/ lag pa gri gug thur du brkyang zhing/ g·yon thod pa steng du 'dzin pa la blta/ du ma khyod la de las bzlog/ oṃ āḥ hūṃ la/ g·yon sngon du 'gro'i bzhi/ g·yas bteg pa'i sgeg pa

唱至“種種喜樂”（bde ba sna tshogs）時，重心向左前傾，伸右足，手下伸持刀；左手上伸持骷髏；唱至“du ma khyod”時，由彼回轉；唱至“唵啞吽”（oṃ āḥ hūṃ）時，左腳前行立住，右腳抬起，作勢如美女；

7-7　dang/ mthar g·yon bskor dang/ lag gnyis spyi bor thal mo sbyar/ bde ba sna tshags la g·yas su phyin la g·yon bteg pa'i gar stabs dang/ lag gnyis g·yas mchog sbyin dang/ g·yon chos gos grwa 'dzin tshul bya/ bde chen khyod la g·yon du de

向左邊旋轉，雙手手掌置於頭頂；唱至“種種喜樂”（bde ba sna tshogs）時，向右移，左足抬起，作舞蹈狀，雙手右結勝施印，左結法衣邊緣印；唱至“大喜樂汝”（bde chen khyod）時，於右邊由彼回轉；

8-1　las bzlog/ oṃ rū pa vajra ṇi la rgyab 'gros g·yon bteg ba'i gar stabs dang/ lag gnyis da ma ru dang khaṭvāṃ ga 'dzin tshul/ vajra pū ji te hūṃ la mdun 'gro'i g·yas bteg pa dang/ lag gnyis me long dang thod pa 'dzin ba'i tshul

念唱至“唵金剛色母”，往後退行，左足伸展，作舞蹈狀，雙手持腰鼓和交床；唱至“八資囉二合布節的吽”（vajra pū ji te hūṃ）時，前行至右足伸展，雙手作持明鏡和骷髏狀；

8-2　lo// de bzhin du gzhan 'dra la/ au kā ra vī ja ra sa vajra ṇi la ro ma g·yas sbrang chang gis gang ba'i snod 'dzin pa/ bde ba dam pa sogs gong dang 'dra'o// oṃ kā ra vī ja spa rśa vajra ṇi la gos ma g·yas gos 'dzin tshul/ gzhan gsugs ma dang 'dra'o/ a kā

其餘與此相類；念唱至“金剛味母之‘au’種子字味金剛”時，右手持盈酒之杯；唱至“妙樂”（bde ba dam pa）等時，[動作]與前一致；念唱至“觸母之唵種子字觸金剛”時，右手作持美衣狀，其餘與金剛色母同；

8-3 ra vī ja dha rmmāḥ dhā tu vajra ṛ chos dbyings rdo rje ma g·yas chos ’byung ’dzin pa gzhan ro ma dang ’dra’o//
唱至對法界金剛女之“a”種子字法界金剛時，右手持法基，其餘與味母同。

8-4 bde chen bde ba’i gar gyi mchod ba zhes bya ba rnal ’byor ma mchod pa’i cho ga bu ston gyis bkod ba’o// bde legs su gyur cig/
此名曰“大喜樂喜樂舞蹈供養”之瑜伽母供養儀軌，乃布思端所造。願吉祥喜樂！

九、布思端大師造《象雄芒所傳十六明母供養舞蹈》

Zhang zhung mang nas brgyud pa'i rig ma bcu drug gi mchod gar bzhugs so
《象雄芒所傳十六明母供養舞蹈》

1-1 na mo vajra satvā ya/ zhang zhung mang nang ba nas brgyud ba'i rig ma bcu drug gi mchod gar la/ hūṃ lnga glur len cing lag pa pad skor rgyang ring bya/ rkang ba gnyis sa la ma bral ba'i sgo nas rim
1-2 pas 'drud cing gzhogs g·yas su bskor la hūṃ lnga pa la sa la 'dug ste pus mo g·yon pa sgyid pa g·yas pa'i 'og tu bcug ste sa la ma reg tsam bya/ de'i rting pa'i steng du 'phong tshos bzhag/ rkang pa g·yas mdun
頂禮金剛薩埵！象雄芒囊瓦傳承之十六明母供養舞蹈，唱“五吽”之歌，手常持轉蓮印，雙腳不離地而漸拖，身體右轉，居地而唱五吽，左膝曲於右膝後方，不觸地，臀置其踵上。

1-3 du drang por btsugs la pus mo rong nge bya/ de nas rim gyis langs la hūṃ lnga glur len cing g·yon du bskor la rkang stabs de las bzlog/ de nas lag pa pad skor dang vajra satvā glur blang zhing rim gyis langs la/ rdor
1-4 sems kyi phyag chen bcas te rang nyid rdo rje sems dpar bsgom/ de nas hūṃ gnyis glur blang zhing/ dga' bde ma zhes bos bas rang gi thugs ka'i sna tshogs rdo rje las lha mo rab tu dga' zhing bde ba ma phyung/ hūṃ vajra
右腳向前伸直，膝蓋上聳，而後漸次抬起，唱五吽之歌，左轉，由此步態而反向舞之，手結轉蓮印，唱金剛薩埵之歌，（左腳）漸次抬起，復結金剛薩埵大手印，觀想自性之金剛薩埵，而後唱二吽之歌，喜樂母由自心間種種金剛放出極喜天母和大樂母。

1-5 spha ra ṇa khaṃ zhes pa dang/ rkang pa g·yon sngon 'gro'i gzhi bca' dang mnyam pa lag pa pad skor byas pa'i mthar/ spyi bor nam mkha' mdzod kyi phyag rgya bcas pa bkrol ba'i mthar se gol gtog// yid kyis

1-6 lha mo rab tu dka' zhing bde pa ma nam mkha'i mthas khyab tu spros par bsam la rkang pa mnyam pa/ lag pa gnyis sku g·yon du khu tshur du byas pa bzhag/ rdo rje sems dpa' bdag rang nyid// mnyam par rkyang pa g·yas g·yas su

2-1 gom gang 'gro/ g·yon bteg la de'i rjes su 'gro/ yang rkang pa g·yon[95] g·yon du gom[96] pa gang 'gro/ g·yas bteg nas de'i rjes su 'gro/ de nas mdun du gom pa gang phyin nas mnyam pa dang lag gnyis gshibs nas kha phyir la bstan/ yang rgyab

2-2 tu mnyam pa dang pad skor bya/ bzhag pas rab bsgoms te// hūṃ lnga glur len sngon ma dang 'gra/ bdag nyid yang dang yang du ni// hūṃ lnga rting ma dang 'dra/ sangs rgyas kun la dbul bar bya// sngags brjod pa'i che/ oṃ sarva ta thā ga ta oṃ sarva ta thā ga ta bzhi ga'i mgor sbyar/ sarvva ātma ni ryā ta na pū ja spha ra ṇa karmma vajri ṇi

唱"吽斡資囉二合思霸二合囉納葛麻，前伸之左腳立住，手同結轉輪印，而後於頭頂結虛空藏印，解畢，彈指，觀想意之極喜天母並大樂母，自虛空之際放射（腳同姿，雙手於身左握拳）。

喜樂母：

金剛薩埵我自性，

精懃（右腳於右行一步，左腳抬起，而後行。復左腳於左行一步，右腳抬起，而後行，繼而於前行一步，雙手同合十而後外展，於後同結轉蓮印。）修行平等住（如前同唱五吽之歌），

自性一次復一次（如後之五吽），

將向諸佛作供獻。

念咒："唵薩哩斡二合答塔葛達 薩哩斡二合啞怛麻二合尼哩牙二合答捺布雜思霸二合囉納葛哩麻二合屹哩二合尼"

2-3 aḥ zhes glur len cing/ oṃ nas rim gyis langs nas rkang pa mnyam pa/ lag pa pad skor/ ni rya ta nas g·yas sngon

2-4 'gro'i gzhi bca' bcas la mnyam pa bya/ lag pa dga' zhing bde ba ma'i las rgya bcas la/ lha mo dga' bde ma sangs rgyas byang sems thams cad la byang chub tu sems bskyed pa'i mchod par bsam/ a

唱此歌。自"唵"依次起立，腳同姿，手結蓮花印，自"尼哩牙二合答"（ni rya ta）右腳前伸立住而同姿。極喜母與大樂母手結業印，觀想喜樂天母對一切佛與菩薩升起菩提心而供養。

2-5 zhes brjod pa'i tshe phyag rgya g·yon du bkrol la se gol gtogs pas dga' bde ma thams cad

[95] 原文作"g·yan g·yan"，應作"g·yon g·yon"。

[96] 原文作"goms"，應作"gom"。

bsdus nas rang gi thugs ka'i sna tshogs rdo rje la thim par bsam mo// de bzhin du rdo rje sems dpa'i dod du sems

2-6 dpa' gzhan dang lha mo dga' bde ma'i dod du lha mo gzhan spo bar rigs pa bsgres la shes par bya'o// spyan 'dren ma/ rdo rje lcags kyu bdag rang nyid// phyogs kun tu ni spro bar bya// sangs rgyas thams

當念到“a”時，手印於左解開，而後彈指，觀想喜樂天母皆彙集而後融入自心間種種金剛中。如是，諗知宜以餘菩薩代金剛薩埵，以餘天母代喜樂母。

迎請母：

金剛鐵鉤我自性，

於一切方向發散，

3-1 cad dgug bya zhing// thub bdag la dbul bar bya// pū ja spha ra ṇa karmā gri jaḥ mnyes byed ma/ rdo rje'i rigs ni rjes chags pa// rtag tu bdag nyid bsgom par bya// chos rnams dag la mnyes bya zhing// 'di brjod nas ni spro bar bya// a nu rā

一切諸佛來延召，

勝佛以我為供獻。

布雜思霸二合囉納葛哩麻二合屹哩二合雜

歡喜母：

金剛部真為慈愛，

恒常觀想其自性，

歡喜清淨此諸法，

此言說畢而發散。

3-2 ga ṇa pū ja spha ra ṇa karmma vā ṇe hūṃ hoḥ dgyes byed ma/ rdo rje rin chen rnal 'byor che// bdag nyid yongs su bsgom par bya// rin chen mchod pa blan med// phyogs rnams kun tu spro bar bya/ sā dhu ka ra pū ja spha ra ṇa karmma tu ṣṭa aḥ dbang chen ma/

3-3 sangs rgyas thams cad rgyal po che// byang chub snying por dbang bskur ba// sems kyang de ltar bsam nas ni// rdo rje rin chen nyid thob 'gyur// oṃ na maḥ sarva tathāgata kā ya [bzhi ga'i mgor sbyar]/ a bhi ṣe ka ra tne bhyo vajra ma ṇi o/ snang chen ma / bdag gnyid rdo rje gzi

啞奴囉噶納布思霸二合囉納葛哩麻吪你吽斛

歡樂母：

金剛大寶大瑜伽，

全神觀想其自性，

大寶供養最無上，

於諸方完全發散。

薩都葛囉布雜思霸二合囉納葛哩麻都攝咤二合啞
大勸母：
一切如來大王者，
於菩提藏而灌頂，
心亦如是作思後，
金剛大寶親獲得。
唵薩哩斡二合荅塔葛達（唵，於四如來頭部行）灌頂寶金剛摩尼。
大顯母：
自性金剛之威光，

3-4 brjid ni// phyogs rnams kun tu snang byed pa// sangs rgyas thams cad bskul bya zhing// mchod pa gzi brjid yongs su spro// sūrye bhyo vajra te ji ni jva la hrīḥ char 'bebs ma/ rdo rje rgyal mtshan kun tu mtho// shes rab can
於一切方向顯現，
一切如來作催請，
供養威光遍四射。
蘇唎畢藥二合斡資囉二合的寂尼搓辣兮哩二合
降雨母：
金剛勝幢眾中高，

3-5 gyis rgyal mtshan bsgreng// sangs rgyas thams cad mchod bya zhing// rdo rje sngags kyis bskul nas mchod// a shā va ri pū ra ṇa ci tā ma ṇi dhva ja gre bhyo vajre dhva ja gri traṃ/ mgu ba ma/ grags chen sangs rgyas thams cad kyi// dkyil 'khor shes rab
具智慧者舉勝幢，
供養一切如來佛，
以金剛咒催供養。
啞啥嘰哩布囉納資荅麻尼脫雜屹唎二合畢藥二合斡資唎二合脫雜屹哩二合忒囕二合
喜悅母：
大名諸佛壇城
具智慧者祈見，

3-6 can gyis blta// rtag tu bdag nyid dga' bya zhing// rdo rje snags kyis bskul nas mchod// ma hā pre ti prā mo tya ka re bhyo vajra hā sye haḥ glu chen ma/ sems can thams cad chos chen po// bdag ni chos chen dga pa ste// sangs rgyas thams cad bdag
我常令其喜樂，
以金剛咒催供。
麻曷不唎二合不囉二合謨爹葛唎畢藥二合斡資囉二合曷思咦二合曷

大歌母：
一切有情大法，
吾者歡喜大法，
一切諸佛皆我，

3-7 nyid kun// rdo rje snags kyis rab bskul mchod// oṃ oṃ sarva ta thā ga ta brgyad kyi mgor sbyar/ sarva ta thā ga ta vajra dharmma sa mā dhī bhi stu no mi ma hā dharma gri hrīḥ dbyangs chen ma/ bdag ni shes rab ral gri mo// shes rab pha rol phyin pa'i tshul// 'khor lo'i
以金剛咒催供。
唵（唵於一切八如來頭部行）唵薩哩斡二合荅塔葛達斡資囉二合荅哩麻二合薩麻引地鞢思都二合諾密麻曷塔哩麻二合屹哩二合兮哩二合
大調母：
我者智慧之利劍，
般若波羅蜜多相，
遍轉法輪之字母，

4-1 / /yi ge rab tu bskor// mdo sde thams cad 'dzin pa yin// pra jnyā pā ra mi tā nira hā rai stu no mi mahā gho ṣā nu ge dhaṃ/ 'jug mdzad ma/ bdag ni chos kyi 'khor lo bskor// 'khor yo'i dkyil 'khor sbyin byed pa// rdo
即持一切諸經藏。
不囉二合資尼牙二合諾密答尼囉曷晽思都二合密麻曷苦唅奴其貪
進駐母：
我者轉法輪，
能施諸中圍，

4-2 rje 'khor lo yongs su bsngo// mchod pa thams cad yongs su spro bya// cakra akṣa ra pari vartā di sarvva sū tāna sta na yai stu ne mi sarvva maṇḍa le hūṃ/ sngags spyod ma/ sems can dag ni kun gyi tshig// bdag ni sems dpa' smra ba brtan// rdo rje smra ba
金剛輪回向，
供養全散放。
拶屹囉二合恰囉八哩斡哩怛二合底薩哩斡二合蘇荅納思荅納耶思都二合你密薩哩斡二合曼荅辣列吽
咒行母：
有情清淨一切句，
我即勇識堅定說，

4-3 gsang ba'i bdag/ sangs rgyas thams cad rab mchod bya// sandhā bha ṣa bu ddha saṃ gī ti bhirga yaṃ stu no mi vajra bā co baṃ/ sems ldan ma/ bdag ni rdo rje las rgyal po// phyogs rnams kun du rab mchod byed// me tog bdug pa la sogs dri// rdo rje'i

演說金剛秘密我，
一切如來敬供養。
散塔發薩布塔桑吉底畢哩噶二合羊思都二合諾密斡資囉二合發唑啣
具心母
我是金剛業大王，
於諸方向作供養，
花朵熏香等之味，
當以金剛咒發動。

4-4 sngags kyis bskul bar bya// dhū ba me gha spha ra ṇa pū ja karmme ka ra ka ra/ byang chen ma/ go cha bgos pa dang ldan pa// me tog mchod pa 'bul byed ba// bdag nyid rang nyid rgyal po ste// rdo rje sngags ni rab bskul bya// puṣpa pra sa ra spha ra ṇa pū ja

都吪美渴思霸二合囉納布雜葛哩美二合葛囉葛囉
大菩提母：
具有身披之鎧甲，
花朵供養來進獻，
自性本性為大王，
金剛咒語勤發動。

4-5 karmme ki ri ki ri/ mig ldan ma/ bdag ni rdo rje gnod sbyin te// nyon mongs za byed chos sgron 'bar// phyogs rnams kun tu spro bya zhing// snang ba 'bar ba yang dag spro// ā lo ka jā le spha ra ṇa pū ja karmme ka ra ka ra/ dri ldan ma/ rdo rje khu tshur bdag

波瑟斡不囉二合薩囉思霸二合囉納布雜葛哩美二合屹哩屹哩
具眼母：
自性為金剛勇健，
煩惱為食法熾燃，
一切諸方而發散，
放出清淨明亮火。
啞盧葛雜列薩囉思霸二合囉納布雜葛哩美二合葛囉葛囉
具味母：
金剛拳為我自性，

4-6 rang nyid// dri yi snod dang yang dag ldan// phyogs rnams kun tu spro bya zhing// char rnams kun gyis rab mchod bya// gandha sa mu dra spho ra ṇa pū ja karmme ku ru ku ru/ zhes 'don pa spos nas mchod/ de bzhin gshegs pa'i rig ma bcu drug go/

氣味之器具清淨，
一切諸方而發散，
雨水俱皆為供養。
幹塔薩目的囉二合思波二合囉納布雜葛哩美二合具嚕具嚕
念畢放散而供養，此為如來之十六明母。

4-7 rdo rje rigs kyi rig ma bcu drug la/ phyag rgya'i rgyu rdo rje khu tshur gyi dod/ khros bo'i khu tshur gyis bya/ vajra sa tva hūṃ sogs de bzhin gshegs pa'i dang 'dra 'o// khyad par mnyam pa'i dod/ g·yon brkyang gis bya 'o// khro bo rdor sems kyi phyag chen
金剛部之十六明母，手印由金剛拳而為忿怒拳，誦"幹資囉二合薩埵吽"等與如來同，不同之處在於，共同處左伷展。忿怒金剛結大心印，

5-1 bcings/ rdo rje sems dpa'i dngos grub ma spro ba sogs shes par byas la/ dngos grub ma/ phyag na rdo rje bdag rdo rje// de bzhin gshegs rnams dgug par bya// rdo rje sems dpa' rab mchod pas// mchod pa ru ni bsgom par bya// oṃ vajra satva
知金剛薩埵放射之成就母。
成就母：
金剛手為我金剛，
理當召請諸如來，
金剛薩埵敬供養，
於供養處作觀想。
唵幹資囉二合薩埵悉地葛哩麻二合疑牙二合納薩麻夷吽雜曷二合

5-2 siddhi karma jnyā na sa ma ye hūṃ jaḥ 'gugs mdzad ma/ rdo rje lcags kyu brtan pa'i bdag/ rtag tu bdag nyid bsgom par bya// sgom pa bsgrub par bya ba'i phyir// sangs rgyas thams cad dgug par bya// oṃ vajra karma ā karṣa ṇa karma jnyāna sa ma ye hūṃ
勾召母：
金剛鐵鉤我堅定，
我自恒常作觀修，
為令觀修得成就，
理當勾召諸如來。
唵幹資囉二合葛哩麻二合啞葛哩廈二合納葛哩麻二合疑牙納薩麻夷吽雜曷二合

5-3 jaḥ dga' chags ma/ rdo rje chags pa bdag nyid de// bkug pa rnams ni mnyes par bya// rdo rje chags ba rab mchod pas// bsgrub par bya zhes yang dag sbyar// oṃ vajra ra ti rā gā ya karmma jnyā na sa ma ye hūṃ jaḥ legs mdzad ma/ rdo rje legs pa rang

貪喜母

金剛貪戀我本性，

諸勾召者令歡喜，

金剛貪戀敬作供，

謂令成就清淨行。

唵斡資囉二合囉的囉噶耶葛哩麻二合葛哩廈二合納薩麻夷吽雜曷二合

善行母：

金剛善妙我本性，

5-4 bdag nyid// bsgom zhing rgyal ba mnyes par bya// rdo rje legs pa rab mchod pas// sangs rgyas thams cad dgug par bya// oṃ vajra sā dhu karmma jnyā na sa ma ye hūṃ jaḥ khro gnyer ma/ rdo rje rin chen rgyal bo che// rang bdag nyid ni bsgom par bya// de

觀修而令佛歡喜，

金剛善妙敬作供，

勾召一切諸如來。

唵斡資囉二合薩都葛哩麻二合葛哩廈二合納薩麻夷吽雜曷二合

怒紋母：

金剛大寶大勝王，

我之自性作觀修，

5-5 bzhin gshegs rnams dbang bya zhing// phyogs rnams su ni 'od zer spro// oṃ vajra bhriku ṭi wa ṣiṃ ku ru hūṃ/ snang byed ma/ rdo rje nyi ma rang bdag nyid// 'od zer phreng ba dang ldan bsgom// sangs rgyas rnams ni dbang bya zhing// phyogs rnams su ni

諸佛如來為灌頂，

於眾方向放光明。

唵斡資囉二合普哩二合具底吪升具嚕吽

光明母：

金剛大日我自性，

觀修具有光明鬘，

諸佛如來作灌頂，

於眾方向放光明。

5-6 'od zer spro// oṃ vajra sū rya maṇḍala wa shiṃ ku ru hūṃ/ dpung rgyan ma/ bdag ni rgyal mtshan sbyor ba che// de bzhin gshegs rnams dbang bya zhing// sems can bsam kun

rdzogs par bya// rin chen rgyal mtshan rab tu mchod// oṃ vajra dhvajā
唵斡資囉二合蘇哩耶二合曼荅辣呏升具嚕吽

臂環母：
我本勝幢大交行，
諸佛如來作灌頂，
有情意樂當圓滿，
大寶勝幢敬作供。
唵斡資囉二合都斡二合雜不囉二合的揄唎斡舒具嚕吽

5-7 bra te yu re wa sho ku ru hūṃ/ bzhad mdzad ma/ ha ha zhes rgod bzhad bya zhing// rdo rje bzhad pa bdag nyid de// sangs rgyas thams cad dbang du bya// bzhad ba'i mchod pas rab tu mchod// oṃ vajra satva a ṭta hā sye na wa shiṃ ku ru hūṃ/ pad mnyes ma/
作笑母：
狂笑發出哈哈聲，
我性即為金剛笑，
一切如來作灌頂，
笑之供養敬作供。
唵斡資囉二合薩埵啞怛曷思咦二合納呏升具嚕吽
蓮笑母：

6-1 / /bdag nyid padma'i rgyal po nyid// btsun mo brtan ba rang byung ba// bdag gis sangs rgyas rjes chags bya// 'dod chags mchod pas rab tu mchod// oṃ vajra padma rā ge rā ga ya hūṃ/ rnon po ma/ bdag nyid rang nyid rnon
我性即是蓮王性，
明妃堅定自然生，
我當耽著諸如來，
貪欲供養敬作供。
唵斡資囉二合巴得麻二合囉其囉耶吽
銳利母：
我之本性為銳利，

6-2 po ste// shes rab pha rol phyin pa brtan// bdag gis nyon mongs gcad bya zhing// de bzhin gshegs rnams chags bar bya// oṃ vajra ti kṣa ṇa rā ge rā ga ya hūṃ/ dkyil 'khor ma/ lha mo rdo rje sgrol ma bdag/ chos kyi 'khor lo rab bskor
依般若波羅蜜多，

我當斷除諸煩惱，
理當耽著諸如來。
唵斡資囉二合的恰納囉其囉噶耶吽
中圍母：
天母金剛度母我，
遍轉佛法之法輪，

6-3　bo// bdag gis rdo rje can mnyes bya// 'dod chags brtan pas rab tu mchod// oṃ vajra maṇḍala rā ge rā ga ya hūṃ/ gsung mnyes ma/ nam mkha'i lha mo chos smra ma// brjod du med pa bdag nyid brtan// dag ba'i chos la chags bya zhing//
我今具金剛歡喜，
堅定貪欲敬作供。
唵斡資囉二合曼荅辣囉其囉噶耶吽
語樂母：
虛空天母說法母，
不可言說我堅定，
理當耽著清淨法。

6-4　de bzhin gshegs rnams mnyes par bya// oṃ vajra wā kā rā ge rā ga ya hūṃ/ 'phrin las ma// bdag ni rang nyid las yin te// phyogs rnams kun tu yongs su grags// bdag ni nam mkha'i mdzod kyang yin// mchod ba'i char gyis rab
諸方如來皆歡喜。
唵斡資囉二合吒葛囉其囉噶耶吽
事業母：
我之本性是為業，
一切諸方皆聞名，
我者也是虛空藏，
供養之雨敬作供。

6-5　tu mchod// oṃ vajra karnna sa ma ye pū ja ya hūṃ/ go cha ma/ bdag ni rang nyid bsrung pa ste// sangs rgyas byams pa brtan ba bdag/ bdag gis sangs rgyas mchod par bya// chos kyi mchod pas rab tu mchod// oṃ vajra ka wa ca bandha rakṣa hūṃ/ gsod
唵斡資囉二合葛哩納二合薩麻噎布雜耶吽
鎧甲母：
我之本性為護衛，
如來慈愛我堅定，

我為如來作供養，
法之供養敬作供。
唵斡資囉二合葛吼擦班答囉恰吽

6-6 byed ma/ bdag gis nyon mongs bza' bar bya// rdo rje gnod spyin brtan pa bdag/ bdag gis sangs rgyas mchod par bya// chos kyi mchod pas rab tu mchod// oṃ vajra yakṣa ni mā ra ya vajra daṃṣṭa ya bhindha hri da ya mu kha ka sye huṃ phaṭa/ khu tshur
作屠母：
我以煩惱為口食，
金剛勇健我堅定，
我為如來作供養，
法之供養敬作供。
唵斡資囉二合耶恰尼麻囉耶斡資囉二合當池怛二合耶鞞答曷哩二合怛耶目渴葛思唻二合吽發怛

6-7 ma/ nga ni sangs rgyas byang chub 'dzin// rdo rje khu tshur rab bdag nyid// phyir mi ldog pa'i 'khor lo che// las kyi mchod pas rab tu mchod// oṃ vajra karmma mu ṣṭi siḍdgye siḍdgye hūṃ phaṭa/ rdo rje rigs kyi rig ma bcu drug go// rin chen rigs
抱拳母：
我為如來持菩提，
金剛抱拳我自性，
不後退轉之大輪，
業之供養敬作供。
唵斡資囉二合葛哩麻二合目瑟哲二合思的機二合思的機二合吽發怛
此為金剛部之十六明母

7-1 kyi rig ma bcu drug la/ hūṃ glur len pa'i dod/ trāṃ glu blang/ phyag rgya thams cad kyi rgyu nor bu'i khu tshur la bya/ oṃ vajra satva hūṃ sogs kyi vajra'i dod/ ratna la byas la/ oṃ ratna satva hūṃ/ ratna rā ja jaḥ la sogs pa go brje/ sems dpa' bcu
於寶生部之十六明母，原唱"五吽"之歌處改唱"trāṃ"，全部手印之印當變作摩尼寶拳，原唱"唵埵吽（oṃ vajra satva hūṃ）"等金剛歌處，改為對寶生佛唱"唵囉㖿捺薩埵吽 囉㖿斡資囉二合薩捺囉雜雜曷二合"。

7-2 drug gi phyag chen 'cha' lugs 'dra/ nor gzungs ma/ rin chen sems dpa' bdag rang nyid// rdo rje nor bu'i gzungs ma ni// phyogs rnams kun tu yongs spros nas/ sangs rgyas kun la dbul par bya// oṃ vajra ma ṇi dha ri ṇe sa ma ye hūṃ/

似十六薩埵之大印結姿。
寶天母：
大寶薩埵我本性，
金剛摩尼之明妃，
於諸方壹皆發散，
一切諸佛進獻。
唵斡資囉二合麻尼塔里訥薩麻喫吽

7-3　spyan 'dren ma/ rin chen rgyal po bdag rang nyid// nor bu rin chen spyan 'dren ma// oṃ ma ṇi ratna ā karṣa karmma sa ma ye hūṃ/ chags dgyes ma/ rin chen chags pa bdag rang nyid// nor bu rin chen chags dgyes ma// oṃ ma ṇi ratna rā ga ra ti
迎請母：
大寶勝王我本性，
摩尼大寶迎請母。
唵麻尼唵囉嘚捺啞葛哩廈二合葛哩麻二合薩麻喫吽
欲樂母：
大寶耽戀我本性，
摩尼大寶欲樂母。
唵麻尼唵囉嘚捺囉噶囉的葛哩麻二合不咀不囉二合波哩怛三合耶吽

7-4　karmma pū jo pra brta ya hūṃ/ legs mdzad ma/ rin chen legs pa bdag rang nyid// nor bu rin chen legs mdzad ma// oṃ ma ṇi ratna sā dhu ka ra pū ja sa ma ye hūṃ/ rin chen phreng ma/ rin chen rin chen bdag rang nyid// nor bu rin chen phreng
行善母：
大寶善妙我本性，
摩尼大寶行善母。
唵麻尼唵囉嘚捺薩都葛囉布雜薩麻喫吽
寶鬘母：
大寶大寶我本性，
摩尼大寶寶鬘母。

7-5　pa ma// oṃ ma ṇi ratna mā ra pū je/ snang mdzad ma/ rin chen gzi brjid bdag rang nyid// nor bu rin chen nyi ma'i snang// oṃ ma ṇi ratna sūrya ā yo ka pū je/ rgyal mtshan ma/ rin chen rgyal mtshan bdag rang nyid// nor bu rin chen rgyal mtshan
唵麻尼唵囉嘚捺麻囉布嚌
光明母：

大寶光輝我本性，
摩尼大寶日光母。
唵麻尼唵囉嘚捺蘇哩耶二合啞攸囉布嚌
寶幢母：
大寶勝幢我本性，
摩尼大寶寶幢母。

7-6 ma// oṃ ma ṇi ratna dha ja pā ta ka pū je/ drag bzhad ma/ rin chen bzhad pa bdag rang nyid// nor bu rin chen drag bzhad ma// oṃ ma ṇi ratna aṭṭa hā sya pū je/ ding 'dzin ma/ rin chen chos ni bdag rang nyid// gtong ba rjes dran ting 'dzin ma// oṃ
唵麻尼唵囉嘚捺塔雜八怛葛布嚌
狂笑母：
大寶法為我本性，
摩尼大寶狂笑母。
唵麻尼唵囉嘚捺塔雜八怛葛布嚌
禪定母：
摩尼之法我本性，
佈施隨念禪定母。

7-7 satva tyā ga a nu smri ti sa ma dhi karmma ka ri hūṃ/ rnon po ma/ rin chen rnon po bdag rang nyid// nor bu rin chen rnon po ma// oṃ ma ṇi ratna ti kṣṇa sa ma ye tshi ndha tshi ndha hūṃ/ 'khor lo ma/ rin chen rgyu ni bdag rang nyid// nor bu rin chen 'khor lo ma// oṃ ma
薩埵爹噶啞拏思目哩三合的薩麻荅葛哩麻二合葛哩吽
銳利母：
大寶銳利我本性，
摩尼大寶銳利母。
唵麻尼唵囉嘚捺的恰納二合薩麻唊資尼塔二合資尼塔二合吽
大寶輪母：
大寶因為我本性，
摩尼大寶之輪母。

8-1 / / ṇi ratna cakra ma ye hūṃ/ mi gsung ma/ rin chen smra ba bdag rang nyid// nor bu rin chen mi gsung ma// oṃ ma ṇi ratna a bha ṣo bandha bandha hūṃ/ las mdzad ma/ rin chen las ni bdag rang nyid// nor bu rin chen las ma ni//
唵麻尼唵囉嘚捺拶屹囉二合麻唊吽

無言母：
大寶之聲我本性，
摩尼大寶無言母。
唵麻尼唵囉嘚捺啞霸叔班塔班塔吽
建業母：
大寶業為我本性，
摩尼大寶建業母。
唵麻尼唵囉嘚捺葛哩麻二合尼吽

8-2 oṃ ma ṇi ratna karmma ni hūṃ/ go cha ma/ rin chen bsrung ba bdag rang nyid// nor bu rin chen go cha ma// oṃ ma ṇi ratna ka va ce rakṣa haṃ/ mche ba ma/ rin chen gnod sbyin bdag rang nyid// nor bu rin chen mche ba ma// oṃ ma ṇi ratna daṃṣṭa khā da khā da hūṃ/ khu

鎧甲母：
大寶護律我本性，
摩尼大寶鎧甲母。
唵麻尼唵囉嘚捺葛呱資囉恰吭
獠牙母：
大寶勇健我本性，
摩尼大寶獠牙母。
唵麻尼囉嘚捺當池怛二合渴怛渴怛吽

8-3 chur ma/ rin chen khu tshur bdag rang nyid// nor bu rin chen khu tshur ma// oṃ ma ṇi ratna karmma muṣṭi hūṃ/ rin chen rigs kyi rig ma bcu drug la/ hūṃ glu blang ba'i dod du/ hrīḥ gur blang/ phyag rgya'i rgya padma'i khu tshur la bya/

抱拳母：
大寶抱拳我本性，
摩尼大寶抱拳母。
唵麻尼囉嘚捺葛哩麻二合目瑟哲吽
此為寶生十六天母。
原唱“吽’之歌處，換做唱“hrīḥ”歌。手印成蓮花拳，

8-4 sems dpa' bcu grug gi sngags vajra satva la sogs pa padma satva la sogs par bsgyur/ sangs rgyas ma/ padma'i sems dpa' bdag rang nyid// padma las kyi sangs rgyas ma// phyogs rnams kun tu yongs spros nas// sangs rgyas kun la dbul bar bya// oṃ

十六薩埵之咒語處，將金剛薩埵變為蓮花薩埵。

佛陀母：
蓮花薩埵我本性，
蓮花業之佛陀母，
一切諸方竟發散，
對一切如來獻供。
唵巴得麻二合葛哩麻二合布提吽

8-5 padma karmma buddhe huṃ/ rdo rje ma/ padma'i rgyal po bdag rang nyid// padma las kyi rdo rje ma// oṃ padma karmme vajri ṇi hūṃ/ 'du byed ma/ padma chags pa bdag rang nyid// padma las kyi 'du byed ma// oṃ padma karma ṇi mā ra ṇa pū ja karmma sa ma ye hūṃ/ mgu byed ma/ padma
金剛母：
蓮花勝王我本性，
蓮花業之金剛母。
唵巴得麻二合葛哩滅二合斡資哩二合尼吽
行蘊母：
蓮花耽著我本性，
蓮花業之行蘊母。
唵巴得麻二合葛哩滅二合尼麻囉納布雜葛哩麻二合薩麻咦吽
為喜母：

8-6 legs pa bdag rang nyid// padma las kyi mgu byed ma// oṃ padma karmma tu ṭṭa hūṃ/ khro gnyer can/ padma rin chen bdag rang nyid// padma las kyi khro gnyer can// oṃ padma karmma bhri ku ṭi hūṃ/ nyi ma ma/ padma gzi brjid bdag nyid de// padma las kyi gzi brjid
蓮花妙善我本性，
蓮花業之為喜母。
唵巴得麻二合葛哩麻二合都咤吽
怒紋母：
蓮花大寶我本性，
蓮花業之怒紋母。
唵巴得麻二合葛哩麻二合斡哩具底吽
日光母：
蓮花光輝我本性，
蓮花業之光輝母。

8-7　ma// oṃ padma karmma sū rye hūṃ/ rgyal mtshan ma/ padma rgyal mtshan bdag nyid de// padma las kyi rgyal mtshan ma// oṃ padma karmme dhva jo hūṃ/ bzhad pa ma/ bdag ni padma'i bzhad pa ste// padma las kyi bzhad pa ma// oṃ padma karmma hā sya hā hūṃ/ sgrol mdzad

唵巴得庅二合葛哩麻二合蘇哩耶二合吽

寶幢母：

蓮花寶幢我本性，

蓮花業之寶幢母。

唵巴得麻二合葛哩滅二合都斡二合咀吽

笑顏母：

我性本為蓮花笑，

蓮花業之笑顏母。

唵巴得麻二合葛哩麻二合曷思耶曷二合吽

9-1　ma/ padma chos ni bdag rang nyid// padma las kyi sgrol ma ni// oṃ padma karmma tā re hūṃ// gzhon nu ma// padma rnon po bdag rang nyid// padma las kyi gzhon nu ma// oṃ padma karmma ku ma ri hūṃ/ sred med ma/ padma rgyu ni bdag rang nyid// padma las kyi sred med

救度母：

蓮花法為我自性，

蓮花業之救度母。

唵巴得麻二合葛哩麻二合怛咧吽

妙齡母：

蓮花銳利我本性，

蓮花業之妙齡母

唵巴得麻二合葛哩麻二合具麻哩吽

無愛母：

蓮花因為我本性

蓮花業之無愛母。

9-2　ma/ oṃ padma karmma na ra ya ṇa hūṃ/ tshangs pa ma/ padma smra ba bdag rang nyid// padma las kyi tshangs ba ma// oṃ padma karmma brahme hūṃ/ gar dbang ma/ padma las ni bdag rang nyid// padma las kyi gar dbang ma// oṃ padma karmma nri tye shā ra hūṃ/ srung mdzad ma/

唵巴得麻二合葛哩麻二合納囉耶納吽

梵天母：

蓮花聲為我本性，
蓮花業之梵天母。
唵巴得麻二合葛哩麻二合不囉二合黑滤吽
舞王母：
蓮花業為我自性，
蓮花業之舞王母。
唵巴得麻二合葛哩麻二合尼哩二合嚓䡮囉吽
護衛母：

9-3 padma bsrung ba bdag rang nyid// padma las kyi bsrung ba ma// oṃ padma karmma rakṣa sa ma ye hūṃ/ mche ba ma/ padma gnod sbyin bdag dang nyi// padma las kyi mche ba ma// oṃ ma hā pra caṇḍa ghā ta ni padma daṃṣṭa karmma ka ra hūṃ/ khu tshur ma/ padma khu tshur bdag rang nyid//

蓮花護為我本性，
蓮花業之護衛母。
唵巴得麻二合葛哩麻二合囉恰薩麻夷吽
獠牙母：
蓮花勇健我本性，
蓮花業之獠牙母。
唵麻曷不囉二合咱怛渴荅尼巴得麻二合當池怛二合葛哩麻二合葛囉吽
抱拳母：
蓮花抱拳我本性，

9-4 padma las kyi khu tshur ma// oṃ padma karmma muṣṭi gha tā ya hūṃ/ padma rigs kyi rig ma bcu drug la// hūṃ glur blang ba'i dod/ a glur blang/ gzhan thams cad de bzhin gshegs pa'i rigs dang 'dra bar bya'o// //

dge'o

蓮花業之抱拳母。
唵巴得麻二合葛哩麻二合目瑟哲二合渴怛耶吽
於蓮花部之十六明母，前唱"吽"歌之處，換作唱"阿"之歌，其餘一切當與如來部相同。

願吉祥！

附表　各種文獻中的十六明母對照表

表1　各文獻名稱比較

藏密法典[98]	八思巴	布思端	魯余巴傳規[99]	大集輪[100]	回鶻文[101]
琵琶天母	rdo rje lha mo pi waṃ ma	lha mo pi wang ma	vīna, pi wang ma	碧你，琵琶	琵琶
龍笛天母	rdo rje lha mo gling bu ma	gling bum ser mo	vaṃśā, gling bu ma	啭星，龍笛	篳篥
圓鼓天母	rdo rje lha mo rnga zlum mo	rnga zlum ma	mṛdaṇgā, rnga zlum mo	銘單渴，大鼓	手鼓
甕鼓天母	rdo rje lha mo rdza rnga mo	rdza rnga ma	murajā, rdza rnga mo	朦羅，杖鼓	陶鼓
喜悅天母	rdo rje lha mo bzhad pa mo	vajra hāsyā	hāsya, bzhad mo	褐星，喜笑	嬉戲
窈窕天母	rdo rje lha mo sgeg pa mo	vajra lāsyā	lāsya, sgeg mo	辢星，搦腰	傲慢
妙歌天母	rdo rje lha mo glu dbyangs ma	vajra gītā	gītā, glu ma	犵哩底，妙歌	歌吟
妙舞天母	rdo rje lha mo gar mkhan ma	vajra nṛtyā	nṛtyā, gar ma	你哩底，妙舞	舞姬
妙花天母	rdo rje lha mo me tog ma	vajra puṣpā	puṣpā, me tog ma	布厮併，妙花	獻花
妙香天母	rdo rje lha mo bdug spos ma	bdug spas ma	dhūpā, bdug spos ma	丁六竝，妙香	燃香
妙燈天母	rdo rje lha mo mar me ma	mar me ma	dīpā, mar me ma	阿浪迦，妙燈	明燈
妙塗天母	rdo rje lha mo dri chab ma	dri chab ma	gandhā, dri chab ma	遏祢，妙塗	塗香
金剛色母	rdo rje lha mo gzugs mdzes ma	rūpavajriṇi	rūpā, gzugs ma	阿怛奢，勝色	持鏡
金剛味母	rdo rje lha mo zhal zas ma	ro ma	rasā, ro ma	囉薩，妙味	缽食
金剛觸母	rdo rje lha mo na bza' ma	gos ma	sparśā, gos ma	厮巴折，妙觸	服飾
金剛法界天母	rdo rje lha mo chos dbyings ma	chos dbyings rdo rje ma	dharmādhātuvajrī,chos dbyings ma	怛銘，妙法	法界

[98]　《吉祥上樂中圍修證儀軌》，《中國藏密寶典》第4冊，113—330頁，具體見217—238頁。

[99]　參見〔意〕圖齊著，魏正中、薩爾吉主編《梵天佛地》第三卷第二冊表一，為宗喀巴對魯益巴傳規的總結，上海古籍出版社。

[100]　《大集輪□□□聲頌一本》，見於《俄藏黑水城文獻》第二冊，108—146頁。

[101]　王紅梅、楊富學《回鶻文〈吉祥輪律曼陀羅〉所見十六金剛天女研究》。

表2 颜色比较

金剛天母	藏文轉寫	布思端	八思巴	藏密法典	魯余巴傳規	回鶻文
金剛琵琶母	rdo rje lha mo pi waṃ ma	藍色 sngon mo	虚空色 ston ka(mkha' mdog)	青色	藍色	藍色
金剛龍笛母	rdo rje lha mo gling bu ma	黄色 ser mo	黄色 gser(gser mdog)	黄色	黄色	黄色
金剛圓鼓母	rdo rje lha mo rnga zlum mo	紅色 dmar mo	朱槿色（紅） bandhu(ches dmar)	紅色	紅色	紅色
金剛䩕鼓母	rdo rje lha mo rdza rnga mo	綠色 ljang khu	翡翠色（綠） ma rgad(mdog ljang)	綠色	綠色	綠色
金剛喜悦母	rdo rje lha mo bzhad pa mo	無	紫槿色（紅） keṃ shu(ches dmar)	紅色	紅色	紅色
金剛窈窕母	rdo rje lha mo sgeg pa mo	無	帝青色（青） dbang sngon(mkha' mdog)	青色	藍色	藍色
金剛妙歌母	rdo rje lha mo glu dbyangs ma	無	拂曉色（黄） 'char ka(gser mdog)	紅色	黄色	紅色
金剛妙舞母	rdo rje lha mo gar mkhan ma	無	翡翠色（青） ma rgad(rab ljang)	青色	綠色	綠色
金剛妙花母	rdo rje lha mo me tog ma	無	番紅花（黄） gur gum(gser mdog)	白色	白色	白色
金剛妙香母	rdo rje lha mo bdug spos ma	無	熏煙色（黄綠） du ba(ljang ser)	青色	煙色	藍色
金剛妙燈母	rdo rje lha mo mar me ma	無	電光色（紅） glog 'od(mdog dmar)	紅色	紅黄色	紅色
金剛妙塗母	rdo rje lha mo dri chab ma	無	智洋顧（綠） pri yang(mdog ljang)	綠色	紅色	綠色
金剛色母	rdo rje lha mo gzugs mdzes ma	無	秋月色（白） ston zla(mdog dkar)	白色	白色	白色
金剛味母	rdo rje lha mo zhal zas ma	無	月季色（紅） jā va(mdog dmar)	紅色	紅色	紅色
金剛觸母	rdo rje lha mo na bza' ma	無	翡翠色（綠） ma rgad(mdog ljing)	綠色	綠黄色	綠色
金剛法界天母	rdo rje lha mo chos dbyings ma	無	茉莉色（白） Kunda(mdog dkar)	白色	紅色	白色

表3　姿態比較

<table>
<tr><th>金剛天母</th><th>八思巴</th><th>藏密法典</th><th colspan="2">魯余巴傳規</th><th>回鶻文</th><th>大集編</th></tr>
<tr><td>金剛琵琶母</td><td>執琵琶，金剛鈴</td><td>彈弦勢，</td><td colspan="2">兩手分執金剛杵和鈴，另兩手彈琵琶</td><td>轉動手臂，結蓮花印</td><td rowspan="24">二十種舞供養：
二手作於金剛拳，實按在於兩胯間。
忿怒掬及而宣唱，其身窈窕如三折。
指掬母手是掬母，瓔珞瓔珞空行母。
覆於一切是此舞，與彼猶如彈琵琶。
亦如令作吹笛子，亦令如作拍拍板。
亦如扇子令搖扇，亦令如作豎幢勢。
又令如作盖壇板，又令如作舒展旗。
又令如作張於傘，又令喜悅而作笑。
又如怒畏而作怒，又如作掬而作掬。
亦如窈窕作窈窕，猶如射箭抱子勢。
又如令作拋擲杵，又如令作礼拜儀。</td></tr>
<tr><td>金剛龍笛母</td><td>執龍笛，金剛鈴</td><td>吹笛勢</td><td colspan="2">兩手分執金剛杵和鈴，另兩手吹笛簫</td><td></td></tr>
<tr><td>金剛圓鼓母</td><td>執圓鼓，金剛鈴</td><td>擊鼓勢</td><td colspan="2">兩手分執金剛杵和鈴，另兩手擊圓鼓</td><td></td></tr>
<tr><td>金剛甕鼓母</td><td>執甕鼓，金剛鈴</td><td>擊鼓勢</td><td colspan="2">兩手分執金剛杵和鈴，另兩手擊陶鼓</td><td></td></tr>
<tr><td rowspan="2">金剛喜悅母</td><td rowspan="2">含笑勢，執金剛鈴</td><td rowspan="2">金剛拳</td><td colspan="2">兩手呈笑姿</td><td rowspan="2">雙肩結金剛拳</td></tr>
<tr><td>顱器</td><td>天杖</td></tr>
<tr><td rowspan="2">金剛窈窕母</td><td rowspan="2">信麗態，執金剛鈴</td><td rowspan="2">按於胯</td><td colspan="2">兩手持金剛杵和鈴，置於體側</td><td rowspan="2">髖部手持金剛鐘</td></tr>
<tr><td>顱器</td><td>天杖</td></tr>
<tr><td rowspan="2">金剛妙歌母</td><td rowspan="2">作歌勢，執金剛鈴</td><td rowspan="2">作歌勢</td><td colspan="2">兩手擊打碰鈴</td><td rowspan="2">敲擊錀鈸</td></tr>
<tr><td>顱器</td><td>天杖</td></tr>
<tr><td rowspan="2">金剛妙舞母</td><td rowspan="2">曼歌舞，執金剛鈴</td><td rowspan="2">妙舞勢</td><td colspan="2">兩手施轉蓮印</td><td rowspan="2"></td></tr>
<tr><td>顱器</td><td>天杖</td></tr>
<tr><td>金剛妙花母</td><td>奉妙花，金剛鈴</td><td>奉花勢</td><td>盛花容器、鞀鼓</td><td>顱器、天杖</td><td></td></tr>
<tr><td>金剛妙香母</td><td>奉妙香，金剛鈴</td><td>奉香勢</td><td>盛花容器、鞀鼓</td><td>顱器、天杖</td><td></td></tr>
<tr><td>金剛妙燈母</td><td>奉妙燈，金剛鈴</td><td>奉燈勢</td><td>供燈、鞀鼓</td><td>顱器、天杖</td><td></td></tr>
<tr><td>金剛妙塗母</td><td>奉妙塗、金剛鈴</td><td>奉塗勢</td><td>盛香小螺、鞀鼓</td><td>顱器、天杖</td><td></td></tr>
<tr><td>金剛色母</td><td>執明鏡，金剛鈴</td><td>執明鏡</td><td>鏡、鞀鼓</td><td>顱器、天杖</td><td>手持鏡子</td></tr>
<tr><td>金剛味母</td><td>執珍饈，金剛鈴</td><td>執上服</td><td>蜜酒容器、鞀鼓</td><td>顱器、天杖</td><td></td></tr>
<tr><td>金剛觸母</td><td>執上服，金剛鈴</td><td>無</td><td>諸衣、鞀鼓</td><td>顱器、天杖</td><td>手持衣服</td></tr>
<tr><td>金剛法界天母</td><td>執法基，金剛鈴</td><td>執法生宮</td><td>三角形法基、鞀鼓</td><td>顱器、天杖</td><td>手持經卷，結金剛印</td></tr>
</table>

The Origin of "*the Dance of Sixteen Heavenly Devils*" and the related Chinese and Tibetan Sources on it

Shen Weirong and Li Channa

This paper intends to clarify the true origin of "*the Dance of Sixteen Heavenly Devils*", which was notorious and controversial as one of the favorite rituals of Tibetan tantric Buddhism of Mongol Khans at the Mongol court of late Yuan. *The Dance of Sixteen Heavenly Devils* has been mistaken by Han Chinese literati as tantric sex or the art of bedchamber for centuries since the late Yuan. Although numerous attempts have been made to trace back the origin of this mysterious dance, there is still no convincing explanation for it. By putting this dance into the context of Tibetan tantric Buddhist practice, which was spread in both Tangut kingdom of Xia and the Mongol-Yuan dynasty, the authors made the discovery that the so-called *Sixteen Heavenly Devils actually* refer to *Rig ma bcu drug*, i.e. *Sixteen Spiritual Consorts*, and that *the Dance of Sixteen Heavenly Devils* is proven to be a part of the offering ritual to the Maṇḍala of the tantric deity Cakrasaṃvara. The sixteen spiritual consorts are usually considered to be the offering from the mind (*yid las mchod pa*) dedicated to the Maṇḍala of Cakrasaṃvara in the Lū-yi-pa tradition. *The Dance of Sixteen Spiritual Consorts* was already introduced into the Tangut kingdom together with the popularity of the Cakrasaṃvara ritual practice. Long before the establishment of the Yuan dynasty, 'Phags pa bla ma had already started to spread various offering rituals of the Cakrasaṃvara practice among Mongol followers at the court of the then Prince Kubilai in Kaiping in 1250s. Thus, it is not surprising to see that Tibetan tantric Buddhist ritual practices such as *the Dance of Sixteen Heavenly Devils* were already well integrated into popular drama performance in the early period of Yuan. This paper attempts to trace the history of how the practices of the Cakrasaṃvara cult such as the offering and dance of sixteen spiritual consorts were introduced and spread during the Tangut Xia kingdom and the Mongol-Yuan dynasty by systematically investigating existing Chinese and Tibetan textual sources on the Cakrasaṃvara practice. In addition, three Tibetan texts on the dance-offering of *rig ma bcu drug* written by 'Phags pa bla ma and Bu ston Rin chen grub respectively were translated and investigated.

兩部明代流傳的漢譯藏傳觀音修習法本集

——中國國家圖書館藏《觀世音菩薩修習》、《觀音密集玄文》初探*

安海燕

漢地普遍流行觀音信仰，有“家家彌陀、戶戶觀音”之說，同樣，觀音信仰在雪域藏地亦十分流行。作為藏地最基礎的民間信仰之一，觀音信仰曾廣泛滲透在藏人的宗教、世俗生活中①。反映在藏傳佛教的教法上，則是體系龐雜、為數眾多的觀音教法傳承體系，涵蓋了豐富多彩的、各式各樣的觀音修習法門。隨着藏傳佛教東傳漢地，藏傳觀音信仰亦在中原漢地流行開來，為漢地傳統的觀音信仰增添了幾分異域色彩。收藏於中國國家圖書館的兩部明代抄寫的漢譯藏傳觀音修習法本集即是這一文化現象的有力佐證。筆者不諳密教，無法探究二集之奧義，在此僅對其內所收27種法本的內容逐一給出提要，並對其所屬教派、譯出時代略作討論，以揭示二集在研究藏傳密教東傳史中的價值。

這兩部觀音修法集是以觀音化現的不同形態為主尊的各種實修法門的彙集，《北京圖書館古籍善本書目》分別錄作：

> 《修習法門》一卷，明抄本，十五行二十字，黑格黑口，四周雙邊②。
>
> 《觀音密集玄文》九種九卷，明抄本③。

據筆者得到的影印件，第一種法本集卷首題作“修習法門”，其前有“卷五”字樣，卷

---

* 本文為中國人民大學研究生科學研究基金項目成果，項目名稱：中國國家圖書館藏兩種明抄本漢譯藏傳密教文獻研究，項目編號：12XNH052。

① 在藏人的傳統觀念中，藏地是觀音菩薩的化土，廣為稱誦的六字真言即是觀音菩薩的心呪；著名的藏王松贊干布（Srong btsan sgam po）和藏傳佛教的宗教領袖達賴喇嘛均被視為觀音菩薩的化身。在各種吐蕃王統和佛教史著作中，對佛法在藏地弘揚的契機，均有類似的記載：最初，雪域被視作是三世佛未曾教化過的地方，是遍佈妖魔鬼怪的邊地，觀音菩薩即是釋迦牟尼佛指定去教化雪域、將那裏難以調伏的化機引入解脫道的菩薩。可參薩迦・索南堅贊著，陳慶英、仁慶紮西譯注《王統世系明鑒》，瀋陽：遼寧人民出版社，1985年，21—50頁；達倉宗巴・班覺桑布著，陳慶英譯《漢藏史籍》，拉薩：西藏人民出版社，1986年，68—70頁；'Gos lo gzhon nu dpal, *Deb ther sngon po*，成都：四川民族出版社，1985年，1173頁。

② 北京圖書館編《北京圖書館古籍善本書目》，北京：書目文獻出版社，1987年，1604頁。

③ 同②，1620頁。

尾復有“卷五竟”，可知此《修習法門》為某一法本集的第五卷。“修習法門”下復有二級標題“觀世音菩薩修習”，其下有小字注曰：“凡十八”，緊接其後為18種修習法門的目錄。事實上，卷内18種觀音修習法本即是此卷五《修習法門》的全部，故為確切起見，本文將此集逕稱作《觀世音菩薩修習》。第二種法本集《觀音密集玄文》，内收9種短篇法本，《北京圖書館古籍善本書目》記為九卷，概將每種法本視為一卷，但該集的篇幅遠遠不及一卷本的《觀世音菩薩修習》。

這兩部觀音修法集不僅抄寫年代相同，而且其中所收部分法本有著共同的傳法者，在内容上也有一致性，因此，很有必要將這兩部法本集聯繫起來一同考察。二集雖為明代抄寫，但其内部分法本卻是在明以前的西夏、元代早已翻譯完成，明代祇是它們被重新抄寫的年代。二集所收27種觀音修習法門，具體體現了西夏、元、明時代流傳於漢地的藏傳密教觀音修法，涉及觀音本尊瑜伽修法（lha'i rnal 'byor），或曰成就法（sgrub thabs）、壇城現證（mngon par rtogs pa/mngon rtogs）、壇城自入灌頂儀軌（dkyil 'khor du bdag nyid 'jug cing dbang blang ba'i cho ga）以及各種與現實生活密切相關的的實踐性法事儀軌等。二集法本涉及的修習主尊囊括了觀音的各種化現形式，計有一面二臂白觀音、一面四臂白觀音、一面六臂白觀音、一面四臂紅觀音（大悲勝海）、密修觀音（雙身觀音）、如意輪觀音、青項觀音、獅子吼觀音等多種。在教派上涵蓋了噶瑪噶舉派（Karma bKa' brgyud pa）、枯嚕布噶舉派（Khro phu bKa' brgyud pa）以及薩思迦派（Sa skya pa）的傳規。

一、内容提要

茲依集内法本次序，分別對《觀世音菩薩修習》、《觀音密集玄文》所收文本内容略作介紹，原文題記及尾记有關法本傳、譯者的信息亦將錄於題後。

（一）《觀世音菩薩修習》

1.《大悲觀自在菩薩六字禪定》（1-6）④

四臂白觀音本尊瑜伽修法⑤。四臂白觀音常稱作四臂觀音，是藏傳佛教中最常見的一種觀音，文内述其形象曰：

---

④ 原抄本無頁碼，為了體現每種法本的篇幅及便於檢索，茲不妨從正文第一面起，對兩部法本集標注頁碼，其中位於兩種法本之間的空白面亦計算在内。

⑤ 關於本尊修法及觀音菩薩本尊修法的法意與實踐分別參見Daniel Cozort, “Sadhana (sGrub thabs): Means of Achievement for Deity Yoga”, *Tibetan Literature: Studies in Genre*, eds., Roger Jackson and Jose I. Cabezon, Ithaca: Snow Lion Publications, 1995, pp. 331-343; Janet Gyatso, “An Avalokiteśvara Sādhana,” *Religions of Tibet in Practice*, Edited by Donald S. Lopez, Jr. Princeton, New Jersey: Princeton University Press, 1997, pp. 266-270.

其身白色，一面四臂，上二手當胸合掌，右次手持水晶數珠，左次手執八葉紅蓮，齊耳開放，頂髮結髻，戴七寶冠，瓔珞嚴身，雜彩為裙，蓮月輪上金剛趺坐⑥。

該篇包括了修習本尊瑜伽常用的呪語、偈頌，依次有：變空呪、八供呪、讚歎偈、真空呪、召請呪、攝受呪、授灌偈、回向偈等。其中的讚歎偈佔了全文三分之一以上的篇幅，從文意上看，這組讚歎偈由兩部分組成，從“南無無盡三寶尊”至“悲願等同觀自在，是故我今稱讚禮”為第一組，從“南無大悲觀世音，六字真言大明王”至“現身頓超不動地，命終決證大悲身”為第二組。後者分別從三個角度讚歎“唵、嘛、呢、叭、彌、吽”六字各自的象徵意義。

2.《聖觀世音菩薩禪定要門》（7-10）

亦為四臂白觀音本尊瑜伽修法。較上篇簡略，上篇的長段讚歎偈不見於本篇，但從法本末尾部分的文字來看，二者應當屬於相同的傳規，不妨照錄於此，以作比較。本篇作：

復觀本尊心間蓮月輪上白色紇哩二合字周匝圍繞六字神呪，顯現分明，如水中月，似鏡中像，凝然湛寂，專一注意諦觀多時。若疲倦時，出定，誦呪：“唵麻尼八特密二合吽！”隨力誦之，或千百遍，行住坐臥，終而復始，修之不間，決證聖果⑦。

《大悲觀自在菩薩六字禪定》對應文字作：

復觀本尊心間蓮月輪上白色紇哩二合字周匝圍繞六字神呪，顯現分明，如鏡中像，似水中月，凝然湛寂而住，到此注意諦觀多時。若疲倦時，出定，誦呪：“唵嘛呢叭彌吽！”隨力誦之，或千百遍，行住坐臥，終而復始，修之不間，決定證聖果也⑧。

3.《觀音菩薩六字大明王秘密神呪禪定》，亦名《捨壽定》（11-12）

題記：

中分真師姪旨廝多　智慧譯

中國無比金剛三尖上師　大樂金剛傳

大寶成就上師傳

該法本為一短篇，起首曰：“夫修習者若作捨壽時，有其二種，初調習，後正舍”，為通過觀音禪定令人臨終時能往生淨土，或於病重之時能得延壽之略儀。

---

⑥ 中國國家圖書館藏明抄本《觀世音菩薩修習》，5、6頁。

⑦ 同⑥，4頁。

⑧ 同⑥，9、10頁。

本篇的譯者智慧，即為《大正藏》1190號《聖妙吉祥真實名經》的譯者釋智。《大正藏》本《聖妙吉祥真實名經》題下署“元講經律論習密教土番譯主聶崖沙門釋智譯”，尾記有曰：“元講經律論出家功德司判使銘個沙門道圓綴文”。儘管其標明智慧為元人，但據卓鴻澤先生之見，智慧所譯《聖妙吉祥真實名經》為西夏時代的作品，且其原本不是梵文本，而是藏文本⑨。事實上，對這些題跋稍加分析即可知智慧是西夏人：其一，“講經律論”是西夏授予精通經、律、論三藏法師的稱號，得此稱號者不乏地位極高的帝師、國師，如西夏著名的賢覺帝師以及被西夏封為國師的天竺班智達拶也阿難答，他們都有“講經律論”的稱號⑩。其二，《聖妙吉祥真實名經》尾記中的“出家功德司”與“在家功德司”同為西夏政府管理佛教事務的機構⑪。因此，本篇為西夏時所譯無疑。

《大正藏》本《聖妙吉祥真實名經》後另附有釋智所譯《聖者文殊師利一百八名贊》、《聖者文殊師利贊》二種。後二者尾記曰：“元甘泉馬蹄山中川守分真師侄智慧譯”，其中的“中川守分真師”即是本篇題記中的“中分真師”，後者當是前者的簡寫。對於此處出現的“甘泉”，史金波先生說“甘泉”即是甘州，因明宣宗《賜寶覺寺碑記》載“甘州，故甘泉之地，居中國西部，佛法所從入中國也”⑫。《大乘要道密集》中收有兩種由甘泉僧人傳譯的法本，一是《解釋道果逐難記》，題“甘泉大覺圓寂寺沙門寶昌傳譯”，二是《無生上師出現感應功德頌》，題“馬蹄山修行僧拶巴座主依

⑨ Hoong Teik Toh, *Tibetan Buddhism in Ming China* (Dissertation, Harvard University, 2004), pp. 23-33. 卓先生的說法得到了出土文獻的印證，吾師沈衛榮先生指出，寧夏銀川郊外拜寺溝西夏方塔所出編號為F036、被定名為《初輪功德十二偈》的漢文佛教文書殘片，即是釋智所譯《聖妙吉祥真實名經》的殘本。參見沈衛榮《〈大乘要道密集〉與西夏、元朝所傳西藏密法——〈大乘要道密集〉系列研究導論》，《中華佛學學報》第20期，2007年，287頁；寧夏文物考古研究所編著《拜寺溝西夏方塔》，北京：文物出版社，2005年，180—193頁。

⑩ 如明朝刊印的漢藏文合璧《聖勝慧到彼岸功德寶集偈》卷首題款：

天竺大缽彌怛、五明顯密國師、講經律論、功德司正、口裏乃將沙門拶也阿難答親執梵本正義

賢覺帝師、講經律論、功德司正、偏袒都大提點、口裏臥勒沙門波羅顯勝

奉天顯道耀武宣文神謀睿智制義去邪睦懿恭皇帝再詳勘

對漢藏文合璧《聖勝慧到彼岸功德寶集偈》的研究，參見羅炤《藏漢合璧〈聖勝慧到彼岸功德寶集偈〉略考》，《世界宗教研究》1983年第4期，15頁；黃顥《房山雲居寺寶集偈藏文佛經》，《在北京的藏族文物》，北京：民族出版社，1993年，38—41頁。

⑪ 有關西夏僧官制度和西夏僧人封號,詳見史金波《西夏的藏傳佛教》，《中國藏學》2002年第1期，39—42頁。

⑫ 史金波《西夏佛教史略》，銀川：寧夏人民出版社，1988年，121頁。甘泉馬蹄山有馬蹄寺，其為一座藏傳佛教寺院，位於今甘肅肅南裕固族自治縣境內，北距張掖市市區65公里，其內石窟群與敦煌莫高窟、安西榆林窟齊稱為河西佛教勝地的三大藝術寶窟。參見宿白《張掖河流域13-14世紀的藏傳佛教遺跡》，《北京大學學報》（哲學社會科學版）1993年第2期，60—69頁；姚桂蘭、格桑美卓《張掖馬蹄寺石窟群內容總錄》，《敦煌學輯刊》1995年第2期，75—81頁。

梵本略集”⑬。此外，由西夏僧人輯録的《密呪圓因往生集》有題款“甘泉獅子峰誘生寺出家承旨沙門智廣編集”⑭。故史先生推測甘泉（甘州）為西夏翻譯藏傳佛典的譯經中心之一十分在理⑮。

本篇題記中並有“中國無比金剛三尖上師大樂金剛”和‘大寶成就上師”兩位傳法者，通常情況下法本譯者所依的直接傳法者祇有一名，不知此二者是否為師徒關係。據前者名號前“中國”二字可知“大樂金剛”是來自西番的上師，在已知西夏傳法的上師中尚未見與此人相關的信息⑯。

4.《白色聖觀自在修習要門》（13-19）

題記：

西番中國班尼怛大法王師莎宗 傳

晉夏府佑國寶塔寺講經論沙門智明 譯

標題中的“白色聖觀自在”即四臂白觀音，本篇亦是四臂觀音本尊瑜伽修習要門，但與第一、二兩種文書不盡相同，其中的讚歎偈不同於第一種《大悲觀自在菩薩六字禪定》中的讚歎偈；其內“七支加行偈”、“祝願偈”亦不見於前兩種文書，它們當屬於不同的傳規。在本尊觀修之後，本篇另附有一系列的實踐性儀軌，如水施食、水浤事、勝住（開光）、攝受病人、為人治病、延壽、舍壽等儀軌。

據題記可知該法本為西夏時的譯本。傳法者名號中的“班尼怛”，為梵文paṇḍita的音譯，藏傳佛教中將其作為對精通五明高僧的尊稱；法本的譯者智明所在的“佑國寶塔寺”不見於已知的西夏寺院中⑰。無獨有偶，《大乘要道密集》所收西夏譯本《依吉祥

⑬ 分別見元發思巴上師輯著《大乘要道密集》，臺北：自由出版社，2003年，201—239、331—334頁。陳慶英先生認爲《無生上師出現感應功德頌》即是西夏知名帝師大乘玄密帝師的偈頌體傳記，見陳慶英《西夏大乘玄密帝師的生平》，《西藏大學學報》2000年第3期，5—13頁。

⑭ 《大正藏》1956號。

⑮ 史金波《西夏佛教史略》54、55頁；《西夏的藏傳佛教》37頁。

⑯ 西夏時翻譯的漢文、西夏文藏傳密教文獻中，在傳譯者名前多有冠以“中國”或“西番中國”者，這裏的中國並非指中原漢地之王朝，其所指學術界有不同說法，笔者以為“吐蕃说”最有依据。史金波先生提出此之所謂“中國”即指吐蕃，傳譯者名前冠有“中國”者皆吐蕃人，見史金波《西夏的藏傳佛教》，40頁；陳慶英先生則提出“中國”是西夏人的自稱，見陳慶英《〈大乘要道密集〉與西夏王朝的藏傳佛教》，60、61頁；而孫昌盛先生認為這兩種觀點都有不妥之處，“中國”二字不應指一個具體的地方，而是代表一個理想的王國或者說是佛教聖地，見孫昌盛《西夏文佛經〈吉祥遍至口和本續〉題記譯考》，《西藏研究》2004年第2期，67—68頁。吾師沈衛榮先生說：此之所謂“中國”當譯自藏文yul dbus，原意是chos kyi yul dbus，譯言“法之中國”，原指聖地印度；將西番稱為“中國”或許是因為當時西藏僧人已不將佛法漸趨式微的聖地印度視為正法的中心，而將雪域番地視為中心了，而受其影響的西夏人自然接受其上師們的觀念，積極地將“西番”逕稱為“中國”了。參見安海燕、沈衛榮《臺灣“故宮博物院”藏漢譯藏傳密教儀軌〈吉祥喜金剛集輪甘露泉〉源流考述》，《文史》2010年第3輯，185頁。

⑰ 西夏王國曾大規模修建塔、寺，詳見史金波《西夏佛教史略》，110—126頁。

上樂輪方便智慧雙運道玄義卷》題記亦提到了佑國寶塔寺，其作：“佑國寶塔弘覺國師沙門慧信錄”。這裏的“佑國寶塔”很可能是“佑國寶塔寺”的代稱，該寺當為以寺內“佑國寶塔”而命名的塔寺。這座位於晉夏府的佑國寶塔寺或為西夏的譯經中心之一，陳慶英先生推測“佑國寶塔”可能是西夏著名的涼州護國寺感通塔⑱。若能確定此“晉夏府”之地望，則可為探知“佑國寶塔寺”之所在地提供線索。

5.《觀音禪定》（21-24）

題記：

葛哩馬上師 傳

涅啰呃納囉 譯

短篇四臂白觀音本尊修法，為噶瑪噶舉派上師所傳。題記中的“葛哩馬”為藏文Karma的音譯，明初譯為哈立麻，今譯噶瑪。

6.《求修觀世音菩薩智慧要門》（25）

修習智慧要門的簡單儀軌。全文僅百餘字，為本集篇幅最短者，不妨照錄如下：

敬禮觀音菩薩！說求修觀世音菩薩智慧要門，面前安置幀像及備種種供養，發菩提心，為利衆生得大智慧，祝願已，次用菖蒲一寸量許，於上誦呪，誦一百八遍，於菖蒲上吹之，即自食之。初修一日，於一刹那能記千頌，憶持不忘；修習三日，能記三千頌文；修習七日，得一曆耳根。此法觀音百種法門內取出，竟⑲。

7.《大悲勝海求修方便》（27-30）

題記：

大寶葛哩麻巴上師覽榮朵兒只集

落行菩提依利帝漢譯

勝海觀音本尊修法儀軌。“求修方便”，藏文作grub thabs,意為成就法、修法。題名中的“勝海’，當對應藏文rgyal ba rgya mtsho。大悲勝海為觀音化現之一種——紅觀音的名號。紅觀音修法為極高的觀音修持法門，噶舉派尤重此修法。本文述其形象為：“一面四臂，上二合掌，［下］右手撚紅色珠數珠，下左手執八葉紅色蓮花柄，二足跏趺而坐”，其右侍為馬頭勇識，左侍為密智空行母。法本中勝海觀音的觀修過程被分作三個階段：具雪護法中圍⑳、真言中圍、施食儀軌。

---

⑱ 陳慶英《〈大乘要道密集〉與西夏王朝的藏傳佛教》，206頁。

⑲ 《觀世音菩薩修習》，25頁。

⑳ 中圍，藏文作dkyil 'khor，今譯壇城，西夏、元、明時代的漢譯藏傳密教文獻中常將其譯作“中圍”。

題記中的"葛哩麻巴"，對應藏文Karma pa，指噶瑪噶舉派；"覽榮朵兒只"顯然是噶瑪噶舉派第三輩轉世Rang byung rdo rje (1284—1339)藏文名字的音譯，他即是該篇法本的作者。《覽榮朵兒只全集》（*Karma rang byung rdo rje'i gsung 'bum*）中收有一部題為《勝海現證》（*rGyal ba rgya mtsho'i mngon rtogs sogs*）[21]的文集，內收四種勝海觀音法門，依次為：《勝海現證》（*rGyal ba rgya mtsho'i mngon rtogs*）、《勝海灌頂及會供修儀》（*rgyal ba rgya mtsho'i dbang bskur dang tshogs mchod kyi lag len*）、《勝海灌頂儀軌》（*rgyal ba rgya mtsho'i dbang chog*）。然而，將這篇漢譯《大悲勝海求修方便》與這四種法本一一對照，可發現此四者皆非漢譯本所據之藏文原本。除《勝海現證》外，檢《覽榮朵兒只全集目錄》（*Karma rang byung rdo rje'i gsung 'bum dkar chag*），發現其中有存目為《勝海觀音密求修》（*sPyan ras gzigs rgyal ba rgya mtsho'i gsang sgrub*）者，而本篇《大悲聖海求修方便》起首便云："大悲觀音密求修，密利大海命心……"，它很可能就是該篇漢譯本所據的藏文原本。

8.《聖大悲觀音求修要門》（31-37）

題記：

大寶白頭葛哩麻上師　傳

大護國仁王寺勒布上師具恩師處取受語敕

四臂白觀音本尊修法。見於第1種法本《大悲觀自在菩薩六字禪定》以"南無最上三寶尊"起首的長段讚歎偈亦見於本篇。據題記，本篇亦為噶舉派上師所傳。題記中出現的"大護國仁王寺"為元代著名的皇家寺院，由察必皇後倡建，始建於至元七年（1270）十二月，落成於至元十一年（1274）三月，毀於元明之際[22]。大護國仁王寺於明代既已不存，這說明本篇法本的傳譯當在元代，則題記之"大寶白頭葛哩麻上師"指覽榮朵兒只歟？

9.《大悲觀自在略密修俱生禪定》（39-41）

短篇雙身觀音本尊修法。雙身觀音，又稱作密修觀音，即觀音與其明妃密智空行母之雙身形象，本篇述其形象云：

---

[21] TBRC：W30541，Vol.9，pp.275-358.

[22] 有關元代大護國仁王寺的舊址，曾一度引起學者的廣泛討論，詳見王堯《山東長清大靈岩寺大元國師法旨碑考釋》，《文物》1981年第11期，40—50頁；史樹青《北京圖書館新址考略》，《余嘉錫先生紀念文集》，湖南教育出版社，1989年；劉之光《大護國仁王寺覓址》，《北京文博》2001年第1期，61—64頁；同氏《元代大護國仁王寺與西鎮國寺位置的商榷》，《北京文博》2002年第1期；包世軒《元大護國仁王寺舊址及相關問題考察》，《北京文博》2001年第2期，34—42頁；王世仁《關於元護國仁王寺位置及牛街禮拜寺年代二文的商榷》，《北京文博》2001年第3期，44—53頁；顧寅森《元大護國仁王寺名稱、地址考略》，《元史及民族與邊疆研究集刊》第二十三輯，2011年。

一面二臂，其身白色，微紅，右手執珍珠數珠，左手執白色蓮花，面具三目，髮結髻，身嚴六印，展右踡左而立，懷中抱密智空行母，其身紅色，一面二臂，右手執金塔麻魯，左手執葛巴辣，抱父項，面具三目，身嚴五印㉓。

10.《大悲觀自在密修求主戒儀》（43-61）

尾記：

大悲觀自在化現米得蘭左吉傳與孤哩不洛捞斡殊勝要門，大德米得蘭左吉法語，此師傳上行的人，此這個理上得主戒要門人傳與者，未曾得的人休與者，不依隨行者，一切空行母不喜也。密則密則至密善哉善哉！

為該集18種法本中篇幅最長者，內由“亦加哩（哩加！）斯端輦不赤阿難答”㉔和“法王米得蘭左吉”等所造多部法本匯集而成。主戒，對應藏文dbang skur,即“灌頂”。本篇雖名為“求主戒儀”，但其內容衹佔全文的五分之一，此外尚包括其他三種獨立的觀音修習法儀，該篇實由四部分組成。

第一部分為密修觀音壇城內的灌頂儀軌，經備瓶、引入儀、降智之後，行者分別得瓶、密、慧、名辭等四種灌頂。灌頂儀軌後有結語：“《密修中圍受主戒儀》者，亦加哩斯端輦不赤阿難答集，善哉善哉！”此後進入第二部分，為八種實踐性儀軌，計有設瓶修習、作擁護輪、護持語、為病人作攝受，以及燒施善（zhi pa）、滿（rgyas pa）、主（dbang ba）、緊（drag po）等四壇㉕。第三部分為觀音密修壇城內八種事業的修習儀軌，起首曰：“法王米得蘭左吉所造《大悲觀自在密修中圍內殊勝八行是（事！）業》者”，事實上，此正謂本集米得蘭左吉所造第16種文書——《金剛乘聖觀自在密修［中圍］內殊勝八種法事儀》。二者的不同之處僅在翻譯用語及個別字句上，顯然為同本異譯。此殊勝八種事業即方便四種佛事業及智慧四種佛事業：“初欲修牟尼云云，未入佛法闡提之人佛法內攝入者”㉖；“若欲求修智惠文殊是（事！）業者”；“若欲觀世音處修習，看前後生相者”；“若欲求修金剛手護持，［遮］㉗非人者”；“若欲求修般若佛母求長壽者”；“若欲求修救度佛母救八難者”；“若欲求修古魯孤哩者”；“若欲修必裹孤的惡影獲護者”。其結語云：“大修習王米得蘭左吉所造《大悲

㉓ 《觀世音菩薩修習》，39頁。

㉔ 其中“亦加哩斯端”當寫作“亦哩加斯端”，是藏文 rGya ston 的音譯，與集中出現的亦兒加思端巴、辣麻莎哩加屹巴辣嘉思端輦不徹上師、哩伽二合思端二合、結思端二合石臺皆為同一人，皆見下文。

㉕ “若欲廻疾病、邪魔、罪業、障礙消滅故作燒施善壇者”；“若欲增壽及福田故燒施滿壇者”；“若欲燒[施]主壇者”；“若欲退冤敵，遣除邪魔、間斷故燒施緊壇者”。

㉖ 《金剛乘聖觀自在密修[中圍]內殊勝八種法事儀》對應文字作：“欲修釋迦牟尼法行，若有不入佛法闡提之人而攝入佛法者”。

㉗ 原本此脫“遮”字，據《金剛乘聖觀自在密修[中圍]內殊勝八種法事儀》補，後者對應文字作：“欲修金剛手擁護，遮非人者”。

密修中圍誦呪[28]》竟。”最後一部分為令“凡所想一切隨意成就”而作的事業修習，其云：“作是（事！）業修習者，後有三種，初依種集排列，二正作修習理，三作是（事！）業修習。”

該本的傳法者米得蘭左吉是藏傳佛教後弘期入藏弘法的著名印度成就者之一，傳說他生自觀音菩薩右眼之眼淚，乃觀音菩薩化身，故廣傳觀音修習法門。藏文史籍中將其稱作A dzita mitra，Shrī dzāgata mitra ānanta，“米得蘭左吉”是其梵文名號Mitrayogin的藏文寫法Mi tra dzo ki的音譯，二集又將其譯作“密得啰二合佐吉”、“密怛啰二合佐吉”；集中又稱作“撥葛怛米得蘭啞喃荅”，系音譯其名Dzāgata mitra ānanta。《青史》載，枯嚕布譯師（Khro phu lotsāba Byams pa dpal, 1173-1225）二十六歲（1198年）在尼泊爾班智達佛陀室利（Buddhaśrī）面前聽法時，聞知米得蘭來到尼泊爾的消息，在經過多重波折後，終於得米得蘭應允入藏，米得蘭在後藏上部住了十八個月，為眾多善巧持戒的法師說法，又為慈氏大佛像的建造加持了地基[29]。本篇尾記中的“孤哩不洛撥斡”，為藏文Khro phug lo tsā ba之音譯[30]，集中又作枯哩布路撥斡、枯哩卜路撥斡、枯嚕缽裸撥呃、渴嚕普洛撥呃等。

值得一提的是，本篇起首作：“敬禮吉祥最妙上師！敬禮聖觀自在尊！”下文屬於米得蘭左吉—枯嚕布譯師傳承的第12、13種文書皆有類似之語，或可據前第9種文書之禮敬語“敬禮吉祥上師！敬禮大悲觀自在尊！”推測其亦屬此系傳承。此外，集中所收米得蘭左吉—枯嚕布譯師一系法本皆為密修觀音之屬，第9種文書亦具備此種特征。

11.《金剛乘聖觀自在十三佛中圍自入受主法行儀》（63-71）

密修觀音壇城之自入灌頂儀軌（dkyil ’khor du bdag nyid ’jug cing dbang blang ba’i cho ga）[31]。十三佛為觀音壇城內主尊觀音與其明妃密智空行母，以及其他十一位伴繞佛、佛母，後者包括金剛空行、蓮花空行、事業空行、釋迦牟尼、文殊師利、慈觀世音、金剛手、般若佛母、救度佛母、孤嚕孤梨母、嗔皺佛母等十一尊。雖然本篇沒有提到任何有關傳譯者的信息，但從內容上看，其所述灌頂儀軌與上篇《大悲觀自在密修求主戒儀》基本相同，它們當屬於同一傳規。

㉘ 疑此處“誦呪”二字當為小字注記或衍文。

㉙ 米得蘭左吉事跡詳見’Gos gZhon nu dpal, *Deb ther sngon po*，成都：四川民族出版社，1985年，1200—1208頁；dPa’ bo gTsug lag phreng ba, *Dam pa’i chos kyi ’khor lo bsgyur ba rnams kyi byang ba gsal bar nyid pa mkhas pa’i dga’ ston*，北京：民族出版社，1986年，513—525頁。

㉚ “洛撥斡”譯自lo tsā ba，意為譯師。

㉛ 自入壇城灌頂，自授灌頂之一種。後者又稱作本尊灌頂，與師授灌頂相對。自授灌頂稱為無相灌頂，師授灌頂稱為有相灌頂。後者由弟子的根本上師親自授灌，自授灌頂為由弟子於定中觀想本尊兮嚕葛諸佛分別為自己授予四級灌頂。自授灌頂可作為師授灌頂的補充，亦可替代師授灌頂，從其加持力及證量而言，往往優勝於師授灌頂。見邱陵《藏密心要十講》，蘭州：甘肅民族出版社，1998年，23、24頁。

12.《密修十三佛中圍現前解》（73-79）

尾記：

賈斯端輦不赤造 吃囉室僧吉黑班藏卜傳譯[32]

師傳次第 葛莎哩巴尼路吉殊斡哩 米得蘭左吉 枯哩卜路捞斡 汪殊吃囉二合斯巴黑班藏卜 亦兒加思端巴 辢麻乳奴揀贊 吃囉二合室僧吉黑班藏卜

又作《大悲觀自在密修中圍》，與《觀音密集玄文》內第2種文書《大悲觀音密修現前解》為同本異譯[33]。"現前解"對應藏文作mngon par rtogs pa，今譯現觀、現證。本尊壇城現證儀軌較本尊瑜伽之觀想更為複雜，分生起（bskyed rim）、圓滿（rdzogs rim）兩個次第[34]。在壇城現證儀軌中，生起次第的觀想要比圓滿次第更加繁複，在法本中亦佔相當的篇幅，其為於面前觀想一妙好莊嚴之宮殿，宮殿內如法安置本尊及其諸伴繞，復招五佛、四母授灌、嚴種；圓滿次第的觀想通常極為簡略。生圓二次第之後，還包括簡繁不等的供養、施食儀軌。本篇為觀音密修壇城的現證儀軌，其基本程式亦遵循了通行的壇城現證儀軌。

據尾記，本篇與上述第10、11種文書屬同一傳承。其中"葛莎哩巴尼路吉殊斡哩"為梵文Khasarpaṇi Lokiteśvara的音譯，其為觀音化現之一種——一面二臂立像觀音。本篇的作者"賈斯端輦不赤"與後列"師傳次第"中的"亦兒加思端巴"及第10種文書灌頂儀軌的作者"亦加哩（哩加!）斯端輦不赤阿難答"當為同一人，其名還原為藏文或作rGya ston rin po che，"亦兒加思端巴"是其略稱 rGya ston pa的音譯[35]。本篇的傳譯者"吃啰室僧吉黑班藏卜"即"師傳次第"中的最後一位上師"屹啰二合室僧吉黑班藏卜'，吃、屹二字當讀作ge。茲試將尾記中傳承者名字之梵文、藏文寫法還原如下：

葛莎哩巴尼路吉殊斡哩（Khasarpaṇi Lokiteśvara）、米得蘭左吉（Mitra dzo ki）、枯哩布路捞斡（Khro phu lotsāba）、汪殊屹囉二合斯巴黑班藏卜（dBang phyug grags pa'i dpal bzang po）[36]、亦兒加思端巴（rGya ston pa）、辢麻乳奴揀贊（bla ma gZhun nu rgyal mtshan）、屹囉二合室僧吉黑班藏卜（bKra shis seng ge'i dpal bzang po）。

---

[32] 原文錄作："賈斯端輦不赤造吃囉 室僧吉黑班藏卜傳譯"，空位不當，今改。

[33] 參見下文《觀音密集玄文》解題部分。

[34] 生起次第，舊譯增、增次、增長定；圓滿次第，舊譯究、究次、究竟定。

[35] 參前注[24]。

[36] 《觀音密集玄文》之《大悲觀音密修現前解》尾記曰："觀世音尊，密得囉二合佐吉師，慈氏洛捞[斡]，自在名稱賢，彼處�伽二合思端二合聞已述此文。"其中的"自在名稱賢"當對應此處的"汪殊屹囉二合斯巴黑班藏卜"。

13.《金剛乘聖觀自在俱生密求修十三佛中圍現證儀》（81-97）

題記：

觀音化身米得蘭左吉　造

吃囉二合室僧吉屹巴辣贊布　譯

亦為觀音密修壇城現證儀軌，衹是內容上比上篇《密修十三佛中圍現前解》更加詳細。例如，在生圓二次第的觀修後，本篇又分述內供、外供、大樂供、意生供、讚歎供等五種供養儀軌，而《密修十三佛中圍現前解》僅將其一句帶過："伸外供、內供，同施食、攝受。"

本篇的譯者"吃囉二合室僧吉屹巴辣贊布"與上篇文本的傳譯者"吃囉室僧吉黑班藏卜"當為同一人，即bKra shis seng ge'i dpal bzang po。本篇內供部列師傳次第作：

法身自性根本上師大悲聖觀自在　拶葛怛米得蘭啞喃荅　枯嚕缽禊拶呡　商思巴辣贊布　啞拶麻汪秫屹囉思巴屹巴贊布　辣麻莎哩加屹巴辣嘉思端輦不徹上師　吃囉二合室僧吉吃巴辣贊布[37]

將其與上篇《密修十三佛中圍現前解》跋尾中的師傳次第對比可知，本篇同屬"米得蘭左吉——枯嚕布譯師"之傳承。除了上篇中的"辣麻乳奴揀贊"、本篇中的"商思巴辣贊布"二者無對應外，其他五位傳承上師皆可相互對應，即：法身自性根本上師大悲聖觀自在/葛莎哩巴尼路吉殊斡哩，拶葛怛米得蘭啞喃荅/米得蘭左吉，枯嚕缽禊拶呡/枯哩布路拶斡，啞拶麻汪秫屹啰思巴屹巴贊布/汪殊屹囉二合斯巴黑班藏卜,辣麻莎哩加屹巴辣嘉思端輦不徹上師/亦兒加思端巴，吃囉二合室僧吉吃巴辣贊布/屹囉二合室僧吉黑班藏卜。

14.《聖觀自在求修十三[佛]中圍要門》（99-106）

題記：

西天北印土五明上師沙說荅呡資囉傳

本篇為觀想生起觀音十三佛之壇城，內容相當於觀音密修十三佛壇城現證儀軌的生起次第。文後附有一幅線描十三佛壇城的簡略示意圖，圖下有文字曰："西天梵語曼吒辣，此云佛會壇場。"曼吒辣，是梵文maṇḍala的音譯,即指壇城。據題記可知本要門的傳法者為印度上師。

15.《觀音密智中圍》（107-118）

尾記：

上師那達室利五峰山八功德水述吉祥者盡矣。

---

[37] 《觀世音菩薩修習》，92頁。

原本內缺題名，目錄中題為《觀音密智中圍》。本篇亦是觀音十三佛中圍現證儀軌，包括增長定、究竟定、供養（外供、內供、讚歎供）、施食等儀。與第12種《密修十三佛中圍現前解》、第13種《金剛乘聖觀自在俱生密求修十三佛中圍現證儀》為同一傳承，內容上更加接近後者[38]。

據尾記，本篇的作者為“那達室利”，無獨有偶，《觀音密集玄文》亦收有一篇他的作品，即集中第3種文書《大悲觀音俱生身中圍》，其題下注明為“捺塔室哩集”，尾記曰：“《大悲觀音俱生身中圍求修》，按莎曼佐吉班的達捺塔室哩$_{\text{二合}}$集”，“那達室利”“捺塔室哩”、“捺塔室哩$_{\text{二合}}$”或是其梵名Nāthasrī之異譯，“莎曼佐吉班的達”當為他的名號。本篇內供稱念傳承上師之名時列有兩位上師：“藏巴汪收訖囉八剌藏布上師、剌麻哩迦$_{\text{二合}}$鱗布閣上師”，此二者當對應《觀世音菩薩修習》第12、13種文書所列傳承中的汪殊屹囉$_{\text{二合}}$斯巴黑班藏卜/啞拶麻汪秫屹囉思巴屹巴贊布和亦兒加思端巴/辣麻莎哩加屹巴辣嘉思端輦不徹上師。

據此我們可以得出兩點信息：一，本篇亦屬“米得蘭左吉—枯嚕布譯師”一系傳承；二，本篇的作者那達室利雖未見於本篇及前文所錄米—枯一系傳承上師之列，但他實為該系傳承上師之一，從上述內供部分所列兩位上師來看，他當列於“剌麻哩迦$_{\text{二合}}$鱗布閣上師（bla ma rGya [ston] rin po che）”之後。

16.《金剛乘聖觀自在密修[中圍]內殊勝八種法事儀》（119-126）

題記：

觀自在化身法王米得蘭左吉述

尾記：

此如意寶珠之王，隨意能賜成就也。大悲聖觀自在化身米得蘭左吉者，此師傳與枯嚕缽落拶斡等殊勝要門竟。

成就大德米得蘭左吉上師法語裏，將此師理傳與行的人，依這個理上得主戒並要門的人傳與者，未曾得的人休與者，若不依隨之者，一切空行必定不喜也，此是密中至密之理也。善哉善哉！

---

[38] 茲不妨錄此三種文本末尾一段文字，以示其同源：

《密修十三佛中圍現前解》：

寢臥時，器情二界擁護輪內收，彼輪宮殿內收，其宮殿伴繞內收，其伴繞母內收，母父身中收，父心間嘿里字上收，嘿里字想空而眠，竟。

《金剛乘聖觀自在俱生密求修十三佛中圍現證儀》：

欲睡眠時想情器界融入護輪，護輪融入宮殿，宮殿融入伴繞，伴繞融入融母，母融入父，父融紇哩$_{\text{二合}}$字，字入明點，空寂而眠也。復次，行住坐臥勿舍本尊佛之勝慢者也。

《觀音密智中圍》：

欲睡眠時想情器諸法收入護輪，護輪收入中圍，中圍收入伴繞佛身，伴繞佛收入慧母，慧母收入本尊，本尊收入字種，到此依空而侵［寢］者。

又作《金剛乘聖觀自在化現八種修習要訣》。如前文所述，本篇與集內第10種法本《大悲觀自在密修求主戒儀》之第三部分觀音密修壇城內八種事業修習儀軌的內容為同本異譯。

17.《大悲如意輪觀音菩薩求修》附出現緣由（127-140）

題記：

西天大成就金剛座師造

習密沙門法性譯

尾記：

今此大悲如意輪中所有作法，辭寬意豐，金剛座師依《蓮花帶續》造修證儀軌，依《大悲總持》而造作法，《平等虛空續》而述三面自在法行也。

如意輪觀音本尊修法，文後另附《大悲如意輪出現緣由》一篇。《大悲如意輪觀音菩薩求修》述如意輪觀音形象曰：

三面二臂，其身白色，如日初出，照於雪山；本面白色，具喜悅顏；彼上青面，示忿怒相，面具三目，交齒利牙，鬢髮赤黃，而往上豎；彼上紅面，齊喉之際，具善相，頂尊勝髻，右手向上而作怖指。[39]

該法本的作者為來自印度的大成就者金剛座（Vajrāsana, rDo rje gdan pa），故其可能為譯自梵文的作品，但不能排除從藏文轉譯而來的可能性。

18.《上師本佛共禪定》（141-142）

又作《上師本佛俱內修習如意寶要門》，為同時修習上師瑜伽與觀音本尊瑜伽之短篇儀軌。

（二）《觀音密集玄文》

1.《聖觀自在菩薩求修》（1-23）

題記：

大明天竺迦濕彌羅國板的達善世禪師俱生吉祥傳

門資雅納囉釋迷　智光 譯

尾記：

師傳次第　釋迦牟尼佛　金剛手菩薩　龍猛菩薩　龍覺上師　一切智支上師　大寶金剛上師　密呪瓶上師　囉斛辢實哩上師　能仁吉祥上師　蓮吉祥上師　聖

---

[39] 《觀世音菩薩修習》，128頁。

吉祥上師　妙仁吉祥上師　俱生吉祥上師

一面六臂觀音壇城現證儀軌，壇城之內，主尊六臂觀音左腿上蓮救度母，與主尊同住蓮蕊，八葉之四方四隅上各一伴繞：金剛蓮花、寶蓮花、牟尼蓮花、行蓮花、金剛救度、寶救度、覺救度、行救度，復於宮殿四門各想一忿怒尊，皆一面六臂、面具三目。其內述主尊形象為：

白色聖觀自在，一面六臂，展左踡右，半跏趺坐，右上手向面右邊結三幡印，右二手執水晶數珠，右三手結勝施印，掌六竅如意珠，左上手執蓮花蕊，嚴如意珠，左二手執解脱杖，左三手執甘露瓶，頂嚴寶冠，髮垂兩肩，六縷雜彩為裙，眾寶嚴身，具四八相。㊵

題記載該法本的作者"大明天竺迦濕彌羅國板的達善世禪師俱生吉祥"，即明初著名的"西天班的達禪師"薩訶咱釋哩。薩訶咱釋哩，或譯薩哈咱失裏、薩訶拶釋理等，為其梵文名Sahajaśrī之音譯。薩訶咱釋哩於元至正年間（1340—1368）自西天迦濕彌羅來華弘法，明初深得洪武皇帝禮遇，賜封"善世禪師"名號，在明中國巡遊、傳法，後安居南京蔣山（鐘山）崇禧寺，"俾統制天下諸山"，直至明洪武十四年（1381）圓寂。薩訶咱釋哩門下聚集了一批分別來自西天、西番和漢地的出色的僧眾，其中最知名的就是後來被加封為"西天佛子"、"大通法王"的大國師智光（1349—1435），他即為該篇法本的譯者雅納囉釋迷（雅納囉釋迷為其梵文名Jñānaraśmi的音譯）。史載智光上師少時即獲薩訶咱釋哩國師"傳天竺聲明記論之旨"，故精通梵語，洪武皇帝曾"命譯其師板的達《四眾弟子菩薩戒》，詞簡理明，眾所推服"。後復於"經藏之蘊，旁達深探，所譯顯密經義，及所傳《心經》、《八支了義》、《真實名經》、《仁王護國經》、《太白傘蓋經》並行於世"㊶。此《聖觀自在菩薩求修》當為智光譯自其師薩訶咱釋哩所造梵文作品，其內容明顯有別於二集所收譯自藏文的觀音修習法本。

2.《大悲觀音密修現前解》（24-33）

尾記：

觀世音尊　密得囉二合佐吉師　慈氏洛拶［斡］　自在名稱賢㊷　彼處哩伽二合思端二合聞已述此文

密修觀音十三佛壇城現證儀軌，除了極個別字句外，本篇內容與《觀世音菩薩修習》中的第12種文書《密修十三佛中圍現前解》基本對應，二者為同本異譯。據尾記，本篇的作者為"哩伽二合思端二合"，此人即是《密修十三佛中圍現前解》所署作者"賈

㊵ 中國國家圖書館藏明抄本《觀音密集玄文》，7頁。

㊶ 詳見沈衛榮、安海燕《明代漢譯藏傳佛教文獻與西域僧團——兼談漢藏佛教史研究的語文學方法》，《清華大學學報》（哲學社會科學版）2011年第2期，81—93頁。

㊷ 抄本中誤將"慈氏洛拶"與"自在名稱賢"理解為一個人，連寫作"慈氏洛拶自在名稱賢"。

斯端輦不赤（rGya ston rin po che）”[43]；《密修十三佛中圍現前解》的譯者為“吃囉室僧吉黑班藏卜（bKra shis dpal'i bzang po）”，本篇則譯者不明。

尾記中傳承上師漢藏文名之對應如下：觀世音尊（sPyan ras gzigs dbang phyug），密得啰二合佐吉師（Mi tra dzo ki），慈氏洛拶［斡］（Khro phu lotsāba Byams pa dpal），自在名稱賢（dBang phyugs grags pa dpal'i bzang po），哩伽二合思端二合（rGya ston）。

3.《大悲觀音俱生身中圍》（35-40）

題記：

捺塔室哩集

尾記：

《大悲觀音俱生身中圍求修》，按莎曼佐吉班的達捺塔室哩二合集竟。

為密修觀音甚深身壇城現證儀軌，其生起次第在觀想雙身觀音本尊後，復觀想以本尊之身為壇城，將密修十三佛各各安立於其身內不同部位，其曰：

> 若修身中圍者，主尊密處蓮月座上主尊父母，心間金剛空行母，臍間寶珠空行母，喉間蓮花空行母，頂上作行空行母，右肩釋迦牟尼，右臂文殊，右脅觀自在，右胯金剛手，左肩般若佛母，左臂救度母，左脅孤嚕孤列，左胯顰眉母等，身色手印皆同現前解觀修[44]。

其中“身色手印皆同現前解觀修”之“現前解（mngon par rtog pa）”，指與身（內）壇城相對的（外）壇城現證儀軌。在本文討論的兩部觀音修法集中，觀音壇城現證法本共有四種，即：《觀世音菩薩修習》之第12種《密修十三佛中圍現前解》、第13種《金剛乘聖觀自在俱生密求修十三佛中圍現證儀》、第15種《觀音密智中圍》，以及《觀音密集玄文》之第2種《大悲觀音密修現前解》。其中的《觀音密智中圍》即由本篇的作者“捺塔室哩”所造，故若具體而言，此處的“現前解”當指《觀音密智中圍》。

4.《聖觀自在略求修》（41-43）

尾記：

最略此求修，孤結溫布請，結思端二合石臺集。

雙身觀音本尊瑜伽簡略修法，疑其作者“結思端二合石臺”即為二集中出現多次的rGya ston（亦兒加思端巴/辣麻莎哩加屹巴辣嘉思端輦不徹上師/哩伽二合思端二合）。

---

[43] 《密修十三佛中圍現前解》師承次第中又將其寫作“亦兒加思端巴（rGya ston pa）”，其與《觀世音菩薩修習》第10種文書《大悲觀自在密修求主戒儀》中灌頂儀軌的作者“亦加哩［哩加！］斯端輦不赤阿難答(rGya ston rin po che ānanda)”皆為同一人。

[44] 《觀音密集玄文》，37頁。

5.《青項大悲觀自在菩薩修習要門》（45-55）

青項觀音本尊修法，文內述其形象為：

青項大悲觀自在尊，其身黃色，青項，裸體，一面二臂，二手結禪定印，印中擎托七寶，滿盛葛巴辣，頭髮結髻，頂戴寶冠，而嚴半月，乘阿彌陀，虎皮為裙，黑靈羊皮而為梵線，於黑靈羊皮上金剛趺坐，而觀二龍於座下，左右二尾相結，頭皆昂上，覆菩薩頂㊺。

6.《大悲觀音求修》（57-59）

尾記：

《大悲觀音求修》，依法尊薩思加瓦語訣，八思巴於漢國中集竟。

一面四臂白色觀音本尊修法。據尾記，本篇的作者為大元帝師八思巴（'Phags pa Blo gros rgyal mtshan, 1235—1280），檢《八思巴法王全集》，可以發現，本篇的題名與其中的第140號文書完全一致——*Thugs rje chen po'i sgrub thabs*㊻，然而觀其內容，二者並不相同。事實上，真正與之對應為第139號文書《四臂大悲觀音修法》，藏文標題為*Thugs rje chen po phyag bzhi pa'i sgrub thabs*㊼。

7.《獅子吼觀音求修》（60-62）

尾記：

此《獅子吼觀音略求修》，按薩思加巴要門，利初機故，發思巴集。

獅子吼觀音本尊修法，文內觀想其形象曰：

……白色啞字轉成白色獅子，仰口向上，紅鬃下垂，於獅子上自己轉成獅子吼觀音，其身白色，一面二臂，具仙人相，舒展右臂，左手按座身，無瓔珞，斜掛梵線，其身上段披羚羊皮，紅彩為裙，相貌殊勝，具瘦相，左邊頭器，滿盛龍木之花，右邊三叉而纏白蛇……㊽

本篇亦為八思巴所造，藏文原本見《八思巴法王全集》第137號，原題作*Seng ge sgra'i sgrub thabs*㊾。

㊺ 《觀音密集玄文》，48頁。

㊻ 莎南嘉措（bsod nams rgya mtsho）編《薩思迦全集》卷5，東京：東洋文庫，1968年，71.4.2-72.2.5。

㊼ 同㊻，70.4.1-71.2.2。

㊽ 同㊺，60頁。

㊾ 同㊻，72.2.5-4.3。

8.《觀音菩薩辨夢要門》（63-64）

尾記：

此是巴哩布㞒要

祈禱觀世音菩薩辨驗梦境的短篇要門。題記中的“巴哩”可能指薩思迦派早期上師巴哩譯師（Ba ri lotsāba Rin chen grags pa，1040—1111/2?）[50]。巴哩譯師曾與大譯師仁青藏卜（Rin chen bzang po）合作譯出《百種成就法》（*sGrub thabs brgya rtsa*）[51]，薩思迦派所傳多種本尊成就法都可上溯至巴哩譯師。

9.《大悲觀自在常修不共要門》（65-67）

尾記：

尊德密怛囉二合啞難怛所傳《大悲觀音常修不共要門》，伊提！

密怛囉二合佐吉傳與渴嚕普洛拶呃，次傳與辣纏莎南汪束，此傳與令播徹莎南星吉等也。

一面二臂白色觀音本尊修法，分有念修習與無念修習兩個階段。文內述其形象為：

其身白色，一面二臂，右手勝施，左施護及執蓮花，諸寶瓔珞，雜彩為裙，相好嚴身，勇識趺坐。

尾記中的“辣纏莎南汪束”、“令播徹莎南星吉”對應的藏文名分別為Bla chen bSod nams dbang phyug, Rin po che bSod nams seng ge，《洛絨教史》（*lHo rong chos 'byung*）又作Dza phu ba bSod nams dbang phyug，Byang sems chen po bSod nams seng ge，二人為師徒，《洛絨教史》有簡略記載[52]。

二、集內法本所屬教派

從上文的內容提要可以看出，《觀世音菩薩修習》和《觀音密集玄文》所收法本主要為噶舉和薩思迦兩派的教法。具體而言，《觀世音菩薩修習》主要為噶瑪噶舉和枯嚕布噶舉兩支之傳規；《觀音密集玄文》主要為傳自枯嚕布噶舉和薩思迦派的修法。以下結合歷史背景，對二集中可確定或推知其所屬教派的文本略加總結。

---

⑩ 有關其生平及對薩思迦派的貢獻，參見Ronald M. Davidson, *Tibetan Renaissance: Tantric Buddhism in the Rebirth of Tibetan Culture*, New York: Columbia University Press, 2005, pp.297-303。

⑪ sgrub thabs brgya rtsa rin chen bzang po dang ba ri'i 'gyur。Bu ston Rin chen grub, *Bu ston chos 'byung*, 北京：中國藏學出版社，1988年，301頁。巴哩譯師所譯《百種成就法》，見《德格版西藏大藏經》3306—3399號。

⑫ 參見rTa tshag tshe dbang rgyal, *lHo rong chos 'byung*，拉薩：西藏藏文古籍出版社，1994年，335頁。

（一）噶瑪噶舉派所傳法本

《青史》第十四章《大悲觀音法類及金剛鬘等類》（*Thugs rje chen po'i skor dang rDo rje phreng ba sogs kyi skabs*）系統總結了藏地觀音教法的眾多支系[53]，其中一支屬噶瑪噶舉派之傳承如下：

> Thugs rje chen po rgyal ba rgya mtsho/ snang ba mtha' yas/ thugs rje chen po/ padma 'byung gnas/ bhadga la'i phag mo/ ti pu pa/ ras chung pa/ zangs ri ras pa/ sangs rgyas ras chen/ spom brag pa/ karma pa shi/ grub chen u gyan pa/ rang byung rdo rje/ khams chen rgan lhas pa/ stag ston gzhon nu dar/ rgod phrug pa grags pa 'byung gnas te[54]

噶瑪噶舉派與觀音菩薩頗有淵源，噶瑪巴被視作觀音的化身，史傳中常見有發生在噶瑪巴身上與觀音有關的神變、顯靈事跡。在本文討論的兩部法本集中，屬噶瑪噶舉派修法者主要見於《觀世音菩薩修習》，由題記可以確定為噶瑪噶舉傳規的有三種，即第5種《觀音禪定》（葛哩馬上師傳，涅啰呃納啰譯），第7種《大悲勝海求修方便》（大寶葛哩麻巴上師覽榮朵兒只集，落行菩提依利帝漢譯），及第8種《聖大悲觀音求修要門》（大寶白頭葛哩麻上師傳，大護國仁王寺勒布上師具恩師處取受語敕）。

如前所述，第7種法本的作者"覽榮朵兒只"為噶瑪噶舉黑帽系第三輩活佛Rang byung rdo rje，他曾於元至順二年（1331）和至元二年（1336）先後兩次應詔進京[55]。其間為元寧宗懿璘質班授予灌頂，並作了他的根本上師，元順帝妥懽帖木兒繼位後封他為"圓通諸法性空佛噶瑪巴"（Chos thams cad stong pa nyid du rtogs pa'i sangs rgyas Karma pa），並賜水晶玉印及金字牌符，他曾為妥懽帖木兒傳授灌頂並講法。覽榮朵兒只在漢地的活動亦多有與觀音相關者，諸如：流放到蠻子地方（廣西）的妥懽帖木兒被迎到大都即位，迎駕時，覽榮朵兒只頭戴黑帽，口誦觀音菩薩心呪六字真言，在千萬人眾中為妥懽帖木兒開路[56]；"由管家作施主，他（覽榮朵兒只）在大都建了噶爾寺，在中間殿堂裏塑造勝海佛會"[57]；"當上都出現一大違礙之征兆時，由於[覽榮朵兒只]向觀世音

---

[53] 詳見 'Gos lo gZhon nu dpal, *Deb ther sngon po*，1173—1233頁。

[54] 參見'Gos lo gZhon nu dpal, *Deb ther sngon po*，1174頁。

[55] 陳慶英《噶瑪巴攘迥多吉兩次進京事略》，《中國藏學》1988年第3期，89—99頁。

[56] bya lo zla ba dang po'i nya la rgyal po chen po tho gan thi mur sman tse'i yul nas ta'i tur gdan phebs pa bsu ba la skye 'gro bye ba phrag du ma tshogs pa'i nang du/ khrom la sus kyang lam mi phyed pa la/ chos rje zhwa nag gsol ma pad dbyangs mdzad kyin byon pa'i khrom thams cad kyi go skabs phye/ sbrel dkar chen po'i mdun du rgyal po nyid byon nas bsu zhing zhabs la btugs/ mos gus dang dbul ba bsam gyis mi khyab//參見Tshal pa si tu Kun dga' rdo rje, *Deb ther dmar po*，北京：民族出版社，1981年，102—103頁。

[57] gan pas sbyin bdag byas nas ta'i tur kar ste bzhengs/ dkyil khang du rgyal ba rgya mtsho'i lha tshogs，這裏的"勝海佛會"即指大悲勝海及其侍從密智空行母和馬頭勇識。參見Tshal pa si tu Kun dga' rdo rje, *Deb ther dmar po*，105頁。

祝禱，出現了皇帝和諸修法者不被災難侵害之徵兆”[58]；覽榮朵兒只圓寂，“[火葬時]出現了無數奇特神變，靈塔上降臨了俱生勝樂、觀世音和三角圖案等無量舍利塔”[59]。如是等等，不一而足。由覽榮朵兒只在大都造大悲勝海觀音像一事來看，他在大都傳授大悲勝海觀音修法當在情理之中。若進一步推測，他的這部《大悲勝海求修方便》在此過程中被譯成漢文亦有可能。第8種文書《聖大悲觀音求修要門》當為元代翻譯，如前所述，大護國仁王寺為元代皇家寺院，元末已毀，故其傳譯時間衹能在元代。至於第5種、第8種的傳法者“葛哩馬上師”、“大寶白頭葛哩麻上師”是否同指第7種文書的傳法者“大寶葛哩麻巴上師覽榮朵兒只”，尚存疑問，筆者於《覽榮朵兒只全集》中未發現與之對應的藏文原本。

（二）枯嚕布噶舉派所傳法本

枯嚕布噶舉為噶舉派八小派之一，其因枯嚕布譯師的活動而著名。枯嚕布譯師Byams pa dpal為枯嚕布噶舉的創建者rGyal tsha、Kun ldan二人之侄。枯嚕布譯師先後迎請了三位西天班智達，即米得蘭左吉、佛陀室利、釋迦室利跋陀羅（Shākyaśrībhadra）。後者為印度那爛陀寺最後一任座主，在戒律傳承、顯教教義和因明學說方面產生了很大影響，枯嚕布之名因此大振[60]。《布思端教法源流》載：

> 枯嚕布譯師Byams pa dpal最初請來稱為“米得蘭左吉”的室利拶葛怛米得蘭啞喃荅，譯出《獨髻勝樂法門》、《息心法門》、《教法舟楫》等。爾後又迎請了迦濕彌羅板的達佛陀室利雜那，譯出《現觀莊嚴論慧燈》、《入勝者道》、《大悲觀音成就百法》等。此後又迎請了迦濕彌羅的釋迦室利跋陀羅，由dPyal chos bzang譯出《捺羅大疏》，並授得此大疏的講說、教授等[61]。

在《觀世音菩薩修習》、《觀音密集玄文》二集中，所佔分量最多、篇幅最長的幾篇觀音修習法門皆出自枯嚕布噶舉。大都為枯嚕布譯師迎請入藏的印度大成就者米得蘭

---

[58] shong dor bar chad kyi ltas chen po gcig byung spyan ras gzigs la gsol ba btabs pas/ gong ma dang chos mdzad rnams la gnod pas mi tshugs pa'i ltas byung//參見Tshal pa si tu Kun dga' rdo rje, *Deb ther dmar po*，104頁。

[59] ngo mtshar gyis cho 'phrul dpag tu med pas thams cad tshim par byas shing/ sku gdung la bde mchod lhan skyes dang/ spyan ras gzigs dang/ chos 'byung yig 'bur bcas pa sogs rten dang ring srel dpag med byon te//參見Tshal pa si tu Kun dga' rdo rje, *Deb ther dmar po*，107頁。

[60] 詳見Bu ston Rin chen grub, *Bu ston chos 'byung*, 205頁；達倉宗巴・班覺桑布著、陳慶英譯《漢藏史集》，拉薩：西藏人民出版社，1986年，266—271頁。

[61] khro phu lo tsatsha ba byams pa'i dpal gyis thog mar/ shrī dzā ga ta mi tra ā nanta zhes pa mi tra dzo ki zhes grags pa spyan drangs te/ bde chen ral gcig gi skor dang sems nyid ngal bso'i skor dang/ bstan pa'i gru bo la sogs pa bsgyur ro// de nas kha che'i paṇḍi ta buddha shrī dzanyā na spyan drangs te mngon rtogs rgyan gyi 'grel pa shes rab sgron me dang/ rgyal ba'i lam 'jug dang/ thugs rje chen po'i sgrub thabs rgya rtsa la sogs pa bsgyur ro/ /de nas kha che shākya shrī bha dra spyan drangs te/ dpyal chos bzang gis na ro 'grel chen bsgyur te de'i bshad bka' man ngag dang bcas pa gnang//參見Bu ston Rin chen grub, *Bu ston chos 'byung*, 205頁。

左吉所傳，枯嚕布譯師得到這些觀音教法後，此種教法遂在枯嚕布噶舉派內次第相傳[62]。

《觀世音菩薩修習》第9—16種文書中除第14種《聖觀自在求修十三[佛]中圍要門》（西天北印土五明上師沙說莕呃資囉傳）外，其余7種文書均屬由米得蘭左吉傳入枯嚕布噶舉的法門，其主尊都是雙身密修觀音，具體涵蓋了多類修法，包括本尊修法、十三佛壇城現證儀軌、十三佛壇城內自受灌頂儀軌、十三佛壇城內八種法事儀軌等等，這7篇文書篇幅之總和佔了《觀世音菩薩修習》的一半左右，其為：

《大悲觀自在略密修俱生禪定》

《大悲觀自在密修求主戒儀》

《金剛乘聖觀自在十三佛中圍自入受主法行儀》

《密修十三佛中圍現前解》

《金剛乘聖觀自在俱生密求修十三佛中圍現證儀》

《觀音密智中圍》

《金剛乘聖觀自在密修［中圍］內殊勝八種法事儀》

此外，值得一提的是，《觀世音菩薩修習》第6種法本《求修觀世音菩薩智慧要門》尾記曰“此法觀音百種法門內取出”，而上引《布思端教法源流》載枯嚕布譯師迎請的迦濕彌羅板的達佛陀室利所譯法本中，即有名為《大悲觀音成就百法》者，則其亦有可能出自枯嚕布噶舉。

同樣，在《觀音密集玄文》中，屬米—枯一系傳承的也佔了近一半篇幅，共有四種，即第2、3、4、9種法本，分別為密修觀音壇城現證、身壇城現證、密修觀音本尊瑜伽、一面二臂白觀音本尊瑜伽。其為：

《大悲觀音密修現前解》

《大悲觀音俱生身中圍》

《聖觀自在略求修》

《大悲觀自在常修不共要門》

枯嚕布譯師曾造《要門百種》（*Man ngag brgya rtsa ma*）一書[63]，不知這些觀音修法是否出自其中，待考。上述《觀世音菩薩修習》、《觀音密集玄文》二集所收十余種觀音修習法亦為目前所知西夏、元、明時代漢譯藏傳密教文獻中初見枯嚕布噶舉之傳規。史籍多載枯嚕布譯師後四代傳至布思端而自成沙魯一派（Zhwa lu pa），此後枯嚕布噶舉漸次退出歷史舞台而湮沒無聞，然而這些在明代抄寫、流傳的屬枯嚕布噶舉傳規的觀音法門表明，至少該派教法並未就此終結。此外，值得注意的是，二集中數次出

[62] 《布思端教法源流》“事部觀音類論著目錄”中，列有一條：“《善逝大寶教法舟楫》，阿支達米得蘭上師著，Byams pa dpal譯。” paṇḍita a dzi ta mi tra gupatas mdzad pa'i bde bar gshegs pa'i bstan pa rin po che'i gru bo byams pa'i dpal gyi 'gyur. 參見Bu ston Rin chen grub, *Bu ston chos 'byung*, 269頁。

[63] 見TBRC: W00KG03569。

現的彼支枯嚕布噶舉傳承始終未見藏文史籍記載[64]，自枯嚕布譯師以下，其傳承上師皆不可考，然二集屬枯嚕布噶舉傳承者大都由該支傳出。此中惟一例外者為《觀音密集玄文》之第9種文書《大悲觀自在常修不共要門》（密怛啰二合佐吉傳與渴嚕普洛擀呃，次傳與辣纏莎南汪束，此傳與令播徹莎南星吉等也），其中的辣纏莎南汪束（Bla chen bSod nams dbang phyug）、令播徹莎南星吉（Rin po che bSod nams seng ge）即為藏文史籍述及枯嚕布噶舉之傳承時所常提及者。這似乎在暗示我們，歷史上曾有一支聲名不顯的枯嚕布噶舉在布思端自立沙魯派後繼續存在，而其教法曾一度遠播中原。

（三）薩思迦派所傳法本

二集屬薩思迦派所傳法本皆在《觀音密集玄文》一集中，即集內第6種《大悲觀音求修》、第7種《獅子吼觀音求修》，此二者皆為薩思迦第五祖八思巴所造。若集內第8種法本《觀音菩薩辨夢要門》確為巴哩譯師所造，則又為該派添加一種。

三、集內法本的翻譯時代

與《大乘要道密集》一樣，《觀世音菩薩修習》和《觀音密集玄文》二集所收27種文書並不是一時一地翻譯而成的，其翻譯時代歷經西夏、元、明三個時代。元朝前期，以帝師八思巴為代表的薩思迦派上師在元廷中扮演了重要角色，元末則代之以噶瑪噶舉派上師。事實上，不論是薩思迦派還是噶瑪噶舉派，其教法早已流傳於西夏王國，蒙元統治者正是在這種背景下接受藏傳佛教的[65]。而由明初譯師莎南屹囉漢譯的多種薩思迦派法本表明，薩思迦派教法在明代宮廷依然興盛，其在漢地王室的影響並未因元朝的滅亡而式微。雖然我們尚無法準確判斷《觀世音菩薩修習》和《觀音密集玄文》二集所收大部分法本的翻譯年代，但二者均為明抄本這一事實即表明薩思迦、噶瑪噶舉、枯嚕布噶舉等派的觀音修習法門都曾在明代流傳。因此，《觀世音菩薩修習》和《觀音密集玄文》二集具體體現了西夏、元、明三個時代流傳於漢地的藏傳觀音修法內容。

從前文提要可知，題記中明確表明為西夏時翻譯的法本有兩種，即《觀世音菩薩修習》之第3種《觀音菩薩六字大明王秘密神呪禪定》、第4種《白色聖觀自在修習要門》，前者為西夏僧人智慧譯，後者為“晉夏府佑國寶塔寺講經論沙門智明”譯。

次說二集中的元代譯本。如前文所述，若說沒有足夠的證據表明《觀世音菩薩修習》之第5種《觀音禪定》（葛哩馬上師傳，涅啰呃納啰譯）為元代譯本，則將該集第7種《大悲勝海求修方便》（大寶葛哩麻巴上師覽榮朵兒只集，落行菩提依利帝漢譯），

---

⑭ 傳承中出現rGya ston者皆屬此支，即傳承上師中有亦兒加思端巴/辣麻莎哩加屹巴辣嘉思端輦不徹上師/哩伽二合思端二合/結思端二合石臺等者。

⑮ 沈衛榮《初探蒙古接受藏傳佛教的西夏背景》，《西域歷史語言研究集刊》第一輯，北京：科學出版社，2007年，273—286頁。

及第8種《聖大悲觀音求修要門》（大寶白頭葛哩麻上師傳，大護國仁王寺勒布上師具恩師處取受語敕）定為元代譯作則在情理之中[66]。在此需要一提的是，《大乘要道密集》曾一度被描述為“西夏、元朝所傳的漢譯藏傳密法文獻集”，而在將《大乘要道密集》所收文書最主要的譯者莎南屹囉確定為明代人之後，我們對《大乘要道密集》以及漢譯藏傳密教文獻有了重新的認識，即《大乘要道密集》中原來被認定為元代的譯本（莎南屹囉翻譯），實當為明代所譯。如此一來，我們不得不面對這樣的疑問，如吾師沈衛榮教授所言：

> 如果將莎南屹囉所翻譯的這些藏傳密教文獻從我們習常以為的元代漢譯藏傳佛教文獻中除去，同時也將可能屬於西夏時代翻譯的那些密教文獻除去，我們不無驚訝地發現，真正可以歸屬於元代漢譯藏傳密教文獻的部分實在已經所剩無幾了，這似和元朝藏傳密教曾於蒙古宮廷內外廣泛流傳的史實不相符合。

對此，沈衛榮教授從兩方面給出了解釋，一是《大乘要道密集》中那些尚無法明確其翻譯年代的文獻仍有可能即是元代的譯作，二是藏傳佛教在元代通過畏兀兒人和畏兀兒文這個中間媒介而得以在蒙古人中間傳播[67]。如果僅從文獻本身提供的信息來看，至今《大乘要道密集》和黑水城文獻中的漢譯藏傳密教文獻中尚未見直接指向元代翻譯者，則《觀世音菩薩修習》中的此二種法本首次較為明確地肯定了元代漢譯藏傳密教文獻存在這一事實。

後說明代譯本。二集中可斷為明代翻譯者惟《觀音密集玄文》之首篇《聖觀自在菩薩求修》（大明天竺迦濕彌羅國板的達善世禪師俱生吉祥傳，門資雅納囉釋迷智光譯）一種。此處需要一提的是，著名佛學家周叔迦先生早年已注意到《觀音密集玄文》所收九種文獻的存在，并將此九種皆歸為智光所譯[68]。今睹九種文書真面，當知除第1種外，余八種不能遽斷為智光譯作。

以上僅以法本題記傳達出的直接信息為依據，對《觀世音菩薩修習》、《觀音密集玄文》二集中部分法本的翻譯時代作了簡略總結。元代國祚不及百年，或致元、明譯語差別不顯，加之目前所能確定為元代漢譯藏傳密教文獻者僅一二短篇，不足以體現當時譯語特征。至若西夏、明代譯語之别，固較元、明為彰，然亦不能就此作一刀切處理。筆者在對明初譯師莎南屹囉翻譯的部分法本進行藏、漢本對勘後發現，其所用譯語極為靈活，即便在同一文本中，對同一詞彙便有不止一種譯法，如藏文dbang（dbang bskur）一詞，莎南屹囉時而將其譯作灌、灌頂，時而譯作主，是不能斷言凡譯作主者皆為西夏時代譯本。由是觀之，要根據譯語特征對已發現的漢譯藏傳密教文獻進行斷代，尚需要對這些文獻進行大量的、細致的語文學處理。

關於二集的成書時代，《觀音密集玄文》成書於明代自不待言，而若結合明代西域

---

[66] 參見本文第二節的討論。

[67] 沈衛榮《〈大乘要道密集〉與西夏、元、明三代藏傳密教史研究》，《古今論衡》第23期，臺北，2011年，86—90頁。

[68] 周叔迦《宋元明清譯經紀》，《周叔迦佛學論著全集》，北京：中華書局，2006年，1258頁。

僧團的活動及明代漢譯密教文獻之背景而論，則可初步推測《觀音密集玄文》、《觀世音菩薩修習》二集與《大乘要道密集》一樣最早成書於明初[69]。

四、餘　　論

除了本文討論的明抄本《觀世音菩薩修習》、《觀音密集玄文》兩部法本集，在黑水城出土的漢文、西夏文文獻中亦見有多種與觀音信仰有關的法本、佛經，表明觀音信仰曾廣泛流行於西夏。《俄藏黑水城文獻》中收有一部首尾完整、題為《親集耳傳觀音供養讚歎》的西夏寫本，其款識作：

皇建元年十二月十五日門資宗密、沙門本明依修劑門攝授中集畢

皇建二年六月二十五日重依觀行對勘定畢，永為真本[70]

此文書乃從諸多觀音修習法門中擇相關偈頌集合而成，涵蓋了觀音修法所涉及的多種偈頌，諸如禮讚、召請、供養觀音本尊偈以及勾召亡魂、施財安位、通念五夫、攝授眾生等實踐性的偈頌。其中部分偈頌即與本文討論的《觀世音菩薩修習》、《觀音密集玄文》二集中的偈頌相對應。例如，同見於《觀世音菩薩修習》之第1種《大悲觀自在菩薩六字禪定》及第8種《聖大悲觀音求修要門》的以“南無無盡三寶尊”起首的長段讚歎偈即可在《親集耳傳觀音供養讚歎》中找到對應的偈頌。該讚歎偈在這三種文書中文字略顯不同，將三者逐字校對，發現其中兩兩之間時同時異，如該偈第一句“南無無盡三寶尊”之“無盡”，元本、西夏本皆作“最上”[71]；“猶如意珠心廣大”一句，西夏本作“猶如意珠深廣大”，元本作“猶如意樹極廣大”。西夏本抄寫不佳，個別文字上的抄寫錯誤可借助其他二本校正。除了《親集耳傳觀音供養讚歎》外，《俄藏黑水城文獻》尚有《六字大明王功德略》（乾祐乙巳十六年季秋八月十五日比丘智通施）[72]、《聖六字大明王心呪》[73]及《聖觀自在大悲心惣持功能依經錄》等與觀音崇拜相關之文本。其中《聖觀自在大悲心惣持功能依經錄》為西夏時新譯的佛經，未收入漢文《大藏經》。事實證明，該譯本在明初宮廷得到了重視和推廣：臺灣故宮博物院收有一部明成祖永樂九年至十年（1411—1412）由南京內府御製的泥金寫繪四卷本《大乘經呪》[74]，

---

⑲ 參見沈衛榮、安海燕《明代漢譯藏傳佛教文獻與西域僧團——兼談漢藏佛教史研究的語文學方法》。

⑳ 《俄藏黑水城文獻》第6冊，上海：上海古籍出版社，1997年，110—126頁。

㉑ 茲以第1種《大悲觀自在菩薩六字禪定》內文字為基准；將《聖大悲觀音求修要門》簡稱“元本”，《親集耳傳觀音供養讚歎》簡稱“西夏本”。

㉒ 《俄藏黑水城文獻》第3冊，174頁。

㉓ 同㉒，192頁。

㉔ 四卷四册，附圖二十九幅，方册裝，紙本，每幅縱6厘米，橫6厘米。《佛經附圖：藏漢藝術小品》（*Convergence of Radiance: Tibeto-Chinese Buddhist Scripture Illustrations from the Collection of the National Palace Museum*），臺北：“國立”故宮博物院，2003年。

其內卷二錄有《大悲觀自在菩薩總持經呪》一種，內容與上述西夏譯本完全一致[75]。

除上述漢文文獻外，在黑水城出土的西夏文文獻中，亦有不少與觀音崇拜有關的佛典。其中與漢文《聖觀自在大悲心惣持功能依經錄》對應的西夏文本題爲《聖觀自在大悲心惣持功德經韻集》，列於俄藏黑水城西夏文文獻第369號[76]。此外還有《聖觀自在大仁心求順》、《聖觀自在之二十七種要論爲事》、《聖觀自在之因大供養淨會為順》、《聖觀自主意隨輪要論手轡定次》、《番言聖觀自在主千眼千手供順》、《佛頂心世音觀菩薩經》、《佛頂心世音觀菩薩病治生法經》、《佛頂心世音觀菩薩大陀羅尼經》等[77]。

附記：本文對中國國家圖書館所藏明抄本《觀世音菩薩修習》、《觀音密集玄文》二集進行了淺嘗輒止式的探索，大略給出了二集所收27種觀音修習法本的內容提要。文中對二集法本所屬教派、譯出時代的討論僅是基於法本中個別題記、尾記等文字所作的初步判斷。要充分揭示二集宗教、歷史兩方面的內涵和價值，尚需要花費力氣查找其對應的梵、藏文原本，對其作更加深入的研究。近年來，不斷有西夏、元、明時代的漢譯藏傳密教文獻進入我們的研究視野，諸如黑水城所出及中國國家圖書館、臺灣故宮博物院、遼寧省圖書館所藏漢譯藏傳密教抄本等[78]，加上20世紀初面世的密乘法寶《大乘要道密集》及其他零散所見，這些翻譯時代跨越西夏、元、明三代的藏傳密教文獻為我們研究這一時期藏傳密教在漢地的傳播提供了豐富的材料。若來日時機成熟，在大量藏漢文本對勘的基礎上，能綜合這些文獻，對其內專有名詞、呪語、偈頌的譯法從語文學上作一細致的比對、分析研究，抽絲剥茧，得出一些具有共性的結論和框架，必將對藏傳密教東傳史的研究大有裨益。

---

[75] 《俄藏黑水城文獻》第4冊，41—51頁。對其研究詳見沈衛榮《漢、藏文版〈聖觀自在大悲心惣持功能依經錄〉之比較研究——以俄藏黑水城漢文TK164、165號、藏文X67號文書為中心》，黃繹勳《觀世音菩薩與現代社會——第五屆中華國際佛學會議中文論文集》，臺北：法鼓文化事業股份有限公司，2007年，307—347頁；參見沈衛榮《〈大乘要道密集〉與西夏、元朝所傳藏傳密法——〈大乘要道密集〉系列研究導論》，291頁。

[76] Evgenij Ivanovich Kychanov, *Catalogue of Tangut Buddhist Texts*, Kyoto University, 1999, p. 480.

[77] 同[76], pp. 720-726. 觀音信仰亦廣泛流行於回鶻境內，體現出漢、藏兩種不同傳統的影響，茲不贅述。參見楊富學《回鶻觀音信仰考》，黃繹勳主編《觀世音菩薩與現代社會——第五屆中華國際佛學會議中文論文集》，265—267頁；沈衛榮《漢、藏文版〈聖觀自在大悲心惣持功能依經錄〉之比較研究——以俄藏黑水城漢文TK164、165號、藏文X67號文書為中心》之第五節“於西夏、回鶻流行的觀世音菩薩崇拜”。

[78] 參見沈衛榮《重構十一至十四世紀的西域佛教史——以俄藏黑水城漢文佛教文書為中心》，《歷史研究》2006年第5期，23—24、189頁；安海燕、沈衛榮《臺灣故宮博物院藏漢譯藏傳密教儀軌〈吉祥喜金剛集輪甘露泉〉源流考述》　175—218頁。吾師沈衛榮教授近來又發現了藏於遼寧省圖書館的羅振玉藏品“演揲兒法殘卷三種”的抄本，事實上，其內所收漢譯藏傳密教文獻遠不止三種，其為又一部研究西夏、元、明三代漢譯藏傳密教文獻的珍貴資料。

A Preliminary Study on *Guanshiyin pusa xiuxi* and *Guanyin miji xuanwen* Preserved in the National Library of China

An Haiyan

In recent years, a large number of Chinese translations of Tibetan tantric Buddhist ritual texts became known to academic world, such as the texts in the St. Petersburg collection of the Khara Khoto manuscripts, the texts kept in the National Library of China, Beijing and Palace Museum of Taiwan. These texts, along with *Dacheng yaodao miji,* provides us with rich sources for studying the history of the propagation of Tibetan Buddhism in China Proper. This paper centers on two collections of Chinese manuscripts scribed during the Ming Dynasty, which are mostly sādhanas of Bodhisattva Avalokiteśvara of the Tibetan tantric Buddhist tradition, entitled *Guanshiyin pusa xiuxi* 《觀世音菩薩修習》and *Guanyin miji xuanwen* 《觀音密集玄文》. The two collections include altogether 25 texts of the yogic practice of Avalokiteśvara, in which the former includes 18 texts and the latter 9. Though they were scribed during the Ming Dynasty, some texts in them were actually translated during the Tangut kingdom of Xia and the Mongol Yuan period. Therefore, the discovery and further study of these two collections will help us to reveal the true story of the propagation of the Avalokiteśvara cult with Tibetan tantric Buddhist characteristics in China Proper from the Tangut kingdom to the Ming Dynasty. The two collections contain various kinds of yogic practices of the Avalokiteśvara cult, such as Deity yoga (lha'i rnal 'byor), means of achievement (sgrub thabs), actual realization (mngon rtogs), initiation ritual (dbang chog) etc., and there are also some rituals concerning profane benefits of ordinary life. The main deities cover all kinds of forms of Avalokiteśvara, such as the White Avalokiteśvara with two arms, four arms, six arms, and the Red Avalokiteśvara with four arms (rgyal ba rgya mtsho), Seng ge sgra and so on. This paper mainly provides a descriptive introduction to the contents of each text included in the two collections. Based on that, the author tries to briefly discuss which Buddhist sects these texts belong to and give a general overview of the date of translation of the texts included in the two collections.

明大同鎮長城、邊堡興築考

——兼論“大邊”、“二邊”長城的概念和走向分佈

張永江

明初，伴隨着元室北歸大漠，中國歷史又一次進入了南北民族對峙時期。明朝爲了防禦塞外蒙古民族的南下襲擾，重新構築邊防體系。“東至遼海，西至酒泉，延袤萬里。”“山川聯絡，列鎮屯兵，帶甲四十萬，據大險以制諸夷。”自東向西，設有遼東、薊州、宣府、大同、山西、陝西、延綏、寧夏、甘肅九鎮分轄，合稱“九邊”。每鎮設總兵、參將、遊擊將軍等武職統兵；另設巡撫等文職大臣提督。其上設總督節制。

大同鎮防區西起丫角山（今偏關老營鎮），東至陽和（今陽高），邊長640餘里。這一地區“川原平衍，無山設險”，爲易攻難守之地。在九邊中稱爲絕塞。邊外是蒙古部落，明初在朱元璋和朱棣的攻勢下，蒙古勢力一度遠颺，退往漠北，但15世紀20年代以後，復據河套，成爲威脅明朝的大患，但明朝防綫猶在大小黑河以北；正統以後，蒙古大舉南下，佔據了土默川平原，明朝防綫也大幅內縮。16世紀中葉，駐牧在這裏的是俺答汗統領的強盛的蒙古土默特部。特別是有邊內亡命的漢人丘富、趙全等人相助，轉向定居、定牧，“築城架屋，東西相望，鹹稱板升”；且“授以攻城之術”，大大提高了蒙古攻堅的的軍事能力。“於是雲中四境邊堡蕭然，無復有存焉者。”[①]這一帶承受的蒙古壓力極大。明朝在這裏投入的兵力達到馬步官軍135 778人（定額），馬匹51 654，軍費開支每年409 638兩白銀。官員方面，設有宣大山西總督1員，大同巡撫1員，總兵1員，副總兵1員（駐左衛城），參將、守備數十員。除人力、物力投入外，這裏因地形特殊，衹能依靠人力修築兩道邊牆，即所謂的大邊、二邊，作爲防禦依託。“外分東、中、西三路，北設二邊，拱衛鎮城（即大同城）。”三路中西路的平虜、威遠，中路的右衛、水口等處，都是防禦重點。因是蒙古南犯朔、應諸州的必由之路。東路的天成（今天鎮）、陽和，則是蒙古入順聖（今陽原）諸路的要衝。明初在這一地區先後設立了鎮虜衛、天成衛、高山衛、陽和衛、大同左衛、大同右衛、威遠衛、平虜衛，加上正統時邊外撤回的雲川衛、玉林衛，達到10衛。可見這一地區的重要性。

關於明代長城，文物考古界曾在20世紀70年代末做過調查，一些明史和北方民族史論著中也有提及，但缺乏系統、深入的研究，特別是關於其興築過程，以下僅就接觸到

---

① 霍冀《九邊圖說》，《大同鎮圖說》，玄覽堂叢書本五，142頁。

的文獻資料，就明代山西境內的邊牆、城堡的興築過程，試做考述。

一、"大邊"與"二邊"考辨：大同明長城的走向與分佈

大同地區的長城（邊牆），至今部分保留下來的長城主要是大邊和二邊。其實當時這種復綫長城不止兩道。《明實錄》中即有大邊、二邊、內邊的說法。在不同的地區，不同時期，這些概念的含義各不相同。按照今人的看法，所謂大邊，在大同鎮轄境，即今天山西與內蒙古交界處的長城。東起天鎮，西至偏關縣境。也稱爲"外邊"或"外長城"。所謂二邊，也稱次邊、小邊。主要分佈左雲和大同市新榮區境內。東起宏（弘）賜堡，經外場溝、新榮鎮、八墩村，入左雲境管家堡鄉黃土口、黑土口，與大邊相連，長約40公里。今人稱爲"內邊牆"[②]，所謂"內邊"，即內長城。自偏關縣老營丫角墩向東南經今平魯、神池、朔縣、寧武、原平、山陰、代縣、應縣、繁峙、渾源至靈邱縣的平型關。值得注意的是，在大邊之外，即迤北的內蒙古豐鎮市興和縣境內和清水河、涼城境內也殘留着一些明代邊牆，有學者稱之爲"長城二邊"。這在清代文獻中也有記載。清雍正初年，山西巡撫曾奏報，"據聞殺虎口外又一層邊牆，曰二道邊。此牆與內界有間隔，北段窄，南端甚寬，有七八十里，其長自殺虎口直通黃河，約有三百里。……古人在口外又築此一層牆，不可謂無有緣故，必有關係"[③]。今天在這一地區，仍存有"二道邊"這樣的地名。是則在所謂的"大邊"內外，各有一道"二邊"。從邏輯上說，是令人費解的。睽諸文獻，這種看法也不相符，有必要正本清源，弄清兩道邊牆的名稱、走向和方位。

較早記載九邊情況的是魏煥《皇明九邊考》（成書於嘉靖二十年），該書特別重視邊牆始末。該書卷五《大同鎮》說："初設大同府，分封代王，外分東中西三路，北設二邊，拱衛鎮城（大同）。""北去鎮城九十里，舊爲二邊，又九十里爲大邊，各牆堡聯絡以限邊夷。後兩邊俱壞，嘉靖十八年復築弘賜、鎮邊、鎮虜、鎮河五堡於二邊內，去鎮城五十里。五堡添設守備五員，弘賜堡居中，復添設分守參將一員屯兵戍守。以漸修築，則大邊可復，受鎮寄者當留意焉。"[④]

這段史料明確表明以大同爲坐標的明初的大邊、二邊的位置與距離。即大邊北距大同180里，二邊北距大同90里。

另外，撰於弘治年間的《重修大邊碑記》也記載，"大同，去邊甚邇，昔之守

---

② 《中國長城遺跡調查報告集》，北京：文物出版社，1981年，102—103頁。

③ 《山西巡撫諾岷奏請料理殺虎口地方事務訓諭折》，雍正二年九月初四日，第一歷史檔案館譯編《雍正朝滿文朱批奏摺全譯》上，合肥：黃山書社，1998年，923頁。

④ 魏煥《九邊考》卷第五，《大同鎮》，薄音湖、于默影點校《明代蒙古漢籍史料匯編》第六輯，呼和浩特：內蒙古大學出版社，2009年，261—262頁。

臣，蓋嘗於九十里外築小城，曰小邊；又於百里外築大城，曰大邊。其爲防邊也甚固。歲久各有傾圮，繼守之人雖嘗修繕，然寖爲風雨催剝，又被乘夜竊穿。於時修復之議雖篤，而邊釁之懼，勞費之憚，遷延弗舉，遂使小邊僅存，而大邊蕩然矣”⑤。

這條材料，所記兩邊距離雖微有差異，但大的方面證實了魏煥所言不謬。

仍以大同爲坐標，現存的晉蒙邊界長城，北距大同不過40餘公里，恰好是明初“二邊”或“小邊”的位置。而得勝口一綫長城到內蒙古豐鎮境內隆盛莊一綫的殘長城，距離也在四五十公里。正是明初“大邊”所在的位置。玉林衛城也是一個參照坐標。《平雲西碑記》“玉林，舊在大邊，正統乙（己）巳後，始移右衛雲。”玉林，即正統前的玉林衛城。其城址迄今猶存，位於今和林格爾境內，地名榆林城。明代邊圖和清初的《朔平府誌》輿圖標注玉林城位置均在殺虎口北的邊外。具體距離，明人記載“看得牤牛嶺外有玉林故城，相去右衛五十里”⑥。也就是說，大邊故址當距離右衛城50里左右。相應地，玉林、殺虎口（明稱殺胡口）一綫大邊和二邊的距離，也可明瞭。因爲右玉縣城（明右衛城）“北至本縣殺虎口二十里，交口外界”⑦。就是說，玉林故城所在的大邊距離殺虎口所在的新邊牆距離約爲30里。還有一個大邊位置的參考坐標是威寧海子，明代文獻中有“大邊威寧海子”⑧的說法。威寧海子，通常認爲就是今天的黃旗海，在今察右前旗境內。黃旗海到大同的直綫距離約100公里。當然，兩道邊牆之間的跨度距離不可能是等距的，邊牆的走向與山川地勢密切相關，有些地方相距90里，有的地方相距30里，都是正常的。另外，觀明人所繪的九邊圖，如魏煥《皇明九邊考·阨圖》、王士琦《三雲籌俎考·大同左衛道所轄中北西威遠三路圖》也可直觀地證明我們的判斷。至此，疑惑和矛盾得到了合理的解釋：今人所說的大邊或者外邊，是嘉靖以後所修的新“大邊”，其位置至少在明初的二邊或小邊以內；而今天內蒙古境內自東向西沿興和、豐鎮、涼城、清水河一綫斷續分佈的所謂明長城“二道邊”（或次邊），應分爲東西兩部分來看。東部（今豐鎮、興和境內部分）可能是真正明初的大邊；西部（涼城、清水河境內）可能是成化時期余子俊重修的“小邊”。綜合來看，真正明初的大邊走向和位置，應該是自西向東，循東勝衛城（今內蒙古托克托縣城關鎮大荒城）、鎮虜衛城、明宣德時立的豐州城（非遼豐州城，地當今大黑河南岸）、雲內城（非遼代雲內州故城，地當今涼城境內岱海南古城）南、岱海、涼城兒（也作涼兒城）、葫蘆海（應位於豐鎮東南大同圐圙附近）、威寧海子（即今黃旗海）迤南走向，沿綫經定安山墩、團山墩、三尖山墩、鴉兒崖墩、黃土坡墩、黑松林北墩、三山紀墩、牛心山墩、貓兒莊墩（應在今豐鎮縣隆盛莊）、關子溝墩、威寧墩、雙山墩，東至榆林口（今山西天鎮縣

⑤ 胡文燁《雲中郡誌》卷一三，《藝文志·碑記》，大同：大同市地方誌辦公室點校本，1988年，514、515頁。

⑥ 徐日久《五邊典則》卷五，《宣大總》，《明代蒙古漢籍史料匯编》第五輯，呼和浩特：內蒙古大學出版社，2009年，137頁。

⑦ 李裕民点校《朔平府誌》第二册卷三，《方輿誌》，北京：東方出版社，1994年，24頁右。

⑧ 原文說“近虜酋俺答、把都久住大邊威寧海子一帶，套虜吉囊一枝亦復東渡，勢聲重大”。見《五邊典則》卷八，嘉靖二十六年六月。《明代蒙古漢籍史料匯編》第五輯，267頁。

穀前堡鎮榆林口）或更東部的新平堡。

再對照史料記載來看，《五邊典則》說："永樂十一年十月，山西緣邊煙墩成。先是，從江陰侯吳高請，與緣邊修築煙墩。至是，東路自天成衛至榆林口，直抵西朔州衛暖會口，西路自牤牛嶺，直抵東勝路，至黃河西對岸灰溝村，煙墩皆成。"⑨ 牤牛嶺，即前述玉林故城外的牤牛嶺。這應當就是最早的大邊及其走向。《九邊考》記載："黃河東北舊有東勝城，與大同大邊、興和、開平相連，通爲一邊，外狹內寬。"⑩ 證實了我們的判斷。

不光大同境內，明山西鎮所轄的偏關以北長城也存在同樣的名實不符的問題。

且看《寧武府誌》的記載："偏頭關之地，東連丫角山，西接黃河。……大邊在關北一百二十里。成化三年總兵王璽復於關北六十里，起老營丫角墩，至老牛灣，築牆二百四十里，號爲'二邊'"。嘉靖九年，總兵李瑾又於關東北三十里，起石兒廟至石梯墩，號爲"三邊"。其中的大邊，"大邊墩自窯子頭起，至小口子堡止，共十六座。明宣德九年，都督李謙築。嘉靖初猶存，今皆廢爲草地，在紅門口外六十里"⑪。紅門口也叫紅門市口，原是二邊的一個關口，"後萬歷中，中國與順義王諸部互市於此"。故有"市口"的說法。然觀該誌所附《府境全圖》，僅存一道邊牆，西起老牛灣，沿滑石澗、草垛山、水泉營，東向逶迤。邊外標明"蒙古地方土嘿（默）忒"，三堡距偏關城都在六七十里，從位置上看，這顯然是二邊。但清代乾隆時，即便是在當地，這道邊也已被看成是大邊。"水泉營堡：……北去大邊紅門口僅二里，最當虜沖。"⑫

此外，還應該討論的是早期大邊的形態和修築時間。《重修大邊碑記》對大邊、小邊的解釋是與大城、小城聯繫在一起的。這裏的城並非一般意義上的城堡，而是指本來意義上的牆垣。因爲這篇碑記在描述重修後的大邊時說"其城之廣一丈五尺，高一丈三尺。其延亙起西陽和，接偏頭關，凡九百八十里"。但是弘治時大邊的牆垣形態，不能排除最早的大邊具有城堡形態。除了城堡，還有與之配套的邊牆，證明最初的大邊、小邊是以"牆堡聯絡"的形式存在的。但這時的邊牆恐怕是極其簡陋的，有些乾脆就是藩籬而已。從實地調查的情況看，清水河境內殘存的部分不少僅餘墩臺，看不出邊牆痕跡。事實上，最初的防禦設施恰恰是城堡形態，這就是煙墩。煙墩可以說是永樂皇帝朱棣的發明。"高五丈有奇，四圍城高一丈五尺，外開壕塹，吊橋門道上置水櫃，暖月盛水，寒月積冰。墩置官軍三十一人守瞭，以繩梯上下。皆上所規也。"⑬ 所以史料中常見有"大邊墩"的說法。這些記載對我們今天判明現存長城的性質和名稱極其重要。

關於邊牆的修築時間，《九邊考》但云"國初驅逐胡虜，築內外二邊牆，各屯軍牧

⑨ 《五邊典則》卷五，《宣大總》，《明代蒙古漢籍史料匯編》第五輯，130頁。

⑩ 《九邊考》卷第六，《三關鎮》，《明代蒙古漢籍史料匯編》第六輯，269—270頁。

⑪ 周景柱補纂《寧武府誌》卷一，《形勢關隘》。《寧武舊誌集成》，成都：巴蜀書社，2010年，181頁。

⑫ 《寧武府誌》卷三，《城池》，《寧武舊誌集成》，200頁。

⑬ 《五邊典則》卷八，嘉靖二十六年六月。《明代蒙古漢籍史料匯編》第五輯，267頁。

守。膏腴可耕，糧餉亦足，後俱失守，棄爲虜地"[14]。前述《五邊典則》明確記載成於永樂十一年，即1413年。

概括地說，明清以至今天資料中所以出現這種大邊、二邊顛倒錯位的情況，一是正統以後明蒙雙方攻防形勢的改變，造成明朝防區的大幅收縮；二是成化以後的屢次異地重修邊堡造成的印象。進一步探討明代大同地區歷次修邊歷史，可以更清楚地說明這一問題。

二、正統以後的邊、堡興築

關於有明一代大同地區的邊防設施沿革，清初顧祖禹曾有過概括性的精彩敘述：

> 大同川原平衍，三面臨邊，多大舉之寇。明初封代藩於此，置大同五衛，大同前、後、左、右衛及朔州衛也。及陽和五衛，陽和、高山、天城、鎮虜、蔚州衛也，謂之大同迤東五衛。東勝五衛，東勝左右二衛及玉林、雲川、威遠三衛也。衛各五千六百人，以屯田戍邊。又設大邊、二邊，以爲捍蔽。明初修築山西煙墩，東路起天成衛北榆林口，直抵朔州暖會口。西路自朔州北忙牛嶺，直抵東勝路黄河西岸灰溝村，是時雲內、豐州，悉爲內境，邊圉寧謐者數十年。永樂初，東勝二衛移置永平、遵化，自是防維漸疏。正統間，釁孽間作，於是雲川、玉林併入左右衛，雲內、豐州之民，悉遷應、朔二州，西邊數百里地遂成甌脫，自是寇患日棘。嘉靖十五年，築弘賜等內五堡，弘賜、鎮川、鎮邊、鎮河、鎮虜堡是也。二十三年，又築鎮羌等小五堡，鎮羌、拒牆、滅胡、迎恩、敗胡堡是也，次城靖虜，次城威胡，次城新平一帶城堡，而全鎮之保障稍備。二十五年，增築邊牆，延袤五百餘里，西起鴉角山，與山西鎮老營堡接界。東止李信屯，與宣府西陽河堡接界。三十七年，又增築雲岡等六堡：雲岡、雲西、紅土、黃土、雲陽、牛心堡是也。自是以後，增堡繕城、畫邊置戍益嚴益密。萬曆八年，築大邊五百六十餘里，又築三門、馬營、樺門等堡，而後綢繆，庶無餘策。然初時全算，已失之矣。尋分雲中、雲東、雲西等路，陽和、天城等爲東路，右衛、左衛等爲中路，平虜一帶爲西路。又得勝等堡爲北東路，助馬等堡爲北西路，仍屬中路管轄。又有新平城，仍屬東路管轄，而威遠路則屬中路管轄云，並稱險要。而中路之北東路、北西路，尤近寇門；新平孤懸絕塞，界宣、大兩鎮之沖；平虜西連老營，與偏關接壤，爲套寇東涉之徑，防禦尤切云[15]。

這段記載，對我們瞭解概貌頗有幫助。但是，歷朝整修邊防的具體情形及關聯情況仍有待細加探討。

---

⑭ 《九邊考》卷五，《大同鎮》，《明代蒙古漢籍史料匯編》第六輯，267頁。

⑮ 顧祖禹《讀史方輿紀要》引《邊防考》卷四四，"山西六"，北京：中華書局，2005年。

1. 正統修邊

關於正統以後的大邊、二邊（即新大邊、二邊）修築的先後順序，解野草據前述《重修大邊碑記》，正確地指出是先修小邊，後築大邊，而非相反。糾正了一些著述中的錯誤認識⑯。對於兩邊修築時間，則提出是明弘治十四年（1501）。然而，前述《碑記》明言是“重修”，因此這個年代是重修之年而非始築年份。今山西境內明長城始築於何時？新編《左雲縣誌》據《明史・魏源傳》載正統二年（1437）五月“命整飭大同、宣府諸邊，許便宜行事。”及次年“按行天成、朔州諸險要，令將吏分守。”將修築時間提早到1437—1438年。這條記載也比較籠統。實際上，不能單獨考慮邊的修築，而應該從整體著眼，特別是邊、堡關係入手來考察。邊依託堡，堡以守邊，二者相輔相成。守護大邊的邊牆五堡（鎮邊、鎮川、宏賜、鎮河、鎮虜）主要成於明嘉靖時期，初倡修者爲張文錦，成於毛伯溫。但張文錦倡修五堡，不是平地而起，而是舊五堡的基礎上改築。所謂舊五堡，即紅寺、牖圈、窯山墩、水盡頭、沙河堡。其中紅寺堡，“在北五十里，週一里二十步，高二丈三尺，明正統元年（1436）築”⑰。則五堡之修，遠早於嘉靖時期，也早於魏源整飭諸邊。紅寺堡既築於正統元年，則明初邊牆之修，至少不遲於1436年。

如果從築城的角度考慮，還應更早。洪武三十一年，築陽和、天成衛城。正統三年，置威遠衛。從明蒙雙方的攻防關係來看，正統十四年是一個重要轉折點。

正統十四年（1449）七月，由於長期的明蒙貿易摩擦，蒙古兵入陽和，總兵官朱冕、西寧侯宋英阻禦，戰歿於陣。明英宗受王振蠱惑，率爾親征，抵大同後又倉皇退卻，途中復一波三折，終於在懷來爲蒙古也先部騎兵包圍，遂有“土木之變”。皇帝被俘，演变爲一場重大的政治、軍事危機。經此戰災蹂躪，大同地區外部的防禦系統幾乎被摧毀，“諸衛什伍虛耗，時患擁逼”。無奈祇好棄邊外的東勝左、右衛，雲川衛、玉林衛，收縮到大邊以內防守。但總體力量已不比從前。於是有景泰元年的水頭之戰、入寇蔚州及天順四年的大掠雁門諸州事件。明朝方面不得已於天順六年築高山城，衛護大同。嘉靖十四年（1535）再度改建。

2. 成化修邊

成化年間明朝出於戰略考慮，開始整備沿邊機構設施。先是成化十五年（1479），設置大同左、右衛儒學。1481年，築平虜（櫓）衛城。接着，1483年再修長城，“起自大同中路，至偏頭關界六百里”。次年，總督侍郎余子俊主持修築井坪城，主要是爲了溝通聯繫威遠城與朔州城，戰時轉運兵員物資⑱。成化二十一年，余子俊曾親自調

---

⑯ 解野草《三屯鄉長城古堡考釋》，《三屯文化圖誌》，左雲縣政協等編印，2003年，22頁。

⑰ 道光《大同縣誌》卷六，《關隘》。

⑱ 《雲中郡誌》卷一，《方輿誌・沿革》；卷三《建置誌・城池》。

查、規劃邊防工程。“總督都御史余子俊踏勘過大同小邊，東西長五六百里，該用墩二百一十座，擺合要害，見有墩五十六座，該修墩一百五十四座。”這是大同防區。山西轄境，“後親自踏勘，得偏頭關小邊東西長七十里，該用墩四十二座，擺合要害，見有墩二十五座，該修墩一十七座”。從這條記載也可看出，此前的大邊、小邊是以墩臺爲主體構成的。墩臺間距或一二里，或二三里不等。每墩駐兵九名，每二十墩設指揮一人。主要任務是瞭望哨探，遇有入寇，或相機截殺，或堅壁清野。從九邊圖上看，大邊墩臺稀少，小邊密集，兩邊都是牆堡結合。按余子俊最初設想爲大規模築城增堡，“當議得西自偏頭關起，歷大同，抵宣府，俱係億萬年拱護京師。切近藩籬，照依延綏事體，修削墩臺壕牆等項，庶幾邊方得有保障，所在軍民耕田鑿井，各遂安養”⑲。“而媒孽者以爲糜費，旋止。”⑳結合實地調查印象，余子俊所修“小邊”，可能就是今涼城、清水河境內殘存的長城。

3. 弘治修邊

成化年間的整修，既不徹底，又因是土築，到弘治時期，風雨催剝，加上“又被乘夜竊穿”，已是大邊蕩然，小邊僅存。這直接助長了蒙古各部的攻勢。與以往蒙古寇邊疾來速去的特點不同，蒙古酋首因得到漢族降人丘阜（富）的戰略戰術指點，甚而安營扎寨，圍城攻堡。如弘治十年（1497）九月，俺答諸營自左雲、右衛一綫侵入，“東抵渾源、南並朔、應，堡寨多空。”大掠之後，屯營右衛，“自丁巳（1497）九月至戊午（1498）春季不退”。城中乏食，遣死士突圍促餉，途中受蒙古掩襲，被解除武裝。蒙古軍切斷餉道，“轉輸不能至右衛矣”。數萬生命，岌岌可危。明朝調兵遣將，自上谷、晉陽、關中調精兵增援。出師數萬，終得圍解㉑。但小邊之外，已淪爲蒙古牧場，“民庶牛馬殺掠無算”。弘治十年，李介奏“大同往時外有大邊，內有小邊，設險嚴密，保障易爲。歲久傾圮，守臣不能修。東自宣界，西至偏關，其間舊牆尚堅者百五十餘里，今葺者半之，改者半之，並斬崖浚壕，增墩益堡，大約五百里，用卒四萬人。及今年稔圉靜，取工於本邊，每年兩月之役，不當興師萬之一。從之”㉒。弘治十三（1500）年夏，蒙古強酋火篩與大節（答吉）再次分道入寇大同，西路歷威遠、左衛，駐營朔州；東路歷天成（城）、陽和，駐營蔚州之暖泉。兵馬四出搶掠。守兵避不敢戰，援軍則不敢嬰其鋒。明朝經此大創，亡羊補牢，遂痛下決心，再整邊備。朝廷任命劉宇、莊鑒負責宣大軍事。二人協同巡按御史韓春一起上書，陳“飭邊圉、精甲兵之務”。是年築聚落城，“本城爲大同左輔，與高山城稱兩翼”。首要任務就是

⑲ 《九邊考》卷五，《大同鎮》；卷第六，《三關鎮》，《明代蒙古漢籍史料匯編》第六輯，262、276頁。

⑳ 《雲中郡誌》卷七，《武備誌·關塞》。

㉑ 欒尚約《平雲西碑記》，《雲中郡誌》卷一三，《藝文志》。

㉒ 方孔炤《全邊略記》卷二，王雄点校《明代蒙古漢籍史料匯編》第三輯，52頁。

重修大邊。1501年四月，“積財用，調芻粟，具畚鍤，會調兵校壯庶，凡六萬人，而分帥以督之者一百五十四員”。經過四個月的努力，築起東起西陽和，西至偏頭關，延亙980里，寬1.5丈、高1.3丈的宏偉長城。配套設施方面，“增斥候也百，加築堡砦也六百七十，挑鑿坑塹也百萬，高深形勢，如崗如川，而保障復固矣”。“斥候既密，而堡砦亦嚴。”並在武器方面謀求創新，“作威敵之器”。明朝方面冀望一勞永逸，“自今伊始，庶其無邊患矣”[23]。顯然是近乎幻想。但此次整修邊牆，確實是投入了大量物力。

4. 嘉靖修邊

弘治修邊以後，僅過了數年，蒙古再次寇邊。1505年六月，寇應州、懷仁。七月，由新開口入，寇宣府。明軍損失官兵八千人以上。正德九年寇蔚州、宣府。十一年，寇鎮西衛、寇應州。整個嘉靖朝，由於連續受到蒙古之壓力，邊、堡設施廢而修、修而廢，大同方面投入了極大力量。

嘉靖三年（1524），大同巡撫張文錦認爲大同北無亭障，無以防虜，於是主持修築五堡。不意激起兵變，文錦被殺，諸堡悉廢。“是後虜寇無歲不警，警無不至鎮城（大同）下者。”[24]1539年毛伯溫總督宣大軍務，痛感五堡的重要性，於是在巡撫史道、總兵梁震的配合下，以舊堡爲基礎，調整位置，再築新五堡。“相地險易，立鎮邊、鎮川、鎮河、弘賜、鎮櫓五堡，三月而工就，號曰北路。”[25]“五堡雲中腹背之地，北逼沙漠，南翼鎮城，東亙陽和，西連左衛。”並以三千官兵分駐各堡。又在五堡“西北一帶深挑壕塹一道，沿壕築立墩臺，各設旗軍哨守”。等於在五堡之外，再築一道藩籬。大邊以內，另挖壕塹，“東自陽和，西抵高山（城），俱接陡山一百六十餘里”，壘土爲牆，深1.3丈，高1.4丈，合計2.7丈，寬1.5丈。這在當時稱爲“挑壕”。沿壕外二里築墩臺，共六十餘座，每墩上蓋房屋，以駐兵守壕。

毛伯溫後余子俊經理軍務，力主建立一條東起四海冶，西抵黃河，長一千三百餘里的邊牆；沿邊增築440墩臺，計畫使用役夫8600人。大同部分，主要是從中路起，隨小邊建築墩臺，相隔二里1座。但這一計畫受財力限制，加上權臣掣肘，未按計劃完成。

1543年翟鵬接替餘子俊後，主張長塹戰略，配以堡、墩。爲了強化新築五堡，“乃自鎮邊堡東自陽和，自鎮河堡西至老營堡鑿爲長塹。遂於塹內城滅櫓、靖櫓、破櫓、威櫓、寧櫓五堡。後復城滅狐、破狐、殘狐、敗狐諸堡，布列塹內”[26]。《大同縣誌》記載，翟鵬主持挑修大同壕牆一道，長390餘里，深廣各2丈，且壘土爲牆，築新墩292座，護墩堡14座，蓋營房1500間，募兵1500名[27]。另據周尚文報告，實際負責工程的是

㉓　周經《重修大邊碑記》，《雲中郡誌》卷一三，《藝文志》。

㉔　王士埼《三雲籌俎考》卷一，薄音湖、王雄點校《明代蒙古漢籍史料匯編》第二輯，呼和浩特：內蒙古大學出版社，2000年。

㉕　《雲中郡誌》卷一《方輿誌·沿革》。

㉖　同㉕。

㉗　黎中輔纂《大同縣誌》卷一三，《宦績》，太原：山西人民出版社，1992年。

總兵官周尚文和巡撫趙錦。邊牆自大同迤北新建的“靖虜堡起，由弘賜、左右威平、朔州，接至山西丫角山墩東西，修完邊牆，添墩建堡”。“挑修三邊牆壕，沿長四百餘里，築墩建堡，召軍填實，……地方頗以寧靜。”㉘

嘉靖二十三年（1544）翁萬達繼任，認爲“塹可填渡，且不利拒守，故必城長城，長城必有臺，利於旁擊；臺必置屋，以處戍卒；近城必築堡，以休伏兵；城下留數暗門，以便出哨”。堅持長城戰略。這一時期的修邊事業有兩個關鍵人物，一是宣大總督翁萬達，另一人是大同鎮總兵官周尚文。一些記載主要歸功於翁萬達，如：

（1）《翁尚書墓誌銘》說：“修築邊牆二百里，增添墩臺、路驛相望，虜不敢輕犯”。

（2）《翁襄敏公神道碑》說：‘築邊牆自老營堡，距滫石澗，袤二萬餘丈。”

（3）《明史·翁萬達傳》載：“乃自大同中路天成、陽和、開山口諸處，爲牆百二十八里，堡七，墩臺百五十四；宣府西路西陽河、洗馬林、張家口諸處爲牆六十四里，敵臺十。斬崖削坡五十里。工五十餘日成。”㉙

（4）雍正《朔州志·名宦·翁萬達》記，嘉靖二十四年“以兵部侍郎兼總督宣大軍務。……於是築長城，自丫角山至陽和，補故創新，凡三百餘里，敵臺、暗門，制最詳備，進兵部尚書”㉚。

實則這一計畫從提出到實施，始終都有總兵官周尚文、巡撫詹榮的參與，不當歸功於翁萬達一人。特別是周尚文，“後拓地置堡，修築墩牆，總兵周尚文之功居多”㉛。且修築邊牆與築堡往往同時並舉。實際的興工順序，大概是這樣：

（1）嘉靖二十三至二十四年（1544—1545），先在二邊以北加築四座新堡，鎮羌堡、拒牆堡、拒門堡、助馬堡。二十三年八月中，“自大同左衛二邊馬頭山起，東由黑山門、宣寧、水口至榆溝，補修過邊牆一百五十餘里。舊有墩臺三十一座，添築新墩八十二座，補修水口、宣寧、亂草營舊堡三座。……水口堡改名鎮羌，實軍一千名，宣寧縣堡改名拒牆，亂草營改名拒門，每堡實軍各五百名”。

（2）二十四年六月，“又將原挑三邊牆壕東西五百餘里幫修，各加高、厚三尺，內挑品坑六百一十一萬八千有餘，並遏虜騎”。九月新築一堡，改名助馬堡。新築四堡在已有的弘賜、鎮虜、破虜、滅虜四堡之北，相距二三十里㉜。此即塞外四堡。

（3）築大同東路邊牆。二十五年一月，翁萬達鑒於陽和西自開山口至天成李信屯一百三十餘里，原無邊牆，無法阻遏蒙古的大舉進犯，請旨修築邊牆一道，添設敵臺、堡壘。計畫三月開工，需銀29萬餘兩。實際完工138里，沿牆墩154座，土堡7座，用銀

㉘《翁萬達文集》卷一三，《及時修武攘夷安夏以光聖治疏》、《修設二邊墩堡召軍填實保固地方乞處糧賞軍器疏》，上海：上海古籍出版社，1992年。

㉙《翁萬達文集》附錄三。

㉚ 雍正《朔州志》卷六，《名宦》，雍正十三年刻本。

㉛ 楊時寧《宣大山西三鎮圖說》卷二，《大同鎮總圖說》，明萬歷三十一年刊本。

㉜《翁萬達文集》卷一三，《修設二邊墩堡召軍填實保固地方乞處糧賞軍器疏》。

24萬兩㉝。這就是所謂“補故創新”的創新部分。“二十五年，築長城，補故創新，凡三百餘里。”㉞

（4）二十六年三月，“築長城，自丫角山以東至陽和靖櫓堡，舊長城不足據者悉增修如式”㉟。這也是一次大規模的整修。

（5）二十八年五月，“城外塞。塞如偃月形，東西皆附於舊塞，暗門敵樓如制。”㊱都御史李仁參與了規劃設計。

翁萬達歷經數年，苦心經營的防禦體系，卻因隨後而來的“通市”遭到巨大破壞。1551年，俺答寇大同，逼迫兵部侍郎史道開設馬市貿易。通市以後，蒙古部衆可以合法大舉湧入，“初，翁萬達修築宣大邊垣千餘里，烽堠三百六十三所，差完固。至是以通市半爲俺答所毁”㊲。以後，蒙古以“叩市”爲名，連年興兵入塞。特別是嘉靖三十七年（1558）大舉圍攻右衛城，長達七個月。新任總督楊博調集數萬大軍援救，圍始解。楊博議置大同兵備道於左衛，並增築雲岡等六堡㊳。“增築東路牛心山土堡大小九座，墩臺九十二。”㊴

5. 萬歷修邊

1558年以後，明朝大規模的修邊告一段落。僅在隆慶三年（1569），修築了三屯堡。1570年，借助把漢那吉降明事件，俺答受封通貢，即歷史上有名的“隆慶和議”，明蒙之間至少在宣大地區實現了數十年的和平，“全云享六十年太平”。借助這難得的喘息之機，明朝在萬歷八年（1580）在總督鄭洛的主持下“次第完善以修圉備”，“築大邊五百六十餘里，又築三屯、馬營、樺門等堡”。此前興築的所有城池、堡壘幾乎都作了包磚加固，“各路堡砦凡土築者，奏請磚包之”㊵。

然而，由於和平的實現，這些工事已經失去其目的性。得益於這寶貴的和平，“往歲虜馬充斥，四時戒備，師老餉費，商旅阻絕，地方之困苦極矣。款後軍民樂業，生齒漸繁，非復昔日凋殘景象”㊶。

萬歷末年，蒙古林丹汗崛起，薊遼、宣大地區明蒙之間呈和戰交錯局面。但此時明朝的邊防焦點已轉移到遼東一綫，重點防禦滿洲。而“興亡週期律”作用下的明朝開始

㉝ 《翁萬達文集》卷八，《及時修武攘夷安夏以光聖治疏》。《大同縣誌》卷六《關隘》認爲此段長城築於二十三年，詹榮主持修築。不確。

㉞ 《雲中郡誌》卷一，《方輿誌·沿革》。

㉟ 同㉞。

㊱ 同㉞。

㊲ 《大同縣誌》卷六，《關隘》。

㊳ 《宣大山西三鎮圖說》卷二，《大同鎮總圖說》。

㊴ 《雲中郡誌》卷六，《秩官誌·名宦·功業》。

㊵ 同㊴。

㊶ 《宣大山西三鎮圖說》卷二《大同鎮總圖說》。

陷於國力下降的危機中，表現爲朝政混亂，稅收支絀，民生凋敝。明朝無力、也無暇顧及宣大地區的防務了。

明代大同鎮的防禦體系，主要經過了正統、成化、弘治、嘉靖、萬歷幾個時期的持續營建，幾經興廢才大體穩定下來，但“俺答封貢”帶來的和平局面、遼東滿洲興起導致的戰略重點轉移和明朝國力下降三者的綜合作用使大同沿綫防務日漸衰弱。

明蒙長期的軍事對峙留下了大量的邊塞文化遺跡，其存在形態包括長城、堡、墩、臺、寨、塚、寺、碑等。首先是長城，包括不同時期的大邊、二邊。此外還有大量相互配套的軍事防禦設施：邊城（衛、所）、關、堡、墩、臺、口、鋪、寨、屯等，不少遺跡保存完好。其中左雲地區“左衛所轄則中與北、西威遠三路；及高山等二十八城堡”[42]。配套設施則包括：軍火器械局庫、教場、軍屯等等。這些物質遺存向我們展示着明代的軍事文化和邊防制度，具有獨特的價值。

Research on the Evolution of the Great Wall and Its Forts in Datong during the Ming Dynasty

Also on the Concept and Distribution of “Dabian” and “Erbian”

Zhang Yongjiang

This paper discusses the evolution of the Great Wall and its forts of Datong in Shanxi province during the Ming Dynasty, and analyses the concept “Dabian” and “Erbian” in particular. This paper argues that there were “Dabian” and “Erbian” which were different location and distribution in the Ming Dynasty, and they should be located in Inner Mongolia of the early Ming Dynasty. Now the existed Great Wall at Jin and Mongolia’s junction that was within “Erbian” during the early Ming Dynasty is the new “Dabian” after Jiajing period of the Ming Dynasty. There are two reasons for the reversed dislocation of “Dabian” and “Erbian” on historical and contemporary data: one is that after Zhengtong period, both Ming court and Mongolia changed the offensive and defensive situations, which caused the sharp contraction of the protection areas of the Ming Dynasty; the other is that after Chenghua period, repairing the forts repeatedly made this impression. The defense system of Datong, primarily through several ongoing construction of Zhengtong, Chenghua, Hongzhi, Jiajing and Wanli period, generally stabilized after several rises and falls. However, the combination of the three aspects—the peace situation brought by “Altan tributary” brought, the strategic shift caused by the rise of Manchu in Liaodong and the decline of national power of the Ming Dynasty—makes the power of Datong’s defense decline gradually.

㊷ 光緒《左雲縣誌·官誌》，《中國地方誌集成·山西府縣誌輯》本，南京：鳳凰出版社，2008年。

元明西北蒙藏漢交融背景中的魯土司家族政教史事考

——以紅城感恩寺藏文碑記釋讀為中心*

魏 文

一、緣 起

感恩寺又名大佛寺，坐落於甘肅省蘭州市永登縣縣城東南約30公里的紅城子鎮西南隅[①]，東距312國道約200米，西側緊挨蘭新鐵路，東南距離省會蘭州市區約79公里，該寺始建於明弘治五年（1492），竣工於弘治八年（1495），歷時三年時間，由蒙元以降西北地區著名的土司家族魯氏第五輩土司魯麟施資興建。建成之後第二年弘治皇帝旋即依魯氏所請賜名曰“感恩寺”，目前寺院主體建築與基本格局仍然保持着始建時期的面貌，後世營繕和兵火所造成的擾動不大，是目前魯土司家族施貲修建的廟宇中保存最為完好的一座。

感恩寺殿堂坐北朝南，佈局為傳統漢地禪宗寺院“伽藍七堂”模式，占地面積大約3000平方米，建築面積400多平方米，主體建築呈南北走向排列在一條狹長的中軸線上，北偏西大約20°，南北總長133米，東西寬近20米。總計有單體建築九座，其中從南向北依次為牌樓山門、碑亭殿、哼哈二將殿、天王殿、天王殿兩廂的藥師殿和地藏殿、大雄寶殿、大雄寶殿兩廂的護法殿和菩薩殿。根據甘肅省文物保護維修研究所近年的測繪報告[②]，其中牌樓山門為清代咸豐年間所建，藥師地藏二殿為20世紀90年代新建，碑亭殿為嘉靖四年（1525）所修，原建之鐘鼓樓至少在1963年調查時就已無存，近年於原

---

* 本文係魯土司家族寺院研究項目的系列成果之一。文中使用的漢藏文碑記是謝繼勝教授、熊文彬研究員和廖暘副研究員在數碼相機尚不普及的年代，在昏暗的燈光下耗費了一周的時間逐字逐句抄錄而成的。在此筆者衷心感謝他們的辛勤勞動。此外，本文寫作過程中，亦得到了謝繼勝、烏雲畢力格、沈衛榮三位教授以及羅文華研究員的指導和幫助，言傳身教使筆者得道焦窮，謹此一併致以謝忱。

① 紅城鎮位於蘭州市永登縣東南莊浪河下游兩岸，東接樹屏、西槽鄉，南靠苦水鄉，北臨龍泉寺鄉，總面積為341.1平方公里，鎮政府所在地即為紅城子，312國道貫穿其間，距離縣城33公里，全鎮現存文物古跡四處，分別是感恩寺、陝山會館、文昌廟和明城牆遺址。

② 見甘肅省文物考古研究所《甘肅省永登大佛寺（感恩寺）勘察報告》，永登縣文化局藏。

基址處修建了地藏藥師二殿[③]，除此之外，其他主要殿宇均為始建時期原構。寺內現存包括栱眼壁畫、天頂彩畫和其他壁畫在內的大量繪畫，以及種類繁多，精美異常的彩塑和懸塑，其中相當一部分為始建時期的原物，具有非常重要的歷史和藝術價值[④]。

此外，令人驚喜萬分的是，寺內保存有一通完整的漢藏文建寺碑，而碑陰鐫刻的長篇藏文材料中所蘊含的豐富而信實的歷史內涵，與蒙元以來西北地方漢、藏、蒙等民族的政治關係、遷徙活動和宗教信仰等歷史情況牽涉頗多，因此對於學術研究的意義十分重大。然而，時至今日這篇重要的文獻仍然不為學界所知。故而，本文擬就這件全新的第一手材料進行全面細緻的翻譯識讀和文本考據，並有基於此對相關的一些歷史問題進行更為深入的闡釋。

感恩寺建寺碑石安立於寺內碑亭殿中，保存狀況較為完好。此碑高3.68米，石質為當地常見的紅灰色岩石。碑首略呈方形，上部抹角，正面雙鉤線刻柳葉篆書“敕賜”二字，背面對應位置雙鉤刻寫小篆“感恩寺碑記”五字，均為七世土司魯瞻所書。前後兩面文字左右均刻有浮雕雙龍戲珠圖案，游龍生動，呼之欲出，雕刻手法可謂精妙絕倫。石碑基座呈梯形，雕刻有精細的雙龍戲珠、西番蓮和卷草圖案，線條顯得靈動自然圓渾質樸，具有明早期的雕刻風格。基座四角各有高浮雕金剛力士一尊，意在托起石碑，力士的雕刻手法稚拙樸實，憨態可掬，頗具民間藝術的特色。石碑正面鐫刻漢文《敕賜感恩寺碑記》，為五世土司魯麟撰文，六世魯經書丹。全文辭藻瑰麗頗富文采，書法遒勁健美而法度森嚴，體現出魯土司家族深厚的漢文化修養（原文參見本文附錄）。

此碑按漢藏文碑記記載，立於“嘉靖四年歲次乙酉季夏吉日”即西元1525年夏天，這一時間距離感恩寺工程竣工已歷卅載，而魯麟已於正德元年（1506）病歿，碑文卻明確為其所撰。究其原因主要是由於魯麟及其子魯經在弘治七年（1494）感恩寺尚未完工之時，就被朝廷調往永昌抵擋韃靼的入侵。嗣後韃靼連年入犯，魯土司父子常年縱馬疆埸自然無暇顧及立碑之事。直到嘉靖四年（1525）戰事稍歇、魯經上書請求致仕之時方纔將其父所擬長文刻寫上石[⑤]。

此碑背陰銘刻三欄藏文題記，刀法鋒利，文字優美，精彩異常。細讀之下可以發現此藏文碑記與碑陽漢文碑記內容完全兩樣，與河西地區現在已知的明代碑記漢藏文對照、二體一文的形式完全不同。很顯然，這是一段被人久為忽略而有待發掘的全新材料。筆者謹將藏文碑記全文轉錄、譯注於下。

---

③ 鐘鼓樓係民國時期拆毀。參見李焰平《甘肅窟塔寺廟》，蘭州：甘肅教育出版社，1999年，309頁。

④ 關於感恩寺的現存狀況以及初步研究請參見張寶璽《永登海德寺和紅城感恩寺調查研究》，《敦煌學輯刊》2006年第1期，34—42頁。羅文華、文明《甘肅永登連城魯土司屬寺考察報告》，《故宮博物院院刊》2010年第1期，總147期，60—84頁。廖暘《紅城感恩寺的繪畫與雕塑》收錄於謝繼勝主編《藏傳佛教藝術發展史》，上海：上海古籍出版社，2011年，466—488頁。《甘肅永登感恩寺金剛殿栱眼壁畫圖像考釋——兼論其空間佈置及十忿怒尊與十大明王的區別》，《宗教信仰與民族文化》第一輯，北京：社會科學文獻出版社，2007年，252—295頁。魏文《紅城感恩寺及其壁畫研究》，首都師範大學碩士論文，2009年。

⑤ 參見蘇裕民《紅城感恩寺碑記撰寫立碑時間考》，《絲綢之路》2001年S1期，68頁。

二、感恩寺藏文碑記原文及譯注[⑥]

]=碑文换行处　…=碑文闕損處

總題名原文：

@//da'i ming rgyal po'i lung gi kan ngen si[⑦] //]

總題名漢譯：

大明皇帝敕建感恩寺

第一欄（L1）原文：

@//1. bsod nams chen po'i dpal gyi mngon par tu mtho' ba'i[⑧]] tshen kyun du du hu cung beng[⑨]mye lu'u kying[⑩]] 2. lo ni shu rtsa gnyis steng na/ rang gi hor gyi sde pa dang hor dmag la] kha ta byas/ 3. yab 'das pa la kun rig gi stong mchod byas/] gser gyi yum bzhengs/ 4. lo gsum gyi par[⑪]du zla dus kyi mchod] pa dang/ dus ran lasogasa pa'i[⑫] dge rtsa dpag du med pa byas] so/ 5. gzhon yang rgan pa'i blo gros can// mkhas par gyur kyang] nga rgyal med/ dpal 'byor ldan yang dregs pa med/ 6.de'i] grags pas 'jig rten khyab// 7. lo ni shu rtsa lnga'i steng na drong] long[⑬] tshan zang[⑭] byas nas] rgyal po'i khrims tshul bzhin tu bskyang/ 8.] rting du rgyal pos tshen kyun du du'i[⑮] las ka/ 'brug ma'i la ba[⑯]/] shel gyi ske rag/ zi nying ta'i gon[⑰] lasogs pa'i las ka rim] pa bzhin gnang/ 9. skye sngon phyin drug la sbyangs pa'i/ long] spyod che skye gzugs mdzes// pha rol blo yi zil gyi gnon[⑱]/] khrims gnyis[⑲] 'byed blo gros ldan// 10. rang gi yab myes] gong ma'i srol bzhin du/ gsung rab bri ba 'don pa/ gtsug] lag khang 'chos pa dang/

---

⑥ 此碑文係謝繼勝教授、熊文彬研究員、廖暘副研究員合力所錄，筆者亦專赴感恩寺，對照原碑逐字進行了細緻地校對。

⑦ kan ngen si，為漢文“感恩寺”三字藏文音譯。

⑧ 當為mthong ba之誤。

⑨ tshen kyun du du hu cung beng，當為“前軍都督副總兵”之音譯。

⑩ Lu'u kying，當為第六世魯土司“魯經”（1485—1556）音譯。

⑪ 當為bar之誤。

⑫ 感恩寺碑記中la sogs pa出現多次，均寫作lasogs pa，是為古寫法。

⑬ drong lang，當為漢文“莊浪”音譯。

⑭ tshan zang，當為漢文“參將”音譯。

⑮ tshan kyun du du，當為漢文“前軍都督”音譯。

⑯ 按藏文中並無'brug ma一詞，'brug意為“龍”。la ba意為“袍子”。參照漢文史料，'brug ma'i la ba當譯為“蟒袍”。

⑰ zi nying，當為漢文“西寧”音譯。ta'i gon，藏文中無此詞，應為漢文“代管”音譯。

⑱ zil gnon，意為“降伏”。兩字中之gyi，當為gyis。

⑲ khrims gnyis，《東噶藏學辭典》（*Dung dkar tshig mtshod chen mo*），khrims gnyis詞條解釋為srid khrims dang chos khrims kyi lugs gnyis，義爲“政教二道”。

khyad par du myes pos bzhengs pa'i mchod] rten brgya rtsa brgyad/ gzhi nas jon brtsig nas gsar du bzhengs pa] lta bu'i ngo mtshar bar byas// 11. dge ba'i bshes gnyen dam pa rnam] mthong na bkur sti byed/ dman pa ma nus pa rnams la sbyin gtong] losogs pa'i sgo nas bu bzhin du skyon ngo//

12. yab myes gong ma'i] srol bzhin du//
　　gsung rabs bri dang 'don pa dang//
　　rnying] pa 'chos dang gsar pa bzhengs//
13. rang srid chos dang ldan par byas//]
　　dam pa mthong na lhag par dad//
　　de la bkur sti gtso bor byed//]
14. nga rgyal can gyi khengs pa gcog//
　　dman pa rnams la lhag par] brtsi//
15. de'i dbul ba ma bzod nas/
　　snying rje'i gzhu mo] rab bkang te//
　　sbyin pa'i mda'i char phab nas//
　　de'i] dbul ba 'joms pra byed//

16. de'i sras kyin yi au'i tri hu'i[20] lu'u cen[21]/] yab sras 'di gnyis dkon mchog gsum dad pa'i stobs kyi[22]/] rgya gar nag gyi yul gyi rten gsum byin rlabs can/ mang po] gdan drangs/ 17. rang gi[23] yang sku gsung thugs kyi rten mang po] gsar du bzhengs/ 18. khyad par du gser gyi yum rgyas 'bring bsdus] gsum lasogasa pa'i gsung rabs mang po bzhengs/ 19. de dag] gi mdun du spos dang mar me lasogasa pa'i mchod dang rgyun ma chad] par byed/ 20. byin brlab dpag med mnga' ba'i rten mchog rnams] dad pa'i 'od zer lcags kyu rnon po dang// snying po mad] ba'i nor kyi spyan drangs nas/ mos gus rgyun 'chad med] pa'i mchod pa 'bul/ 21. yab sras 'di gnyis kyi ring la] dbu su mang ja chos rje rnams la/ 'bul ba dang bcas pa] lan mang bsgrub/ 22. yab myes gong ma rnams las kyang] chos dang 'jig rten gnyis ka khyad thon shing/ lhag par] bstan pa dar zhing rgyas par mdzad do//

23. mtsho chen dag la] chu ni mi zad bzhin /
　　dam pa rnams kyi yon tan brjod mi zad/]
24. klu skyabs yab sras mdzad 'phrin cung zad cig//]
　　mi 'jig rdo la yi ger bkod pa yin//
25. tshul 'di] mthong na dad ldan ba spu g.yo'[24] //

---

⑳ kyin yi au'i tri hu'i，當為“錦衣衛指揮”漢文音譯。

㉑ lu'u cen，當為六世土司魯經之子魯瞻之音譯。

㉒ 原文作kyi，據上下文當為kyis之誤。

㉓ 原文作gyi，據上下文當為gyis之誤。

㉔ 原文g.yo'，當為g.yo另一寫法。下文寫法與此同。

26. rlom pas khengs] rnams gdong ni sa la 'dud//
27. 'phrag tog㉕ can rnams] tsher ma'i mal na nyal//
27. gzur gnas grags pa'i rgyal] mtshan phyogs bcur bsgreng//
28. g.yon med bsam bas bsgrub] pa yis//
mi zad dge ba'i gter chen 'dis//
bshes] gnyen dam pa bston pa㉖ dang//
rgyal ba'i chos tshul] 'dzin par shog//
29. rgyal blon chab srid brtan pa dang//]
sbyin bdag sku tshe ring ba dang/
snyung med bzo bdog bde] ba dang/
rig rgyud yun ring gnas gyur cig//
30.long] spyod rgya mtsho' ltar mi zad/
grags pas 'dzam gling kun] tu khyab//
31. chab srid phas rgol g.yo' med par/
ri bo] lta bur brtan gyur cig//
32. chos sku'i mkha' la mkhyen] brtse'i dkyil 'khor rgyas//
'phrin las zer gyis gdul] bya'i blo mig 'byed//
33. ston pa bla med sangs rgyas rin po che//]
dus gsum sangs rgyas rnams kyi㉗ khyed skyong cig//
34. de yi] bstan pa lung dang rtogs pa'i chos//
sa gsum mun pa] sel ba'i sgron me'i mchog//
phan bde'i ku mud rgyas pa'i] bsil zer can//
35. dam chos rin chen bdud rtsis khyed skyong] cig||
36. bstan pa'i rjes 'jug bslab pa gsum nor gyi phyug//]
lhar bcas 'gro ba 'dren pa'i dpal du gyur//
37. ston pa'i] bstan pa 'dzin pa'i skyes chen mchog//
dge 'dun rin] chen rnams kyi㉘ khyed skyong cig//
38. sangs rgyas sku gsum brnyes] pa'i byin brlabs dang//
chos nyid mi 'gyur brtan pa'i] byin brlabs dang/
dge 'dun mi phyed mthun pa'i byin] brlabs kyis//
klu skyabs yab sras chab srid brtan par] shog//
39. ces rig rgyud dpal gyi mngon par mtho zhing/]

㉕ 原文'phrag tog應為phrag dog之誤。
㉖ 原文bston pa，藏文無解，結合上下文意，當為bstan pa之誤。
㉗ 原文有誤。應為施事格助詞kyis。
㉘ 應是施事格助詞kyis。

dad pa dang gtong ba lasogs pa'i yon tan du mas nye bar mdzes] pa'i/ tshen skun du du hu cung bed kon a mye lu'u kying yab] sras kyi bskul ba'i ngor// 40. gzhon nu la rab tu byung zhing] dbus su song nas yang dag par yongs kyi/ dge ba'i gshes] gnyen rnams kyi zhal gyi bum bzang las/ mdo sngags] kyi gzhung lugs rgya mtsho lta bu'i bcud// 41. bdud rtsi'i] chu rgyun byung ba// nyid kyi blo gros kyi bum cud legs par] bltams zhing// rang...ser...'khrung shing lo mang po'i par du] bsten 'akura byas/ 42. chos kyi bka' drin nor bu'i bla ma/] hor bka' bcu chos rgyal mtshan gyis/ ta'i thung za'i[㉙]] rdo ring gi yi ge gzhir byas/ 43. de'i steng na snon dgos bsnan 'jal] dgos bzhag nas/ 44. tshig gong 'og bsngo ba...nas/ 45. ming kya' jing...] lo bzhi pa shing ma bya'i lo/ zla...pa drug pa yar ngo tshes grang] dus tshod bzang bo la mi 'gyur rdo la yi ge bkod pa'o/ dge'o//]

第一欄（L1）漢文譯釋：

1. 現大善吉祥殊勝福德之前軍都督副總兵大父魯經。2. 年二十二（1507），為土酋。並領土軍。3. 嘗為乃翁（魯麟）行超薦千供，且以金汁繕般若波羅蜜多經。[㉚] 4. 凡三載間，每月供奉一次，周年之時亦加供養，由此而積聚無量善根。5. 彼雖為少年，但已成具長者智慧之賢者，且無我慢，雖家貲鉅富卻無自傲。6. （由此）彼之名聲遠播四方。7. 年二十五（1511），彼為莊浪參將，依帝旨鎮守莊浪。[㉛] 8. 此後，帝命為前軍

㉙ ta'i thung zi，當為漢文“大通寺”音譯。

㉚ 正德二年（1507），魯麟薨，子經襲父指揮使（正三品）世職，照舊管束莊浪土官、土人並各家口。又因軍功加都指揮僉事銜（正三品），次年又陞都指揮同知銜（從二品）。（清）《重修魯氏家譜》卷二中收錄一件正德二年（1507）的敕諭，記載其中原委甚詳。原文如下“敕都指揮僉事魯經：……爾為副千戶代管。今爾襲父原職指揮使，但部內官員品秩相等，體統未便。且爾嘗隨父在寧夏等處報效殺賊，累有軍功。今特陞爾前職，……爾其欽承朕命毋忽。故敕。正德二年四月二十日”。參見王繼光《安多藏區土司家族譜輯錄研究》，北京：民族出版社，2000年，73頁。另一敕同卷，為正德三年（1508），“敕都指揮同知魯經：……累有軍功。特陞爾都指揮僉事。今以爾明水湖殺賊，本部官軍，有斬獲首級，下巡按、御史勘實。特再陞爾前職，照舊管束前項土官、土人家口。……爾其欽承朕命毋忽。故敕。正德三年十二月二十九”，見上揭書第74頁。另，此處“土人”和“土軍”，藏文原文使用“hor”一詞。按“hor”，原是藏族對黄河以北遊牧民族的通稱。在元明時期藏文文獻中指稱蒙元時期的蒙古或青海湖北岸居住地吐谷渾人。在安多地區，也就是藏區北部黄河以北河西走廊一帶多民族混雜地區，藏人對生活在這一地區的非藏族人，從早期的吐谷渾到元明以後的蒙古爾人（即今天的土族）均通稱之為hor。而明清漢文文獻，如《重修魯氏家譜》和《秦邊紀略》則稱之為“土人”，首領稱之為“土官”，統御軍隊為“土軍”。因此，此處依明譯。

㉛ 正德六年（1511），魯經年二十五歲，據《重修魯氏家譜》家譜卷之一載，正德六年三月二十日皇帝敕諭指揮使魯經，“今命爾充左參將分守莊浪等處，操練馬、步、漢、土官軍，修制城池，撫恤士卒，防禦賊寇。……”。見上揭書《安多藏區土司家族譜輯錄研究》，74頁。

都督，並賜蟒衣、玉帶[32]、復命西寧代管之職。9. 承前世六度淨治（魯經）儀態俊朗[33]，具降伏他者心意，剖析政教二道之智慧。10. 循父祖兩代土司之例，彼誦念、繕寫佛經，修葺佛殿，且特意修繕彼太公（魯鑒）所建之一百零八塔，由地基始而修砌若新建者，令人驚異不已。11. 凡遇極精教理之尊者彼均恭敬侍奉，且為羸弱之眾發放佈施，凡諸善舉如若撫育親子一般。

12. 按父祖土司之例，
施造並誦念佛經，
修繕舊跡營新構。
13. 依佛法而行政事，
虔信精通佛法者，
向彼等恭敬侍奉。
14. 驅除慢者之矜驕，
於孱者悲憫不已。
15. 於此貧苦不堪者，
悲憫心宛如滿弓，
佈施之多如雨下，
盡除彼等之貧苦。

16. 彼與其子錦衣衛指揮[34]魯瞻以虔信三寶（佛、法、僧）之威勢祈請眾多印度及中土具加持力之佛像、佛經、佛塔。17. 彼又新造眾多身語意之佛塔，佛經，佛像。18. 特新造金書廣中略三種般若波羅蜜多經等經典甚夥。19. 復於此聖物前供奉香、燈不斷。20. 由具無量加持之殊勝所依，淨信利鉤之光芒，以及佈施真正精萃資財，獻上川流不

㉜ 實即明代常賜予朝廷重臣或得寵宦官的蟒衣。而且，蟒衣常與玉帶一起賞賜。在明中期，用蟒衣賞賜功臣在制度上是僭越等級的，因此為朝廷所嚴禁。（清）張廷玉等《明史·輿服志》，乾隆四年武英殿刊本，卷六十七載，“天順二年，定官民衣服不得用蟒龍。弘治十三年奏定，公、侯、伯、文武大臣及鎮守、守備，違例奏請蟒衣、飛魚衣服者，科道糾劾，治以重罪。”然而，賜蟒仍然屢禁不絕，十分頻繁。（明）沈德符《萬曆野獲編》，北京：中華書局，1997年，20頁，卷一《蟒衣》：“弘治元年，都御史邊鏞奏禁蟒衣云：‘品官未聞蟒衣之制，……宜今內外官有賜者俱繳進內外機房，不許織，違者坐以法。’孝宗是之，著為今。蓋上禁之固嚴但賜賚屢加，全與詔旨矛盾，亦安能禁絕也。”因此，這裏賞賜從一品的魯經用蟒衣亦屬情理之中。此外，與漢文《重修魯氏家譜》相關記載亦合，參見（清）《重修魯氏家譜》族譜卷之三六世祖傳載“……（正德）七年羣眾入寇，西昆公（魯經）都兵尾之。……虜果驟至，戰於馬場溝，斬虜首二十餘級，大破之。時邃庵楊公為軍門，聞捷稱賞。撫按交章薦揚，特沐優異，賜蟒衣一襲，玉帶一條。昇署都督僉事……”，由此可知，賜蟒袍玉帶之事當在正德七年（1512），蓋因軍功所賜。

㉝ 六世先祖，按《重修魯氏家譜》所載，實為五世祖，此六世當將始祖之長子阿失都忝列其間。

㉞ 按漢文史籍中並無封授魯瞻為錦衣衛指揮的記載。所以此藏文史料可補史闕。其先輩土司如祖父五世魯麟曾封錦衣衛百戶，父親六世魯經曾封授錦衣衛指揮僉事，看來，魯家受錦衣衛職已連續三代。

息滿有敬信愛戴之供養。21. 父子二人（執政）之時，彼等曾多次將齋僧茶置於頭頂獻予眾僧首領。22. 歷輩先祖土司均使政教二道蓬勃興旺，尤使佛教興盛圓滿。

23. 如純淨大海無盡之水，
說不盡賢者無盡功德。
24. 將魯家歷代微末功業，
鐫刻於此不壞之碑石。
25. 虔者觀此汗毛皆不動。
26. 慢者以面伏地作頂禮。
27. 妒者如臥於刺堆之上。
27. 遍許之勝幢插遍十方。
28. 以修證所得堅定意樂，
為求無盡淨善大寶藏，
依止聖賢正士善知識，
奉行佛陀教法之正理！
願佛教檀越[35]壽命綿長，
並身無病疾安享太平。
惟願心中所思得長久！
30. 利樂如大海無窮無盡。
聲名遍佈於南贍部洲。
31. 願國政如大山般穩固，
使國政之敵不能撼動。
32. 由法身虛空智悲圓月，
放事業光開徒眾心竅。
33. 夫無上導師大寶佛陀，
凡諸三世如來以護佑。
34. 彼之教理及悟證之法，
實祛三地黑暗之明炬，
如滿月般利樂之睡蓮。
36. 祈願法主廣有戒定慧。
引眾神眾生悉得吉祥！
37. 執佛法之至尊大勇者，
凡諸大寶僧伽以護佑。
38. 以法報化佛陀之加持，

㉟ 當指魯土司家族。

法性永恆堅固之加持，
僧伽和合永固之加持，
佑魯家祖業穩固太平。
39. 以上所言具大殊勝意。
在具淨信及廣行佈施功德之前軍都督府總兵官魯經父子督促下。40. 年少時於衛藏出家，並聆聽眾善知識聖妙口中湧出之如海顯密精義。41.智慧甘露從妙口中不斷湧流……降生……多年之間做奉侍……42. 教法之恩德大寶喇嘛霍爾噶居绰失吉藏據大通寺之碑記而作，43. 欲增補者均已增補，欲定論者均已定論，44. 以上妙言悉皆回向！
45. 明嘉靖四年陰木雞年（1525）六月上半月吉日[36]，刻於金剛不壞之石。吉祥！[37]

第二欄（L2）原文：

@#//46.//oṃ bde legs su gyur cig/
47.gang sku] shar ri'i rtse las mngon byung 'dab brgya'i mdzes pa 'byed//
48.] mtshan dpe'i 'od kyi dra bas ma rig mun pa'i go skabs] 'joms//
49. thugs rje'i nyin byed kun la snyoms shing] phan bde'i 'od stong 'gyed/
50. /gang zhig skyabs su bzung] na bslu med rgyal ba di yis skyong/
51. /nyan rang byang sems] 'phags pa gsum gyi zla lta'i 'od zer ni/
/rgyal bī rang bzhin] 'od kyis de dag thams cad zil gyis gnon//
52. mu stigs] skar tshogs lta bu'i 'od dang tshangs sogs smos ci dgos//]
53. skyon med yon tan kun ldan rgyal bde la gus phyag 'tshal/
54./] rgyal ba'i rgyal tshab mi pham mgon po dang/
/rgyal ba'i mkhyen] rabs kun bsdus 'jam pa'i dbyangs/
55. /rgyal ba'i lung] bstan klu grub thogs med sogs/
/rgyal ba'i sras mchog] rnams la phyag 'tshal lo//
56. de ltar rgyal ba sras dang bcas] pa la bstod cing/ phyag 'tshal ba'i ngag sngon du btang nas/]57. skabs kyi don/ skal pa bzang po 'di la/ sngon sangs rgyas] dang de yi sbyin bdag/ rgyal po ji ltar byung ba'i tshul ni 58. rgyal] gar gyi rgyal po snga ba mang pos bkur ba'i rgyal po/ de nas] rim par brgyud pa'i rgyal rabs drug par nga la nu[38]/ 59. bcu par] rgyal po mdzes ldan/ de'i sras mchog sbyin/ yab sras] de gnyis gyi dus su/ sangs rgyas khor 'jig rgya gar du] byon nas/ chos kyi 'khor lo bskor/ 60. mi rnams tshe lo] bzhi khri pa'i dus yin/ 61. de nas rgyal rabs sum brgya'i] mthar/ rgyal po kun nas 'od/ de'i sras rgyal po] Caṇaṭa/ yab sras 'di gnyis kyi dus su/

㊱ 本文的寫刻日期與石碑正面的漢文碑記相同。

㊲ 本文作者當為霍爾噶居绰失吉藏，而筆錄者應是一位依止霍爾噶居绰失吉藏的僧人。

㊳ 《新紅史》作nga las nus和nya las nu，參見班欽索南紮巴（Baṇ chen bSod nams grags pa）著、黃顥譯《新紅史》（*rGyal rabs 'phrul gyi lde mig gam deb dmar gsar ma*），拉薩：西藏人民出版社，2002年，1頁。

sangs] rgyas gser thub byon nas// chos kyi 'khor lo bskor/] 62. 'dzam bu'i gling pa tshe lo sum khri pa'i dus yin/ 63. de nas] rgyal rabs sum brgya'i mthar/ rgyal po rad na chen po de'i] sras rgyal po kri kri/ yab sras 'di gnyis kyi dus su/] sangs rgyas 'od srungs byon nas/ chos kyi 'khor lo bskor/

64.] mi rnams tshe lo nyi khri pa'i dus yin/

65. sngon gyi rgyal dang] rgyal po byon pa rnams//

rang rang gdul bya grangs med smin] byas nas//

slar yang zhing khams bzhan du gshegs rnams] la//

66. skyon med blo yi rtag tu gus phyag 'tshal//

67. bdag] cag gi ston pa yang dag par rdzogs pa'i sangs rgyas bcom ldan] 'das/ shakyā thub pa 'dzam bu'i gling pa/ tshe lo brgya pa'i] dus su/ yab rgyal po zas gtsang dang yum lha mdzes] gnyis kyi sras su bltam zhing/ 68. mdzad pa bcu gnyis kyi sgo] nas sems can gyi don mdzad cing/ 69. de'i dus su rgyal po gsal] rgyal dang/ khyim bdag mgon med zas sbyin lasogs] pas// sbyin bdag mdzad nas bstan pa/ dar zhing rgyas] par mdzad do// 70. rgya gar rdo rje gdan du ni// mnyas med/ shakyā'i rgyal po des// mdzad pa bcu gnyis sgo nas ni//] sems can don ni dpag med mdzad// // 71. rgya nag] rgyal po snga ba ci'u[39] /rgyal po 'di dang rgya gar rgyal po/ gzhu] ldan gnyis dus mnyam/ 72. gzhu ldan gyi sras seng ge 'gram/] de'i sras zas gtsang/ de'i sras bcos ldan 'das/ bcom] ldan 'das kyi sras sgra gcan 'dzin/ 73. mang bkur rgyal po nas] sgra gcan 'dzin yan la/ rgyal rabs ya gcig dang/ 'bum] khri lnga brgya byung bar 'dul ba na bshad do// 74. ci'u rgyal po'i rgyal] rabs bzhi pa na ci'u dbang rgyal[40] bya ba byung/ 75. 'di dang bcos ldan] 76. 'das dus mnyam/ jo'o rje'i[41] lugs bcos ldan 'das shing pho] byi ba la lhum du zhugs// shing mo glang la sku bltams/] sa mo phag la sangs rgyas/ shing pho sprel la mya ngan las] 'das par bzhed do// 77. mang bkur sgra gcan yan chad la//] rgyal rabs ci tsam song ba dang// lhum zhugs dang bltams] pa sogs// lung bzhin yi ge bkod pa yin// 78. bcos] ldan 'das kyis 'das nas/ lo stong song ba'i dus su/] lha'i dbang po brgya byin gyi[42] bzhengs pa'i/ ston pa'i gung lo] bcu gnyis pa'i sku tshad dang/ rgyal po au tra ya nas bzhegs] pa'i tsan tan gyi sku 'di gnyis rgya nag gi yul du gdan] drang nas/ sems can gyi don byed par 'gyur ro//] 79. zhes lung bstan pa bzhin

㊴ ci'u當為“周”字漢文音譯。與藏文《西藏王統記》用字相同。

㊵ ci'u dbang rgyal，當為漢文“周王瑕”音譯，dbang本身有“王”之義。而此處似更可能為轉音。

㊶ 當為jo bo rje之誤。

㊷ 當為施事格gyis之誤。

du/ rgyal gar rgyal po dharma phal'i dus su] rgya nag rgyal po spri stim dza yas[43] / rgya gar nas jo bo shakyā/ mu ne'i sku dang/ mdo sde lnga/ dge slong bzhi lasogs pa] gdan drangs nas/sangs rgyas kyi bstan pa dar zhing rgyas] par mdzad do// 80. rgya gar rgya nag rgyal po gnyis//dang por ji] ltar byung tshul dang//bcom ldan 'das kyi lung bstan bzhin//] rgya nag rgyal pos jo bo dang/mdo' lnga dge slong bzhi gcig//] spyan drangs bstan pa dar tshul rnams// cung zad 'dir ni bris pa] yin// 81. rgyas pa dkar chag dag la shes// bstan pa ci] tsam gnas tshul mdo' la mang du bshad kyang/ 'bum tig tu lnga] stong gnas par bshad/ 82. le'u bcu las/ dang po dgra bcom/] phyir mo 'ong/ rgyun zhugs ste/ khong du chud pa'i le'u gsum las/] lnga brgya pa phrag gsum/ 83. gnyis pa lhag mthong/ ting nge 'dzen/] tshul khrims ste/ bsgrub pa'i le'u gsum la/ lnga brgya pa] phrag gsum/ 84. gsum pa mngon ba/ mdo' sde/ 'dul ba] ste lung gi le'u gsum la/ lnga brgya pa phrag gsum/] 85. bzhi pa rtag tsam 'dzin pa'i le'u la/ lnga brgya pa phrag] gcig ste/ 86. lnga brgya pa phrag bcu gnas so// 87. khong du chud dang] sgrub pa dang/ lung dang rtag tsam 'dzin pa yi...le'u] bcu po re re las// lnga brgya pa ni phrag re gnas/ de phyir] bstan pa lnga stong gnas// 88. bstan pa dar dang gnas tshul 'di//]...bstan chos lung bzhin du// 89. rang bzo' spangs nas bris pa yin//]...90. dpal 'bar 'dzam gling rgyan gyur cig// legaso//

第二欄（L2）漢文譯釋：

46. 唵！願得吉祥！
47. 康古東山極頂上盛開美妙蓮花。
48. 交織燦爛之光輝驅除無明黑暗。
49. 悲心太陽發出平治與利樂光芒。
50. 諸凡皈依者皆以真實之佛陀為護佑。
51. 若聲聞、獨覺、菩薩三乘如月之光，
佛陀自性之威光將彼等悉得遮蔽之。
52. 外道如星聚之光更何況是梵天等類。
53. 向具全部無過功德之善樂佛眾恭敬頂禮！
54. 向如來紹聖彌勒佛，彙聚如來一切智之妙吉祥，
55. 如來授記之龍樹、無著等諸至尊佛子恭敬頂禮！
56. 如是，向彼等讚頌、稽首之前略作準備。57. 夫因善好之緣法福分，將先前佛陀和其檀越國王之世系（略述如下）：58. 印度最早之國王為多敬王[44]。由此王統次第傳承至

㊸ 按劉立千先生解釋，“spri stim”當為“昭帝”音轉。dza ya當為梵文“王者”之義。“昭帝”應是前秦苻堅之謚號。他曾遣使呂光等往西域求佛，是最早派人通印土迎請佛像者。參見索南堅贊（bSod nams rgyal mtshan）著、劉立千譯注《西藏王統記》（*rGyal rabs gsal ba'i me long*），拉薩：西藏人民出版社，1985年，164頁。此處暫巨音譯為“支丁王”。

㊹ 即Mahāsammataḥ，漢譯作多敬，大平等王。參見榊亮三郎《梵藏漢和四譯對校翻譯名義大集》（以下簡稱《大集》）（上），臺北：華宇出版社，247頁。

第六世為我養王⑮。59. 第十王具妙⑯，彼之子聖施⑰，在父子二人之時，拘留孫佛⑱於印度降臨，並轉法輪。60. 時，人壽達四萬歲。61. 由此王統次第傳承三百代為普光王。彼之子旃陀王⑲，父子二人之時，拘那含牟尼佛⑳降臨，並轉法輪。62. 贍部洲之人壽命三萬歲。63. 由此王統次第傳承三百代為熱拉欽布王。㉑彼之子訖栗枳王，父子二人時，飲光佛降臨，並轉法輪。64. 時，人壽二萬歲。65.（凡此）過去降臨之過去佛和眾王，各自使無數化機成熟，復又往生淨土。66. 向（彼等）以無過之心恒常恭敬頂禮！67. 吾輩之導師，純淨無垢之圓滿佛陀世尊釋迦能仁，在贍部洲人壽一萬歲時出世，父名淨飯王，母名摩耶。68. 以十二宏化㉒之道作利益眾生之事業。69. 當其時，波斯匿和長者給孤獨等作檀越使佛教得以弘揚。70. 在印度金剛座，無比釋迦王以十二宏化道作無量利生之事業。71. 漢地最早之王為周（王）。此王與印度堅弓王同時。㉓72. 堅弓王之子

---

⑮ nga las nu即Māndhātaḥ，義淨譯《根本說一切有部毘奈耶破僧事》（以下簡稱《破僧事》）卷一記載，因為此王係從長淨王（Upoṣadhaḥ, gSo sbyong 'phags）頂上所生瘡皰破裂而出，所以又作“頂生”（Mūrdhataḥ, spyi (nas) skyes）。《翻譯名義大集》二名同收，顯係有誤，實為同一人之異名。又因為長淨王將其帶入宮中，“時六萬夫人見頂生已，各生愛念乳皆流出，咸白王言，我養我養”，所以有被稱作“我養”或“持養”。見《大正藏》第24冊 No. 1450。《大集》漢譯為“我行、自乳”，見上揭書《梵藏漢和四譯對校翻譯名義大集》，247頁。此外，此前四王依次為Roca（'Od mdzes）、Kalyāṇa（dGe ba）、Varakalyāṇa（dGe mchog）、Upoṣadha（gSo sbyong 'phags），參見Per K. Sørensen, *The Mirror Illuminating the Royal Genealogies: Tibetan Buddhist Historiography: An Annotated Translation of the XIVth Century Tibetan Chronicle: rGyal-rabs gsal- ba'i me-long*, Weisbaden: Harrassowitz, 1994, p.50.

⑯ mdzes ldan即Cārumantaḥ。參見《大集》，247頁。

⑰ 關於印度第十代王與其子的名諱在各種史籍中記載不一。其中《西藏王統記》與本文記載一致，均為mDzes ldan和mChog sbyin（即Varada），見索南堅贊，*rGyal rabs gsal ba'i me long*，北京：民族出版社，1981年，6頁。《彰所知論》與《大集》所記王統一致，均作mDzes ldan（Cārumantaḥ）和bTang ba（Muciḥ），見《薩思迦全集》（*Sa skya bka' 'bum*）第十三函《彰所知論》（*Shes bya rab gsal*），第18葉B，《大集》，247頁；在《青史》（*Deb ther sngon po*）、《紅史》（*Deb ther dmar po*）和《新紅史》（*Deb ther dmar po gsar ma*）中記載基本一致，為nye(r) mdzes ldan和bzang po，見蔡巴·貢嘎多吉（Tshal pa Kun dga' rdo rje），*Deb ther dmar po*，北京：民族出版社，1981年，2頁。上揭書《新紅史》，2頁。'Gos gZhon nu dpal，*The Blue Annals*，trans. by George N. Roerich, Motilal Banarsidass Publ., 1988, p.4.

⑱ 拘留孫佛（Krakucchanda）為過去七佛之第四佛，賢劫第一佛。

⑲ 此王不見於《釋迦王統》及後世藏文史籍記載，唯有《西藏王統記》記普光王（Kun nas 'od zer）之子Tsa ndha（Candha），見上揭書*rGyal rabs gsal ba'i me long*，6頁。

⑳ 拘那含牟尼佛（Kanakamuni），為過去七佛之第五佛，賢劫第二佛。

㉑ 此王不見於《釋迦王統》以下大多數史籍，唯《西藏王統記》有載，寫作“Ratna chen po”，見上揭書*rGyal rabs gsal ba'i me long*，6頁，與感恩寺基本吻合。

㉒ 十二宏化，又稱十二相成道，化身佛示現一生經歷的十二件大事：兜率降世、入住母胎、圓滿誕生、少年嬉戲、受用妃眷、從家出家、行苦難行、趨金剛座、調伏魔軍、成等正覺、轉妙法輪和入大涅槃。

㉓ 此中gzhu dan當有誤，應為gzhu brtan，即堅弓，此人不見於《大集》記載。

獅子邊[54]，彼之子為淨飯，淨飯之子為世尊，世尊之子為羅睺羅。73. 由多敬王至羅睺羅王統世系傳一萬五千代一脈相承。74. 周王（朝）第四代稱作周王瑕[55]。75. 此王與世尊同時。76. 覺沃傑（阿底峽）傳規中言世尊於陽木鼠年入胎，在土豬年現證菩提，並於陽木猴年涅槃[56]。77. 依教言編纂如上多敬王（至）羅睺羅過去之諸王統世系以及入胎和出世等。78. 世尊涅槃千年以降，迎請帝釋天所造佛陀二十歲身像和優填王[57]所造之旃檀像前往漢地，去作利益眾生之事業[58]。79. 遵照如是授記，於印度國王達瑪帕拉[59]之時，漢地皇帝支丁王[60]曾從印度迎請釋迦牟尼之身像及五部經典四比丘等至漢地，由此使佛教廣為宏揚。80. 此印度漢地國王先前之情形與世尊之授記相同。連同漢地皇帝迎請至尊像和五經四比丘使佛教興盛等等事跡略述於此。81. 明鑒如是清淨圓滿之史事，則教法住世情形如何耶？此於諸經中皆有所述，《十萬般若頌精義》中記住世五千年[61]。82. 十期中，第一時為阿羅漢、不還果、預流果等內證三期，每期整五百（年）[62]。83. 此後第二時為勝觀、禪定、戒律等修習三期，每期整五百（年）。84. 此後第三時為對觀、契經、律經等教法三期，每期整五百（年）。85. 此後第四時為唯形象期，此期整五百（年）。86. 共具五百年者十。87. 內證、修習、經典、唯形象等十期中，每一期均有整五百（年）。是故佛教住世五千年。88. 此佛教住世情形依教法典籍所言。89. 斷棄遠離自造臆說。90. 願威光照耀莊嚴贍部洲！善哉！

---

[54] 即Siṁha-hanuḥ。此人見《大集》記載，然其父諸文獻記載有異。《西藏王統記》和《漢藏史籍》所載均為gZhu brtan，而本文作gZhu ldan，當為gZhu brtan之誤。三者記載完全一致，說明此文、《西藏王統記》和《漢藏史籍》在這段的敘述裏史源一致，均參考了某種更早期的文獻。但是，《彰所知論》則記載迥異，記載其父為Lang gnas。見上揭書 *Shes bya rab gsal*，第18葉B。

[55] 即指周昭王。

[56] 覺沃傑（Jo'o rje），當即Jo bo rje，即阿底峽（Atiśa）之敬稱。安東噶·洛桑赤列注疏《紅史》（*Deb ther dmar po*）所言，關於釋迦牟尼滅寂至今有多少年的問題有二十多種不同的演算法。見蔡巴·貢嘎多吉著，陳慶英、周潤年譯《紅史》，拉薩：西藏人民出版社，136頁，注解24。

[57] 即Udayana，舊稱優填，于闐。新稱優陀延，鄔陀衍那，嗢陀演那伐蹉。拘睒彌國王名。

[58] 此授記當出自《西藏王統記》（藏文本）第三章《講述漢土霍爾兩地佛法如何弘揚和出現若干朝代等情》："sku 'di gnyis kyis rgya nag gi yul du sems can gyi don byed par 'gyur zhes lung bstan pa yin"。參見上揭書*rGyal rabs gsal ba'i me long*，21頁。

[59] 即帕拉王朝（Pāla）第四代國王羅娑波羅王（Rāsapāla）之子Dharmapāla，史籍記載其在位六十四年，權勢極大，他以獅子賢、智足為上師，他設置去產五十處，其中講論般若的法產就有三十五處。他興建了吉祥訖羅摩屍羅寺（Srīvikramāla）供養一百零八名班智達，供獻每月聽法的人定期宴會的優厚佈施。他被認為是弘傳般若教法的國王。參見多羅那它（Tāranātha）著、張建木譯《印度佛教史》（*rGya gar chos 'byung*），成都：四川民族出版社，1988年，207、208頁。

[60] 《西藏王統記》"...de'i rjes la dung tsing gi gcung po si chen gyis rgyal sa bzung"，後小注載"bu ston gyi chos 'byung na/ spri stim rgyal po zer ba 'dug ste don mthun gsungs/"，漢譯："……此後東晉國王的弟弟宋齊王即位。"注譯："卜思端佛教史中所說的支丁王就是這個國王。"參見上揭書*rGyal rabs gsal ba'i me long*，21頁。此處明確支丁王即為東晉宋齊王。與劉立千注有異，暫且存疑。

[61] 此處關於佛教住世年限採取了《卜思端佛教史》中引用並認同的說法。見後文論述。

[62] 佛陀涅槃之後，佛教住世五千年，分為十期。前三期中，初五百年為阿羅漢期，次五百年為不還果期，第三個五百年為預流果期。

第三欄（L3）原文：

91. sangs rgyas bcos ldan 'das mya ngan las] 'das nas/ lo sum stong nyi brgya lnga bcu song ba'i dus su/shar] phyogs hor gyi yul na/ jing gyin gnas[63] gyi bskos pa'i rgyal] po byung/ 92. de nas rgyal rabs bzhi pa la se chen rgyal po[64] dang/] de'i blon sul dus[65] gnyis kyi ring la/rje btsun 'jam dbyungs] kyi sprul pa/ sa skya pan chen dang bla ma 'phags pa khu bon] rim par gdan drangs nas/ bstan pa dar zhing rgyas par] mdzad to//

93. tshogs gnyis rgya chen las 'khrungs zhing//
phyag rdor rnam 'phrul se chen gyi[66]/
/'jam dbyangs sprul] pa'i bla ma rnams/
/spyan drangs bstan pa dar bar mdzad//]

94. skabs don/ 95. nga klu skyabs[67] kyi mi rgyud 'di/ rig ni hor/] 96. rus ni sul dus yin/ 97. sngon jing gin rgyal po'i blon tshur kan[68]] zhes pa'i wang/ de'i bu che ba cha ni la 'un[69] la ching tshang[70] gi las ka/] bu gnyis pa chin pa'i[71] la ko gung[72] gi las ka/ de'i bu ain ja'i du[73]] la yon sha'i[74] las ka yod// 98. de nas brgyud pa'i tho kan[75] phang cang[76]] amye'i dus su/ ta'i ming rgya'i rgyal po'i blon byas nas/ 99. de'i] sras mgon po skyabs[77] a mye/ de'i sras du du a mye/ yab] sras 'di gnyis kyi ring la 'dzam gling sa'i thig la/ tha'i thung gi] sa bzung nas/ 100. gtsug lag khang phug bka' 'gyur bzhengs/] dge 'dun gyi sde btsugs/ 101. rigs gsum mgon po'i rnam 'phrul] gro bla ma rnams rim par gdan drangs nas/ bstan pa dar zhing] rgyas par mdzad do// 102. rig rus[78] dpal gyi mngon mtho' ba'i//] klu skyabs du du yab sras kyi// mdzad 'phrin chos

---

⑥³ 《藏漢大辭典》作Jing gir rgyal po，上揭書《新紅史》，33頁，作Tshing gin rgyal po。

⑥⁴ 即元世祖忽必烈，《藏漢大辭典》作Se chen rgyal po，班覺桑布（dPal 'byor bzang po）著、陳慶英譯《漢藏史籍》（*rGya bod yig tshang chen mo*），拉薩：西藏人民出版社，1986年，附錄作Go bel shing tshung se chen gan。

⑥⁵ 當為蒙古文süldüs之音轉，漢文音譯作“速勒都思”。

⑥⁶ 當為施事格gyis之誤。

⑥⁷ klu skyabs當是漢文“魯家”之音轉。

⑥⁸ tshur kan當是蒙古文名“Sūrğān”之音轉，漢文史料音譯作“鎖兒罕”。

⑥⁹ cha ni la 'un，當是蒙古名“Chila'un”之音轉，漢文史料音譯做“赤老溫”。

⑦⁰ ching tshang，當為漢文官職“丞相”之音譯。

⑦¹ chin pa'i，當為蒙古名“Chimbai”之音轉，漢文史料音譯作“沈白”。

⑦² go gung，當為漢文官職“國公”之音譯。

⑦³ bu ain ja'i　當為蒙古名“Öljeytü”之音轉，應即漢文史料中蒙古文音譯人名“完澤篤”。

⑦⁴ yon sha，元明藏文史料中為漢文“元帥”音譯。

⑦⁵ tho kan，蒙古文“Toqon”之音轉。即是漢文《重修魯氏家譜》中魯土司家族的一世祖脫歡。

⑦⁶ phang cang，即魯土司家族二世祖鞏卜失加。

⑦⁷ 即魯土司家族二世祖鞏卜失加之藏文音轉。

⑦⁸ 疑有誤，應是rigs rus。

dang mthun] pa de// dam pa rnams kyi bsngags pa'i lam// 103. du du'i sras] dzing lu dzang kyun[79] du du mye che ba lu'u kyen[80] la/ ta'i ming] rgyal pos las ka rim pa bzhin/ drong lang tshan zang zi nying] ta'i kon/ kan cu'u hu tsung beng/ yu'i lin na ko ba yin//] 104. 'brug ma'i la ba shel gyi ske rags lasogs pa gnang// 105.rgyal] po'i khrims tshul bzhin du bskyang/ 106. tha'i thung[81] rdo rje 'chang gyi] lha khang gyi thog drangs pa'i/ mgon khang rnam rgyal/ rgyal] chen za mun rnga cong lasogs pa'i gtsug lag khang mang po dang/] mchod rten brgya rtsa dang che ba gsum gyi thogs drangs pa[82] 'i/] mchod rten dang 'bum khang mang po phug/ bka' 'gyur bstan 'gyur] gnyis kyi thogs drangs pa[83] 'i/ gsung rabs mang po bzhengs/] 107. gro ta'i drung pa rin chen bzang po khu bon lasogs pa'i/ bla ma] rnams gdan drangs nas rab gnas mdzad/ 108. rab tu byung ba] rnams la yang dbang lung rjes gnang dang// bslab khrims lasogs] pa'i dag ter rgya chen po mdzad do//

109. bsod nams dkar ba'i] brlabs 'phreng las/
rigs rgyud mkha' la zla ba ltar/
/] 'gro ba'i dpal du shar ba la//
sa skyong ci yi phyir mi dga'/ /]

110. de'i sras yu'u kyun du du tso' hu tsung bed a mye lu'u lin la/] ta'i ming rgyal las ka rim pa bzhin/ drong lang tshan zang[84] /yu'u kyi[85] /] kan tsu'u hu tsung beng[86] lasogs pa gnang/ 111. rgyal po'i] khrims tshul bzhin du bskyang/ 112. khong rang gyi rgyu ma'i nor[87] dang/dal] 'byor la snying po blang ba'i phyir dang/ gong ma rgyal po'i thogs drangs/] yab myes rnams kyi drin lan bsab ba'i phyir du/ 'dod dgu 'byung] ba'i yul/ drong lang hung cheng ci[88] ru/ bkod legs ngo mtshar che ba'i] lha khang che ba/ 113. de'i mdun gyi g.yas phyogs na/ rgyal ba tshe] dpag med/ g.yon na mgon khang/ mdun du rgyal chen/] 114. de'i mdun gyi g.yas g.yon du rnga khang tsong khang mdun du kyeng gang[89] / 115. de'i mdun du zan mun g.yas g.yon du dge 'dun bzhugs] pa'i/ gnas khang lasogs pa mang po phug go//

116. dpal] 'byor 'dzoms ba'i sa phyogs 'dor/
/mi dbang chab srid] brtan pa dang/

---

[79] 參照家譜材料，當為“靖魯將軍”之音譯。

[80] lu'u kyen當為漢文“魯鑒”之音轉。

[81] tha'i thung, 即“大通”之漢文音譯。

[82] 似有誤，應為thog drangs pa。

[83] 似有誤，應為thog drangs pa。

[84] drong lang tshan zang，應為漢文“莊浪參將”之音轉。

[85] yu'u kyi，當為漢文“遊擊”之音轉。

[86] kan tsu'u hu tshung beng，當為“甘肅副總兵”之音轉。

[87] rgyu ma'i nor，當有誤，應為sgyu ma'i hor，義即“虛妄的財富”。

[88] hung cheng ci，應為漢文“紅城子”之音譯。

[89] kyeng gang，結合感恩寺現狀分析，似應為哼哈二將殿之“哼哈”之音譯。

/yab myes thugs dgongs rdzogs pa'i phyir//]

117. dal ba'i rten dang sgyu ma'i nor/

/de la snying po blang 'dod nas//]

118. ta'i ming hung ci[90] lo lnga'i dus/

/lha khang chen mo'i rtsom] gzhi byas/

/thams cad yong su[91] rdzogs par ni/

/lo gsum] la ni legs par grub//

119. bla re 'phan dang rol mo sogs/

/] bkod legs yid 'od mchod pa'i rdzas/

/bsod nams] bsag pa'i rten du phul//

120. gro ta'i gu shri[92] dpal 'byor bzang] po'i dbu bdzad/ zi nying kyi ko shri[93]. chan shri[94]. lasogs pa'i bla ma] rnams gdan drangs nas rab gnas byas// 121. rgya sog go'i yul du] chos ai dar bsam nas/ dge slong cig gi[95] dbu mdzad pa'i dge 'dun] bcu drug bcu bdun bzhug du bcug//

122. dam tshig rten la ye shes pa//]

rab tu gnas shing brtan par byas//

/mun pa'i yul du sgron] me bteg/

/gsal bar bya phyir dge 'dun bzhugs//

123.lha] bzo shing bzo lasogs pa'i bzo rig pa thams cad la yang/] zhabs bstog[96] 'bul ba/ 124. rta nor/ gser dngul/ gos dar/] tha na rang gi go lag lasogasa pa bsam gyi mi khyab pa phul/] 125. las byed pa'i mi la yang bza' btung dngos po byin nas bkol zhing] khral du ma byas so//

126. mkhas par sbyangs pa'i rig byed thams] cad la//

shin tu 'phangs pa'i dngos po dpag med phul//

127. tha na las byed mi la'ang bza' btung dang/

rang rang 'dod pa'i dngos] po byin nas bkol//

128. yab yum gnyis bzhugs pa'i dus su/] tha'i thung na dngul gyi bka' 'gyur cig bzhengs// 129. yab yum] gnyis 'das pa'i dus su/ drin gso'[97] la dngul la gser/ kyi gzhung 'byed/ btang ba'i yum tshar gnyis bzhengs/] dngul gyi rgyud 'bum cig bzhengs// 130. pha ma la drIn gso] dang/ sangs rgyas kyi bstan pa rin po che/ dar zhing] rgyas par mdzad do//

131. skyes stobs shes rab chen po...]

---

⑨⓪ hung ci，當為漢文“弘治”之音轉。

⑨① yong su，似有誤，當為yongs su。

⑨② ta'i gu shri，為漢文“大國師”音轉。

⑨③ go shri，當為漢文“國師”音轉。

⑨④ chan shri，為漢文“禪師”音轉。

⑨⑤ 似應為施事格助詞gyis。

⑨⑥ 疑有誤　筆者猜測應是zhabs tog，即“禮物，贈送之物品”。

⑨⑦ drin gso'當為drin gso，即drin lan gzo，義即“報答恩情”。

/legs pa'i lam gyi don rtogs nas/

/sku gsung thugs] ...bzhengs de//

132. pha ma'i drin lan chos kyi[98] 'jal/ /]

133. gzur gnas dam pas 'di mthong na//

ngo mtshar dga' ba] chen po skyong//

blun po 'phrag tog 'gran sems gsum'/]

de yi tshig la...legs//

134. bkra shis par gyur cig//

第三欄（L3）漢文譯釋：

91. 佛陀世尊涅槃後三千二百五十年時，東方蒙古地方成吉思汗天授轉輪王現世。92. 由此第四世王薛禪皇帝和大臣速勒都思[99]之時，先後迎請至尊文殊菩薩之化身薩思迦班底達和喇嘛發思巴叔侄，使佛教興盛發達。

93. 由廣大福德智慧資糧，

生出金剛手化身薛禪，

迎請文殊化現之喇嘛，

使佛陀教法廣為弘揚。

94. 此節曰：95. 我魯家先祖係蒙古人。96. 速勒都思之苗裔。97. 成吉思汗之臣稱作鎖兒罕[100]王，彼之長子赤老溫任丞相之職。彼之次子沈白任國公之職。彼（沈白）之子完澤篤任元帥之職。98.其後世子嗣先祖脫歡平章之時，為漢土大明皇帝之臣子。99. 彼之子高祖鞏卜失加，其子父祖都督[101]，父子二人之時，掌管贍部洲邊界上大通地方。100. 修造寺廟、修行窟，施造甘珠爾，建立僧伽部眾。101. 次第迎請密宗三部依怙主之化身卓之眾喇嘛[102]，使教法得以弘揚。102. 具吉祥血統圓滿福報之魯家父子都督，彼之事業與佛法相諧，（是）聖賢之眾頌揚之道。103. 都督之子靖虜將軍都督祖父魯鑒，先後任大明莊浪參將、西寧代管、甘州副總兵，榆林納郭瓦[103]。104. 受賜蟒袍玉帶等（賞賜）。[104] 105. 依皇帝旨意鎮守。106. 修建了大通多吉羌神殿為中心之護法殿、尊勝殿、天王殿、齋堂、鐘樓、鼓樓等殿宇，以及百個佛塔以及三個大佛塔為首之眾多塔龕和塔殿窟，並造甘珠爾和丹珠爾二者為首等很多佛典。107. 迎請卓大仲巴领占藏卜叔侄等喇嘛進行開

---

[98] 似有誤，當為施事格kyis。

[99] sul dus應為“速勒都思”（süldüs），蒙古部落名。此處依下文當為速勒都思氏之赤老溫。

[100] 應為速勒都思部落的鎖兒罕，全名鎖兒罕·失剌（Sorqan Šir-a）。

[101] 都督為官職名，應指三世祖失加，後受賜更名魯賢。

[102] 卓（gro），即卓倉（gro tshang），即今天的西寧以東的樂都地區。

[103] 納郭瓦（na go ba），當為榆林一地某官職，待考。

[104] 賜服之事當指成化十七年（1481）一二月十二日欽賜金蟒龍衣之事。（清）《重修魯氏家譜》卷一載：“成化十七年十二月十二日，該內官監右少監莫英於乾清宮傳奉聖旨：欽賞莊浪、西寧左參將、署都督同知魯鑒大紅紵絲織金蟒龍一表裏。欽此” 參見《安多藏區土司家族譜輯錄研究》，65頁。

光儀式。108. 復向僧眾們給予了灌頂加持，並對戒律詳加校訂。

109. 希求善良福德之加持，
氏族血脈如虛空之月，
若有情眾生吉祥生，
皇帝何能因之不悅乎？

110. 彼（魯鑒）子右軍都督左副總兵父魯麟，先後任莊浪參將、游擊、甘州副總兵等大明官職。111. 遵皇帝旨意鎮守（大通）。112.以彼虛妄之富和暇滿（之身）希求真實要義，為報皇帝及土司先祖之恩德，在萬事如意之樂土莊浪紅城子，（修建）奇妙莊嚴、極為稀有之大佛殿。113. 於其前方，右側為無量壽殿，左側為護法神殿，正前為天王殿。114. 其（天王殿）前方左右為鐘樓和鼓樓，正前為哼哈二將殿。115. 其（哼哈二將殿）前方為齋堂，左右是僧眾寮房等諸構。

116. 人主政事與佛法，
依此富饒彙聚土，
先祖心意圓滿故。

117. 由求世間壽與財。
轉而求取真實義。

118. 大明弘治五年（1492）時，
始為大祚殿奠基，
三年後圓滿竣工。

119. 華蓋、幡幢、樂器等供設齊備，
復又獻上供養之聖物，
及積聚福澤之三所依。

120. 恭請卓大國師班卓兒藏卜之領誦師、西寧國師、禪師等喇嘛作開光儀軌。121. 意念佛法在蒙古浩瀚之土得以弘揚，在（此）著手安立由一比丘為領誦師、具十六七僧人之僧伽。

122. 依於誓句智慧尊，
依止並令其堅固。
擎明燈遍照黑暗。
緣茲僧伽安住此。

123. 獻上塑（匠）、木（匠）等等一切工巧明之助緣。124. 復供養馬寶、金銀、綾羅，乃至彼之武器等不可思議之助緣。125. 又向工匠佈施財物及飲食，由此貢獻徭役甚夥。

126. 向成就智者之諸智慧，
貢獻稀有之無量資財。

127. 復向眾匠師佈施飲食，
及彼等所希求之財物。

128. 父母在世時，於大通以銀汁繕寫甘珠爾一部。129. 父母過世時，為報（養育）恩情，在銀寫本中又寫入金字（注釋？），兩次施造般若波羅蜜多經，並銀汁寫本十萬續。130. 報答父母恩情得以圓滿，亦令大寶佛法廣為弘揚。

131. 以與生俱來大智慧……

了悟善道之事業，

以此建立身語意……

132. 以佛法報償父母恩情。

133. 若以清淨公正鑒察，

令人極為驚歎歡喜。

無知、嫉妒、爭勝之心，

依此語……淨善。

134. 願得吉祥！

三、相關問題之研究

（一）感恩寺藏文碑記的文本和史源考述

感恩寺碑記中共有三欄，依次編號為L1、L2和L3。L1是一篇獨立的篇章，L2和L3組合在一起是另一篇獨立的篇章。兩篇共用一個標題，大字鐫刻於三欄之上："da'i ming rgyal po'i lung gi kan ngen si//"，漢譯為"大明皇帝敕建感恩寺"。碑記行文運用傳統西藏文獻的寫作手法，在文字敘述之間多處穿插七言、九言或十三言偈頌，使得文本的文學性大大增強。

依據L1:42和L1:45記載，L1係感恩寺寺僧霍爾噶居綽失吉藏（Hor bKa' bcu chos rgyal mtshan）依據大通寺（Ta'i thung zi）碑記所撰，並嘉靖四年藏曆陰木雞年（1525）六月上旬吉日上石。按漢文碑記鐫刻時間為"大明嘉靖四年（1525）歲次乙酉季夏吉日"，因此，L1與漢文碑記當為同時所刻。從內容的性質上看，L1是一篇感恩寺檀越、第六世魯土司魯經的簡略傳記以及對魯經、魯瞻父子及魯氏先祖尊崇佛教事业的讚頌。按漢藏文碑記記載，感恩寺實為魯經之父魯麟施貲所建。而此碑記上石的時候，感恩寺已經竣工二十餘年了。此時魯麟已於四年以前，即嘉靖元年（1520）仙逝，因此漢文碑記雖為魯麟所撰，但立碑、書丹、上石皆為魯經所為，更何況他是當時當世的土司，寺僧為主持立碑的魯經撰文立傳頌揚他的功德自在情理之中。此外，L1所載史實，如L1:8御賜蟒袍、三帶之事皆可與《家譜》等漢文史料相互印證，而如L1:10所記其祖父魯鑒曾修建一百零八塔等史事可補漢文史料之闕。但遺憾的是，雖然我們知道此文著者的名諱，然而我們仍然對他知之甚少。文中L1:49-41記載他是霍爾人（hor），此處之霍爾應即是明朝史籍中被稱作的"土人"或"土韃"，現代被定義為土族的部落，顯然應是一位本地的僧人，且曾在魯經父子的支持下年輕時遠赴衛藏出家並求師問道。

L2、L3未署明作者和寫作時間。從上文釋讀可知，L2、L3實際上是有邏輯關係，前後連貫的一篇材料。從內容和體例上看，L2、L3短小精悍，遵循西藏政教史著作的寫史傳統，按時代順序將歷代王統世系與佛教發展緊密銜接起來，並十分巧妙地將魯氏家族史銜接到蒙古王統以下融入這一歷史序列中，同時將感恩寺建寺緣起與過程綴於其後，由此形成一篇要素完整、簡明扼要的，兼具教法史（chos 'byung）、家譜（gdung rabs）、寺志（dkar chag）三者合而為一綜合性史集（deb ther）。全文以七行十三言和四行九言禮讚偈句（L2:47-55）起首，次第敘述了印度王統及對應降臨之過去七佛（L2:57-66）、世尊釋迦牟尼之事跡（L2:67-77）、迎請旃檀佛像至漢地（L2:78-80）、教法住世之分期（L2:81-87）、元太祖與薩班叔侄結交法緣（L3:91-93）、魯氏先祖、魯土司家族譜系及相關史實（L3:94-109）和感恩寺建寺史事（L3:110-133）等。其中，魯氏先祖、魯土司家譜及相關史實以及感恩寺建寺史事多為漢文史料所闕，因此史料價值尤為重要。

從目前的研究來看，筆者發現該文的大部分記載皆史出有據，而且可以通過分析比對找出具體的史源，碑文中十分簡略地敘述了印度王統及對應降臨之過去七佛（L2:57-66）。這一部分記載雖然十分簡略，但基本要素俱全。在目前所見各種藏文史籍中大多都有這部分記述，而與《西藏王統記》（*rGyal rabs gsal ba'i me long*）的記載幾乎別無二致。[105]但是除了從多敬王（Mang pos bskur）起始最早的成劫五王（bskal pa dang po'i rgyal po lnga）各史籍記載完全一致以外，其後歷代王統的記述大多繁簡不一且出入頗多。其中碑文L2:59記載印度初始第十王具妙（mDzes ldan）和第十一王聖施（mChog sbyin），而且L2:61載由此王統次第傳承三百代為普光王（Kun nas 'od zer）。這一表述在各類史籍中惟有《西藏王統記》與碑文記載完全一致[106]。其他史籍的記載則大同小異，而與《西藏王統記》記述迥異，因此各書當是相互援引且所依史源相同。這個史源應是目前所知西藏記述印度和吐蕃王統世系最早的王統記文獻，薩思迦三祖葛剌思巴監藏（Grags pa rgyal mtshan）所著的《釋迦王統記》（*Śakyā rnam kyi rgyal rabs*

---

[105] 《西藏王統記》相應段落如下："khye'u nga las nu yin/ de'i sras mdzes pa/ de'i sras nye mdzes/ de'i sras mdzes can/ de'i sras mdzes ldan yin te/ 'di rnams la 'khor los sgyur ba'i rgyal po lnga zer ro// de'i sras rgyal po mchog sbyin/ 'di'i skabs su tshe lo bzhi khri pa'i dus yin pa/ rgyal po yab sras 'di gnyis kyi dus su sangs rgyas 'khor ba 'jig rgya gar du byon nas dam pa i chos gsungs pa yin no// rgyal po mchog sbyin gyi sras/ rgyal po nor bu/ de nas rgyal rabs sum brgya'i mthar kun nas 'od ces bya ba'i rgyal po byung/ de'i sras rgyal po tsandha/ 'di'i skabs su 'dzam bu gling pa tshe lo sum khri pa'i skabs yin pas rgyal po yab sras 'di gnyis kyi dus su sangs rgyas gser thub rgya gar du byon nas dam pa'i chos gsungs pa yin no// de nas rgyal rabs sum brgya'i mthar/ rgyal po ratna chen po/ de'i sras rgyal po kri kri byon te/ de'i skabs su 'dzam bu gling pa tshe lo nyi khri pa'i skabs yin pas rgyal po yab sras 'di gnyis kyi dus su sangs rgyas 'od srungs 'jig rten du byon nas dam pa'i chos gsungs pa yin no//", 見上揭書*rGyal rabs gsal ba'i me long*，6頁。

[106] 《西藏王統記》原文："rgyal po mchog sbyin gyi sras/ rgyal po nor bu/ de nas rgyal rabs sum rgya'i mthar kun nas 'od ces bya ba'i rgyal po byung/"，見上揭書*rGyal rabs gsal ba'i me long*，6頁。

bzhugs）[107]。根據此書記載，第十和第十一代王為Nyi ba'i mtshes lda和bZang po，並且從五轉輪王（'khor los sgyur ba'i rgyal po lnga）始直至普光王（Kun nas 'od zer）共歷三十代。同時書中詳列了這三十代王的名諱[108]。絕大多數後世史籍都遵循了這一寫史傳統，即便五轉輪王及其子孫的名諱記載有異，但基本上在五轉輪王之後傳三十代而至普光王保持了一致。祇有《西藏王統記》記載為三百代，而非三十代。但是有意思的是，感恩寺碑記中也記載為三百代，與《西藏王統記》相合。此外，碑文L2:61中記普光王之子旃陀（Caṇaṭa），L2:61由此王統次第傳承三百代為熱拉欽布王（rGyal po Rad na chen po），這些在《西藏王統記》以外的各種史籍中均無記載[109]。甚至，L2:71提到"此王（周王）與印度堅弓王同時"，實際上就是《西藏王統記》寫作時的原文夾註[110]，感恩寺碑記作者顯然直接將此句引用於正文中。另外，L2:73從多敬王到羅睺羅王統世系傳一萬五千代的說法（mang bkur rgyal po nas sgra gcan 'dzin yan la rgyal rabs ya gcig dang 'bum khri lnga brgya byung ba）也來源於《西藏王統記》，且與其他各類史書所述有異[111]。以上這些證據毫無疑問地說明了感恩寺碑記L2的寫作，主要是參考《西藏王統記》而完成的。同時也表明薩思迦鎖南監藏（Sa skya bSod nams rgyal mtshan）在寫作《西藏王統記》時參考了一些歷代史籍未曾引用的史料，值得注意。

其次，L2結尾部分關於教法住世時間和分期的記述（L2:81-87），明確注明是引自一部名為'Bum tig（暫譯作《十萬般若頌精義》）的文獻。按該書的情況目前尚不清楚，《卜思端佛教源流》（*Bu ston chos 'byung*）中援引諸經所載闡釋佛教住世時間時，曾

---

[107] 參見沈衛榮《再論〈彰所知論〉與〈蒙古源流〉》，《"中央"研究院歷史語言研究所集刊》，第77本，第四分，2006年，710頁；Leonard W. J. van der Kuijp, "Tibetan Historiography", in *Tibetan Literature: Studies in Genre* (Essays in Honor of Geshe Lhundup Sopa), ed. Jose Ignacio Cabezon and Roger R. Jackson, Ithaca and New York: Snow Lion, 1994, pp. 39-56。

[108] 見德格版《薩思迦五祖全集》（*The Collected Works of the Founding Masters of Sa-skya*）ta函，Vol.9，*The Collected Works of rje btsun grags pa rgyal mthan*, Sakya Center, New Delhi, 1993, pp.386-387。

[109] 參見上揭書*rGyal rabs gsal ba'i me long*，6頁。其中旃陀作Candha，當與感恩寺碑文指的是同一人，惟轉抄有異。

[110] 而此句當直接引自《西藏王統記》第三章"講述漢土霍爾兩地佛法如何弘揚和出現若干朝代等情"（rgya hor gyi yul du dam pa'i chos dar ba dang/ rgyal po'i rnam grangs ji ltar byon pa bstan pa'i skor）原文及作者自注，原文如下："rgya nag gi deb ther chen po'i rgyal rabs kyi lo rgyus na/ rgya nag gi rgyal po snga ba ci'u zhes pa/ [rgyal po 'di dang/ rgya gar gyi rgyal po gzhu brtan gnyis dus mnyam/]"，見上揭書*rgyal rabs gsal ba'i me long*，20頁。

[111] 此句當直接引自《西藏王統記》第一章"世界的形成 印度的歷代法王佛祖釋迦牟尼降世弘法"（bskal pa ji ltar chags pa nas/ rgya gar gyi chos rgyal rim pa byon pa dang/ ston pa shākya thub pa 'jig rten du byon nas dam pa'i chos dar ba'i skor），原文如下："bcom ldan 'das la sras sgra gcan 'dzin 'khrungs te/ mang pos bkur ba nas sgra gcan 'dzin gyi bar la/ rgyal rabs sa ya gcig dang 'bum khri lnga brgya byung bar 'dul ba na bshad do//"。見上揭書*rGyal rabs gsal ba'i me long*，8頁。感恩寺碑記原文與此段文字相較，明顯遺漏一個"sa"字。

詳盡引用了《十萬般若頌精義》關於佛教住世五千年以及各個分期情況的記載[112]。然關於佛法住世的時間眾說紛紜，各種經典有一千年、一千五百年、兩千年、兩千五百年、五千年等等不同說法[113]。卜思端·輦真竹（Bu ston Rin chen grub）在此贊同《十萬般若頌精義》的觀點[114]。碑文的文字敘述與《卜思端佛教源流》十分接近而略有省簡。因此，碑文很可能直接轉引自《卜思端佛教源流》中卜思端認可的這一觀點，而未直接參引《十萬般若頌精義》原書。

此外，L3:91記述佛陀世尊涅槃後三千二百五十年後，東方蒙古地方成吉思汗天授轉輪王現世。這一蒙古史觀反映了自蒙元時期發思巴為真金太子所作的《彰所知論》（*Shes bya rab tu gsal*）釐定的佛教歷史觀。眾所周知，發思巴的《彰所知論》依據薩思迦派歷史學說，將蒙古王統世系與佛教世界的王統世系銜接起來，將蒙藏在歷史的發展和佛教的興衰融於一爐，對日後蒙古史學的發展起到了至關重要的影響。

《彰所知論》的《情世間品》（*bCud kyi 'jig rten*）中說道：

> 自佛滅寂後三千二百五十年，北方蒙古國先積福德，果熟生王，名曰成吉思。成吉思先統一北方，後又征服了許多不同語言的疆域，猶如輪王。[115]

成吉思汗的生年學術界公認為公元1162年。在藏文史籍中歷來說法不一，祇有《雅礱尊者教法史》記載為水馬年即1162年。《漢藏史集》記為陽木馬年（1174），《紅史》和《青史》中均記載為第三饒迴年水虎年（1182）。《紅史》中記載，若按薩思迦派傳規，釋迦牟尼於陰木兔年（shing mo yos）投胎，陽土龍年（sa pho 'phrug）出生，

---

[112] 《卜思端佛教源流》即引用《十萬般若頌精義》（*'Bum tig*）的記載，即佛教住世當為五千年，並闡釋了五千年之分期及各期之情形。參見《卜思端佛教源流》（*bDe bar gshegs pa'i bstan pa'i gsal byed chos kyi 'byung gnas gsung rab rin po che'i mdzod*），紮什倫布（bkra shis lhun po）版，244 folios，大谷大學圖書館藏（Library of Otani University）。原文見102頁b面，如下："'bum tig tu lo lnga stong gnas pa las lo stong phrag re re la [102b] phyed phyed du bcad pas lnga brgya phrag bcu la le'u bcur 'gyur te / de la lnga brgya dang po dang gnyis pa dang gsum pa rnams la rim pa ltar dgra bcom pa dang phyir mi 'ong ba dang rgyun du zhugs pa mang du 'byung bas / dgra bcom pa'i le'u dang phyir mi 'ong ba'i le'u dang rgyun du zhugs pa'i le'u zhes bya te / khong du chud pa'i le'u gsum dang / de nas lnga brgya bzhi pa dang lnga pa dang drug pa rnams la go rims bzhin du lhag mthong dang ting nge 'dzin dang tshul khrims dang ldan pa mang du 'byung bas [P.136] lhag mthong gi le'u dang ting nge 'dzin gyi le'u dang tshul khrims kyi le'u zhes bya ste sgrub pa'i [L.92a] le u gsum dang / de nas lnga brgya bdun pa dang brgyad pa dang dgu pa la rim pa ltar chos mngon pa dang mdo sde dang 'dul ba ston pa mang du 'byung bas mngon pa'i le'u dang mdo sde'i le'u dang 'dul ba'i le'u ste lung gi le'u gsum dang / lnga brgya pa bcu pa ni / rab tu byung ba'i rtags tsam las lta spyod rnal ma dang mi ldan pas rtags tsam 'dzin pa'i le'u ste 'di nyid la lnga brgya tha ma zhes bya'o zhes bshad do / /"。

[113] 參見卜思端·輦真竹著、蒲文成譯《卜思端佛教源流》，蘭州：甘肅民族出版社，2007年，83頁。

[114] 卜思端本人十分贊同這種觀點，原文見上揭書103頁b面："de yang chad la lo nyis stong dgu brgya lnga bcu rtsa lnga song zhes rgya gar dang bal po'i lo bcos pa dang bod kyi rgyal po rnams kyis legs par brtsis pa las 'byung zhing /"。

[115] 德格版《薩思迦全集》收錄之《彰所知論》第19葉b面："sangs rgyas mya ngan las 'das nas lo sum stong nyis brgya bcu lhag 'das pa na/ byang phyogs hor gyi yul du sngon bsod nams bsags pa'i 'bras bu smin pa jing gir rgyal po zhes bya ba bung la/ des byang phyogs nas brtsams te skad rigs mi gcig pa'i yul khams du ma dbang du byas nas stobs kyis 'khor los sgyur ba lta bur gyur to/"。關於《彰所知論》歷史觀念於後代蒙古史書的影響，參見沈衛榮《再論〈彰所知論〉與〈蒙古源流〉》，697—727頁。

水陽虎年（shing pho stag）成佛，火陰豬年（sa mo phag）滅寂[116]。而依薩思迦派傳規之演算法，到水陽狗年（1322）帝師公哥羅古羅思監藏班藏卜（Ti shr'i Kun dga' blo gros rgyal mtshan dpal bzang po）在藏地受比丘戒時，上距釋迦牟尼生年已過三千四百五十五年[117]。由此，可知薩思迦派傳規的佛陀滅寂時間為公元前2053年。我們假設《彰所知論》按薩思迦派演算法計算，那成吉思汗的生年，也就是這一年之後三千二百五十年即公元1197年。我們姑且不論其是否與實際相符，單就與《紅史》成吉思汗生年記載就有十五年的差距。據此，我們可以知道，《彰所知論》的說法若非按另一傳規推算而來，就是發思巴在演算時出現了疏失。筆者傾向於後者，因為沙囉巴譯師在漢譯《彰所知論》時就把"三千二百五十年"一句略去不譯，顯係對其說法有不認同之處。

然而，此種說法被後世的一些西藏歷史文獻以及蒙古史學文獻繼承下來。蒙古文文獻者，如無名氏著《黃金史綱》[118]和《蒙古源流》等。藏文最早者為《西藏王統記》，此書明確說明這一部分是參照《彰所知論》而來。鑒於感恩寺碑記多參考此書，因此，這段碑文當直接引自《西藏王統記》的相關記載。有趣的是，《西藏王統記》也係照搬照抄《彰所知論》的說法，該書提及薛禪汗即位時間是佛涅槃後三千二百五十八年，按書中所述其與祖父出現年代衹隔八二，前後矛盾，顯係謬誤。

（二）魯土司家族族系及相關事跡略考

對於魯土司家族的研究始於20世紀初，比利時人傳教士康國泰神父（Louis Schram）於1911年來到河湟地區傳教，並在此居住長達十年之久。在此期間，他系統地從歷史、社會、家庭、經濟、宗教等諸多方面，對當地以魯土司部落為代表自稱蒙古爾人的部族，進行了詳盡的調查和記錄，並於1948年以後陸續整理出版了他的系列專著《甘青邊界的蒙古爾人》（*The Monguors of the Kansu-Tibetan Frontier*）[109]。此書分為三分冊，其中第三分冊《蒙古爾部落的歷史文獻：湟中地區蒙古爾人的歷史和魯氏家族族譜》（*Records of the Monguor Clans: History of the Monguors in Huangchung and the Chronicles of the Lu Family*），通過當時他從西寧某馬姓官僚得到的《重修魯氏家譜》

---

⑯ 見上揭書*Deb ther dmar po*，7頁。

⑰ 同⑯，9頁。

⑱ 參見朱鳳、賈敬顏譯《漢譯蒙古黃金史綱》，呼和浩特：內蒙古人民出版社，1986年，14頁。"帖木真成吉思汗是受天命而生的。當佛入涅槃三千二百五十餘年之後，〈世上〉，出生了十二個暴君，苦害眾生。為了制服他們，佛陀授記而誕生了成吉思汗。……"

⑲ Schram, Louis, *The Monguors of the Kansu-Tibetan Frontier*, with an Introduction by Owen Lattimore, American Philosophical Society, 1954-1957, Philadelphia

和《魯氏世譜》對魯氏家族的歷史進行了較為細緻譯解與研究[120]。然而，令人遺憾的是，從今天我們的研究來看，關於魯土司家族乃至其他安多土司在明代以前的事跡，漢文史籍中記載得很少，而且訛誤頗多。而且從現存的兩部魯土司家譜的記載來分析，魯氏追安定王脫歡為祖先實為附會之詞，不足為信。而魯氏祖脫歡助明廷平王保保之亂的事跡也多屬虛構[121]。而且康國泰神父所參引的漢文史籍僅有《西寧府通志》、《甘肅新通志》和《平番縣志》等寥寥數部。因此，康國泰神父對家譜內容深信不疑，而且他的研究也並未給我們提供《家譜》以外更多關於魯氏家族的歷史訊息。

另一方面，蒙古爾人的族源問題歷來也為學術界所爭論不休。從現在的研究成果來看，學術界根據歷史文獻記載、語言學特徵以及口述歷史材料得出的不同觀點大致有四個：①吐谷渾說；②蒙古說；③沙陀突厥說；④陰山地區諸民族融合說[122]。然而，眾說紛紜之中並沒有一種觀點的證據是確鑿無疑，無可辯駁的。

由此看來，我們對於感恩寺藏文碑記的釋讀以及其他相關歷史材料的再發掘無疑將會為我們提供探尋魯氏先祖、歷輩土司事跡乃至於蒙古爾人的族源問題提供新的史料與線索。

按感恩寺碑記L3:96-97敘述魯氏先祖世系時記載，魯土司先祖的族屬系蒙古（hor）的sul dus部，按元明時期藏文音轉成漢文時，通常將後加字與基字發音單獨音譯成漢字，又結合下文的記載，sul dus則可以還原為蒙文sūldūs，即漢文史籍中的“速勒都思”，或譯“速勒都孫”、“蘇達蘇”或“遜都思”。按速勒都思部，在拉施德的《史集》中被認為是“昔時即稱為蒙古的突厥諸部落”，並且是其中“迭兒列勤（d(a)rl(a)kīn）蒙古”的一支。其源自於曾遁入額爾古涅昆（ark(u)neh qūn）的捏古思（n(a)kūz）和乞牙惕部落兩部落的殘餘[123]。Tshur kan應即是速勒都思氏的鎖兒罕·失剌（Sūrğān šireh）。按鎖兒罕·失剌為泰亦赤兀惕（Tayičrud）氏脫朵格（Tödöge）之

[120] 這兩部家譜分別是（清）《重修魯氏家譜》乾隆五十二年（1787）三卷稿本，和（清）《魯氏世譜》，咸豐元年不分卷刻本，是目前研究魯土司家族歷史最為基本的史料。前者為第十四世魯土司魯璠於乾隆五十二年（1787）以明代纂修的兩部魯氏家譜為基礎，補入新的材料編纂而成的一部家譜。這兩部明譜一為嘉靖年間第六世魯土司魯經修纂的《魯氏忠貞錄》（三卷），二是萬曆年間第八世魯土司魯光祖纂修的《魯氏家譜》（三卷）。該譜卷一為‘綸音”，載明清皇室敕諭歷代魯土司的詔誥，是魯土司家族與中央王朝關係最為直接而可靠的文字史料，卷二為“贈言”，是朝野人士饋贈歷輩土司的詩文，卷三為“世譜”，主要記載魯土司家族世系、十四代土司及夫人傳記。現存為乾隆年間手抄本，一函三冊，珍藏於永登縣檔案館；後者為第十五世魯土司魯紀勳始修，咸豐元年完成並付梓的一部編年體家譜，記明洪武元年（1368）到咸豐元年（1851）之間魯土司家族歷史，分世系譜和年譜兩部分，主體是年譜，依照年代先後次序記載史實。現此刻本較為珍罕，永登縣檔案館和中國國家圖書館善本部有藏。

[121] 參見上揭書《安多藏區土司家族譜輯錄研究》，167—175頁，“甘肅連城《重修魯氏家譜》跋”，文中考證甚詳，筆者於此不再贅述。

[122] 系統性地總結各家觀點並提出土族系河西走廊多民族相互融合的新觀點，請參見李克郁《土族（蒙古爾）源流考》，西寧　青海人民出版社，1993年。

[123] 〔波斯〕拉施德（Rashīd）著，余大均、周建奇譯《史集》第一卷第一分冊，北京：商務印書館，1983年，250、281頁。

屬民[124]。感恩寺碑文L3:97記載鎖兒罕·失剌有二子，其長子是赤老溫（Cha ni la 'un，jilāūqān），次子是沈白（Chin pa'i，Chimbai），這與《蒙古秘史》的相關記載正相吻合。《元朝秘史》第81—87節記鎖兒罕·失剌之事跡說到，成吉思汗年輕的時候曾為泰亦赤兀惕人所擒，後借機脫逃隱藏，於是泰赤兀惕人到處搜捕成吉思汗。值此危難之際，鎖兒罕·失剌一家冒死全力營救成吉思汗，使其最終脫離了險境[125]。因此，成吉思汗在繼承汗位以後，為感念救命之恩，封鎖兒罕及其二子為千戶[126]，並應鎖兒罕所請，將原篾兒乞惕之故地薛良格河地方（即色楞河流域，位於今蒙古人民共和國北部貝加爾湖以南地區）賜為其世襲封地，並贈給鎖兒罕·失剌"答兒罕"（自由自在者）的封號，享受如九次犯罪不罰等諸多特權。故碑文中以自在者為王比附之，稱之為"王"（dbang）[127]。甚至還將鎖兒罕之妹合答安納為皇后，以示不忘舊恩[128]。

鎖兒罕長子赤老溫亦聲名顯赫，曾搏殺成吉思汗的宿敵泰亦赤兀惕部落的君主塔兒忽台·乞鄰禿黑（tārğūtāi qiriltūq）[129]，並隨蒙古大軍征戰四方為成吉思汗立下赫赫戰功，成為蒙古位極人臣的四大怯薛之一，與木華黎、博爾忽、博爾術等三人合稱"四傑"或"四駿"，輪番宿衛大汗營帳，他這一支的後裔遂成為元朝時期著名的四大家族之一[130]。故此，碑文中以漢族傳統官制中最高等級的"丞相"（ching tshang）與"怯薛"相互對應。他與其父曾"以忠勇見知主"，與成吉思汗"衣物相易以締交，相謂曰'諳達'"，即為異姓兄弟。亦曾"夜攻昭奇拉袞"，救成吉思汗與危難之中。在征戰中，其功高蓋世，為"大勳勞之臣"。[131]據史料記載，赤老溫至少有三子，形成了三支相對獨立的子嗣支脈，並隨蒙古勢力在歐亞大陸的迅速擴張，分別遷徙到了相距遙遠的三個地方，並在文化上逐漸為當地人所同化。大時代的劇變徹底地改變了他們子孫後裔的命運。

其中，第一子名宿敦那顏（sūdūn noyan），他的子孫們追隨忽必烈的弟弟旭烈兀汗遠征中亞波斯地區，世代臣屬於旭烈兀汗創建的伊爾汗國並信仰伊斯蘭教[132]。第二子名為納圖兒，他曾追隨成吉思汗平定金朝和西夏，最後戰歿。納圖兒子察剌和孫忽納曾跟隨忽必烈參加了對西域和南宋王朝的征伐，屢立戰功，子孫後代大多在中原內地為官，於是逐漸接受中原文化，成為華化的士大夫階層。根據《新元史》的記載，納圖兒子察

---

[124] 參見上揭書《蒙古秘史》，第82—87、146、198、202、219節。

[125] 參見劄奇斯欽《蒙古秘史新譯並注釋》，臺北：臺北聯經出版公司，1979年，88—95頁。《黃金史綱》亦有相同的記載，當出同一史源，參見上揭書朱風、賈敬顏譯《漢譯蒙古黃金史綱》，14頁。

[126] 參見上揭書《蒙古秘史新譯並注釋》第202節，287、288頁。

[127] 參見上揭書《蒙古秘史新譯並注釋》第219節，330、331頁。

[128] 參見柯劭忞《新元史》，開明書店，1935年，卷一一四，傳十八《赤老溫傳》。

[129] 參見上揭書《史集》第一卷第一分冊，284、285頁。

[130] 參見（明）宋濂等《元史》志第四十七，兵二〇宿衛。此外蕭啟慶先生有專文論述，參見《元代四大蒙古家族》，《元代史新探》，臺北：新文豐出版公司，1983年，141頁。

[131] 參見後文所引虞集《蘇達蘇氏世勳之碑》。

[132] 參見上揭書《史集》第一卷第一分冊，284、285頁。

剌和孫忽納從大軍伐宋渡江，後加金虎符，授湖廣行省樞密院判官。平定南宋之後，擢江西湖東道肅政廉訪使。其子脫帖穆兒，以勳家子入直宿衛。後於大德十年（1306）佩金符，為武德將軍、東平管軍上千戶所達魯花赤。泰定三年（1326），移鎮紹興攝軍民萬戶府事，在任上政績卓著，至正四年（1344）卒，年八十四。後世子孫完全漢化，其子五人，大多業儒。其中較為知名有二人，一為篤列圖，至正五年（1345）進士，授衡州路衡陽縣丞；另一子為月魯不花，為文援筆立就，中江浙省試右榜第一。元統元年（1333）考中進士，授台州路錄事向司達魯花赤。後授授行都水監經歷。尋擢廣東道廉訪司經歷，召為行水監丞，改集堅待制，遷吏部員外郎。奉使江浙，籌備軍餉。至正十三年（1353），丞相脫脫南征，以月魯不花督糧餉，擢吏部郎中，拜監察御史，再擢吏部侍郎。後因反對朝廷興造海船而左遷工部侍郎。之後遷保定路達魯花赤，鎮守此處防備農民軍的進犯。繼而晉升中奉大夫，大都路達魯花赤，吏部尚書。期間曾成功招撫農民軍領袖毛思忠，因功拜翰林侍讀學士，進資善大夫，拜江南行台御史中丞，旋改浙西肅政廉訪使，後被佔領江南的張士誠所害，贈推忠宣武正憲徇義功臣、金紫光祿大夫、福建行省平章政事、上柱國、鄧國公，成為了元代歷史上忠君守節、受人敬仰的士大夫名士[133]。

而第三子阿剌罕一系的族人，在阿剌罕子鎖兒都（蘇都）的時候被窩闊台大汗封賜給了鎮守河西的太子闊端，由此輾轉遷徙於涼州一帶定居下來。據《史集》記載：“……窩闊台合罕在位時，在拖雷汗死後，未與宗親商議，擅自把屬於拖雷汗及其兒子們的全部軍隊之中的速勒都思（部落中）的兩千人給了自己的兒子闊端。……”[134]這其中就包括了阿剌罕一系鎖兒都的部族。在元代著名文人虞集的《道園學古錄》卷十六所收《蘇達蘇氏世勳之碑》中對此系族人及其先輩有所記述[135]：

> 至順二年（1331）四月丙辰，中書省臣言，聖上幸念侍御史戩多卜，贈其祖父以官而封之賜之金幣，俾得以勒碑先塋。其碑之文請以命奎章閣大學士臣鄂允、侍書學士臣某等。其凡役，請以命甘肅行省屬諸郡縣有司，而攻石之工請取諸荆王之府上可其奏。明日，戩多卜以其僚治書侍御史臣馬祖常所述家世歲月官簿行事之實來告臣等。謹奉詔次第而書之。維國人之貴者，有蘇達蘇氏。昔在太祖皇帝龍飛朔方肇基帝業時，則有大勛勞之臣。實佐興運最貴重者四人，時為次四，則蘇爾噶勒實捋子齊拉袞巴圖爾也。初，父子俱事太祖，以忠勇見知主，以衣物相易以締交，相謂曰“諳達”，蓋永以為好也。上嘗與昭齊拉袞戰不利，其父子率族黨夜攻之，昭奇拉袞遁，脱太祖於難。自是，凡征討之事，蘇達蘇氏以功多着上。賜之名而世宥之曰“達爾罕”。國家凡宴饗，自天子至親王舉酒相爵，則相禮者贊之為之喝盞，非近臣不得執其政。故

[133] 參見《新元史》卷一一四傳十八，“赤老溫”條。

[134] 參見上揭書《史集》第二卷，204頁。

[135] 參見（元）虞集《道園學古錄》，摛藻堂本《欽定四庫全書薈要》，集部卷十六。

以命之宿衛之士，必有其長為之。集賽官亦非貴近臣不得居其職，則以命之。而齊拉袞巴圖爾之子阿婁罕，亦以恭謹事上。上嘗被創甚，阿婁罕百方療之七日而愈，事具信史。太宗皇帝時，命太子庫騰鎮河西，阿婁罕之子蘇都從。太子生子曰濟必特穆爾王。蘇都夫人茂薩裏為保母，太子薨，濟必特穆爾嗣鎮河西，以蘇都之子唐古特領集賽官及所屬軍匠保馬諸民五十餘年。内贊府事，外着邊職，積年七十六而歿，葬於西涼州。其夫人呼圖克岱巴約特珍氏，能修婦職，以相其夫，年六十而歿。其墓在永昌府，子男凡幾人，戩多卜，其長子也。領王府齊哩克琨努圖克齊，己爾齊錫保齊哈齊軍民人等色匠。至治二年（1322），授朝列大夫永昌路總管。泰定二年（1325），遷中順大夫，本路達嚕噶齊。二年進亞中大夫，王傅府尉。天子元年（1330），皇帝入正大統。明年（1331），伊蘇額布根荊王入覲，薦其從行者五十人備天子宿。戩多卜實居第一人。奏對稱旨，奉議大夫同僉，太常禮儀院尋參議詹事院事，俄拜監察御史，中書省左司員外郎御史臺經歷，治書侍御史，昇侍御史。於是，制贈其曾祖父母、祖父母、父母某官封。今立碑於西涼州之先塋，臣等神仁厚澤，其加於臣下皆可謂敦篤而不忘者矣。重念蘇達蘇氏之先，以瑰偉杰特之材佐帝業於方興之日，又以戩多卜之忠慎才美，踐歷臺省，推恩先世而寵榮之何其盛也。然則，凡在子孫思上至德意，安有不鞠躬盡力，以報稱於萬一者哉?

此碑文中“蘇達蘇”即“速勒都思”，“阿婁罕”即“阿剌罕”，“蘇爾噶勒實拇”即“鎖兒罕·失剌”，其子“齊拉袞巴圖爾”即“赤老溫”，“庫騰”即“闊端”，凡此蓋皆西北方音音轉語訛也。碑文略述阿剌罕祖父和父親兩代人的功業。並說到阿剌罕還曾為成吉思汗“百方療之七日而愈”，其後在太宗窩闊台時阿剌罕之子蘇都帥族人隨闊端一同鎮守涼州並在此定居，其子唐古特及其家族後裔累世領王府怯薛官及所屬軍匠保馬諸民，“内贊府事，外着邊職”，為王府近臣。唐古特子戩多卜還充實元朝宮廷宿衛，號稱第一。遂官運亨通，“忠慎才美，踐歷臺省”。而此一支系族人遷居於此的來龍去脈，對於探討同是遷居此地的表親鎖兒罕之次子沈白一支族人的歷史具有重要的意義。

按鎖兒罕·失剌之次子沈白（Chin pa’i），碑文L3:97記載，其為魯土司家族這一支脈的始祖，然史籍中關於他的記載殊少，衹言成吉思汗在武力征服蒙古諸部之時，曾派遣沈白作為長官率領左翼軍攻打勁敵篾兒乞惕（Merkid）[136]。並且L3:97說其曾受封國公的勳位，大致應相當於《蒙古秘史》中提及的所謂“千戶”封號。其子為完澤篤（ain ja’i du），史書無載，碑文衹說他曾受封元帥之職，大致應是某一部族的軍事長官或地區的行政長官，職位並不很高。L3:98記載他的後世子嗣名脫歡（tho kan），此人即是漢文魯氏族譜裏記載的魯氏始祖，他在元時為“平章”，與四世魯土司魯鑒墓誌中謂

---

[136] 參見上揭書《蒙古秘史》，第198節。同時《新元史》卷一一四，傳十八《赤老溫傳》亦有相同記載：“率右翼兵討蔑兒乞酋帶亦兒兀孫，亦有功。”

“曾祖為元平章”可以相互印證[137]。按“平章”者，即“平章政事”，在元代是中央的中書省或地方的行中書省最高長官丞相的副職，在行中書省中，丞相一職時立時廢。因此，平章有時候就是地方最高行政長官。從現在我們掌握的資料來看，脫歡歸附之後，明廷沒有封受一官半職，其子也衹封百戶而已，因此，脫歡很可能衹是某個行省的“平章”。家譜中收錄了一道洪武七年（1374）十月封授二世鞏卜失加為昭信校尉、岐甯衛管軍百戶的諭旨，旨意中特別提到他“久居西土”[138]。《明史·魯鑒傳》也提到其先祖為“西大通（即連城）人”，而且“世守西陲，有捍禦功”[139]。又《重修魯氏家譜》卷二《世襲表》載脫歡“籍涼版圖，投誠明太祖”，“涼”即涼州，西大通恰在涼州與莊浪交界的地方。因此綜合來看，至少自元代起魯氏家族就已是西北望族，擁有一塊封地，並掌握一支武裝，在元朝末年為甘肅行省地方一級的平章。

另外從《多麥政教源流》記載來看，當年闊端屬下來涼州鎮守的速勒都思部落中並非只有阿剌罕這一系的族人：

> 華熱（dpa’ re）這個地方還有蒙古闊端汗（go tan），亦譯作庫騰汗部下的後裔，如吉家（kyi’u）、李家（li kya）、魯家（lu’u kya）、楊家（yang kya）等許多小土官。[140]

其中的“魯家”（lu’u kya）指的就是魯土司家族。既然魯家是闊端部下的後裔，由此我們可以推知，當年隨闊端來涼州駐紮的速勒都思部兩千人中，除了阿剌罕一系之外，還有其表親魯家先祖沈白一系的家族成員。另外，明清時期與魯土司家族地位相當，同樣駐守河西地區的其他幾家土司如李土司、楊土司等也係闊端之部曲，隨鎮河西而定居於此。而太宗窩闊台即位之後將河西西夏故地封予闊端太子，西夏係於1227年被蒙古所滅，同時闊端來到涼州就藩的時間大致是在1235年，也就是他統兵攻打四川回師之後。因此，魯氏先祖從祖地薛良格河地方遷徙到河西走廊地區的時間也就基本可以確定在1226—1235年之間。由於所謂蒙古爾人主要就是在河西走廊地區，包括魯土司家族在內的各家大小土司及其部眾所組成的，因此，也可知蒙古爾人毫無疑問就是來源於蒙古闊端汗所轄的蒙古軍事部落，或以這些蒙古部落為主混融當地部族形成的部落群體。

---

[137] 參見《名故榮祿大夫靖虜將軍總兵都督魯公墓誌銘》，收錄於米海萍，喬生華輯《青海土族史料集》，西寧：青海人民出版社，2006年，256頁。

[138] 參見上揭書《安多藏區土司家族譜輯錄研究》，56頁，《敕二世昭信校尉百戶公鞏蔔失加一道》：“奉天承運皇帝敕曰：君臨天下，凡慕義之士皆授以官，爾鞏卜失傑（即鞏卜失加）久居西土，乃能委心效順，朕用嘉之。令授以昭信校尉、岐甯衛管軍百戶。而當思盡乃心，遵律撫眾，庶副朕之委令。爾宜勉之。洪武七年十月日。”

[139] 參見《明史》卷一百七十四：“魯鑒，其先西大通人……”

[140] 參見智貢巴·貢去乎丹巴繞布傑（Brag dgon pa dKon mcog bstan pa rab rgyas）《多麥政教源流（藏文）》（*mDo smad chos ’byung*），蘭州：甘肅民族出版社，1985年，28頁，“da dung yang khri dpon de’i rgyud pa dpa’ re phyogs su yod pa la ’phan yul rang skad ma nyams pas khyi dpon du ’bod pa yod snang/ yang de kar hor go tan gyi blon rgyud/ kyi’u kya/ li kya/ lu ’u kya/ yang kya sogs dpon phran mang zer”。華熱（dpa’ re）地區泛指今天天祝藏族自治縣及青海省樂都、互助北山地區。

在明代，魯土司家族主要駐守於莊浪衛，即今日之永登縣。該衛所建於明洪武五年十一月壬子（1372），隸屬於陝西行都司治下[141]。終明一世，明代西北綿亙至宣化大通一線邊陲始終飽受蒙古和番族流寇的襲擾、掠奪和破壞。莊浪一地“虜寇連年入境，虜掠畜牧，踐踏禾稼，人不聊生”[142]。而明代莊浪衛東部邊境線沿莊浪河和明長城一線展開，與韃靼控制的地區接壤，扼守通往西域和青藏兩地的交通要道，人員往來時分頻繁，所以戰略地位十分重要[143]。因此，對於這裏的軍事守衛一直以來都是明朝政府的工作重心。明朝在這裏設立了茶馬貿易司，控御內地與番民之間的茶馬貿易[144]。並設重兵屯田於此，輔以當地土司統領的家族軍隊，嚴密控制這一戰略要衝。

根據碑文L1和L3以及漢文家譜的記載，我們可以知道，魯家的後輩土司率領族人“魯家軍”為明朝征戰四方，縱橫捭闔，功勳顯赫，受到朝廷的屢次封賞，並逐漸形成了以土指揮使魯氏為核心，魯家旁支苗裔等指揮同知、僉事、千戶、百戶為襄輔的地方性家族政權，以莊浪衛為中心統治區域遍及河湟大部分地區[145]（參見文後附魯土司家庭譜系）。而作為功業更大、地位更高的赤老溫——阿剌軍這一系族人則泯滅無聞了。這很可能是因為承嗣這一支脈的戬多卜居京為官，元亡後隨順帝北去，在河西地區衹留下了同族之長脫歡一人獨撐局面，並最終投誠明朝。

脫歡孫二世土司鞏卜失加以功陞百夫長，永樂八年（1410）明成祖率軍在漠北大敗韃靼，失加率軍力戰而死。洪熙元年（1426）十月，鞏卜失加之子三世魯失加因軍功陞莊浪衛土官指揮同知為陝西行都司都指揮僉事，不理司事，並給世襲誥命[146]。並為皇家賜姓“魯”氏，更名為“魯賢”，蓋因其族姓“Sūldūs”之音相近，而以魯字為其漢姓。宣德二年（1427）太監侯顯和國師端竹領占（Don grub rin chen）奉旨進藏宣諭闡

[141] 參見牛平漢編著《明代政區沿革綜表》，北京：中國地圖出版社，1997年，399頁。所依據者爲《明太祖實録》卷七十六。洪武五年（1373）九月十一日“壬子置甘肅衛都指揮使司莊浪衛指揮使司”。

[142] 參見《明英宗實録》天順五年（1461）七月條。在《明實録》中關於莊浪受到軍事襲擾和破壞的記載可謂比比皆是，連續不斷。

[143] 請參見“甘肅省”編纂委員會編《中華人民共和國地名詞典·甘肅省》，北京：商務印書館，1995年，“永登”詞條：“北緯36°44′，東經103°15′，甘肅省中部，莊浪及大通河下游，面積6090平方公里，人口45974，除漢族外，還有回、滿、藏、土等族，轄城關、中堡、連城、河橋、紅城、武勝驛六鎮，16鄉。縣人民政府駐城關鎮。……1913年改屬涼州道。1928年改平番縣爲永登縣。屬甘肅省，後屬第六行政督察區，1949年屬武威專區。1952年屬張掖專區，1956年改屬定西專區。1958年改縣爲區，屬蘭州市。1961年復置永登縣。1963年屬武威專區，1970年劃歸蘭州市。城所隴西黄土高原與祁連山地交接地帶。地勢北高南低，此部祁連山東延部分寶泉山海拔2880米。莊浪河由北而南流入黄河，大通河沿西境匯入湟水。屬於溫帶半乾旱氣候區。年平均氣溫5.9℃。”

[144] 有明一代，在西北甘青邊界設有甘州、莊浪、西寧、河州、洮州、岷州等五處茶馬貿易司。參見陳正祥編《中國歷史·文化地理圖冊》，（株）原書房（日本），昭和57年（1983）4月30日，117頁，圖72 明代後期的衛所。

[145] 魯土司家族成員形成了大大小小很多的土司貴族，他們的家族譜系可以參見張令瑄輯訂的《甘、青土司資料》，收錄於龔蔭《中国土司制度》，昆明：雲南民族出版社，1992年，1306—1318頁。

[146] 參見《明宣宗實錄》卷十，洪熙元年（1426）十月，“陞罕東衛土官指揮使卻里加必里衛土官指揮同知，康壽莊浪衛土官指揮同知，魯失加俱為陝西行都司都指揮僉事不理司事，給世襲誥命，其餘有功冠軍悉次第升秩。”

化王、闡教三、贊善王和尼八剌國王等衛藏和尼八剌政教領袖，魯賢還曾受命領兵為其護持至思哈兒麻湯地方[147]。其中"思哈兒麻湯"當可還原為sKar ma thang，地望應即明代自洮州入藏的必經之處、青海尖扎（gCan tsha）境內黄河流域的尕麻塘[148]。這段史料《明宣宗實錄》中亦有記載，可與《家譜》記載相互印證[149]。四世土司魯鑒（1425—1502）初封靖虜將軍（L3:103），奉命鎮守莊浪，"擢署都指揮僉事"，在嘉峪關烏鞘嶺等地與北虜作戰屢戰屢勝。成化四年（1468）固原回民滿四反，鑒率族兵千人從征，"出則先驅，入則殿后，最為賊所憚"，為平息叛亂出力甚多，遂威名遠播，受到明廷嘉獎，陞任莊浪參將（Drong lang tshan zang）、西寧代管（Zi nying ta'i gon）、甘州副總兵（Kan cu'u hu tsung beng），分守榆林納郭瓦（Yu'i lin na go ba）（L3:103），家譜載"進署都督同知、鎮守延綏總兵官"銜[150]，並受賜蟒袍玉帶等物（L3:104）。五世土司魯麟（1456—1506），以父功授錦衣百戶，曾多次帶兵剿滅小股北虜來襲，屢建奇功。明廷也多有褒揚和封賞，禮遇日隆。先後以功授錦衣衛指揮受封莊浪參將（Drong lang tshan zang）、遊擊（Yu'u kyi）、甘州副總兵（Kan tsu'u hu tsung beng）。六世祖魯經（1485—1556）二十五歲即受命莊浪參將（Drong lang tshan zang）（L1:7）、後封錦衣衛指揮僉事亦常年領兵四處征討，多有斬獲，以功先後受封前軍都督（Tshen kyun du du）、西寧代管（Zi nying ta'i gon）（L1:8）、延綏總兵官、鎮守陝西總兵官，其子魯瞻亦曾官至錦衣衛指揮（Kyin yi au'i tri hu'i）（L1:16）。幾乎達到了魯氏家族的權利巔峰。

由此可見，自明朝立國以來，魯土司一直是朝廷倚重的封疆大吏戍守邊塞，正如趙伸在其"趙中丞奏疏"中所言"莊浪魯氏，威望大振，土人素服。黄河迤西勢成犄角，必欲借其家丁，成其羽翼，俾其殫厥心力，平定一方。重爵厚賞，雖如黔國之議亦可也"[151]。可以說，魯氏家族率領着"魯家軍"縱橫馳騁，浴血疆場，不曾一刻稍歇，為西北邊疆的穩定做出了不可磨滅的汗馬功勞。

---

[147] 參見上揭書《安多藏區土司家族譜輯錄研究》，106頁，家譜卷二《三世祖傳》載："……（宣德）二年，番酋爾加族叛，公受命討平之。三年，奉敕護送太監侯顯、國師端竹領占入烏斯藏。道遇逆番皆叛，急馳數十里撫諭。招還內地者，千二百餘人……"另，（咸豐）《魯氏世譜》宣宗宣德元年丙午條載："十二月二十日奉敕：諭安定衛安定王亦攀丹、都指揮僉事阿剌乞巴等，今遣太監侯顯等往烏斯藏等處公幹，敕至即領所管軍馬三千員名，同指揮僉事魯某、千戶李保童護送到思哈兒麻湯地方。俟太監侯顯等回還，一體迎接，毋致違誤。故諭。"

[148] 該地位於青海境內尖扎縣黄河河谷，明代內地官、民、商賈入藏的主要線路就是沿洮州向西經過炳靈寺沿黄河岸逆流而上進入安多的。

[149] 參見熊文彬選輯《西藏通史資料叢刊·明代西藏漢文史料選輯》，北京：中國藏學研究中心歷史所，2005年，284頁。宣德二年（1427）四月辛酉"遣太監侯顯賚敕往烏斯藏等處諭怕木竹巴灌頂國師闡化王吉剌思巴監藏巴里藏萄、必力工瓦闡教王領真巴吉監藏、靈藏贊善王喃葛監藏、尼八剌國王沙的新葛地湧塔。王子可般、輔教王喃葛列思巴羅葛囉監藏萄等，各賜之絨綿、紵絲有差"（梁本27-2-3 館本27-2）。宣德二年四月甲子"以遣太監侯顯往烏斯藏、尼八剌等處撫諭給賜，遣人賚敕馳諭都督僉事劉昭，領指揮後廣等洮州等六衛官軍護送出境……"

[150] （清）張廷玉等奉敕撰《明史》，卷一百七十四。《魯鑒魯鑒·子麟·孫經傳》。

[151] （明）陳子龍、徐孚遠、宋征璧等選輯《皇明經世文編》，明崇禎平露堂刻本，卷二百三十四。

（三）明代早期魯土司與藏傳佛教

目前關於明代以前魯氏先祖信奉佛教的歷史材料我們還沒有發現。但是，魯氏先祖隨闊端南下戍守河西時就應該接觸到了藏傳佛教，因為至少自西夏中葉以來，藏傳佛教就已經在這一地區流行開來。而不久後薩班叔侄應邀前往涼州與闊端會面，毫無疑問也會對作為闊端近臣的魯氏先祖產生不小的影響。

根據《安多政教源流》的記載，明永樂年間魯土司曾與薩思迦派僧人搠思吉監藏（Chos kyi rgyal mtshan）和格魯派僧人魯蚌・桑丹星吉兒（Klu 'bum bSam gtan seng ge）結成了供施關係[152]。而《䂬磘寺寺志》（*mChog dga' gling*，即“喬噶林”，寺院位於大通石屏山）更詳細地記載到，永樂年間“薩思迦派僧人搠思吉監藏和格魯派僧人魯蚌・桑丹星吉兒先後來到此山修行傳教，以魯土司（應當是三世魯土司魯賢）為首的藏、漢、蒙各族信徒雲集此山，虔誠供養二師，在兩位大師主持下，在各山峰修建了佛殿……”[153]。這可能是我們現在已知最早關於魯土司參與藏傳佛教活動的歷史資料了。

關於魯氏家族轄地藏傳佛教信仰狀況比較直接且時代確鑿年代最早的材料，是永樂九年（1411）八月二十四日明成祖為了廣求有道高僧來京宣法向魯土司屬寺顯教寺發出的一道敕諭：

> 皇帝敕諭國師班丹藏卜等及眾禪師、喇嘛、有道高僧等：今僧眾中，多有道高德重之人。而聖凡混淆，一時未能周知。今差人賫禮幣前往爾處，有道行高者及西天西番各處遠方來在爾處其道行高者，朕皆禮請。每人致禮一表裏。爾國師、禪師、喇嘛、有道高僧與之同來，宣揚妙法，成無量功德，則爾等功德亦無量。爾其體朕至懷。故諭。
>
> ……永樂九年八月二十四日。

顯教寺作為魯土司家族屬寺，坐落於魯土司統治的核心地區連城之中，距魯土司衙門咫尺之遙[154]。而連城是湟水北部溝通漢藏兩地的主要通道上的重要城鎮。這條通道實際上也是明朝內地通往西寧的驛路，從蘭州北上，經苦水驛、紅城子堡（Hung cheng ci）、大同堡到莊浪衛所（Krong ling mkhar），再向西折進，有一條狹長的山溝直抵大通河

---

[152] 智貢巴・貢卻丹巴饒布傑（Brag dgon pa dKon mchog bstan pa rab rgyas）吳均、毛繼祖、馬世林譯《安多政教源流》（*mDo smad chos 'byung*），蘭州：甘肅民族出版社，1989年，127頁。

[153] 高子貴主編，蘭州市地方誌編纂委員會、蘭州市民族宗教誌編纂委員會編纂《蘭州市誌》第四十二卷《民族宗教志》，蘭州：蘭州大學出版社，2007年，136—137頁。另李焰平著《甘肅窟塔寺廟》，蘭州：甘肅教育出版社，1999年，309頁。

[154] 顯教寺雖然係成化十八年（1482）所建，但是這道敕諭保存在顯教寺內，至少說明它是頒布給魯土司某一屬寺的詔書。

岸過連城、河橋驛（Ho co'u yi）、窯街、老鴉峽（Lo ba chid）、樂都到達西寧府。[155]很多活動於河西地區和內地的西藏僧人都是經由此路往來漢藏兩地的，而且連城又是河湟地區的統治中心，"西天西番各處遠方來在而處"之僧人停留於此者當不在少數。以致永樂皇帝特意敕諭顯教寺從中擇其"道行高者"而禮請入京。同時敕諭中也表明在當時魯土司屬寺的僧眾中已經有了朝廷敕封的國師、禪師一級的高級僧侶，說明在甘青一帶魯土司屬寺的地位是很高的。而此名班丹藏卜（dPal ldan bzang po）的國師與同一時期住錫於樂都瞿曇寺的三羅喇嘛之侄灌頂淨覺弘濟大國師班丹藏卜應該就是同一個人。由此我們可以推測，魯土司對於藏傳佛教十分熱衷，當年魯土司轄區一代已是僧眾雲集，藏傳佛教信仰十分興盛了[156]。

至宣德年間，明宣宗發下的一道敕旨更能說明問題，其云：

> 敕莊浪地面大小官員、軍民諸色人等：……今以莊浪地面西大通寺，賜寺名曰'妙因'，須敕護持。所在官員居民人等，務要各起信心，遵崇其教，聽從喇嘛裸古魯監參（疑為bLo gros rgyal mtshan之音轉）等及僧人自在修行，並不許侮慢欺淩其常住。一應寺宇、田地、山場、園林、財產、孳畜之類，諸人不許侵佔騷擾。
>
> ……宣德二年三月二十二日[157]。

隨諭還附帶都綱印信一顆、劄付（即委任狀）一張。此為魯土司家族屬寺最早有明確年代的文獻記載，而且妙因寺當建與此時，並較為完整地保存到了今天。這一敕諭充分說明由於魯氏家族建立的西大通寺（妙因寺）在莊浪一帶的政教兩界已經具有了舉足輕重的重要地位。因此宣德皇帝下詔對該寺大加護持，幾與安多地區明皇室扶持、等級最高的瞿曇寺待遇相酹。同時，把莊浪衛僧綱司移至於此，以寺中剌麻裸古魯監藏為僧綱，管理整個莊浪的佛教事務。由此可見，魯土司屬下之妙因寺在當時的甘青地區已經是數一數二、由皇家護持的大寺院了。

自此之後，作為一種代代延續不斷的傳統，魯氏歷代土司都把大力推崇與發展藏傳佛教事業作為征戰與守衛之外敬天法祖的頭等大事，曾在其轄區內陸續興建了至少八座廟宇，作為其家族屬寺。其中，大部分均為藏傳佛教寺院，如寶嚴寺、宣化寺、海德寺、感恩寺和東大寺等，其中迄今保存下來原始狀況保存最為完好、內容也最為豐富的當屬感恩寺。而其建寺藏文碑記則為我們提供了很多關於明早期魯土司家族藏傳佛教活動的新史料。

---

[155] 參見陳正祥編《中國歷史·文化地理圖冊》，（日本）（株）原書房，昭和57年（1983）4月30日，第117頁，圖71 明代的驛路和驛站。另可參見《明太祖實錄》卷一百四十，洪武十四年（1382）十一月至十二月："置莊浪西寧馬驛四。莊浪衛二曰在城（莊浪衛所），曰大通河（河橋驛）。西寧衛二，曰在城（西寧城），曰老鴨城，每驛給以河州茶馬司所市馬十匹，以兵士十一人（廣本作十二人），收之就屯田焉。……"此條史料明確出了明代莊浪至西寧的驛站路線。

[156] 王繼光《安多地區土司家族譜輯録研究》，90頁。

[157] 同[156]，89頁。

感恩寺碑記中記述歷代土司繕寫經典、禮敬僧人、修繕和建立寺院等住緣佛教的事跡頗為豐富。其中較為重要的記載有三條，均與明代安多地區最為重要的寺院瞿曇寺有關。其一，L3:100-101記敘到早在鞏卜失加及其子三世土司魯賢執政時期魯家即建寺修窟，建立僧伽，並延請卓之眾喇嘛（Gro bla ma rnams）住持寺廟。按建立寺院之事當指宣德二年（1427）修建妙因寺萬歲殿之事。萬歲殿為妙因寺最古老的建築，該殿樑柱上殘留題記："大明國宣德二年（1427）歲次丁未秋七月六日信官昭勇將軍陝西行都司土官指揮魯士加同淑人李氏薛天速發心施命工蓋造"，上文所引宣德二年三月二十二日敕諭謂"今以莊浪西大通寺賜名為妙因"，由此可知，妙因寺最早建於宣德二年（1427），主體建築即為萬歲殿，其初名大通寺，旋即受敕賜更名為妙因寺[158]。而卓（Gro），即卓倉（Gro tshang），即今天的西寧以東的樂都地區。這一地名形成於明代，與安多地區著名的藏傳佛教寺院瞿曇寺的建立有密切關係。據《多麥政教史》記載，"海喇嘛·桑兒結紮釋（He bla ma Sangs rgyas bkra shes，瞿曇寺創建者）。彼師出生在洛紮地區（lHo brag，位於西藏山南地區）的卓窩隆（Gro bo lung）地方。遵循佛陀和喇嘛的授記來到多麥地區……以後來到貢隆紮（dGon lung brag），修習毘那夜迦（tshags bdag）……於是主僕們在貢隆紮地方建立了基業（即瞿曇寺）。因為是卓隆（Gro lung）地方的人，故稱為卓倉（Gro tshang）……"。由此，這支由後藏遷徙而來的藏族部落就冠以Gro字的族名，瞿曇寺即被稱作卓倉拉康（Gro tshang lha khang）。因為瞿曇寺係由明成祖和宣宗兩代皇帝敕建並派兵護持，因此，它在安多地區的地位很高，逐漸成為這一地區政教事業的中心[159]。這裏所稱的卓喇嘛僧眾（Gro bla ma rnams）應當就是瞿曇寺的寺僧。因為瞿曇寺在安多地區特殊的崇高地位，所以妙因寺一開始就由瞿曇寺寺僧來主持，其地位相當於瞿曇寺的一個屬寺。

其二，L3:106-108記述了四世土司魯鑒重修大通妙因寺的經過，其中詳細列載了以大通多吉羌神殿（rdo rje 'chang gi lha khang）為核心新建的各個殿宇，勾勒出了明代妙因寺全盛時期的歷史原貌。其中大部分仍可與連城鎮妙因寺的現存建築相互對應，而如"鐘樓、鼓樓、百個佛塔以及三個大佛塔為首的很多塔龕和塔殿窟"等現已毀壞無存或已拆改建了。按金剛持殿建立緣起，《多麥政教源流》（*mDo smad chos 'byung*）援引之《大通金剛持寺寺志·白蓮妙樹》（*Tai thung rdo rje bchang gi dkar chag ngo mtshar don gyi dri bsung yongs su rdzogs ba'i pad dkar ljon bzang*）記載甚為詳盡：傳說噶舉派祖師大成就者德洛巴（Telopa）在觀想之中收到金剛持所示，建造了一尊一匝高的紫金鑄成的金剛持像，並將它傳給了弟子捺囉巴（Nāropa），捺羅巴將其攜往普拉哈（Pulaha）山的寺廟供養，嗣後捺羅巴的上首弟子瑪爾巴（mar pa）又將此像連同捺羅巴的骨殖一同帶到了家鄉卓窩溝（Gro bo lung），後由卓窩溝又被迎請到了彭域的納爛

---

[158] 參見程靜微《甘肅永登連城魯土司衙門及妙因寺建築研究——兼論河湟地區明清建築特徵及河州磚雕》，天津大學碩士學位論文，2005年，25頁。

[159] 參見拉格、王洲塔《卓倉藏族族源考述》，《中國藏學》2009年第3期，160頁。

陀寺（'Phan nālendra）[160]，元朝時期薩思迦和直貢相爭；蒙古察哈爾王（cha har）入侵並佔領全藏，回來時來了很多有加持力的神物、捺囉巴的骨殖以及真尊金剛持像。後神物、捺囉巴骨殖等物因神鬼作祟而遺失在大通河附近的庫庫塔（Ku kur tha），唯有金剛持像抵達了連城並在森林中一旃檀樹上停留了三晝夜，被魯土司發現親自取下，並被其以隆重之禮加以供奉，於是修造了一座殿宇，專門供奉金剛持，這就是金剛持殿建立的緣起[161]。雖然這其中摻雜了很多演繹離奇的情節和不符合事實的故事，但是基本的史實尚能略窺一二。這尊像當由德洛巴傳予捺囉巴進而由瑪爾巴帶入西藏，13世紀初由深入衛藏北部的蒙古軍隊掠至安多地區，後由魯土司建廟供養，然其時間已經無從考證了。《白蓮妙樹》接着說，有喇嘛名洛登巴（Ho sdings pa）者擴建妙因寺，塑造了新的金剛持像，並將以前的那尊紫金金剛持像作為裝藏放了進去，並從瞿曇寺迎請了青銅鑄造的三尊三世佛像，以及銀汁書寫的《甘珠爾》和硃紅書寫的《丹珠爾》[162]。這與碑文記載L3:106可以相互呼應。因為多吉羌殿脊枋具"大明成化七年歲次辛卯孟夏四月吉日欽差鎮守莊浪右軍都督同知魯鑑同夫人李氏立"之榜題，明確記錄下了多吉羌殿竣工的時間，因此，這次擴建的時間在成化七年（1471）是毫無疑問的。除此之外，關於這次擴建的妙因寺，文中還特意提到了恭請瞿曇寺的三尊佛像，而且魯麟還延請卓大仲巴領占藏卜（Go ta'i drung pa Rin chen bzang po）叔侄等喇嘛來為修繕一新的寺院舉行開光儀式，僧眾們給予了灌頂加持，並對戒律詳加校訂（L3:107-108）。再次說明了魯土司家族屬寺與瞿曇寺之間十分特殊的密切關係，由此再結合金剛持像的流傳經過，可以充分地表明在明代早期魯土司家族信奉的是藏傳佛教噶舉派。

其三，L3:110-127描述了感恩寺建立的緣由和經過。根據L3:112和L3:130-132的表述，魯麟建立感恩寺的目的是為報答皇帝和土司先祖的恩德，並且以佛法來報答父母之恩情。文中記載寺院大殿奠基時間為弘治五年（1492），三年後圓滿竣工，這與漢文碑記完全吻合。文中還按順序詳細列舉了感恩寺殿堂佈局，基本上可以與感恩寺現存的建築一一對應。這也從一個側面說明了感恩寺自建立以來未經過大修大改，保存十分完整。更有意思的是，L3:120記載，感恩寺的開光典禮魯麟亦恭請卓大國師班卓兒藏卜（Ta'i gu shri dPal 'byor bzang po）的領誦師（dBu bdzad）、西寧國師（Zi nying gyi go shri）、禪師（Chan shri）等喇嘛來做開光儀軌。看來，魯土司自永樂年間海喇嘛之侄班丹藏卜住錫土司屬寺以來，世代都與瞿曇寺保持着緊密的宗教聯繫，有重要佛事活動必邀瞿曇寺主持似乎已成為一個慣例和傳統，使得瞿曇寺和感恩寺似乎存在着主屬關係，同時也說明了魯土司在明代早期信奉的是噶舉派的傳承。此外，附帶一提的是，這裏的大國師班卓兒藏卜（dPal 'byor bzang po），據《明實錄》記載，於成化十九

---

[160] 彭域的納爛陀寺（'Phan nālendra）係1435年由絨敦・瑪維星吉（Rong ston sMra ba'i seng ge）建立的薩思迦派寺院，而薩思迦和直貢相爭的發生在13世紀末，顯然時間倒置，與史實不符。因此，這段歷史當為虛構，或金剛持像曾在納爛陀寺供養，衹是時間發生在15世紀中葉。

[161] 參見妙因寺現藏木刻版《大通金剛持寺寺志・白蓮妙樹》。另參見上揭書《多麥政教源流》，128頁。

[162] 參見上揭書《大通金剛持寺寺志・白蓮妙樹》，及《多麥政教源流》，128頁。

年（1483）受賜“淨覺弘濟灌頂大國師”[163]。成化二十二年（1486）其弟子鎖南班著兒（bSod nams dpal 'byor）受命賫敕書及勘合赴烏斯藏闡教王處，卻偽造闡教王印信覆命而受到明廷通緝[164]。同年年底，班卓兒藏卜遷“西天佛子大國師”，並賜鍍金銀印[165]。弘治元年（1488）班卓兒藏卜又派遣闡師桑爾加端竹來朝謝恩，進貢佛像、馬、駝、方物等物品，並得到了衣服、綵緞、鈔錠等豐厚的賞賜。在這此後便不見關於他的記載了[166]。

結　　語

綜上所述，從感恩寺藏文碑記的全面研究，我們可以得出以下幾點：

（1）感恩寺藏文碑記共有兩篇文章，其中第二篇主要參考和摘抄了《西藏王統記》、《卜思端教法源流》兩部史籍的相關記載。

（2）感恩寺藏文碑記為我們提供了一些全新的史料，可補史料之闕。如關於魯土司家族族源的記敘，文中明確寫明係速勒都思氏鎖兒罕·失剌之子沈白一系支脈，遷往河西地區的時間為1226—1235年之間。匡正了漢文家譜文獻記為成吉思汗後裔的舛謬，對蒙元歷史和邊疆民族史的研究多有助益。另外，通過歷史文獻的分析，蒙古爾人中之一大部實係蒙古闊端所轄軍事部落，自此蒙古爾人的族源問題可以蓋棺定論，塵埃落定了。

（3）碑記一些較為細節性的描述，對於研討明代魯土司家族與藏傳佛教信仰之間的關係，乃至明代安多地區政治宗教歷史也有比較重要的意義。如碑文中關於歷輩土司崇尚藏傳佛教、以施主身份積極參與佛教活動等記載，以及魯土司施建的妙因寺和感恩寺的情況等。再者，碑文反映出魯土司家族屬寺與明代安多地區最為重要的寺院瞿曇寺之間持久而密切的關係，亦允當受到重視。此外，金剛持像的傳承和與瞿曇寺的緊密聯繫也說明了魯士司家族在明早期信仰的是噶舉派。

眾所周知，目前已知的記載安多地區政教史事的藏文文獻十分有限，特別是17世紀格魯派在安多地區迅猛發展之前關於這一地區的藏文史料更是廖若星辰。僅有的一些文獻如格魯派教法史書《黃琉璃》（*Baidūr ser po*）中專列一節“格魯派教法在多康上部地區的傳播與發展”（khams gsum 'gro ba'i bla ma'i bstan pa rin po che'i mdo khams stod gyi char dar tshal）對於安多地區格魯派寺院的建立、堪布傳承及其事跡、寺院規模以及沿革等加以簡略的描述。其他更早期的史料、以及其他各派寺院的記述則付之闕如[167]。而更晚期的《多麥政教史》中，敘述安多眾多寺院的歷史情況時，作者雖然援引了早期的史料和親自到各個寺院踏查的材料，但於篇幅所限，仍嫌過於簡略。另外，雖然在安

---

[163] 見《明憲宗實錄》成化十九年六月戊辰條，梁本241-2 館本241-2。

[164] 見《明憲宗實錄》成化二十二年正月戊辰，梁本274-4 館本274-3。

[165] 見《明憲宗實錄》成化二十二年十一月丁卯，梁本284-8 館本284-5-7。

[166] 見《明憲宗實錄》弘治元年正月癸卯，梁本9-2 館本9-2。

[167] 參見第司·桑傑嘉措（sDe srid Sangs rgyas rgya mtsho），*Baidūr ser po: A History of Dga'-ldan*, Gedan sungrab minyam gyunphel series: v.136-136, New Delhi: Ngawang Gelek Demo,1980, pp.91-126。

多地區這一漢藏交界地帶的一些寺院，如樂都瞿曇寺、涼州白塔寺、涼州廣善寺和大崇教寺中均存有17世紀以前的漢藏雙文碑記，然而其中的藏文碑記多為對應漢文的翻譯文本，縱有些許差別也無關宏旨，這些藏文碑記的史料價值因此大打折扣。由此可見，感恩寺這塊漢藏文碑記作為第一手原始史料的價值實屬難能可貴。它不但為研究明代安多宗教史和政治史的研究增添了全新的史料，也為蒙元以降邊疆民族遷徙的歷史和蒙古爾即今天的土族形成和發展的情況提供了新的線索和材料。

附錄1

敕賜感恩寺碑記

欽差協同鎮守甘肅地方左副總兵榮祿大夫右軍都督府右都督魯麟 撰文

欽差分守莊浪西寧等處地方副總兵前軍都督府都督同知魯經 書丹

欽差管束莊浪土官軍餘指揮魯瞻 篆額

夫釋教之本其來遠矣金身之現始由周代時也自西天竺國之興化行於中原之幾不紀萬載之春其仁普利於沙界法教大盛於是方且功德性行之實非著於神妙而彌高者豈

繼歷代帝王之治天下乎奄有四海八極之廣靡不崇慕其教者鮮矣故道惑於不行以其時民性而弗古物因刦證之所致也何有泯沒於終世者哉惜乎宗教之予未能以明其明

德而悟正覺之旨類習於捧誦之學罔參其文理之微奧莫識其真傳之妙道志登其三乘正果之域而神遊於大地之境未必有也蓋人生之化有三曰釋曰道曰儒理□無二□
源亦同其道之傳立言雖異無非以三綱五常之事而明其本然之善也薦以未能明了而發乎諸文故云法云道云教者其義皆歸於一心之機也是故佛經般若心之章以明□□□
道著五千之典以悟其真儒述性理之傳以復其善以斯明真善三異而雖言之有殊其元元之微允厥於亦中而已於戲善者而能全其身學之不已以至於超凡入聖至其□□□

善者非惟全其軀而至於顛覆其教者不勝之歎矣於此觀之誠在於人之所學乎洪惟

天命聖人繼登寶位以天下之性莫不歸於堯舜之仁以四海之人莫非化於唐虞之德以三教之道莫推廣於斯世之崇況

仁君生於盛時而三教尤彰於當代俗尚之？理勢自然之道也竊聞諸經云父母之恩莫能報君王之義莫能盡思惟生我劬勞昊天罔極其孰而能報乎以此之不易齋沐心身祝上於

穹蒼之間曰法教有補於世者而應之以祥是年歲登風和景秀奇異君親咸獲吉臻萬庶皆得生成其諸之祥不可以一言而盡耳於是啟請於雙親捐巳（己）俸資罄囊舍之幸值人樂善共

同舉其虔始於壬子歲（1592年）春正月也遂命遠訪諸工高藝繪塑修繕佛殿一宇正堂金壘諸像左廊護法右廂菩薩中前天王兩壁鐘鼓三門僧舍庶可具備仰仗

功德默佑於莫不逾三載幸成其事今年乙卯歲春三月吉日

奏聞

聖天子請頒寺額焚修香火祝延

天壽以效報本之誠恭惟

皇上承位以來國政之初未遑甯處燕宮之暇閱所請者特降

御旨曰賜與感恩寺名命天下禮部復給住持文劄僧眾以隆教化之本而萬世不隳之功德歟唯人臣竭忠之實人子盡孝之誠無非秉賦其本然之初善也奚有歟矯揉造作者哉蓋

佛聖神通威光萬方靈應之大者不足以文墨而褒贊之耶伏惟仰啟

三教興隆於億萬之世君親仁壽於天樞之久萬性同登於極樂之境乾坤高厚於六合之尊陰陽造化於泰和之清風調雨順於五穀之瑞海宇太平於共用之治誠哉是願吾生之幸也

麟幸逢清時弁業文家之事少通性賦其由愧於臨石之咎希之君子恕其狂妄故述是以為序云

大明嘉靖四年歲次乙酉季夏吉日立（1525年）

附錄2　魯氏家族譜系

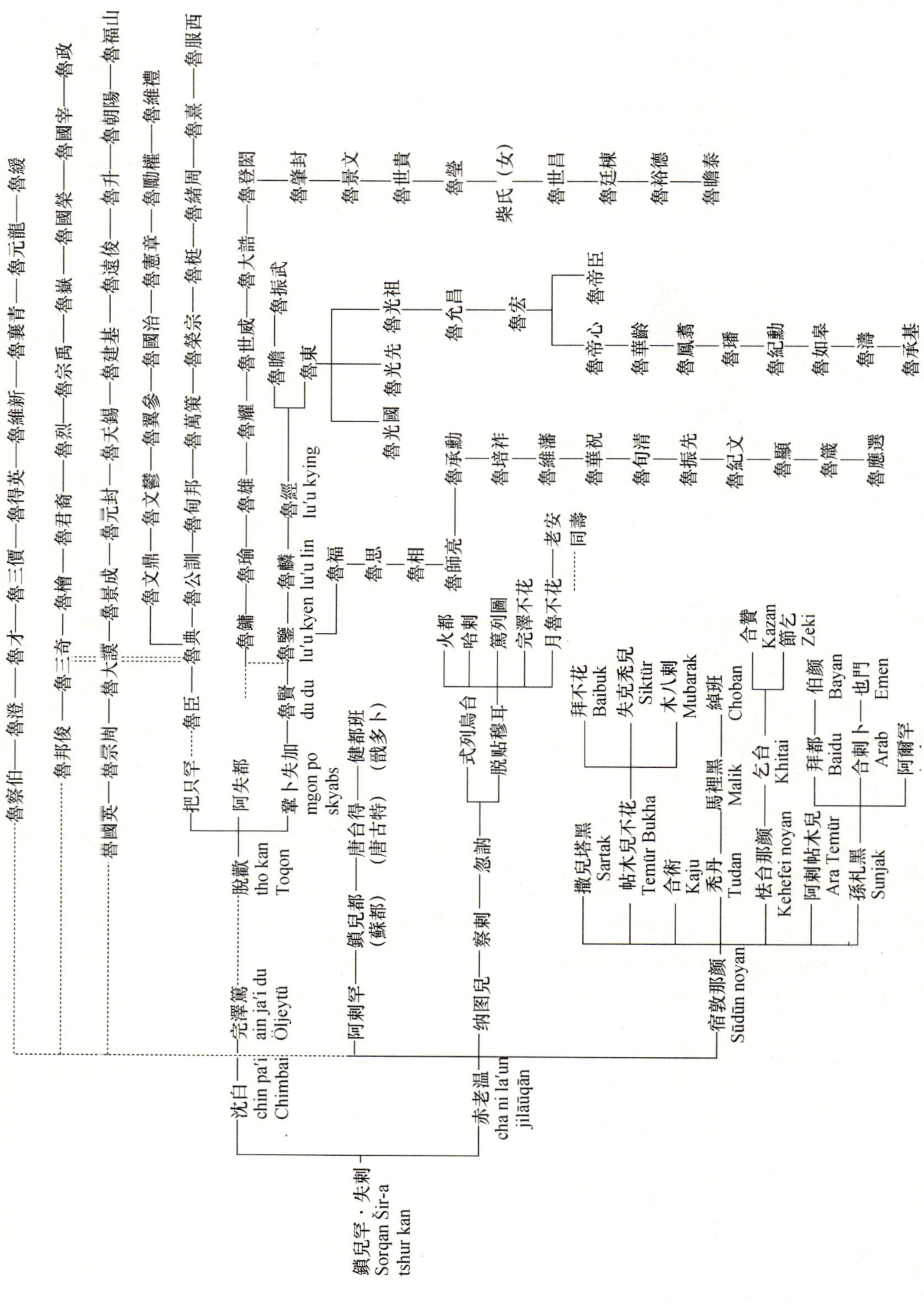
鎖兒罕·失剌 Sorqan Šir-a tshur kan
沈白 chin pa'i Chimbai
赤老温 cha ni la'un jilaūqān
完澤篤 ain ja'i du Öljeytü
脫歡 tho kan Toqon
阿失都
把只罕
鞏卜失加 mgon po skyabs
魯察伯—魯澄—魯才—魯三價—魯得英—魯維新—魯襄青—魯元龍—魯綴
魯邦俊—魯三奇—魯檜—魯君裔—魯烈—魯宗禹—魯嶽—魯國榮—魯國宰—魯政
魯國英—魯宗周—魯大謨—魯景成—魯元封—魯天錫—魯建基—魯遠俊—魯升—魯朝陽—魯福山
魯文鼎—魯文鬱—魯翼參—魯國治—魯憲章—魯勵權—魯維禮
魯臣—魯典—魯公訓—魯甸邦—魯萬策—魯棨宗—魯梃—魯緒周—魯熹—魯服西
魯鏞—魯瑜—魯雄—魯耀—魯世威—魯大誥—魯登閎
魯賢 du du
魯鑒 lu'u kyen
魯麟 lu'u lin
魯經 lu'u kying
魯瞻
魯東
魯振武
魯肇封—魯景文—魯世貴—魯瑩—柴氏（女）—魯世昌—魯廷棟—魯裕德—魯瞻泰
魯光國
魯光先
魯光祖—魯允昌—魯宏
魯帝心—魯華齡—魯鳳翥—魯璠—魯紀勳—魯如皋—魯濤—魯承基
魯帝臣
魯福
魯思
魯相
魯師亮
魯承勳—魯培祚—魯維藩—魯華祝—魯旬清—魯振先—魯紀文—魯顯—魯箴—魯應選
老安
同壽
阿剌罕
鎖兒都（蘇都）
唐合得（唐古特）
健都班（闊多卜）
納図兒
察剌
忽訥
式列烏台
脫帖穆耳
火都
哈剌
篤列圖
完澤不花
月魯不花
宿敦那顔 Sūdūn noyan
撒兒塔黑 Sartak
帖木兒不花 Temür Bukha
合術 Kaju
禿丹 Tudan
怯台那顔 Kehefei noyan
阿剌帖木兒 Ara Temür
孫札黑 Sunjak
拜不花 Baibuk
失克禿兒 Siktür
木八剌 Mubarak
馬裡黑 Malik
綽班 Choban
乞台 Khitai
合贊 Kazan
節乞 Zeki
拜都 Baidu
伯顔 Bayan
合剌卜 Arab
也門 Emen
阿爾罕

The Religious and Political History of Chief Lu in the Interaction of Han, Tibetan and Mongolia Since 13th Century

Focusing on the Interpretation to the Stele Inscription of Gan'en Monastery

Wei Wen

This treatise focuses on a momentous Tibetan inscription on a stele made in 1525 for commemorating the completion of a monastery named Gan'en Si in the frontier of Amdo and Han China, which was established by local Monguor Clan's chief Lu.This inscription is arranged in three columns, the fore part of which is an intact composition that summarizes the praise of the benefactor Lu Jing and his father Lu Zhan, as well as their ancestors for their warm boost on Tibetan Buddhism, and the latter two parts are conventional Tibetan omnibus chronicles integrated with Buddhist history, genealogy and the temple records. This precious inscription as a recerthy discovered textual material includes abundant historical records with which through the philological approach the author brings forward the view points as follow: 1. the incontestable evidence ascertains that the race source of chief Lu and his clan which has been in controversy for long time should belong to Mongolian clan sūldūs' Chimbai who was the second son of the Sūrğānšireh, the savior of Genghis Khan in his early age. The time they migrated from the ancestral land, south of Baikal, to Liangzhou in the Hexi Corridor should be among the years from 1226 to 1235, and the migration was commanded by the prince Godan as his subordinate. 2. By means of textual analysis in the origin of historical materials, the author found the writer mainly referred to *Bu ston chos 'byung* and *rGyal rabs gsal ba'i me long* when composing the Buddhist history and the lineage of Indian kings in the second inscription. 3. These two inscriptions contains numerous details on the relationship between generations of Luand Tibetan Buddhism with which the reconstruction of the history of Tibetan Buddhism in Hexi after the 14th century could be profitably carried forward, in addition, their original and reliable records about the history of Lu and its clan supplement and revise the Chinese documents so as to further our realization on the ethnic history in west China since the Yuan Dynasty.

清初北方戰略考

——以順治十二年前後理藩院應對喀爾喀措施爲中心*

宋　瞳

一、引　　言

在清代歷史中，順治時期發揮了承前啟後的重要作用。崇德時期，滿洲政權對自身政治體系、運作模式進行了一系列調整，大大完善了行政體系，1644年清軍入關，從東北一隅，發展爲君臨中原的帝國。雖然故明疆土尚未全部征服，但通過一系列軍事、懷柔措施剛柔相濟，作爲少數民族政權的清朝業已站穩腳跟，整個國家行政也有條不紊地開始運轉。時至多爾袞逝世、順治帝親政，自大勢而言，清朝統一南北衹是時間問題。

但在具體戰略層面中，順治帝所面臨的是南北兩方面的問題。首先，南方南明政權、故明餘部仍在，且擁有相當軍事實力，佔據半壁江山。而在北方，通過入關前後金—清朝政權多年苦心經營，雖然相對穩定，但漠北喀爾喀始終未曾賓服，甚至於順治三年（1646）挑起“騰機思事件”，試圖釜底抽薪，引發了清朝出兵漠北的軍事行動①。

在這種情況下，清朝因時而動，根據當時的軍事、政治形勢制定了靈活的戰略方針，總體可概括爲八字——“北和諸蕃、南剿南明”，從而確保了最終勝利。本文試圖通過《理藩院滿文題本》中相關檔案，圍繞順治十二年（1655）清朝確認喀爾喀扎薩克前後的一系列事件，及理藩院與清廷的應對措施，結合當時南北雙方向的軍事、政治局勢，分析順治朝“北和諸蕃”的具體情況與方法。

順治一朝的北方策略，實則在相當程度上沿襲了後金—清時期的一貫作法。隨着努爾哈赤的征戰，滿族成爲東北首屈一指的强力部族政權，至皇太極時期，開始準備與明廷的全面對抗。但清朝作爲偏居一隅的部族政權，若要直接挑戰明朝，必須確保腹背無

---

* 本文為國家教育部人文社科基地重點研究項目“滿文、滿文文獻與清史研究”階段性成果之一。

① 關於騰機思事件的經過與結局，可參看齊木德道爾吉《騰機思事件》，《明清檔案與蒙古史研究》第二輯，呼和浩特：內蒙古人民出版社，2002年，35—47頁。

虞。因此，清廷採取“遠交近攻”戰略。首先，對明廷屬國朝鮮，持續用兵，迫使其投降。而對蒙古諸部同樣如此，近在肘腋之漠南蒙古，清廷一方面竭力打擊察哈爾部、一方面分化拉攏，使得周邊各部歸附。最終建立了漠南蒙古四十九旗[②]。鞭長莫及之漠北蒙古，皇太極則採取通使、互市等懷柔手段，與其保持良好關係[③]。作爲清廷對蒙古地區的重視，蒙古衙門（崇德三年改稱理藩院）應運而生，而於其中供職人員，也均爲精通蒙古事務之臣[④]。從當時的基本形勢來看，漠南蒙古建旗之初，需要有效的行政管理，而針對性的戰略重點，無疑是尚未賓服的漠北喀爾喀諸部。

在喀爾喀與清朝關係史中，順治一朝可謂至關重要。先是喀爾喀有感於清朝的强大，一反雙方保持的友好關係，在1640年結成喀爾喀—衛拉特聯盟，雙方開始趨於對抗，順治三年，騰機思事件發生後，清廷與喀爾喀更是進入了事實的敵對狀態。而通過清朝張弛有度、恩威並施的一系列針對性政略，順治十二年，喀爾喀左翼首先主動遣使通好，雙方恢復睦鄰關係[⑤]。最終，清朝於此年對喀爾喀原有的兩翼八扎薩克從清朝官方角度予以承認，這成爲清廷滲透喀爾喀內政的重要標誌。

清廷得以插手喀爾喀內政，無疑表明其北方政策取得了巨大成果，通過本次事件，清朝開始對喀爾喀進行政治滲透，爲日後清朝解決喀爾喀問題提供了跳板。然而，關於此次事件發生前後的具體過程，相關史料並無具體記述，除上引《藩部要略》，《清實錄》中相關記載極爲簡略。大致有：“甲寅，喀爾喀部落畢席勒爾圖汗、俄木布額爾德尼、並子胡二克圖等、以從事搶掠巴林部落，上表引罪，並求和好。進獻駝馬。”“順治十二年。乙未。三月。丙戌朔。喀爾喀部落丹津喇嘛車臣汗等、貢駝馬方物。宴賚如例。”“辛丑，喀爾喀部落土謝圖汗下喇嘛塔爾達爾漢諾顏等，遣使貢馬宴賚如例。初定例：喀爾喀部落土謝圖汗、車臣汗、丹津喇嘛、墨爾根諾顏、畢席勒爾圖汗、魯卜藏諾顏、車臣濟農、坤都倫陀音此八扎薩克。”[⑥]

由此可見，《實錄》記載，幾乎如流水賬面，平鋪直叙，衹有結局而無過程。如照此分析，似乎雙方關係無甚波瀾，建旗過程平順。但需知，喀爾喀與清朝其時處於實質上的敵對關係，對於喀爾喀突然通好，清朝方面如何應對，最終收此效果，個中曲折，我們可以通過專司外藩事務的理藩院，在當時對此題報的題本中看出端倪。

---

② 關於清初外藩蒙古十三旗建立時間與過程，參看達力扎布《清初“外藩蒙古十三旗”雜考》，《明清蒙古史論稿》，北京：民族出版社，2003年，273—280頁。

③ 齊木德道爾吉《1640年以後的清朝與喀爾喀的關係》，《內蒙古大學學報》（人文社會科學版）1998年第4期，13—20頁。

④ 〔日〕村上信明《清朝前期における理藩院の人員構成》，《滿族史研究》第4期，滿族史研究会，2005年，141—162頁。

⑤ 具體過程見齊木德道爾吉《1640年以後的清朝與喀爾喀的關係》。

⑥ 《清世祖章皇帝實錄》，順治十二年正月甲寅，順治十二年三月乙未，順治十二年十一月辛丑，北京：中華書局，1986年。

二、相關題本翻譯與分析

甲：事件發生

順治十二年正月，理藩院連續上題兩本，報告喀爾喀方面出現異動：（文章遵循莫藍道夫轉寫法則，翻譯爲筆者自譯，+爲原文挪抬一格。）

題本一[⑦]：

朱批：gisurehe songkoi obu.
wesimburengge
araha
○tulergi golo be dasara jurgan i aliha amban šajidara sei gingguleme wesimburengge. kalkai ukanju i jalin. kalkai cecen han i abhanar i daibung erdeni i boboro sunja morin yalufi, gūwa i booi emu monggo haha be gajime, narat konggoro gebungge baci ukame jime, sunit i dureng jiyūn wang ni gurun de isinjiha be. gūsai ejen bodung, dureng jiyūn wang ni cooha tucifi tehe bade, alanaci goro ofi goidambi seme, niyalma tucibufi, boboro be jurgan de benjihebi. boboro de aika mejige bio seme fonjici, tusiyetu han, dalai lama de elcin unggihe bihe. tere elcin amasi jifi, dalai lamai gisun, suweni doro de facuhūn ojorakū, duin taiji jio sehe be dahame, duin taiji be unggifi daor aca sehe seme alanjiha manggi. nadan gūsa acafi, jorgon biya de culgaha. duin taiji be unggimbi seme gisurehe be dongjiha. amba taiji, buya taiji jidere be sarkū. bi (+)ejen be baime ukame jihe. mini eyun, sunit i dureng jiyūn wang ni ūljei taiji de bi. (+) dergici gosici, mimbe, mini eyun de acabureo sembi. jurgan i gisurehengge, ere gese (+)ejen be baime ukame jifi tulergi monggoi wang, beile de, ini niyaman hūcihin bi. niyaman hūcihin de banjiki seci acabumbihe. uttu ofi boboro de, toktobuha songkoi monggorokū sindaha sujei sijigiyan emke, mocin jakūn šangnafi, ini eyun de acabume, ūljei taiji de buki sembi. erei jalin gingguleme (+)hese be baimbi seme (+)dele wesimbuhe (+)hese, ere baime ukame jihe be dahame, neneme toktobuha songkoi burengge jaci komso, ereci amasi, ere gese ukame jihe niyalma de nonggime burebe umesi toktobume gisurefi wesimbusehe. daci kalka ci ukame jifi tulergi goloi wang, beile se de bisire, niyaman hūncihin de banjiki sere niyalma de ukame jihe doroi monggorokū sindaha sujei sijikiyan emke, mocin jakūn šangnafi, ini sere, wang ,beile se de. sargan akū niyalma de sargan, ulga, bume gosime jui seme hendufi unggimbihe. te (+)hese be gingguleme dahafi, kalkai ukanju de šangnara be unggime gisurehengge, suje juwe, mocin

⑦ 《清朝前期滿蒙文理藩院題本》，呼和浩特：內蒙古人民出版社，2010年，96、97頁。

jakūn, mahala gūlha nonggifi, suje juwe, mocin juwan ninggun. tuweri oci narhūn hocin dokoi monggorokū sindaha sujei sijikiyan icehe sekei mahala, juwari oci monggorokū sindaha sujui sijigiyan. boro. wase jibsihai šempilehe sarin i gūlha šangname gisurehebi. ereci amasi ere gese ukame jihe niyalma de ere songkoi šangname toktobureo. erei jalin gingguleme wesimbuhe. (+) hese be baimbi.

ijishūn dasan i juwan juweci aniya aniya biyai juwan ninggun.

aliha amban šajidara.

mujilen bahabukū naige.

aisilakū hafan toolai.

aisilakū hafan ursan.

ejeku hafan jiman.

朱批：依議。

題

已辦

理藩院尚書沙濟達喇等謹題：爲自喀爾喀部來歸之逃人事。喀爾喀部車臣汗旗下阿巴哈納爾之戴本額爾德尼處之博博洛，攜馬五匹，及別家蒙古男丁一名，自納喇特康果洛逃歸，已至蘇尼特杜棱郡王之地。杜棱郡王率部出征，固山額真博敦恐如至駐軍處往告，則路途遙遠、耽誤行程，故令人將博博洛送交我部。部臣訊及博博洛：可知曉何信息？答曰：土謝圖汗遣使達賴喇嘛，後使者歸，傳達賴喇嘛口信曰：爾等敗盟，恐爲不妥，可令四台吉前往。故遣四台吉前來議盟。後於十二月，七旗會盟，聽聞所議，將派四台吉前來，而大台吉及布顔台吉不知來否。吾逃歸主上，有一姊於蘇尼特杜棱郡王旗下奧爾齋台吉處。不知主上可否開恩，令吾姐弟團聚否？云云。部議：如此來歸我朝之人，如在外藩蒙古王、貝勒處有親族者，則遣送令與親族團聚。如此，依定例賞博博洛鑲領袖緞袍一件、佛頭青布八匹，送與其姊處，交奧爾齋台吉。爲此敬題請旨。奏後，上諭：此等來歸者，如依前例，賞賜偏少，今後似此等來歸之人，應增益所賞，爾等切實商定，再行上題。而以往自喀爾喀逃來者，如言在外藩蒙古王、貝勒處有親族，從而來歸，則以禮賞鑲領袖緞袍一件、佛頭青布八匹，而生活於王、貝勒處者，如尚未娶妻，則令其恩養，使之娶妻成家，給予牲畜，遣人報知。今謹遵上諭，贈給自喀爾喀來歸者之賞：緞二匹、佛頭青布八匹、及暖帽、靴子，增至緞二匹、佛頭青布十六匹。如時值冬季，則賞細羊皮裏子鑲領袖緞袍、染貂皮暖帽。如時值夏季，則賞鑲領袖緞袍、涼帽、襪子、重夾沿斜股皮靴。此後，似此等來歸者，以此定例賞賜。爲此敬題請旨。

順治十二年正月十六

尚書沙濟達喇、啓心郎鼐格、員外郎陶賴、員外郎烏爾善、主事濟滿題本二[8]：

朱批：inu. gisurehe songkoi obu.

wesimburengge

araha

○ecike hošoi ujen cin wang jirgalang sei gengguleme wesimburengge, tulergi golo be dasara jurgan i aliha amban šajidara sei gingguleme wesimbuhengge, tulergi monggoi cooha tucifi tehe jalin. ijishūn dasan i juwan emuci aniya, juwan biyai juwan ilan de, huhu hoton i noyan ombu i šabi biliktu band ii alanjiha gisun. bi noyan ombu i emgi, ūlet i abalai noyan de genehe bihe. noyan ombu be, turgūt i sihur daicing hanjifi gamaha. bi jidere de, abalai noyan i gisun. bi ahai cuhur i jakade genehe bihe. kalkai jasaktu han, juke jafaha manggi, ordus, tumet be coohalambi. cooha aisila seme, ahai cuhur de elcin takūraha bihe. minde geli cooha aisila seme hendure jakade. bi togmok gurun, mini gurun be feksifi, emu minggan isime boo be gamahabi. bi baru coohalambi seme jabufi unggihe. ere gusun be ordus, tumet de ala seme hendufi unggihe seme alajiha manggi. (+)dele wesimbuhe, (+)hese, hebei wang, beile, ambasa acafi, kimcime gisurefi wesimbu sehe, (+)hese be gingguleme dahafi, hebei wang, beile, ambasa acafi gisurehengge, tulergi goloi monggo be ujunucin ci, ordus de isitala, gurun be dosi majige ibka. wang, beile, beise gung se, taijisa ci fusihūn, janggin, uksin ci wesihun, ilan ubu de, juwe ubu cooha tucifi, gurun i dubede saikan seremšeme tebu. tehe jai emu ubui wang, beile, beise, gung, taijisa ci fusihūn, janggin, cooha ci wesihun, saikan serešeme bisu. coohai agūra be dasata seme takūraki. jai musei dorgi janggin, cooha be acara be tuwame tucibufi, jase i dolo sahū keo i dukai šurdeme tebuki sembi seme, (+)dele wesimbuhe, (+)hese tulergi cooha be, wang sei gisurehe songkoi tucifi tekini, hūdun takūra. dorgi cooha be uthai weihukeleme, ašašaci ojorakū. te majige tuwaki sehe. (+)hese be gingguleme dahafi, tulergi cooha be, ilan ubu de, juwe ubu be tucibufi tebuhe bihe. te kalkai cecen han i abahanar i daibung erdeni ci ukame jihe boboro i alarangge. tusiyetu han, dalai lama de elcin unggihe bihe. tere elcin amasi jifi, dalai lamai gisun, suweni doro de facuhūn ojorahū, duin taiji jio sehe be dahame, duin taiji be unggifi, doro aca sehe seme alanjiha manggi. nadan gūsa acafi, jorgun biya de culgaha. duin taiji be unggimbi seme, gisurehe be donjiha seme alambi. uttu ofi jurgan i gisurehengge, tucifi tehe juwe ubui cooha be. boo de bihe emu ubui cooha be halabure. halaburakū uthai gocifi gajire, ba amba be dahame, meni cisui gamara ba waka ofi, erei jalin gingguleme wesimbuhe, (+)hese be baime seme, (+)dele wesimbuhe, (+)hese halame tebuneci acara, gocici acara babe, hebei wang, beile, ambasa acafi gisurefi wesimbu sehe. (+)hese be gingguleme dahafi meni geren i gisurehengge, tucifi tehe cooha be, emu ukanju i gisun de, uthai gocici ojorakū. tucifi

⑧ 《清朝前期滿蒙文理藩院題本》，93—100頁。

tehe juwe ubui cooha be gocifi. boo de bihe, emu ubui cooha be halabuki. ilan biya de isitala umai mejige akū oci, tere fonde fisurefi wesimbuki sembi. erei jalin gingguleme wesimbuhe. (+) hese be baimebi.
ijishūn dasan i juwan juweci aniya aniya biyai orin.
ecike hošoi ujen cin wang jirgalang.
doroi beile šangšan.
dorgi amban, hebei amban, be sonin.
hebei amban hasitun.
hebei amban gūsai ejen ildei.
hebei amban gūsai ejen jolo.
hebei amban gūsai ejen arjin.
hebei amban hafan i jurgan i aliha amban uksun i handai
taidzi taiboo hebei amban boigon i jurgan i aliha amban gioroi bahana.
taidzi taiboo hebei amban dorgi gurun i suduri yamun i aliha bithei da esehei.
hebei amban sohon.
hebei amban lobi.
hebei amban jukungge.
hebei amban gancuha.
mujilen bahabukū naige.
ejeku hafan jiman.

朱批：是，依議。
題
已辦

叔鄭親王濟爾哈朗等謹題：理藩院尚書沙濟達喇等曾謹題：爲外藩蒙古兵丁出駐事。順治十一年十月十三，歸化城之諾顏鄂木布旗下僧人畢力克圖班第來報：吾與諾顏鄂木布同去往厄魯特之阿巴賴諾顏處。諾顏鄂木布被土爾扈特部舒庫爾戴青請去，吾將動身時，阿巴賴諾顏言道：吾去往阿海楚琥爾時，聞喀爾喀扎薩克圖汗欲待冰封之時，兵犯鄂爾多斯、土默特，二部遣使至阿海楚琥爾處求援。又向吾言搬兵之事，吾遣人告之曰：托克馬克國侵犯吾國，奪近千戶（人家）。吾將出兵討伐之。臣等遣使，以此言通告鄂爾多斯、土默特，後上奏。上諭：令議政王、貝勒、大臣等會議後上奏。臣等謹遵上諭，議政王、貝勒、大臣等議，外藩蒙古，自烏珠穆沁部至鄂爾多斯部，各將遊牧向內地略作收縮。令各部王、貝勒、公等，及台吉以下；章京、披甲以上諸人，分爲三班。兩班領軍出兵，於牧地邊界嚴密駐防。駐留一班之王、貝勒、貝子、公、台吉等人以下，章京、兵丁以上，謹慎留守。並命其整修兵器。另，令邊內章京集合軍隊，待機而出，駐守邊內殺虎口。奏上，上諭：命外藩兵，速依王等所議出駐。而邊內軍隊，不可即刻妄動，令其暫觀形勢。謹遵上諭，令外藩軍隊分爲三班，以二班出駐。今喀爾喀車臣汗部阿布哈納爾旗下戴本額爾德尼處之博博洛，逃歸來告：吾聞：土謝圖汗遣使達賴喇嘛，使臣回歸，傳達賴喇嘛之言曰：爾等不宜背盟，可令四台吉前往議盟。故此，喀爾喀七旗於十二月會盟，欲派四台吉前來。對此部議：令原出駐之二班軍，與原留守之一班換防；抑或不予換防，即刻撤回，茲事體大、臣等不敢擅專，因此敬題請旨。奏上，上諭：換防或撤軍何者適當，著議政王、貝勒、大臣等會議上奏。謹遵上諭，臣等眾人議曰：出駐之軍，若僅憑一逃人之言則撤回，甚爲不妥。可令原駐防之兩班兵丁，與留守之一班換防。若至三月仍無信息，彼時再議再奏。爲此敬題請旨。

順治十二年正月二十。

叔和碩鄭親王濟爾哈朗、多羅貝勒尚善

內大臣議政大臣伯索尼、議政大臣哈什屯、議政大臣固山額真伊爾登、議政大臣固山額真卓洛、議政大臣固山額真阿爾津、議政大臣吏部尚書宗室韓岱、太子太保議政大臣戶部尚書覺羅巴哈納、太子太保議政大臣內國史院大學士額色黑、議政大臣索渾、議政大臣羅璧

議政大臣朱孔格、議政大臣噶楚哈、啟心郎郁格、主事濟滿

由上可見，理藩院於順治十一年正月，通過不同渠道，收到了關於喀爾喀方面的兩份情報，一報喀爾喀即將來朝、一報喀爾喀提兵欲戰，兩份情報引起了理藩院及皇帝的極大重視，於四天之內作出了相關部署。對於截然不同的兩種奏報，皇帝，理藩院及各議政王、大臣等作出分析決斷如下：首先，爲保邊境安全，無論喀爾喀入侵屬實與否，先調動外藩蒙古軍隊佈防，以防萬一。其次，由於情況不明，內地軍隊作出戒備，但暫且觀望，按兵不動。再次，通過對情報及時局的分析，作出基本判斷，認爲喀爾喀入侵的可能性不大，故暫且祇做戒備，不予行動。

通過上引題本可見，理藩院與議政王大臣會議，之所以在戰爭疑雲來臨之際敢做出這種反應，其根源在於對西北局勢的清晰認識。

其一，對外藩蒙古（即漠南蒙古）的信任。對此問題，曾有學者提出："當時漠南蒙古已經歸屬於清朝，可是清朝對它的統治還不十分穩固。所以喀爾喀左翼利用漠南蒙古的混亂和與它們之間地理位置的鄰近，而繼續向南擴張自己的勢力。"⑨並引羅布桑普棱列《第一世哲布尊丹巴傳》證明當時漠南蒙古有暗地前往喀爾喀朝拜哲布尊丹巴其事。但事實上，朝拜作爲宗教活動之一，是否能與暗通款曲等同尚且存疑。況且從這兩份題本中可以看出，喀爾喀本部亦不斷有來投清朝之逃人⑩。而清廷所得喀爾喀進犯消息的傳遞者，本身就是歸化城土默特旗人，而其消息本源、更是與喀爾喀有同盟關係的厄魯特蒙古阿巴賴諾顏。雖然日後發展證明，此消息並不準確。但不難看出，當時的漠

⑨ 〔韓〕金成修《明清之際藏傳佛教在蒙古地區的傳播》，北京：社會科學文獻出版社，2006年，126頁。

⑩ 僅順治十一年九月到該題本上奏的順治十二年正月，在理藩院的奏本中就提到逃人來投案兩例，來盜馬被抓者一例，見《清朝前期理藩院滿蒙文題本》第一冊，90、91、94、95頁。

南蒙古與清廷關係已相當密切，究其實，清廷對漠南蒙古的懷柔羈縻，相比於喀爾喀咄咄逼人的態度更能令人接受。正是出於這種緊密關係，中樞決策層纔能放心衹利用蒙古軍隊進行防禦準備。

其二，對西部西藏、青海的政策成功。題本一中，清廷得到喀爾喀即將來朝的信息，而事件起源正是達賴喇嘛對土謝圖汗作出的勸諭。順治十年清廷邀請五世達賴來京，此事很多學者都已撰文作出分析，也指出了其中的種種含義[11]。不過對於清朝方面，此次會見的重要意義就是借助這位藏傳佛教教主的威望，對宗奉同教派的蒙古施加影響。這也是清自太宗時期便開始著手的國策之一[12]。至此，達賴喇嘛在該事件中的立場完全符合清廷的期望。相反，喀爾喀方面雖然與厄魯特達成了同盟關係，但雙方始終貌合神離，難以採取統一行動，厄魯特自與清朝貿易中獲取利潤，同時在清廷與喀爾喀的衝突中採取了兩不相幫的態度[13]。對於清朝來說，解除了來自西北兩方的後顧之憂。

乙：事件經過

理藩院與議政王大臣會議對此作出分析後，定下了靜觀其變的解決之道，而在隨後的二月到三月間，喀爾喀使臣抵達張家口。理藩院再次題報。

題本三[14]：

朱批：ere kalka ci jihe duin taiji se be dosimbu.
wesimburengge
○tulergi golo be dasara jurgan i aliha amban šajidara sei gingguleme wesimburengge. kalka i tusiyetu han, cecen han i duin taiji jihe jalin. jang jiya keo duka ci benjihe bithe de, (+)dele alban benjihe, kalka i tusiyetu han i lamatar darhan noyan i jui erke daicing. danjin lamai jui erdeni nomci. cecen han i jui munjang mergen cūhur. mergen noyan i jui isihi erdeni taiji. dalai kūtuktui beye. erei dorgi de kūtuktu, lama, taiji, tabunang sei elcin inu bi sembi. esei uheri hoki emu minggan, sunja tanggū niyalma jimbi seme, tese ini elcin, uyun niyalma be, musei karun be dosifi gal i bira ci neneme takūrafi jihebi. juwe biyai tofohon ci dosi jang jiya keo duka de isinjimbi sembi. ere uyun niylama be, duin jusei dahan joriktu jiyūn wang ni juwe niyalma,

---

⑪ 如李保文《順治皇帝邀請第五世達賴喇嘛考》認爲達賴喇嘛求得了清廷對自身地位的承認，也促成了北方外蒙的歸附（《西藏研究》2006年第1期，17—28頁）。日本學者池尻陽子認爲，清朝迎請達賴喇嘛，是爲了宣示承繼自元明兩朝的正朔地位（《入関前後における清朝のチベッド仏教政策——ダライラマ五世招請活動を中心に》，《滿族史研究》第3号，（日本）滿族史研究会，2004年，131—146頁）。

⑫ 馬汝珩、成崇德《伊拉古克三史事考辨》，《民族研究》1986年第5期，62—70頁；達力扎布《清太宗邀請五世達賴喇嘛史實考略》，《中國藏學》2008年第3期，72—81頁；李保文《唐古特·伊拉古克三呼圖克圖考》，《中國藏學》2005年第2期，52—58頁。

⑬ 達力扎布《清朝初期與厄魯特諸部的關係》，《中國邊疆民族研究》第三輯，北京：中央民族大學出版社，2010年，145—164頁。

⑭ 《清朝前期理藩院滿蒙文題本》，100頁。

gemu beilei juwe niyalma, benjime jifi jang jiya keo duka de bi sehebi, jurgan i gisurehengge, dosimbure, dosimburakū, ba amba, meni cisui gamara ba waka ofi, erei jalin gingguleme wesimbuhe, (+)hese be baimebi.
ijishūn dasan i juwan juweci aniya juwe biyai juwan juwe.
aliha amban šajidara
mujilen bahabukū naige.

朱批：此自喀爾喀前來之四台吉人等，准予放行。
題
理藩院尚書沙濟達喇等謹題：爲喀爾喀土謝圖汗、車臣汗之四台吉前來事。自張家口齎書中曰：前來納貢之喀爾喀土謝圖汗部拉瑪塔爾達爾漠諾顔之子額爾克戴青、丹津喇嘛之子額爾德尼諾木齊、車臣汗之子穆章莫爾根楚琥爾、莫爾根諾顔之子伊什希額爾德尼台吉，並達賴呼圖克圖本人、及各呼圖克圖、喇嘛、台吉、塔布囊等人之使臣在內，一行共一千五百人前來。彼等入卡倫前，先遣使九人，自噶爾河前來。於二月十五抵張家口。此九人，由四子部卓裏克圖郡王處二人、顧穆貝勒處二人送至張家口。部議：放行與否，兹事體大，非臣等所能擅專，爲此敬題請旨。
順治十二年二月十二
尚書沙濟達喇、啟心郎鼐格

經過一月等待，喀爾喀左翼四台吉於二月抵達張家口，致書稱貢，從題本中不難看出，喀爾喀左翼實權人物都派出了自己的親族。可見喀爾喀對此次出使的重視，而理藩院方面對此未敢擅動，一方面題報皇帝，另一方面也在出謀劃策，針對此次喀爾喀人入關，作出相關安排防範。具體行動就是理藩院於三月發出了對蒙古各旗的一份曉諭：

題本四[15]：

朱批：gisurehe songkoi ciralame selgiye.
wesimburengge
○tulergi golo be dasara jurgan i mujilen bahabukū naige. sei gingguleme wesimburengge. (+)hese be baifi selgiyere jalin. daci kalka, ūlet de, niyalma, coohai agūra be uncaburakū bihe. te ere kalka, ūlet i jihe ucuri be dahame, niyalma, coohai agūra, uksin saca, loho, gida, bari, sirdan be, kalka, ūlet de ume uncara. jasak i wang, beile, beise, gung se, gūsai ejete meni meni gūsa de ciralame fafula. uncafi nambure. hetu niyalma gercilere oci nirui janggin, juwan booi da de suwaliyame weile seme hinggan i amargi tulergi goloi monggo, jakūn gūsai nuktere monggo de selgiyeki sembi. erei jalin gingguleme wesimbuhe. (+)hese be baimbi.

---

⑮ 《清朝前期理藩院滿蒙文題本》，101頁。

ijishūn dasan i juwan juweci aniya ilan biyai ice uyun.
mujilen bahabukū naige.
aisilakū hafan buida.
aisilakū hafan caki.
ejeku hafan jirgan.

朱批：依議傳諭嚴禁。
題

理藩院啟心郎鼐格等謹題：爲請旨傳諭事。本朝一向不售人丁、兵器與喀爾喀、厄魯特。今逢兩部前來，故人丁、兵器、盔甲、刀槍、弓箭等應一律禁止出售。扎薩克王、貝勒、貝子、公等，及各固山額真，應於各自旗中嚴令禁止。若私下出售被拿獲，或旁人出首告發，則牛錄章京、什長等一併治罪。以此傳諭興安嶺以北外藩蒙古、及八旗遊牧蒙古。爲此敬題請旨。
順治十二年三月初九
啟心郎鼐格、員外郎布伊達、員外郎查吉、主事濟滿

由此可見，理藩院確實針對喀爾喀的來訪作出了精心準備，而這也正說明兩方此刻確實處於非常微妙的關係中，清廷在沒有確切得知喀爾喀的意圖前，一切小心謹慎。順治皇帝也完全贊同理藩院的作法，一方面，准予喀爾喀來使入卡倫，另一方面，嚴禁漠南蒙古交通喀爾喀，可以說，在對邊策略中，清廷確實做到了張弛有度、恩威並施。

丙：事件解決

本次危機的解決方案題報於是年三月末，經過理藩院會同議政王大臣會議的討論，決定遣使探問其來朝緣由。並由此得知了喀爾喀的確切來意。

題本五[16]：

朱批：kalka feksifi gamaha barin i ulga be waliyafi niyalma be toodabuci, (原檔殘損，難以辨認) be dahame, duin taiji (原檔殘損)，hengkileme jihe be dahame (原檔殘損)
wesimburengge
○ecike hošoi ujen cin wang jirgalang sei gengguleme wesimburengge, tulergi golo be dasara jurgan i mujilen bahabukū naige sei gingguleme wesimburengge, kalkai tusiyetu han, cecen han i duin taiji jihe jalin. jiang jiya keo duka i ci benjihe bithe de, (+)dele alban benjihe kalkai tusiyetu han i lamatar darhan noyan i jui erke daicing. danjin lamai jui erdeni nomci. cecen han i jui munjang mergen cūhur. mergen noyan i jui isihi erdeni taiji. dalai kūtuktui beye. erei

⑯ 《清朝前期理藩院滿蒙文題本》，103—106頁。

dorgi de kūtuktu, lama, taiji, tabunang sei elcin inu bi sembi. esei uheri hoki emu minggan, sunja tanggū niyalma jimbi seme, tese ini elcin, uyun niyalma be, musei karun be dosifi gal i bira ci neneme takūrafi jihebi. juwe biyai tofohon ci dosi jang jiya keo duka de isinjimbi sembi. ere uyun niylama be, duin juse dahan joriktu jiyūn wang ni juwe niyalma, gemu beilei juwe niyalma, benjime jifi jang jiya keo duka de bi sehebi, jurgan i gisurehengge, dosimbure, dosimburakū, ba amba, meni cisui gamara ba waka ofi, erei jalin gingguleme wesimbuhe, (+) hese be baimebi seme, (+)hese be baimbi seme (+)dele wesimbuhe, (+)hese, ere duin taiji, geren elcin, teni jidere be dahame, hebei wang, beile, ambasa gisurefi wesibu sehe seme, taidzi taiboo aliha bithei da ceki, ben be gajime jifi, hebei wang, beile, ambasa be isabufi, geren i gisurehengge, neneme unggihe (+)hesei bithe de, barin i eden niyalma be benjire, ulga i jalin, duin taiji hengkileme jidere ohode dosimbumbi sehe bihe. (+)hesei songkoi, duin beile alban benjime, hengkileme jidere be dahame dosimbuki. coohai jurgan, tulergi golo be dasara jurgan i juwete hafan tucibufi duka de okdofi, jihe turgun be fonjifi, wesimbume gajiha bithe be, tulergi golo be dasara jurgan i emu hafan juleri gajikini seme gisurefi (+)dele wesimbuhe, (+)hese gisurehe songkoi juwe jurgan i hafan ba, ecike hošoi ujen cin wang, tuwame tucibufi takūra sehe, (+)hese be gingguleme dahafi, aisilakū hafan ursan, šahūn se be unggifi, duin taiji de jihe turgun be fonjici jaburengge, duin gūsai, duin taiji jio sehe, (+)hese be dahame, meni duin taiji, beye, beile se, taijisai elcin se, aniyai alban, duin uyun i ulga beijime, ai (+) hese wasimbuci (+)hese be dahafi seme jihe, barin i eden niyalma, darhan cin wang, meni juwe siden de, emu udu niyalma bihe. ebsi genehe be sarkū. jai kalkai han, beilese, taijise, lama sai uheri, (+)dele alban benjihe tahi ilan, morin emu minggan, juwan nadan. temen sunja. sahaliyan dobihi jakūn. šanggiyan dobihi juwe. weihun seke emke. sekei dahū juwe. seke emu tanggū orin. silun i dahū emke. tashari dethe juwan juwe bi sembi. ere duin taiji i hoki emu minggan, sunja tanggū niyalma, juwan uyun de, jang jiya keo duka be dosika. orin ninggun de isinjimbi sembi. erebe (+)dele donjikini seme gingguleme wesimbuhe. (+)hese saha, meni meni jurgan sa sehe. (+)hese be gingguleme dahafi, jurgan i gisurehengge, ere jihe duin taiji de, doroi jalin gisurere, jai barin i eden niyalma, darhan cin wang se de orin ilan niyalma bi. ere orin ilan niyalma, jai kalka de bisire eden niyalmai jalin gisurere ba amba, meni cisui gamara ba waka ofi erei jalin gingguleme wesimbuhe (+)hese be baimbi, seme (+)dele wesimbuhe (+)hese, hebei wang, beile, ambasa acafi, acara be tuwame gisurefi wesimbu sehe. (+)hese be gingguleme dahafi, dorgi amban dorji darhan noyan, mujilen bahabukū naige, uju jergi hiya mookitat, coktu se be unggifi, kalkai duin tiji de, suweni jihe turgun be, (+)hesei fonji sehebi. seme fonjici, jaburengge, duleki aniya, erdeni nomci de, (+)dergi hesei, kalkai duin gūsai, duin beile jio sere jakade, meni tubai han, beile, uheri amba, ajige beise se gisurefi, (+)hese be dahame, aniyai alban, duin gūsai duin uyun i ulga be benjime, ai (+)hese wasimbuci, (+) hese be dahaki seme, meni duin nofi be ujulafi, han, beile sei elcin be, uttu unggihe sembi. uttu oci duleke aniya, erdeni nomci jihede, (+)dergi hesei, barin i eden niyalma be yooni benju. ulga i jalin, ujulaha duin beile hengkileme jio sehe bihe kai. suwe (+)hese be dahame, duin taiji i beye, aniyai alban, duin uyun i ulga be benjime jihe kai. barin i eden niyalma be gaihao seme fonjici, jaburengge, mende bisirei teile be, gemu ashan i amban biliktu sei genehe fonde unggihe. gūwa niyalma ukame ubade amasi jihengge inu bi. ukara be amcafi wahangge inu bi. nimeku de bucehengge inu bi. ūlet de uncahangge inu bi. seme jabufi unggihe bihe. jai duleke aniya, erdeni nomci jihe de, barin i eden niyalma be yooni benju sehe be, ainci bucehe, wabuha, uncaha niyalma be waliyaha dere seme, bisire niyalmai teile be baicaci, damu emu hehe bihe. ini eigen gamame ukakabi. ere tašaraha waka minde bi. absi obuci, (+)dergi ciha, te bicibe, barin be feksire de, darhan cin wang, joriktu jiyūn wang, erke cūhur, ere ilan nofi feksihe bihe. te darhan cin wang, joriktu jiyūn wang ubade jihebi. erke cūhur i teile mende bi. ere eden niyalma be yooni membe tooda sembio. feksihe ilan nofi be uhei toodabumbio. aikabade uhei toodabure gese oci, darhan cin wang, joriktu jiyūn wang se de fonjifi, cende bihengge udu niyalma ukaka. udu niyalma wabuha. udu niyalma bucehe. udu niyalma uncaha. ton be baha manggi. erke cūhur de geli udu niyalma funcembi. ere toodabume ton be mende bureo sembi. uttu ofi, meni geren i gisurehengge, barin i gaibuha eden ilan tanggū dehi ilan niyalma be feksihe, ilan nofi de, ilan ubu sindafi, muse de jihe, darhan cin wang, joriktu jiyūn wang de juwe ubu goibume, erke cūhur i emu ubu be, waha, uncaha niyalma be toodabume. nimeku de bucehe niyalmai jalin, erke cūhur i jušen be saliha beile be gashūbume, ulgai jalin, (+)hese be dahame, aniyai albanbenjime, duin taiji i beye, jihe be dahame, waliyaki seme gisurehebi. rei jalin gingguleme wesimbuhe. (+)hese be baimbi.

ijishūn dasan i juwan juweci aniya ilan biyai orin juwe.

ecike hošoi ujen cin wang.

doroi beile šangšan.

doroi beile dulan.

dorgi amban, hebei amban, be sonin.

dorgi amban dorji darhan noyan.

hebei amban gūsai ejen ildei.

hebei amban gūsai ejen jolo.

šooboo bime taidzi taiboo kamciha hebei amban boigon jurgan i aliha amban gioroi bahana.

šooboo bime taidzi taiboo kamciha hebei amban dorgi gurun i suduri yamun i aliha bithei da esehei.

šooboo bime taidzi taiboo kamciha hebei amban dorgi gurun i suduri yamun i aliha bithei da ning wan o.

hebei amban tui janggin cerbu.

hebei amban lobi.

hebei amban jukungge.
mujilen bahabukū naige.
uju jergi hiya mookitat.
uju jergi hiya coktu.

朱批：喀爾喀所劫掠之巴林牲畜，不予追究，命其將所搶之人送還，（原檔殘損）故四台吉（原檔殘損）前來陛見，故（原檔殘損）
題

叔和碩鄭親王濟爾哈朗等謹題：前理藩院啟心郎鼐格等謹題：爲喀爾喀部土謝圖汗、車臣汗處四台吉前來事。自張家口齎書曰：前來納貢之喀爾喀土謝圖汗部拉瑪塔爾達爾漢諾顏之子額爾克戴青、丹津喇嘛之子額爾德尼諾木齊、車臣汗之子穆章莫爾根楚琥爾、莫爾根諾顏之子伊什希額爾德尼台吉，並達賴呼圖克圖本人、及各呼圖克圖、喇嘛、台吉、塔布囊等人之使臣在內，一行共一千五百人前來。彼等入邊卡前，先遣使九人，自噶爾河前來。於二月十五抵張家口。此九人，由四子部卓裏克圖郡王處二人、固穆貝勒處二人已送至張家口。部議：放行與否，茲事體大，非臣等所能擅專，爲此敬題請旨。奏上，上諭：此四台吉及眾使者方至，故命議政王、貝勒、大臣等議奏。太子太保大學士車奇，挑選得力之人，會同議政王、貝勒、大臣等共商。先前頒旨述及命送還巴林被搶之人、及相關牲畜等事，故若四台吉來陛見，則允放行。遵旨，因四貝勒攜貢賦陛見，故令其入邊。兵部、理藩院各遣二員，出關迎接。且問其所來緣由，命其將所攜奏書交理藩院一員帶回，議後上奏。上諭：依議，二部官員事，叔鄭親王視後派出則可。謹遵上諭，遣員外郎烏爾善、沙渾等往，探問四台吉來此緣由，其答曰：四旗（鄂托克）令臣等前來，乃遵旨由臣等本人，貝勒、台吉等之使臣，送交年贡四九牲畜而來。若有何旨意頒下，自當遵行，是故前來。巴林所缺之人，有數人曾居於達爾漢親王與本部之間，然是否前來不知也。又，喀爾喀汗、諸貝勒、台吉、喇嘛等，送納貢賦。計野馬三匹、馬一千一十七匹、駱駝五頭、黑狐皮八張、白狐皮兩張、活貂一隻、貂皮端罩兩件、貂皮一百二十張、猞猁猻皮端罩一件、皂雕箭翎十二羽。云云。此四台吉一行一千五百人，於十九日自張家口入邊，二十六日可抵達。云云。敬奏所聞，旨下：知道了、曉諭各部令知。遵旨部議：此四台吉言爲政事而來，又，巴林所缺之人，有二十三名於達爾漢親王處，此二十三人，以及其所云尚在喀爾喀部者，事關重大，非敢擅專，爲此敬題請旨。奏上，上諭：由議政王、大臣等會議，視所當行之舉上奏。謹遵上諭，遣內大臣多爾濟達爾漢諾顏、啟心郎鼐格、一等侍衛毛齊塔特、綽克圖等前往，奉旨詢問喀爾喀四台吉所來之由。四台吉答曰：去年，額爾德尼諾木齊傳旨，命喀爾喀四旗之四貝勒前來，敝處之汗、貝勒及大小貝子等議決：謹遵聖旨，由四台吉奉納年貢四九牲畜，且如有旨下，願奉遵行。故命臣等四台吉爲首，攜汗、貝勒等使臣前來。云云。又問：若此，額爾德尼諾木齊去年來朝，曾頒旨命其將巴林所缺之人盡數送還。而牲畜等事，則命以四貝勒爲首前來陛見時商討。爾等遵旨而行，令四台吉親帶四九牲畜繳納年供，而巴林所缺之人，可曾帶來？答曰：尚在本部之人，已盡其所能，悉數於侍郎畢力克圖等來時交還。其餘人等，來此後逃走者有之，於逃跑時被追殺者有之，病故者有之，賣於厄魯特處者亦有之。後又遣人報：額爾德尼諾木齊去年來時，傳諭悉數送還巴林所缺之人，想來病故、被殺、被賣者不在其列，盡力探求倖存之人，唯一女子而已，其夫於捉拿時逃走，此乃臣等之過，如何發落，聽憑上意。劫掠巴林時，達爾漢親王、卓裏克圖郡王、額爾克楚琥爾此三人參與。今達爾漢親王、卓裏克圖郡王來此，額爾克楚琥爾獨在我部，是否曾言將所缺之人歸還？一併令此參與劫掠三人歸還否？設若一併歸還，則詢問達爾漢親王、卓裏克圖郡王，幾人逃至其處，幾人被殺，幾人病故，幾人被賣。計數後，尚有幾人在額爾克楚琥爾處？此命其歸還人數是否告知臣等？云云。故此臣等議：巴林被掠共三百四十三人，於此三人處者，可三分之，來我處者，分與達爾漢親王、卓裏克圖郡王三分之二，而額爾克楚琥爾之處之三分之一，及令其歸還者中被殺、被賣、病故之人，由額爾克楚琥爾之屬民承擔，令其貝勒起誓。牲畜之事，因四台吉遵旨親攜年供而來，故赦免。爲此敬題請旨。
順治十二年三月二十二
叔和碩鄭親王濟爾哈朗、多羅貝勒尚善、多羅貝勒杜蘭
內大臣議政大臣伯索尼、內大臣多爾濟達爾漢諾顏、議政大臣固山額真伊爾登、議政大臣固山額真卓洛、少保兼太子太保議政大臣戶部尚書覺羅巴哈納、少保兼太子太保議政大臣內國史院大學士額色黑、少保兼太子太保議政大臣內國史院大學士寧完我、議政大臣護軍統領車爾布、議政大臣羅璧、議政大臣朱孔格、啟心郎鼐格、一等侍衛毛齊塔特、一等侍衛綽克圖

可以說，上引之長題本，表明了清朝對喀爾喀的基本態度。雖然原檔朱批處有些字句難以看清，但基本可確認，在查實喀爾喀確無敵意後，清廷提出了“巴林事件”的陳年舊賬。此事實則乃“騰機思事件”的遺留問題，也有學者約略提及此問題[17]。但通過清廷一系列的行動來看，此問題的關鍵絕非“人畜歸還”，實則是清廷要保持對喀爾喀壓力的重要藉口，以及清廷宣示自身作爲“天下之主”地位的一種手段。從題本中可以看出，喀爾喀左翼對此也百般推脫，試圖淡化其影響，但對於清廷，衹要喀爾喀接受了清廷的歸還令，是否真正“人畜歸還”則不成問題。於是乎，此事最終不了了之，成爲清朝顯示寬大的又一手段也就不爲奇了。

同時，本次危機事件也就此解決，清廷於本年六月開始商議與喀爾喀的會盟事宜，經過一系列的部署與討論，最終達到了設立八扎薩克的初步成果。關於會盟的商定過程與結果，同樣經理藩院處理，具體細則，當另撰文分析。

---

⑰ 〔韓〕金成修《明清之際藏傳佛教在蒙古地區的傳播》，123—127頁。

三、事件的發生背景與解讀

順治十二年喀爾喀正式設旗前的這次危機處理，可以説非常典型地表明了清初對喀爾喀的策略，即羈縻爲主、主動防禦，但不採取主動進攻手段。順治二年"騰機思事件"是這種"主動防禦"戰略的開始，也奠定了十餘年間漠北無事的軍事基礎。但就順治十二年來説，喀爾喀方面也絕非無懈可擊。是年，車臣汗位發生變化，"巴布繼其父碩磊稱汗"[18]。在車臣汗位的繼承中，喀爾喀右翼進行了激烈爭鬥，以至碩磊死後五年左右，巴布方順利繼位[19]。作爲"騰機思事件"的幕後推手，碩磊之死無疑對清廷是個有利情況，加之車臣汗部内碩磊諸子，以及喀爾喀左右兩翼對權力分配的爭奪，清廷此時如進行主動滲透、進攻，也能收效頗豐。

儘管清廷恐怕於其時並不知曉喀爾喀的内亂，但從題本五提到的來朝使臣中"車臣汗之子穆章莫爾根楚琥爾"看來，至少對車臣汗位易手心知肚明。文中分析的邊境異動示警，是否因清廷掌握了此次車臣汗位變化，纔使得理藩院與議政王大臣會議在處理過程中如此謹慎，目前尚無足夠證據。不過即令情報不足屬實，也充分説明清廷此時的戰略重心並不在北方。如果對比數年後，康熙帝再次面對車臣汗位問題時，彼時清廷無論是情報、外交等手段都全面轉向喀爾喀，從而一舉將漠北徹底收服[20]。

另一方面，當時清朝確實存在實際上的軍事困境，對南方局勢的擔憂，是不敢輕啟北方邊釁的重要原因。順治一朝，入關之初，立足未穩，相對西北邊疆的軍事、政治優勢，作爲清朝的戰略重點，南方"漢賊不兩立"的對立情緒，與南明小朝廷、故明餘部的武裝反抗，纔是其心腹大患。而在順治十二年前後，南方對清廷的軍事牽制，也成爲考察當時中樞策略的重要依據。

順治皇帝親政後的順治七年到十二年，南方戰局波譎云詭，牽扯了順治皇帝幾乎全部注意力。順治七年，張獻忠大西軍餘部出滇，開始與南明合流抗清[21]。順治八年，大西軍李定國、孫可望部率軍攻打桂林，隨後進兵湖南。在一系列輝煌勝利後佔據了廣西、湖南全境。清軍統帥，清初四王之一定南王孔有德、以及敬謹親王尼堪都死於其手[22]。這次大敗，對清廷震動極大，可以説自從清軍南下，傷亡之慘、失地之眾，莫此爲甚。順治皇帝之後不斷增兵江南，並派遣宿將統率，但收效甚微。顧誠先生在《南明史》中對其評價是："清朝入關以來損兵折將、被拖住時間最長又最無戰果的一次軍事行

---

⑱ 《蒙古回部王公表傳》卷五三，傳第三十七，呼和浩特：内蒙古大學出版社，1998年，382頁。

⑲ 關於碩磊汗的死期與喀爾喀内部關係，見烏雲畢力格《車臣汗汗位承襲的變化——以〈蒙古堂檔〉滿蒙文史料爲中心》，《十七世紀蒙古史論考》，呼和浩特：内蒙古人民出版社，2009年，302—317頁。

⑳ 烏雲畢力格《車臣汗汗位承襲的變化——以〈蒙古堂檔〉滿蒙文史料爲中心》。

㉑ 顧誠《南明史》，北京：中國青年出版社，2003年，638頁。

㉒ 關於此次戰役的具體進程，參看顧誠《南明史》，704—715頁。

動。”㉓勞師糜餉的直接後果是清軍大量兵力投入江南，並且隨時準備再度增援，這就不難理解，爲何理藩院與議政王大臣會議始終强調“內地兵馬不可擅動出邊”了。

從順治十二年的史籍相關記載來看，對比記述喀爾喀的寥寥數語，南方局勢卻是史不絕書。大西軍仍然活躍，清廷已經投入了包括王、總督、固山額真等諸多大員圍剿。“壬子，侍讀學士雷護、護軍統領常敏等、自廣東奏報擊敗賊渠李定國捷音。至是還軍中齎敕、諭靖南將軍固山額貞朱瑪喇等曰。爾等率兵前往。會同兩王、及總督李率泰、將已入廣東賊兵多方制勝。陣斬無算。深可嘉悅。但既已統兵前往。仍會同兩王、及總督李率泰、相機安撫被賊地方人民。再行報聞。”㉔而更加令清朝擔憂的，是佔據江南沿海，精通水戰的名將鄭成功：“都察院左都御史龔鼎孳奏言、海賊鄭成功、旋撫旋叛。攻陷漳帋。浙閩總督劉清泰、剿撫無能，藉病息肩，宜加處分。同安侯鄭芝龍、不能訓子革心，又不束身待罪。早宜防範，以肅清內外，下部密議。”㉕

同樣作爲清朝重要檔案的《內國史院檔》，現存順治十二年檔案唯獨二月。對比上引《理藩院題本》中日期，喀爾喀右翼來朝恰恰發生於該月，但在內國史院檔中，對此事隻字未提。相反，卻詳細記載了二月初四與二月初七兩日，對南方統率洪承疇、耿繼茂、尚可喜下發的敕諭㉖，而針對鄭成功，更爲興師動眾。該檔案順治十一年臘月二十一，順治皇帝任命世子濟度爲帥，轄多羅貝勒巴爾楚渾，固山貝子吳達海等宗室出征，專討鄭成功，並且隨後詳細記錄了隨軍將領名單㉗。在這份長達三頁的名單後，順治皇帝特諭：“茲鄭成功勞累朕躬甚多，爾等殫忠竭力。欽此。”㉘

史籍記載當然有其選擇性，但是不錄入其內的事件也有其啟示意義。具體到喀爾喀事件，就是清廷通過分析比對，顯然對喀爾喀的威脅做出了非常低的評估，而在順治皇帝心中，南方戰局更爲緊要。理藩院作爲清朝國家機器的一環，在獨立運作的同時，明顯服膺於國家戰略，因此在事件發生後，無論是應對方法，抑或謹慎程度，理藩院都能審時度勢、拿捏尺度，這充分說明了清初政體組織結構已趨於完整與高效。

四、總　　結

清朝自關外一隅漸至入主中原，除得益於時局與個人能力，與其富有戰略眼光的大局觀、及延續而不失彈性的策略實施有極大關係。後者，以今日概念看，便是所謂“國家戰略”。自後金至清朝，滿族與蒙古、西藏、明朝、朝鮮等勢力的關係，始終被研究者從不同領域加以研究。但不同於後世研究者截取事件作爲剖面，作爲完善、有效的

㉓ 同㉒，343頁。

㉔ 《清世祖章皇帝實錄》，順治十二年正月壬子。

㉕ 《清世祖章皇帝實錄》，順治十二年正月戊申。

㉖ 《清初內國史院滿文檔案譯編》，北京：光明日報出版社，1989年，343、344頁。

㉗ 同㉖，336—339頁。

㉘ 同㉖，340頁。

政權，必須從宏觀角度、整體方面對自身所處的時局、情勢加以分析，隨即作出主次之分，再進行合理應對。而在清初政體中，皇帝決策前，理藩院、六部、議政王大臣會議等部門所擔負的，正是此職。

回到本文討論之主題，從理藩院文書中，我們可以看到，理藩院作爲處理外藩事務的專職機構，其運轉並非獨立於政體之外，一旦涉及到職務交叉，便迅速通過題本與六部關連各處取得聯繫，必要時甚至提交參與議政王大臣會議，會商討論，一體定奪。同時，作爲整體政策執行者，理藩院雖專司外藩事務，但由本文所述可見，相關人員對國家戰略都有具體概念，因此在作出決策時，也與整體戰略並行不悖。

文中分析的南方格局，雖然與理藩院職責無涉，但通過比較，不難看出理藩院絕非自我封閉，獨立運行，而是服膺時局戰略，對涉及部門職責的層面，作出最有利於整體的處理。順治十二年中此次喀爾喀來朝事件，無論從史料記載、抑或處理方式，似乎都略顯敷衍、虎頭蛇尾。即令本年日後清朝完成了喀爾喀設旗，也表現出一種權宜之計的意味。

實則，本次事件，既不能說明清廷對喀爾喀以往敵對行爲的不了了之、也不能看作清朝針對北方“恩威並施”的具體表現。歸根結底，本次事件是理藩院等部，通過對當時南北關係比對，軍事政治緊急程度，以及兵力相對捉襟見肘等要素，對突發事件採取了最符合整體利益的處理方式。本次事件既非雙方對峙的徹底終結，也遠非雙邊關係的最終確認。康熙帝即位，清廷徹底解決南明、三藩等南方大患後，真正將戰略重心移到了北方與西北，插手車臣汗繼位、庫倫伯勒齊爾會盟、用兵準噶爾等一系列事件，徹底奠定了清王朝的大一統局面，而“大一統”的形成，也最終表示了清廷國家戰略的成功。

The Qing Dynasty's Strategy to the Northern Frontier in 1655

Song Tong

Qing and Khalkha Mongol alliance in 1655 was an important event about bilateral relationship. There was little content about this alliance in the past research results and archives. This paper describes in detail in this course of events with new Manchu archives, and puts forward the important historical facts that Lifanyuan was in accordance with the established strategy for handling foreign relations in the Qing Dynasty, and displays how the national ploitical institutins ran at that time.

六世達賴喇嘛倉央嘉措圓寂的真相*

烏雲畢力格

第六世達賴喇嘛，法名全稱羅桑仁欽倉央嘉措，簡稱倉央嘉措（1683—1706），小時候由當時西藏政壇的大權獨攬者第巴桑結嘉措認定爲六世達賴喇嘛，1697年在布達拉宮坐達賴喇嘛法床。但因倉央嘉措棄絕修道誓願，宣佈自己不是達賴喇嘛，在桑結嘉措被和碩特蒙古拉藏汗殺死以後，清朝下令將其執送至北京。據清朝官方文獻記載，1706年，倉央嘉措在青海境內圓寂。

但是，關於倉央嘉措的最終的歸宿問題，學界歷來眾說紛紜，莫衷一是。有人認爲，倉央嘉措在1706年被拉藏汗向北京押送的途中在青海袞噶淖爾地方圓寂，根據是《清聖祖實錄》等清代滿漢文官方史書和藏文的《如意寶樹史》、《七世達賴喇嘛傳》等18世紀藏文史料。還有人認爲，倉央嘉措從押送他的軍隊手中逃脫，經過一段遊歷，最後到了今天內蒙古西部的阿拉善盟境內，在那裏建立寺廟，弘揚佛法。主要依據的是阿旺多爾濟所著《倉央嘉措秘傳》①。據該書載，倉央嘉措在青海成功逃脫後，輾轉各地弘法傳教，最終於1746年在阿拉善地方圓寂。阿拉善盟所在地巴彥浩特現有一座18世紀建立的寺廟，漢語名廣宗寺，俗稱南寺，那裏的靈塔和一些衣物被認爲就是六世達賴喇嘛倉央嘉措的遺物。據傳，倉央嘉措在阿拉善圓寂後，其轉世布桑圖布丹嘉木蘇被稱作"達格布胡圖克圖"。因六世達賴喇嘛逃脫後曾在西藏達格布寺居住過一段時間，並被稱爲"達格布倉"或"達格布夏仲"，所以他的轉世的封號就稱作"達格布呼圖克圖"。第六世達格布呼圖克圖名阿旺丹增田來嘉木蘇，1958年在內蒙古錫林郭勒盟鑲黃旗圓寂②。

如果倉央嘉措的確沒有在青海圓寂，在阿拉善繼續生活過幾十年，那麼，他的圓寂年代說，不單純是倉央嘉措的卒年問題，而是關係到被認爲是倉央嘉措轉世的七世達賴喇嘛以及其後歷輩達賴喇嘛的真僞問題。應該說所系重大。倉央嘉措的最終歸宿問題是一個重大的歷史問題。

那麼，六世達賴喇嘛倉央嘉措的歸宿到底如何呢？

在中國第一歷史檔案館所藏滿文《宮中朱批人名包》（商南多爾濟）中，保存着一

---

* 本文爲教育部人文社會科學重點研究基地項目《滿文、滿文文獻與清史研究》成果之一。

① 關於六世達賴喇嘛歸宿問題的前人研究概況，請參見寶音特古斯《十八世紀初期衛拉特、西藏、清朝關係研究》，博士學位論文，呼和浩特：內蒙古大學研究生處，2009年，2—7頁。

② 賈拉森《賀蘭山中的佛教聖地阿拉善廣宗寺》，《緣起南寺》，呼和浩特：內蒙古大學出版社，2003年，13—16頁。

份重要的文書，内容涉及六世達賴喇嘛倉央嘉措的最終歸宿這個極其重要的問題。内蒙古大學青年學者寶音特古斯在他的博士學位論文《十八世紀初期衛拉特、西藏、清朝關係研究》中，提到了該奏摺，並引用了其中一段話。因爲他討論主題的關係，他對該密摺衹是一帶而過，沒有進行更多分析，更沒有認真翻譯和討論。所以，對此進行認真的翻譯、解讀和詳細論證就成爲本文的任務。

商南多爾濟是17世紀末18世紀初清朝處理西藏事物過程中的一個極其重要的人物。此人最早在《清聖祖實錄》中以“得木齊商南多爾濟”身份出現，隨同扎薩克喇嘛垂木珠爾拉木扎木巴、副都御史拉篤祜等出使達賴喇嘛[③]。後多次出使達賴喇嘛和準噶爾汗國的噶爾丹汗，自康熙四十一年作爲“駐扎西寧喇嘛”常住在西寧，負責向清廷及時提供準確信息，協助辦理青藏地區事務[④]。《宫中朱批人名包》（商南多爾濟）就是該喇嘛的奏摺包，内容涉及17世紀末18世紀初西藏和青海重大事件。

本文專題研究商南多爾濟的一份密摺，並據此詳細論述六世達賴喇嘛倉央嘉措的最終歸宿。

一

這是商南多爾濟在康熙四十四年十二月二十九日（1706.02.12）進呈康熙皇帝的密摺。[⑤]其滿文原文如下：

(1) wesimburengge (2) aha šangnan dorji-i narhūšame gingguleme (3) wesimburengge. aha bi （4）+ hese-be gingguleme dahafi takūraha[⑥] bošokū badma se (5) yabuha baita-be wesimbuhei tulgiyen. jai ladzang-ni (6) arbun dursun. guūnin yargiyan tašan. ceni saha (7) babe fonjici badma se alaha bade. isinaha manggi (8) ladzang urgun-i doroi seme. beye baitalara lagur (9) moro. jafaha erihe. ???（原文缺一個詞——轉寫者）. jai ini sargan cering (10) dasi-i asahaha aisin-i gaju-i dolo tebuhe erdeni (11) rilu. šaril-be suwaliyame bošokū badma-de buhebi. (12) mini šabi loodzang rincen-de. cering dasi inu (13) menggun-i goo-i dolo tebuhe erdeni rilu. šaril-be (14) suwaliyame buhebi. aha ???(mini) unggihe bithe-be (15) ladzang tuwame wajifi. ujui ninggute sindafi henduringge. (16) suwe jihebe dahame. joo goro akū. genefi hengkile. (17) mini beye. lamu cuijung-de genefi tuwabuki seme. (18) hendufi. jai ineggi ladzang nadan niyalma gaifi. (19) dobori dulime lamu cuijung-ni jakade genefi. (20) ubaci unggihe bithei turgun-be. lamu cuijung-de (21) gemu alafi. dalai lama——-i hūbilgan-be uthai (22) jafafi unggici saiyūn. adarame seme fonjiha manggi

③ 《清聖祖實錄》，北京：中華書局影印本，1985年，康熙二十四年十一月癸酉。

④ 《清聖祖實錄》，康熙四十一年五月丁亥；四十五年十二月丁亥。

⑤ 檔號4-92-282-444。該檔珍藏在中國第一歷史檔案館。内蒙古大學蒙古學學院寶音特古斯博士給筆者提供了他的謄寫稿，在此表示衷心的謝意！

⑥ 原文衹剩下-raha，此處根據上下文復原爲takūraha。

(23) lamu cunjung-ni gisun. yaya baita (24) + enduringge manjusiri han-i gisun-be baifi yabuci. doro (25) šajin-de tusa ombi. geli arafi buhe bithede. (26) hutui songko-de dosifi yabuci. šajin-de tusa (27) ojoro-be (28) + dergi ejen-de wesimbu sehebi. ere gisun, ladzang ulhihekūbi, (29) ainci janggiya hūtūktu, dorji lama juwenofi sambidara (30) seme, ladzang uttu gisurembi sembi, geli ladzang-ni (31) gisun, ere baita-be yabuci, (32) ejen-i gisun-be baha manggi, tere erinde jai dahame (33) yabuki, tere anggala ne donjici, ere dalai lama —— -i (34) hūbilgan, dalai lama-be waka, kam, burukba, γamrub (35) omo, ere ilan baci tucike ilan hūbilgan-be, (36) diba bisir-de, geren-be dalcame gajifi, ne budala-i (37) fulari jakburi sere bade somibuhabi sembi, suwe hono (38) mini elcin dawa jaisang hasiha-i emgi hahilame genefi. (39) dorji lama-de alafi, ulame (40) + enduringge ejen-de donjibuci, nashūn ucuri ufaraburakū (41) bime, šanggarangge hūdun ombi, (42) + ejen-i hese adarame wasimbuci dahame yabuki. suweni mejige-be (43) bi ishun aniya sunja biyade isitala aliyambi seme (44) bošokū badma sebe inenggideri sarin ulabume kunduleme (45) yaya baita-be umai targacun akū, jiderede geli (46) morin kunesun-be acabume buhebi sembi, jihe elcin (47) dawa jaisang hasiha-de fonjici, inu ere baitai jalinde, (48) imbe (49) + ejen-de wesimbume takūrahabi sembi, ladzang cohome (50) + enduringge ejen-de, baita wesimbume takūraha-be dahame, (51) ilibume banjinarakū ofi, giyamun yalubufi, bošokū badma sei (52) emgi unggihebi, aha bi kimcime gūnici (53) + ejen enduringge ofi, yaya jidere unde baita-be doigonde (54) hafu safi, sakda aha-de (55) tacibure hese wasimbufi, ladzang-de asi jobolon-be neileme (56) arafi unggi sehe babe, gemu (57) ferguwecuke ejen-i tacibuha hese-de acanahabi, ladzang, lamu (58) cuijung-de tuwabufi, unggihe tanggūd bithei dorgi-be tuwaci, hutui songko-de dosifi yabuci šajin-de (60) tusa ojoro-be (61) dergi ejen-de wesimbu sere gisun bi, aha bi buhiyeme bodoci (62) ainci ne bisire dalai lama hūbilgan-be henduhebi dere, (63) enduringge ejen, aha-be niyalmai jergide obufi jecen-i bade tebufi, majige saha ba bici, ai helhun akū (65) wesimburakū, neneme (66) + ejen, aha-i gūnin-be fonjire-de, aha bi ineku huhu (67) noor-i wang sei geren-i gūnin-be baha manggi, (68) jai aljabuci baita yabure-de ijishūn-i gese seme (69) wesimbuhe babi, te dalai lamai hūbilgan-be aljabure (70) eaten icihiyara baita ja-i gese bicibe, huhu noor-i (71) wang sebe, hon daburakū, ladzang-ni wesimbuhe-be (72) tuwame uthai kafur seme yabuci, geren-i gūnin daharakū-be (73) inu boljoci ojorakū, (74) + ejen umesi enduringge, baita-be adarame icihiyame gamara, ladzang-ni (75) elcin dawa jaisang hasiha-de, adarame (76) hese wasimbure babe, gemu (77) + ejen-i toktobure-de bi, erei jalin geleme olhome gingguleme (78) narhūšame wesimbuhe, (79) elhe taifini dehi duici aniya jorgon biyai orin uyun (80) engke amuγulang-un döčin tabuduγar on qabur-un dumdadu sara-yin arban qoyar-a

(1) sini wesimbuhe ba umesi inu, erei onggolo (2) uthai huhu noor-i wang beile taijise-de (3) hebdeme toktobuha amala sini bitne-i gūnin (4) emu ojoro jakade ele sain oho.

本密摺漢譯內容如下：

奏摺

奴才商南多爾濟謹密奏。奴才謹奉聖旨，將所遣領催巴特瑪等之出使情形已奏聞外，又向伊等詢問拉藏之情形、其內心之虛實及伊等所目睹者。巴特瑪等答曰："（我等）抵達後，作爲賀禮，拉藏將自用之拉古碗與念珠及其妻車淩達什佩帶之小金盒子中所入寶丸、舍利等給領催巴德瑪。車淩達什亦將小銀盒子中所入寶丸及舍利給我弟子羅卜藏林沁。拉藏閱畢奴才所遣之書，將書置其頭頂曰：'爾等即已前來，因昭地不遠，要前去叩頭。我將前往拉穆吹忠處，令其看此書。'翌日，拉藏率七人，連夜趕往拉穆吹忠處，將自此處所遣之書中事由盡告拉穆吹忠，並向他請教，可否將達賴喇嘛之呼必爾罕立即執送，抑或如何是好。拉穆吹忠曰：'凡事若奉聖滿珠習禮汗之旨而行，則於政教有益。'又寫與（拉藏之）書云：'如入魔道而行，則於教法有裨益。將此奏報皇上。'拉藏未解此言之意，曰：'或許章嘉呼圖克圖、多爾濟喇嘛二人能解也。'又，拉藏曰：'如行此事，等皇上聖旨到日，屆時奉旨而行。況且今聞，此達賴喇嘛之呼必爾罕非達賴喇嘛也。（昔）第巴在日，將在喀木、布嚕克巴、雅木嚕布湖三地顯現之三呼必爾罕，瞞着眾人（秘密）帶來，據稱今藏在布達拉之紅色扎克布裏地方。爾等速同我使者達瓦齋桑哈什哈一起前往，告知多爾濟喇嘛，轉奏聖主，如此則不至錯過時機，諸事完結亦速。（我等）謹遵皇上任何聖旨。（我等）將等待爾等之信息至明年五月。'"（拉藏）每日設宴敬重招待領催巴特瑪等，凡事並無戒心，回來時又給馬匹及糧糗。及詢問來使達瓦齋桑哈什哈，伊亦言，因此事遣他前來奏報皇上。因（達瓦齋桑哈什哈）爲拉藏特爲皇上奏事而遣者，故不得將其停留，使之乘騎驛馬同領催巴特瑪一道遣往。

奴才竊思，聖主甚明，凡事尚未發生，即能預先通曉，敕令老奴才，遣書拉藏開示禍福，一切如聖主勝算。觀拉藏請拉穆吹忠看過後所寫藏文文書，內有"如入魔道而行，則於政教有裨益。將此奏報皇上"等語。奴才猜想，（此語）或許指今在世之達賴喇嘛之呼必爾罕。

聖主令奴才躋身於（大）人之列，遣住疆域，是故如有信息，豈敢不奏聞。初，聖主詢問奴才心思，奴才曾上奏，"等探知青海諸王之意後再使其離開，似行之順利。"今（奴才）竊思，使達賴喇嘛之呼必爾罕離開之諸事似易於辦理，但不顧青海諸王，依拉藏奏疏立刻決斷，料不定眾心不服。

皇上甚明，如何辦理事情、如何降旨於拉藏使者達瓦齋桑哈什哈，均聽從皇上聖載。謹此恐慌秘密上奏。康熙四十四年十二月二十六日。

（蒙古文）康熙四十五年春二月十二日⑦。

朱批：爾所奏甚是。先前已與青海諸王、貝勒、台吉等商定，其與爾書之意相一致，甚好。

⑦ 1706年3月26日。這是該密摺被送到北京的日期。

二

商南多爾濟的該密摺是康熙四十四年十二月二十六日在西寧寫成，四十五年二月十二日被送至北京。根據密摺內容，康熙四十四年（1705），清朝派遣領催巴特瑪一行，途經西寧，攜帶商南多爾濟致拉藏汗的書信，到了西藏。一行的目的，顯然是爲了解決六世達賴喇嘛倉央嘉措的問題。清朝官私史書對巴特瑪出使西藏沒有任何記載，這是因爲當時該使團的行蹤十分詭秘⑧。根據該密摺，在巴特瑪出使西藏時，清朝沒有直接降旨於拉藏汗，令其執送倉央嘉措，而是通過駐扎西寧喇嘛商南多爾濟致書拉藏汗，傳令讓他將倉央嘉措押送到北京。這說明，當時康熙皇帝對解決倉央嘉措問題採取特別謹慎的態度。

巴特瑪一行到達西藏以後，拉藏汗一方面對清朝使者盡其所能地表示友善，另一方面著手緊急處理六世達賴喇嘛倉央嘉措的問題。拉藏汗連夜趕往拉穆吹忠（La mo Chos skyong）處。拉穆吹忠，即拉穆護法神，是達賴喇嘛甘丹頗章宮的主要宣諭護法神之一，駐錫在拉薩甘丹寺附近的拉穆寺。拉藏汗向拉穆吹忠出示了清朝方面的書信，請教如何辦理倉央嘉措纔屬上策。拉穆吹忠的話特別關鍵。他說，“凡事若奉聖滿珠習禮汗之旨而行，則於政教有裨益。”又給拉藏汗寫了一句這樣的話：“如入魔道而行，則於教法有裨益。將此奏報皇上。”拉藏汗說，他沒弄清楚此話爲何意，但相信章嘉呼圖克圖和商南多爾濟喇嘛二人能解其意。拉藏汗老奸巨猾，他未必不解拉穆吹忠之語爲何意，祇是不想向皇帝由他自己來解釋，而把這個燙手的山芋交給了康熙皇帝最信任的兩位高僧。這當然是非常得策之舉。

當然，拉藏汗就處理倉央嘉措之事也有所表態。他向清朝表示，如辦理此事，等康熙皇帝降旨後，將奉旨而行。與此同時，拉藏汗透露了一個重要的信息。原來，第巴選定倉央嘉措爲六世達賴喇嘛的同時，將在喀木、布嚕克巴、雅木嚕布湖三地所發現的另外三個被認爲是五世達賴喇嘛轉世的靈童秘密帶到拉薩，藏在布達拉之紅扎克布裏地方（扎克布裏爲鐵山之意，布達拉宮附近的一個寺廟名）。拉藏汗要求清朝使者同他的使者達瓦齋桑哈什哈一起前往內地，將此信息呈奏康熙皇帝，“如此則不至錯過時機，諸事完結亦速”。他將等待清朝方面的消息到康熙四十五年五月（即1706年7月初。拉藏汗後來押送六世達賴喇嘛的時間正是1706年7月）。這里拉藏汗向清廷明確表示了惟命

---

⑧ 但是，若貝多傑所著《七世達賴喇嘛傳》提及巴特瑪出使情況，並指出，就是該人帶去了清朝迫使拉藏汗執送倉央嘉措的聖旨。該書記載：“由於諸福德淺薄者之唆使，拉藏汗等千方百計送喇嘛（指六世達賴喇嘛——引者）去摩訶支那（指中國——引者）地。以此緣由，康熙皇帝派班馬筆貼式等，於火狗年（1706）五月十七日請達賴喇嘛從拉魯園啟程。”（章嘉·若貝多傑著、蒲文成譯《七世達賴喇嘛傳》，拉薩：西藏人民出版社，1989年，4頁）這裏的“班馬筆貼式”就是領催巴特瑪。班馬，是蒲文成先生的音譯，一般譯作“白瑪”（在安多地方還譯作“萬馬”），原文爲pad ma（蓮花之意），蒙古人的讀法爲badma（滿洲人沿襲了蒙古讀法）。筆貼式（bithesi）是清朝理藩院的一個官職，類此文秘。藏文文獻把領催（bošokū）錯記爲筆貼式了。康熙四十五年巴特瑪又一次出使西藏，這次是爲了將倉央嘉措解送到北京。關於這次出使商南多爾濟奏摺中也有記載。

是從的意願，也透露了倉央嘉措以外還有三個達賴喇嘛人選的信息。拉藏汗透露這個秘密的用意，顯然是爲日後立其中之一爲達賴喇嘛做輿論準備。

那麼，拉穆吹忠所言“如入魔道而行，則於教法有裨益”者，到底是什麼意思呢？既然拉藏汗説，此話之意或許章嘉呼圖克圖、商南多爾濟二人能解，那麼商南多爾濟必須給皇上解答。所以，商南多爾濟不僅引用巴特瑪口述，而且還根據親眼目睹的拉穆吹忠的藏文原文後做出了這樣的解釋：“奴才猜想，（此語）或許指今在世之達賴喇嘛之呼必爾罕（轉世）。”也就是說，如果六世達賴喇嘛倉央嘉措“入魔道而行”，則對宗喀巴的教法有裨益。拉穆吹忠帶給拉藏汗的神諭居然是：將倉央嘉措離開人間！

最後，商南多爾濟還向康熙皇帝提出了解決六世達賴喇嘛倉央嘉措的重要建議：“初，聖主詢問奴才心思，奴才曾上奏，‘等探知青海諸王之意後再使其離開，似行之順利。’今（奴才）竊思，使達賴喇嘛之呼必爾罕離開之諸事似易於辦理，但不顧青海諸王，依拉藏奏疏立刻決斷，料不定眾心不服。”商南多爾濟認爲，不能衹依拉藏奏疏立刻決斷，必須顧及青海諸王的意見。但根據康熙皇帝的朱批，康熙皇帝事先已經做到這一點了。

三

通過對商南多爾濟密摺的釋讀和分析，可以得出結論，倉央嘉措是被西藏上層出於政治考慮加害的。倉央嘉措本人在青海袞噶諾爾地方離開人世應該沒有疑問。下面，談一談其他證據，並分析西藏除掉倉央嘉措的原因。

首先，《七世達賴喇嘛傳》提供了倉央嘉措圓寂過程的詳細信息。據該書記載，倉央嘉措於火狗年五月十七日（1706年6月27日）被迫離開拉魯園押往北京，途中哲蚌寺僧眾把他從蒙古軍手中搶出，請向噶丹頗章（即達賴喇嘛宮殿）。在蒙藏軍隊對陣時，爲了避免發生流血事件，倉央嘉措不顧個人安危，自動走到蒙古軍中，繼續趕往內地。到了當雄（今西藏東北部的當雄縣，離拉薩不遠，騰格裏湖在該縣境內），倉央嘉措開始生病，而且病情日復一日地加重。根據記載，他已經感覺到來日不長，向他的手下管事喇嘛說：“吾未竟之文卷勿令散遺，後復交與吾”，預示其不久圓寂和轉世。走到袞噶諾爾，“諸吏催請喇嘛繼續前行，喇嘛回言：‘從此地起，爾等衹能馱吾屍骨，吾再也無法行走了。”在他去世時，索本羅哲旺秋和醫生桑結司柱在身旁伺候，請求他不要決議要去別土，爲教法和眾生速作轉世。在深夜亥時（22:00—3:00之間），倉央嘉措口誦《大悲心咒》，離開了人間⑨。

從這段記載來看，倉央嘉措從拉薩啟程不久就染病，病情越來越加重，而且他本人已經意識到生命即將結束。到青海境內的袞噶諾爾地方（離塔爾寺三日路程遠）倉央嘉措就去世了。爲什麼在西藏期間沒有得病，偏偏在踏上赴北京之路後突然得病而暴亡

⑨　章嘉·若貝多傑著、蒲文成譯《七世達賴喇嘛傳》，5、6頁。

呢？這位23歲的年輕人很顯然上路時被下了毒，路途中毒性慢慢起效，終至斃命。這就是所謂的“入魔道而行”。素本羅哲旺秋和醫生桑結司柱是後來七世達賴喇嘛的近侍。他們在那一天的深夜最後爲倉央嘉措送行，若貝多傑的信息很可能就是來自於這兩位歷史的見證人。

其次，當時的滿蒙文文書也直接證明，倉央嘉措的確在途中逝世。比如，康熙四十六年皇帝給青海王公的諭旨中寫到：“今拉藏謹遵聖旨，押送此假達賴喇嘛，送至半路，因惡貫滿盈，途中死去。”[10]拉藏汗在康熙五十三年十一月二十七日疏奏中也寫道：“聖上大皇帝降旨，如將惡行之呼畢勒罕留在彼處，於教法不利，將之送來。遵旨送往，途中去世。”[11]這兩處記載，寶音特古斯在他論文中也提到過。此外，《清聖祖實錄》也記載：“理藩院題，駐扎西寧喇嘛商南多爾濟報稱，拉藏送來假達賴喇嘛，行至西寧口外病故。假達賴喇嘛行事悖亂，今既在途病故，應行文商南多爾濟，將其屍骸拋棄。從之。”[12]可惜，商南多爾濟奏摺原文還沒有找到，但這個記載足以證明，當時清朝曾派人驗證和處理過倉央嘉措的屍骸。

最後，在西方文獻中也有線索。在1716—1721年曾在拉薩傳教的義大利傳教士德斯得利在他的報告中也提到過倉央嘉措被拉藏汗毒害的傳聞[13]。雖然傳聞拉藏汗害死了倉央嘉措，而且這個傳聞無法證明倉央嘉措的死因，但它說明，當時西藏社會上六世達賴喇嘛被謀殺的傳聞已經廣泛流傳。

那麼，爲什麼西藏上層要讓倉央嘉措“入魔道而行”呢？

筆者在《十七、十八世紀之交的西藏秘史——圍繞關於六世達賴喇嘛倉央嘉措的滿蒙文秘檔》一文中，根據清朝內閣滿蒙文檔案，詳細討論了倉央嘉措放棄達賴喇嘛神位的過程[14]。簡單地講，正在清朝著手經營西藏、想方設法打擊西藏政壇上的實力人物第巴桑結嘉措之時，第巴一手扶持的六世達賴喇嘛倉央嘉措突然做出一系列不可思議和不合時宜的舉動，宣佈自己不是五世達賴喇嘛的轉世，棄絕修道誓願，這等於是他自我剝奪了作爲觀世音菩薩化身的佛性。不久，拉藏汗攻殺桑結嘉措。在這場政治鬥爭中清朝支持拉藏汗，並決定廢除由第巴選定、未經清廷封號的倉央嘉措達賴喇嘛。同時，康熙皇帝認爲，倉央嘉措雖然是一位“假達賴喇嘛”，但畢竟有達賴喇嘛名號，受到蒙藏信徒的認可，所以如將其留在西藏，有可能被準噶爾汗國或其他什麼政治宗教勢力利用，

---

⑩ 中國第一歷史檔案館、內蒙古大學蒙古學學院《清朝內閣蒙古堂檔》，呼和浩特：內蒙古人民出版社，第17卷，357頁。原文爲：edüge lhazang minu jarliγ-i kündüte daγaju, ene qaγurmaγ dalai blam-a-yi kürgegüljü ireküi-dür jabsar-tur kürčü ireged über-ün maγu kilinče dügürčü üküjüküi.

⑪ 《清朝內閣蒙古堂檔》，第19卷，188頁。原文爲：dergi amba ejen han, ehe yabun-i hūbilgan tubade bici, šajin-de ehe, ebsi bufi unggi seme hese wasimbure jakade, bufi unggihe bihe, jugūn-i andala akū oho.

⑫ 《清聖祖實錄》，康熙四十五年十二月庚戌。

⑬ Filippo Filippi, *An Account of Tibet, The Travels of Ippolito Desideri of Pistoia, S.J.*, 1712-1727, Published by Brouadway House, Carter Lane, London, 1932, pp.150-151.

⑭ 請見日本國際蒙古文化研究協會編《蒙古學問題與爭論》（*Questiones Mongolorum Disputatae*）第6期，東京，2010年。

所以嚴令拉藏汗將他押送到北京。

此時，西藏噶丹頗章處於政治危機狀態。噶丹頗章的最高決策者達賴喇嘛被廢除，總理事務的第巴被殺害，因此決定西藏命運的實際上是甘丹、哲蚌、大昭三大寺的上層喇嘛。根據當時西藏政治制度，噶丹頗章遇到重大難決問題時，通常請護法神師降神，得到神諭，指點迷津。甘丹頗章時有四大宣諭護法神，其中拉穆大梵天護法神（即拉穆吹忠）和乃窮白哈爾護法神是兩個最重要的護法神[15]。他們的神諭往往是西藏格魯派上層的最高決策。因爲倉央嘉措自己的放棄，喇嘛們無法替他辯解，無法繼續讓倉央嘉措做達賴喇嘛。但是，西藏格魯派上層堅信，倉央嘉措就是五世達賴喇嘛的轉世，所以，在倉央嘉措放棄達賴喇嘛職位的情況下，他們認爲佛性業已離開了他的身軀，淪爲凡人的倉央嘉措的存在倒成爲啟動迎請新達賴喇嘛程序的絆腳石。對他們來說，與其倉央嘉措本人，達賴喇嘛神位更加重要。所以西藏的政治精英們做出決定，要犧牲倉央嘉措的生命，要他的轉世做新的達賴喇嘛，以保障達賴喇嘛系統在西藏格魯派上層的控制下安然繼續。

在這種情況下，當拉藏汗請拉穆吹忠降神諭時，拉穆吹忠告訴他，要讓倉央嘉措“入魔道而行”，而且要求拉藏汗把這個情況轉奏清朝皇帝。很明顯，喇嘛們出於策略要犧牲倉央嘉措的性命，但又不願意把他交給清朝政府處理。當時，清朝勢力大力滲透到西藏政治中，西藏上層當然不會同意把自己的宗教領袖交給他們。他們把犧牲倉央嘉措的消息報告給皇帝，看似是對皇上的恭敬和順從，實際上是對押送倉央嘉措之旨的變相的抗命。

但是，康熙皇帝偏偏看准六世達賴喇嘛事件爲他制服西藏勢力的千載難逢的機遇。他堅決主張將倉央嘉措押送到北京處理，所以沒有同意在西藏除掉倉央嘉措，而嚴令拉藏汗，“如將惡行之呼畢勒罕留在彼處，於教法不利，將之送來。”這就引起了西藏大喇嘛們的極其不滿。據《七世達賴喇嘛傳》記載，當拉藏汗將倉央嘉措解送時，乃窮白哈爾吹忠向集會眾人說：“此大師（指倉央嘉措——引者）若非五世（達賴）之轉世，鬼魅當碎吾首！”[16]這說明，西藏上層喇嘛是堅決反對將倉央嘉措解送到北京的。但是，手無寸鐵的喇嘛們無法對抗拉藏汗的軍隊和他背後的龐大的清帝國。於是，喇嘛們採取了早已計劃好的另一個行動：讓倉央嘉措還沒有到清朝境內之前就離開人世。

結果，康熙皇帝撲空了。他不僅沒有拿到倉央嘉措，而且倉央嘉措去世後，拉藏汗未經康熙皇帝的允准，立闢在扎克布裹寺的一位當年的靈童——二十三歲的益西嘉措爲新的六世達賴喇嘛。拉穆吹忠等西藏喇嘛上層暫時委曲求全，支持拉藏汗立益西嘉措爲達賴喇嘛，但同時按計劃秘密尋找倉央嘉措的轉世，並在喀木地方發現了一個靈童——即後來的七世達賴喇嘛格桑嘉措。

但是，最後的贏家還是康熙皇帝。1717年，準噶爾軍攻入西藏，推翻了拉藏汗的和

⑮ 請參考才讓加《甘丹頗章時期西藏的政治制度文化研究》，中央民族大學博士學位論文，2007年，3—41頁。

⑯ 章嘉·若貝多傑著、蒲文成譯《七世達賴喇嘛傳》，5頁。

碩特汗廷。1721年，清軍在驅逐侵佔西藏的準噶爾軍、把真正的達賴喇嘛護送到布達拉宮坐法床爲辭，浩浩蕩蕩地開進拉薩，把七世達賴喇嘛格桑嘉措送入布達拉宮。從此以後，在整個清代，達賴喇嘛祇在清廷承認的情況下纔有資格做達賴喇嘛。

最後，順便説一下，現在内蒙古阿拉善盟南寺的靈塔肯定不是倉央嘉措的靈塔，它應該是西藏達格布寺那位喇嘛的靈塔[17]。該高僧可能借六世達賴喇嘛之名，在阿拉善地方弘揚佛法，他的轉世就成爲歷代達格布呼圖克圖。因爲有人冒名頂替的關係，六世達賴喇嘛倉央嘉措成爲了南寺文化傳統的一部分。

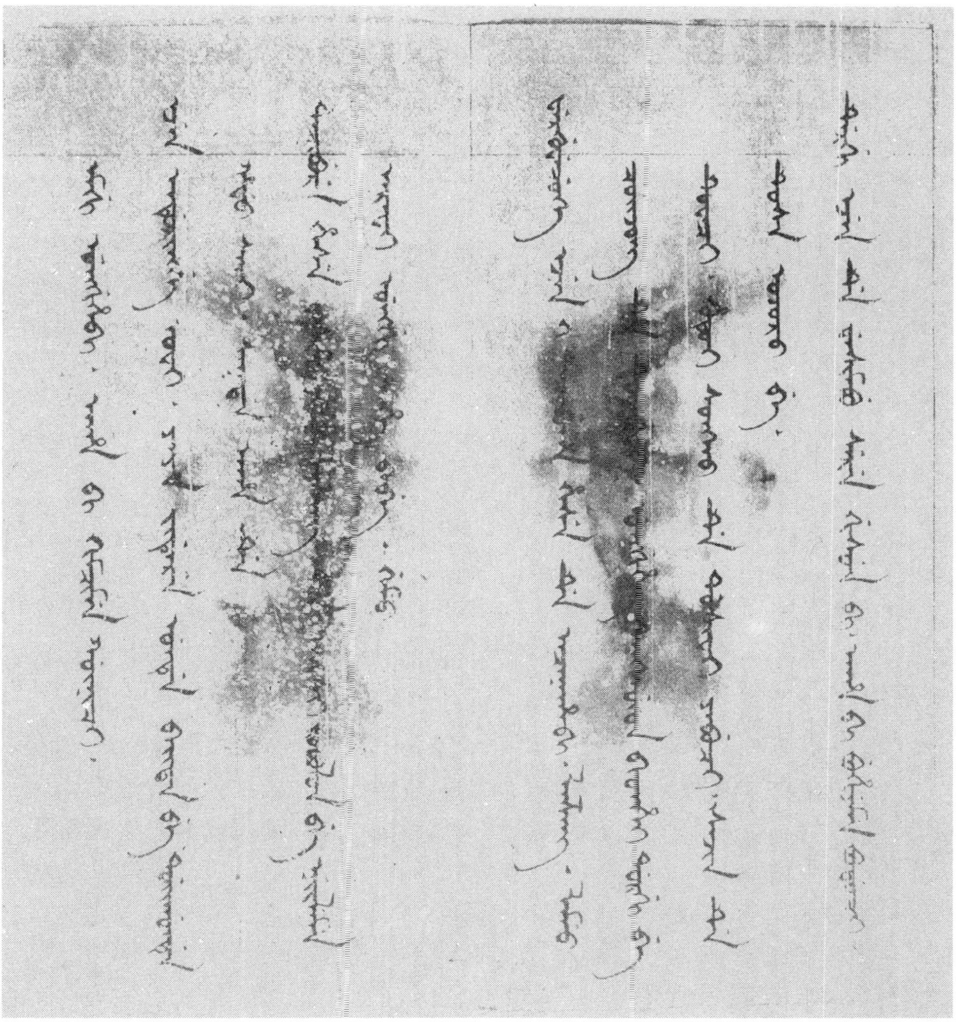

商南多爾濟滿文奏摺（局部）

⑰ 關於所謂六世達賴喇嘛倉央嘉措在阿拉善的"秘密生活"以及達格布呼圖克圖冒名頂替倉央嘉措的原因分析，請見Michael Aris, *Hidden Treasures and Secret Lives, A Study of Pemalingpa (1450-1521) and the Sixth Dalai Lama (1683-1706)*, Routledge, Taylor Francis Group, London and New York, 2010, pp.167-215.

The Truth of the Sixth Dalai Lama Tshangs-dbyangs Rgya-mthso's Death

Borjigidai Oyunbilig

The final destiny of the sixth Dalai Lama, Tshangs-dbyangs Rgya-mthso, is a very controversial historical problem of great importance, not only because of its relation to his death date, but also the legitimacy and authenticity of his inheritors of generations since the seventh Dalai Lama. However, with the textual research on the Manchu Archives in the Forbidden City in Kangxi period, this paper sheds light on the historical truth of the death of the sixth Dalai Lama, which can be mainly illustrated as that he was possibly poisoned by the Tibet's senior political figure in 1706.

清代鄂爾多斯部大扎木素事件考*

達力扎布

對清代鄂爾多斯部大扎木素事件，日本學者森川哲雄在討論鄂爾多斯部歸附清朝史實時依據《清實錄》記載已有所論述①。近年隨着滿、蒙文檔案的不斷刊佈，又發現了一些新史料，故本文試對大扎木素事件發生的經過、原因及性質等作進一步的考證。

一

天聰八年（1634）初，林丹汗率領所屬察哈爾、鄂爾多斯等部西遷青海，病死於途中。五月，鄂爾多斯部濟農額璘臣與薩岡徹辰台吉一行率部屬返回故地。額璘臣是博碩克圖濟農的次子，於1627年承襲濟農號，但是，同年察哈爾兼併鄂爾多斯部，林丹汗削其濟農號。1634年，額璘臣返回故地後重新即濟農位②。天聰八年閏八月，後金天聰汗（清太宗）獲悉察哈爾林丹汗已病死，察哈爾部崩潰，部眾欲東來歸附③，派遣國舅阿什達爾漢等前往探聽林丹汗子額哲的消息，並傳諭："令鄂爾多斯濟農收其部眾，博碩克圖汗子集土默特部人，各駐於移營處，俾我遣往圖白忒部落使人，得取道於彼。來歸之察哈爾，勿令其途中遲延，其悉以此言諭知之。"④

所謂"各駐於移營處"一句在滿文檔案中是："meni meni nutuγ de te se"⑤，即"在各自的牧地居住"，意爲在各自的故地住牧。清使阿什達爾漢本人似乎未能渡過黃河到達鄂爾多斯部⑥，不過，從天聰九年後金軍出征林丹汗子額哲時沒有將這兩部作爲征剿或收集的目標，自由出入其境，兩部又不躲避，可以推知兩部已知曉此諭，並且已經受後金的約束。

額璘臣濟農及薩岡徹辰台吉在率屬民返回故地時，攜回了一部分察哈爾部眾⑦。不

---

① 森川哲雄《オルドヌ部の清朝歸屬をめぐって》，載《歷史學・地理學年報》第14號，1990年，九州大學教養部印。此文由葉爾達先生從日本查找寄給作者，在此謹表謝意。

② 烏蘭《〈蒙古源流〉研究》，瀋陽：遼寧民族出版社，2000年，466、467、471、472頁。

③ 《清太宗實錄》卷二〇，天聰八年閏八月庚寅條，壬辰條，北京：中華書局影印本，1985年，263頁。

④ 同③，天聰八年閏八月壬辰條，263頁。

⑤ 東洋文庫，東北アジア研究班編《內國史院檔天聰八年索引・圖版》，東京：東洋文庫，2009年，641頁，圖版139A。同書《本文》269頁中將nutuγ轉寫爲"otoq"，應爲蒙古文nutuγ。

⑥ 《清太宗實錄》卷二〇，天聰八年九月壬午條，270頁。

⑦ 見烏蘭《〈蒙古源流〉研究》，471頁，蒙古文見719頁。

久，林丹汗子額哲率領部分察哈爾部衆也來到黃河河套內。天聰九年四月，後金派遣多爾袞等四貝勒率軍來到鄂爾多斯境內黃河河套，迫降察哈爾林丹汗子額哲。《清太宗實錄》天聰九年五月丙子條記載："當我軍未至時，有鄂爾多斯部落濟農來招額哲，令遵其約束，與之盟誓，詰旦已行。前軍阿什達爾漢等聞而追及之。濟農見臣等，臣等察其有異志，遂羈留之。因謂濟農曰，凡察哈爾有遺物在爾國者，當悉數送來，不然我兵即前進矣。又謂察哈爾諸臣曰，鄂爾多斯處凡有爾國遺物，可具數報來，衆以數開報。於是遣人齎往鄂爾多斯部落，隨以察哈爾額爾克楚虎爾妻及其部下人達雲綽爾濟、宜特格爾圖、額爾克多克辛、托諾達爾漢塔布囊、托克脫和都喇爾寨桑、勞罕俄爾洛克諾顏、布兑塞臣、額爾克俄爾洛克、僧格寨桑、古魯古英、瑣諾木（蝦）諾顏、塞臣卓禮克圖、門都赫塔蘇爾海、僧格塔蘇爾海、朱喇圖巴圖爾（蝦）、布林噶圖宜特格爾圖、吳哈納特白裏戶、額墨格墨爾根（蝦）、巴圖都喇爾、沙裏額爾克古英等官，並其部民千餘戶及一切諸物，俱已送至。"⑧

其中門都赫塔蘇爾海和朱喇圖巴圖爾（蝦）二人即《蒙古源流》所記與薩岡扯臣·皇台吉一同來到鄂爾多斯的察哈爾的門都該·打兒漢·恰（mendügei darqan kiy-a）和朱剌圖·巴圖爾·恰（julatu baγatur kiy-a）⑨。

《欽定蒙古回部王公表傳》（以下簡稱《表傳》）亦記載："天聰九年，大軍收林丹汗子額哲於黃河西托裏圖地，未至，額璘臣私要額哲盟，分取其衆以行，我軍追及之，索所獲，額璘臣懼，獻察哈爾戶千餘，自是所部內附，頒授條約。"⑩

額璘臣濟農交出其收留的所有察哈爾部衆之後，多爾袞等貝勒認可其對部屬的管轄權，承認了其濟農號。順治六年（1649）清廷頒給額璘臣的封爵文書記載：

eričin či ijaγur ordos ulus-un jinong bülüge: čaqar-un qaγan čimai dayilaju abuγad, činü jinong čola-yi ebdelüge: čaqar-un qaγan tangγud ulus-un jüg dutaγaju odqui-dur, či činaγsi daγaju ülü oton salju ordos-un nutuγ-taγan saγuluγ-a: törö-yi bariγsan qaγan-u ečige wang: čaqar-un ulus-i daγusun abuγsan ayan-dur: čimai oloγad, jinong čola ögčü, aq-a degü ülegsen ulus-iyan quriy-a gejü saγulγaju bülüge: qoyin-a či aq-a degü ulus-iyan quriyaju oroba gemen sayisiyaju, törö-yin jiyün wang bolγaba:⑪

漢譯文爲：

"額璘臣，爾原爲鄂爾多斯濟農，察哈爾汗征服爾部，撤銷了爾濟農稱號。察哈爾

⑧ 《清太宗實錄》卷二三，天聰九年五月丙子條，"（蝦）"字見於康熙本，參見齊木德道爾吉、巴根那編《清朝太祖太宗世祖實錄蒙古史史料鈔——乾隆康熙本比較》，呼和浩特：內蒙古大學出版社，2001年，329頁。

⑨ 烏蘭《〈蒙古源流〉研究》，471頁。又見神田信夫、松村潤、岡田英弘譯注《舊滿洲檔》天聰九年五月二十七日，天聰九年1，東京：東洋文庫，1972年，155頁。

⑩ 《欽定蒙古回部王公表傳》卷43《鄂爾多斯部總傳》，見包文漢、奇·朝克圖整理《蒙古回部王公表傳》第一輯，呼和浩特：內蒙古大學出版社，1998年，318頁。

⑪ 順治六年九月初八日《順治帝以鄂爾多斯部額林臣濟農歸附有功封多羅郡王之誥命》，齊木德道爾吉、吳元豐、薩·那日松主編《清內秘書院蒙古文檔案匯編》第3輯，呼和浩特：內蒙古人民出版社，2003年，82、83頁。

汗逃往唐古特國時，爾未繼續跟隨，離開〈察哈爾〉回到了鄂爾多斯故地。皇叔父攝政王滅察哈爾之役，獲爾，給予濟農號，令收集爾兄弟和余衆駐牧。後以嘉奬爾收集兄弟及部衆來歸附，封以多羅郡王。”

多爾袞等在出征額哲班師的奏報中稱，後金軍返回途中駐兵歸化城，發現土默特首領私自允許喀爾喀等部落與明朝通貢貿易，故殺其管事大臣毛罕，將土默特博碩克圖汗子俄木布帶回瀋陽。“分土默特壯丁三千三百七十名爲十隊，每隊以官二員主之，授以條約。又授鄂爾多斯部落條約。”[⑫]多爾袞等在鄂爾多斯雖然沒有編隊設官，但是頒佈了條約。所謂“條約”即約束兩部的規定。

後金軍班師之後，鄂爾多斯和土默特兩部立即遣使後金，表示歸附，清廷賞賜了其使臣。《清太宗實錄》天聰九年十一月辛酉條記載：“賜土默特部落托博克達賴、古祿格、塞冷、喀爾劄海、額參巴圖魯（蝦）、多爾濟塔布囊，鄂爾多斯部落濟農母之使臣綽爾濟喇嘛、濟農之使臣卓禮克圖（蝦）、古魯台吉之使臣囊素喇嘛及其從人，雕鞍馬、撒袋、貂鑲朝衣、靴、帽、弓、刀、白金有差。”[⑬]

天聰九年（1635），鄂爾多斯部正式歸附後金（清朝），從此每年遣使朝貢[⑭]。不過，崇德元年，漠南蒙古十六部四十九台吉推舉皇太極爲博格達汗（寬溫仁聖汗）時，不包括鄂爾多斯部首領。崇德年間建立外藩扎薩克旗時，也沒在鄂爾多斯編佐領和設旗。此後清朝也沒有徵調鄂爾多斯部和歸化城土默特部兵參加對明朝的戰爭。崇德三年二月，清太宗親率大軍前往歸化城，阻止漠北喀爾喀與明朝直接貿易[⑮]。之後，於六月在歸化城土默特正式設立了左、右翼兩旗，而在偏遠的鄂爾多斯仍沒有編設旗佐。

清廷對鄂爾多斯、歸化城土默特部的寬鬆管理有其戰略目的。天聰八年，後金天聰汗傳令鄂爾多斯濟農和土默特博碩克圖汗子收集部衆返回故地居住，以便將來後金使者赴吐蕃地區時取道於彼處。除此之外，清廷不將兩部東遷，可以給明朝這兩部不隸屬於清朝的假象，以便於清朝在大同、宣府一帶以歸化城土默特和喀喇沁部的名義與明朝進行間接貿易[⑯]，同時還可以利用兩部控制明朝宣府至甘肅邊外迤北地區，避免漠北喀爾喀和厄魯特等部落乘清朝與明朝征戰無遐西顧之際插足此地。

二

清廷爲實現其戰略意圖，在鄂爾多斯部歸附之後很長時間內使其保持原狀，額璘臣

---

⑫ 《清太宗實錄》卷二四，天聰九年八月庚辰條，318頁。

⑬ 《清太宗實錄》卷二六，天聰九年十一月辛酉條，333頁。亦見前引《舊滿洲檔》天聰九年十一月十五日，天聰九年2，335—336頁，記載更具體。

⑭ 詳見森川哲雄《オルドヌ部の清朝歸屬をめぐって》。

⑮ 拙文《17世紀上半葉喀爾喀與明朝的短暫貿易》，《清史研究》2011年第2期，80—89頁。

⑯ 拙文《清初對蒙古右翼三萬戶的政策及其背景》，《明清蒙古史論稿》，北京：民族出版社，2003年，247—259頁。

濟農仍爲該部的宗主。清軍入關之初亦無暇顧及鄂爾多斯部。順治六年（1649）發生的大扎木素事件，促成清廷在鄂爾多斯設立扎薩克旗，將其納入了外藩盟旗體制。對大扎木素事件清代史籍記載非常簡略，現代蒙古史论著，包括鄂尔多斯地方史著中都很少提及此事⑰。《表傳》記曰："（順治）六年，台吉大扎木素及多爾濟叛，劫我使圖嚕錫。敕曰：聞爾等背叛，即欲加兵，但念受朕恩有年，且生靈堪惜，故不忍遽用干戈，爾能悔過來朝，即宥罪恩養，倘恃險不即歸順，當發兵窮爾蹤跡，必不容爾偷生。時額璘臣偕同族固嚕岱青、善丹、小扎木素、沙克扎、額璘沁、色棱等攜屬自額濟內、阿喇克鄂拉徒牧博羅陀海。上嘉其不助逆，詔封郡王、貝勒、貝子、鎮國公有差，各授扎薩克，凡六旗。七年，大扎木素降，詔宥其罪，諭多爾濟降，不從。九年，遣兵擒斬多爾濟於阿拉善。"⑱

大扎木素和多爾濟都是鄂爾多斯部台吉⑲，而此二人和大扎木素事件都不見於《蒙古源流》等清代蒙古文史籍記載。清廷在給小扎木素的敕書中強調"扎薩克扎木素叛走時，爾離其兄弟駐牧，故特賜鎮國公。"⑳由此可知當時大扎木素是扎薩克（執政台吉），與小扎木素（袞弼哩克墨爾根濟農第三子衛達爾瑪諾顔的後裔）是同一家族之人。

《表傳》沒有明確記載大扎木素事件發生的具體時間。《清世祖實錄》順治六年三月記載，"寧夏巡撫李鑒奏報，叛夷扎穆蘇奔據賀蘭山，控求通市。不允，仍令設計捕殛。"㉑此時扎穆蘇（大扎木素）已經叛逃，遣人來寧夏请求通市，可能是來試探清廷的態度。針對扎木素及鄂爾多斯諸台吉的叛逃，清廷沒有立即征剿，採取了招撫策略。順治六年五月，清世祖諭大扎木素爲首諸人曰：

Qaγan-u jarliγ: jamsu terigülen bügüde-dür baγulγaba: činü urbaγsan-i sonosoγad: darui—dur čirig ilegesüge gemebesü: minü kesig-tü egüride kürtegsen kömün boloγad: basa olon-i qayiralaju čerig ese ilegebe: edüge či buruγuban medejü: ijaγur-un nutuγ daγan ireged mörkör-e irebesü: yala-yi tan-u oγorču ijaγur-un yosoγar qayiralan tejigesü: buruγuban ülü meden γajar-un berke-dür itegejü: čaqar-tur adali sedkiged: ese oroju irebesü, ebül čirig ilegejü času-bar mör-tü tan-u oroju, saγar ügei abqu bisiü: čimai γaγči oγorčiγ bayilaγaqu yoson buyu: čimeče deleki deki jüg bürin ulus-un kömün bügüd minü qayir-a kesig-i sedkijü mörgör-e irekü-yi či ese medegsen buyu: bi qayiralaqu jarliγ baγulγaγad: jiči čimadur maγu sanaqu

⑰　在郝維民、齊木德道爾吉主編的《內蒙古通史綱要》（北京：人民出版社，2006年，365頁）中有所論述，但有多處錯誤，如稱清朝貝勒阿濟格之使臣射殺鄂爾多斯人，稱同大扎木素一起叛逃的多爾濟爲另一起叛逃事件，並稱多爾濟在清軍征剿下回歸原牧等都與史實不符。

⑱　包文漢、奇·朝克圖整理《蒙古回部王公表傳》第一輯，318、319頁。

⑲　大扎木素，本名扎木素，因同部有兩個扎木素台吉，故相對於年紀輕的小扎木素稱其爲大扎木素。扎木素亦漢譯爲扎穆素、扎木蘇。

⑳　順治六年九月初八日《順治帝以鄂爾多斯部巴噶扎木素歸附有功封爲鎮國公之敕命》，《清內秘書院蒙古文檔案匯編》第3輯，84頁。

㉑　《清世祖實錄》卷四三，順治六年三月甲戌條，345頁。

yoson buyu: eyimü-yin tula tuslaju jarlir bayulyaba:[22]

《清世祖實錄》漢譯此諭文正文如下：

"聞爾等背叛，即欲加兵，但念爾受朕恩有年，兼以生靈堪惜，故不忍遽用干戈，爾能悔過，復還故土，相率來朝，即宥爾等罪，恩養如常。倘不速改前非，倚恃地方險要，與察哈爾同惡，不即歸順，入冬以後當發大兵，窮爾蹤跡，務期必獲，豈容爾等背叛之人偷活耶。況今天下，中外咸仰朕恩，傾心向化，爾所稔知。朕即降恩綸，必不復念舊惡，特諭。"[23]

第二年，順治七年七月十五日，大扎木素給清廷回信請求寬恕，曰：

degedü boγda qaγan-i qayira kesig qoyar-i ese daγaji buruγu yabuγsan mani tere bile: čerig-yin aγta ulaγan unuγsan-ača ulam keregür(keregül) bolji jarγuči numu sumu-bar qarbuγsan-du ulaγači kömün alaγsan-du tegün-eče ayuju otoγ-iyen jayilaju yabuγsan meni tere bile: ejen-eče jayilaju ülü bolqu-yin tula nutuγ daγan irebe. Jamsu-yin ergügsen bičig: ey-e-ber jasaγči doloduγar on namur-un terigün sara-yin arban tabun-a:[24]

漢譯文爲：

"我們未能承受聖上之愛撫與恩賜，做錯之事是這樣，扎爾忽齊在驛站因乘用軍馬與驛夫毆鬥，並拔箭射之，被驛夫殺死。我們因懼怕而率鄂托克逃避了，因爲不能離棄主人，又返回了故地。扎木素奉上。順治七年七月十五日。"

扎爾忽齊即理藩院官員，此指理藩院副理事官圖嚕錫。圖嚕錫強行索用備戰馬匹，並箭射拒給備戰馬匹的驛夫，被驛夫殺死。同日清世祖諭大扎木素："皇帝敕諭鄂爾多斯扎木蘇：爾所奏之文均覽，惟對自知錯謬而奏請前來之人豈有抱以惡意之理？返回爾等原處，毋疑。欽此。"[25]

清世祖表示寬恕其罪，令其返回故地。前引《表傳》記載："時額璘臣偕同族固嚕岱青、善丹、小扎木素、沙克扎、額璘沁、色棱等攜屬自額濟內、阿喇克鄂拉徒牧博羅陀海。"

額濟內，即額濟納；阿喇克鄂拉，是用蒙古語稱賀蘭山，指阿拉善地方[26]。扎木素事件影響到了整個鄂爾多斯部。顯然在事變之後，鄂爾多斯濟農和台吉們懼怕清軍征剿時受到連累，紛紛率屬避難，離開黃河河套地區，西遷到了甘肅邊外的額濟納、賀蘭山

㉒ 順治六年五月十四日《順治帝奉勸叛逃之鄂爾多斯部扎穆蘇等悔過還故土之敕諭》，《清初內秘書院蒙古文檔案匯編》第3輯，62頁。

㉓ 《清世祖實錄》卷四四，順治六年五月丙戌，354頁。

㉔ 《鄂爾多斯部扎木蘇悔過投誠書》，《清初內秘書院蒙古文檔案匯編》第3輯，129頁。

㉕ 中國第一歷史檔案館編《清初內國史院滿文檔案譯編》下冊，北京：光明日報出版社，1989年，95頁；蒙古文《順治帝赦免扎木蘇之敕命》，见《清初內秘書院蒙古文檔案匯編》第3輯，129、130頁。

㉖ 此山不是甘州邊外的龍首山，龍首山距甘州城三十里，距山丹城三里，躲避清軍不可能至此。參見《清聖祖實錄》卷一〇四，康熙二十一年八月乙酉條，50頁。明清時期漢譯阿拉善（alašan）爲賀蘭山，或稱賀蘭山後，指今阿拉善左、右兩旗一帶。參見拙文《有關阿拉善旗旗名來歷》，《中國邊疆民族研究》第五輯，北京：中央民族大學出版社，2011年，116—122頁。

一帶，即西套地區。順治六年五月，清世祖遣使招撫大扎木素，寬宥其罪之後，各部紛紛返回。九月，額璘臣濟農等已率部返回了博羅陀海。《清世祖實錄》順治六年九月記載："鄂爾多斯部落額林臣、布達岱、顧祿、阿濟格扎穆蘇皆舉國來降，封額林臣爲多羅郡王，布達岱子伊廪臣、顧祿子色冷俱爲固山貝子，阿濟格扎穆蘇爲鎮國公。"㉗

阿濟格扎穆蘇即小扎穆蘇。額林臣即額璘臣濟農。順治七年正月又"封鄂爾多斯部落單達爲貝勒，沙克查爲貝子，以其舉國投誠也。"㉘以上濟農和台吉們未叛附大扎木素，皆率部迅速返回了故地，清廷以其"不附所部扎木素等叛"而封爵，授以扎薩克㉙。

大扎木素遲至順治七年七月纔返回故地。《清世祖實錄》順治七年十一月癸酉條記載："先是鄂爾多斯部落扎穆蘇殺使臣，執信符，率其兄弟部落叛，至是因不能謀生，復來歸順。下諸王議政大臣議，以扎穆蘇來歸，議免死，盡收其部落，令住內地。理藩院議扎穆蘇應棄市，奪其屬部。兩議上，得上旨，扎穆蘇既已來歸，著免死，同來之人仍令管屬，其先與們都爾來歸一百九十三戶，俱入官。"㉚

大扎木素歸附後，得到從寬處置，僅罰沒一部屬民。而多爾濟台吉仍不歸附。順治八年二月，清世祖諭多爾濟等曰："爾等棄生長之鄉而他適，豈意有所苦而然歟。茲特降恩綸，諭旨到日可即來歸故土，朕仍恩養如舊，斯言一出，斷不爾欺。若再心懷疑畏，仍執迷不從，爾等豈能別爲一國耶。朕亦不任爾安居也。逮事迫始悔，夫復何益。且爾之同儕扎穆蘇等返故土後，復業無恙，爾所知也。特諭。"㉛

三月，多爾濟回信稱：

qaγan-u bičig-i: dorji abuba. eyimü yeke qayiratu sedkil-dü bideni bayasqulang bolba: otoγ meni irγai-yin γajar alasan(alašan)-tu(du) saγuba: irγai γajar čaγan deresün-eče naγayisi bi qadaγalba: qudalduban abuy-a: γurban sara-yin qorin γurban-a yabulba:㉜

漢譯文爲：

"汗之來信，多爾濟收悉。如此慈愛之心令我們興奮。我的鄂托克在寧夏之地阿拉善駐牧，以寧夏之地察罕德爾蘇之外爲界，請允准互市。三月二十三日發出［此信］。"

irγai 即寧夏㉝。多爾濟來信中稱其住牧於阿拉善，以察罕德爾蘇爲界，求互市，顯然無意返回故地和歸附清朝。順治八年九月，清廷命固山額真噶達渾率官兵往征多爾

㉗ 《清世祖實錄》卷四六，順治六年九月甲子條，366頁；敕書見《清內秘書院蒙古文檔案匯編》第3輯，82—85頁。

㉘ 《清世祖實錄》卷四七，順治七年正月癸酉條，377頁。

㉙ 《欽定蒙古回部王公表傳》卷四三的額璘臣、善丹、小扎木素、沙克扎、額琳沁、色棱等列傳，見包文漢、奇·朝克圖整理《蒙古回部王公表傳》第一輯，320—331頁。

㉚ 《清世祖實錄》卷五一，順治七年十一月癸酉條，404頁。

㉛ 《清世祖實錄》卷五三，順治八年二月丙戌條，418頁。順治八年二月初八日《順治帝勸鄂爾多斯部多爾濟等返原牧地之敕諭》，《清內秘書院蒙古文檔案匯編》第3輯，205頁。

㉜ 《清初內秘書院蒙古文檔案匯編》第3輯，259頁。

㉝ 參見陳寅恪《靈州寧夏榆林三城譯名考——蒙古源流研究之二》，《中央研究院歷史語言研究集刊》第一本第二分冊，1930年，125—129頁。

濟[34]。順治九年（1652）二月，"固山額真噶達渾奏報，官兵征勦叛藩鄂爾多斯蒙古多爾濟等於賀蘭山等處，盡殲之。俘獲甚眾，報聞。"[35]《欽定八旗通志·喀喀木傳》記載："初，鄂爾多斯部扎穆素、多爾濟屯牧神木邊外，害我使臣叛逃；既而扎穆素悔罪來歸，多爾濟竄匿賀蘭山，屢犯邊界，肆劫掠。八年九月，喀喀木奉命同都統噶達渾等率兵討之。九年正月，自寧夏出水驛口，至賀蘭山後，分兵搜勦，斬多爾濟及其弟二人，並部眾悉殲之，俘幼弱及婦女以歸，獲馬駝各數百、牛千余、羊萬餘。"[36]《國朝耆獻類徵初編·褚庫傳》記載："九年，從都統噶達渾征鄂爾多斯，率本旗兵攻多爾吉營，步戰破之，斬殺甚眾；圍沙克巴營，降之。"[37]

順治九年正月，清軍從寧夏中衛一帶出邊，直插賀蘭山後，其出征地點應在今內蒙古阿拉善左旗境內。清軍選冰雪季節出征，可以在雪地追蹤多爾濟部人畜，使其無法逃脫。二月，多爾濟部被清軍殲滅，大扎木素事件最終平息。

三

大扎木素爲什麼要叛亂呢？《清世祖實錄》和《表傳》等清代史籍中都沒有指出具體原因。《清世祖實錄》順治六年五月記載："贈理藩院副理事官圖魯西拖沙喇哈番，以其子東菽承襲，以頒詔外藩，遇鄂爾多斯部落扎穆蘇作亂，被害故也。"[38]

順治七年十一月又記："先是鄂爾多斯部落扎穆蘇殺使臣，執信符，率其兄弟部落叛。"[39]

圖魯西即圖嚕錫。大扎木素爲何要殺害清朝使臣呢？前引大扎木素信中說是因爲清使圖嚕錫強行乘用軍馬，與驛夫發生毆鬥，並拔箭射驛夫，被驛夫殺死。與《實錄》所記圖嚕錫去外藩頒詔被害基本相符。大扎木素信中說，清朝使臣圖嚕錫被害之後，大扎木素等人因懼怕而率部逃走，並非有意叛亂。

圖嚕錫因何事出使鄂爾多斯呢？順治年間正是清朝與漠北喀爾喀關係緊張時期。順治三年，蘇尼特郡王騰機思率部叛逃喀爾喀，清廷派兵追擊，清軍與來阻攔的喀爾喀左翼土謝圖汗和車臣汗兵交戰。約順治四年，喀爾喀兩個楚虎爾台吉搶掠巴林部進行報復。順治五年，蘇尼特部返回清朝[40]。八月，傳聞二楚虎爾行獵至清朝近邊。攝政王派遣和碩英親王阿濟格等率兵駐防大同。原明朝降將大同總兵姜瓖誤以爲清軍來征大同，

---

[34] 《清世祖實錄》卷六〇，順治八年九月丙戌條，476頁。

[35] 《清世祖實錄》卷六三，順治九年二月丁未條，490頁。

[36] 李洵、趙德貴、周毓方、薛虹點校《欽定八旗通志》卷一三七《喀喀木傳》，第四冊，2285頁。

[37] （清）李桓《國朝耆獻類徵初編》卷二七〇《將帥十·褚庫傳》，第38函，據清光緒十八年湘陰李氏刻本復製本。

[38] 《清世祖實錄》卷四四，順治六年六月丙午條，356頁。

[39] 《清世祖實錄》卷五〇，順治七年十一月癸酉條，404頁。

[40] 《清世祖實錄》卷四〇，順治五年八月辛酉條，321頁。

閉門叛變，隨後附近十一城皆叛[41]。清朝立即調兵平定大同之亂。順治六年二月，攝政王領兵征剿大同，聞喀爾喀來歸者言，車臣汗兵馬距邊十日程，“王因止大同之行，議定出張家口，趨喀爾喀。遣人調外藩蒙古兵”[42]。中途王又下令停止出征，“轉趨大同，遣人止外藩蒙古兵”[43]。寧夏巡撫李鑒奏報扎穆蘇奔據賀蘭山是在順治六年三月，因此，圖嚕錫很可能是於二月份前往鄂爾多斯部頒詔調兵的。清代例由理藩院派遣官員調遣外藩蒙古兵馬。

崇德元年，清朝規定外藩接待欽派大臣禮儀如下：

> 聖汗遣部院首輔大臣前往外藩（蒙古）諸和碩親王、多羅郡王、多羅貝勒處，或會盟，或處理重大事務，或審理刑案，則王邊境國人，問明來臣銜名及事由，先馳報其王，王聞畢，即至五裏之外迎接。若有諭書，王率衆皆下馬，排班立於右側，俟諭書經過後，上馬自後趕至，使諭書在前，伴行到家之後，即設案拈香，賫書大臣陳書於案上後，在左側右向立。王行一跪三叩頭禮，跪候。賫書大臣將書自案上取下，授與宣讀之人。宣讀之人立讀畢，呈與王。王雙手接受，授與屬員，行一跪三叩頭禮。禮畢，先將諭書收藏。王與使臣相互行一跪一叩頭禮畢，虛中位，使臣在左側，王在右側對坐。若無諭書，則王即於馬上相見，各在一側並行，至家下馬，互行一跪一叩頭禮。禮畢，王在右側，使臣在左側對坐。宣諭時，王跪聽。
>
> 若以送聖汗恩賞，辦理別項事件遣大臣或侍衛等往，邊境國人亦以使臣銜名及事由，先報王知之，王出營迎接。進家後，呈賞物時，跪受。若系衣物，則即服之，向汗［所在方向］行二跪六叩頭禮。若系平常財物吃食，亦跪受，仍行二跪六叩頭禮。禮畢，仍虛中位，王坐於左，使臣坐於右。送行使臣時，送至迎接之處。外藩諸王、貝勒、貝子等遣人朝賀進獻，聖汗若有所恩賜其主，令來人賫至家後，王亦自家出迎領受，向汗[所在方向]行二跪六叩頭禮。內外和碩親王、多羅郡王、多羅貝勒、固山貝子等互相遣使往來，仍遵舊制[44]。

崇德八年，理藩院編撰《蒙古律書》（其修訂本即《蒙古律例》）頒發給各旗蒙古王公處理日常事務，接待欽差禮儀條例亦在其中，見於康熙六年修訂本。崇德三年，理藩院初設，有承政一員、參政兩員，副理事官八員，啟心郎一員。不設理事官一職。至順治六年時，承政改爲尚書，參政改爲侍郎，副理事官仍是八員[45]。因此，圖嚕錫是理藩院的重要官吏之一。圖嚕錫來鄂爾多斯徵調軍馬，按清朝規定，邊境之民應問明使臣的職銜和事由，先報知其首領，其首領出邊界迎接使臣。若按此規定辦理，很難想象會

㊶　《清世祖實錄》卷四一，順治五年十一月癸未條、十二月戊戌條、丙午條，分見於331、332頁。

㊷　《清世祖實錄》卷四二，順治六年二月己酉條，341頁。

㊸　《清世祖實錄》卷四二，順治六年二月壬子條，342頁。

㊹　《滿文原檔》第十冊，馮明珠主編，臺灣故宮博物院影印，2006年，514—517頁；漢譯《滿文老檔》崇德元年十月十六日，下冊，1628、1629頁，本譯文參照了漢、日譯文，有所改動。

㊺　趙雲田《清代治理邊陲的樞紐——理藩院》，烏魯木齊：新疆人民出版社，1995年，11頁。

發生欽差與驛夫爭執被殺之事。不過，鄂爾多斯部雖已附屬清朝，沒有編設旗佐直接管理，欽差前來之事可能較少，對清朝蒙古法規不熟悉。此外，前文已述，清廷在崇德年間沒有徵調鄂爾多斯兵直接參加征明戰爭，也從未徵用兵馬。清軍入關之後，英親王阿濟格曾擅自從鄂爾多斯徵兵，索取駝馬。前引《表傳》記載鄂爾多斯部“順治元年，選兵隨英親王阿濟格赴陝西剿流賊李自成。二年，師旋，得優賚。”㊻順治二年二月，清世祖諭定國大將軍和碩豫親王多鐸曰：“……至於英親王等奉命征討，乃爲己事越境，至土默特、鄂爾多斯地方，枉道索取駝馬，復轉入邊，以致逗遛，其罪非小，特諭汝等知之。現今流寇余氛責令英親王等追剿。”又“諭靖遠大將軍和碩英親王阿濟格曰爾等自京起行在先，定國大將軍和碩豫親王等起行在後，今豫親王等已至潼關，攻破流寇，克取西安。爾等之兵未知尚在何處，此皆由爾等枉道越境過土默特、鄂爾多斯地方，妄行需索，轉而入邊，以致逗遛故也”㊼。

《清世祖實錄》順治二年八月丁未條記載：“先是和碩英親王阿濟格出征時，脅令巡撫李鑒釋免逮問赤城道朱壽鍫，又擅至鄂爾多斯、土默特地方取馬。至是，法司議罪阿濟格應削王爵，奪所屬僕眾，量給人役，以供使令。”㊽

攝政王多爾袞的親兄英親王阿濟格在奉命往陝西出征李自成途中，擅自迂道至鄂爾多斯、土默特地方索取馬匹。可以想見英親王阿濟格到鄂爾多斯索取兵馬時盛氣淩人、頤指氣使的情形。此事件可能使鄂爾多斯部台吉們很不適應和不滿，對清廷徵調軍馬產生了抵觸情緒。按清朝規定，備戰馬匹平時不得乘騎，故清朝使臣圖嚕錫來鄂爾多斯要求乘用備征軍馬時被驛夫拒絕。而圖嚕錫此時是爲緊急調兵事前來，軍務在身，見驛夫不從，情急之下拔箭射之。大扎木素既然知道不得擅乘軍馬的規定，也應當知道接待欽差的規定。大扎木素沒有親往迎接或給予乘驛的便利，其驛夫竟然與天朝使臣爭執，殺死使臣。反映出鄂爾多斯台吉們对使臣的怠慢，同時可見清朝使臣圖嚕錫的跋扈。順治三年，蘇尼特郡王騰機思與攝政王多爾袞不睦，率部叛逃漠北喀爾喀。順治五年，在清朝強大政治、軍事和經濟壓力下，喀爾喀不敢繼續收留，騰機思兄弟在清朝使臣的勸說下率部眾返回。大扎木素的逃走沒有投奔他部，也沒有明顯的政治原因，因此，大扎木素給清世祖信中所述事情的原委近於實情，衹是因爲屬下人殺死清朝使臣，驚恐之下倉皇出逃。圖嚕錫出使必有隨從人員，大扎木素捏造事實的可能性很小。

綜上所述，鄂爾多斯部在林丹汗死後的混亂中返回故土，曾試圖佔有部分察哈爾人眾。天聰九年鄂爾多斯部正式歸附清朝。清朝在很長時間對其採取了較鬆散的管理方式，直至大扎木素事件發生。此事曾使整個鄂爾多斯部陷於驚恐之中，額璘臣濟農及諸台吉各率部眾逃出黃河河套，來到套西的阿拉善、額濟納地方躲避。清廷遣人招撫後，額璘臣濟農和諸台吉纔率領部眾歸附，返回故地。大扎木素歸附之後，得到了清廷的從寬處置。多爾濟拒不歸附，受到清軍征剿，部眾全部被殲滅。清廷嘉獎未叛附大扎木素

㊻ 同注⑩，318頁。

㊼ 《清世祖實錄》卷14，順治二年二月辛酉條，126頁。

㊽ 同㊼，卷20，順治二年八月丁未條，178頁。

的鄂爾多斯部濟農和台吉們，封以爵位，授以扎薩克，分設六旗，把鄂爾多斯部正式納入了外藩蒙古盟旗制度體系。大扎木素事件是一次偶發事件，並非有預謀的叛亂或抗清活动。

The Investigation on the Event of Ordos's Da jamsu in the Qing Dynasty

Darijab

Until the happening of the event of Ordos' Da jamsu, the Qing government had kept a loose administrative relation with the Ordos tribe in a relatively long period after Ordos tribe formerly submitted to Qing in 1635. Da jamsu tayiji led subordinate people to flee from his native land when his posthouse official killed Gurusi, the envoy of Qing in 1649. The event put all tayiji of ordos including jinong Erincin into panic, who led their subordinate people to flee to the Alashan and Ejina areas. As soon as the Emperor of Qing sent an envoy to announce an amnesty, many of them came back Ordos area in the same year. Da jamsu came back to his native land in 1650. Dorji tayiji was exterminated by troops of Qing for he refused to accept amnesty and came back to his home town in 1652. Qing government granted title to six tayiji, set up six jasagh banners in Ordos and brought the Ordos tribe into the ayimagh banner system of Qing. The event of Da jamsu was not a premeditated rebellion or an anti-Qing movement, but an accidental event.

Guides to Holy Places as Sources for the Study of the Culture of the Book in the Tibetan Cultural Sphere: The Example of Kaḥ Thog Si Tu Chos Kyi Rgya Mtsho's *Gnas Yig*

Orna Almogi①

1. Introductory Remarks

The culture of the book—including manuscripts and xylographs—is a highly developed one within the Tibetan cultural sphere, not only in terms of quantity and the diversity of literary content but also in terms of organisation and transmission strategies and techniques. The copying of texts in general, and of the Buddhist canon in particular, was regarded as highly meritorious, and thus often sponsored by religious and political leaders, the historical sources abounding in reports of such undertakings. Moreover, we are all aware of the fact that the Tibetan canonical editions at our disposal nowadays—including both the *bKa' 'gyur* and *bsTan 'gyur*, but also paracanonical collections such as the *rNying ma rgyud 'bum*—represent only a small fraction of the canonical sets produced within the Tibetan cultural sphere. But exactly how many such sets were produced in the course of time and how many existed, say, up until the mid 20th century, is all but unknown. Nonetheless, the information found in diverse historical and biographical sources that relates to the production of manuscripts and xylographs (particularly of extensive collections) offers some idea of the scale of these activities and the number of books that existed within the Tibetan cultural sphere at different points in time.

Some of the most valuable sources that survey religious artefacts are ones no doubt that fall under the literary genre 'guides to holy places' (*gnas yig*), for they often record the contents

① I would like to thank Prof. Dorji Wangchuk of the University of Hamburg for his help in decoding several ambiguous passages, and for Philip Pierce of the Nepal Research Centre, Kathmandu for proofreading my English.

of monasteries, temples, *bla ma*-s' residences, palaces, or fortresses. During my research on various editions of the *rNying ma rgyud 'bum* collection I have scanned through several such guides, including:②

(1) The guide to the holy places of central Tibet by the Ris med master mKhyen brtse'i dbang po (1820-1892, P258) (the *dBus gtsang gi gnas rten rags rim gyi mtshan byang mdor bsdus dad pa'i sa bon*, W1PD90704, listed in the outline of vol. 6), which was composed in 1892 and became known in the West through Alfonsa Ferrari's translation, published in 1958. (= *KhTs*)

(2) The guide to the holy places of central Tibet by the dGe lugs scholar 'Jam dbyangs bstan pa rgya mtsho (1868-1941, P8980) (the *dBus gtsang gi gnas bskor byed tshul rag bsdus tsam zhig brjod pa mi brjed dran pa'i gsal 'debs gzur gnas mkhas pa'i rna rgyan*), which was probably composed in 1916 and has been translated by Andreas Bründer for his Master's thesis (2002).③ (= *JB*)

(3) The Third Kaḥ thog si tu Chos kyi rgya mtsho's (1880-1923/1925, P706) guide to the holy places of central Tibet (the *Si tu pa chos kyi rgya mtsho'i gangs ljongs dbus gtsang gnas bskor lam yig nor bu zla shel gyi se mo do*, W21611, W9668, W27524), composed between the years 1918 and 1920. (= *KSBTsNY*)

(4) The *gNas yig phyogs bsgrigs* (W20828), a compilation of altogether fifteen works of varying kind and scope by different authors, but each containing guides to or descriptions of holy places in different areas within the Tibetan cultural sphere. (= *NYPhG*)

Most of the guides I scanned through do not, to be sure, pay particular attention to books and libraries, and at best make fleeting references to scattered books or book collections. This is true in the case of mKhyen brtse'i dbang po's guide and that of 'Jam dbyangs bstan pa rgya mtsho. In the case of the works contained in the *gNas yig phyogs bsgrigs*, the situation is similar. The greatest number of references to books, including descriptions of entire libraries of monasteries, temples, and *bla ma-s*' residences, is found in Kaḥ thog si tu Chos kyi rgya mtsho's guide. This is perhaps not surprising, considering the author's love of books in general, and his special interest in old and rare ones in particular. In the following I shall therefore concentrate on the records found in Kaḥ thog si tu's guide.

As has been alluded to above, the reason for my examining these materials was initially to

② Personal names, names of places, and work titles mentioned in the present paper have been, as far as possible, cited together with their TBRC code number (marked with P, G, and W, respectively).

③ Bründer's Master's thesis was published in 2008 by the Library of Tibetan Works and Archives, Dharamsala, with the title *Account of a Pilgrimage to Central Tibet*, but I was not able to gain access to it before the publication of the present article.

try to find evidence for the existence of *rNying ma rgyud 'bum* sets, with the hope of being able to propose a reasonable estimate of how many such sets were produced and thus to better place existing sets within a history of the collection's transmission (these findings will be published elsewhere). However, in the course of my scanning through Kaḥ thog si tu's guide, I also encountered numerous references to existing sets of the Tibetan Buddhist canon. The guide provides, in other words, a good impression of where and how many canonical collections were situated within the Tibetan cultural sphere at the beginning of the twentieth century, and thereby demonstrates the value of such sources for the study of the Tibetan culture of the book. Here I shall thus concentrate on Kaḥ thog si tu's records of *bKa' 'gyur* and *bsTan 'gyur* sets, including, when possible, their place of deposit, details of the editions in question, and the persons mentioned in connection with them.

Kaḥ thog si tu describes two hundred twenty-one places altogether, the majority of which are in central Tibet, including both dBus and gTsang, but some of which are places in Khams that he visited on his way to or back from central Tibet. What makes his guide particularly significant is his own non-sectarian approach, as a result of which monasteries and temples associated with all Buddhist schools are covered. This certainly allows one to gain a more complete picture of the existence and circulation of books. Kaḥ thog si tu records the existence of canonical collections in seventy-four of the two hundred twenty-one places described by him. But before I go into the details, I shall touch upon some of the difficulties in interpreting texts of the *gnas yig* genre in general, and of Kaḥ thog si tu's guide in particular.

2. Guides to Holy Places and Difficulties in Construing Them

Guides to holy places often describe the interior of temples and monasteries both in terms of their architecture or structural design and of their contents, be they statues, wall paintings, *thang ka*-s, books, or other religious artefacts. The text thus consists, to a large extent, of lists of items described in varying detail, so that often a great degree of familiarity with specific aspects of the Tibetan material culture, and sometimes even with the place itself, is needed for a full and proper understanding. Although often the more or less exact location of items within buildings is provided, it is sometimes difficult to gain a clear picture of the place, especially when one is not familiar with it. In addition, many of the places cannot be identified with certainty. Thanks to the efforts of the TBRC and others we are today in a much better position in this regard than we were some years ago, but there is certainly a long way to go, as we still do not have a detailed mapping of the area encompassing the entire Tibetan cultural sphere. Even in the case of Kaḥ thog si tu's guide, which has been recorded in detail by the TBRC, we still have difficulty in identifying some of the places.[④] This is also true of the identity of persons mentioned in such guides.

In his description, Kaḥ thog si tu not only relied on what he saw but obviously consulted guides and inventories that he found on site, and very probably, too, the caretakers and other residents of places visited. When listing or describing books, it appears that he provided as many details as he could possibly gather, including the contents of the books, whether they were manuscripts or xylographs and—in the case of manuscripts—whether they were written with precious materials such as gold (*gser*), silver (*dngul*), or both (*gser dngul ra ma lug*; *gser dngul bkra ma*), or were simple editions written with black ink on white paper (*skya dpe; skya chos; skya bris*), and also the number of volumes, names of donors or owners, and so forth. Unfortunately, the guide does not always provide all such details for each book or book collection, and the language employed is often ambiguous, so that one encounters a variety of difficulties in interpreting the text, including the number of volumes or sets, the writing material, and the like, particularly if there is some doubt whether the author is consistent in his formulations.

(a) In the case of canonical collections, one of the ambiguous phrases employed by Kaḥ thog si tu on several occasions is *bka' bstan 'gyur*. It is very difficult to know for sure whether this refers to *bKa' 'gyur* and *bsTan 'gyur* sets or simply means volumes (or "bundles") of manuscripts or xylographs containing individual canonical texts. Occasionally we find this phrase together with the word "set" (*cha*), with or without a number. In such cases I take it to mean one or more complete sets of the canon: for example, the phrase *bka' bstan cha bzhi*[⑤] to mean "four sets of the *bKa' 'gyur* and *bsTan 'gyur*," *bka' bstan par ma cha gnyis*[⑥] "two sets of a xylographic edition of the *bKa' 'gyur* and the *bsTan 'gyur*," *snar thang par bka' bstan cha*[⑦] "one set of the sNar thang xylographic edition of the *bKa' 'gyur* and *bsTan 'gyur*," and *bka' bstan par ma cha re zung*[⑧] "a couple of sets of the *bKa' 'gyur* and *bsTan 'gyur*." However, even if the word for *set* is mentioned, the number of sets may not be.[⑨]

When the word for *set* is not explicitly mentioned, I have commonly chosen to leave the matter open. In some instances, however, we find a reference to the edition (i.e. usually a xylographic one). In such cases I am inclined to interpret the phrase *bka' bstan 'gyur* as referring to one or more sets of both the *bKa' 'gyur* and *bsTan 'gyur*, even though the word

---

④ For an outline of Kaḥ thog si tu's guide, including an attempt to identify the places, see TBRC W27524.

⑤ See Appendix, no. 66.

⑥ See Appendix, no. 64.

⑦ See Appendix, no. 64.

⑧ See Appendix, no. 72.

⑨ See Appendix, nos. 3, 64, 66.

itself is missing. I thus take, for example, the phrase *sde dge'i bka' bstan 'gyur*,⑩ to mean "one set of the sDe dge *bKa' 'gyur* and *bsTan 'gyur*," and *snar thang bka' bstan gnyis*⑪ "two sets of the sNar thang *bKa' 'gyur* and *bsTan 'gyur*." Some of the doubtful cases can be perhaps resolved with the help of historical or biographical sources and inventories or catalogues, but due to the limited scope of the present study, such sources have been consulted only in a few cases.

(b) Another problem is the syntactical ambiguity of some passages, particularly as to whether an attribute refers to one or more items. For example, whether *bris rnying pa* ("old manuscripts") in the phrase *bKa' 'gyur dang 'bum bris rnying pa mang*⑫ only refers to *'bum* or also to *bKa' 'gyur*, or whether *sde dge'i* in *sde dge'i bKa' 'gyur cha gnyis| bsTan 'gyur cha gnyis*⑬ only refers to *bKa' 'gyur* or also to *bsTan 'gyur*.

(c) One cannot be sure that Kaḥ thog si tu is always consistent in his syntactic formulations or in the naming of editions, places, or persons. We have already encountered some of the problems in connection with the phrase *bka' bstan 'gyur* and with the word *cha* ("set"). It also appears that Kaḥ thog si tu does not always refer to certain editions in a consistent manner. For example, while in most instances he employs the expression *snar thang par ma* in reference to the xylographic edition commissioned by Pho lha nas (1689-1747, P346),⑭ in two cases he employs the phrase *bka' bstan gtsang par* ("the gTsang print of the *bKa' 'gyur* and *bsTan 'gyur*"),⑮ which obviously refers to the same sNar thang edition. Similarly, he seems to refer to the lHa sa *bKa' 'gyur* edition as *bKa' 'gyur dbus par* ("the dBus print of the *bKa' 'gyur*").⑯

3. An Overview of Kaḥ thog si tu's Records of Canonical Collections

Kaḥ thog si tu records more than a hundred sixty-nine sets of the *bKa' 'gyur* (at least twenty-three of which were in places in Khams he visited at the beginning or end of his trip), and more than thirty-five sets of the *bsTan 'gyur* (at least four of them in places in Khams). These numbers include nine cases where the expression *bka' bsTan 'gyur*, which I have interpreted as referring to sets of both the *bKa' 'gyur* and *bsTan 'gyur*, is used. Another nine instances of the same expression could not be interpreted with a high degree of certainty as relating to

---

⑩ See Appendix, no. 41.

⑪ See Appendix, no. 37.

⑫ See Appendix, no. 48.

⑬ See Appendix, no. 63.

⑭ See Appendix, nos. 23, 51, 53.

⑮ See Appendix, no. 43, where the phrase is used twice.

⑯ See Appendix, no. 10.

sets and thus have not been counted.[17] Of the more than a hundred sixty-nine *bKa' 'gyur* sets recorded, at least fifty-five are identified as manuscripts, and at least forty-one, xylographs, while seventy remain unspecified. Of the more than fifty-five manuscript sets, twenty-seven were written in gold, at least four in gold and silver, and one in ink made from some other precious substance. Two are described as "white," that is, written in black ink on white paper, while in all remaining cases no information is given in this regard. Of the more than forty-one xylographic sets, fourteen are said to be the sDe dge edition, another fourteen the sNar thang edition, one to have its origin in Peking, one to be the 'Jang sa thang (i.e. Li thang) edition, and one the lHa sa edition. Two were printed in red ink (*mtshal par*), but with no mention of the edition. The versions of the remaining sets are not specified.

Of the more than thirty-five reported *bsTan 'gyur* sets, at least four were manuscripts and at least nineteen, xylographs, the rest remaining unspecified. Of the four or more manuscript sets, one was written in gold, and several in gold and silver, while for the remaining sets no information is given in this regard. Of the more than nineteen xylographic sets, eight were the sDe dge edition and five the sNar thang edition, while the origin of the remaining sets is not indicated.

Occasionally Kaḥ thog si tu provides his readers with some additional information: the circumstances in which the sets were produced, persons connected with the sets in one way or another, the use made of them, and the like. He records, for example, several sets that were commissioned or sponsored by renowned scholars or political figures, some of which are already known from other historical or biographical sources: He reports on a golden *bKa' 'gyur* in Zhwa lu, which, he states, was one of the three golden sets commissioned by Zhwa lu sku zhang Grags pa rgyal mtshan (b. 13th cent., P3679), and was based on the Old sNar thang manuscript edition to which were added thirteen minor *sūtras* and other texts [translated by] Thar pa lo tsā ba Nyi ma rgyal mtshan (b. 13th cent., P2147), and two further *tantra*s translated by Bu ston Rin chen grub (1290-1364, P155).[18] Interestingly, he also tells of a golden *bKa' 'gyur* in sNar thang that was similar to the Zhwa lu edition.[19] In Sa skya monastery (G880) there was, he notes, both a golden *bKa' 'gyur* commissioned by the queen mother (*rgyal yum*) bsTan 'dzin bzang mo and another golden set similar to it.[20]

In sNe gdong rTse tshogs pa (G2821), Kaḥ thog si tu came across a manuscript *bKa' 'gyur* belonging to the Phag mo gru pa ruler Ta'i si tu Byang chub rgyal mtshan (1302-

⑰ See Appendix, nos. 9, 10, 14, 22, 28, 30, 32, 62, 74.

⑱ See Appendix, no. 60.

⑲ See Appendix, no. 62.

⑳ See Appendix, no. 64.

1364/1371, r. 1354-1364/1371).㉑ No mention, however, is made of the sNe gdong *bsTan 'gyur* commissioned by the same ruler.㉒ We are also informed about a golden *bKa' 'gyur* preserved in Ngor monastery (G211) which was offered to Ngor chen Kun dga' bzang po (1382-1456, P1132) by a king of Mustang (either A ma dpal or his son A mgon bzang po, who also invited him to supervise the production of a *bKa' 'gyur* and *bsTan 'gyur* edition in commemoration of the death of his father).

Several of the sets reported by Kaḥ thog si tu are associated with bKa' brgyud masters: a *bKa' 'gyur* written in gold and silver that was possibly commissioned by the Third Karma pa Rang byung rdo rje (1284-1339) and preserved in the Pakshi'i gzims khang of the 'Og min karma'i steng gi mgon in Khams;㉓ a golden *bKa' 'gyur* commissioned or owned by sKu zhang rin po che and preserved in the bKa' brgyud monastery dByi shod dPal gyi ri bo che (= sTag lung Mar thang ri bo che) (G70), also in Khams;㉔ a golden *bKa' 'gyur* commissioned or owned by the Eighth Karma pa Mi bskyod rdo rje (1507-1554, P385) and preserved in mTshur phu monastery (G33);㉕ a golden *bKa' 'gyur* in the 'Brug pa monastery bDe chen chos 'khor (G47), which was commissioned or owned by the Fourth Yongs 'dzin 'Jam dpal dpa' bo (1720-1780, P843);㉖ and a *bKa' 'gyur* set commissioned by the rNam sras gling family and kept in the Karma bKa' brgyud monastery Mon mkhar rNam sras gling (G2813).㉗ From Kaḥ thog si tu's records it is evident that many of the deluxe editions of the canon were made in bKa' brgyud circles. For example, in the Pakshi'i gzims khang alone Kaḥ thog si tu mentions "at least eight or nine sets of the *bKa' 'gyur* and *bsTan 'gyur* written alternately in gold and silver" (*bka' bstan gser dngul ra ma lug cha brgyad dgu tsam nyung mtha'*),㉘ and in the bKa' brgyud institution dByi shod dPal gyi ri bo che (G70), also in Khams, he mentions there being ten *bKa' 'gyur* sets, seven of which were written in gold or some other precious substance, and two *bsTan 'gyur* sets, one of which was written in gold.㉙

㉑ See Appendix, no. 37.

㉒ The sNe gdong *bsTan 'gyur* is discussed in detail in Almogi (forthcoming).

㉓ See Appendix, no. 3. The account of Rang byung rdo rje's life in the *Blue Annals* reports that a set of the *bKa' 'gyur* and *bsTan 'gyur* was commissioned by this master. See Roerich 1949—1953, p. 492. The corresponding account in the *Red Annals* states that, furnishing to Tshal pa the facilities necessary for its production, he endowed it with a wonderful *bsTan 'gyur* in gold. See the *Deb dmar*, p. 103: *tshal pa la cha rkyen gtad nas gser gyi bsTan 'gyur phun sum tshogs pa bzhengs*.... For more details see Almogi (forthcoming).

㉔ See Appendix, no. 5.

㉕ See Appendix, no. 15.

㉖ See Appendix, no. 23.

㉗ See Appendix, no. 32.

㉘ See Appendix, no. 3.

㉙ See Appendix, no. 5.

We are also informed about a manuscript *bKa' 'gyur* in the rNying ma monastery sMin grol gling (G14) which was offered by lHa rgya ri pa (perhaps the Fifth sGam po pa O rgyan 'gro 'dul gling pa (b. 1757, P834));[30] a particularly exquisite golden *bKa' 'gyur* stored in a hall built at the behest of Pho lha nas, in dGa' ldan bshad sgrub chos 'khor (G2818) (though it is unclear whether he was the one who commissioned the set);[31] a manuscript *bKa' 'gyur* that was offered by sDe srid gTsang pa rgyal po Phun tshogs rnam rgyal (1550-1608?/1620?, P8465), in the seat (*gdan sa*) of Tre'o Chos kyi rgya mtsho (b. 15th cent., P5152);[32] the golden sets of the *bKa' 'gyur* and *bsTan 'gyur* sponsored by Pho lha nas and stored in the temples built by him for this purpose, in dGa' ldan monastery (G337).[33] Kaḥ thog si tu's mention of three manuscript *bKa' 'gyur* sets at the bKa' brgyud monastery Khro phu (G279) includes what can only be called a curiosity. While two of them—one golden and one "white"—were obviously conventional, one was in the form of scrolls (*bKa' 'gyur shog dril ma*).[34]

We also get a picture of the distribution of xylographic canonical sets and the persons who sponsored their printing. Kaḥ thog si tu noted several sets of the sNar thang xylographic edition: In sNar thang (G225) itself, he mentions there being a print from the first impression (*par phud*) of the *bsTan 'gyur*.[35] He also informs us about three sets from the first impression of the sNar thang *bKa' 'gyur* and their sponsors: one in Zhwa lu offered by Mi dbang Pho lha nas;[36] one in sMin grol gling (G14) offered by sMin gling khri chen Padma 'gyur med rgya mtsho (1686-1718, P6);[37] and one (for which no sponsor is mentioned) in the rNying ma institution lHa lung gZims bskyil bDe chen gling in lHo brag (G4752).[38] Another set of the sNar thang *bKa' 'gyur* printed at the behest of 'Jigs med gling pa (1729/30-1798, P314) was in 'Phyongs rgyas dpal ri (G665).[39]

One print from the first impression of the sDe dge *bKa' 'gyur* in Ngor monastery is recorded (G211),[40] and another print of the sDe dge *bKa' 'gyur*—presented by Yar lung gNas gsar pa Kun dga' legs 'byung (1704-1760) (P803)—in 'Dar Grong mo che (G420).[41] In mTshur phu

---

㉚ See Appendix, no. 31.
㉛ See Appendix, no. 73.
㉜ See Appendix, no. 70.
㉝ See Appendix, no. 73.
㉞ See Appendix, no. 69.
㉟ See Appendix, no. 62.
㊱ See Appendix, no. 60.
㊲ See Appendix, no. 31.
㊳ See Appendix, no. 50.
㊴ See Appendix, no. 44.
㊵ See Appendix, no. 63.
㊶ See Appendix, no. 65.

monastery (G33), we are informed, there was a red xylograph *bKa' 'gyur* in 105 volumes which was offered by the Chinese emperor (Yǒnglè 永樂 or *Chéngzǔ* 成祖 (1360-1424) of the Ming dynasty) to the Fifth Karma pa De bzhin gshegs pa (1384-1415, P1410),[42] and in the rNying ma monastery 'Phyongs rgyas dpal ri (G665), a *bKa' 'gyur* edition in red ink printed at the behest of one Bla ma Kun bzang 'od zer.[43]

Kaḥ thog si tu often also tells the use made of the sets recorded by him. One of the most common uses was, of course, the commemoration (*dgongs rdzogs*) of important figures, but surprisingly only once does he mention sets of books being commissioned for this purpose, namely, several sets of the Old and New Tantra collections along with, apparently, a collection of canonical texts commissioned by Nyang ral Nyi ma 'od zer's (1136-1204, P364) son, 'Gro mgon Nam mkha' dpal (b. 12th cent., P365), in order to commemorate the death of his father (*yab kyi dgongs rdzogs rten*).[44] Kaḥ thog si tu mentions several sets, however, that served as "receptacles for the personal practice" (*thugs dam rten*) of individual masters: In the bKa' brgyud monastery dByi shod dPal gyi ri bo che (= sTag lung Mar thang ri bo che, G70) in Khams, we are told, a golden *bKa' 'gyur* served as a receptacle for the personal practice of the monastery's patriarchs (*dbon*), while a second *bKa' 'gyur* served the same purpose for that of sTag lung pa Sangs rgyas dbon grags pa dpal (1251-1296, P1019). This latter set was written with gold that belonged to a young woman from sTag shod named Pad ma mtsho; having merged with the protective deity [m]Gur mgon, it was considered particularly sacred.[45] In mTshur phu monastery (G33), Kaḥ thog si tu reports, there was a *bKa' 'gyur* written in gold and silver that served as a receptacle for the personal practice of the Third Karma pa Rang byung rdo rje (1284-1389, P66),[46] and in sMin grol gling (G14), a set apparently for similar use by gTer bdag gling pa 'Gyur med rdo rje (1646-1714, P7).[47]

In two instances, he mentions sets that were used for reading transmissions or reading for other purposes: a manuscript *bKa' 'gyur* in the Sa skya monastery Gong dkar rDo rje gdan (G419), which was the copy used by rDo rje gdan pa (i.e. perhaps Kun dga' rnam rgyal (1432-1496), P3183) to bestow a reading transmission of the *bKa' 'gyur*;[48] and a *bKa' 'gyur* set in dGa' ldan (G337) used for reading (*bKa' 'gyur ljags klog ma*).[49] Interestingly, we learn that

---

㊷ See Appendix, no. 15.

㊸ See Appendix, no. 44.

㊹ See Appendix, no. 6.

㊺ See Appendix, no. 5.

㊻ See Appendix, no. 15.

㊼ See Appendix, no. 31.

㊽ See Appendix, no. 22.

㊾ See Appendix, no. 73.

sets of the canon were also employed to avert possible or overcome actual hindrances, for Kaḥ thog si tu tells of an elegantly written set preserved in sMin grol gling (G14) that was prepared in order to put an end to a smallpox epidemic.[50]

Also occasionally provided are details relevant to the history of the transmission of the canon and to the attendant manuscript culture. We learn, for example, that the golden *bKa' 'gyur* that served as one of the master copies of the sDe dge edition was still being preserved in Sho pa mdo (G4689), a small monastery in lHo rong rdzong, Chab mdo;[51] and also about the famous school for scribes in dPal 'khor chos sde (G1511) in rGyal rtse in which *bKa' 'gyur* sets were regularly written down on the basis of the Them spang ma.[52]

4. Concluding Remarks

The above outline of Kaḥ thog si tu's reports should be convincing evidence enough that his guide is a mine of information regarding the Tibetan culture of the book in general and an ideal starting point for surveying the circulation of the large canonical and paracanonical collections in the Tibetan cultural sphere in particular. Admittedly, the guide is far from being comprehensive. For one thing, it mainly covers only central Tibet. Still, it is one of the most informative sources at our disposal. If the information it provides can be substantiated and complemented with the help of other guides and historical or biographical sources, we will have gained a more rounded picture of, among other things, the social and economic aspects of the culture of the book in the Tibetan tradition, not least including what pertains to the Tibetan Buddhist canon. It is hoped that the present modest contribution is a first step towards that end.

Bibliography

Almogi (forthcoming) = Orna Almogi, *A Brief Survey of the Transmission of the bsTan 'gyur Based on Historical Material.*

Deb dmar = Tshal pa Kun dga' rdo rje, *Deb ther dmar po*. Annotations by Dung dkar Blo bzang 'phrin las. Beijing: Mi rigs dpe skrun khang, 1993.

Gangs can rgyal rabs = bDud 'joms 'Jigs bral ye shes rdo rje, *Gangs can bod chen po'i rgyal rabs bsdus gsal du bkod pa sngon med dwangs shel 'phul gyi me long*. n.p., n.d.

JB = Andreas Bründer, *'Jam dbyangs bstan pa rgya mtsho's Account of a Pilgrimage to Central Tibet (dBus gtsang gi gnas skor): A Neglected Source for the Historical and Sacred Geography of Tibet.* Master's thesis.

---

[50] See Appendix, no. 31.

[51] See Appendix, no. 6.

[52] See Appendix, no. 59.

Hamburg: University of Hamburg, 2002.

KhTs = Alfonsa Ferrari†, (ed. & tr.), *mKhyen brtse's Guide to the Holy Places of Central Tibet*. Completed and edited by Luciano Petech. With the collaboration of Hugh Richardson. Serie Orientale Roma 16. Rome: Istituto Italiano per il Medio ed Oriente, 1958.

KSBTsNY = Kaḥ thog si tu Chos kyi rgya mtsho, *Gangs ljongs dbus gtsang gnas bskor lam yig nor bu zla shel gyi se mo do*. A = *An Account of a Pilgrimage to Central Tibet during the Years 1918 to 1920. Being the text of Gangs ljongs dbus gtsang gnas bskor lam yig nor bu zla shel gyi se mo do*. Photographically reproduced from the original Tibetan xylograph by Khams-sprul Don-brgyud-nyi-ma. Tashijong, Palampur: The Sungrab Nyamtso Gyunphel Parkhang, Tibetan Craft Community, 1972. B = *Si tu pa chos kyi rgya mtsho'i gangs ljongs dbus gtsang gnas bskor lam yig nor bu zla shel gyi se mo do* (Title on cover: *Kaḥ thog si tu'i dbus gtsang gnas yig*), edited by bSod nams tshe brtan. Gangs can rig mdzod 33. Lhasa: Bod ljongs bod yig dpe rnying dpe skrun khang, 1999.

lHo rong chos 'byung = Ri bo che dPon tshang alias rTa tshag Tshe dbang rgyal, *Dam pa'i chos kyi byung ba'i legs bshad lho rong chos 'byung ngam rta tshag chos 'byung zhes rtsom pa'i yul ming du chags pa'i ngo mtshar zhing dkon pa'i dpe khyad par can* (Title on cover: *lHo rong chos 'byung*), edited by Gling dbon Padma skal bzang & Ma grong Mi 'gyur rdo rje. Gangs can rig mdzod 26. Lhasa: Bod ljongs bod yig dpe rnying dpe skrun khang, 1994.

Myang yul gtam = Jo nang Tāranātha, *Myang yul stod smad bar gsum gyi ngo mtshar gtam gyi legs bshad mkhas pa'i 'jug ngogs*, edited by lHag pa tshe ring. Lhasa: Bod ljongs mi dmangs dpe skrun khang, 1983.

NYPhG[53] = A mdo dGe 'dun chos 'phel *et al.* *gNas yig phyogs bsgrigs*. Chengdu: Si khron mi rigs dpe skrun khang, 1998.

Schaeffer 2009 = Kurtis R. Schaeffer, *The Culture of the Book in Tibet*. New York: Columbia University Press, 2009.

Appendix:

References to Canonical Collections in Kaḥ thog si tu Chos kyi rgya mtsho's *gNas yig*

In the following appendix I record Kaḥ thog si tu's references to canonical collections in his guide to the holy places of dBus and gTsang (*KSBTsNY*)—including several places in Khams which he visited on his way to and back from central Tibet—in the form of a table, specifying whenever possible (a) the institution in which the collection was found, (b) its school affiliation, (c) the reported sets—i.e. whether they are *bKa' 'gyur* or *bsTan 'gyur* and the number of the sets (only complete sets are noted, separate editions of single

⑬ The individual guides in this collection have not been cited by their titles, but by the abbreviation of the collection followed by a number representing the position of the individual texts in the compilation.

volumes of the canon have not been recorded), (d) the type of set—i.e. whether manuscript or xylograph, and whether simple or deluxe, (e) the place of deposit within the compound, (f) persons reported to be associated with the sets and circumstances surrounding their production, (g) the source including the location within the xylographic edition of the *KSBTsNY* (=A) and its modern print (=B), along with the collated Tibetan text. In addition, I have included the few references to canonical collections I have been able to locate in the other guides to holy places consulted (including references both to sets that are reported by Kaḥ thog si tu and to ones that are not).

Abbreviations Used in the Table ①

BgK = ’Bri gung bKa’ brgyud
BpK = ’Brug pa bKa’ brgyud
G = dGe lugs
J = Jo nang
K = bKa’ brgyud
Kd = bKa’ gdams
KG = *bKa’ ’gyur*
KK = Karma bKa’ brgyud
KTG = *bka’ bstan ’gyur* (i.e. in unclear cases)
M = manuscript
M_G = manuscript written in gold
M_{GS} = manuscript written in gold and silver
M_P = manuscript written in precious substances other than gold or silver
M_W = plain (“white”) manuscript written in black ink on white paper
Ny = rNying ma
TG = *bsTan ’gyur*
X = xylograph
X_N = sNar thang xylographic edition
X_D = sDe dge xylographic edition
X_H = lHa sa xylographic edition
X_j = ’Jang sa thang (i.e. Li thang) xylographic edition

① For the abbreviations of Tibetan sources cited in the table, see the bibliography.

	Institution	School	Reported Sets	Edition	Place of Deposit	Associated Persons and Circumstances of Production	Source
1	mDzo rdzi sgrub phug of lHa thog, Khams (G38)	Ny, monastery	2 KG		The two gZims bskyil-s		*KSBTsNY* (A: 11.5-6; B: 7.7-8): *yang gzims bskyil gnyis na ... bka' 'gyur cha gnyis|*
2	Gying thang dgon, Khams (G2845)	monastery	1 KG				*KSBTsNY* (A: 12.5; B: 8.1): ... *bka' 'gyur ...*
3	'Og min karma'i steng gi mgon (G35), Pakshi'i gzims khang, Chab mdo, Khams	KK, monastery, residence	1 KG	M_C			*KSBTsNY* (A: 14.6; B: 9.11): *bka' 'gyur gser bris gcig| spar ma gcig|*
			1 KG	X			
			1 KG	M_G			*KSBTsNY* (A: 15.6; B: 10.4): *gser bris bka' 'gyur|*
			at least 8 or 9 KG and TG sets	M_{GS}	dNgul gdung khang		*KSBTsNY* (A: 16.5-6; B: 10.18-19): *bka' bstan gser dngul ra ma lug cha brgyad dgu tsam nyung mtha'|*②
			1 KG				*KSBTsNY* (A: 19.2; B: 12.14): *bka' 'gyur|*
			1 KG	M_{GS}		unclear whether the canonical sets, too, were commissioned by the 3rd Karma pa Rang byung rdo rje (1284-1339)	*KSBTsNY* (A: 19.6-20.1; B: 13.6-8): *rang byung rdo rjes bzhengs pa'i gser 'bum pod 16 ma dang| 12 ma| gser dngul gyi bka' 'gyur| ... sde dge'i bka' 'gyur gcig|*
			1 KG	X_D			
			1? KG		Rang byung rdo rje's sgrub khang	Rang byung rdo rje's connection with the *bKa' 'gyur* set(s) is unclear	*KSBTsNY* (A: 20.6; B: 13.21-14.1): *bar khang du rang byung rdo rje'i sgrub khang na| ... rten gser bris sogs bka' 'gyur skor pod stong tsam|*
4	Ngom gnas mdo dgon (G2659), Khams	K, monastery	1 KG				*KSBTsNY* (A: 23.6-24.1; B: 16.4): *spyir bka' 'gyur bstan 'gyur|*
			1 TG				

② An exact counting of the *bKa' 'gyur* and *bsTan 'gyur* sets referred to in the phrase *bka' bstan ... cha brgyad dgu tsam nyung mtha'* (and other similar phrases) is impossible. Since the sets are all manuscripts, one can safely rule out the possibility that the numbers "eight or nine" refer to complete sets of the canon including both the *bKa' 'gyur* and *bsTan 'gyur*, as opposed to similar phrases referring to xylographs (see below, nos. 64 and 66).

	Institution	School	Reported Sets	Edition	Place of Deposit	Associated Persons and Circumstances of Production	Source
5	dByi shod dPal gyi ri bo che (= sTag lung mar thang ri bo che), Khams (G70)	K, monastery	1 KG	M_G			*KSBTsNY* (A: 30.6; B: 21.5-6): *… bka' 'gyur gser bris …*
			1 KG	M_P			*KSBTsNY* (A: 33.5; B: 23.6-7): *rgyal ba'i bka' 'gyur rin po che mthing shog la rin chen khu bas bris pa shin tu spus dag|*
			1 TG	M_G	middle hall		*KSBTsNY* (A: 34.4-5; B:23.21-24.1): *bar khang gsung gi 'khor lo'i shar ngos na rgyal ba'i dgongs 'grel bstan 'gyur gser bris ma|*
			1 KG	M_G		receptacle for the personal practice of the patriarchs	*KSBTsNY* (A: 35.2-3; B: 24.9-10): *dbon gong ma rnams kyi thugs dam rten bka' 'gyur gser bris|*
			1 KG	M_G		commissioned or owned by sKu zhang rin po che	*KSBTsNY* (A: 36.3-4; B: 25.5-6): *byang phyogs sku zhang rin po che'i bka' 'gyur gser bris gtsos mdo sngags kyi glegs bam grangs mang| bka' 'gyur cha gcig|*
			1 KG				
			1 KG	M_G	Zi khang bzhugs sgrom	receptacle for the personal practice of sTag lung pa Sangs rgyas dbon grags pa dpal (1251-1296) (P1019) written with gold belonging to a young woman from sTag shod named Pad ma mtsho; having merged with [the protector deity] [m]Gur mgon, it was considered very sacred	*KSBTsNY* (A: 37.1-2; B: 25.14-16): *zi khang bzhugs sgrom du sangs rgyas dbon gyi thugs dam rten rgyal ba'i bka' 'gyur stag shod bu mo padma mtsho'i chab gser gyis bris pa gur* [= mgur] *mgon mngon sum thim pa'i bka' gnyan can|*
			1 KG	M_G			*KSBTsNY* (A: 37.4; B: 26.1): *byang ngos bka' 'gyur gser bris|*
			1 KG				*KSBTsNY* (A: 38.6; B: 27.2): *bka' 'gyur bcas…*
			1 KG				*KSBTsNY* (A: 39.5; B: 27.14): *bka' 'gyur|*
			1 KG	M_G			*KSBTsNY* (A: 40.3; B: 28.3-4): *bka' 'gyur gser bris| bstan 'gyur|*
			1 TG				
6	Sho pa mdo, a small monastery in lHo rong rdzong, Chab mdo (G4689)	G (orig. sMar tshang), monastery	1 KG	M		one of the master copies of the sDe dGe KG③	*KSBTsNY* (A: 44.3; B: 31.12-13): *sde dge'i bka' 'gyur ma dpe yang yod|*

③ For the master copies of the sDe dge edition, see Schaeffer 2009: 95.

	Institution	School	Reported Sets	Edition	Place of Deposit	Associated Persons and Circumstances of Production	Source
7	lHa rtse dgon, Chab mdo (G4267)	G, monastery	1 KG				*KSBTsNY* (A: 44.6; B: 31.20): *bka' 'gyur sogs*|
8	dPal 'bar dgon, Chab mdo (G2873)	G, monastery	1 KG	M			*KSBTsNY* (A: 45.6; B: 32.15): *bka' 'gyur bris ma*|
9	'Bri gung mthil (G340)	BgK, monastery	1 KG				*KSBTsNY* (A: 50.5; B: 36.11): *bka' 'gyur dang*|
			KTG				*KSBTsNY* (A: 51.5; B: 37.5): *bka' bstan 'gyur*|
			1 KG	X			*KSBTsNY* (A: 52.1-2; B: 37.11): *bka' 'gyur par ma*|
			1 TG				*KSBTsNY* (A: 52.2; B: 37.13-14): *bstan 'gyur dang...*
			1 KG	M_{G}			*KSBTsNY* (A: 53.3-4; B: 38.10-11): *rgyal ba'i bka' 'gyur gser bris bcas ...*
			1 KG	M_{G}			*KSBTsNY* (A: 54.3; B: 39.4-5): *bka' 'gyur gser dngul bkra ma bcas...*
10	Yang ri sgar (G62)	BgK, monastery	1 KG	X_{J}			*KSBTsNY* (A: 58.3; B: 42.2-3): *bka' 'gyur sde par bcas*|
			1 KG	X_{J}			*KSBTsNY* (A: 58.4; B: 42.7): *bka' 'gyur dang bstan 'gyur sde par bcas*|
			1 TG	X_{J}			
			1 KG	X_{D}			*KSBTsNY* (A: 60.2-3; B: 43.10-11): *sde dge'i bka' 'gyur la gos chen lag ras brgyab* [A: *rgyab*] *'dug*|
			KTG				*KSBTsNY* (A: 60.5; B: 43.16): *bka' bstan 'gyur*|
			1 KG	X_{P}			*KSBTsNY* (A: 61.1-2; B: 43.21-44.1): *bka' 'gyur dbus par*|
11	dBu ru Zhwa yi lha khang (= Zhwa padma dbang chen gyi gtsug lag khang) (G2043)	G (prev. Ny, J, BgK), temple	1 KG				*KSBTsNY* (A: 66.5; B: 48.1): *bka' 'gyur sogs...*
12	Mang ra dgon (G24)	G, monastery	1 KG	M_{G}			*KSBTsNY* (A: 68.4; B: 49.8): *gser gyi bka' 'gyur*|
13	'Bri gung rtse, Sra brtan rdo rje'i pho brang	BgK, monastery	1 KG	M_{G}			*KSBTsNY* (A: 70.4; B: 50.17-18): *bka' 'gyur gser chos*| *bstan 'gyur sde par*|
			1 TG	X_{J}			
14	dPal sTag lung thang (G67)	K, monastery	KTG		Bla brang rtser byams khang		*KSBTsNY* (A: 82.6; B: 59.21-60.1): *bla brang rtser byams khang du ... bka' bstan 'gyur*|
			1 KG	X_{J} (red)			*KSBTsNY* (A: 90.2-3; B: 65.7-8): *bka' 'gyur rgya nag mtshal spar 'jang yul nas sgam bcas spyan drangs*|

	Institution	School	Reported Sets	Edition	Place of Deposit	Associated Persons and Circumstances of Production	Source
15	mTshur mdo bo lung / mTshur phu dgon (G33)	KK, monastery	1 KG	M_G		commissioned or owned by the 8th Karma pa Mi bskyod rdo rje (1507-1554, P385)	*KSBTsNY* (A: 100.3; B: 72.12-13): *mi bskyod rdo rje'i bka' 'gyur gser bris ma sogs ...*
			1 KG	$X_{P\ (red)}$		offered by the Chinese emperor (i.e. Yǒnglè (永樂) or *Chéngzǔ* (成祖) (1360-1424)) to the 5th Karma pa De bzhin gshegs pa (1384-1415, P1410)	*KSBTsNY* (A: 105.2-3; B: 76.3-5): *karma pa de bzhin gshegs par gong ma tā ming rgyal pos phul ba'i bka' 'gyur rgya nag mtshal spar* [B: *par*] *pod brgya dang lnga*|
			1 KG	M_{GS}		receptacle for the personal practice of the 3rd Karma pa Rang byung rdo rje (1284-1389, P66)	*KSBTsNY* (A: 105.5-6; B: 76.10-12): *dbus su chu skam shul mkhar nag pho brang*| *gser dngul bris pa'i bka' 'gyur dang*| *rnying rgyud gser chos bcas rang byung rdo rje'i thugs dam rten sogs yod*|
			1 KG	M_G			*KSBTsNY* (A: 107.5; B: 77.19): *bka' 'gyur gser bris spus dag*|
16	'Bras spungs (G108)	G, monastery	1 KG			KG with ivory front [cover] (?)	*KSBTsNY* (A: 134.2; B: 97.3-4): *bka' 'gyur ba so'i gdong can dang ...*
			1 KG	M	Tshogs chen 'du khang	KG known as the *'Dzam gling g.yas bzhag*	*JB* (85): *dpal ldan 'bras dkar spung pa'i chos sde'i tshogs chen 'du khang du*| ... *bka' 'gyur 'jam gling g.yas bzhag sogs*|
17	Brag yer pa (G3199)	hermitage	1 KG				*KSBTsNY* (A: 135.6; B: 98.8-9): *bka' 'gyur cha gcig*|
			1 KG	M_G			*KSBTsNY* (A: 138.4; B: 100.6): *lha khang na bka' 'gyur gser bris 'thor ma dang*|
18	Tshal gung thang (G30, G1143)	K, monastery	1 KG	M_G			*KSBTsNY* (A: 140.5; B: 101.19): *bka' 'gyur gser chos*| *bstan 'gyur spar* [B: *par*] *ma*|
			1 TG	X			
19	Grib tshe mchog gling (G157)	G, monastery	1 KG		bKa' chos lha khang		*KSBTsNY* (A: 142.6-143.1; B: 103.11-12): *bka' chos lha khang du bka' 'gyur dang*|
20	sNye thang (G1477)		1 KG	M④			*KSBTsNY* (A: 148.3; B: 107.11-12): *bka' 'gyur dang*| *'bum sogs gser chos skya bris ma tshang ba pod nyis brgya tsam*|

④ It is unclear whether this *bKa' 'gyur* is "white" or gold, since Kaḥ thog si tu mentions approximately two hundred volumes that may be either "white" or written in gold, including the *bKa' 'gyur* and the *Prajñāpāramitā in a Hundred Thousand Verses*.

	Institution	School	Reported Sets	Edition	Place of Deposit	Associated Persons and Circumstances of Production	Source
21	dPal chu bo ri'i lcags zam bla brang (G3320)	K, monastery	1 KG	M_G	dPal chu bo ri'i lcags zam bla brang		*KSBTsNY* (A: 152.5-6; B: 110.14-16): *bka' 'gyur gser bris grub thob rang dus rnying rgyud pod gsum dang mang tsam spus shin tu dag| bka' 'gyur skya bris ...*
			1 KG	M_W			
			1 KG	M			*KSBTsNY* (A: 153.4-5; B: 111.7): *bka' 'gyur bris ma cha gcig|*
22	Gangs/Gong dkar rdo rje gdan (G419)	S, monastery	1 KG	M	bKa' 'gyur khang	the copy used by rDo rje gdan pa (=? Kun dga' rnam rgyal (1432-1496), P3183) to bestow a text transmission of the KG	*KSBTsNY* (A: 158.6-159.1; B: 115.5-6): *bka' 'gyur khang na bka' 'gyur rdo rje gdan pas ljags lung gsung gzhi* [B: *gzhis*] *dang| yang cha gcig bcas bris ma| bstan 'gyur cha gcig|*
			1 KG	M			
			1 TG				
			KTG		bKa' 'gyur khang		*KSBTsNY* (A: 160.3; B: 116.6-7): *bka' 'gyur khang na bka' bstan 'gyur|*
23	'Brug bde chen chos 'khor (G47)	BpK, monastery	1 KG	M	rTa ra mdo pa'i bka' 'gyur lha khang		*KSBTsNY* (A: 161.6-162.1; B: 117.12-13): *rta ra mdo pa'i bka' 'gyur lha khang ka gnyis| bka' 'gyur bris ma rgyab ya ma spus dag dang| sde dge'i bstan* [B: *bka'*] *'gyur gcig|*
			1 TG	X_D			
			1 KG	M_C	'Du khang	commissioned or owned by the 4th Yongs 'dzin 'Jam dpal dpa' bo (1720-1780, P843)	*KSBTsNY* (A: 163.1-2; B: 118.8-11): *'du khang g.yon du yongs 'dzin 'jam dpal dpa' bo'i bka' 'gyur gser bris| bka' 'gyur snar thang spar* [B: *par*] *ma| spar* [B: *par*] *khang du sri mnan mchod rten| bka' 'gyur bris ma cha gnyis|*
			1 KG	X_N			
			2 KG	M	Par khang		
24	rDo rje brag (G3493)	Ny, monastery	1 KG		'Du khang		*KSBTsNY* (A: 166.4; B: 120.18-19): *'du khang ka ba nyi shu mar| ... g.yon ngos rgyal ba'i bka' 'gyur|*
			3 KG				*KSBTsNY* (A: 168.3; B: 122.4-5): *bka' 'gyur cha gsum| bstan 'gyur cha gcig|*
			1 TG				
			2 KG				*KSBTsNY* (A: 168.6; B: 122.10): *bka' 'gyur cha gnyis|*
25	Grwa thang (G3159)	monastery	2 KG		'Du khang		*KSBTsNY* (A: 170.5; B: 123.17-18): *'du khang na bka' 'gyur cha gnyis| bstan 'gyur cha gcig|*
			1 TG				

	Institution	School	Reported Sets	Edition	Place of Deposit	Associated Persons and Circumstances of Production	Source
26	Byams pa gling, the residence of Paṇ chen bSod nams rnam rgyal (P993)	Kd/G, residence	3 KG				*KSBTsNY* (A: 172.6-173.1; B: 125.9-10): *phyi rol du bka' 'gyur cha gsum| bstan 'gyur|*
			1 TG				
27	Gyang gling tshogs pa		3 KG		Tshogs khang		*KSBTsNY* (A: 175.3-4; B: 127.1-2): … *tshogs khang ka ba nyer lnga pa| bka' 'gyur cha gsum| bstan 'gyur gcig|*
			1 TG				
28	Grwa lding/ sdings po che (G206)	BpK, monastery	KTG				*KSBTsNY* (A: 180.6-181.1; B: 131.4-6): ... *bka' bstan 'gyur bcas| ngag dbang snyan grags bzang pos 'du khang bde mchog gi dkyil 'khor ltar bzhengs| ka ba sum cu pa g.yas su bka' 'gyur|*
			1 KG		'Du khang	located in the hall erected by Ngag dbang snyan grags bzang po	
			1 KG	$X_{D\ (red)}$			*KSBTsNY* (A: 182.2; B: 132.1-2): *bka' 'gyur sde dge'i mtshal par| yang bka' 'gyur gcig bcas|*
			1 KG				
29	sNye mdo lung pa (=? sNye/ sNying mdo gdon (G3526))	Ny?, monastery	1 KG	M (scattered)			*KSBTsNY* (A: 187.4; B: 135.19-20): *bka' 'gyur bris ma cha 'thor|*
30	bSam yas gtsug lag khang (G287)	temple complex	1 KG	M_G			*KSBTsNY* (A: 190.4; B: 137.21-138.1): *sbug tu bka' 'gyur gser bris|*
			KTG				*KSBTsNY* (A: 191.5; B: 138.18): *bka' bstan 'gyur glegs bam legs|*
			1 KG				*KSBTsNY* (A: 193.3; B: 139.20): *bka' 'gyur yod|*
			1 KG				*KSBTsNY* (A: 197.1; B: 142.11-12): *bka' 'gyur cha gcig|*
			1 KG				*KSBTsNY* (A: 199.2; B: 143.21-144.1): ... *bka' 'gyur bcas|*
			1 KG				*KSBTsNY* (A: 199.6; B: 144.10): *bka' 'gyur|*
			1 KG	M			*KSBTsNY* (A: 200.2; B: 144.15): *bka' 'gyur bris ma cha|*
			1 KG				*KSBTsNY* (A: 200.5; B: 145.3): *bka' 'gyur cha gcig|*

	Institution	School	Reported Sets	Edition	Place of Deposit	Associated Persons and Circumstances of Production	Source
31	U rgyan sMin grol gling (G14)	Ny, monastery	1 KG				*KSBTsNY* (A: 222.1; B: 160.18): *bka' 'gyur cha gcig*|
			1 KG	M		offered by lHa rgya ri pa (possibly = the 5th sGam po pa O rgyan 'gro 'dul gling pa (b. 1757, P834))	*KSBTsNY* (A: 223.5; B: 161.11-12): *lha rgya ris* [= ri] *pas phul ba bka' 'gyur bris ma*|
			1 KG	X_N		a print from the first sNar thang impression offered by sMin gling khri chen Padma 'gyur med rgya mtsho (1686-1718, P6)	*KSBTsNY* (A: 224.3-4; B: 162.1-2): *padma 'gyur med rgya mtsho bka' 'gyur mi dbang gis spar* [B: *par*] *phud phul ba*|
			1 KG			elegantly written KG [made] to put an end to smallpox epidemic	*KSBTsNY* (A: 233.2; B: 168.2-3): *bka' 'gyur chen mo 'brum nag rgyun gcod bris legs pa*|
			1 KG				*KSBTsNY* (A: 233.6; B 168.12): *bka' 'gyur*|
			1 KG			receptacle for the personal practice [of gTer bdag gling pa (1646-1714, P7)?]	*KSBTsNY* (A: 237.1; B: 170.16): *thugs dam bka' 'gyur*|
32	Mon mkhar rNam sras gling (G2813)	KK, monastery	1 KG			commissioned/ owned by the rNam sras gling family	*KSBTsNY* (A: 243.1; B: 175.3-4): *de'i gong na rnam sras gling pa'i bka' 'gyur bcas* ...
			KTG				*KSBTsNY* (A: 243.4; B: 175.13): *bka' bstan 'gyur*|
33	dGa' ldan bshad sgrub chos 'khor (G2818)	G, temple	1 KG	M_C	'Du khang, the hall erected by dPon po mi dbang [= Pho lha nas]	connection of KG to Pho lha nas is unclear	*KSBTsNY* (A: 245.3; B: 176.20-21): *dpon po mi dbang gis bzhengs pa'i 'du khang spus dag*| *khyad par bka' 'gyur gser bris spus dag*|
34	mNga' ris grwa tshang (G447)	G, monastery	2 KG				*KSBTsNY* (A: 246.2-3; B: 177.13-14): ... *bka' 'gyur gnyis bcas so*||
35	Chos 'khor khra 'brug, sNe gdong rdzong (G2020)		1 KG	X_N			*KSBTsNY* (A: 257.4; B: 185.18-19): *snar thang bka' 'gyur bstan 'gyur*|
			1 TG	X_N			

	Institution	School	Reported Sets	Edition	Place of Deposit	Associated Persons and Circumstances of Production	Source
36	sNe gdong ban gtsang, sNe gdong rdzong (G4225)	monastery	1 KG		'Du khang		*KSBTsNY* (A: 261.6; B: 189.1-2): *'du khang ka ba bco brgyad pa'i … g.yas su bka' 'gyur*|
37	sNe gdong rtse tshogs pa, sNe gdong rdzong (G2821)	monastery	1 KG	M	lHa khang	commissioned by [Phag mo gru pa] Ta'i si tu Byang chub rgyal mtshan (1302-1364/1371)⑤	*KSBTsNY* (A: 265.4-5; B: 191.16-18): *lha khang ka ba sum cu*| *g.yas su … bka' 'gyur legs pa sne gdong tā si'i yin pa dang*| *phyi rol du snar thang bka' bstan gnyis*|
			2 KG	X_N			
			2 TG	X_N			
38	Pho brang 'om bu bla mkhar (G2823)	palace	1 KG				*KSBTsNY* (A: 273.5; B: 197.16): *bka' 'gyur bcas …*
39	lHa ri sman rgyal lha khang (G2830)	temple	1 KG				*KSBTsNY* (A: 274.2; B: 198.4-5): *bka' 'gyur dang*|
40	sTag spyan 'bum pa (G2831)	hermitage	1 KG				*KSBTsNY* (A: 275.3; B: 198.21): *bka' 'gyur bcas*|
41	Yar klungs bkra shis chos sde (G508)	S, monastery	1 KG		'Du khang		*KSBTsNY* (A: 276.3; B: 199.15-17): *'du khang … bka' 'gyur*|
			1 KG	X_D			*KSBTsNY* (A: 276.5; B: 200.1): *sde dge'i* [B: ge'i] *bka' bstan 'gyur bcas*|
			1 TG	X_D			
			1 KG				*KSBTsNY* (A: 278.3; B: 201.4): *bka' 'gyur bcas*|
42	Don mkhar lung phug, Tshe ring ljongs [Padma 'od gsal gling] (G351)	Ny, monastery	1 KG				*KSBTsNY* (A: 280.4; B: 202.19): *rgyal ba'i bka' 'gyur rin po che bcas*|
43	'Phyongs rgyas Ri bo bde chen (G399)	G, monastery	1 KG				*KSBTsNY* (A: 281.3; B: 203.12): *bka' 'gyur*|
			1 KG	X (red)			*KSBTsNY* (A: 282.3; B: 204.3-4): *bka' 'gyur rgya nag mtshal spar* [B: par] |
			1 KG	X_N			*KSBTsNY* (A: 282.6; B: 204.12): *bka' bstan gtsang spar* [B: par] ...
			1 TG	X_N			
			1 KG				*KSBTsNY* (A: 283.1; B: 204.15): *bka' 'gyur*|
			1 KG	M_G			*KSBTsNY* (A: 283.4; B: 204.21-205.1): *bka' 'gyur gser bris*|
			1 KG	X_N			*KSBTsNY* (A: 283.5; B: 205.3): *bka' 'gyur gtsang spar* [B: par]| *bstan 'gyur bris ma*|
			1 TG	M			

⑤ The *Gangs can rgyal rabs* reports on a golden *bKa' 'gyur* commissioned by Ta'i si tu Byang chub rgyal mtshan. *Gangs can rgyal rabs* (343.10-12): *bde bar gshegs pa'i sku brnyan du ma dang*| *gser gyis bka' 'gyur ro cog bzhengs*|. The same is reported in the *lHo rong chos 'byung* (380.4-5): *gser gyi bka' 'gyur dang sku gsung thugs kyi rten mang du bzhengs*|.

	Institution	School	Reported Sets	Edition	Place of Deposit	Associated Persons and Circumstances of Production	Source
44	'Phyongs rgyas dpal ri (G665)	Ny, monastery	1 KG	X (red)		a set printed at the behest of a certain Bla ma Kun bzang 'od zer	*KSBTsNY* (A: 286.4-5; B: 207.4-5): *bka' 'gyur mtshal spar* [B: par] *bla ma kun bzang 'od zer bzhengs| kun mkhyen 'jigs gling gis bzhengs pa snar thang bka' 'gyur|*
			1 KG	X		a set printed at the behest of Kun mkhyen 'Jigs med gling pa (1729/30-1798, P314)	
45	sMra'o cog (G7)	Ny, monastery	1 KG	M			*KSBTsNY* (A: 289.6; B: 209.14-15): *bka' 'gyur bris ma|*⑥
46	Ban pa phyag rdor lha khang, lHo brag rdzong (G4184)	monastery	1 KG				*KSBTsNY* (A: 301.6-302.1; B: 218.8): *g.yon ngos bka' 'gyur|*
47	mKhar chu bla brang (G4775)	monastery	1 KG				*KSBTsNY* (A: 310.1; B: 224.2): *bka' 'gyur sogs|*
48	lHo brag sras mkhar dgu thog, lHo brag rdzong (G3423)	temple	1 KG	M			*KSBTsNY* (A: 325.2; B: 234.11): *bka' 'gyur dang 'bum bris rnying pa mang|*
					'Du khang		*NYPhG1* (95.19): *bka' 'gyur yongs rdzogs|*
49	Nyi lde dgon, lHo brag (G4206)	KK, monastery	2 KG	M			*KSBTsNY* (A: 330.4-5; B: 238.9): *bka' 'gyur bris ma cha gnyis|*
50	lHa lung gi gzims bskyil bde chen gling, lHo brag (G4752)	Ny, monastery	1 KG	X		a print from the first impression	*KSBTsNY* (A: 340.6; B: 246.7-8): *snar thang bka' 'gyur spar* [B: par] *phud dang sde dge'i bka' 'gyur bcas|*
			1 KG	X			
51	La yag gu ru lha khang (G388)	Ny, temple	1 KG	X			*KSBTsNY* (A: 352.3; B: 254.13): *bka' 'gyur snar thang spar* [B: par] *ma|*
52	mNyal sde drug bla brang (G3469)	Ny, monastery	1 KG				*KSBTsNY* (A: 355.5; B: 257.4): ... *bka' 'gyur bcas|*

⑥ Kaḥ thog si tu, apparently relying on the biography of Nyang ral Nyi ma 'od zer's (1136–1204, P364) son, mNga' bdag 'Gro ba'i mgon po Nam mkha' dpal (b. 12th cent., P365), states that 'Gro ba'i mgon po commissioned three sets of New and Old Tantras and *bka' bstan 'gyur* as "speech-receptacles" (*gsung rten*) for commemorating the death of his father. *KSBTsNY* (A: 294.2–5; B: 212.19–213.4): *nang rten ni\| nyang rin po che de nyid rtag lta sun dbyung du sku myа ngan las 'das pa'i* [B: ba'i] *tshul bstan pa'i skabs\| sku sras 'gro mgon nam mkha' dpal gyis yab kyi dgongs rdzogs rten* … *gsung rten gsar rnying rgyud 'bum tshar gsum gsum\| bka' bstan 'gyur bcas bzhengs\|* ….

	Institution	School	Reported Sets	Edition	Place of Deposit	Associated Persons and Circumstances of Production	Source
53	Byar gsang sngags chos gling dgon (G46)	BpK, monastery	1 KG	X_D	sGrol ma lha khang		*KSBTsNY* (A: 359.3-4; B: 260.4-5): *sgrol ma lha khang ka ba bcu byas par sde dge'i bka' 'gyur par ma|*
			1 KG	X_N			*KSBTsNY* (A: 360.3; B: 260.19): *snar thang spar* [B: par] *ma'i bka' 'gyur bcas|*
54	Zhwa sde 'khru zhig rin po che' gdan sa, mDo sngags chos gling (G4749)	Ny, monastery	1 KG				*KSBTsNY* (A: 396.3; B: 267.12): *bka' 'gyur sogs|*
55	sTag lung grwa tshang Zhol thar gling chos gter/sde (G252)	S, monastery	2 KG		'Du khang	in the hall erected by sTag tshang lo tsā Shes rab rin chen (b. 1405, P79)	*KSBTsNY* (A: 372.4; B: 270.1-2): ... *sa skya ba stag tshang lo tsā bas btab pa'i 'du khang ka ba nyi shu pa na| bka' 'gyur cha gnyis|*
56	Ra/Rwa lung, rGyal rtse rdzong, gTsang (G44)	BpK, monastery	1 KG		Bla brang		*KSBTsNY* (A: 377.1; B: 273.8): *bka' 'gyur bcas|*⑦
57	gTsang Kha mo ba		1 KG				*KSBTsNY* (A: 384.5; B: 278.18): ... *bka' 'gyur* ...
58	O rgyan 'gro 'dren gling (G 00AG01697)	Ny, monastery	1 KG	X_D	'Du khang		*KSBTsNY* (A: 385.3-4; B: 279.9-10): *'du khang ka* [A: kwa] *ba bcu gnyis par| sde dge'i bka' 'gyur|*
59	rGyal rtse dpal 'khor chos sde (G1511)	temple complex	1 KG	M_G			*KSBTsNY* (A: 394.2; B: 285.19): *bka' 'gyur gser bris pod re la rgyab ya byas pa|*
			1 KG 1 TG	X X			*KSBTsNY* (A: 395.3-4; B: 286.17): *bka' 'gyur bstan 'gyur spar* [B: par] *ma|*
					Bris pa khang, Bris grwa (a scribe school established in the scriptorium for writing KG sets on the basis of the Them spang ma)		*KSBTsNY* (A: 401.4-5; B: 291.4-6): *bris pa khang du bka' 'gyur rgyal rtse them spang ma las rtag par bka' 'gyur re bris grwa tshugs yod do||*

⑦ Compare the report in the *Myang yul gtam* about a *bKa' 'gyur* in Rwa lung that is written in fine gold on black paper (specified as paper meeting official document standards). *Myang yul gtam* (16.10): *gan shog mthing shun la gser bzang pos bris pa'i bka' 'gyur*.

	Institution	School	Reported Sets	Edition	Place of Deposit	Associated Persons and Circumstances of Production	Source
60	Zhwa lu mthil (G275)	monastery	1 KG	M_3	'Du khang lho rgyud gtsang khang seng sgom bka' 'gyur lha khang	one of the 3 golden sets commissioned by Zhwa lu sku zhang Grags pa rgyal mtshan (b. 13th cent., P3679)	*KSBTsNY* (A: 406.3-6; B: 294.17-295.4): *'du khang lho rgyud gtsang khang seng sgom bka' 'gyur lha khang ka bzhi mthon por| ... 'jam dgag pakshis bskul bcom ral| dbus pa blo gsal| rgyang ro 'bum sogs kyis rgyal ba'i bka' 'gyur ro lcogs* [= cog] *bsgrigs par| thar lo'i mdo phran bcu gsum sogs bsnan| bu ston gyis bsgyur gsang 'dus gnyis med rnam rgyal yang bsnan nas zhwa lu sku zhang grags pa rgyal mtshan gyis bzhengs dzam bu chu gser ma'i bka' 'gyur gsum gyi nang cha gcig 'dir yod| mi dbang pho lhas spar* [B: par] *phud gcig phul ba bcas yod|*
			1 KG	X_r		a print from the first sNar thang impression, offered by Mi dbang pho lha nas (1689-1747, P346)	
61	bKra shis lhun po (G104)	G, monastery	1 KG		bKa' 'gyur lha khang		*KSBTsNY* (A: 419.1; B: 304.1-3): *bka' 'gyur lha khang ka ba bcu gnyis mar| ... bka' 'gyur klog skabs khel|*
62	sNar thang (G225)	Kd, monastery	1 TG	X		a print from the first impression	*KSBTsNY* (A: 422.6; B: 306.18-19): *bstan 'gyur spar* [B: par] *phud|*
			KTG				*KSBTsNY* (A: 423.4; B: 307.6-7): *bka' bstan 'gyur spar* [B: par] *khri* [= bris?] *shog sum cu so bzhi|*
			1 TG	M	rGyan khang		*KSBTsNY* (A: 423.4-5; B: 307.8-9): *rgyan khang byang du ka bzhi ma| bstan 'gyur bris ma|*
			1 KG	M_3	'Du khang sbug dri gtsang khang	a copy similar to the Zhwa lu edition	*KSBTsNY* (A: 425.4; B: 308.16-17): *'du khang sbug dri gtsang khang du gnas bcu brag ri zhwa* [B: *zha*] *lu'i dang 'dra ba| gser bris bka' 'gyur|*
							KhTs (61): reporting on the KG and TG blocks

	Institution	School	Reported Sets	Edition	Place of Deposit	Associated Persons and Circumstances of Production	Source
63	Ngor dgon (G211)	S, monastery	2 KG	X_D	Thar rtse bla brang, bKa' 'gyur lha khang		*KSBTsNY* (A: 427.3; B: 310.3-5): *thar rtse bla brang bka' 'gyur lha khang ka dgu mar| ... sde dge'i bka' 'gyur cha gnyis| bstan 'gyur cha gnyis|*
			2 TG	X_D			
			1 KG	M	lHa khang		*KSBTsNY* (A: 430.3-4; B: 312.11): *lha khang gcig na bka' 'gyur bris ma|*
			1 KG	M_G		offered to Ngor chen kun dga' bzang po (1382-1456, P1132) by the king of Mustang (i.e. either A ma dpal or more probably his son A mgon bzang po)	*KSBTsNY* (A: 431.5; B: 313.9-10): *phyi khyams ngos su ngor chen la glo bo rgyal pos phul ba'i gser gyi bka' 'gyur|*
			1 KG	X_N			*KSBTsNY* (A: 432.2; B: 313.16-17): *snar thang bka' 'gyur spar* [B: par]| *sde dge'i bstan 'gyur|*
			1 TG	X_D			
			1 KG	X_D		a print from the first sDe dge impression	*KSBTsNY* (A: 432.4-5; B: 314.2): *sde dge'i spar* [B: par] *phud bka' 'gyur|*
			1 KG		sMan khang		*KSBTsNY* (A: 434.5-6; B: 315.13-14): *tsha rong ltag der sman khang| sman bla mched brgyad mi tshad tsam dang| bka' 'gyur|*
64	Sa skya'i grub dgon / Sa skya dgon (G880)	S, monastery	1 KG	X_N			*KSBTsNY* (A: 435.6; B: 316.8-9): *rten dngos snar thang spar* [B: par] *bka' bstan cha|*
			1 TG	X_N			
			1 KG	M_G	mJal khang	commissioned by rGyal yum bsTan 'dzin bzang mo	*KSBTsNY* (A: 438.1; B: 317.20-318.1): *mjal khang na rgyal yum bstan 'dzin bzang mo'i bka' 'gyur gser chos| yang de 'dra gcig|*
			1 KG	M_G		a set similar to the above	
			2? KG	X			*KSBTsNY* (A: 438.2; B: 318.4): *bka' bstan spar* [B: par] *ma cha gnyis|*[8]
			2? TG	X			
65	'Dar/mDar grong mo che (G420)	S, monastery	1 KG	X_D		a present by Yar lung gNas gsar pa Kun dga' legs 'byung (1704-1760) (P803)	*KSBTsNY* (A: 452.3; B: 328.12-13): *yar lung gnas gsar pa kun dga' legs 'byung gsol ras sde dge'i bka' bstan spar* [B: par] *ma snang|*
			1 TG	X_D			

⑧ The phrase *bka' bstan spar ma cha gnyis* is ambiguous and could also be interpreted as one set of the *bKa' 'gyur* and one set of the *bsTan 'gyur*.

	Institution	School	Reported Sets	Edition	Place of Deposit	Associated Persons and Circumstances of Production	Source
66	dGa' ldan 'od gsal gling, lHa rtse (G246)	G, monastery	1 KG				*KSBTsNY* (A: 454.4-5; B: 330.3-6): *'du khang ... g.yon du bka' 'gyur lha khang*|; (A: 454.6-455.1; B: 330.9-10): *bka' 'gyur yod pa'i lha khang*|;
			1 KG	M[illegible]	another 'Du khang		*KSBTsNY* (A: 455.5; B: 330.20-21): *g.yon du ... gser chos bka' 'gyur*| *yang bka' bstan cha bzhi*|⑨
			4? KG				
			4? TG				
67	rGyang yon po lung (G4757)	monastery	1 KG				*KSBTsNY* (A: 462.4-5; B: 335.18): ... *bka' 'gyur bcas*|
68	rTag brtan phun tshogs gling (G390)	G (orig. J), monastery	2 KG				*KSBTsNY* (A: 469.5; B: 340.18): *bka' 'gyur cha gnyis*|
69	Khro phu dgon (G279)	K, monastery	1 KG	M [illegible]scroll			*KSBTsNY* (A: 479.3-4; B: 348.1-2): *gsung bka' 'gyur shog dril ma*| *gser chos*| *skya chos bcas cha gsum*|
			1 KG	M[illegible]			
			1 KG	M[illegible]			
70	Seat (*gdan sa*) of Tre'o chos kyi rgya mtsho (P5152)	K?, residence	1 KG	M		offered by sDe srid gTsang pa rgyal po Phun tshogs rnam rgyal (1550-1608?/1620?) (P8465)	*KSBTsNY* (A: 489.1; B: 355.6-7): *sde srid gtsang pa rgyal pos phul ba'i bka' 'gyur bris ma khyad 'phags*|
71	gNas nang dgon (G194)	KK, monastery	3 KG	M, X			*KSBTsNY* (A: 500.1-2; B: 363.7-9): *bka' 'gyur bris spar* [B: par] *cha gsum dang*| *bstan 'gyur ko khams rang pod bzhi rer byas pa lnga bcu nga gcig*|⑩
			1 TG				
72	Nā len dra (G233)	S, monastery	a few KG	X			*KSBTsNY* (A: 511.2; B: 371.5): *bka' bstan spar* [B: par] *ma cha re zung*|
			a few TG	X			

⑨ The phrase *bka' bstan cha bzhi* is ambiguous and could also be interpreted as either two sets of the *bKa' 'gyur* and two sets of the *bsTan 'gyur*, three sets of the *bKa' 'gyur* and one set of the *bsTan 'gyur*, or the other way around.

⑩ Here, as in other instances in the guide, Kaḥ thog si tu touches upon the storage of the volumes, reporting that four volumes were stored in each of fifty-one shelves, which presupposes a total of two hundred four volumes of the *bsTan 'gyur*.

	Institution	School	Reported Sets	Edition	Place of Deposit	Associated Persons and Circumstances of Production	Source
73	dGa' ldan (G337)	G, monastery	1 KG		Bla ma lha khang	a set used for reading	*KSBTsNY* (A: 516.3-4; B: 375.2*): bla ma lha khang na bka' 'gyur ljags klog ma|*[11]
			1 KG 1 TG[12]		bKa' 'gyur gser khang and bsTan 'gyur khang built by dPon po mi dbang [= Pho lha nas] (P346)		*KSBTsNY* (A: 517.2-3; B: 375.14-15): *dpon po mi dbang gi bka' 'gyur gser khang dang| bstan 'gyur khang|*
74	rGya shod ban sgar, Khams (G4768)	G, monastery apparently associated with 'Bras spungs	KTG				*KSBTsNY* (A: 529.3; B: 384.15-16): *bka' bstan 'gyur sogs|*
75	Nyan po ri rdzong, Kailash	BpK, monastery	1 KG		gTsug lag khang		*NYPhG2* (187.9-10): *gzhan yang gtsug lag khang der ... rgyal ba'i bka' 'gyur rin po che| ...*
76	lHo nub mgo tshugs dgon pa, Kailash	BpK / B?, monastery	1 KG				*NYPhG2* (214.1): *rgyal ba'i bka' 'gyur rin po che|*
77	Byang gi khrus sgo glang sna dgon pa, Kailash (G2253)	BpK, monastery	1 KG		lHa khang		*NYPhG2* (215.17-18): *rgyal ba'i bka' 'gyur rin po che bzhugs pa'i lha khang| ...*
78	Phu sa ting, Ri bo rtse lnga (Wutai Shan), China	temple	1 KG	X		a set from the first impression of KG commissioned by the emperor Yongle (Ming dynasty) (r. 1412-1424)	*NYPhG3* (554.10-11): *bod nas bka' 'gyur gdan drangs te par brkos nas par phud kyi bka' 'gyur zhig kyang phu sa ting du bskyal te bzhag|*

[11] The phrase *gser 'gyur* found several lines below could not be interpreted with certainty and is thus not reflected here. See *KSBTsNY* (A: 516.5; B: 375.6): *rje nga 'dra ma'i lha khang\| gser 'gyur bcas\|*.

[12] Kaḥ thog si tu explicitly refers only to the temples built by Pho lha nas to house them, but the golden *bKa' 'gyur* and *bsTan 'gyur* sets commissioned by this ruler are of course themselves implied. On the golden *bKa' 'gyur* and *bsTan 'gyur* commissioned by Pho lha nas, see Almogi (forthcoming).

《西域歷史語言研究集刊》（第五輯）作者名録

（按著譯者姓氏拼音排序）

安海燕	中國人民大學國學院
白玉冬	内蒙古大學蒙古學學院蒙古史研究所
陳得芝	南京大學歷史系
達力扎布	中央民族大學历史文化學院
荻原裕敏	中國人民大學國學院
李嬋娜	中國人民大學國學院
李樹輝	新疆社会科學院語言研究所
劉　震	復旦大學文史研究院
馬小鶴	美國哈佛大學燕京圖書館
邱軼皓	北京大學外國語學院波斯語系
榮新江	北京大學歷史系暨中國古代史研究中心
沈衛榮	中國人民大學國學院
宋　曈	中國人民大學清史研究所
孫伯君	中國社會科學院民族學與人類學研究所
孫鵬浩	中國人民大學國學院
索羅寧	臺灣佛光大學、俄羅斯聖彼得堡大學
王　丁	中山大學哲學系
王炳華	中國人民大學國學院
魏　文	中國人民大學國學院
烏　蘭	中國社會科學院民族學與人類學研究所
烏云畢力格	中國人民大學國學院
張永江	中國人民大學清史研究所
朱麗雙	北京大學國際漢學家研修基地
Bianca Horlemann	自由學者, 德國
Dieter Maue	自由學者, 德國
Orna Almogi	University of Hamburg, Germany
Peter Zieme	Brandenburg Academie der Wissehschaft, Berlin, Germany